Entscheidungen

des

Reichsgerichts.

Herausgegeben

von

den Mitgliedern des Gerichtshofes
und der Reichsanwaltschaft.

Entscheidungen in Zivilsachen.

118. Band.

Berlin und Leipzig 1928

Walter de Gruyter & Co.

vormals G. J. Göschen'sche Verlagshandlung - J. Guttentag, Verlagsbuchhandlung - Georg Reimer - Karl J. Trübner - Veit & Comp.

Entscheidungen

des

Reichsgerichts

in

Zivilsachen.

---

118. Band.

Mit Anhang: Entscheidungen des Staatsgerichtshofs.

Berlin und Leipzig 1928

Walter de Gruyter & Co.

vormals G. J. Göschen'sche Verlagshandlung - J. Guttentag, Verlagsbuchhandlung - Georg Reimer - Karl J. Trübner - Veit & Comp.

Druck von Metzger & Wittig in Leipzig

Inhalt.

I. Bürgerliches Recht.

a. Reichsrecht.

b. Landesrecht.

II. Öffentliches Recht.

III. Gerichtliches Verfahren.

Anhang: Entscheidungen des Staatsgerichtshofs.

1. Steht die Auslegung und Handhabung des preußischen Gesetzes betreffend die Beaufsichtigung des Unterrichts- und Erziehungswesens vom 11. März 1872 (GS. S. 183), wie sie der preußische Minister für Wissenschaft, Kunst und Volksbildung durch Übertragung der Schulaufsicht an einen Dissidenten betätigt hat, mit Art. 174 S. 1 oder mit anderen Vorschriften der Verfassung des Deutschen Reichs im Widerspruch?

IV. Zivilsenat. Beschl. v. 11. Juni 1927. IV T.B. 72/27.

Die dem Reichsgericht vom Reichsminister des Innern gemäß Art. 13 Abs. 2 RVerf. vorgelegte Frage ist verneint worden aus folgenden, den Sachverhalt ergebenden

Gründen:

Der preußische Minister für Wissenschaft, Kunst und Volksbildung hat im Oktober 1926 den Schulrat N., einen Dissidenten, nach D. versetzt und ihm die Schulaufsichtsbefugnisse übertragen.

Nachdem ein großer Teil der Eltern der die evangelischen Volksschulen dieses Bezirks besuchenden Kinder in den sogenannten Schulstreik eingetreten war, um die Wiederherstellung einer konfessionellen, mindestens aber einer christlichen Schulaufsicht zu erzwingen, gab der genannte Minister in der Sitzung des preußischen Landtags vom 4. Dezember 1926 die Erklärung ab, daß er auf Grund der Art. 136, 128, 144, 174 RVerf. in Verbindung mit dem preußischen Schulaufsichtsgesetz vom 11. März 1872 für sich das Recht in Anspruch nehme, mit der staatlichen Kreisschulaufsicht ohne Rücksicht auf die Eigenart der ihr unterstellten Schulen Beamte jedes Bekenntnisses zu betrauen, auch solche, die den christlichen Kirchen nicht angehören. Der Reichsverband evangelischer Eltern und Volksbünde (Reichselternbund) steht auf dem Standpunkt, daß der vom Minister vertretene Rechtssatz eine nach Art. 174 S. 1 RVerf. verbotene Änderung der in Preußen bestehenden Rechtslage darstelle. Der Reichsminister des Innern, bei dem der Reichselternbund vorstellig geworden ist, hat die Entscheidung des Reichsgerichts über die oben bezeichnete Frage angerufen.

Nach Art. 13 Abs. 2 RVerf. setzt die Anrufung des Reichsgerichts voraus, daß Zweifel oder Meinungsverschiedenheiten darüber bestehen, ob eine landesrechtliche Vorschrift mit dem Reichsrecht vereinbar ist. Es handelt sich hier nicht darum, ob das preußische Gesetz betr. die Beaufsichtigung des Unterrichts- und Erziehungswesens vom 11. März 1872 mit dem Reichsrecht im Einklang steht. Der Reichselternbund geht davon aus, daß jenes Gesetz die Ausübung der Schulaufsicht über konfessionelle Volksschulen durch einen Dissidenten nicht zulasse, und daß dieser Rechtszustand durch Art. 174 S. 1 RVerf. bis zum Erlaß des Reichsschulgesetzes aufrechterhalten sei. Darin, daß der preußische Minister für Wissenschaft, Kunst und Volksbildung für sich das Recht in Anspruch nimmt, mit der staatlichen Schulaufsicht ohne Rücksicht auf die Eigenart der ihr unterstellten Schulen Beamte jedes Bekenntnisses, auch Dissidenten, zu betrauen, wird eine unrichtige Auslegung des preußischen Schulaufsichtsgesetzes gefunden, die zugleich gegen den Vorbehalt des Art. 174 S. 1 RVerf. verstoße. Die vom Reichsminister des Innern aufgenommene Streitfrage ist also die, ob eine derartige Auslegung und Handhabung des preuß. Schulaufsichtsgesetzes mit Art. 174 S. 1 RVerf. vereinbar ist.

Wie bereits im Beschluß des Reichsgerichts, III. Zivilsenats, vom 27. November 1923 (RGZ. Bd. 107 S. 287) ausgeführt worden ist, liegt der Vorschrift des Art. 13 Abs. 2 RVerf. die Absicht des Gesetzgebers zugrunde, durch die Entscheidung des obersten Gerichtshofs die Zweifel und Meinungsverschiedenheiten darüber aus dem Wege zu räumen, ob eine landesrechtliche Vorschrift neben dem Reichsrecht überhaupt anwendbar ist oder in einem gewissen Sinne gehandhabt werden darf. Wenn, wie hier, die Verträglichkeit einer landesrechtlichen Vorschrift mit dem Reichsrecht nicht in Frage steht, muß es im Hinblick auf die gedachten Zwecke des Art. 13 Abs. 2 RVerf. als zulässig erachtet werden, eine Entscheidung lediglich darüber herbeizuführen, ob die Auslegung und Handhabung der betreffenden Vorschrift dem Reichsrecht entspricht. Bedenken hinsichtlich der Zuständigkeit des Reichsgerichts bestehen hiernach nicht.

Die Reichsverfassung behandelt die Schulaufsicht in Art. 144. Die Frage, ob das Verfahren des preußischen Ministers für Wissenschaft, Kunst und Volksbildung mit dieser Vorschrift im Widerspruch steht, ist zu verneinen. Über die Art und Weise der Ausübung der dem Staat vorbehaltenen Schulaufsicht besagt die Vorschrift, soweit sie hier in Betracht kommt, nur, daß sie durch hauptamtlich tätige, fachmännisch vorgebildete Beamte zu geschehen hat. In allen sonstigen Beziehungen haben die Länder bei Ausübung der Schulaufsicht freie Hand. Die Länder sind also durch Art. 144 nicht gehindert, zur Schulaufsicht Beamte heranzuziehen, welche Dissidenten sind. Daß im übrigen die Voraussetzungen des Art. 144 in der Person des Schulrats erfüllt sind, ist außer Streit.

Es kann sich hiernach nur darum handeln, ob das Verfahren des Ministers mit Art. 174 S. 1 RVerf. vereinbar ist. Wenn der Reichselternbund in Übereinstimmung mit den beteiligten Eltern die Frage verneint, so beruht seine Ansicht auf einer Verkennung der Bedeutung dieser Vorschrift.

Nach Art. 146 Abs. 2 RVerf. wird das nähere über die dort zugelassene Einrichtung von Volksschulen als Bekenntnisschulen oder bekenntnisfreie Schulen durch die Landesgesetzgebung nach den Grundsätzen eines noch zu erlassenden Reichsgesetzes bestimmt. Art. 174 S. 1 schreibt vor, bis zum Erlaß dieses Reichsgesetzes bleibe es bei der bestehenden Rechtslage. Aus der Bezugnahme auf das in Art. 146 Abs. 2 vorgesehene Reichsgesetz ergibt sich bereits, daß unter der bestehenden Rechtslage in Art. 174 S. 1 die Rechtslage in Ansehung der Verhältnisse zu verstehen ist, für welche das in Art. 146 Abs. 2 vorbehaltene Reichsgesetz die Grundsätze über die nähere Regelung durch die Landesgesetzgebung aufstellen soll. Das sind aber nur die Grundsätze für die ausnahmsweise erfolgende Einrichtung von Volksschulen als Bekenntnisschulen oder als bekenntnisfreie Schulen. Eine darüber hinausgehende allgemeine Regelung des Volksschulwesens überhaupt durch ein zu erlassendes Reichsgesetz ist in Art. 146 Abs. 2 nicht angeordnet.

Dieser Auslegung des Art. 174 RVerf. steht außer dem Wortlaut die Entstehungsgeschichte zur Seite. Das ist des näheren dargelegt in den Beschlüssen des Senats vom 4. November 1920 IV B.

1/20 (Arch. f. öffentl. Recht Bd. 40 S. 100) und des Staatsgerichtshofs für das Deutsche Reich vom 16. Oktober 1926 2/26 (RGZ. Bd. 114 Anh. S. 7). Auf diese Beschlüsse ist zu verweisen.

Fehl geht die Ansicht des Reichselternbunds, daß Art. 174 S. 1 auch die Schulaufsicht betreffe, wenn und soweit ihre Gestaltung die Eigenart der Bekenntnisschulen berühre. Wenn es nach Art. 174 S. 1 bei der bestehenden Rechtslage nur für die in Art. 146 Abs. 2 bezeichneten Angelegenheiten bleibt, so bedeutet dies, daß der Vorbehalt für solche Materien nicht gilt, die in anderen Artikeln der Reichsverfassung geregelt sind. Die Frage der staatlichen Schulaufsicht ist aber nicht in Art. 146 Abs. 2, sondern in Art. 144 behandelt. Daraus ergibt sich, daß die Aufrechterhaltung der bestehenden Rechtslage hinsichtlich der Einrichtung von Volksschulen als Bekenntnisschulen oder bekenntnisfreie Schulen mit der Frage der staatlichen Schulaufsicht nicht zusammengeworfen werden darf. Vom Standpunkt der Reichsverfassung aus wird das Wesen der Bekenntnisschule durch die staatliche Schulaufsicht nicht berührt. Demnach ist durch Art. 174 S. 1 für die Schulaufsicht der bisherige Rechtszustand nicht aufrechterhalten, sodaß die Länder innerhalb der durch Art. 144 gezogenen Grenzen weder an einer Änderung ihrer die Schulaufsicht betreffenden Gesetze gehindert, noch in deren Auslegung und Ausführung beschränkt sind.

Hieraus ergibt sich folgendes:

1. Das Verbot des Art. 174 S. 1 RVerf. bezieht sich nicht auf die Schulaufsicht, für welche Art. 144 RVerf. maßgebend ist.

2. Die Auslegung und Handhabung des preuß. Gesetzes betr. die Beaufsichtigung des Unterrichts- und Erziehungswesens vom 11. März 1872 durch den preußischen Minister für Wissenschaft, Kunst und Volksbildung kann daher nicht mit Art. 174 S. 1 RVerf. im Widerspruch stehen.

3. Sie steht auch nicht im Widerspruch mit Art. 144 oder sonstigen Bestimmungen der Reichsverfassung.

Auf die Frage, ob das Verfahren des Ministers dem geltenden preußischen Recht, insbesondere dem Schulaufsichtsgesetz entspricht, kann nicht eingegangen werden, da das Reichsgericht zu ihrer Entscheidung nach Art. 13 Abs. 2 RVerf. nicht berufen ist.

2. 1. Kann beim Vorliegen eines Vorkaufsrechts der zwischen dem Verpflichteten und dem Dritten geschlossene Kaufvertrag über ein Grundstück nachträglich durch Erhöhung der Käuferleistungen mit Wirkung für den Vorkaufsberechtigten abgeändert werden?

2. Ist der Vorkaufsberechtigte befugt, seine Erklärung über die Ausübung des Vorkaufsrechts zu kondizieren?

BGB. §§ 504flg., 812flg.

VI. Zivilsenat. Urt. v. 7. Juli 1927 i. S. A. R.-Stiftung (Kl.) w. Gemeinde B. (Bekl.). VI 10/27.

I. Landgericht Braunschweig.
II. Oberlandesgericht daselbst.

Die Klägerin hat durch notariellen Vertrag vom 21. Juli 1923 einen Teil ihres Grundbesitzes in B. mit den Gebäuden, in denen die Firma B. als Pächterin ein Sägewerk betreibt, an den Kaufmann M. verkauft. Im Pachtvertrag war vereinbart, daß er ein Jahr nach Abschluß eines das Pachtgrundstück betreffenden Kaufvertrags erlösche. Durch einen weiteren notariellen Vertrag vom 3. November 1923 wurde der Kaufvertrag in einzelnen Punkten geändert und namentlich bestimmt, daß der Käufer für sich und seine Rechtsnachfolger sich verpflichte, das Pachtverhältnis mit der Firma B. nicht fortzusetzen, sondern nötigenfalls aufzukündigen. Die Beklagte hat das ihr durch das braunschweigische Landbeschaffungsgesetz eingeräumte Vorkaufsrecht in Kenntnis beider Verträge im Januar 1924 ausgeübt. Die Klägerin verlangt Verurteilung der Beklagten, daß sie die Räumung des Grundstücks durch die Firma B. herbeiführe. Das Landgericht gab der Klage statt, das Oberlandesgericht wies sie ab. Auf die Revision der Klägerin wurde das angefochtene Urteil aufgehoben und die Berufung der Beklagten gegen das landgerichtliche Urteil zurückgewiesen.

Gründe:

Das Oberlandesgericht geht davon aus, daß schon durch den Abschluß des Kaufvertrags vom 21. Juli 1923 das Vorkaufsrecht der Beklagten ausgelöst und wirksam geworden sei. Danach sei die Klägerin nicht mehr berechtigt gewesen, durch eine Nachtragsvereinbarung mit dem Käufer für die vorkaufsberechtigte Gemeinde weitere

Verpflichtungen zu begründen, und zwar auch dann nicht, wenn die nachträgliche Abmachung vor der Mitteilung des Vertragsinhalts an die Gemeinde (§ 510 BGB.) getroffen worden sei. Ebensowenig wie der Verkäufer und der Käufer den endgültig und bindend geschlossenen Vertrag mit Wirksamkeit gegenüber dem Vorkaufsberechtigten rückgängig machen könnten, seien sie befugt, die Vertragsleistungen des Käufers zum Nachteil des Vorkaufsberechtigten zu erhöhen. Nun habe zwar die Beklagte ihr Vorkaufsrecht auch im Hinblick auf den Nachtrag vom 3. November 1923 ausgeübt, und dies sei vom Staatsministerium genehmigt worden. Die Beklagte könne jedoch die ohne rechtlichen Grund infolge Rechtsirrtums eingegangene Verpflichtung aus der Nachtragsvereinbarung unter dem Gesichtspunkte der Bereicherung zurückfordern. Ihr stehe, wie das Oberlandesgericht weiter ausführt, weder die Vorschrift des § 814 BGB. noch die Fassung der staatsministeriellen Genehmigung entgegen. Danach sei die Klage unbegründet.

Die Revision macht im wesentlichen folgendes geltend: Die Ausübung des Vorkaufsrechts, die im freien Belieben des Berechtigten stehe, könne nicht als eine geschuldete Leistung angesehen werden und unterliege der Rückforderung aus Bereicherung auch deshalb nicht, weil sie nicht ohne rechtlichen Grund erfolgt sei. Die Revision bekämpft außerdem die Nichtanwendung des § 814 BGB. und hält die Umdeutung der ministeriellen Genehmigung für unzulässig. Die ursprünglichen Vertragschließenden seien durch das Bestehen des Vorkaufsrechts zwar gehindert, den wirksam geschlossenen Kaufvertrag ganz wiederaufzuheben, nicht aber auch, ihn abzuändern. Die Beklagte habe nur hinsichtlich des abgeänderten Kaufvertrags das Vorkaufsrecht ausüben können. Überdies habe die Beklagte tatsächlich das Vorkaufsrecht gegenüber beiden Verträgen ausgeübt und könne ihre Erklärung nicht teilweise kondizieren.

Die Revision ist begründet.

Das auf Rechtsgeschäft oder Gesetz beruhende Vorkaufsrecht kann nach § 504 BGB. ausgeübt werden, sobald der Verpflichtete mit dem Dritten einen Kaufvertrag über den Gegenstand geschlossen hat. Die Ausübung des Vorkaufsrechts erfolgt durch Erklärung gegenüber dem Verpflichteten, und durch diese Erklärung kommt der Kauf zwischen dem Berechtigten und dem Verpflichteten unter den Bestimmungen zustande, die der Verpflichtete mit dem Dritten vereinbart hat

(§ 505 BGB.). Aus diesen Gesetzesvorschriften, deren vertragliche Änderung zwar zulässig, im vorliegenden Fall aber nicht geschehen ist, ergibt sich, daß zu unterscheiden ist zwischen dem Eintritt des Vorkaufsfalls und dem Wirksamwerden des Vorkaufsrechts durch die rechtzeitige Erklärung des Berechtigten, er mache von seinem Recht Gebrauch. Durch den Abschluß des Kaufvertrags vom 21. Juli 1923 ist nicht, wie das Oberlandesgericht anzunehmen scheint, das Vorkaufsrecht der Beklagten in dem Sinne in Kraft getreten, daß die Beklagte bereits ein Recht auf Übereignung des Grundstücks gegen die Klägerin erlangt hätte. Vielmehr ist der Beklagten durch den Kaufabschluß nur die rechtliche Möglichkeit eröffnet, den Anspruch auf Erwerb des Grundstücks durch die vorgesehene Willenserklärung zur Entstehung zu bringen. Durch ein bestehendes Vorkaufsrecht ist der Verpflichtete nicht gehindert, alle gesetzlich zulässigen Leistungen mit dem Käufer zu vereinbaren. Daß alle Vereinbarungen über einen Grundstückskaufvertrag in einer einzigen Urkunde niedergelegt werden müßten und spätere Änderungen dem Vorkaufsberechtigten gegenüber unwirksam seien, ist aus dem Gesetze nicht zu entnehmen, soweit nicht die noch zu erörternde Vorschrift des § 506 BGB. einschlägt. Solange nicht das Vorkaufsrecht ausgeübt ist, steht es den ursprünglichen Vertragschließenden frei, Zusätze und Änderungen zum Kaufvertrag zu vereinbaren. Nach § 505 Abs. 2 BGB. kommt der Vertrag zwischen dem Berechtigten und dem Verpflichteten unter den Bestimmungen zustande, die zur Zeit der Ausübung des Vorkaufsrechts zwischen den ursprünglichen Vertragschließenden gelten. Im § 482 Schlußsatz des I. Entwurfs zum BGB. war noch bestimmt: „Von dem Berechtigten sind insbesondere alle Verbindlichkeiten zu erfüllen, welche der Dritte in dem mit ihm abgeschlossenen Vertrage übernommen hat". Diese Bestimmung ist nur deshalb von der II. Kommission gestrichen worden, weil man sie für selbstverständlich hielt und außerdem das Mißverständnis vermeiden wollte, als ob der Berechtigte in den Vertrag des Vorkaufsverpflichteten mit dem Käufer eintrete, während es sich tatsächlich um einen neuen und selbständigen Vertrag handle (Prot. II S. 1799 bei Mugdan Materialien Bd. 2 S. 793). Das Gesetz gestattet dem Berechtigten nicht, unter den ihm mitgeteilten Vertragsbestimmungen eine Auswahl zu treffen und nur die ihm günstig erscheinenden für sich gelten zu lassen. Die Beklagte war demnach lediglich berechtigt, hinsichtlich des durch den Nachtrag vom 3. November 1923 abgeänderten Kaufvertrags ihr Vorkaufsrecht auszuüben, wie sie es nach der Feststellung des Oberlandesgerichts auch tatsächlich getan hat. Eine Rückforderung ihrer Erklärung, soweit sie sich auf den Nachtrag bezieht, kommt deshalb nicht in Frage, und es kann dahingestellt bleiben, ob es rechtlich überhaupt möglich wäre, eine eingegangene Verpflichtung ganz oder sogar teilweise auf Grund der §§ 812 flg. BGB. rückgängig zu machen.

Diesem Ergebnis steht die Vorschrift des § 506 BGB. nicht entgegen. Hier sind solche Vereinbarungen des Verpflichteten mit dem Käufer für unwirksam gegenüber dem Vorkaufsberechtigten erklärt, nach denen der Kaufvertrag im Wege der auflösenden Bedingung oder kraft Rücktrittsrechts für den Fall der Ausübung des Vorkaufsrechts hinfällig werden soll. Einer solchen im Kaufvertrag getroffenen Vereinbarung, welche die Beseitigung des Vorkaufsrechts zum Gegenstand hat, ist in der Rechtsprechung des Reichsgerichts der Fall gleichgestellt, wenn die Vertragschließenden den Kaufvertrag nachträglich wieder aufheben (RGZ. Bd. 106 S. 323). Aus diesen Sonderbestimmungen ist jedoch entgegen der Meinung des Oberlandesgerichts nicht zu folgern, daß auch Änderungen am Inhalt des Kaufvertrags (etwa die Erhöhung des Kaufpreises oder die Auferlegung einer Nebenleistung an den Käufer), die dessen Rechtsgültigkeit unberührt lassen, den Vorkaufsberechtigten nicht binden sollen. In solchem Falle hat der Vorkaufsberechtigte einen Anspruch darauf, daß ihm der Inhalt des Nachtragsvertrags mitgeteilt werde (§ 510 Abs. 1 BGB.). Und erst vom Empfang dieser Mitteilung an läuft die gesetzliche oder vertragliche Frist zur Ausübung des Vorkaufsrechts (§ 510 Abs. 2 BGB., Komm. v. RGR. Bem. 1 zu § 510; Bayr. ObLG. im Recht 1911 Nr. 2524). Ebenso wie in anderen Fällen steht dem Vorkaufsberechtigten das Wahlrecht zu, ob er auf Grund des ihm mitgeteilten vollständigen Vertragsinhalts sein Recht ausüben oder davon Abstand nehmen will. Hierdurch sind die Belange des Vorkaufsberechtigten gewahrt. Dagegen ist bei den in § 506 BGB. behandelten Voraussetzungen ein Eingreifen des Gesetzes erforderlich, damit nicht die Ausübung des Vorkaufsrechts durch Vereinbarungen des Verpflichteten mit dem Dritten unmöglich gemacht wird.

3. Sind § 18 Abs. 1 S. 2 der preuß. Personal-AbbauVo. vom 8. Februar 1924 (GS. S. 73) und § 5 Abs. 2 des preuß. Personalabbau-AbwicklungsG. vom 25. März 1926 (GS. S. 105) gültig, soweit sie die weiblichen Beamten und Lehrer, die nach ihrer Zurruhesetzung geheiratet haben, unter Sonderrecht stellen?

III. Zivilsenat. Urt. v. 8. Juli 1927 i. S. Landesschulkasse (Bekl.) w. Frau C. (Kl.). III 494/26.

I. Landgericht I Berlin.

Die Klägerin, die seit dem 1. April 1910 als lebenslänglich angestellte Volksschullehrerin in Spandau tätig war, wurde am 26. August 1924 auf Grund des § 15 PrPersAbbVo. in den einstweiligen und auf ihren Antrag am 17. Oktober 1924 gemäß § 17 mit Wirkung vom 1. Oktober an in den dauernden Ruhestand versetzt. Ihr Ruhegehalt wurde auf 1400 RM für das Jahr festgesetzt. Nachdem sie sich am 30. Dezember 1924 mit dem Lehrer C. verheiratet hatte, wurde ihr das Ruhegehalt vom 1. Mai 1925 an unter Bezugnahme auf § 18 PrPersAbbVo. entzogen. Der Oberpräsident hat den Anspruch der Klägerin auf Weiterzahlung des Ruhegehalts zurückgewiesen. Der Klage, mit der die Klägerin den bezeichneten Anspruch gegen die Landesschulkasse geltend macht, hat das Landgericht stattgegeben. Die von der Beklagten unmittelbar zum Reichsgericht eingelegte Revision ist zurückgewiesen worden.

Gründe:

Daß die Klägerin mit rechtlicher Wirksamkeit in den dauernden Ruhestand versetzt und daß ihr daraus ein Anspruch auf Ruhegehalt erwachsen ist, steht außer Zweifel. Die aus §§ 59 und 17 PrPersAbbVo. zu entnehmende Vorschrift, auf der die bezeichnete Maßnahme beruht, findet ihre Grundlage in Art. 18 Abs. 1 unter a verb. mit Art. 3 § 6 RPersAbbVo. Die Sondervorschriften in Art. 14 Abs. 1 und Abs. 4, später 5, schließen die Anwendung dieser Bestimmungen in Fällen der vorliegenden Art nicht aus. Zwar konnte hiernach das Dienstverhältnis der verheirateten Lehrerinnen im Dienste der Länder und Gemeinden, wenn ihre wirtschaftliche Versorgung sichergestellt war, durch Kündigung ohne Gewährung von Ruhegehalt gelöst werden, und ein gleiches galt gegenüber den verheirateten Lehrerinnen im einstweiligen Ruhestand. Allein die Vorschriften können ihrer Fassung wie ihrem Inhalt nach nur auf Lehrerinnen bezogen werden, die zur Zeit der Kündigung bereits verheiratet waren, nicht aber auf solche, die sich, wie die Klägerin, erst nach der Aufhebung des Dienstverhältnisses verheiratet haben. Bei dem Ausnahmecharakter der beiden Bestimmungen, die, wie noch darzulegen sein wird, sogar in ein verfassungsmäßiges Grundrecht der weiblichen Lehrer eingreifen, kann aber von einer entsprechenden Anwendung auf die Lehrerinnen der zweiten Art keine Rede sein. Im übrigen ist die Entscheidung der Verwaltungsbehörde über die Zurruhesetzung der Klägerin nach § 105 PrPersAbbVo. für die Beurteilung des streitigen vermögensrechtlichen Anspruchs maßgebend.

Fraglich ist allein, ob der Klägerin das Ruhegehalt für so lange, als ihre wirtschaftliche Versorgung nach dem Ermessen der zuständigen Behörde gesichert erscheint, vom 1. Mai 1925 an entzogen werden durfte. Als gesetzliche Unterlage für diese Maßnahme kommt für die Zeit bis zum Inkrafttreten der Vorschrift des § 5 Abs. 2 PrPersAbbAbwG. vom 25. März 1926 der § 18 Abs. 1 S. 2 PrPersAbbVo. und von dem aus § 44 Nr. 10 des ersteren Gesetzes sich ergebenden Zeitpunkt an jener § 5 Abs. 2 selbst in Betracht. Diese Vorschriften sind weit genug gefaßt, um auch auf Lehrerinnen bezogen werden zu können, die erst nach ihrer Zurruhesetzung eine Ehe geschlossen haben, und bereiten auch — anders als der Art. 14 RPersAbbVo. — durch ihren Inhalt einer solchen Anwendung kein Hindernis. Dagegen steht ein anderes und zwar durchgreifendes Bedenken der Annahme entgegen, daß sie die Entziehung des Ruhegehalts zu stützen vermögen. Sie enthalten ausgesprochene Ausnahmebestimmungen gegen weibliche Beamte und Lehrer. Die männlichen Beamten und Lehrer an den öffentlichen Schulen, die gemäß § 17 PrPersAbbVo. in den dauernden Ruhestand versetzt wurden, erlangten hierdurch einen Ruhegehaltsanspruch, der ihnen nicht genommen werden konnte. Dagegen wird der Ruhegehaltsanspruch der weiblichen Beamten von vornherein mit der sich aus § 18 Abs. 1 Satz 2 ergebenden Bedingung behaftet. Damit ist eine mit Art. 128 Abs. 2 RVerf. unvereinbare unterschiedliche Behandlung der beiden Gattungen von Beamten gegeben. Die Verfassungsvorschrift enthält ein mit sofortiger und unmittelbarer

Wirkung ausgestattetes Verbot, das gemäß Art. 143 Abs. 3 auch zugunsten der Lehrerinnen an öffentlichen Schulen Platz greift. Landesrechtliche Normen, die nach dem Erlaß der Reichsverfassung dem Verbot zuwider aufgestellt werden, sind unwirksam (RGZ. Bd. 102 S. 145, Bd. 106 S. 154). Der § 18 Abs. 1 Satz 2 würde dieser Folgerung nicht unterliegen, wenn er in § 1 des Ermächtigungsgesetzes vom 13. Oktober 1923 eine mittelbare Stütze fände. Dies trifft jedoch nicht zu. Der § 1 dieses Gesetzes stattete nur die Reichsregierung mit der Machtvollkommenheit aus, bei den Maßnahmen, die sie auf finanziellem, wirtschaftlichem oder sozialem Gebiete für erforderlich und dringend erachtete, von den Grundrechten der Reichsverfassung abzuweichen. Die Länder waren hierzu nicht befugt und konnten nur, soweit die Reichsregierung sie kraft ihrer Ermächtigung hierzu in den Stand setzte, die Grundrechte aufheben oder beschränken. Eine solche Handlungsfreiheit ist den Ländern, soweit die Außerkraftsetzung des Art. 128 Abs. 2 RVerf. in Frage kommt, vom Reiche nicht eingeräumt worden. Insbesondere ist aus Art. 18 RPersAbbVo. in der Fassung der Verordnung vom 28. Januar 1924 eine solche Ermächtigung nicht zu entnehmen. Unter den Vorschriften, auf die dort mit der Maßgabe verwiesen ist, daß die Länder berechtigt und verpflichtet seien, eine entsprechende Regelung zu treffen, ist die einzige die weiblichen Beamten betreffende Sondervorschrift der RPersAbbVo. in Art. 14 nicht mitangeführt. Nun vertritt allerdings die preußische Regierung im Gegensatz zur Reichsregierung unter Hinweis auf Art. 10 Nr. 3 RVerf. die Ansicht, daß der Art. 14 RPersAbbVo. nur eine Richtlinie für die Landesgesetzgebung darstelle (s. Begr. des Entw. des PrPersAbbAbwG., Drucks. des preuß. Landt. 2. Wahlperiode 1. Tagung Bd. 7 S. 3040 flg., insbes. S. 3042 zu § 12), und sie glaubt, daß der § 18 Abs. 1 Satz 2 PrPersAbbVo. sich durchweg innerhalb der den Ländern damit vorgezeichneten Grenzen bewege. Dieser Ansicht kann jedoch nicht beigepflichtet werden. Der Art. 14 RPersAbbVo. stellt, auch soweit er die weiblichen Beamten und Lehrer der Länder und Gemeinden betrifft, Vorschriften mit unmittelbarer und sofortiger Geltung auf und wendet sich nicht mit leitenden Rechtssätzen an die Gesetzgeber der Länder. Da er in Art. 18 nicht mitaufgeführt ist, so wären die Länder nicht gehalten, ihm durch die eigene Gesetzgebung zur Geltung zu verhelfen. Er würde also, wenn er keine unmittelbar verbindliche

Kraft hätte, von vornherein zur Bedeutungslosigkeit verurteilt sein. Verfehlt wäre der Einwand, daß eine Tragweite der bezeichneten Art dem Art. 14 schon deshalb nicht beigemessen werden könne, weil das Reich gemäß Art. 10 Nr. 3 RVerf. über das Recht der Beamten der öffentlichen Körperschaften nur durch die Ländergesetzgebung auszugestaltende Grundsätze, nicht aber Rechtssätze mit sofortiger Wirkung aufstellen könne. Wie im allgemeinen die Frage zu beantworten ist, ob das Reich auf dem Gebiete der Grundsatzgebung an eine solche Schranke gebunden ist, kann auf sich beruhen. Auch wenn sie in dieser umfassenden Gestalt zu bejahen sein sollte, so muß sie doch für die Abbaumaßnahmen, welche die weiblichen Beamten und Lehrer der Länder und Gemeinden betreffen, verneint werden. Über die Rechtsstellung dieses Personenkreises hatte das Reich schon in der Verfassung und zwar gerade durch die Art. 128 Abs. 2 und 143 Abs. 3 Vorschriften erlassen, welche, wie der erkennende Senat schon entschieden hat (RGZ. Bd. 102 S. 145), für die Behörden und die Bevölkerung der Länder ohne weiteres bindend sind. Damit hat sich das Reich auf dem bezeichneten Gebiete von vornherein eine Zuständigkeit beigelegt, die es berechtigt, auch die von ihm für erforderlich erachtete Sonderstellung der weiblichen Beamten und Lehrer beim Personalabbau mit unmittelbarer Wirkung zu regeln. Die gegenteilige Annahme wäre damit unverträglich, daß innerhalb der ein organisches Ganzes bildenden Reichsverfassung die Grenzen der Gesetzgebungsgewalt bei der Regelung der in Frage stehenden Materie nur aus Art. 10 Nr. 3 in Verbindung mit Art. 128 Abs. 2 bestimmt werden können. Enthalten aber die Rechtssätze des Art. 14 RPersAbbVo. unmittelbares Reichsrecht, so mochte die preußische Gesetzgebung dieses, soweit es noch einen Spielraum läßt, zwar ausbauen können, sie durfte aber nicht selbständige, die Grenzen der Ausgestaltung überschreitende Vorschriften neben sie setzen. Dies hat sie mindestens insoweit getan, als sie auch die weiblichen Beamten und Lehrer, die, wie die Klägerin, erst nach ihrer Zuruhesetzung geheiratet haben, unter das Sonderrecht des § 18 Abs. 1 S. 2 PrPersAbbVo. und des ihm im PrPersAbbAbwG. entsprechenden § 5 Abs. 2 gestellt hat. Zum wenigsten insoweit sind die beiden Vorschriften unwirksam.

4. Zur Frage der relativen oder beschränkten Seetüchtigkeit eines Flußschiffes und ihrer Bedeutung für die Haftpflicht des Transportversicherers, insbesondere wenn die Seeuntüchtigkeit von der Schiffsbesatzung verschuldet worden war.

Allgemeine Deutsche Seeversicherungs-Bedingungen von 1919 (ADS.) §§ 33, 58.

I. Zivilsenat. Urt. v. 9. Juli 1927 i. S. W. und Sch. (Kl.) w. Versicherungsgesellschaft R. und Gen. (Bekl.). I 46/27.

I. Landgericht Hamburg, Kammer für Handelssachen.
II. Oberlandesgericht daselbst.

Im Februar 1925 hatte die Schiffsverkaufsgesellschaft A. & L. für Rechnung, wen es angeht, bei den Beklagten das Kasko nebst Inventar sowie den Motor des Motorschleppers „Ägir", eines Flußfahrzeugs, für die Reise von Hamburg durch den Elbe-Travekanal über Travemünde nach Königsberg i. Pr. und weiter nach Lötzen versichert. Interessenten an dieser Versicherung sind die Kläger. Der versicherte Motorschlepper hat auf der Versicherungsreise zweimal einen Unfall erlitten. Hier handelt es sich nur noch um Ersatz der Schäden des zweiten Unfalls, der dadurch verursacht wurde, daß nach der Abfahrt des Schiffes von Warnemünde der Motor bei Arcona versagte und das Schiff von einem Bergungsdampfer nach Saßnitz geschleppt werden mußte. Die Beklagten behaupten, dieser Unfall sei darauf zurückzuführen, daß der Motorschlepper nicht seetüchtig gewesen oder doch nicht in dem nach der Polize erforderlichen reisetüchtigen Zustand in See gesandt worden sei. Das Berufungsgericht ist dieser Auffassung im wesentlichen beigetreten und hat die Klage abgewiesen, während der erste Richter ihr zum Teil stattgegeben hatte. Die Revision der Kläger blieb erfolglos.

Gründe:

Das versicherte Schiff ist in der Versicherungspolize bezeichnet als ein „Flußfahrzeug, 18 m lang, 4,48 m breit, 1,10 m tief, mit 85 PS". Die Versicherung ist genommen für die Reise von Hamburg unter eigener Kraft durch den Elbe-Travekanal über Travemünde nach Königsberg i. Pr. und weiter mit Bahn oder Kesselwagen

(Pferdegespann) oder Trecker nach Lötzen im durchstehenden, ununterbrochenen Risiko. In der Versicherungspolize ist ferner angeführt: Das Fahrzeug solle Verwendung finden auf den Masurischen Seen und die Versicherung umfasse das gesamte Risiko von Hamburg nach Lötzen, ausschließlich des Risikos des Auf- und Abnehmens bis zu dem Augenblick, in dem das Fahrzeug am Bestimmungsort wieder zu Wasser gebracht sei. Die Überführung des Fahrzeugs erfolge durch einen Kapitän für kleine Fahrt; für den Transport von Königsberg nach Lötzen gelte die Versicherung zu den allgemein üblichen Landtransport-Versicherungsbedingungen; im übrigen sollten die Allgemeinen Deutschen Seeversicherungs-Bedingungen von 1919 Anwendung finden.

Im Anschluß an diesen Inhalt der Versicherungspolize hat das Berufungsgericht folgendes ausgeführt: Nach § 58 ADS. hafte der Versicherer nicht für einen Schaden, der dadurch verursacht worden sei, daß das versicherte Schiff nicht seetüchtig in See gesandt war. Ein Fluß-Motorschlepper sei seiner Natur nach niemals so seetüchtig wie ein Seeschiff, in diesem Sinne könne daher § 58 ADS. hier nicht verstanden werden. Anderseits spreche nichts dafür, bei der vorliegenden Versicherung nur eine Fahrtüchtigkeit im Sinne von § 8 BinnenschiffG. zu verlangen. Denn für den Versicherer sei es ganz gleichgültig, ob das auf eine Seereise gesandte Schiff für eine Binnenreise gehörig ausgerüstet sei. Die Anwendung von § 58 ADS. auf die Seereise eines Flußschiffs könne daher nur in der Weise erfolgen, daß das Schiff soweit seetüchtig zu machen sei, wie es ohne unverhältnismäßige Aufwendungen gegenüber der Binnenfahrtüchtigkeit gemacht werden könne. Sei nun die Ursache eines Seeunfalls ein Mangel der Seetüchtigkeit des Flußschiffs gewesen, der ohne unverhältnismäßige Aufwendungen habe behoben werden können, so könne der Versicherer unter Berufung auf § 58 ADS. dem Versicherten entgegenhalten, daß das Schiff nicht so seetüchtig gewesen sei, wie es nach dem Versicherungsvertrag hätte sein sollen. So liege es hier. Der Motorschlepper „Ägir" sei dadurch in Seenot geraten, daß infolge von Verschmutzung der Brennstofftanks die Zuleitungen zum Motor bei bewegter See sich verstopft hätten und so der Lauf des Motors gestört worden sei. Die Verschmutzung der Brennstofftanks hätte ohne unverhältnismäßige Aufwendungen vor der Abfahrt des Schiffes beseitigt werden können. Daß der sich am Boden der Tanks sammelnde Schmutz eine Fahrt in Binnengewässern nicht beeinträchtigt hätte, weil bei der dortigen geringen Bewegung des Schiffes der Schmutz am Boden liegen geblieben wäre, sei hier ohne Bedeutung.

Diese Ausführungen des Berufungsgerichts enthalten keinen Rechtsirrtum. Die Vorschrift in § 58 ADS., wonach der Versicherer nicht für den Schaden haftet, der dadurch verursacht wird, daß das Schiff nicht seetüchtig in See gesandt ist, bedeutet eine objektive Beschränkung der Haftung des Versicherers. Es kommt also auf Wissen und Willen des Versicherten in bezug auf die fehlerhafte Beschaffenheit des Schiffes nicht an (RGZ. Bd. 115 S. 67; Ritter, Seeversicherung § 58 Anm. 23). Ebenso ist es unerheblich, ob die Schiffsbesatzung, namentlich den Kapitän, eine Schuld an der Seeuntüchtigkeit des Schiffes trifft oder nicht (Ritter a. a. O. § 58 Anm. 20). Dieser Grundsatz der objektiven Haftungsbeschränkung des Versicherers muß auch dann gelten, wenn die Versicherungsreise ganz oder — wie hier — teilweise aus einer Seereise besteht und der Versicherer bei Abschluß des Versicherungsvertrags wußte, daß das Schiff ein Flußschiff ist, das eine Seetüchtigkeit im eigentlichen Sinne nicht besitzt. Zutreffend hat das Berufungsgericht ausgeführt, daß dann nach dem Grundsatz von Treu und Glauben, worauf in § 13 ADS. besonders eindringlich Bezug genommen ist, das Flußschiff für die versicherte Seereise soweit in verkehrsüblicher Weise seetüchtig zu machen ist, wie dies ohne unverhältnismäßige Aufwendungen gegenüber der Binnenfahrtüchtigkeit geschehen kann (Ritter a. a. O. § 58 Anm. 22 a. E.). Dabei wird in entsprechender Anwendung der für § 58 ADS. geltenden Grundsätze die Haftpflicht des Versicherers durch die bloße Tatsache beseitigt, daß sich das Schiff bei Beginn der unter die Versicherung fallenden Seereise nicht in dem danach erforderlichen Zustande befunden hat. Zu Unrecht wendet die Revision ein, daß damit ein dem Transportversicherungsrecht fremder Begriff der relativen oder der beschränkten Seetüchtigkeit eingeführt werde. Denn gerade diese Begriffe, wonach das versicherte Schiff nur für die besonderen Umstände der beabsichtigten Transportunternehmung tüchtig sein muß — relative Seetüchtigkeit —, oder nur für gewisse Fahrten (z. B. an der Küste entlang) oder für Fahrten bestimmter Art und unter bestimmten Umständen (z. B. bei gutem Wetter) — beschränkte Seetüchtigkeit — geeignet ist, sind im

Seeversicherungsrecht allgemein anerkannt und gebräuchlich (Ritter a. a. O. § 58 Anm. 6, 7; Schaps, Seerecht § 513 Anm. 2).

Nach den Feststellungen des Berufungsgerichts mußte vor Beginn der Seereise die Verschmutzung der Brennstofftanks entfernt werden. Die Tanks enthielten Schmutz, Fasern und Glasstücke. Das war schon für die Binnenschiffahrtsreise nicht ordnungsmäßig, wenngleich hier bei ruhiger Fahrt solche Fremdkörper auf dem Tankboden liegen blieben. Beim Arbeiten des Schiffes in bewegter See dagegen vermengten sie sich mit dem Öl derartig, daß sie durch die Filter nicht zurückgehalten wurden und in die Zuleitungen zum Motor gelangten. Das Schiff war also bei Beginn der Seereise sowie bei der Abfahrt von Warnemünde in einem solchen Zustande, daß es nicht geeignet war, die gewöhnlichen Gefahren der Seeschiffahrt, und zwar auch der hier in Frage kommenden Seefahrt längs der Ostseeküste, zu überstehen. Das Schiff konnte aber ohne besonderen Aufwand von Zeit, Mühe und Kosten durch Reinigung der Tanks in einen gehörigen Zustand versetzt werden. Dies mußte und konnte spätestens vor Beginn der Seefahrt oder auch noch vor der Ausreise von Warnemünde geschehen und gehörte — wie das Berufungsgericht festgestellt hat — zu den Obliegenheiten des Maschinisten oder des Schiffsführers. Daraus folgt aber nicht ohne weiteres, daß die Kläger mit Erfolg geltend machen könnten, es handle sich hier um ein für den Unfall ursächliches Verschulden der Schiffsbesatzung, das gemäß § 33 Abs. 3 ADS. nicht der Versicherungsnehmer, sondern der Versicherer zu vertreten habe. Denn die Vorschrift in § 33 Abs. 3 bezieht sich nicht auf ein solches Verhalten der Schiffsbesatzung, das die unzulängliche Beschaffenheit des Schiffes bei Beginn der Seereise im oben erörterten Sinne zur Folge hat, eine Beschaffenheit, welche die Haftpflicht des Versicherers objektiv, also ohne Rücksicht auf ein Verschulden des Versicherten oder der Schiffsbesatzung, ausschließt (Ritter a. a. O. § 33 Anm. 36, 37, 38, 39; § 58 Anm. 19 bis 30; Sieveking, Seeversicherungsrecht § 821 Anm. 4; Voigt, Seeversicherungsrecht S. 445flg.; Allgemeine Seeversicherungs-Bedingungen von 1867 § 70 Nr. 1). Im vorliegenden Falle handelt es sich bei der Reinigung der Brennstofftanks um die gehörige und verkehrsübliche Instandsetzung einer unmittelbar dem Schiffsbetrieb dienenden Einrichtung des Schiffes. Diese Reinigung war erforderlich, um das Schiff für einen Teil der

Versicherungsreise tauglich zu machen. Sie mußte vor Beginn dieses Abschnitts der Versicherungsreise erfolgen, da sie auf See nicht oder doch nicht in sachgemäßer Weise vorgenommen werden konnte, etwa sobald infolge Wellengangs eine stärkere Bewegung des Schiffes eintrat. Deshalb sind die Versicherer ohne Rücksicht darauf, ob ein schuldhaftes Verhalten der Schiffsbesatzung vorliegt oder nicht (§ 33 Abs. 3 ADS.), gemäß § 58 ADS. von der Haftung für den Unfall befreit. Demgegenüber ist die Bezugnahme der Revision auf das Urteil des Reichsgerichts vom 21. April 1913 I 921/12 (Hans. Gerichtszeitung 1913, Hauptbl. S. 180 Nr. 85) schon um deswillen verfehlt, weil die dort an Hand der Bremer Seeversicherungs-Bedingungen von 1875 angestellten Erwägungen auf besonderen tatsächlichen Feststellungen des Berufungsgerichts beruhen, wie sie hier nicht in Frage kommen. Ähnlich verhält es sich mit den in RGZ. Bd. 85 S. 129 auf Grund der Allgemeinen Seeversicherungs-Bedingungen von 1867 erörterten Gesichtspunkten (zu vgl. aber auch Ritter, Seeversicherung § 58 Anm. 20).

---

5. Gilt die in § 10 Abs. 3 des Aufwertungsgesetzes für die Aufwertung von Forderungen aus Gutsüberlassungsverträgen festgesetzte Beschränkung auch für solche Gutsüberlassungsverträge, die gleichzeitig eine Auseinandersetzung der in § 10 Abs. 1 Nr. 2 dieses Gesetzes genannten Art enthalten?

V. Zivilsenat. Beschl. v. 9. Juli 1927 i. S. Pl. (Antragsteller) w. Pl. (Antragsgegner). VB 20/27.

I. Aufwertungsstelle Ahrensböck.
II. Landgericht Lübeck.

Der Sachverhalt und die Entscheidung ergeben sich aus folgenden

Gründen:

Der Antragsgegner ist Eigentümer des unter Art. 22 der Dorfschaft Sch. verzeichneten Grundbesitzes, der ihm am 15. Dezember 1919 von seinem Vater übertragen worden ist. Bei dieser Übertragung wurde für die Eltern des Antragsgegners ein verhältnismäßig hohes Altenteilsrecht bestellt und das Grundstück dem Antragsgegner zu einem geringeren Preis, als es wert war, übertragen. Es wurde ferner für den Antragsteller eine Hypothek von 2000 *M* als „Abfindung“ bestellt, die am 9. Januar 1920 im Grundbuch für ihn eingetragen worden ist. Die Hypothek ist dem Antragsteller im November 1922 zum Nennbetrag zurückgezahlt, aber im Grundbuch nicht gelöscht worden. Der Antragsteller hat erhöhte Aufwertung der persönlichen Forderung beantragt. Die Aufwertungsstelle hat sie durch Beschluß vom 8. November 1926 auf 1000 G.*M* aufgewertet. Die gegen diesen Beschluß vom Antragsteller und vom Antragsgegner eingelegten sofortigen Beschwerden hat das Landgericht zurückgewiesen. Gegen dessen Beschluß hat der Antragsgegner sofortige weitere Beschwerde eingelegt. Er macht geltend, die Forderung des Antragstellers beruhe auf einem Gutsüberlassungsvertrag; daher sei die Vorschrift des § 10 Abs. 3 AufwG. anzuwenden.

Das Oberlandesgericht Hamburg hat die sofortige weitere Beschwerde dem Reichsgericht vorgelegt und im Vorlegungsbeschluß folgendes ausgeführt: Das Landgericht habe angenommen, daß es sich „bei dem Gutsüberlassungsvertrag“ um eine bei Lebzeiten des Erblassers vorgenommene Nachlaßregulierung handle; deshalb sei die persönliche Forderung des Antragstellers auf Grund des § 10 Abs. 1 Nr. 2 AufwG. nach allgemeinen Vorschriften unter Abweichung von dem normalen Höchstsatz aufzuwerten, und zwar ohne die in § 10 Abs. 3 AufwG. vorgeschriebene Beschränkung, die für eine auf Auseinandersetzung zwischen Eltern und Kindern beruhende Forderung nicht gelte. Unter einem Gutsüberlassungsvertrag sei ein Vertrag zu verstehen, durch den Eltern oder ein Elternteil einem der Abkömmlinge unter Vorwegnahme des Erbgangs das Gut überließen. Forderungen aus einem Gutsüberlassungsvertrag seien nicht nur die Forderungen des vertragschließenden Elternteils auf Gegenleistungen, die ihm selbst für die Gutsüberlassung zu gewähren seien, sondern auch alle Forderungen, die der Überlasser zugunsten Dritter, nämlich seines Ehegatten und seiner sonstigen Erben, zu ihrer Abfindung vom Gut wegen ihrer familien- oder erbrechtlichen Ansprüche ausbedinge, und die gleichfalls Gegenleistungen für die Überlassung darstellten. Seien mehrere Abkömmlinge vorhanden, so werde der Gutsüberlassungsvertrag in der Regel Festsetzungen über die Abfindung der durch die Überlassung in ihren künftigen Erbansprüchen benachteiligten Abkömmlinge enthalten. Er werde also in der Regel auch unter den Begriff einer Auseinandersetzung zwischen Miterben oder Eltern und Kindern fallen. Trotzdem seien die Abfindungsansprüche nur mit der in § 10 Abs. 3 AufwG. vorgeschriebenen Beschränkung aufzuwerten, weil sie Forderungen aus einem Gutsüberlassungsvertrag seien. Für die Anwendbarkeit dieser Beschränkungsvorschrift sei nur entscheidend, ob die aufzuwertende Forderung durch einen solchen Vertrag begründet sei. In diesem Falle sei es unerheblich, ob die Begründung zu Zwecken einer Auseinandersetzung im Sinne des § 10 Abs. 1 Nr. 2 AufwG. erfolgt sei. Diese Auslegung der Vorschriften sei nicht nur durch den Wortlaut geboten, sondern erscheine auch nach ihrer Begründung als die vom Gesetzgeber gewollte, wie die im Ausschußbericht S. 43 enthaltenen Ausführungen ergäben. Auf Grund dieser Rechtsauffassung sei der Beschluß des Landgerichts, weil auf einer Gesetzesverletzung beruhend, aufzuheben und die Zurückverweisung der Sache an das Beschwerdegericht zur erneuten Prüfung erforderlich, weil die tatsächlichen Feststellungen des Beschwerdegerichts es zweifelhaft erscheinen ließen, ob die aufzuwertende Forderung wirklich auf einem zwischen dem Vater und dem Antragsgegner geschlossenen Gutsüberlassungsvertrag beruhe. Das Beschwerdegericht habe nur festgestellt, daß das Gut „übertragen" sei und daß „bei dieser Übertragung" die Hypothek bestellt sei. Diese Feststellung reiche nicht aus. Danach könne die Begründung der Forderung bei Gelegenheit oder aus Anlaß der Gutsüberlassung erfolgt sein. Notwendig sei aber die Feststellung, ob sie durch den, wenn auch nur mündlich geschlossenen, aber durch nachfolgende Übereignung rechtswirksam gewordenen Gutsüberlassungsvertrag begründet und deshalb eine Forderung aus diesem sei. Die danach noch erforderliche Aufklärung werde das Beschwerdegericht nach § 12 FGG. zu bewirken haben. An dieser Entscheidung sehe sich aber der Senat durch die Entscheidung des Kammergerichts vom 8. März 1926, abgedruckt in der Zeitschr. des d. Not. Ver. 1926 S. 249 unter Nr. 10, gehindert. Denn dort werde die Anwendung des § 10 Abs. 3 AufwG. auf die reinen Gutsüberlassungsverträge beschränkt, für solche Gutsüberlassungsverträge aber, die gleichzeitig eine familien- oder erbrechtliche Auseinandersetzung enthalten, ausgeschlossen. Diese Ansicht widerspreche der Auffassung des Senats.

Die Voraussetzungen für eine Entscheidung des Reichsgerichts sind nach § 74 Abs. 1 Satz 2 AufwG. gegeben. Es handelt sich demnach darum, ob die in § 10 Abs. 3 AufwG. für Gutsüberlassungsverträge festgesetzte Aufwertungsbeschränkung auch für solche Verträge gilt, die gleichzeitig eine Auseinandersetzung der in § 10 Abs. 1 Nr. 2 AufwG. genannten Art enthalten, oder ob die beschränkte Aufwertung nach Abs. 3 nur bei sog. „reinen" Gutsüberlassungsverträgen, also bei solchen Verträgen Platz greift, in denen eine Auseinandersetzung der in Nr. 2 gedachten Art nicht enthalten ist.

Die streitige Frage ist in dem vom Oberlandesgericht Hamburg vertretenen Sinne zu entscheiden. Der Begriff des Gutsüberlassungsvertrags ist ein in Gesetzgebung und Rechtsprechung feststehender Begriff (RGZ. Bd. 81 S. 313). Man versteht darunter einen Vertrag, durch den Eltern ihr Vermögen, insbesondere ihren Grundbesitz, bei Lebzeiten mit Rücksicht auf die künftige Erbfolge an einen ihrer Abkömmlinge übergeben und dabei für sich einen ausreichenden Lebensunterhalt — Leibzucht, Leibgedinge, Altenteil, Auszug, Ausgedinge — und für die außer dem Übernehmer noch vorhandenen weiteren Abkömmlinge eine Abfindung ausbedingen. Gerade diese Auseinandersetzung zwischen dem Übergebenden und dem Übernehmer und zugunsten der übrigen Abkömmlinge bildet den typischen Inhalt solcher Verträge. Daß das Aufwertungsgesetz, wenn es in § 10 Abs. 3 und Abs. 1 Nr. 2 von Gutsüberlassungsverträgen spricht, diese Bezeichnung in einem engeren als dem im Rechtsleben allgemein üblichen Sinne angewandt und darunter nur solche — „reine" — Gutsüberlassungsverträge verstanden haben sollte, die nicht zugleich eine Auseinandersetzung im Sinne von Abs. 1 Nr. 2 enthalten, ist von vornherein nicht anzunehmen, wird aber auch durch die Entstehungsgeschichte des Gesetzes widerlegt. Der Bericht des 18. Ausschusses 3. Lesung (Drucks. des Reichstags III. Wahlperiode 1924/25 Nr. 1125 S. 43) enthält hierüber folgendes: „Zu § 10 wurde nochmals darum gestritten, ob die Regelung beibehalten werden könne, daß bei Restkaufgeldansprüchen, bei Forderungen aus Gutsüberlassungen und auf wiederkehrende Leistungen (Nr. 2, 4, 5) feste Grenzen für das Höchstmaß der Aufwertung festgesetzt würden. Bei den Restkaufpreisen war die Mehrheit der Meinung, daß es bei der bisherigen Regelung verbleiben müsse, daß man insbesondere durch den Termin vom 1. Januar 1922 bei Inflationsverkäufen den Gläubigern bereits weit entgegenkomme. Anderseits müßten die gleichen Rücksichten, wie sie gegenüber den Restkaufgeld-Schuldnern genommen seien, auch auf Schuldner aus Gutsüberlassungsverträgen ausgedehnt werden und zwar um so mehr, als diese Verträge vielfach durch erbrechtliche Grundsätze beeinflußt seien und zur Vermeidung der Zerreißung landwirtschaftlicher Einheiten Vorsorge getroffen werden müsse, daß der Gutsübernehmer nicht durch schrankenlose Aufwertung der Abfindungsansprüche wirtschaftlich erdrückt werde." Hieraus ergibt sich, daß man bei der Beratung des Abs. 3 des § 10 AufwG. gerade an solche Verträge gedacht hat, die zugleich eine Abfindung der Abkömmlinge und künftigen Erben enthielten, und daß die Vorschrift des Abs. 3 den Gutsübernehmer vor übermäßigen Abfindungsansprüchen sichern wollte, um ihm die ungeteilte Erhaltung des ihm übergebenen Grundbesitzes zu ermöglichen. Es würde hiernach dem Willen des Gesetzgebers zuwiderlaufen, wenn man Gutsüberlassungsverträge, die gleichzeitig eine Auseinandersetzung der in § 10 Abs. 1 Nr. 2 genannten Art enthalten, der Beschränkung des Abs. 3 nicht unterwerfen und dadurch die wirtschaftliche Stellung des Übernehmers erschüttern würde, die man gerade durch die Aufwertungsbeschränkung sichern wollte. Im übrigen hat bereits Neukirch Bem. III 1 S. 211 zu § 10 zutreffend ausgeführt, Gutsüberlassungsverträge, die nicht zugleich eine Auseinandersetzung enthielten, kämen so selten vor, daß es sinnlos gewesen wäre, für solche Verträge eine besondere Bestimmung zu treffen. Hiernach muß angenommen werden, daß die in § 10 Abs. 3 getroffene Beschränkung der Aufwertung bei Gutsüberlassungsverträgen eine die Anwendung des § 10 Abs. 1 Nr. 2 ausschließende Sonderregelung ist, und daß somit die beschränkte Aufwertung gemäß Abs. 3 auch solche Verträge betrifft, die gleichzeitig eine Auseinandersetzung im Sinne des § 10 Abs. 1 Nr. 2 enthalten. (Nach Anführung von Rechtsprechung und Schrifttum wird fortgefahren:) Auch der an manchen Stellen vertretenen Ansicht kann nicht beigepflichtet werden, nach der das vom Übergebenden für sich selbst ausbedungene Entgelt, nicht jedoch auch die für seine zukünftigen Erben ausbedungenen Ansprüche der beschränkten Aufwertung nach Abs. 3 unterliegen sollen. Für eine solche Unterscheidung bietet das Aufwertungsgesetz keine Grundlage. Auch das in einem Gutsüberlassungsvertrag zugunsten künftiger Erben ausbedungene Entgelt ist eine Forderung, die auf dem Vertrag „beruht"; es bildet eine Gegenleistung für den Übergebenden. Gerade diese Abfindungsansprüche sind nach dem Bericht des Ausschusses für die Beschränkung der Aufwertung nach Abs. 3 entscheidend gewesen.

Hiernach ist die Aufhebung des landgerichtlichen Beschlusses sowie die Zurückverweisung der Sache zur weiteren Aufklärung des Sachverhalts in der vom Oberlandesgericht angegebenen Richtung geboten. Dabei ist zu beachten, daß für die Frage, ob eine Forderung auf einem Gutsüberlassungsvertrag beruht, nicht die Rechtsform entscheidend ist, in welche die Forderung gekleidet ist, sondern daß es auf das Wesen des Anspruchs und auf seinen wirtschaftlichen Ursprung ankommt (Urteile vom 8. Mai 1926 V 345/25 und vom 16. Februar 1926 VI 429/25).

---

6. Welche im ordentlichen Rechtsweg verfolgbaren Ansprüche stehen dem Inhaber eines Kirchenstuhlrechts gegenüber einer Anordnung der kirchlichen Verwaltung zu, durch die sein Recht aus kirchenpolizeilichen Gründen eingeschränkt oder aufgehoben wird? Welches kirchliche Organ ist für eine solche Anordnung zuständig? Ist die Anordnung eine Enteignung im Sinne der Reichsverfassung?

EG. z. BGB. Art. 133. Preuß. Allg. Landrecht Einleitung §§ 74, 75; Teil II Tit. 11 §§ 681, 685. RVerf. Art. 137, 153. Codex juris canonici can. 335, 368, 1263.

IV. Zivilsenat. Urt. v. 11. Juli 1927 i. S. Sch. (Kl.) w. kathol. Kirchengemeinde G. (Bekl.). IV 74/27.

I. Landgericht Dortmund.
II. Oberlandesgericht Hamm.

Der Kläger ist Eigentümer eines Gutes in G., des sog. Schultenhofs. Er macht geltend, daß ihm an den auf der kleinen Orgelbühne der katholischen Kirche in G. befindlichen Plätzen ein Kirchenstuhlrecht zustehe, und zwar (Gegenstand des in erster Linie gestellten

Feststellungsantrags) als ein mit dem Eigentum am Schultenhof verbundenes dingliches Recht oder (Gegenstand des in zweiter Linie gestellten Feststellungsantrags) als ein vererbliches persönliches Recht. Das Landgericht hat den Hauptklaganspruch zuerkannt. Das Oberlandesgericht hat die Klage abgewiesen.

Die Revision des Klägers hatte mit Bezug auf den Hauptantrag und den angeführten Hilfsantrag keinen Erfolg.

Aus den Gründen:

Das Landgericht hat gemäß dem Hauptantrag des Klägers erkannt, weil es für erwiesen erachtet hat, daß ein mit dem Eigentum am Schultenhof verbundenes dingliches Kirchenstuhlrecht (Art. 133 EG. z. BGB., § 685 ALR. II 11) vom Kläger und seinen Rechtsvorgängern durch 44jährige Ersitzung (§ 629 ALR. I 9) erworben sei. Das Oberlandesgericht hat es dahingestellt gelassen, ob der Kläger den ihm obliegenden Nachweis für ein Kirchenstuhlrecht als ein mit dem Schultenhof dinglich verbundenes oder, was er in zweiter Linie geltend gemacht hat, als ein persönliches (gemäß § 681 ALR. II 11) vererbliches Recht erbracht habe. Der Kläger habe, so wird ausgeführt, ein von ihm etwa erworbenes Recht durch die an den Pfarrer in G. und an ihn unmittelbar gerichtete Anordnung des Bischöflichen Generalvikariats in Paderborn vom 20. Oktober 1923 verloren. Diese Anordnung, die der Bischof selbst durch ein Schreiben an den Kläger vom 16. Februar 1924 ausdrücklich bestätigt habe, sei ergangen, weil durch die Beanspruchung des alleinigen Benutzungsrechts an der (kleinen) Orgelbühne durch den Kläger „die kirchliche Ordnung gefährdende Verhältnisse" hervorgerufen seien. „Um die im Gotteshause durchaus notwendige kirchliche Ordnung zu sichern und unliebsamen Störungen in der Kirche vorzubeugen", sei dem Kläger unter Bezugnahme auf can. 1263 § 3 cod. jur. can. auch für den Fall, daß ihm früher einmal ein Benutzungsrecht an den beanspruchten Sitzen eingeräumt worden sein sollte (womit auch der Fall eines auf Ersitzung beruhenden Rechts habe getroffen werden sollen und getroffen worden sei), dieses Recht abgesprochen und der Kirchenvorstand aufgefordert worden, die Sitze zu vermieten. Damit habe die geistliche Aufsichtsbehörde das vom Kläger beanspruchte Recht, wenn es bestanden haben sollte, beseitigen wollen. Wenn das Kirchenstuhlrecht auch, weil auf privatrechtlichem Titel beruhend, privatrechtlichen Charakter habe, so unterliege es doch solchen Einschränkungen, die sich aus der Bestimmung der dem Rechte dienenden Gegenstände für den kirchlichen Gottesdienst ergäben und durch die kirchliche Ordnung bedingt seien. Der geistlichen Aufsichtsbehörde komme es zu, die im Interesse des Kultus erforderlichen Anordnungen zu treffen. Ihr stehe daher auch die Entscheidung darüber zu, welche Maßnahmen zur Aufrechterhaltung der Ordnung bei dem im Kirchengebäude sich vollziehenden Gottesdienst erforderlich seien. Ihr müsse auch die Befugnis zuerkannt werden, dem auf Grund privatrechtlichen Titels zur Benutzung eines Kirchenstuhls Berechtigten die weitere Benutzung zu untersagen oder das Kirchenstuhlrecht selbst für die Zukunft in Fortfall zu bringen, wenn sie dessen Ausübung mit den Zwecken des Gottesdienstes für unvereinbar halte. Dieser in der Rechtsprechung des vormaligen Preuß. Obertribunals (Striethorsts Arch. Bd. 99 S. 173) und des Reichsgerichts (RGZ. Bd. 7 S. 136, Bd. 16 S. 159, Bd. 24 S. 174) anerkannte Rechtszustand bestehe auch unter der neuen Reichsverfassung fort. Er entspreche dem den Religionsgesellschaften in Art. 137 Abs. 3 RVerf. verliehenen Rechte, ihre Angelegenheiten selbständig innerhalb der Schranken des für alle geltenden Gesetzes zu ordnen und zu verwalten. Das Kirchenstuhlrecht des Klägers habe allerdings, wenn es durch 44jährigen Besitz nach den Vorschriften des Privatrechts erworben worden sei, auch durch die Ausübung von kirchenpolizeilichen Befugnissen der geistlichen Aufsichtsbehörde nicht so beseitigt werden können, wie wenn es nie bestanden hätte. Nach allgemeinen staatsrechtlichen Grundsätzen sei in Fällen, wo wohlerworbene Privatrechte als unvereinbar mit Rücksichten der öffentlichen Ordnung und Wohlfahrt aufgehoben würden, eine Entschädigung in Geld zu leisten (§§ 74, 75 Einl. z. ALR.; RGZ. Bd. 16 S. 159).

Diese Ausführung hält der von der Revision allgemein erbetenen rechtlichen Nachprüfung stand. Sie steht für die Zeit vor der neuen Reichsverfassung im Einklang mit wiederholten Entscheidungen des Reichsgerichts, von denen neben den im Berufungsurteil angeführten, auf dem Boden des gemeinen Rechts ergangenen Urteilen des III. Zivilsenats das Urteil des jetzt erkennenden Senats vom 31. März 1910 (WarnRspr. 1910 Nr. 224, Gruch. Bd. 54 S. 1182) und die dort angezogenen weiteren Urteile in Betracht kommen.

Im besonderen erhebt die Revision gegen diesen Teil des Urteils zwei Einwendungen. Sie macht geltend: a) Wenn überhaupt eine kirchliche Instanz befugt sein sollte, in das auf dem Kirchengebäude in G. haftende und zugleich die beklagte Kirchengemeinde belastende Kirchenstuhlrecht verfügend einzugreifen, so stehe diese Befugnis nicht dem Bischof, sondern dem Kirchenvorstand als demjenigen Organ zu, das nach § 1 des Gesetzes über die Verwaltung des katholischen Kirchenvermögens vom 24. Juli 1924 (PrGS. S. 585) das Vermögen der Kirchengemeinde verwalte und die Gemeinde und das Vermögen vertrete. Der Kirchenvorstand habe aber seinerseits keine solche Verfügung getroffen. b) Die etwa mögliche Beseitigung eines wohlerworbenen Privatrechts durch die kirchliche Obrigkeit habe jedenfalls gemäß Art. 153 RVerf. nicht ohne Entschädigung geschehen dürfen. Die Enteignung habe deshalb nicht ausgesprochen werden dürfen, ohne daß gleichzeitig ein Verfahren wegen der Entschädigung des Enteigneten eingeleitet worden sei. Solange dies nicht geschehen sei, habe der Kläger sein Recht behalten. Art. 137 RVerf. überlasse den Religionsgesellschaften die Verwaltung ihrer Angelegenheiten nur innerhalb der für alle geltenden gesetzlichen Schranken. Aus der Selbständigkeit der Kirche könne deshalb ein Grund für die Enteignungsberechtigung nicht hergeleitet werden.

Beide Einwendungen beruhen auf einer Verkennung des Wesens der in Rede stehenden kirchlichen Anordnung:

a) Es handelt sich bei der Anordnung vom 20. Oktober 1923 nicht um die Besorgung einer kirchlichen Vermögensangelegenheit, die nach § 1 des von der Revision angezogenen Gesetzes vom 24. Juli 1924 oder vielmehr nach den entsprechenden Vorschriften in §§ 1 und 8 des damals noch geltenden Gesetzes über die Vermögensverwaltung in den katholischen Kirchengemeinden vom 20. Juni 1875 (PrGS. S. 241) Sache des Kirchenvorstands gewesen wäre. Jene Anordnung wurde ausgesprochenermaßen getroffen, um die im Gotteshause notwendige kirchliche Ordnung zu sichern und unliebsamen Störungen in der Kirche vorzubeugen. Damit sind kirchenpolizeiliche Befugnisse ausgeübt worden. Darüber, wem solche Befugnisse zustehen, ist in den beiden angeführten Gesetzen nichts gesagt. Die Zuständigkeit bestimmt sich insofern nicht nach Staatskirchenrecht, sondern nach der inneren Verfassung der katholischen Kirche. Das war schon vor dem Inkrafttreten der neuen Reichsverfassung rechtens und in dieser ist durch die Vorschrift des Art. 137 Abs. 3 gewährleistet, daß jede Religionsgesellschaft innerhalb der Schranken des für alle geltenden Gesetzes ihre Angelegenheiten selbständig ordne und verwalte. Nach dem somit maßgebenden Codex juris canonici ist mit dem Berufungsgericht nicht zu bezweifeln, daß die Befugnis, ein Kirchenstuhlrecht aus kirchenpolizeilichen Gründen einzuschränken oder aufzuheben, dem Bischof als dem Ordinarius loci (can. 335, 1263 §§ 2, 3) und in seiner Vertretung dem Generalvikar zusteht (can. 368 § 1). Die Vermietung der Kirchensitze, die der Beklagten durch die Aufhebung des etwaigen Kirchenstuhlrechts des Klägers ermöglicht ist, ist allerdings eine Vermögensangelegenheit, bei der die Beklagte durch ihren Kirchenvorstand vertreten wird. Die Besorgung dieser Vermögensangelegenheit steht aber hier nicht in Frage.

b) Eine Verdrängung privater Herrschaft durch polizeiliche, hier kirchenpolizeiliche Gewalt ist keine Enteignung in dem in Art. 153 Abs. 2 RVerf. vorausgesetzten technischen Sinne. Ein solcher Eingriff in ein Privatrecht findet seine rechtliche Grundlage in den im Berufungsurteil angezogenen §§ 74, 75 Einl. z. ALR., deren fortdauernde Geltung neben Art. 153 RVerf., wie vorher neben dem bereits die Unverletzlichkeit des Eigentums aussprechenden und die Enteignung grundsätzlich regelnden Art. 9 der Preuß. Verfassungsurkunde vom 31. Januar 1850, in der Rechtsprechung des Reichsgerichts anerkannt ist (RGZ. Bd. 82 S. 80, Bd. 105 S. 330, Bd. 112 S. 98, Bd. 113 S. 304, 306; JW. 1925 S. 2446 Nr. 3). Nach den beiden Landrechtsparagraphen müssen einerseits einzelne Rechte und Vorteile der Mitglieder des Staates den Rechten und Pflichten zur Beförderung des gemeinschaftlichen Wohls, bei einem zwischen beiden eintretenden wirklichen Widerspruch, nachstehen (§ 74); anderseits muß der Staat denjenigen entschädigen, der seine besonderen Rechte und Vorteile dem Wohle des gemeinen Wesens aufzuopfern genötigt wird (§ 75). Dieser Grundsatz ist schon vom vormaligen Preuß. Obertribunal auf die Fälle, in denen der zum Besten des gemeinen Wohls erfolgende Eingriff nicht dem Staatsganzen, sondern einer im Staate bestehenden engeren öffentlichrechtlichen Gemeinschaft zugute kommt, in dem Sinne angewandt worden, daß dann die engere Gemeinschaft zur Entschädigung verpflichtet ist. Das Reichsgericht hat hieran in ständiger Rechtsprechung festgehalten (so in den ersten drei der eben angeführten fünf Urteile und in den im ersten dieser Urteile verzeichneten früheren Entscheidungen). Die beklagte Kirchengemeinde ist auch unter der Herrschaft der neuen Reichsverfassung (Art. 137 Abs. 5, 6) eine Körperschaft des öffentlichen Rechts. Daß der Kläger kraft der kirchenpolizeilichen Anordnung sein etwaiges Kirchenstuhlrecht zu ihren Gunsten aufopfern muß, macht sie entschädigungspflichtig. Die Wirksamkeit der die Aufopferung aussprechenden Anordnung ist aber in den §§ 74, 75 a. a. O. nicht von der gleichzeitigen Einleitung eines Entschädigungsverfahrens abhängig gemacht. Ob die Worte in dem von der Revision zu Unrecht angerufenen Art. 153 Abs. 2 RVerf., daß eine Enteignung „gegen angemessene Entschädigung" erfolge, in einem derartigen Sinne zu verstehen sind, braucht hier nicht erörtert zu werden. . . .

---

7. In welcher Frist verjähren die Schlepplohnforderungen der Schleppschiffer?

BGB. § 196 Abs. 1 Nr. 1 und 3, Abs. 2.

VII. Zivilsenat. Urt. v. 12. Juli 1927 i. S. R. (Bekl.) w. N. (Kl.). VI 138/27.

I. Landgericht Duisburg.
II. Oberlandesgericht Düsseldorf.

Die Klägerin verlangt von der Beklagten die Zahlung von Schlepplöhnen. Die Klage ist vom Landgericht abgewiesen, vom Oberlandesgericht dem Grunde nach zugesprochen worden. Die Revision der Beklagten blieb ohne Erfolg.

Aus den Gründen:

. . . Der zweite Angriff der Revision richtet sich gegen die Erwägungen des Berufungsgerichts, mit denen es den Eintritt der Verjährung der Klagansprüche verneint hat. Ob diesen Erwägungen beizutreten wäre, kann unerörtert bleiben, denn die zweijährige Verjährungsfrist des § 196 Abs. 1 Nr. 3 BGB., von welcher der Berufungsrichter ausgegangen ist, kommt überhaupt nicht in Frage. Unter die angezogene Vorschrift fallen die Ansprüche der Eisenbahnunternehmungen, Frachtfuhrleute, Schiffer, Lohnkutscher und Boten wegen des Fahrgelds, der Fracht, des Fuhr- und Botenlohns. Dazu gehören nicht die Ansprüche der Schleppschiffahrtsunternehmer auf Zahlung des vereinbarten Schlepplohns. Namentlich ist der Schleppvertrag kein Frachtvertrag. Beim Schleppvertrag wird das zu schleppende Schiff regelmäßig — und etwas abweichendes ist hier nicht behauptet worden — dem Schleppschiffer nicht übergeben. Es bleibt im Besitz desjenigen, der den Schleppauftrag erteilt, und die Aufgabe des Schleppschiffers besteht nur darin, mit der von ihm gestellten Kraft das schwimmende Schiff an einen bestimmten Ort zu bringen. Für diesen Erfolg haftet der Schiffer, und die von ihm geschlossenen Verträge sind deshalb wohl Werkverträge, aber, da es an einer zur Beförderung übergebenen Sache fehlt, nicht Frachtverträge, vgl. Ob. Trib. bei Striethorst Archiv Bd. 57 S. 121, Gruch. Bd. 14 S. 862, ROHG. Bd. 23 S. 320. Dem ist das Reichsgericht in RGZ. Bd. 6 S. 100 nicht entgegengetreten.

Die von der Klägerin erhobenen Ansprüche auf Zahlung von Schlepplohn fallen aber unter § 196 Abs. 1 Nr. 1 BGB., denn es sind die Ansprüche eines Kaufmanns für die durch Werkvertrag übernommene Ausführung von Arbeiten, und da die Leistungen für den Gewerbebetrieb des Schuldners bewirkt worden sind, verjähren sie nach § 196 Abs. 2 BGB. in vier Jahren. Diese Frist ist unstreitig nicht abgelaufen.

Die Entscheidung RGZ. Bd. 86 S. 422, auf die sich die Beklagte berufen hat, greift nicht ein. Sie sagt nur, daß auch die unter Großkaufleuten und für den Gewerbebetrieb des Schuldners geschlossenen Seefrachtverträge unter Nr. 3 des § 196 Abs. 1 BGB. fallen. . . .

---

8. Ist eine Klage, in der mit einem Wechselanspruch ein anderer Anspruch verbunden wird, der nicht Feriensache ist, im ganzen oder nur teilweise oder überhaupt nicht Feriensache?

GVG. § 200.

II. Zivilsenat. Urt. v. 12. Juli 1927 i. S. M. (Bekl.) w. Firma W. L. (Kl.). II 122/27.

I. Landgericht Kiel.
II. Oberlandesgericht daselbst.

Die Klägerin ist Ausstellerin zweier vom Beklagten akzeptierter, mangels Zahlung protestierter Wechsel vom 4. März und 2. Mai 1925 über insgesamt 2500 RM. Sie hat auf Zahlung dieser Summe im Wechselprozeß Klage erhoben. Durch Vorbehaltsurteil des Landgerichts ist der Beklagte antragsgemäß verurteilt worden. Nach Überleitung ins ordentliche Verfahren hat die Klägerin ihren Anspruch um 23,80 RM erweitert mit der Begründung, dem Beklagten sei dieser Betrag als Provision versehentlich doppelt gutgebracht worden. Der Beklagte hat im ordentlichen Verfahren Widerklage auf Zahlung von 4481 RM erhoben. Das Landgericht hat sodann das Vorbehaltsurteil aufrechterhalten, den Beklagten zur Zahlung von weiteren 23,80 RM verurteilt und die Widerklage abgewiesen.

Gegen dieses am 24. Juli 1926 zugestellte Urteil hat der Beklagte am 21. August 1926 Berufung eingelegt. Am 13. Oktober 1926 hat sein Anwalt die Berufungsbegründung eingereicht.

In der Berufungsinstanz ist die Verhandlung auf die Frage der Zulässigkeit der Berufung beschränkt worden. Das Oberlandesgericht hat die Berufung insoweit, als sie sich gegen die Aufrechterhaltung des Vorbehaltsurteils richtete, als unzulässig verworfen; im übrigen hat es die Berufung für zulässig erklärt.

Auf die Revision des Beklagten wurde seine Berufung im vollen Umfang für zulässig erklärt.

Gründe:

Das Oberlandesgericht ist der Auffassung, daß ein Anspruch aus einem Wechsel, gleichviel ob er im Wechselprozeß, im Nachverfahren oder im ordentlichen Verfahren geltend gemacht werde, Feriensache sei, und daß dieser Charakter ihm auch erhalten bleibe, wenn mit ihm ein anderer Anspruch, der nicht zu den Feriensachen gehöre, verbunden werde oder wenn der Beklagte eine Widerklage erhebe, die gleichfalls nicht Feriensache sei. Der Berufungsrichter kommt danach zu dem Ergebnis, daß im vorliegenden Rechtsstreit nur der Wechselanspruch, nicht aber der mit ihm verbundene Anspruch auf Zahlung von 23,80 RM aus ungerechtfertigter Bereicherung und ebensowenig die Widerklage als Feriensache zu behandeln sei. Daraus folge, daß die Berufung wegen des Wechselanspruchs bis zum 21. September 1926 habe begründet werden müssen, was nicht geschehen sei, während sie im übrigen noch bis zum 15. Oktober 1926 habe begründet werden können und (durch Einreichung der

Berufungsbegründung vom 13. Oktober 1926) auch rechtzeitig begründet worden sei.

Diese Auffassung ist, wie die Revision mit Recht rügt, nicht haltbar.

Zutreffend geht zwar das Oberlandesgericht davon aus, daß es für die Frage, ob Ansprüche aus Wechseln zu den Feriensachen gehören, nicht von Bedeutung sei, in welchem Prozeßverfahren sie erhoben werden, sondern daß es allein auf die Natur des Anspruchs als eines Wechselanspruchs ankomme. Der Vorderrichter folgt darin der ständigen Rechtsprechung des I. Zivilsenats des Reichsgerichts, der diese Ansicht in RGZ. Bd. 78 S. 316 gegen die abweichende Meinung des III. Zivilsenats in JW. 1910 S. 294 Nr. 35 mit überzeugenden Gründen verteidigt und an ihr festgehalten hat. In RGZ. Bd. 78 S. 316 ist grundsätzlich ausgesprochen, daß eine Klage, die außer einem Wechselanspruch auch Ansprüche aus anderen, nicht unter § 200 Abs. 2 GVG. fallenden Rechtsverhältnissen umfasse, keine Feriensache sei. Insoweit weicht der I. Zivilsenat auch von JW. 1910 S. 294 Nr. 35 nicht ab. Diese Auffassung des I. Zivilsenats lehnt das Oberlandesgericht unter Berufung auf die Praxis in Mieträumungs-Sachen mit der Erwägung ab, sie könnte nur damit begründet werden, daß der Kläger durch die Verbindung der Ansprüche ihre Eilbedürftigkeit selbst verneint habe. Diese Begründung schlage aber um so weniger durch, als die Behandlung des Wechselanspruchs als eilbedürftig innerhalb des Gesamtprozesses durchaus möglich bleibe und durch Teilurteil gesichert werden könne, während die Auffassung des Reichsgerichts hier zu dem befremdenden Ergebnis führe, daß die Erhebung des geringfügigen Anspruchs von 23,80 RM den Charakter des Wechselanspruchs von 2500 RM als Feriensache entscheidend beeinflussen würde.

In diesen Darlegungen kann jedoch eine rechtlich einwandfreie Lösung der Frage nicht erblickt werden.

Die Auffassung, daß bei prozessual zulässiger Verbindung anderer, in § 200 Abs. 2 GVG. nicht als Feriensachen bezeichneter Klagansprüche mit einem Wechselanspruch dem Rechtsstreit im ganzen die Eigenschaft der Feriensache zukomme, hat das Oberlandesgericht nicht vertreten. Sie wäre auch abzulehnen, weil dadurch jedem Anspruch, auch wenn er weder nach dem Gesetz Feriensache, noch nach richterlichem Ermessen eilbedürftig ist, die Eigenschaft einer Feriensache verschafft werden könnte, und zwar bloß durch den Willen des Klägers, wenn dieser in der Lage ist, ihn mit einem Wechselanspruch zu verbinden. Das wäre nicht vereinbar mit dem Zweck des Gesetzes, das sich in § 200 Abs. 2 GVG. durch die Bezeichnung genau formulierter Ansprüche als Feriensachen eine den normalen Geschäftsgang der Gerichte einschränkende Bedeutung beilegt.

Daraus folgt indessen nicht, daß bei der Behandlung mehrerer, in einem einheitlichen Rechtsstreit befangener Klagansprüche eine Teilung nach Feriensachen und Nicht-Feriensachen möglich wäre. Denn das Gesetz geht in § 200 Abs. 2 von einer durch bestimmte Ansprüche gekennzeichneten Prozeßsache aus und gibt keinen Anhalt dafür, daß eine Klage, die auch noch andere, dort nicht bezeichnete Ansprüche enthält, einer Spaltung wegen ihrer Behandlung als Feriensache fähig wäre. Die Bezeichnung derjenigen Sachen in Abs. 2, die gesetzlich als Feriensachen gelten sollen, beruht auf der unwiderleglichen Vermutung, daß sie ihrer Natur nach eilbedürftig zu sein pflegen, wenn sie den Gegenstand der Klage ausmachen. Diese Vermutung greift nicht Platz, wenn sie mit anderen Ansprüchen, die nicht Feriensachen sind, verbunden werden. Erfüllen daher die mehreren in einer einheitlichen Klage verbundenen Ansprüche nicht in ihrer Gesamtheit die Voraussetzungen, unter denen eine Sache nach § 200 Abs. 2 GVG. Feriensache ist, so ist der Rechtsstreit — vorbehaltlich anderweitiger richterlicher Entscheidung — als Nicht-Feriensache zu behandeln. Zweckmäßigkeitsgründe stehen dieser Auffassung nicht entgegen. Es mag sein, daß in Mieträumungs-Sachen der Anspruch auf Räumung als Feriensache, der Anspruch auf Zahlung nicht als solche behandelt wird, wie denn auch die Tatsacheninstanzen mitunter eine einzelne Beweisaufnahme oder die Verkündung einer Entscheidung zur Feriensache erklären. Ein unabweisliches praktisches Bedürfnis besteht jedoch für die gekennzeichnete Behandlung der Mieträumungs-Sachen nicht. Denn das Gesetz hat in § 145 ZPO., der dem Gericht die Befugnis gibt, mehrere in einer Klage erhobene Ansprüche in getrennten Verfahren zu verhandeln, den Weg gewiesen, auf dem der Eilbedürftigkeit eines (verbundenen) Anspruchs, der an sich Feriensache wäre, Rechnung getragen werden kann. Ein solcher Anspruch gewinnt durch die Trennung des Rechtsstreits in zwei selbständige Verfahren die Eigenschaft als Feriensache oder erlangt sie zurück, wie denn auch dem Gericht ohne Trennung der

Ansprüche nach § 145 ZPO. die Möglichkeit offensteht, den Rechtsstreit als solchen zur Feriensache zu erklären, falls besondere Gründe dafür sprechen. Aus der von den Instanzgerichten bevorzugten Teilung des einheitlichen Rechtsstreits in Feriensachen und Nicht-Feriensachen werden sich zwar innerhalb der Instanz kaum irgendwelche Unzuträglichkeiten ergeben. Diese beginnen aber, wie sich hier gezeigt hat, wenn der Prozeß in die zweite Instanz erwächst. Dann führt der vom Oberlandesgericht vertretene Standpunkt notwendig dahin — und diese Folgerung wird auch vom Vorderrichter selbst gezogen — daß für die Berufung einer Partei zwei verschiedene Berufungsbegründungs-Fristen in Lauf gesetzt werden, eine für den Wechselanspruch, die auch während der Gerichtsferien läuft, die andere für die übrigen Ansprüche, die durch die Ferien gehemmt wird. Dieses Ergebnis ist unannehmbar und mit der Prozeßordnung nicht zu vereinigen.

Ebenso, wie es für eine Partei nur eine Berufung und nur eine Frist gibt, innerhalb deren die Berufung einzulegen ist, kennt das Gesetz (§§ 519 flg. ZPO.) auch nur eine Berufungsbegründung und nur eine Frist, innerhalb deren die Begründung einzureichen ist. Zum Zwecke der Zusammendrängung des Verfahrens und der Prozeßbeschleunigung eingeführt, hat die Berufungsbegründung die Anträge zusammenzufassen, die gestellt werden sollen; sie ist also einheitlich und unteilbar, und nach der für sie vorgeschriebenen Frist richtet sich auch die Begründung der Anschlußberufung (§ 522a Abs. 2 ZPO.). Die Schwierigkeiten, die sich je nach der Handhabung der Vorschriften des Gerichtsverfassungsgesetzes über die Ferien daraus ergeben können, mögen den Verfassern der jüngsten Prozeßnovelle nicht vorgeschwebt haben. Ihre Lösung kann aber nicht so gefunden werden, daß sich die Vorschriften über die Ferien im Widerspruch mit dem geltenden Prozeßrecht, dem sie dienen sollen, durchsetzen und daß sie zur Bestimmung von Fristen nötigen, die das Prozeßrecht nicht kennt. Die Lösung kann vielmehr nur auf einem Wege geschehen, der beide Gesetze miteinander in Einklang bringt.

Es kann sich daher nur fragen, ob ein Rechtsstreit im ganzen als Feriensache zu behandeln ist, wenn in ihm Ansprüche, die an sich Feriensache wären, mit Nichtferiensachen verbunden worden sind, oder ob der hier vertretene entgegengesetzte Standpunkt zu bevorzugen ist. Auf keinen Fall könnte gegen den letzteren Standpunkt geltend gemacht werden, daß unter Umständen durch einen geringfügigen Wert des verbundenen Anspruchs (wie er hier vorliegt) dem andern Anspruch (hier dem Wechselanspruch) die Eigenschaft als Feriensache genommen wird. Denn der Fall kann ebensogut umgekehrt liegen. Die Höhe des Objekts kann daher grundsätzlich keine Rolle spielen. Noch weniger kann sich die Beantwortung der Frage verschieden gestalten, je nachdem der neben einem Wechselanspruch erhobene Anspruch einen erheblichen oder einen geringfügigen Streitgegenstand betrifft. Für eine solche Unterscheidung würde es an jeder zuverlässigen Grenze fehlen und es würde dadurch Willkür an Stelle einer festen Norm gesetzt werden. Denn da es sich um die Wahrung von Fristen handelt, wäre nur Rechtsunsicherheit die Folge, wenn der Höhe des Streitgegenstands eines neben einem Wechselanspruch geltend gemachten anderen Anspruchs Einfluß eingeräumt würde auf die Frage, ob der Rechtsstreit Feriensache ist oder nicht. Namentlich würde dem beratenden Anwalt bei einer solchen Unterscheidung jeder Maßstab fehlen, wenn er, wie hier, vor die Frage gestellt wird, innerhalb welcher Frist er eine Berufung zu begründen habe.

Auch die Interessen der Rechtsuchenden können gegen die hier vertretene engere Auslegung des § 200 Abs. 2 GVG. nicht angerufen werden. Man kann gegen die Zweckmäßigkeit der Einrichtung der Gerichtsferien vom Standpunkt der Bedürfnisse des Verkehrs aus streiten, und ihre Abschaffung ist auch schon vielfach befürwortet worden. Solange aber die Einrichtung besteht, liegt die genaue Befolgung der einschlägigen Vorschriften nicht nur im Interesse der Rechtsuchenden, deren gleichmäßige Behandlung durch eine nachgiebige Handhabung des Gesetzes verhindert würde, sondern sie ist auch eine Notwendigkeit eines geordneten Gerichtsbetriebs. Daher werden in RGZ. Bd. 31 S. 431 die Vorschriften über die Ferien als absolut gebietende Normen bezeichnet. Und für ihre ausdehnende oder weitherzige Auslegung wäre jedenfalls da kein dringendes praktisches Bedürfnis anzuerkennen, wo es der Kläger, wie hier, selbst in der Hand hat, sich durch getrennte Klagen die Eigenschaft seines Wechselanspruchs als Feriensache zu sichern, wo er aber von dieser Möglichkeit keinen Gebrauch gemacht hat. Sollten sich gleichwohl aus dieser grundsätzlichen Einstellung im Einzelfall Härten ergeben, so bietet eine Möglichkeit zu ihrer Beseitigung die richterliche Befugnis, entweder die Sache als solche zur Feriensache zu erklären oder sie in getrenntem Prozeß zu verhandeln.

Ist sonach der vorliegende Rechtsstreit keine Feriensache, so bedarf es an sich keiner Erörterung der Frage, ob einer Klage, die nach ihrem Inhalt Feriensache wäre, diese Eigenschaft dadurch genommen wird, daß der Beklagte eine Widerklage erhebt, die keine Feriensache ist. Es mag aber gegenüber dem diese Frage bejahenden Standpunkt der Revision bemerkt werden, daß die Frage mit dem Vorderrichter zu verneinen wäre. Das Oberlandesgericht gelangt zu dem Ergebnis, daß die Widerklage keine Feriensache sei, aber nur deshalb, weil es eine Teilung für möglich hält. Nach seiner Auffassung soll die Klage, wenn sie Feriensache ist, durch Erhebung einer Widerklage diese Eigenschaft nicht verlieren. Da eine solche Teilung eines einheitlichen Rechtsstreits in Ansprüche, die Feriensachen sind, und solche, die es nicht sind, abgelehnt werden muß, ist die Folge die, daß der ganze Prozeß, also Klage und Widerklage, Feriensache ist. Es liegt hier anders als bei der mit dem Willen des Klägers erfolgten Häufung von Klagansprüchen, die für sich genommen teilweise Feriensachen, teilweise keine Feriensachen sind. Denn maßgebend für eine einheitliche Entscheidung kann nur die Natur der Klage sein, und der Kläger, dem für seinen Anspruch gesetzlich das Recht zusteht, ihn als Feriensache behandelt zu sehen, kann darin nicht durch eine von seinem Willen unabhängige Erhebung einer Widerklage beeinträchtigt werden.

Lief sonach die Frist zur Berufungsbegründung in den Gerichtsferien nicht, weil der Rechtsstreit keine Feriensache war, so ist die Berufung im ganzen und nicht nur zum Teil, wie das Oberlandesgericht annimmt, rechtzeitig begründet worden.

---

9. 1. Zur Auslegung und Rechtsnatur eines an Order gestellten Depotscheins.

2. Ist der Pfandgläubiger, dem der Pfandschuldner die Befugnis eingeräumt hat, die verpfändeten Wertpapiere weiter zu verpfänden, ohne weiteres berechtigt, die Papiere im eigenen Nutzen für Beträge von unbeschränkter Höhe weiter zu verpfänden?

3. Zur Sorgfaltspflicht des Pfandgläubigers beim Erwerb eines Pfandrechts. Wann ist er nicht in gutem Glauben?

BGB. §§ 932 Abs. 2, 1206, 1207. HGB. §§ 346, 363, 364, 366.

I. Zivilsenat. Urt. v. 13. Juli 1927 i. S. Gesellschaft z. Förderung gewerbl. Unternehmungen m. b. H. (Bekl.) w. Stadt G. (Kl.). I 364/26.

I. Landgericht II Berlin.
II. Kammergericht daselbst.

Auf Grund von Vereinbarungen, die am 16. und 19. Juli und anfangs September 1924 getroffen worden waren, hatte die Klägerin von der Firma E. D., einer Gesellschaft mit beschränkter Haftung, welche Bank- und Geldgeschäfte betreibt, im September 1924 in Darlehen von 500000 G*M* erhalten und als Sicherheit dafür der Gläubigerin eine Reihe von Wertpapieren verpfändet. Ein Teil davon wurde bei einer Bank in B. zur freien und uneingeschränkten Verfügung der Darlehensgeberin hinterlegt, der größere Teil aber bei der Zweigstelle dieser Bank in G., und zwar ebenfalls zugunsten der Gläubigerin „oder Ordre", jedoch mit der Bestimmung, daß über sie nur gemeinschaftlich von der Klägerin und der Firma E. D. „oder Ordre" verfügt werden könne. Auf Veranlassung der Klägerin erhielt die Firma E. D. von der Bank einen vom 24. Juli 1924 datierten „Sperrschein" entsprechenden Inhalts. In dem Darlehensabkommen vom 16. Juli war bestimmt worden, daß der Geldgeber bei Zahlungsverzug der Klägerin berechtigt sei, sich aus den Sicherheiten nach Maßgabe der Bestimmungen des Bürgerlichen Gesetzbuchs zu befriedigen. Mit Zustimmung der Klägerin bestätigte jedoch die Bank durch ein Schreiben vom 19. August 1924 der Firma E. D., diese sei ermächtigt, „die durch Sperrschein vom 24. Juli 1924" zu ihren Gunsten oder ihrer Order „hinterlegten Aktien derart zu behandeln", daß sie unwiderruflich berechtigt sei, sich bei Zahlungsverzug innerhalb 3 Tagen unter Ausschaltung des Klagewegs wegen ihrer Forderungen aus dem Depot in G. zu befriedigen. Hinzugefügt war, daß dieses Schreiben einen unlöslichen Bestandteil des Sperrscheins vom 24. Juli 1924 bilde und daß die Bank entsprechend diesen Weisungen der Klägerin verfahren werde.

Die Firma E. D. hatte zunächst ihrerseits mit einer Bank in F. einen Darlehensvertrag abgeschlossen. Später trat sie wegen eines

Darlehens mit der Beklagten in Verbindung. Sie erhielt von dieser ein solches von 1,4 Millionen RM und verpfändete ihr als Sicherheit hierfür die in G. hinterlegten und die meisten der in B. hinterlegten Wertpapiere. Zu dem Zwecke trat sie an die Beklagte ihren Herausgabeanspruch gegen die Bank ab, machte der Bank davon Anzeige und händigte der Beklagten den auf sie girierten Depotschein aus. Auf Wunsch der Beklagten richtete die Bank am 22. Dezember 1924 mit Zustimmung der Klägerin ein Schreiben an die Beklagte. Darin bestätigte sie ihr, daß eine Reihe einzeln aufgeführter Aktien bei ihr hinterlegt seien, welche die Klägerin der Firma E. D. „mit dem Recht zur Weiterverpfändung lt. Depotschein vom 24. Juli 1924" verpfändet habe. Sie erklärte ferner, alle sich aus dem Sperrschein und aus dem Schreiben vom 19. August 1924 ergebenden Rechte auf das Sperrdepot seien auf die Beklagte übergegangen, und bestätigte schließlich, daß die Beklagte bei Bekanntgabe eines Verzugs der Firma E. D. laut Schreiben vom 19. August 1924, das einen unlöslichen Bestandteil des Depotscheines vom 24. Juli 1924 bilde, unwiderruflich berechtigt sei, innerhalb dreier Tage über das Depot zu verfügen.

Mit der Rückzahlung dieses Darlehens ist die Firma E. D. in Verzug gekommen. Die Klägerin behauptet, das ihr von E. D. gewährte Darlehen von 500000 RM durch Zahlung an die Beklagte getilgt zu haben, und fordert mit der Klage Herausgabe des Depots in G. Die Beklagte wendet ein, sie habe an diesen Wertpapieren in der vollen Höhe des Darlehens, das sie der Firma E. D. gegeben habe, ein Pfandrecht erworben. Die Klägerin will der Beklagten ein solches Pfandrecht, falls es überhaupt zur Entstehung gelangt sei, nur in Höhe von 500000 RM zugestehen.

Die Instanzgerichte haben entsprechend dem Klagantrag erkannt. Die Revision der Beklagten blieb erfolglos.

Aus den Gründen:

1. Die Beklagte macht geltend, daß die Firma E. D. bereits vor dem Schreiben der Bank in B. vom 22. Dezember 1924 unbeschränkt zur pfandmäßigen Verwertung der in G. hinterlegten Wertpapiere berechtigt gewesen sei. Es ist demnach zunächst zu prüfen, welche Rechte in dieser Hinsicht der Firma E. D. bis zum genannten Zeitpunkt zustanden.

Für das Rechtsverhältnis zwischen der Klägerin und der Firma E. D. war in erster Linie das Darlehensabkommen vom 16. Juli 1924 mit seinen Nachträgen maßgebend. Danach wurde die Forderung des Darlehensgebers durch Verpfändung von Wertpapieren gesichert. Die Verpfändung des kleineren Teiles dieser Papiere geschah gemäß § 1205 Abs. 2 BGB., indem die Klägerin sie bei der Bank in B. hinterlegte und durch Übertragung der freien und uneingeschränkten Verfügungsberechtigung unter Benachrichtigung der Bank hiervon ihren mittelbaren Besitz auf die Pfandgläubigerin übertrug. Die Berechtigung der Firma E. D. zur Weiterverpfändung dieser Wertpapiere für Forderungen in beliebiger Höhe, auch zu eigenem Nutzen, und die Wirksamkeit der Weiterverpfändung ist zwischen den Parteien nicht streitig.

Die Verpfändung des größeren Teiles der Wertpapiere fand jedoch gemäß § 1206 Halbsatz 2 BGB. statt. Die Klägerin räumte der Darlehensgeberin den mittelbaren Mitbesitz an den bei der Zweigstelle in G. hinterlegten Wertpapieren ein, indem sie mit ihr und der Bank vereinbarte, daß die Parteien des Pfandvertrags nur gemeinschaftlich über die Pfandstücke verfügen könnten. In einem Schreiben vom 24. Juli 1924, von der Bank als „Sperrschein", weiterhin auch als „Depotschein" bezeichnet, teilte die Pfandhalterin der Firma E. D. mit, daß die Klägerin zugunsten der Firma E. D. oder ihrer „Ordre" ein Depot hinterlegt habe, über das nur von der Klägerin und der Gesellschaft oder „Ordre" gemeinschaftlich verfügt werden könne. Die Einfügung dieser Orderklausel läßt erkennen, daß eine Weiterverwertung der Effekten durch die Firma E. D. in Aussicht genommen war. Es war der Klägerin ja auch bekannt, daß diese Firma, die ihr gegenüber als Geldgeberin auftrat, wirtschaftlich nur die Rolle eines Vermittlers hatte und sich die Mittel für das der Klägerin zu gewährende Darlehen anderweit beschaffen mußte. Mit Recht nimmt aber das Berufungsgericht an, daß in dem Sperrschein der Firma E. D. eine Befugnis zur Verwertung des Depots in weiterem Umfange, als sie selbst ein Recht daran erworben hatte, nicht eingeräumt werden sollte. Die Klägerin muß es allerdings gegen sich gelten lassen, wenn der auf ihre Veranlassung von der Bank ausgestellte Depotschein nach der Auffassung des Verkehrs von einem Dritten im Sinne einer weitergehenden Berechtigung der Firma E. D. verstanden werden durfte (RGZ. Bd. 93 S. 230). Die Beklagte aber, der bekannt war, daß die Zweitverpfänderin wirtschaftlich nur eine Vermittlerrolle spielte und daß der Darlehensbetrag zur Weitergabe an die Klägerin bestimmt war, konnte unter diesen Umständen aus der Einfügung der Orderklausel keinesfalls entnehmen, der Firma E. D. sei eine solche Befugnis zur Weiterverwertung der Pfandstücke zugestanden, die über den Umfang ihrer eigenen Rechte an den Papieren hinausging. Die ausdrückliche Beschränkung der Verfügungsbefugnis auf ein Handeln in Gemeinschaft mit der Klägerin legt diese Schlußfolgerung noch näher.

Die Revision meint, der Depotschein sei ein kaufmännischer Verpflichtungsschein im Sinne von § 363 HGB., die Beklagte sei durch das Indossament als dessen Inhaber legitimiert und danach könnten ihr keine Einreden aus dem der Ausstellung des Scheines zugrunde liegenden Rechtsverhältnis entgegengesetzt werden. Es ist aber verfehlt, den Depotschein als ein Orderpapier der genannten Art zu betrachten. Er enthält lediglich ein Bekenntnis der Bank über die Hinterlegung einer Anzahl von Wertpapieren und den Sperrvermerk, keineswegs aber eine selbständige Verpflichtungserklärung zu einer Leistung. Es ist kein Grund gegeben, ihm eine weitergehende Bedeutung beizulegen, als sie einem Depotschein in der Regel zukommt, nämlich die einer Quittungs- und Legitimationsurkunde. Die Hinzufügung der Orderklausel hatte somit auch nicht Indossabilität im Sinne von § 363 HGB. und die Indossierung nicht den Rechtsübergang im Sinne von § 364 HGB. mit den dort vorgesehenen Wirkungen zur Folge. Die Girierung des Scheines kann daher nur als Abtretung des Herausgabeanspruchs aufgefaßt werden, wie sie auch bereits im Darlehensvertrag der Zweitverpfänderin mit der Beklagten ausgesprochen worden ist. Durch sie konnte die Beklagte nicht mehr Rechte übertragen, als sie hatte. Das von der Klägerin veranlaßte Schreiben der Bank an die Firma E. D. vom 19. August 1924 hat keine Veränderung der Rechtslage im Zeitpunkt der Weiterverpfändung des Depots in G. zur Folge gehabt.... (Wird näher ausgeführt, insbesondere wird dargetan, daß aus dem Schreiben eine Aufhebung des Mitverfügungsrechts der Klägerin für die Zeit vor Eintritt der Pfandreife nicht zu entnehmen sei.)

2. Auch das von der Beklagten veranlaßte und unter Zustimmung der Klägerin ergangene Schreiben der Bank vom 22. De-

zember 1924 hat diese Rechtslage nicht geändert. Mag im Bankverkehr in der Regel unter der Einräumung des Rechts zur Weiterverpfändung die Berechtigung zur uneingeschränkten Weiterverpfändung auch zu eigenem Nutzen verstanden werden, so ergibt doch hier der bei Erwähnung des Rechts zur Weiterverpfändung erfolgte ausdrückliche Hinweis auf den Depotschein, daß eine Aufgabe von Rechten aus der im Depotschein zum Ausdruck gebrachten Mitverfügungsberechtigung nicht beabsichtigt war. Der folgende Satz, daß die aus dem Sperrschein ersichtlichen Rechte auf die Beklagte übergegangen seien, läßt sich nur in gleichem Sinne auffassen. Daß die Klägerin in diesem Schreiben keinerlei Rechte aufgeben wollte, erhellt deutlich aus dem Vergleich des ursprünglichen Entwurfs der Beklagten mit der von der Klägerin dem Schreiben gegebenen Fassung, durch die erst die Bezugnahme auf den Sperrschein hineinkam und wo unter Hinweis hierauf und auf das Schreiben vom 19. August die abgetretenen Rechte begrenzt wurden.

Der Brief vom 22. Dezember enthält allerdings nichts von einer Beschränkung des Betrags, zu dessen Sicherheit die Wertpapiere weiterverpfändet werden durften. Es ergibt sich jedoch, wie schon oben ausgeführt, bereits aus der Sachlage, daß die Beklagte eine Befugnis der Zweitverpfänderin zur Belastung der Pfandstücke, die über die Grenzen der ihr selbst zugestandenen Berechtigung hinausging, nicht annehmen konnte. Die Besorgnis der Klägerin, eine Schmälerung ihrer Rechtslage auszuschließen, wie sie in der von ihr gewählten Fassung des Schreibens zum Ausdruck kam, mußte es der Beklagten deutlich werden lassen, daß die Klägerin auch jetzt nicht gewillt war, der Zweitverpfänderin eine aus ihren Erklärungen in Verbindung mit der Sachlage nicht zu entnehmende Berechtigung einzuräumen.

Ob die Beklagte mit dem Schreiben vom 22. Dezember eine weitergehende Verfügungsmacht der Zweitverpfänderin zu erreichen gesucht und auch erreicht zu haben geglaubt hat, ist ohne Bedeutung. Sie muß den Inhalt der Erklärung so gegen sich gelten lassen, wie er sich unter Berücksichtigung der gesamten Umstände ergibt. . . (Diese Umstände werden erörtert.)

3. Die Zweitverpfänderin hat zur Bestellung des Pfandrechts für die Beklagte an diese den ihr in jenem Zeitpunkt nur in Gemeinschaft mit der Klägerin zustehenden Herausgabeanspruch gegen die

Bank abgetreten. Es kann zunächst schon Zweifeln begegnen, ob die objektiven Voraussetzungen der Pfandbestellung durch einen Nichteigentümer hierbei gewahrt worden sind. Die Zweitverpfänderin hat nicht den unmittelbaren Alleinbesitz, sondern nur gemeinschaftlich mit der Klägerin den der Vorschrift des § 1206 Halbsatz 2 BGB. entsprechenden Mitbesitz gehabt. Es ist insbesondere zweifelhaft, ob bei dieser Sachlage die gemäß §§ 1207, 934 BGB. für den Pfandrechtserwerb erforderliche Tatsache des mittelbaren Besitzes bei der Zweitverpfänderin als gegeben angenommen werden darf. Es kann aber dahingestellt bleiben, wie diese Frage zu entscheiden ist und ob auch im übrigen die objektiven Voraussetzungen der Pfandbestellung gewahrt sind, da das Berufungsgericht ohne Rechtsirrtum angenommen hat, daß die Beklagte sich beim Erwerb des Pfandrechts nicht in gutem Glauben an die Verfügungsbefugnis der Zweitverpfänderin befunden habe.

Nach den vorherigen Darlegungen über den Umfang der Verfügungsbefugnis der Firma E. D. konnte die Beklagte ein Pfandrecht, soweit sie es wegen einer den Betrag von 500000 RM übersteigenden Forderung beansprucht, nur dann erwerben, wenn sie ohne grobe Fahrlässigkeit eine Verfügungsbefugnis der Zweitverpfänderin in dieser Höhe annehmen durfte (§ 366 HGB.). Die Frage, ob die Beklagte sich eine grobe Fahrlässigkeit hat zuschulden kommen lassen, hängt im wesentlichen von tatsächlicher Würdigung ab. Das Berufungsgericht hat bei seinen in dieser Richtung angestellten Erwägungen alle erheblichen rechtlichen Gesichtspunkte berücksichtigt. Die von der Zweitverpfänderin erbetene Darlehenssumme hielt sich allerdings innerhalb des Betrags, für den banküblich die angebotenen Pfandstücke zu jener Zeit noch ausreichende Sicherheit boten. Weiter durfte die Beklagte deshalb, weil der Firma E. D. die uneingeschränkte Verfügungsbefugnis über das Depot in B. eingeräumt war, davon ausgehen, daß sie der Klägerin eines gewissen Maßes von Vertrauen wert erschienen war. Immerhin mußte ihr, wie das Berufungsgericht mit Recht hervorgehoben hat, die kaufmännische Vorsicht empfehlen, bei einem Geschäft, bei dem es sich um so erhebliche Werte eines Dritten handelte, sich Gewißheit zu verschaffen über den Umfang der Befugnisse des wirtschaftlich nur in der Rolle eines Vermittlers auftretenden Zweitverpfänders, bei dem sie eben wegen dieser Eigenschaft nicht mit dem

Vorhandensein erheblicher Mittel rechnen konnte. Dies konnte sie, falls sie es nicht für geschäftsüblich hielt, sich mit der Klägerin selbst in Verbindung zu setzen, schon dadurch erreichen, daß sie von der Firma E. D. bestimmtere Nachweise in dieser Richtung forderte, als sie sich aus den vorgelegten Urkunden ergaben; aus diesen war über die Höhe der Darlehensaufnahme gar nichts zu entnehmen. Hierzu bestand um so mehr Veranlassung, als sie nach Lage der Sache ohne weiteres annehmen mußte, daß hierüber irgendwelche Abreden zwischen der Klägerin und der Firma E. D. getroffen worden waren, und als sie selbst die Befugnisse des Zweitverpfänders durch den vorgelegten Sperrschein und das Schreiben vom 19. August nicht für genügend geklärt hielt. Bei sorgfältiger Prüfung konnte ihr nicht entgehen, daß im Schreiben vom 22. Dezember durch die Fassung, welche die Klägerin ihm gegeben hatte, die Befugnisse des Zweitverpfänders nicht erweitert worden waren und ihm jedenfalls kein Recht zu uneingeschränkter Verfügung über das Depot eingeräumt war. Die Veranlassung, sich nähere Kenntnis über den Umfang seiner Verfügungsbefugnis zu verschaffen, blieb danach bestehen. Die Verkehrssicherheit erfordert es, daß sich Unternehmungen, welche bankmäßige Geschäfte betreiben, bei solchen Abschlüssen der peinlichsten Gewissenhaftigkeit befleißigen. In Anbetracht dieser auch der Beklagten im Interesse der Verkehrssicherheit obliegenden besonderen Sorgfaltspflicht ist es nicht rechtsirrig, wenn das Berufungsgericht in ihrem Verhalten unter Würdigung aller sonstigen vorstehend wiedergegebenen maßgebenden Gesichtspunkte eine grobe Fahrlässigkeit erblickt hat. Die Angriffe der Revision sind in dieser Hinsicht somit unbegründet. . . . .

---

10. Unter welchen Voraussetzungen haftet ein Arzt, der eine Kassenkranke mit einem der Stadt gehörigen Röntgenapparat und mit Hilfe einer von der Stadt gestellten Röntgenschwester durchleuchtet hat, für die Folgen einer durch die Durchleuchtung herbeigeführten Verbrennung?

BGB. § 278.

III. Zivilsenat. Urt. v. 16. September 1927 i. S. B. (Bekl.) w. F. u. Gen. (Kl.). III 14/27.

I. Landgericht Göttingen.
II. Oberlandesgericht Celle.

Die Mitklägerin Frau F. ist am 16. Februar 1922 auf Anordnung ihres Kassenarztes, des Beklagten, und in seiner Gegenwart im städtischen Krankenhaus zu N. mit einem der Stadt gehörigen Röntgenapparat durchleuchtet worden, der von der städtischen Röntgenschwester K. bedient wurde. Eine bald darauf sich fühlbar machende schwere Röntgenverbrennung führen die Kläger, Frau F. und ihr Ehemann, auf ein Verschulden des Beklagten zurück und verlangen sowohl aus dem Gesichtspunkt des Vertrags als aus dem der unerlaubten Handlung Schadensersatz. Das Landgericht und das Oberlandesgericht gaben der Klage statt. Auf die Revision des Beklagten wurde die Sache an das Berufungsgericht zurückverwiesen.

Gründe:

Nach den im Anschluß an das Gutachten des Dr. S. getroffenen Feststellungen des Oberlandesgerichts ist die schwere Verbrennung der Frau F. auf ihre Durchleuchtung im N.'er Krankenhaus, und zwar auf eine zu hohe Belastung ihrer Haut mit Röntgenstrahlen zurückzuführen. Die Ursache der sog. Überdosierung sei — so führt das Oberlandesgericht weiter aus — entweder in einer fehlerhaften Bedienung des Apparates durch die Röntgenschwester K. oder darin zu suchen, daß der Beklagte die Durchleuchtung zu lange ausgedehnt habe. Der Notwendigkeit einer Entscheidung darüber, ob ein Kunstfehler des Arztes oder ein Bedienungsfehler der Schwester vorgelegen habe, glaubt sich der Berufungsrichter deshalb enthoben, weil der Beklagte in beiden Fällen für die Verbrennungsfolgen einzustehen habe.

Die Haftung des Beklagten ist zweifellos dann gegeben, wenn eine Überschreitung der nach den ärztlichen Erfahrungen zulässigen Durchleuchtungszeit nachweisbar ist. Denn die Dauer der Durchleuchtung hängt allein von den Weisungen des Arztes ab und ist auch im vorliegenden Falle vom Beklagten bestimmt worden. Er hat die Ein- und Ausschaltung des Apparates angeordnet, und diesen Anordnungen ist Folge geleistet worden. Hat der Beklagte daher die erlaubte Zeitgrenze überschritten und dadurch die Verbrennung der Frau F. herbeigeführt, so kann er von den Klägern sowohl wegen fahrlässiger Verletzung seiner aus dem Arztvertrag sich ergebenden Sorgfaltspflichten (§ 276 BGB.) als auch aus unerlaubter Handlung (§ 823 Abs. 1 BGB.) in Anspruch genommen werden.

Die gleiche Haftung tritt aber nicht ohne weiteres auch dann ein, wenn die Verletzung eine Folge von Mißgriffen der Schwester K. bei Handhabung des Röntgenapparates gewesen ist. Denn für diesen Fall fehlt es an den erforderlichen Feststellungen, an Hand deren die Richtigkeit des Ausgangspunkts des Oberlandesgerichts nachgeprüft werden kann, wonach die Schwester innerhalb des Vertragsverhältnisses der Frau F. zum Beklagten dessen Erfüllungsgehilfin gewesen sein soll (§ 278 BGB.).

Unstreitig stand der Röntgenapparat nicht im Eigentum des Beklagten, sondern war von der Stadt N. für ihr Krankenhaus angeschafft worden, zu dessen Ärzten der Beklagte nicht gehörte. Unstreitig durfte er aber auch von Ärzten, die nicht zum Krankenhaus gehörten, bei der Behandlung ihrer Patienten benutzt werden. Dieser Tatbestand erfordert eine Erörterung der Frage, ob die Ärzte oder die Kranken als die Gebrauchsberechtigten anzusehen waren und welche privatrechtlichen oder öffentlichrechtlichen Beziehungen durch die Gebrauchsüberlassung zwischen den Beteiligten herbeigeführt wurden. Die Möglichkeit, daß die Kranken Apparat und Personal von der Stadt zur Verfügung gestellt erhielten, um sich von dem Arzte ihrer Wahl durchleuchten oder bestrahlen zu lassen, liegt so nahe, daß der Berufungsrichter sie auch ohne besonderen Hinweis durch die Parteien in den Kreis seiner Erwägungen hätte ziehen müssen. Erhob die Stadt, wie die Revision behauptet, zur Deckung der durch die Benutzung des Apparates entstehenden Kosten gar ein Entgelt von den Kranken, so wird man das Verhältnis zwischen beiden als einen Überlassungsvertrag ansehen müssen, der die Bestandteile eines Miet- und eines Dienstvertrags enthält. Aber nicht nur beim Abschluß eines solchen, sondern auch dann, wenn die Stadt in Betätigung ihrer öffentlichrechtlichen Fürsorgepflicht Apparat und Personal den Kassenkranken unentgeltlich zur Verfügung stellte und zwischen sich und diesen nur öffentlichrechtliche Beziehungen begründete, übernahm sie, und zwar nur sie allein, die Pflicht, die Bedienung des Apparates durch ihre Angestellten so zu regeln, daß aus ihr keine Gefahren für den Körper und die Gesundheit der Patienten erwuchsen (RGZ. Bd. 112 S. 290). In beiden Fällen, d. h. bei entgeltlicher und bei unentgeltlicher Überlassung des Apparates und des Bedienungspersonals an die Kranken, trifft den Beklagten keine Verantwortlichkeit für etwaige Bedienungsfehler der Röntgenschwester, die ihm gewissermaßen von der Kranken gestellt wurde, auf deren Auswahl er keinen Einfluß hatte und deren sachgemäße Überwachung durch ihn während der Durchleuchtung nicht wohl möglich war. Seine Pflichten aus dem Arztvertrag gingen nur dahin, die Durchleuchtung der Frau F. mit dem städtischen Apparat und der städtischen Röntgenschwester vorzunehmen und die ihm wegen der Bestrahlung, namentlich ihrer Dauer, obliegenden Anordnungen so zu treffen, daß sie nach menschlichem Ermessen eine Verbrennungsgefahr ausschlossen. Nur soweit die Befolgung dieser Anordnungen in Betracht kam, könnte Schwester K. im Verhältnis zwischen der Kranken und dem Beklagten als dessen Erfüllungsgehilfin betrachtet werden.

Selbstverständlich kann das Rechtsverhältnis aber auch anders liegen. Es können, auch ohne Begründung rechtlicher Beziehungen zwischen den Kranken und der Stadt, von dieser der Apparat und die Röntgenschwester den nicht zum Krankenhaus gehörenden Ärzten derart zur Verfügung gestellt werden, daß sie sich beider nur unter eigener Verantwortung und auf eigene Gefahr zu bedienen haben. Nahm der Beklagte bei einer solchen Rechtslage die Durchleuchtung der Frau F. vor, so trug er ihr gegenüber die vertragliche Verantwortung für die sachgemäße Durchführung auch derjenigen Maßnahmen, welche die Röntgenschwester bei Benutzung des Apparates von sich aus zu treffen hatte. Sie war dann während der ganzen Durchleuchtung seine Erfüllungsgehilfin, für deren schuldhafte Mißgriffe er nach § 278 BGB. ebenso wie für seine eigenen einzustehen hat, auch wenn er mangels der dazu erforderlichen Ausbildung gar nicht in der Lage war, der Schwester Bedienungsanweisungen zu geben oder die Zweckmäßigkeit ihrer Bedienungsmaßnahmen nachzuprüfen.

Das Oberlandesgericht will nun aber in jedem Falle ein für die Verbrennung ursächliches Verschulden des Beklagten darin erblicken, daß er vor Benutzung des Apparates sich nicht hinreichend vergewissert habe, ob Schwester K. auch die zu seiner Bedienung nötigen Kenntnisse und Fähigkeiten besitze. Dem Berufungsrichter ist zuzugeben, daß die Gefahrlosigkeit einer Durchleuchtung oder Bestrahlung nur dann gewährleistet ist, wenn die Röntgenschwester eine gute und gewissenhafte physikalisch-technische Ausbildung genossen hat. Eine solche fehlte der Schwester K. Die vom Staat für Röntgenassistentinnen eingeführte Prüfung hat sie nicht abgelegt. Sie hat aber, nachdem sie im Jahre 1914 vom Lieferanten oder einem seiner Angestellten über die Behandlung und Handhabung des Apparates unterrichtet worden war, ihn stets, auch bei den zahlreichen Durchleuchtungen während der Kriegszeit, bedient, ohne daß — wenigstens ist das Gegenteil nicht festgestellt — bis zum Unfall der Frau F. Verbrennungen von Kranken vorgekommen waren. Bei dieser Sachlage konnte sich der Beklagte mit der ihm im Krankenhaus von zuständiger Seite erteilten Auskunft begnügen, die Schwester K. sei röntgentechnisch ausgebildet. Selbst wenn er Kenntnis von dem oben geschilderten Werdegang ihrer Ausbildung gehabt haben sollte, konnte er sich ihrer ohne Verschulden als Röntgenschwester bedienen, weil er sich dann darauf verlassen durfte, daß eine achtjährige Praxis die anfänglich mangelhafte Ausbildung ausgeglichen habe, und weil er davon ausgehen durfte, daß der Magistrat der Stadt N. und der ärztliche Leiter ihres öffentlichen Krankenhauses die Bedienung des Röntgenapparates nur einer Schwester anvertraut hätten, deren bisherige Tätigkeit auf röntgentechnischem Gebiet eine hinreichende Gewähr für die Sicherheit der Kranken bot. Jede Firma, die Röntgenapparate herstellt, hat ihre eigenen Modelle und Typen, so daß eine genaue Kenntnis des einzelnen Apparates und seiner Eigentümlichkeiten für seine sachgemäße Bedienung wesentlich ist. Diese Kenntnis durfte der Beklagte aber ohne weiteres bei Schwester K. voraussetzen. Es bedeutet daher eine Überspannung der an die Sorgfaltspflichten eines Kassenarztes einer kleinen Stadt zu stellenden Anforderungen, wenn der Berufungsrichter vom Beklagten verlangt, er hätte unter den geschilderten und ihm bekannten Verhältnissen die Mithilfe der Schwester K. ablehnen und, falls ihm nicht eine andere Röntgenschwester mit einwandfreier Vorbildung gestellt wurde, auf die Durchleuchtung der Frau F. verzichten müssen.

Das angefochtene Urteil unterliegt somit der Aufhebung. Das Berufungsgericht wird in erster Reihe, notfalls unter Anwendung des § 287 ZPO., darüber zu befinden haben, ob die Verbrennung durch einen Kunstfehler des Beklagten oder durch einen Bedienungsfehler der Röntgenschwester verursacht ist. Trifft das letztere zu, so wird in eine Erörterung der zwischen Frau F. und der Stadt, zwischen dieser und dem Beklagten und zwischen den Parteien selbst entstandenen Rechtsbeziehungen einzutreten und vom Ausfall dieser Prüfung die neue Entscheidung nach Maßgabe vorstehender Richtlinien abhängig zu machen sein.

11. Kann ein Mitinhaber eines Patents von dem anderen Mitinhaber, auf dessen Mitarbeit ein Unteranspruch beruht, wegen Nichtzustandekommens des beabsichtigten Gesellschaftsvertrags verlangen, daß er seinen Namen als Mitinhaber des Patents dem Reichspatentamt gegenüber zurückziehe und für Ausnutzung des Patents eine Lizenzgebühr zahle?

PatG. § 3. BGB. § 812 Abs. 1 Satz 2, § 745 Abs. 2.

I. Zivilsenat. Urt. v. 17. September 1927 i. S. P. (Kl.) w. F. und Gen. (Bekl.). I 178/26.

I. Landgericht Braunschweig.
II. Oberlandesgericht daselbst.

Der Kläger war 1918/20 Prokurist im Geschäft des Vaters der Beklagten. In der Folgezeit haben die Parteien das seit dem 13. November 1921 laufende Patent 380174 erwirkt. Dieses betrifft eine Schlammentleerungs-Vorrichtung für Klärbecken mit einer über das Becken längs oder radial verfahrbaren Brücke, nach Anspruch 1 dadurch gekennzeichnet, daß zum Abpumpen des Schlammes unter Wasser ein Sauglöffel entlang der Brücke verschiebbar und höhenverstellbar angeordnet ist. Anspruch 2 bezieht sich auf die Ausgestaltung des Löffels. Anspruch 3 fügt das besondere Kennzeichen hinzu, daß in dem Sauglöffel eine zweckmäßig düsenartig endende besondere Leitung mündet, durch welche Druckluft oder Druckwasser in den Sauglöffel eingeführt oder Mischwasser aus der über dem Schlamm stehenden Wasserschicht durch die innerhalb des Sauglöffels auftretende Saugwirkung hineingesogen wird. Viertens endlich ist eine Vorrichtung nach Anspruch 1 bis 3 unter Schutz gestellt, dadurch gekennzeichnet, daß die Schlammleitung mit einer zum Klärbecken führenden Leitung verbunden ist, durch die dünnflüssiger Schlamm in die Kläranlage zurückgeleitet wird.

Zur Verwertung des Patents hatten die Parteien einen Vertrag in Aussicht genommen, der aber nicht zustande gekommen ist. In Ö. hat die Firma O. F., deren persönlich haftende Gesellschafter die Beklagten sind, ohne Zustimmung des Klägers eine Anlage nach dem Patent ausgeführt.

Der Kläger nimmt das alleinige geistige Eigentum an dem Patent für sich in Anspruch und verlangt deshalb mit der Klage einmal eine Lizenzgebühr von 1000 G.M für die Ö.er Anlage und sodann die Verurteilung der Beklagten dazu, daß sie ihre Namen als Mitanmelder des Patents dem Reichspatentamt gegenüber zurückziehen. Die Beklagten behaupten, ihnen stehe das Miteigentum am Patent zu. Der Anspruch 4 enthalte eine Erfindung, die von ihnen allein herrühre. Bei Ausarbeitung der Anlage nach den Ansprüchen 1 bis 3 aber habe der Kläger auf früheren Patenten ihres Vaters aufgebaut und dessen Erfahrungen sich zunutze gemacht. Der Kläger erwidert, soweit er ein abgelaufenes Patent, das Gemeingut geworden sei, benutzt habe, stehe das seinem Anspruch auf das jetzige Patent nicht entgegen. Der Anspruch 4 enthalte überhaupt keine Erfindung und gebe nur allgemein Bekanntes wieder.

Die Vorinstanzen haben die Klage abgewiesen. Die Revision des Klägers blieb ohne Erfolg.

Gründe:

Richtig hat schon das Landgericht erkannt, daß zwischen den Parteien im Hinblick auf den von ihnen abzuschließenden Gesellschaftsvertrag ein Gemeinschaftsverhältnis entstanden ist, dessen Auseinandersetzung jetzt, da der Vertrag nicht zustande gekommen ist, begehrt werden kann. Demgemäß verlangt das Berufungsgericht mit Recht, wenn der Kläger das Patent für sich allein beanspruchen und dann auch als alleiniger Patentinhaber eine Lizenzgebühr für die Benutzung seiner Erfindung berechnen will, den Nachweis, daß sämtliche in dem Patent enthaltenen und unter Patentschutz stehenden Gedanken von ihm allein stammen, mithin das Patent lediglich zur Vorbereitung des durch den Vertrag zu begründenden Gesellschaftsverhältnisses auf den Namen beider Parteien angemeldet worden ist.

Nur dann könnte der Klaganspruch, wenn nicht aus den Abreden, die der Begründung der Gemeinschaft selbst zugrunde lagen (§ 752 BGB.), so doch jedenfalls, weil der mit ihrer Begründung bezweckte Erfolg nicht eingetreten wäre, aus dem Gesichtspunkt der ungerechtfertigten Bereicherung (§ 812 Abs. 1 S. 2 BGB.) berechtigt sein. Daß die Parteien bei Begründung der Gemeinschaft darüber klar geworden wären, was Rechtens sein solle, wenn die Verwertung des Patents nicht gelänge, dafür ist keinerlei Anhalt gegeben. Als Klagegrund bleibt also nur ungerechtfertigte Bereicherung übrig. Hierfür müßte aber, abgesehen davon, daß die gemeinschaftliche Verwertung des Patents nicht zustande gekommen ist, vom Kläger dargelegt und bewiesen werden, daß der Zustand der Gemeinschaft nicht dem wirklichen Verhältnis der Parteien zueinander entspreche.

Der Vorderrichter hat nun ohne Rechtsirrtum festgestellt, daß der im Anspruch 4 des Patents verkörperte Gedanke jedenfalls von den Beklagten herrühre. Die Bedeutung der geschützten Rückleitung für dünnes Pumpgut erblickt das Berufungsgericht (auf Grund des Gutachtens des Sachverständigen M. und der Entscheidung des Reichspatentamts im Nichtigkeitsstreit) in der Verbindung mit der nach den Ansprüchen 1 bis 3 geschützten Kläranlage. Auch die heutige Entscheidung des Senats im Nichtigkeitsstreit billigt diese Auffassung. Wie dort, so bedarf auch hier die Frage keiner Entscheidung, ob im Anspruch 4 ein selbständiger Erfindungsgedanke verkörpert ist. Die Revision nimmt jedoch an, daß gerade hierauf abgestellt werden müsse, und sucht auszuführen, daß materiellrechtlich an der Patentgemeinschaft nur der eigentliche Erfinder teilhaben könne, nicht dagegen derjenige, der in einem Unteranspruch lediglich eine zweckmäßige Ergänzung der nach anderen Ansprüchen geschützten Anlage bringe. Die Beklagten hätten im Anspruch 4 nur eine an und für sich bekannte Maßnahme mit der in den Ansprüchen 1 bis 3 patentierten Schlammentleerung kombiniert. Sie hätten damit etwas so Geringfügiges zum Patent hinzugefügt, daß, wolle man eine Auseinandersetzung für nötig halten, gar nicht abzusehen sei, was für ein Anteil auf sie entfallen sollte.

Wenn wirklich die Regel hier nicht gälte, daß im Zweifel den Teilhabern gleiche Anteile zustehen (§ 742 BGB.), so ist nicht ersichtlich, weshalb eine Auseinandersetzung nicht auch bei noch so geringfügigem Anteil erfolgen sollte. Aber es bedarf hier keiner Erörterung der

Höhe des Anteils. Vielmehr kommt es nur auf folgendes an. Wenn derjenige, auf dessen Gedanken der wesentlichste Teil der Erfindung zurückzuführen ist, sich der Mitarbeit eines anderen bedient und auf dessen Anregung einen Unteranspruch in die Patentanmeldung aufgenommen, wenn er weiter in Verfolg dessen sich entschlossen hat, eine gemeinsame Patentanmeldung vorzunehmen, so entsteht eine auf rechtlicher Grundlage beruhende Gemeinschaft an dem später erteilten Patent. Das Patent, dessen einzelne Ansprüche ein einheitliches Ganzes bilden, beruht auf der gemeinsamen Arbeit derjenigen, die es gemeinschaftlich angemeldet haben. Gemeinsame Tätigkeit bildet also den rechtlichen Grund für die Patentgemeinschaft. Im vorliegenden Falle hat das Berufungsgericht festgestellt, daß der Anspruch 4 auf die Tätigkeit der Beklagten zurückzuführen ist. Dies genügt für die Begründung einer Mitberechtigung der Beklagten an dem gemeinsam angemeldeten und den Parteien gemeinschaftlich erteilten Patent.

Auf die Rechtsbeständigkeit dieser Gemeinschaft blieb es ohne Einfluß, daß der von den Parteien für die Verwertung des gemeinsamen Patents beabsichtigte Gesellschaftsvertrag später nicht zustande gekommen ist. Die Voraussetzung des § 812 Abs. 1 Satz 2, daß der rechtliche Grund für die Begründung der Gemeinschaft später weggefallen ist, fehlt also.

Unterstützend kommt hinzu, daß auch im übrigen noch besonderer Anlaß zur gemeinsamen Patentanmeldung bestand. Mit Recht hebt der Berufungsrichter hervor, daß der Kläger selbst die Bedeutung der abgelaufenen, vom Vater der Beklagten stammenden Erfindung des F.-Baggers für das jetzige Patent anerkennt. Wenn er auch frei gewordene Gedanken benutzt hat, so weist doch auch diese Beziehung wiederum auf den Willen des Klägers hin, wegen der gemeinsamen Arbeiten eine Gemeinschaft mit den beiden Beklagten an dem Patent herzustellen. Eine Umschreibung des Patents auf den Namen des Klägers allein kommt hiernach nicht in Frage.

Ebensowenig kann der Kläger von den Beklagten wegen der Ausführung der Anlage in O. die Zahlung von 1000 RM verlangen. Daß innerhalb der zwischen den Parteien bestehenden Gemeinschaft keine Lizenzgebühr beansprucht werden kann, hat der Vorderrichter zutreffend dargelegt. Nur eine Schadensersatzforderung auf Grund der Gemeinschaft ließe sich geltend machen. Daß dem Kläger ein

Schaden entstanden wäre, hat sich aber nicht feststellen lassen. Selbst wenn man, etwa auf dem Wege des § 745 Abs. 2 BGB., die Benutzung des Patents innerhalb der Gemeinschaft hätte regeln wollen, so wäre dabei naturgemäß doch nur die Auszahlung eines erzielten Gewinnes in Betracht gekommen. Es steht aber fest, daß durch die Anlage in O. kein Gewinn, sondern Verlust entstanden ist, so daß die Beklagten dem Kläger keinesfalls etwas entzogen haben, worauf er aus der Gemeinschaft einen Anspruch erheben könnte. Mit Recht hat daher das Berufungsgericht auch den auf Zahlung von 1000 RM gerichteten Klagantrag in Übereinstimmung mit dem Landgericht abgewiesen. . . .

---

12. 1. Hat der vom Amt suspendierte Beamte auch dann Anspruch auf vollständige Nachzahlung des einbehaltenen Teils des Diensteinkommens, wenn das Disziplinarverfahren nicht mit Freisprechung, sondern mit Einstellung endigt?

2. Bedarf eine dem Beamten nicht zugestellte Suspensionsverfügung zu ihrer Wirksamkeit der Vollziehung?

3. Wann beginnt nach preußischem Recht die Einbehaltung der Hälfte des Diensteinkommens eines suspendierten Beamten?

Preuß. Disziplinargesetz vom 21. Juli 1852 §§ 48 bis 50, 52, 53.

III. Zivilsenat. Urt. v. 20. September 1927 i. S. Stadtgemeinde H. (Bekl.) w. T. (Kl.). III 19/27.

I. Landgericht Dortmund.
II. Oberlandesgericht Hamm.

Der Kläger war lebenslänglich angestellter Beamter der Beklagten. Im Jahre 1920 kam er in den Verdacht, sich im Dienste strafbarer Handlungen schuldig gemacht zu haben. Durch Verfügung des Regierungspräsidenten vom 28. Oktober 1920 wurde deshalb das förmliche Disziplinarverfahren gegen ihn eröffnet. In der Verfügung waren die gegen den Kläger erhobenen Anschuldigungen nicht einzeln bezeichnet; es hieß dort nur, er habe sich im Dienste verschiedene schwere Verfehlungen zuschulden kommen lassen, wodurch er sich der Achtung, des Ansehens und des Vertrauens, die sein Beruf erfordere, unwürdig gezeigt habe. Auf Grund des

§ 50 des Disziplinargesetzes vom 21. Juli 1852 (GS. S. 465) ordnete der Regierungspräsident in derselben Verfügung die Suspension des Klägers vom Amt an, und zwar vom Tage des Empfangs der Verfügung ab. Erst im Laufe des Verfahrens teilte der Untersuchungskommissar dem Kläger die einzelnen ihm zur Last gelegten Verfehlungen mit.

Demnächst wurde gegen den Kläger Strafanzeige erstattet. Am 20. Januar 1921 erließ das Amtsgericht Haftbefehl; am 25. Januar wurde unter gleichzeitiger Anordnung der Fortdauer der Untersuchungshaft die Voruntersuchung gegen den Kläger eröffnet. Von der Verhaftung des Klägers machte der für das Disziplinarverfahren bestellte Untersuchungskommissar dem Regierungspräsidenten Mitteilung, der ihm darauf am 29. Januar 1921 erwiderte, er sei mit der Aussetzung des Disziplinarverfahrens bis zur Erledigung des gerichtlichen Strafverfahrens einverstanden; die Suspension bestehe kraft Gesetzes weiter. Am 6. Juli 1921 wurde der gegen den Kläger erlassene Haftbefehl aufgehoben. Durch Urteil der Strafkammer des Landgerichts vom 9. April 1923 wurde der Kläger wegen Unterschlagung im Amte (§ 350 StGB.) zu 5 Monaten Gefängnis verurteilt, die als durch die Untersuchungshaft verbüßt erklärt wurden. Das Urteil wurde rechtskräftig.

Nunmehr wurde das Disziplinarverfahren gegen den Kläger wieder aufgenommen. In der dem Bezirksausschuß eingereichten Anschuldigungsschrift wurde der Kläger angeschuldigt, sich verschiedener schwerer Verfehlungen schuldig gemacht und dadurch die Pflichten verletzt zu haben, die ihm sein Amt auferlege, und sich auch zugleich durch sein Verhalten in und außer dem Dienste der Achtung, des Ansehens und des Vertrauens, die sein Beruf erfordere, unwürdig gezeigt zu haben. Durch Beschluß vom 8. Juli 1924 stellte der Bezirksausschuß das Disziplinarverfahren gegen den Kläger ein, weil weder die das Disziplinarverfahren einleitende Verfügung vom 28. Oktober 1920 noch die Anschuldigungsschrift die genaue Angabe der Tatbestandsmerkmale der ihm zur Last gelegten Amtspflichtverletzungen enthielten und daher nicht als geeignete Unterlagen für ein Disziplinarverfahren anzusehen seien.

Am 2. September 1924 verfügte der Regierungspräsident von neuem die Einleitung des Disziplinarverfahrens gegen den Kläger und ordnete zugleich abermals auf Grund von § 50 DiszG. seine

Suspension vom Amt an, und zwar vom Tage des Empfangs der Verfügung ab. Diese Verfügung ist dem Kläger am 24. September 1924 zugestellt worden. Das zweite Disziplinarverfahren hat zur Dienstentlassung des Klägers geführt.

Der Kläger, der seit dem 1. Januar 1921 nur die Hälfte seiner Gehaltsbezüge erhielt, hat mit der Klage die Nachzahlung der einbehaltenen Hälfte für die Zeit vom 1. Januar 1921 bis zum 30. September 1924 in Höhe von 4600 RM nebst 18% Zinsen verlangt. Er behauptet, daß seine in der Verfügung des Regierungspräsidenten vom 28. Oktober 1920 angeordnete Suspension rechtsunwirksam gewesen sei. Das Landgericht hat den geltend gemachten Anspruch insoweit dem Grunde nach für gerechtfertigt erklärt, als er die Nachzahlung des Gehalts für die Zeit bis zum 19. Januar 1921 betrifft, im übrigen aber die Klage abgewiesen. Der Kläger hat Berufung eingelegt mit dem Antrag, die Beklagte zur Zahlung von 4100 RM nebst Zinsen zu verurteilen, und zwar außer dem in erster Instanz für begründet erklärten Gehaltsanspruch für die Zeit bis zum 19. Januar 1921, hilfsweise den Klaganspruch weiterhin für die Zeit vom 16. Juli 1921 bis 30. September 1924 dem Grunde nach für gerechtfertigt zu erklären. Das Oberlandesgericht hat das erstinstanzliche Urteil dahin abgeändert, daß der Gehaltsanspruch des Klägers für die Zeit vom 1. bis 19. Januar 1921 und für die Zeit vom 16. Juli 1921 bis zum 30. September 1924 dem Grunde nach für gerechtfertigt erklärt, im übrigen aber die Klage abgewiesen wurde. Die Revision der Beklagten wurde mit der Maßgabe zurückgewiesen, daß der Klaganspruch statt für die Zeit vom 16. Juli 1921 bis zum 30. September 1924 nur für die Zeit vom 17. Juli 1921 bis zum 24. September 1924 dem Grunde nach für gerechtfertigt erklärt wurde.

Gründe:

Streitig ist, wie schon in der Berufungsinstanz, so auch in der Revisionsinstanz der vom Kläger erhobene Anspruch auf Nachzahlung der einbehaltenen Gehaltshälfte nur insoweit, als er sich auf die Zeit vom 16. Juli 1921 bis zum 30. September 1924 erstreckt, für welchen Zeitraum der Kläger den Betrag von 4100 RM fordert. Diesen Anspruch hat das Berufungsgericht für begründet erachtet, weil die Suspension des Klägers nicht rechtswirksam angeordnet worden sei. Die den Kläger vom Amte suspendierende Verfügung des

Regierungspräsidenten vom 28. Oktober 1920 habe nach § 50 DiszG. die Einleitung einer Disziplinaruntersuchung gegen den Kläger zur Voraussetzung gehabt. Diese (in derselben Verfügung ausgesprochene) Einleitung habe aber, wie schon der Bezirksausschuß in seinem Beschluß vom 8. Juli 1924 zutreffend angenommen habe, nicht den gesetzlichen Bestimmungen entsprochen, da sie keine bestimmten Anschuldigungspunkte enthalten, dem Kläger vielmehr nur den allgemeinen, von tatsächlichen Vorgängen losgelösten Vorwurf der Amtspflichtverletzung gemacht habe. Sei danach die Einleitung des Disziplinarverfahrens gegen den Kläger unwirksam gewesen, so gelte dasselbe von der zugleich angeordneten Suspension. Das gegen den Kläger eingeleitete Strafverfahren habe den Regierungspräsidenten nicht veranlaßt, ihn nochmals vorläufig vom Amte zu entheben. So habe eine Suspension des Klägers nur während des gerichtlichen Haftbefehls gegen ihn kraft Gesetzes bestanden; für die übrige Zeit habe er Anspruch auf volle Gehaltszahlung.

Es kann dahingestellt bleiben, ob der Beurteilung beizutreten ist, die das Berufungsgericht der Suspensionsverfügung des Regierungspräsidenten vom 28. Oktober 1920 hat zuteil werden lassen. Denn selbst wenn im Gegensatz dazu angenommen werden müßte, daß sie rechtsgültig erlassen worden sei und die vorläufige Amtsenthebung zur Folge gehabt hätte, so würde sie doch dem Klaganspruch nicht entgegenstehen, und zwar deshalb nicht, weil das durch dieselbe Verfügung eingeleitete Disziplinarverfahren zu keiner Verurteilung des Klägers geführt hat. Nach § 53 Abs. 1 DiszG. muß dem suspendierten Beamten, wenn er im Disziplinarverfahren freigesprochen wird, der einbehaltene Teil des Diensteinkommens vollständig nachgezahlt werden. Der Freisprechung stehen die sonstigen Fälle gleich, in denen das Disziplinarverfahren zu Ende geht, ohne daß es zu einer Verurteilung des Beamten kommt. Es ergibt sich das als Wille des Gesetzgebers aus den Vorschriften in § 52 Abs. 1 und § 53 Abs. 2 das., die eine gänzliche oder teilweise dauernde Einbehaltung der während der Suspension nicht ausgezahlten Gehaltshälfte nur vorsehen für den Fall, daß der Beamte zur Entfernung aus dem Amte (Strafversetzung, Dienstentlassung) oder zu einer Ordnungsstrafe verurteilt wird. Eine Erledigung des Verfahrens ohne Verurteilung muß deshalb stets zur vollen Nachzahlung führen, obwohl das Gesetz nur den Hauptfall, den der Freisprechung, ausdrücklich nennt. Die Einstellung des Disziplinarverfahrens, wie sie im vorliegenden Fall der Bezirksausschuß, die entscheidende Disziplinarbehörde, ausgesprochen hat, begründet die Pflicht der Beklagten zur Nachzahlung der dem Kläger während des Verfahrens und in der Folgezeit bis zu seiner erneuten Suspendierung vorenthaltenen Gehaltshälfte. Ob die Einstellung des Verfahrens vom Bezirksausschuß mit Recht ausgesprochen worden ist, unterliegt nicht der gerichtlichen Nachprüfung. Unerheblich ist es, daß, nachdem das erste Disziplinarverfahren mit der Einstellung geendigt hat, wegen derselben Anschuldigungspunkte ein neues Disziplinarverfahren gegen den Kläger eingeleitet worden ist, das dann zu seiner Dienstentlassung geführt hat. Es handelt sich trotz des sachlich gleichen Gegenstands um zwei verschiedene Verfahren. Das Ergebnis des zweiten Verfahrens konnte die vermögensrechtlichen Folgen der Beendigung des ersten nicht mehr beeinflussen. Das Verfahren, das der ersten Suspension zugrunde lag, hat eben nicht zur Verurteilung des Klägers geführt. Und aus dieser Tatsache ist gemäß § 53 Abs. 1 DiszG. die Nachzahlungspflicht der Beklagten erwachsen.

Die Beklagte steht nun allerdings auf dem Standpunkt, daß der Regierungspräsident die Suspension des Klägers vom Amte während des ersten Disziplinarverfahrens nicht bloß auf dieses, sondern auch auf das alsbald gegen den Kläger eingeleitete gerichtliche Strafverfahren gestützt habe. Diese Ansicht kann indessen nicht gebilligt werden. Der Regierungspräsident hätte zwar gemäß § 50 DiszG. nach Einleitung des gerichtlichen Strafverfahrens aus diesem Grunde die Suspension des Klägers verfügen können. Er hat das aber nicht getan. Die Beklagte vermag keine Erklärung des Regierungspräsidenten zu behaupten, durch die er dem Willen hinreichend Ausdruck verliehen hätte, die gerichtliche Strafverfolgung des Klägers als Rechtsgrundlage für seine vorläufige Amtsenthebung zu verwenden. Er hatte dazu auch keine Veranlassung, da er die mit der Einleitung des Disziplinarverfahrens ausgesprochene Suspension des Klägers für rechtswirksam und ausreichend hielt. Die Wendung in dem Schreiben, das der Regierungspräsident am 29. Januar 1921 an den Untersuchungskommissar gerichtet hat, die Suspension bestehe kraft Gesetzes weiter, kann schon deshalb nicht als Wiederholung der vorläufigen Amtsenthebung des Klägers angesehen werden, weil sie nicht nach außen in die Erscheinung getreten ist. Zwar bedarf eine Suspensionsverfügung zu ihrer Wirksamkeit nicht der Zustellung an den Beamten. Schon dem Urteil des Senats vom 17. November 1916 (RGZ. Bd. 89 S. 104), das diesen Satz näher begründet, ist aber zu entnehmen, daß eine lediglich in den Akten niedergeschriebene Suspensionsverfügung nicht ausreicht (S. 109 das.). Erforderlich (und dann allerdings auch genügend) ist vielmehr, daß die Suspension durch ihre Vollziehung kundgetan wird. An solcher Vollziehung der im erwähnten Schreiben etwa liegenden wiederholten Suspension fehlt es aber durchaus. Die gegen den Kläger getroffenen Maßnahmen konnten nach außen nur als Folgen der am 28. Oktober 1920 ausgesprochenen Amtsenthebung erscheinen. Übrigens bestehen auch gegen die Auslegung, die der Berufungsrichter dem Schreiben des Regierungspräsidenten vom 29. Januar 1921 hat zuteil werden lassen, keine rechtlichen Bedenken. Seine Annahme, das Schreiben enthalte nur einen Hinweis auf die mit der gerichtlichen Haftanordnung kraft Gesetzes eingetretene Suspension, ist tatsächlicher Natur und daher für diese Instanz bindend. Der Satz der Revisionsbegründung, daß mit Einleitung des gerichtlichen Verfahrens gemäß § 50 DiszG. die unwirksame Suspension, die auf Grund des Disziplinarverfahrens verfügt worden sei, auf alle Fälle Wirksamkeit erlangt habe, entbehrt der gesetzlichen Grundlage. Denn § 50 überläßt es dem Ermessen der zuständigen Behörde, ob nach Einleitung eines gerichtlichen Strafverfahrens die Suspension des Beamten erfolgen soll oder nicht. Die zuständige Stelle muß also von der gesetzlich gebotenen Möglichkeit, den Beamten wegen des anhängig gemachten Strafverfahrens schon vorläufig aus dem Amte zu entfernen, auch wirklich Gebrauch machen. Und das hat der Regierungspräsident nach der Feststellung des Vorderrichters nicht getan.

Dem Berufungsgericht ist demnach grundsätzlich dahin beizupflichten: der Kläger kann Nachzahlung der einbehaltenen Gehaltshälfte verlangen für die Zeit vom Außerkrafttreten der Suspension an, die mit der gegen ihn im gerichtlichen Strafverfahren beschlossenen Verhaftung kraft Gesetzes (§ 48 Nr. 1 DiszG.) eingetreten war, bis zum Wirksamwerden der im zweiten Disziplinarverfahren gegen ihn verhängten Suspension. Beginn und Ende dieses Zeitraums hat das Berufungsgericht aber nicht ganz richtig festgelegt. Nach § 49 DiszG. dauert die in § 48 Nr. 1 vorgesehene Suspension bis zum Ablauf des zehnten Tages nach Wiederaufhebung des Verhaftungsbeschlusses. Der Haftbefehl gegen den Kläger ist am 6. Juli 1921 aufgehoben worden. Die Suspension endete also mit Ablauf des 16. Juli 1921. Der Kläger kann deshalb volles Gehalt erst vom 17. Juli ab fordern, nicht, wie das Oberlandesgericht ausgesprochen hat, vom 16. ab.

Auch den Zeitpunkt des Wirksamwerdens der zweiten gegen den Kläger ausgesprochenen Suspension hat das Oberlandesgericht unzutreffend bestimmt. Die Suspensionsverfügung besagte, daß die Amtsenthebung vom Tage des Empfangs der Verfügung ab in Kraft trete. Die Verfügung ist dem Kläger am 24. September zugestellt worden. Der Berufungsrichter meint, sie habe tatsächlich Wirksamkeit erst mit Ablauf des Monats September 1924 erlangt, da der Kläger, wie ohne weiteres zu unterstellen sei, sein Gehalt monatlich im voraus gezahlt erhalten habe, der Gehaltsanspruch für den Monat September 1924 also bereits erwachsen gewesen sei. Diese Erwägungen sind aber nicht zutreffend. Zwar war für den Kläger mit Beginn des Monats der Anspruch auf sein Gehalt bereits entstanden. In Höhe des halben Gehalts fiel dieser Anspruch aber vorläufig wieder fort, als ihm die Suspensionsverfügung zugestellt wurde. Es mag dahingestellt bleiben, ob er, wenn er sein volles Monatsgehalt damals bereits ausgezahlt erhalten hätte, für den Rest des Monats das halbe Gehalt hätte zurückerstatten müssen. Tatsächlich hat er die zweite Gehaltshälfte für den September 1924 nicht bekommen, weil der Regierungspräsident die erste Suspension immer noch für weiterwirkend hielt. Bei solcher Sachlage besteht kein Bedenken, der Verfügung diejenige Wirkung zukommen zu lassen, die ihr der Regierungspräsident nach ihrem Wortlaut beigelegt wissen wollte. Nach § 128 RBG. beginnt die Einbehaltung des halben Diensteinkommens des Beamten allerdings erst vom Ablauf des Monats ab, in dem die Suspension verfügt wird. Eine entsprechende Vorschrift ist aber dem preußischen Disziplinargesetz vom 21. Juli 1852 fremd.

13. Wird bei einer Lebensversicherung der Umfang der Leistung des Versicherers durch einen ihm bei Abschluß des Vertrags verschwiegenen Umstand beeinflußt, wenn der Versicherer bei Kenntnis dieses Umstands den Vertrag nicht oder nur zu höheren Prämiensätzen geschlossen hätte?

Gesetz über den Versicherungsvertrag § 21.

VII. Zivilsenat. Urt. v. 20. September 1927 i. S. K. Versicherungs-Aktiengesellschaft (Bekl.) w. R. (Kl.). VII 185/27.

I. Landgericht Frankfurt a. M.
II. Oberlandesgericht daselbst.

Rudolf R. war laut Lebensversicherungspolize vom 15. Februar 1924 bei der Beklagten mit 5000 RM zugunsten der Klägerin, seiner Ehefrau, versichert und ist am 19. September 1925 gestorben. Durch Schreiben an die Klägerin vom 28. Oktober 1925 erklärte die Beklagte ihren Rücktritt vom Versicherungsvertrag. Die Klägerin verlangt Zahlung der Versicherungssumme. Das Landgericht wies die Klage ab; das Oberlandesgericht gab ihr statt. Die Revision der Beklagten war erfolglos.

Gründe:

Nach der Feststellung des Berufungsgerichts hat der Versicherungsnehmer R. die im Versicherungsantrag enthaltene Frage, ob er an Krankheiten der Atmungsorgane, insbesondere an Asthma gelitten habe oder leide, unrichtig mit „nein" und die weitere Frage, wer der Arzt sei, von dem er sich behandeln lasse, unrichtig mit „keiner" beantwortet. (Es wird zunächst ausgeführt, daß arglistiges Handeln des R. nicht anzunehmen sei.)

Die Beklagte hat den Rücktritt vom Vertrag deshalb erklärt, weil R. bei Schließung des Vertrags die bezeichneten falschen Angaben gemacht habe. Das Berufungsgericht erachtet den Rücktritt für unberechtigt, weil die Umstände, in Ansehung deren die Anzeigepflicht verletzt worden sei (das Asthmaleiden des R. und seine Behandlung durch einen Arzt), keinen Einfluß auf den Eintritt des Todes des Versicherten und den Umfang der Leistung der Beklagten gehabt hätten. Dagegen meint die Revision, der Umfang der Leistung der Beklagten sei durch die unrichtige Beantwortung der Fragen beeinflußt, weil bei richtiger Beantwortung die Beklagte den Vertrag überhaupt nicht oder doch nur unter anderen, für den Versicherungsnehmer schwereren Bedingungen geschlossen hätte.

Außer Streit ist, daß die Umstände, in Ansehung deren R. die Anzeigepflicht verletzt hat, auf seinen Tod keinen Einfluß gehabt haben. Zu prüfen ist also nur die Frage, ob das Rücktrittsrecht der Beklagten auch dann ausgeschlossen ist, wenn sie bei richtiger Beantwortung der Fragen den Vertrag entweder abgelehnt oder mit höheren Leistungen des Versicherungsnehmers geschlossen hätte.

Die Versicherungsbedingungen der Beklagten schließen den Rücktritt des Versicherers wegen Verletzung der Anzeigepflicht nach dem Tode des Versicherten aus, wenn nachgewiesen wird, daß der Umstand, in Ansehung dessen die Anzeigepflicht verletzt worden ist, keinen Einfluß auf den Eintritt des Todes und auf den Umfang der Leistung der Beklagten gehabt hat. Diese Bestimmung ist ihrem wesentlichen Inhalt nach dem § 21 VVG. entnommen, unterliegt also nach dem zu vermutenden Parteiwillen der gleichen Auslegung, wie die gesetzliche Vorschrift, die zudem nach § 31 VVG. nicht durch Vereinbarung zuungunsten des Versicherungsnehmers geändert werden kann und, insoweit dies geschehen sein sollte, unmittelbar angewendet werden müßte. Gegen die Zulässigkeit der Nachprüfung der durch das Berufungsgericht vorgenommenen Auslegung der Vertragsbestimmung bestehen keine Bedenken.

Die Behauptung der Beklagten, sie hätte bei richtiger Beantwortung der Fragen den Vertrag nur zu höheren Prämiensätzen abgeschlossen, betrifft nicht, wie die Revision meint, den Umfang der Leistung der Beklagten, sondern den Umfang der Leistung des Versicherungsnehmers. Lediglich auf den Umfang der Leistung der Beklagten stellt aber die Vertragsbestimmung (wie das Gesetz) ab, nicht auf den wirtschaftlichen Erfolg, den der Versicherungsvertrag der Beklagten bringt. Wird nur der wirtschaftliche Erfolg, nicht aber die Leistung des Versicherers durch den Umstand beeinflußt, in Ansehung dessen die Anzeigepflicht verletzt ist, so ist das Rücktrittsrecht ausgeschlossen. Die erwähnte Behauptung der Beklagten ist daher unerheblich.

Das gleiche gilt auch für ihr Vorbringen, sie hätte bei richtiger Fragenbeantwortung den Vertrag nicht geschlossen. In diesem Falle würde ihre Leistungspflicht allerdings entfallen. Aber diese

Wirkung könnte nicht auf die Umstände zurückgeführt werden, in Ansehung deren R. die Anzeigepflicht verletzt hat, also auf seine Krankheit und ärztliche Behandlung, sondern er würde sich lediglich auf das Verschweigen dieser Tatsachen gründen lassen. Der Vertrag, wie das Gesetz, läßt in einem solchen Falle den Rücktritt nicht zu.

Die Ausführung der Revision, bei solcher Auslegung habe die Vertragsbestimmung keine praktische Bedeutung, denn es sei nicht abzusehen, wie der Umfang der Leistung der Beklagten in anderer als der von ihr dargelegten Weise beeinflußt werden könne, vermöchte, auch wenn sie zuträfe, an dem Ergebnis nichts zu ändern. Es sei jedoch darauf hingewiesen, daß § 21 VVG. auch für andere Versicherungszweige als die Lebensversicherung gilt und insoweit sicher praktische Bedeutung hat. Die Möglichkeit, daß seine Vorschrift in die Allgemeinen Versicherungsbedingungen der Beklagten ohne hinreichende Prüfung der Frage hinübergenommen ist, ob sie in allen Einzelheiten auf Lebensversicherungsverträge Anwendung finden könne, ist nicht von der Hand zu weisen.

---

14. Zur Frage der freien Aufwertung eines im Januar 1923 geschlossenen Vergleichs.

BGB. § 242.

VII. Zivilsenat. Urt. v. 20. September 1927 i. S. K. (Kl.) w. Preuß. Staat (Bekl.). VII 208/27.

I. Landgericht I Berlin.
II. Kammergericht daselbst.

Der Kläger hatte im Jahre 1916 Kostenanschläge und Entwürfe für bauliche Zwecke des Beklagten angefertigt. Am 27. April 1920 erhob er Klage auf Zahlung einer Vergütung von 13980 *M* für diese Arbeiten. Der Rechtsstreit wurde am 4. Januar 1923 durch einen außergerichtlichen Vergleich des Inhalts beendet: „Der Beklagte zahlt an den Kläger zum Ausgleich der Klageforderung den Betrag von 7000 *M*. Der Kläger verzichtet auf Mehrforderung. Die gerichtlichen Kosten trägt der Beklagte, die außergerichtlichen jede Partei für sich." Im gegenwärtigen Rechtsstreit verlangt der Kläger Aufwertung seiner Werklohnforderung. Er beansprucht

Zahlung von 4100 RM nebst Zinsen. Die Vorinstanzen haben die Klage abgewiesen. Die Revision des Klägers führte zur Aufhebung des Berufungsurteils und zur Zurückverweisung.

Gründe:

Das Berufungsgericht führt zur Begründung der Abweisung des Aufwertungsanspruchs aus: Der Kläger habe mit der Klage im Vorprozeß seine gesamte Forderung geltend machen wollen und die Parteien hätten bei Abschluß des Vergleichs ihre gesamten Rechtsbeziehungen einer Regelung nach Maßgabe des Vergleichs unterziehen wollen und unterzogen. Wenn daher der Beklagte im Vergleichsweg 7000 M zu zahlen zugesagt, der Kläger diesen Betrag hingenommen und auf Mehrforderung verzichtet habe, so sei die Willensrichtung der Parteien dahin gegangen, ihre Ansprüche ausschließlich so wie geschehen festzulegen. Eine Würdigung der Rechtsbeziehungen der Parteien unter dem Gesichtspunkt der nachträglich gewonnenen Erkenntnis vom Wesen der Inflation sei danach nicht angängig. Der Vergleich sei ein Vertrag und es komme daher bei der Prüfung seines Inhalts allein auf die subjektive Einstellung und Willensrichtung der Parteien an. Die objektive Wertung seiner Folgen nach dem heute bekannten Wesen der Inflation habe auszuscheiden. Es sei deshalb nicht angängig, zu sagen, daß bei objektiver Betrachtung nach der heute gewonnenen geläuterten Erkenntnis nur ein Teilanspruch im Goldwerte zur Zeit der Klagerhebung im Vorprozeß geltend gemacht worden sei und der Vergleich sich nur auf diesen Teilanspruch bezogen habe. Vielmehr sei durch den Vergleich und den in ihm ausgesprochenen Verzicht des Klägers auf Mehrforderung der die 7000 M übersteigende Anspruch vernichtet worden, so daß heute keine Grundlage für eine Aufwertung mehr gegeben sei.

Diese Ausführungen stehen im Widerspruch mit der ständigen Rechtsprechung des Reichsgerichts auf dem Gebiete der freien Aufwertung. Wollte man ihnen folgen, so wäre eine Aufwertung in allen Fällen ausgeschlossen, in denen sich Gläubiger und Schuldner während der Inflationszeit auf einen Teil der Forderung verglichen haben. Denn in der vergleichsweisen Einigung auf einen Teil der Forderung liegt, ohne daß es besonders ausgesprochen zu werden braucht, der Verzicht des Gläubigers auf die Mehrforderung. Es ist auch selbstverständlich, daß die Parteien in einem vorbehaltlosen

Vergleich ihre Rechtsbeziehungen endgültig regeln wollten und daß sie der Meinung waren, sie endgültig geregelt zu haben. Aus dieser subjektiven Einstellung der Parteien beim Vergleichsabschluß und aus dem Verzicht des Klägers auf Mehrforderung kann aber nicht unter allen Umständen ein Verzicht auf den Aufwertungsanspruch hergeleitet werden, auf den die Ausführungen des Vorderrichters im Ergebnis hinzielen. Es bedarf schon ganz besonderer Umstände, aus denen ein solcher Verzichtswille des Klägers zu folgern wäre. Solche Umstände hat das Berufungsgericht nicht festgestellt. Vor allem aber könnte von einem Verzicht auf den Aufwertungsanspruch nur dann die Rede sein, wenn der Kläger sich zur Zeit des Vergleichs mindestens der Möglichkeit eines Aufwertungsanspruchs bewußt gewesen wäre. Auf Ansprüche, die man nicht kennt, deren Möglichkeit man sich nicht einmal vorstellt, kann man nicht verzichten. Nun stellt aber das Berufungsgericht selbst fest, und insoweit befindet es sich in Übereinstimmung mit der reichsgerichtlichen Rechtsprechung, daß man nach den bis zum Abschluß des Vergleichs geltenden Anschauungen des Verkehrs und nach dem damaligen Stande der Rechtsprechung an dem Grundsatz „Mark gleich Mark" noch festgehalten hat, daß also damals die Parteien mit einem Aufwertungsanspruch gar nicht gerechnet haben und nicht rechnen konnten. Der erkennende Senat schließt sich aber auch der Auffassung des V. Zivilsenats in RGZ. Bd. 116 S. 143 und in JW. 1927 S. 2112 Nr. 12 an, wonach vor dem bekannten Urteil vom 28. November 1923 (RGZ. Bd. 107 S. 78) die Aufwertung nicht nur fast ausnahmslos in der Rechtslehre, sondern auch in der Rechtsprechung abgelehnt wurde, und daß auch die Reichsregierung noch darüber hinaus zunächst den Standpunkt vertreten hat, eine Aufwertung sei unmöglich. Das gilt jedenfalls für Januar 1923. Es liegt daher, wenn sich nicht aus besonderen Umständen ein anderes ergibt, ganz fern, daß die Parteien auch einen möglichen Aufwertungsanspruch in ihren Vergleich haben einbeziehen wollen. Mangels solcher Umstände ist vielmehr anzunehmen, daß sie sich nur über die Papiermarkforderung vergleichen wollten und verglichen haben, wobei der Kläger des Glaubens war, daß mit der Zahlung der 7000 P*M* seine Forderung vollständig ausgeglichen sei. In Wirklichkeit war aber die Zahlung von 7000 P*M* im damaligen Goldwerte von etwa 1,30 G*M* eine unvollständige Erfüllung im Rahmen des Vergleichs.

Der Kläger hat also ein Recht auf Nachforderung gemäß § 363 BGB. (vgl. RGZ. Bd. 109 S. 113, Bd. 110 S. 132, Bd. 114 S. 403; Urteil vom 26. April 1927 VI 2/27).

Nicht stichhaltig sind auch die weiteren Erwägungen des Vorderrichters, daß eine Aufwertung nicht in Frage kommen könne, weil sich heute die Beweggründe gar nicht mehr ermessen ließen, die den Kläger zum Abschluß des Vergleichs und zum Verzicht auf seine Mehrforderung bestimmt hätten. Mag auch die Forderung des Klägers nicht nur der Höhe, sondern auch dem Grunde nach bestritten gewesen sein, so bleibt doch die Tatsache bestehen, daß die Parteien sich schließlich auf die Hälfte der Papiermarkforderung verglichen haben, der Beklagte also die Hälfte der Forderung in ihrem damaligen Werte vergleichsweise anerkannt hat. Aus welchen Beweggründen die Parteien den Vergleich geschlossen haben, kommt für die Aufwertungsfrage so lange nicht in Betracht, als sich daraus nicht ergibt, daß mit Zahlung der 7000 PM auch der Aufwertungsanspruch Klägers abgegolten sein sollte. Von einem solchen Beweggrund des kann aber nicht die Rede sein, wenn die Parteien sich damals noch nicht bewußt waren, daß der Kläger einen Aufwertungsanspruch geltend machen könne.

Nicht zu billigen ist es schließlich, wenn der Berufungsrichter meint, die rechtsähnliche Anwendung der Lehre über die Wirkung der Rechtskraft der Papiermarkurteile auf Vergleiche sei nicht angängig, weil das Urteil über das zahlenmäßig Geforderte nicht hinausgehen könne, die Parteien aber bei einem Vergleich im Zeitpunkt seines Abschlusses den Anspruch nach ihrer bekundeten Willensrichtung festgelegt hätten. Die Rechtsprechung über die Papiermarkurteile beruht auf dem Gedanken, daß bei fortgeschrittener Geldentwertung in der Zeit zwischen Klagerhebung und Urteil die Urteilssumme, wenn sie auch dem Nennbetrag nach gleich der Klageforderung ist, dem Werte nach doch nur einen Teil der letzteren darstellt und daß mit dem Zuspruch des Nennbetrags nur über einen Teil der ursprünglichen Klagforderung ihrem Goldwerte nach erkannt worden ist. Wie aber der Richter zu einer Zeit, als noch allgemein der Grundsatz „Mark gleich Mark" galt, der Meinung und des Willens war, über den ganzen Klaganspruch zu urteilen, in Wirklichkeit jedoch nur über einen Teil erkannt hat, so war es auch bei den Vergleichen aus jener Zeit, mit denen ein Prozeß beendet wurde. Die Parteien wollten sich zwar über die ganze Klagforderung vergleichen, in Wirklichkeit bildete aber den Vergleichsgegenstand nur der Nennbetrag der Forderung in dem Werte, den er zur Zeit des Vergleichsabschlusses hatte. Im Streitfall haben die Parteien, das nimmt auch das Berufungsgericht an, sich offensichtlich auf die Hälfte der Klagforderung vergleichen wollen, in Wirklichkeit haben sie sich aber nur über den Nennbetrag der Klagforderung nach seinem Werte im Januar 1923 auf die Hälfte verglichen, ohne sich dessen damals bewußt zu sein. Denn die Hälfte der Klagforderung hatte in Wirklichkeit einen Wert von 497 G*M*, während die vom Beklagten zugesagten 7000 *M* nur 1,30 G*M* wert waren. In der Tat ist also Gegenstand des Vergleichs nur ein Teil der Klagforderung gewesen, wenn auch die Parteien unter dem Einfluß des Satzes „Mark gleich Mark" des Willens und der Meinung waren, sich über die gesamte Klagforderung zu vergleichen. Und wenn sie sich auch über die gesamte Klagforderung verglichen hätten, so doch nicht über die gesamte Forderung. Denn die Klagforderung war nur ein Teil der ursprünglichen Forderung mit Rücksicht auf ihren Goldwert, mag auch der Kläger gewollt und gemeint haben, er klage seine ganze Forderung ein. . . .

15. Zur Frage des Verzichts auf den Ersatzanspruch wegen des durch die Geldentwertung erlittenen Verzugsschadens.

BGB. §§ 286, 242.

VII. Zivilsenat. Urt. v. 20. September 1927 i. S. E. (Kl.) w. H. (Bekl.). VII 155/27.

I. Landgericht Leipzig, Kammer für Handelssachen.
II. Oberlandesgericht Dresden.

Der Kläger hatte mit einer Klage vom 4. Juli 1918 von der Beklagten Zahlung von 4139,24 *M* für die Lieferung von Einbanddecken gefordert. Durch rechtskräftiges Urteil des Landgerichts vom 30. Mai 1921 wurde die Beklagte antragsgemäß verurteilt. Die Urteilssumme wurde nach Darstellung des Klägers am 30. September 1921, nach derjenigen der Beklagten am 8. Juli 1921 gezahlt. In einem weiteren Rechtsstreit, der durch Klage vom 1. September 1921 eingeleitet wurde, hatte der Kläger auf Grund desselben Werklieferungsvertrags für Herstellung und teilweise Lieferung weiterer Einbanddecken und gebundener Bände noch insgesamt 22989,24 ℳ gefordert. Durch rechtskräftiges Urteil des Landgerichts vom 13. Juli 1922 wurden ihm davon 22876,56 ℳ zugesprochen. Diesen Betrag zahlte die Beklagte am 21. Juli 1922.

Im gegenwärtigen Rechtsstreit, in dem die Klage am 31. Dezember 1925 zugestellt worden ist, macht der Kläger geltend, durch die Papiermarkzahlungen der Beklagten seien seine Ende 1917 und Anfang 1918 entstandenen Forderungen nicht voll getilgt. Er verlangt nunmehr Bezahlung des noch nicht getilgten Teils in aufgewerteten Beträgen, auch aus dem Gesichtspunkt des Schadensersatzes wegen Leistungsverzugs. Indem er unter Zugrundelegung der Tabelle des Aufwertungsgesetzes vom 16. Juli 1925 eine Berechnung seiner Forderungen und der empfangenen Zahlungen aufstellt und Aufwertung in Höhe von 50% beansprucht, gelangt der Kläger zu dem Antrag, die Beklagte zur Zahlung von 10702,58 RℳM mit Zinsen seit dem 31. Dezember 1925 zu verurteilen. Die Vorinstanzen haben die Klage abgewiesen. Die Revision des Klägers führte zur Aufhebung des Berufungsurteils und zur Zurückverweisung der Sache.

Gründe:

Der Kläger gründet seine Ansprüche auf die Schadensersatzpflicht der Beklagten wegen Leistungsverzugs und auf die allgemeine Aufwertung nach § 242 BGB. Nach ständiger Rechtsprechung des Reichsgerichts kann die letztere Klagebegründung nur dann in Betracht kommen, wenn der erstere Gesichtspunkt nicht zum Ziele führt. Das Berufungsgericht erwähnt zunächst auch den reichsgerichtlichen Grundsatz, geht dann aber bei Erörterung der Klageforderungen doch den umgekehrten Weg. Bei der Nachprüfung ist indes auf den hauptsächlichen Klagegrund des Verzugs zuerst einzugehen.

Das Oberlandesgericht lehnt diesen ab, weil das Verhalten des Klägers, der die Beklagte zuerst im Oktober 1925 gemahnt habe, als Verzicht auf den Ersatz von Verzugsschaden, wenn auch nicht auf die allgemeine Aufwertung, auszulegen sei. Seine Ausführungen liegen zwar großenteils auf tatsächlichem Gebiet, jedoch sind sie derart mit rechtlichen Erwägungen durchsetzt, daß eine Nachprüfung im ganzen zulässig und geboten ist. Hier muß zunächst die Annahme Bedenken erwecken, der Kläger habe zwar auf den Schadensersatzanspruch wegen Verzugs, nicht aber auf den Aufwertungsanspruch aus § 242 BGB. verzichtet. Diese beiden Rechtsbehelfe sind in der Rechtsprechung zahlreicher Gerichte lange Zeit hindurch nicht auseinandergehalten worden; erst allmählich wurde durch die reichsgerichtliche Rechtsprechung eine Klarstellung der Verschiedenheit der beiden Anspruchsbegründungen und ihres Verhältnisses zueinander erzielt. Eine Kenntnis der in Frage kommenden rechtlichen Verschiedenheiten ist aber nicht in die Kreise der rechtsuchenden Laien gedrungen; sie werden darüber regelmäßig erst durch den Rechtsanwalt belehrt, den sie wegen der Verfolgung ihrer Ansprüche etwa zu Rate ziehen. Bis zu einer solchen besonderen Belehrung sieht erfahrungsgemäß der Laie den „Aufwertungsanspruch" als einen einheitlichen Gegenstand an, und demzufolge kann sich sein etwaiger Verzichtswille nur auf den Anspruch im ganzen erstrecken. Hier die Willensrichtung teilen zu wollen, widerstreitet der Lebenserfahrung durchaus. Noch mehr als für die Jetztzeit muß die Erwägung für die Jahre 1922 bis 1925 gelten, um die es sich bei der Beurteilung des Verhaltens des Klägers handelt. Die Überzeugung, daß ihm wegen der Geldentwertung ein Schadensersatzanspruch wegen Verzugs zustehe, konnte er sicherlich nicht eher erlangen, als über das Bestehen eines — aus § 242 BGB. hergeleiteten — Aufwertungsanspruchs Klarheit geschaffen war, mithin nicht früher, als die oberstrichterliche Rechtsprechung den Satz „Mark gleich Mark" in gewissem Umfang aufgegeben hatte.

Schon in der verschiedenen Art und Weise, wie das Berufungsgericht den Verzicht auf den Schadensersatzanspruch und den auf den reinen Aufwertungsanspruch betrachtet, ist sonach ein Verstoß gegen einen allgemeinen Erfahrungssatz zu sehen, der die Aufrechterhaltung des angefochtenen Urteils ausschließt. Aber auch abgesehen hiervon ist die Annahme eines Verzichts des Klägers auf den Ersatzanspruch wegen Verzugsschadens nicht zu billigen. Der Fall bietet insofern eine Besonderheit, als über die ursprünglichen Forderungen des Klägers rechtskräftige Entscheidungen in Vorprozessen ergangen und auf Grund der Verurteilungen Zahlungen geleistet waren. Über die Aussichten seiner etwaigen Aufwertungsansprüche konnte somit der Kläger erst dann Klarheit gewinnen, wenn feststand, daß den Entscheidungen in den Vorprozessen keine Rechtskraft erzeugende Wirkung für den „Aufwertungsprozeß" beizumessen sei. Die in dieser Richtung vom

Reichsgericht gefällten Urteile sind im September 1924 und in den folgenden Monaten ergangen (vgl. JW. 1926 S. 151 Nr. 1 und die dort mitgeteilten Entscheidungen; WarnRspr. 1926 Nr. 128). Erwägt man, daß von der Befestigung dieser Rechtsprechung an noch ein gewisser Zeitraum erforderlich war, um die Kenntnis von der Stellungnahme des Reichsgerichts allgemein in den Kreisen der Rechtsuchenden zu verbreiten, so wird man nicht annehmen können, daß vor dem Frühjahr 1925 eine Klarheit über die Aussichten einer derartigen Rechtsverfolgung bestanden habe. Soweit in dieser Hinsicht das Berufungsgericht eine abweichende zeitliche Berechnung anstellt, ist mithin seine Erörterung von Rechtsirrtum beeinflußt.

Im gegebenen Falle kommt noch ein weiterer Umstand hinzu, der geeignet war, die Ungewißheit für den Kläger zu steigern. Die für seine Nachforderung hauptsächlich ins Gewicht fallende Zahlung der Beklagten war am 21. Juli 1922 geleistet worden und es war in hohem Grade fraglich, ob bei der etwaigen Annahme eines Stichtags für die Zulassung des Aufwertungsanspruchs jener Tag noch in die Zeit fallen würde, für welche die Aufgabe des Satzes „Mark gleich Mark" als gerechtfertigt angesehen würde. Eine Klärung der oberstrichterlichen Rechtsprechung bezüglich der etwaigen Festsetzung eines solchen Stichtags war aber im Jahre 1925 noch nicht eingetreten.

Nach alledem kann, wenn der Kläger im Oktober 1925 die Beklagte gemahnt und Ende Dezember 1925 die Klage erhoben hat, nicht von einer Zögerung die Rede sein, die den Schluß auf einen Verzichtswillen des Klägers zuließe. Ein Zeitraum von einigen Monaten muß ihm zur Prüfung und Überlegung belassen, und der Grundsatz, daß Verzichte niemals zu vermuten sind, darf nicht ganz beiseite geschoben werden (RGZ. Bd. 116 S. 313; LZ. 1926 Sp. 1330; JW. 1927 S. 2114 Nr. 14, S. 2115 Nr. 15). Irgendwelche besondere Umstände, die etwa auf einen Verzichtswillen des Klägers hindeuteten, hat das Berufungsgericht nicht anzuführen vermocht.

Ist hiernach die Annahme unhaltbar, daß auf den Ersatzanspruch wegen Verzugsschadens verzichtet worden sei, so ist die Aufhebung des angefochtenen Urteils und die Zurückverweisung der Sache an das Berufungsgericht geboten, ohne daß es eines Eingehens auf diejenigen Ausführungen des Vorderrichters bedürfte, mit denen er den Klagegrund der Aufwertung nach § 242 BGB. abgelehnt hat.

16. 1. Kann ein Aktionär mit mehreren eigenen Aktien in der Generalversammlung nur einheitlich abstimmen?

2. Ist ein Generalversammlungsbeschluß, der gegen den Grundsatz der gleichmäßigen Behandlung der Aktionäre verstößt, nichtig oder nur anfechtbar?

HGB. §§ 252, 271flg., 282.

II. Zivilsenat. Urt. v. 16. September 1927 i. S. Gaswerksverband Rh. A.-G. (Bekl.) w. Stadtgemeinde W. (Kl.). II 21/27.

I. Landgericht Wiesbaden.
II. Oberlandesgericht Frankfurt a. M.

Die Beklagte betreibt in B. ein Gaswerk. Im Jahre 1914 gelangte ihr Aktienkapital ganz in den Besitz der Stadt B., der ursprünglichen Klägerin, die im Laufe des Prozesses der Stadt W. eingemeindet worden ist. Im Jahre 1919 hat die Stadt B. einen Teil der Aktien — rund 49% — der Th.G.A.-G. überlassen, den Rest aber weiter behalten. Im Anschluß hieran kam es am 24. Oktober 1919 zwischen der Stadt B., der Th.G.A.-G. und der Beklagten zum Abschluß eines Vertrags über die künftige Gestaltung der Verhältnisse der letzteren. Hiernach sollte die Beklagte „zwecks großzügiger Ausgestaltung der Gasversorgung der Stadt B. und anderer Orte in ein gemischt-wirtschaftliches Unternehmen unter Führung der Stadt B." umgewandelt werden. Die Stadt B. verpflichtete sich u. a., die Interessen der Beklagten „als die einer öffentlichen Unternehmung in Privatrechtsform in jeder Beziehung zu fördern und zu vertreten". Die Beklagte machte sich u. a. zur Zahlung einer jährlichen Abgabe in bestimmter Höhe an die Stadt B. verbindlich. Hierfür, für eine gewisse Mindestdividende des städtischen Aktienbesitzes sowie für Zinsen und Tilgungsraten etwaiger Ausbauanleihen übernahm die Th.G.A.-G. die Garantie. Weiter wurden in diesem Vertrag Vereinbarungen über die Besetzung der Aufsichtsratsposten der Beklagten getroffen, auch wurde bestimmt, daß bei einer Erhöhung ihres Aktienkapitals mangels anderweitiger Abmachung das gesetzliche Bezugsrecht der Klägerin und der Th.G.A.-G. nicht ausgeschlossen werden dürfe.

Am 13. Februar 1926 fand die ordentliche Generalversammlung der Beklagten für 1925 statt, in der das ganze Aktienkapital vertreten war. Die Klägerin hatte mit der Wahrnehmung der Rechte aus ihrem Aktienbesitz den Bürgermeister und 7 Angehörige des Magistrats und des Stadtverordnetenkollegiums dergestalt bevollmächtigt, daß jeder einzelnen von diesen Personen für sich allein eine bestimmte Anzahl von Aktien zugeteilt war. Bei der Beschlußfassung über einen Kapitalerhöhungsantrag der Verwaltung fielen die Stimmen der Stadtvertreter auseinander. Ein Teil stimmte mit der Th.G.A.-G. für, ein anderer Teil gegen den Antrag; ein Stadtvertreter enthielt sich der Abstimmung. Zahlenmäßig wurde der Antrag angenommen. Nach dieser Beschlußfassung sollte das Grundkapital unter Ausschluß des gesetzlichen Bezugsrechts der Aktionäre durch Ausgabe von 300 Inhaberaktien über je 1000 RM um 300000 RM auf 1300000 RM erhöht und sollten die jungen Aktien der Th.G.A.-G. zum Nennbetrag überlassen werden unter der Verpflichtung, hiervon 150000 RM der Stadt B. zum Nennwert zuzüglich Kosten mit der Maßgabe anzubieten, daß die Annahme des Angebots binnen 14 Tagen zu erfolgen habe und mit nachstehender, der Beklagten und der Th.G.A.-G. gegenüber in notarieller Form abzugebender Erklärung zu verbinden sei:

„Die Stadt B. verpflichtet sich für sich und ihre Rechtsnachfolger, daß sie die weitere Ausdehnung der Gaswerksverband Rh.A.-G., insbesondere nach und in dem Landkreis W. und im Rheingaukreis, und den Fortbetrieb des Werks dauernd in der von dem Vorstand der Gesellschaft eingeschlagenen Richtung unmittelbar und mittelbar unterstützen und gewährleisten und alle Maßnahmen unterlassen wird, die dieses Ziel erschweren könnten."

Falls diese Erklärung nicht frist- und formgerecht abgegeben würde, sollten die 300000 RM junge Aktien den Kommunalverbänden des Landkreises W. und des Rheingaukreises oder „anderen Kommunen" zum Nennwert zuzüglich Kosten angeboten werden; auf die jungen Aktien sollten vor der Eintragung des Kapitalerhöhungsbeschlusses in das Handelsregister 25% des Nennwerts eingezahlt werden, im übrigen aber die Bestimmung der weiteren Einzahlungen dem Aufsichtsrat überlassen bleiben.

Widerspruch zum Generalversammlungsprotokoll ist gegen diesen Beschluß nicht eingelegt worden. Wohl aber hat die Stadt B. binnen Monatsfrist Anfechtungsklage und Klage auf Feststellung der Nichtigkeit des Beschlusses erhoben und zur Begründung u. a. geltend gemacht, daß die Stimmabgabe der Stadtvertreter wegen des Auseinanderfallens ihrer Stimmen nichtig sei und daß der Beschluß gegen den Grundsatz der gleichmäßigen Behandlung der Aktionäre verstoße.

Das Landgericht gab der Nichtigkeitsklage statt. Die Berufung der Beklagten war erfolglos. Auf ihre Revision wurde die Klage abgewiesen.

Aus den Gründen:

.... Dem angefochtenen Urteil ist darin beizustimmen, daß ein Aktionär mit mehrfachem Aktienbesitz in der Generalversammlung nur einheitlich stimmen kann und daß deshalb die verschiedene Abstimmung der Bevollmächtigten der Klägerin, obwohl der Aktienbesitz unter sie in bestimmter Weise aufgeteilt und jeder von ihnen nur Stimmführer für die ihm zugewiesenen Aktien war, die Stimmabgabe überhaupt ungültig macht. Die Frage, ob bei mehrfachem Aktienbesitz das Stimmrecht nur einheitlich oder auch derart ausgeübt werden kann, daß mit dem einen Teil der Aktien so, mit den übrigen anders gestimmt wird, ist zwar nicht unbestritten. Im Schrifttum wird aber die Zulässigkeit einer verschiedenen Abstimmungsweise ganz überwiegend verneint, und das mit Recht. Zunächst ist nicht zu erkennen, welches berechtigte und schutzwürdige Interesse an der Möglichkeit einer solchen verschiedenen Abstimmungsweise bestehen sollte. Die Abstimmung des Aktionärs in der Generalversammlung ist seine Willensäußerung in Absicht auf die Führung und Gestaltung der gesellschaftlichen Angelegenheiten; sie ist Rechtshandlung und Element der Willensbildung des obersten Organs der Gesellschaft. Diese Willensäußerung kann, wenn sie rechtlich beachtlich sein soll, vernünftigerweise nur einheitlich, nicht aber in sich widerspruchsvoll sein. Wenn sodann § 252 Abs. 1 Satz 1 HGB. anordnet, daß jede Aktie das Stimmrecht gewährt, so wird damit zunächst nur der Grundsatz festgelegt, daß mit jeder Aktie, gleichgültig welcher Gattung und welchen Betrags, an und für sich das Stimmrecht als unentziehbares Aktionärrecht verknüpft ist. Demgegenüber sagt dann aber Satz 2 das., daß das Stimmrecht nach Aktienbeträgen ausgeübt werde. Mag dabei auch zunächst nur an das Stimmrecht von Aktien verschiedenen Nennbetrags gedacht sein, so läßt sich doch die Vorschrift schon ihrem Wortlaut nach zwanglos auch auf das Verhältnis mehrerer Aktien gleicher Gattung und gleichen Betrags beziehen und bedeutet dann Vereinheitlichung des Stimmrechts mehrerer Aktien desselben Aktionärs und Bewertung der einheitlichen Stimmabgabe nach dem Gesamtbetrag der Aktien. Diese Auslegung ist um so unbedenklicher, als der unmittelbar anschließende Satz 3 des § 252 Abs. 1 bei mehrfachem Aktienbesitz Beschränkungen in der Ausübung des Stimmrechts zuläßt und damit ersichtlich die Stimmrechtsausübung aus solchem Besitz als etwas Einheitliches voraussetzt. Für die hier vertretene Rechtsauffassung sprechen noch andere Vorschriften des Gesetzes. So die Regelung des Anfechtungsrechts in § 271 Abs. 3 HGB. Sie ist mit der Möglichkeit verschiedener Abstimmung durch denselben Aktionär, wenn er nur mehrere Aktien besitzt, kaum zu vereinbaren. Dasselbe gilt z. B. im Fall des § 196 Abs. 4 HGB. Auch hier ist mit der Möglichkeit einheitlicher Stimmabgabe gerechnet. Daß ein Aktionär, der mehrere Aktien besitzt, mit dem einen Teil abstimmen, mit dem anderen sich der Stimme enthalten kann, ist richtig; das beweist aber nichts für die Zulässigkeit verschiedener Abstimmung. Zweifellos kann ferner der Bevollmächtigte mehrerer Aktionäre mit den Aktien des einen Vollmachtgebers anders als mit den Aktien des zweiten Vollmachtgebers stimmen. Dabei handelt es sich aber eben nicht um den Aktienbesitz eines und desselben Aktionärs und die Stimmrechtsausübung daraus. Zuzugeben ist, daß auf dem Umweg der Aufteilung eines Aktienpakets unter mehrere Legitimationsaktionäre im Ergebnis eine verschiedene Stimmabgabe ermöglicht wird. Dies ändert aber nichts daran, daß die Stimmabgabe des einzelnen Legitimationsaktionärs stets einheitlich sein muß. Demnach ist der Revisionsangriff, mit dem die Zulässigkeit verschiedener Stimmabgabe bei mehrfachem Aktienbesitz behauptet wird, nicht begründet.

Dagegen nimmt das Berufungsgericht zu Unrecht an, daß die Beschlüsse zur Kapitalerhöhung wegen Verstoßes gegen den aktienrechtlichen Grundsatz der Gleichbehandlung der Aktionäre nichtig seien. Die Beschlüsse über den Ausschluß des gesetzlichen Bezugsrechts der Aktionäre, über die anderweitige Begebung der jungen Aktien und über die Begebungsbedingungen bilden allerdings einen untrennbaren Bestandteil des Kapitalerhöhungs-Beschlusses selbst. Ihre Nichtigkeit müßte deshalb ohne weiteres auch die Nichtigkeit der zur Frage der Kapitalerhöhung gefaßten Beschlüsse nach sich ziehen. § 282 Abs. 1 HGB. bestimmt nun, daß jedem Aktionär auf sein Verlangen ein seinem Anteil am bisherigen Stammkapital entsprechender Teil an den neuen Aktien eingeräumt werden muß, jedoch nur, soweit nicht die Generalversammlung bei der Kapitalerhöhung etwas anderes beschließt. Das gesetzliche Bezugsrecht der Aktionäre ist demnach kein unbedingtes „Sonderrecht" der Aktionäre. Es kann vielmehr von der Generalversammlung nach ihrem Ermessen im Kapitalerhöhungs-Beschluß ganz oder teilweise ausgeschlossen werden. Die Generalversammlung ist dabei nur an die allgemeinen Schranken der §§ 138, 826, 226 BGB. gebunden; darüber hinaus hat sie freie Hand. Sie kann insbesondere auch das Bezugsrecht nur einer bestimmten Gattung von Aktionären, ja nur einzelnen Aktionären einräumen und auch unter Ausschluß des gesetzlichen Bezugsrechts sämtliche neue Aktien Dritten zukommen lassen. Dem steht der Grundsatz der Gleichbehandlung der Aktionäre nicht entgegen. Denn ebenso, wie die jungen Aktien unter Entziehung und Beschränkung des gesetzlichen Bezugsrechts Dritten zugewiesen werden können, kann dies gleicherweise auch Aktionären gegenüber als Dritten geschehen. Gerade so wurde hier verfahren, sofern das gesetzliche Bezugsrecht der Aktionäre schlechthin ausgeschlossen, dagegen die Bezugsberechtigung der Th. G. A.-G. als einem Dritten angeboten wurde mit der Verpflichtung, über die jungen Aktien oder über einen Teil davon in bestimmter Weise weiterzuverfügen. Ist aber das gesetzliche Bezugsrecht der Aktionäre ausgeschlossen worden, so ist damit jedes aktienrechtliche Anrecht oder Anwartschaftsrecht der Aktionäre auf die jungen Aktien beseitigt. Die Art und Weise der Begebung der jungen Aktien kann deshalb nicht die Unterlage abgeben für die Rüge eines Verstoßes gegen den Grundsatz der Gleichberechtigung der Aktionäre. Es ist auch nicht richtig, daß der hier zu entscheidende Fall grundsätzlich anders liege als der „Hiberniafall" (RGZ. Bd. 68 S. 236). Das Berufungsgericht meint, eine solche Verschiedenheit bestehe um deswillen, weil im Hiberniafall das Bezugsrecht der Aktionäre überhaupt ausgeschlossen und die Verwertung der jungen Aktien dem Vorstand überlassen worden sei, während hier die Generalversammlung selbst die „ungleichmäßige Behandlung der Aktionäre" beschlossen habe. Dies ist schon deshalb unrichtig, weil das Entscheidende gerade der

Ausschluß des gesetzlichen Bezugsrechts der Aktionäre ist und weil insofern beide Fälle gleich liegen. Es wäre im übrigen auch nicht einzusehen, weshalb die Generalversammlung zwar das gesetzliche Bezugsrecht ausschließen, über das weitere Schicksal der jungen Aktien aber nicht selbst sollte Bestimmungen treffen können, die, wie das Berufungsgericht zugibt, von den Verwaltungsorganen ohne weiteres hätten getroffen werden können. Ebensowenig schlägt der Hinweis auf die im Sondervertrag getroffene Abmachung durch, daß bei einer Kapitalerhöhung beim Fehlen einer anderslautenden Vereinbarung das gesetzliche Bezugsrecht nicht ausgeschlossen werden dürfe. Abmachungen ihrer Aktionäre berühren die Beklagte als solche nicht. Ihre Satzung enthält über den Ausschluß des Bezugsrechts nichts besonderes, sie bestimmt vielmehr hierüber nur, daß die Erhöhung des Grundkapitals der Beschlußfassung der Generalversammlung nach Maßgabe der gesetzlichen Bestimmungen unterliege und die Ausgabe von Aktien zu einem höheren als dem Nennbetrag statthaft sei. Im übrigen wäre im Hinblick auf § 283 Abs. 2 HGB. die Generalversammlung auch nicht gehindert, anderweitig zu beschließen.

Gegen den Entscheidungsgrund des angefochtenen Urteils besteht übrigens noch ein weiteres, von der Revision ebenfalls betontes Bedenken. Das Berufungsgericht will als Folge der angeblichen Verletzung des Grundsatzes der Gleichberechtigung der Aktionäre nicht bloße Anfechtbarkeit, sondern Nichtigkeit des Beschlusses eintreten lassen. Für die Annahme der Nichtigkeit ist jedoch nur dann Raum, wenn es sich um Beschlüsse handelt, die mit dem Wesen der Aktiengesellschaft schlechthin unverträglich sind, weil sie zwingende, in erster Linie im öffentlichen Interesse gegebene Vorschriften verletzen, auf deren Einhaltung die Beteiligten nicht verzichten können (RGZ. Bd. 115 S. 378, 383; JW. 1927 S. 1677 Nr. 3). Darum handelt es sich aber hier nicht. Unzweifelhaft konnte mit Zustimmung der Klägerin ein Beschluß des hier beanstandeten Inhalts rechtsgültig gefaßt werden; es ist auch nicht einzusehen, weshalb einer nachträglichen Einverständnis-Erklärung der Klägerin die rechtliche Bedeutung zu versagen wäre. Irgendwelche zwingende öffentliche Interessen stehen nicht entgegen. In allen Fällen aber, in denen durch gesetzwidrige Beschlüsse nur einzelne Aktionäre „geschädigt" sind, die sich mit dem so geschaffenen Zustand auch abfinden können, ist eine von selbst eintretende Nichtigkeit nicht anzunehmen. Der Senat hält vielmehr in solchen Fällen, unter Aufgabe seines früheren abweichenden Standpunkts, nur die Anfechtungsklage aus § 271 HGB. für gegeben, welche die Vernichtung von Generalversammlungsbeschlüssen wegen unterlaufener Rechtsverstöße im Hinblick auf die besonderen Bedürfnisse des aktienrechtlichen Verkehrs, in erster Reihe aus Gründen der Rechtssicherheit, an weitere besondere Voraussetzungen knüpft, namentlich was Frist und Form der Geltendmachung betrifft. . . .

---

17. Welche Tragweite hat § 628 ZPO. im Restitutionsverfahren?

II. Zivilsenat. Urt. v. 20. September 1927 i. S. St. (Restitutionskl.) w. D. u. Gen. (Restitutionsbekl.). II 516/26.

I. Landgericht III Berlin.
II. Kammergericht daselbst.

Die Restitutionsklägerin war mit dem Kapitän D. verheiratet. Auf dessen Klage und ihre Widerklage hat das Landgericht die Ehe aus beiderseitigem Verschulden geschieden. Das Kammergericht änderte durch Urteil vom 2. Mai 1924 die landgerichtliche Entscheidung dahin ab, daß unter Abweisung der Widerklage die Ehe nur aus Verschulden der Frau geschieden und diese mit allen Kosten des Rechtsstreits belastet wurde. Das Urteil erlangte nach den damals geltenden Vorschriften mit der Verkündung Rechtskraft. Klage und Widerklage waren auf § 1568 BGB. gestützt. Auf Grund des Berufungsurteils untersagte der Kläger der Beklagten gemäß § 1577 Abs. 3 BGB. die Führung seines Namens. Der Kläger starb im März 1926, nachdem er im August 1924 eine neue Ehe eingegangen war. Er wurde von seiner zweiten Frau und dem aus der geschiedenen Ehe stammenden Sohne beerbt.

Mit der beim Kammergericht erhobenen, gegen die beiden Erben ihres früheren Mannes gerichteten Restitutionsklage beantragte die geschiedene Ehefrau Abänderung des Urteils vom 2. Mai 1924 dahin, daß der Kläger mit seiner Scheidungsklage abgewiesen werde, daß auf die Widerklage die Ehe geschieden sei und daß der Kläger die alleinige Schuld an der Scheidung trage, hilfsweise:

daß der Rechtsstreit in der Hauptsache für erledigt erklärt werde und die Restitutionsbeklagten verurteilt würden, die Kosten des Scheidungsprozesses zu tragen. Die am 9. August 1926 zugestellte Klage ist auf § 580 Nr. 7b ZPO. gegründet. Die Restitutionsklägerin behauptet, in dem an ihren Sohn gelangten Nachlaß ihres früheren Mannes Schriftstücke aufgefunden zu haben, die es ihr ermöglicht hätten, die Scheidungsklage ihres Mannes zu Fall zu bringen und mit ihrer Widerklage durchzudringen. Das Kammergericht verwarf die Klage als unzulässig. Die Revision der Klägerin führte zur Aufhebung und Zurückverweisung.

Gründe:

Das Berufungsgericht ist zutreffend der Ansicht, daß dem Hauptantrag der Restitutionsklage nicht mehr entsprochen werden kann, nachdem der frühere Ehemann der Klägerin gestorben ist. Der durch die Novelle vom 17. Mai 1898 in die Zivilprozeßordnung aufgenommene § 628 bestimmt, daß in Ehesachen der Rechtsstreit zur Hauptsache als erledigt anzusehen ist, wenn einer der Ehegatten vor der Rechtskraft des Urteils stirbt. In der Hauptsache soll also nur bei Lebzeiten beider Parteien eine Entscheidung ergehen. Mag man, soweit es sich um eine Scheidungsklage handelt, den dieser Vorschrift zugrunde liegenden Rechtsgedanken in der Unvererblichkeit des abzuurteilenden Rechtsverhältnisses oder darin finden, daß eine durch den Tod eines der Gatten aufgelöste Ehe nicht mehr geschieden werden kann, in jedem Fall ist die Vorschrift dann, wenn nach dem Tod eines Ehegatten die Rechtskraft eines im Scheidungsverfahren erlassenen Urteils im Wege des Wiederaufnahmeverfahrens beseitigt werden soll, ebenso anwendbar, wie wenn der Tod vor der rechtskräftigen Erledigung des Scheidungsprozesses eingetreten ist, und zwar in dem Sinne, daß auch in der wieder eröffneten Instanz ein Urteil zur Hauptsache nicht mehr ergehen kann. Das Berufungsgericht hat deshalb mit Recht den Hauptantrag der Klägerin für unzulässig erklärt, der darauf abzielt, die frühere Sachentscheidung durch eine andere Sachentscheidung zu ersetzen. Wenn die Revision meint, das Berufungsgericht übersehe, daß das Scheidungsurteil nicht nur die höchstpersönlichen Beziehungen der Parteien regle, sondern darüber hinaus auch vermögensrechtliche Wirkungen habe, die sich auf die Rechtsnachfolger erstrecken, so versagt dieser Einwand gegenüber der erwähnten gesetzlichen Vorschrift, die, soweit es sich um die Sachentscheidung handelt, die Fortsetzung des Rechtsstreits durch die Erben der Parteien ausschließt. Im Sinne des § 628 ist dem Eintritt des Todes vor der Rechtskraft des Urteils der Fall gleichzustellen, daß die Wirkung der noch bei Lebzeiten beider Ehegatten eingetretenen Rechtskraft nach dem Tode des einen Ehegatten durch Beseitigung des rechtskräftigen Urteils im Wiederaufnahmeverfahren rückgängig gemacht wird. Das hat auch der IV. Zivilsenat des Reichsgerichts in einem Urteil vom 31. Mai 1923 (JW. 1924 S. 908 Nr. 4) anerkannt.

Zum Hilfsantrag der Klägerin, wonach die Hauptsache für erledigt erklärt werden soll und die Beklagten verurteilt werden sollen, die Kosten des Scheidungsprozesses zu tragen, führt das Berufungsgericht aus: Die Klägerin übersehe, daß § 628 ZPO. nur Anwendung finde, wenn das Scheidungsverfahren beim Tod eines Ehegatten noch nicht rechtskräftig abgeschlossen, die Scheidungsklage aber diesem gegenüber oder von ihm bereits anhängig gemacht gewesen sei. Das bedeute für die vorliegende Klage, daß eine Anwendung des § 628 im Restitutionsverfahren nur dann in Frage kommen könne, wenn die Restitutionsklage noch bei Lebzeiten beider früheren Ehegatten erhoben worden sei. Sterbe eine der Parteien nach Erhebung dieser Klage, so sei allerdings (aber nur in diesem Falle) der Eintritt der Erben des Verstorbenen in den wegen der Kosten fortzusetzenden Rechtsstreit rechtlich möglich. Diese Auffassung wird von der Revision mit Recht beanstandet. Es liegt im Begriff der Nichtigkeitsklage und der Restitutionsklage (§§ 578flg. ZPO.), daß sie sich gegen ein rechtskräftiges Urteil wenden; auch leiten die beiden Klagen keinen neuen, selbständigen Rechtsstreit ein, sondern sie dienen nur dazu, die Wiedereröffnung der mit dem gerügten Mangel behafteten Instanz herbeizuführen. Darauf, ob die Wiederaufnahmeklage noch bei Lebzeiten beider Ehegatten erhoben ist, kommt es deshalb nicht an; der Tod hat vielmehr, auch wenn er vor Erhebung der Klage eintritt, nur die Folge, daß in dem wiedereröffneten Verfahren keine Sachentscheidung mehr ergehen kann, sondern der Rechtsstreit in der Hauptsache für erledigt zu erklären und nur noch — nach der materiellen Rechtslage — über die Kosten zu entscheiden ist. Dabei sind in dem Verfahren, das zu einem solchen Urteil führen soll, die Erben des gestorbenen Ehegatten, einerlei ob die Wiederaufnahmeklage vor oder nach dem Eintritt des Todes erhoben wird, aktiv und passiv ebenso zur Sache legitimiert, wie sie es sind, wenn der Ehegatte vor der Rechtskraft des Urteils stirbt. Davon, daß ein Wiederaufnahmeverfahren für und gegen die Erben als Partei stattfinden kann, wenn der Ehegatte nach der Rechtskraft des Scheidungsurteils und vor der Erhebung der Wiederaufnahmeklage gestorben ist, geht auch das erwähnte Urteil des IV. Zivilsenats aus. . . .

18. 1. Kann der Inhaber eines älteren Zeichens vom Inhaber eines jüngeren Zeichens Schadensersatz nach § 14 WZG. auch für die Zeit der Schutzdauer des jüngeren Zeichens verlangen?

2. Ist der Zeichenschutz territorial beschränkt?

3. Verstößt es gegen § 1 UnlWG., wenn der Inhaber eines in Deutschland geschützten Bildzeichens mit diesem Zeichen versehene Waren an deutsche Ausfuhrfirmen liefert, die nach Ländern ausführen, wo ein gleiches oder verwechslungsfähiges Zeichen kraft internationaler Registrierung Schutz genießt?

WZG. §§ 12, 14. UnlWG. § 1. Pariser Verbandsübereinkunft (Washingtoner Fassung v. 2. Juni 1911) Art. 2, 10b. Versailler Vertrag Art. 286. Madrider Abkommen betr. die internationale Registrierung von Fabrik- und Handelsmarken (Washingtoner Fassung v. 2. Juni 1911).

II. Zivilsenat. Urt. v. 20. September 1927 i. S. Firma Società C. (Bekl.) w. Firma H. (Kl.). II 409/26.

I. Landgericht Hamburg.
II. Oberlandesgericht daselbst.

Der in Württemberg ansässigen klagenden Firma sind durch Eintragung in die Zeichenrolle des Reichspatentamts vom 20. Februar 1896 und 22. November 1921 zwei Bildzeichen, je ein springendes Pferd darstellend, für Konserven geschützt. Die Beklagte, eine italienische Firma, genießt auf Grund internationaler Registrierung vom 22. November 1920 für „conserves alimentaires“ gleichfalls Zeichenschutz am Bildzeichen eines springenden Pferdes.

Nach Behauptung der Klägerin sind die beiderseitigen Zeichen verwechslungsfähig.

Die Klägerin verlangt, daß der Beklagten untersagt werde, das Bildzeichen eines springenden Pferdes für Konserven im deutschen Reichsgebiet zu benutzen; außerdem begehrt sie die Einwilligung der Beklagten dazu, daß ihrer international registrierten Marke der Schutz für das Reichsgebiet entzogen werde, sowie Verurteilung der Beklagten zur Rechnungslegung und zum Schadensersatz.

Die Widerklage der Beklagten geht auf Verurteilung der Klägerin zur Unterlassung der Ausfuhr von Waren, die mit dem Bildzeichen des springenden Pferdes versehen sind, nach solchen Ländern, in denen der Schutz der internationalen Marke der Beklagten Geltung habe. Weiterhin verlangt die Beklagte von der Klägerin gleichfalls Rechnungslegung und Schadensersatz.

Das Landgericht gab der Klage im wesentlichen statt und wies die Widerklage ab. Die Berufung der Beklagten war erfolglos, ebenso ihre Revision.

Gründe:

Nach Art. 4 des Madrider Abkommens betreffend die internationale Registrierung von Fabrik- und Handelsmarken, dem Deutschland durch Reichsgesetz vom 12. Juli 1922 beigetreten ist, und nach § 7 der Verordnung über die internationale Registrierung von Fabrik- oder Handelsmarken vom 9. November 1922 hat die internationale Registrierung einer ausländischen Marke für Deutschland die gleiche Wirkung, wie wenn die Marke für die dabei angegebenen Waren in die deutsche Zeichenrolle eingetragen wäre. Die international registrierten ausländischen Marken unterliegen gemäß § 3 des Reichsgesetzes über den Beitritt des Reichs zum Madrider Abkommen nach Maßgabe der deutschen Gesetze der Prüfung, ob ihnen der Warenzeichenschutz gewährt werden kann (Art. 5 des Abkommens). Von dieser dem Patentamt obliegenden Prüfung sind jedoch ausgenommen die vor dem 1. Dezember 1922 international registrierten Marken, die sog. Übergangsmarken (§ 3 Satz 2 des Gesetzes, Art. 11 Abs. 2 des Abkommens). Ihnen gebührt der gleiche Schutz wie allen anderen Zeichen und Marken, und ihre Rechtsgültigkeit kann nur auf dem gleichen Wege angefochten werden wie diejenige der in die Rolle eingetragenen Zeichen. Dieser Schutz, den die Beklagte für ihr am 22. November 1920 in Bern international registriertes Zeichen (als Übergangsmarke) für „conserves alimentaires“ in Anspruch nimmt, versagt jedoch nach den Feststellungen des Berufungsgerichts für Deutschland gegenüber den Anträgen der Klage auf Unterlassung und Schutzentziehung, weil das in die deutsche Zeichenrolle eingetragene ältere Zeichen der Klägerin dieser für gleichartige Waren (Konserven) Zeichenschutz gewährt und beide Zeichen — die je ein springendes Pferd darstellen — miteinander verwechslungsfähig sind. Nach diesen Feststellungen, die nicht zu beanstanden sind, liegen die Voraussetzungen des Anspruchs auf Löschung (§ 9 Abs. 1 Nr. 1 WZG.) vor, an deren Stelle nach § 10 der Verordnung vom 9. November 1922 die Schutzentziehung tritt. Aber auch die Voraussetzungen der Unterlassungsklage (§ 12 WZG.) sind gegeben, weil künftige Störungen des Zeichenrechts der Klägerin insofern zu besorgen sind, als die Beklagte das Recht für sich in Anspruch nimmt, die Klägerin am Gebrauch ihres Zeichens in Deutschland zu hindern, und weil diese Gefahr auch durch die Schutzentziehung nicht ohne weiteres beseitigt wird (RGZ. Bd. 54 S. 414, Bd. 101 S. 135, Bd. 104 S. 376).

Auch gegen die Verurteilung der Beklagten auf Rechnungslegung, zur Vorbereitung der Geltendmachung eines Schadensersatzanspruchs, bestehen keine rechtlichen Bedenken. Die Revision hat solche auch nicht näher begründet. Da das Oberlandesgericht feststellt, daß die Beklagte in Kenntnis des älteren Zeichenschutzes der Klägerin noch in letzter Zeit in Deutschland Waren mit ihrem Bildzeichen vertrieben hat, so kann sie sich auf den dem Zeicheninhaber durch § 12 WZG. gewährleisteten Schutz schon um deswillen nicht berufen, weil die Benutzung ihres jüngeren Zeichens auch während seiner Schutzdauer gegenüber der Klägerin einen Verstoß gegen § 1 UnlWG. darstellt, durch den die Beklagte sich schadensersatzpflichtig gemacht hat.

Dagegen, daß diese Schadensersatzpflicht, wie die Vorinstanzen annehmen, auch aus § 14 WZG. herzuleiten sei, läßt sich gleichfalls nichts einwenden. Der erkennende Senat (vgl. RGZ. Bd. 64 S. 275, Bd. 92 S. 386) hat zwar früher angenommen, daß, solange das Zeichen des auf Schadensersatz Belangten eingetragen ist — und dem stünde hier der Schutz durch internationale Registrierung gleich —, seine Benutzung nicht widerrechtlich sei und daß sie für diese Zeit auch durch die Löschung oder Schutzentziehung nicht rückwirkend widerrechtlich werde. Hieran kann jedoch nicht festgehalten werden. Für die Frage nach der objektiven Widerrechtlichkeit kommt es nur auf die bessere Berechtigung des älteren Zeicheninhabers an; daß aber auch die subjektiven Voraussetzungen des § 14 WZG. erfüllt sind, hat das Berufungsgericht einwandfrei festgestellt.

Die Widerklage erstrebt Untersagung der Ausfuhr der mit dem Bildzeichen der Klägerin versehenen Waren nach außerdeutschen Ländern, in denen die Beklagte auf Grund des Madrider Abkommens Warenzeichenschutz genießt, außerdem Rechnungslegung über die bisher in diese Länder bewirkten Lieferungen der Klägerin sowie Ersatz des Schadens, der sich aus dieser Rechnungslegung ergeben soll. Beide Vorinstanzen haben dieses Begehren abgelehnt. Das Berufungsgericht begründet die Zurückweisung damit, daß die Beklagte, deren Zeichen dem der Klägerin in Deutschland nachstehe, auch mit Hilfe des Gerichts die Klägerin nicht hindern könne, ihr Zeichen in dem Umfang zu verwenden, wie es nach deutschem Recht zulässig sei. Wenn das Zeichen der Beklagten in anderen Ländern den Vorrang habe, so müsse die Beklagte sich zu ihrem Schutz an die Gerichte dieser Länder wenden. Es fehle aber auch an jedem Anhalt dafür, daß die Klägerin nach Ländern ausgeführt habe, in denen das Zeichen der Beklagten vorgehe. Es sei nur festgestellt, daß die Klägerin an die Firma Sch. eine kleine Warenmenge auf Bestellung geliefert habe; Sch. habe jedoch nicht ausgeführt. Im übrigen könne der Klägerin nicht verwehrt werden, an eine deutsche Firma zu liefern, selbst wenn sie annehme (was im Falle Sch. nicht einmal feststehe), daß die betreffende Firma die Ware mit ihrem Zeichen an Orten in Verkehr bringen wolle, wo andere Zeichen entgegenstünden.

Die hiergegen geltend gemachten Bedenken der Revision gehen fehl.

Die Widerklage kann schon um deswillen keinen Erfolg haben, weil sie den Unterlassungsanspruch und das Verlangen nach Schadensersatz auf eine „Ausfuhr“-Tätigkeit der Klägerin gründet in bezug auf Waren, die mit dem Zeichen der Klägerin versehen seien. Nach der Feststellung des Oberlandesgerichts hat aber die Klägerin selbst niemals Waren ausgeführt, sondern nur in Deutschland solche Waren an Ausfuhr-Firmen geliefert. Es besteht auch keine Besorgnis (wenigstens ist eine solche in den Tatsacheninstanzen nicht dargelegt worden), daß sie selbst in Zukunft Waren mit ihrem Zeichen ausführen werde. Schon aus diesem Grunde kann ein Verbot, wie es die Widerklage erstrebt, nicht erlassen werden. Damit entfällt auch die Verpflichtung der Klägerin zum Schadensersatz.

Dem Berufungsgericht muß im Ergebnis auch insoweit beigepflichtet werden, als es die Frage verneint, ob die Beklagte der Klägerin verwehren könne, in Deutschland mit ihrem Bildzeichen versehene Waren an deutsche Ausfuhr-Firmen zu liefern. Die Klägerin sieht für den Fall, daß der Beklagten der Schutz auf Grund der internationalen Registrierung entzogen werden sollte, diese Frage schon als entschieden an, weil damit der Beklagten jeder Warenzeichenschutz versagt sei. Durch die Schutzentziehung wird nun allerdings festgestellt, daß in Deutschland die international registrierte Marke der Beklagten ebensowenig Kraft mehr hat wie ein in der Zeichenrolle gelöschtes Zeichen, und daß daher die Beklagte auf Grund eines in Deutschland erlangten Zeichenschutzes, der ihr nicht mehr zur Seite steht, die Klägerin nicht hindern kann, von ihrem Zeichen den im § 12 WZG. gewährleisteten Gebrauch zu machen. Damit ist aber die Frage noch nicht entschieden, ob nicht Zeichenrechte, welche die Beklagte kraft internationaler Registrierung in außerdeutschen Ländern erlangt hat, irgendwie in den deutschen Herrschaftsbereich herüberwirken können, oder ob etwa die von einem Deutschen im Ausland begangene Verletzung eines dort kraft internationaler Registrierung wirksamen Zeichenrechts vor deutschen Gerichten unter Zugrundelegung ausländischen Rechts verfolgt werden könnte. Den ersteren Gedanken verfolgt die Revision mit dem Hinweis auf RGZ. Bd. 54 S. 414. Dort, wie auch in anderen Entscheidungen des Reichsgerichts (RGZ. Bd. 18 S. 28, Bd. 45 S. 145, Bd. 51 S. 267, Bd. 108 S. 9; Mustersch. und Wettb. Bd. 22 S. 62, Bd. 24 S. 82), wird der Standpunkt vertreten, daß das deutsche Warenzeichenrecht nicht territorial beschränkt, sondern über die Grenzen des Reichs hinaus geschützt sei, so daß der Zeicheninhaber auch dessen Verletzung im Ausland, ohne daß er dort einen Zeichenschutz besitze, verbieten und im Inland gerichtlich verfolgen könne, sofern nur ein inländischer Gerichtsstand gegeben sei. Diese Auffassung, die auch im Schrifttum Anhänger gefunden hat, ist neuerdings von Hagens, Warenzeichenrecht S. 188flg., und von M. Seligsohn in den Abhandlungen zum Arbeitsgebiet des Reichspatentamts (herausgegeben von Isay 1927) S. 193flg. als unrichtig bekämpft worden. Sie läßt sich auch nicht aufrechterhalten. Nach internationalem Privatrecht hat, wenn mehrere Berechtigungen gleichzeitig in mehreren Staaten bestehen, die inländische Berechtigung niemals der ausländischen im Inland zu weichen, vielmehr gelten beide Berechtigungen in ihrem territorialen Herrschaftsbereich. Diesem Grundsatz trägt zwar auch die Entscheidung RGZ. Bd. 54 S. 414 Rechnung, indem dort, ebenso wie in RGZ. Bd. 45 S. 145, vom Grundsatz der Universalität der Marke eine Ausnahme gemacht wird. Diese soll für den Fall gelten, daß derjenige, der ein deutsches Zeichenrecht im Ausland stört, nach dortigem Recht selbst zur ausschließlichen Benutzung des Zeichens berechtigt ist. Denn dann stünden sich — so wird ausgeführt — die Rechtsordnungen zweier selbständiger Länder gegenüber und es könne daher von einem widerrechtlichen Eingriff in ein deutsches Zeichenrecht nicht gesprochen werden, weil ja der angebliche Störer im Ausland nur von einer ihm dort zustehenden Befugnis Gebrauch gemacht habe. Allein dem Satz, daß das deutsche Zeichenrecht über die Grenzen Deutschlands hinausreiche, kommt überhaupt keine Geltung zu, also auch dann nicht, wenn der Störer im Ausland ein Inländer ist und wenn er sich nicht auf ein Individualrecht berufen kann, das ihm im Ausland zur Seite steht. Man hat den angeführten Satz, als er nach altem Recht in RGZ. Bd. 18 S. 28 aufgestellt und begründet wurde, im wesentlichen auf die von Kohler (Recht des Markenschutzes S. 446) damals vertretene Theorie des Persönlichkeitsrechts gestützt, die dieser später selbst aufgegeben hat; die Frage, ob der Satz auch auf Ausländer anwendbar sei, blieb dabei dahingestellt. Es kann jedoch für das Warenzeichen nichts anderes gelten, als was in RGZ. Bd. 30 S. 52 für das Patentrecht ausgesprochen worden ist. Auch das deutsche Zeichenrecht wird von dem Grundsatz der Nationalität der Marke beherrscht, und auf dem Wege zur Weltmarke sind die internationalen Verträge, wie die Pariser Union und das Madrider Abkommen, vorerst nur ein Schritt. Beiden liegt noch der Gedanke an die räumliche Begrenzung des Markenschutzes zugrunde. Insbesondere geht auch das Madrider Abkommen, dem das Deutsche Reich beigetreten ist, gerade davon aus, daß zum Schutz des Zeichens in den andern Vertragsländern die Hinterlegung im Ursprungsland nicht genüge, vielmehr eine weitere Hinterlegung in Bern hinzukommen müsse, auf Grund deren erst das Zeichen seine Wirkung in allen Vertragsländern entfalte. Damit ist es nicht verträglich und es könnte auch als Übergriff in die Rechtssphäre anderer souveräner Vertragsstaaten gedeutet werden, wenn ein Staat für Rechte, die er — wie das Zeichenrecht — für sein Gebiet geschaffen hat, Geltung in der ganzen Welt beanspruchen wollte, und wäre es auch nur für den Fall des Vorliegens eines inländischen Gerichtsstandes. Schon hieraus ergibt sich, daß auch die im Ausland geschützte Marke räumlich begrenzt ist und daher nicht in den deutschen Herrschaftsbereich herüberwirken kann, wie denn auch schon früher der vom Reichsgericht vertretene Universalitätsgrundsatz nicht zur Anerkennung eines Schutzes der Auslandsmarke als solcher geführt hat und nach Lage der deutschen Gesetzgebung (§ 23 WZG.) auch nicht führen konnte.

Ob die von einem Deutschen im Ausland begangene Verletzung eines dort kraft internationaler Registrierung wirksamen Zeichenrechts vor deutschen Gerichten unter Zugrundelegung ausländischen Rechts verfolgt werden könnte, braucht nicht untersucht zu werden. Die Unerheblichkeit dieser Frage beruht jedoch nicht auf der gegenüber der Beklagten ausgesprochenen Schutzentziehung. Denn der Beklagten ist hierdurch nur der Schutz eines in Deutschland wirksamen Zeichenrechts entzogen. Das berührt aber die Frage nicht, wie sich der Schutz kraft der internationalen Registrierung in anderen Verbandsländern verhält und ob er gegen einen Deutschen, der dort die international registrierte Marke verletzt, nicht wirksam sein und vor deutschen Gerichten verfolgt werden könnte. Indessen hat die Klägerin nach den Feststellungen des Berufungsgerichts keine Tätigkeit im Ausland entfaltet; sie hat vielmehr, indem sie ihre Waren in Deutschland mit ihrem Bildzeichen versah und sie dort — wenn auch durch Lieferung an deutsche Ausfuhr-Firmen — in Verkehr brachte, nur von ihrem Rechte aus § 12 WZG. Gebrauch gemacht. Grundsätzlich kann sie an dieser Inlandstätigkeit auch dann nicht gehindert werden, wenn die nach deutschem Recht erlaubte Inverkehrsetzung sich in der Folge als Beihilfehandlung zu einer von dritten Personen im Ausland begangenen Verletzung einer ausländischen Marke herausstellt. Denn diese Beihilfe würde erst damit widerrechtlich, daß die ausländische Zeichenberechtigung durch den Gehilfen im Herrschaftsbereich des schützenden ausländischen Staates gestört würde, also erst dann, wenn die tätige Beihilfe den fremden Herrschaftsbereich berührt hätte, was hier nicht der Fall ist. Genießt aber die ausländische Marke in Deutschland selbst keinen Schutz, weder durch Eintragung noch durch internationale Registrierung, so kann sie als nicht schutzfähig auch nicht durch eine Inlandstätigkeit verletzt werden. Unerheblich ist hierbei, ob diese Tätigkeit vielleicht dazu beigetragen hat, daß dritte Personen eine Auslandsmarke im Ausland verletzen konnten.

Der Widerklage kann auch nicht mit der Erwägung zum Erfolg verholfen werden, daß es gegen die Grundsätze eines lauteren Geschäftsgebarens verstoße (§ 1 UnlWG.), wenn die Klägerin der Beklagten durch Lieferung an Ausfuhr-Firmen in Deutschland Konkurrenz mache. Es ist zwar richtig, daß die Beklagte als Angehörige eines der im Pariser Unionsvertrag zusammengeschlossenen Länder ohne Rücksicht auf ihre Staatsangehörigkeit und den Ort ihrer gewerblichen Niederlassung den Schutz des deutschen Wettbewerbsgesetzes genießt (Art. 2, 10b des Pariser Unionsvertrags, RGBl. 1913 S. 209; Art. 286 Versailler Vertr.). Allein es ist nach deutschem Recht keine unlautere oder mißbräuchliche Ausnutzung des Zeichenrechts der Klägerin, wenn diese innerhalb Deutschlands mit ihrem Bildzeichen versehene Waren an Personen liefert, die diese Waren nach dem Ausland ausführen wollen. Dem deutschen Verkäufer, der von den ihm durch § 12 WZG. verliehenen Rechten Gebrauch macht, kann nicht schlechthin angesonnen werden, zu vermeiden, daß durch eine ihm erlaubte Inlandsbetätigung die Verletzung eines fremden Zeichenrechts in irgendeinem fremden Lande ermöglicht oder dem Inhaber dieses Rechts Konkurrenz gemacht werde. Denn zu den Pflichten, die dem deutschen Kaufmann nach den Grundsätzen eines redlichen Geschäftsgebarens obliegen, gehört es jedenfalls nicht ohne weiteres, daß er vor oder beim Verkauf der Ware feststellt, an wen und wohin die belieferten Firmen die Ware ausführen werden und ob die Ausfuhr in ein Land stattfinden soll, in dem eine andere Person für ein gleiches Bildzeichen den Schutz des Madrider Abkommens genießt. Das wäre praktisch nicht einmal durchführbar und würde im Ergebnis die Klägerin in ihrer freien gewerblichen Betätigung in Deutschland und im Gebrauch ihres Zeichens in unzulässiger Weise beschränken. Eine andere Frage ist freilich, ob die Beklagte sich nicht dann auf § 1 UnlWG. stützen könnte, wenn die Klägerin es geflissentlich unternommen hätte, die Ausfuhr gerade nach solchen Ländern zu betreiben oder zu unterstützen, in denen das Bildzeichen der Beklagten international registriert ist, um dieser dort mit ihrem verwechslungsfähigen eigenen Bildzeichen Konkurrenz zu machen. Ein solcher Sachverhalt ist aber nicht festgestellt.

19. Verstößt es gegen die guten Sitten, wenn ein Zusammenschluß von Reedern für bestimmte Verschiffungen die Auszahlung eines Frachtrabatts an seine Verlader davon abhängig macht, daß sowohl diese selbst wie etwa für sie verschiffende Spediteure alle Verschiffungen nach bestimmten Häfen innerhalb eines gewissen Zeitraumes nur an Konferenz-Reedereien übergeben haben?

BGB. § 138.

I. Zivilsenat. Urt. v. 21. September 1927 i. S. Verein H. Sp. (Kl.) w. H-S. Dampfschiffahrts-Gesellschaft (Bekl.). I 85/27.

I. Landgericht Hamburg, Kammer für Handelssachen.
II. Oberlandesgericht daselbst.

Eine Reihe der an der Fahrt nach dem La Plata beteiligten Reedereien, zu denen auch die Beklagte gehört, haben sich zu der sog. La Plata-Konferenz vereinigt. Die ihr angeschlossenen Reedereien bewilligen den Verladern, die ihre Verschiffungen von deutschen Nordseehäfen nach Häfen von Uruguay, Argentinien und Paraguay ausschließlich mit Schiffen der Konferenz vorgenommen haben, einen Rabatt von 10% auf die Netto-Ozeanfracht. Die Abrechnung über den Rabatt geschieht je am 30. Juni und 31. Dezember für das vergangene Halbjahr, die Auszahlung des Rabatts 6 Monate später. Sie ist abhängig davon, daß der Verlader bis zum Tage der Fälligkeit die für die Gewährung des Rabatts maßgebenden Bedingungen eingehalten hat. Bei Verschiffung der Güter durch einen Spediteur kann nach dem Rundschreiben der Konferenz-Linien der Rabatt nicht beansprucht werden, wenn der Spediteur den Bedingungen nicht für alle seine Auftraggeber entsprochen hat. Ist dies jedoch der Fall gewesen, so wird ihm, neben dem seinem Auftraggeber eingeräumten Rabatt, eine Speditionskommission von 2½% der Netto-Ozeanfracht bewilligt.

Der Kläger erblickt in der Bestimmung, daß der Rabattanspruch dem Verlader auch dann verloren gehe, wenn sein Spediteur für einen anderen Auftraggeber eine Verschiffung entgegen der Rabattbedingung vorgenommen habe, eine gegen die guten Sitten verstoßende und daher nichtige Maßnahme. Er hat beantragt, die Rechtsungültigkeit dieser Bestimmung festzustellen und die Beklagte zu verurteilen, sie im Verkehr mit ihren Auftraggebern und Spediteuren nicht anzuwenden.

Der Kläger ist in allen drei Rechtszügen unterlegen.

Gründe:

Wesentlich für die Rabatteinräumung ist, daß die Verlader innerhalb eines näher bezeichneten Zeitraums, nach dessen Ablauf erst die Auszahlung erfolgt (daher die Bezeichnung „zurückgestellte Rabatte“), ihre Verschiffungen nur mit Dampfern der Konferenz-Linien vorgenommen haben. Bei Benutzung eines Spediteurs — dem im Fall der Konferenz-Treue unter den gleichen Bedingungen eine Vergütung gezahlt wird — soll der Rabatt dann nicht beansprucht werden können, wenn der Spediteur nicht für alle seine Auftraggeber den Bedingungen entsprochen hat. Der Kläger hält letztere Bestimmung für unsittlich. Er beanstandet nicht, daß der konferenzuntreue Verlader den Anspruch auf den Rabatt und der konferenzuntreue Spediteur den Anspruch auf die ihm zugesagte Vergütung verlieren sollen. Einen Verstoß gegen die guten Sitten erblickt er aber darin, daß der konferenztreue Verlader seines Anspruchs verlustig geht, wenn der für ihn tätig gewordene Spediteur für einen anderen Verlader eine Verschiffung einer nicht der Konferenz angehörigen Reederei überträgt. Er begründet dies in erster Linie mit den Wirkungen dieser Bestimmung auf die Freiheit der gewerblichen Betätigung der Spediteure: Der Spediteur werde durch die Rücksicht auf etwaige Ersatzansprüche seiner durch sein

Verhalten ihre Rabattansprüche verlierenden Auftraggeber genötigt, nur mit Konferenz-Schiffen zu verladen und gewinnversprechende Verschiffungsmöglichkeiten bei Außenseiter-Reedereien unbenutzt zu lassen. Da der Verlader nach der Fassung der Bedingungen auch die Rabatte verliere, auf die er durch Verladungen mit anderen, konferenztreu gebliebenen Spediteuren Anspruch gehabt habe, und da nach den für die Entstehung und Auszahlung der Rabattansprüche maßgebenden Bedingungen Ersatzansprüche für die Verschiffungen eines Jahres in Frage kämen, so sehe sich der Spediteur, der bei einer Verladung von den Bedingungen der Konferenz abweichen wolle, Regreßansprüchen gegenübergestellt, deren Höhe nicht übersehbar sei. Es handle sich daher für ihn bei der Entscheidung, ob er einer lockenden Gewinnaussicht durch Verschiffung mit einem Außenseiter folgen solle, nicht nur um die Abwägung zweier rechnerisch feststellbarer Verdienstaussichten. Er werde vielmehr unter diesen Umständen unter unzulässiger Einschränkung seiner gewerblichen Freiheit aus zwingenden wirtschaftlichen Gründen genötigt, sich, soweit Verschiffungen mit den Konferenz-Reedereien in Frage kämen, auf diese zu beschränken, ohne dafür eine ausreichende Gegenleistung zu erhalten. Die Treuevergütung von $2^{1}/_{2}\%$ der Nettofracht stehe außer Verhältnis zu den Nachteilen, die ihm im Fall des Abweichens von den Konferenz-Bedingungen erwüchsen. Weiter hat der Kläger zur Begründung der Sittenwidrigkeit der beanstandeten Maßnahme geltend gemacht, der wirtschaftliche Kampf, zu dessen Durchführung die Bedingungen bestimmt seien, gelte der Erreichung eines Monopols. Die Auferlegung unbilliger Bedingungen zu diesem Zweck verstoße ebenso gegen die guten Sitten wie die Auferlegung solcher Bedingungen in Ausnutzung einer bereits erreichten Monopolstellung. Das von der Konferenz zur Ausschaltung der Außenseiter-Reedereien benutzte Rabattsystem verfehle außerdem seinen Zweck, da es keinen Verlader abhalten werde, von einer trotz des Rabattverlusts gewinnversprechenden Verschiffungsmöglichkeit mit einem Außenseiter-Dampfer Gebrauch zu machen, während es die Einschaltung eines bisher nicht mit der Konferenz arbeitenden Spediteurs wegen der damit durch die Regreßansprüche verbundenen Belastung verhindere.

Das Berufungsgericht hat darauf verwiesen, daß das Hanseatische Oberlandesgericht in einer Entscheidung vom 14. Januar 1925

(HGZ. 1925 Nr. 39) und das Reichsgericht in seiner dieses Urteil bestätigenden Entscheidung vom 10. Dezember 1925 IV 248/25 (HGZ. 1926 Nr. 20) bereits die Frage geprüft hätten, ob es gegen die guten Sitten verstoße, die Gewährung der Rabatte an die Verlader auch von der Konferenz-Treue des beteiligten Spediteurs abhängig zu machen. In diesen Entscheidungen war die Frage verneint worden, ausgenommen die Fälle, wo die Reedereien in unbilliger und mit Treu und Glauben nicht zu vereinbarender Weise den nach bestem Wissen konferenztreuen Verladern den Rabatt entzögen. Der Vorderrichter hat mit Rücksicht darauf, daß in dem früheren Rechtsstreit die Belange einer Konkurrenz-Reederei im Vordergrund gestanden hätten, die Frage noch einmal unter besonderer Berücksichtigung des Spediteurgewerbes geprüft und ist zu demselben Ergebnis gelangt.

Der Kläger hatte hauptsächlich betont und die Revision hebt ebenfalls hervor, daß sich der Spediteur aus der Beteiligung am Rabattsystem wegen des ihm drohenden Rückgriffs konferenztreuer Kunden nur unter unverhältnismäßig großen und in ihrer Höhe gar nicht absehbaren Opfern lösen könne. Die Revision meint, daß das angefochtene Urteil zu dieser als unzulässig zu betrachtenden Einschränkung der gewerblichen Tätigkeit des Spediteurs nicht ausreichend Stellung genommen habe. Würdigt man jedoch die Ausführungen des angefochtenen Urteils in ihrer Gesamtheit, so hat auch dieser Punkt eine jedenfalls im Ergebnis nicht zu beanstandende Prüfung erfahren. Im Lauf des Rechtsstreits hatte die Beklagte die bindende Erklärung abgegeben, daß die Rabattansprüche eines Verladers, die er durch Verschiffungen mit konferenztreuen Spediteuren erworben habe, durch das konferenzuntreue Verhalten eines anderen von ihm beauftragten Spediteurs nicht gefährdet würden. Mit Rücksicht hierauf hat das Berufungsgericht angenommen, daß der konferenzuntreue Spediteur die ihm drohenden Regreßansprüche sehr wohl zu übersehen vermöge. Das ist nicht zu beanstanden. Das Berufungsgericht hat dann die Haftung des konferenzuntreu gewordenen Spediteurs gegenüber seinen konferenztreuen Auftraggebern geprüft. Hier gelangt es zu dem Ergebnis, eine solche Haftung komme, abgesehen vom Fall der Garantieübernahme für Konferenz-Treue, nur insoweit in Frage, als der Spediteur seinen Auftraggebern gegenüber schuldhaft gehandelt habe, sei es, daß er eine bereits erfolgte Außenseiter-Verladung rechtswidrig verschwiegen, sei es, daß er eine solche Verladung entgegen einer übernommenen Verpflichtung zur Konferenz-Treue ausgeführt habe. Es mag dahingestellt bleiben, ob sich der Vorderrichter über alle Möglichkeiten, in denen eine Verpflichtung zur Konferenz-Treue als vom Spediteur übernommen zu gelten hat, völlig im klaren gewesen ist, ob er insbesondere auch die von der Revision hervorgehobenen Fälle berücksichtigt hat, in denen bei regelmäßig mit Konferenz-Dampfern verschiffenden Verladern die Verpflichtung des Spediteurs zu konferenztreuem Verhalten als stillschweigend vereinbart anzusehen ist. Gegen seine grundsätzliche Stellungnahme, daß eine Haftung des konferenzuntreu gewordenen Spediteurs nur aus übernommener Garantie der Konferenz-Treue, aus schuldhafter Verletzung der übernommenen Verpflichtung zur Konferenz-Treue oder aus sonst schuldhaftem Handeln in Frage komme, ist nichts einzuwenden.

Ausgehend von dieser Stellungnahme führt das Berufungsgericht weiter aus, daß die Haftung für Verschulden nicht sittenwidrig sei. Damit soll nach dem Zusammenhang offenbar gesagt sein, eine Maßnahme verstoße nicht gegen die guten Sitten, soweit, wie hier, durch ihre Nichtbefolgung eine in eigenem schuldhaften Verhalten begründete Haftung ausgelöst werde. Diese Schlußfolgerung ist nicht zu beanstanden. Sie wird im Zusammenhang mit den weiteren Ausführungen des Berufungsgerichts noch zu würdigen sein. Dieses prüft, ob das zur Erörterung stehende wirtschaftliche Kampfmittel dem Anstandsgefühl aller billig Denkenden, insbesondere der mit den Gewohnheiten des Handelsverkehrs vertrauten, widerspreche, ob das mit dem Mittel erstrebte Ziel aus diesem Grunde zu mißbilligen sei oder ob schließlich Mittel und Zweck außer Verhältnis ständen. Sein Ergebnis ist, daß die angewandten Maßnahmen die gewerbliche Freiheit der Spediteure nicht unzulässig und rechtswidrig einschränkten.

Diese Darlegungen lassen keine Verkennung maßgebender Gesichtspunkte ersehen. Das Berufungsgericht erkennt an, daß die Rabattklausel eine gewisse Fesselung der Spediteure und Verlader an die Konferenz-Linien zur Folge habe, da in den einbezogenen Häfen die laufenden Verschiffungen im wesentlichen durch Konferenz-Dampfer vorgenommen würden, ferner, daß die Spediteure sich entweder auf Verschiffungen mit der Konferenz oder mit Außenseitern einstellen müßten. Der Vorderrichter verkennt auch nicht, daß beim Ausscheiden aus dem Rabattsystem die Rabatte von mindestens einem Halbjahr auf dem Spiele ständen. Die Verflechtung in das Rabattsystem bedeutet somit für die Spediteure eine wesentliche Behinderung der gewerblichen Betätigungsmöglichkeit. Der wirtschaftliche Kampf bringt häufig solche Eingriffe in den Geschäftskreis anderer mit sich, die diese in der einen oder der anderen Weise zur wirtschaftlichen Angliederung an ein Unternehmen zwingen sollen. In der Rechtsprechung ist anerkannt, daß solche Maßnahmen, sofern sie nicht ausschließlich der Schädigung des Betroffenen, sondern der Ausdehnung und Sicherung des Unternehmens im wirtschaftlichen Wettkampf zu dienen bestimmt sind, nicht rechtswidrig sind, wenn sie sich erlaubter Mittel bedienen und wenn diese Mittel über das erforderliche Maß nicht hinausgehen und nicht die wirtschaftliche Vernichtung oder doch eine Schädigung des Betroffenen zur Folge haben, die zu den erstrebten Vorteilen in keinem Verhältnis steht (RGZ. Bd. 92 S. 132, Bd. 104 S. 327; JW. 1913 S. 134 Nr. 11). Da gegen das angewandte Kampfmittel als solches kein Bedenken besteht, handelt es sich nur um den letzterwähnten Gesichtspunkt. Bereits im ersten Rechtszug ist mit Recht ausgeführt worden, daß eine praktisch wirksame Angliederung der Spediteure an die Konferenz-Linien erst durch das Druckmittel des Rabatt-Verlusts für die sämtlichen hinter dem ungetreuen Spediteur stehenden Verlader erreicht werden könne, nicht schon durch den im Fall der Untreue drohenden Verlust der Spediteurprovision, die durch lohnende Außenseitergeschäfte leicht wieder auszugleichen sei. Das angefochtene Urteil steht auf dem gleichen Standpunkt. Es hat somit verneint, daß das Kampfmittel als solches über das zur Erreichung des erstrebten Zweckes erforderliche Maß hinausgehe. Als widerlegt betrachtet der Vorderrichter, daß die beanstandete Maßnahme ihren Zweck überhaupt verfehle, wie der Kläger behauptet. Er geht vielmehr davon aus, daß das Kampfmittel der Konferenz einen Stamm treuer Verlader und Spediteure gewährleiste. Endlich wird mit Recht angenommen, die Wirkungen des Kampfmittels auf die Belange der Betroffenen ständen nicht außer Verhältnis zum erstrebten Erfolg.

Das Berufungsgericht hat festgestellt, daß im Fall der Konferenz-Treue den Spediteuren Vorteile zuflössen, die ihren Gewinnaussichten bei Ausnutzung lohnender Außenseiter-Verschiffungen wohl entsprächen. Nach seinen Ausführungen über die Möglichkeit eines Rückgriffs gegen den konferenzuntreu gewordenen Spediteur kommen dafür nur solche Ansprüche in Frage, die auf Garantieverletzung oder eigenem Verschulden des Spediteurs beruhen. Die wesentliche Belastung des Spediteurs bei einem Ausscheiden aus dem Rabatt-System liegt also schließlich in einer Verletzung bestehender Verpflichtungen. Ließ er sich auf solche ein, um für seine Kunden und sich die angemessenen Vorteile des Rabatt-Systems mitzunehmen, ohne sich für die ihm bekannten Folgen einer Konferenz-Untreue seinen Kunden gegenüber zu sichern, so kann es nicht als unverhältnismäßiger Nachteil bezeichnet werden, wenn im Fall der Konferenz-Untreue die Folgen der Verletzung übernommener Verpflichtungen auf ihn zurückfallen. Für den Fall der Konferenz-Treue sind nach ausdrücklicher Feststellung des Berufungsgerichts Vorteile zugesichert, die der übernommenen Beschränkung entsprechen. Auch insoweit kommt daher ein unverhältnismäßiger Nachteil nicht in Betracht. . . .

Mit Recht hat das Berufungsgericht eine Sittenwidrigkeit der beanstandeten Maßnahme auch nicht darin gesehen, daß sie den Eintritt eines bisher mit Außenseiter-Reedereien arbeitenden Spediteurs in das Rabattsystem wegen der zunächst drohenden Nichtgewährung von Rabatten für die Verladungen mit Konferenz-Schiffen erschwert. Feststellungsgemäß kommt nach den gegebenen Umständen entweder eine Einstellung der Spediteure auf Verschiffungen mit Konferenz-Schiffen oder mit Außenseitern in Betracht. Danach hat die Erschwerung des Anschlusses des Spediteurs an das Rabatt-System, ganz abgesehen von den konferenzfreien Verschiffungsmöglichkeiten, seine wirtschaftliche Gefährdung nicht zur Folge. Unter diesen Umständen besteht für ihn kein Anspruch auf Aufnahme unter die Kunden der Konferenz-Linien.

Das Berufungsgericht hat somit ohne Rechtsirrtum verneint, daß in der beanstandeten Maßnahme eine gegen die guten Sitten verstoßende Beeinträchtigung der gewerblichen Freiheit der Spediteure liege. Selbstverständlich könnte eine mit Treu und Glauben nicht zu vereinbarende Auslegung und Handhabung der Rabatt-Bedingungen durch die Beklagte nicht gebilligt werden. Mißbräuchen in dieser Richtung zu steuern, muß jedoch Aufgabe der Rechtsprechung in den zur Entscheidung gelangenden Einzelfällen sein.

Auch die Behauptung des Klägers, die Bestrebungen der Konferenz-Reedereien liefen darauf hinaus, mit unbilligen Mitteln eine Monopolstellung zu erreichen, ist vom Berufungsrichter gewürdigt worden. Er hat in dieser Beziehung auf die vom Reichsgericht gebilligten Ausführungen in der früheren Entscheidung verwiesen, wonach die Anstrebung einer Monopolstellung nichts Rechtswidriges enthalte, solange erlaubte Kampfmittel benutzt würden und die Zwecke des Monopols nicht gegen die guten Sitten verstießen. Der Vorderrichter hat dann weiter ausdrücklich festgestellt, daß ein sittenwidriger Zweck, insbesondere die Berechnung unbillig hoher Frachten, von den Konferenz-Linien nicht angestrebt werde. Daß er ohne Rechtsirrtum auch die Anwendung unerlaubter Kampfmittel verneint hat, ist bereits ausgeführt worden.

---

20. Haftet eine Verkehrsgesellschaft einem Fahrgast für den verkehrssicheren Zustand eines öffentlichen Platzes, der von der Gemeinde hauptsächlich für die Zwecke der Gesellschaft hergestellt ist?

BGB. § 823.

VI. Zivilsenat. Urt. v. 22. September 1927 i. S. P. (Kl.) w. S. B. Dampfschiffahrtsgesellschaft (Bekl.). VI 29/27.

I. Landgericht Dresden.
II. Oberlandesgericht daselbst.

Die Beklagte betreibt auf der Elbe einen Dampfschiffahrtsverkehr, welcher der Beförderung von Personen und Gütern dient. Zu den in diesen Verkehr einbegriffenen Orten gehört die Stadt P. Die Beklagte besitzt dort zwei in kurzer Entfernung voneinander befindliche Anlegestellen. Die Stadtgemeinde P. hat der Beklagten durch Vertrag vom 26. August 1901 das Recht eingeräumt, das in der Gegend der Anlegestellen an der Elbe sich hinziehende, ausgebaute und gepflasterte Gelände für den Verkehr ihrer Fahrgäste und Güter zu benutzen, und hat sich verpflichtet, das Gelände instandzusetzen und zu unterhalten. Die Beklagte hat nach dem Vertrag für die Benutzung und Herstellung jährlich 100 ℳ zu zahlen und für die Sicherheit der Personen und Sachen auf dem Gelände zu sorgen. Auf diesem Platz ist die Ehefrau des Klägers, als sie sich mit ihm zu einer Anlegestelle begeben wollte, um mit einem Dampfer der verklagten Gesellschaft abzufahren, dadurch zu Fall gekommen, daß sie mit einem Fuß in eine Stelle trat, an der seit Jahren ein Stein im Pflaster fehlte. Für den durch den Unfall entstandenen Schaden macht der Kläger auf Grund seines ehemännlichen Verwaltungsrechts die Beklagte aus Vertrag und aus unerlaubter Handlung haftbar. Beide Vordergerichte haben den Anspruch festgestellt, das Landgericht ganz, das Oberlandesgericht zu einem Teil. Die Anschlußrevision der Beklagten, um die es sich hier allein handelt, hatte keinen Erfolg.

Gründe:

Die Feststellung des Berufungsgerichts geht dahin: Das Gelände in der Gegend der Anlegestelle, der „Dampfschifflandeplatz", stehe im Eigentum der Stadt P. und sei von ihr als öffentlicher Weg oder Platz ausgebaut und dem Verkehr übergeben worden. Es handle sich dabei um keine Durchgangsstraße. Anlage und Ausbau seien erfolgt, damit der Platz der Beklagten als Ein- und Ausschiffplatz zur Verfügung gestellt werden könne. Der Ausbau wäre nicht erfolgt, wenn nicht die Beklagte dort ihre Schiffe halten ließe. Wenn auch Spaziergänger und vereinzelte Fischer und fremde Schiffsleute dort verkehrten, so sei der Platz doch im wesentlichen für die Zwecke der Beklagten bestimmt. Diese habe sich durch den Vertrag vom 26. August 1901 ein eigenes Privat- und Nutzungsrecht an dem Platz einräumen lassen, wodurch ihr für ihre Zwecke die Verfügung über ihn übertragen worden sei. Sie habe in dem Vertrag auch selbst die Fürsorge für die auf dem Platz befindlichen Personen und Sachen übernommen.

Das Berufungsgericht entnimmt daraus, nicht nur die Stadtgemeinde, sondern vor allem auch die Beklagte selbst habe auf dem Platz einen öffentlichen Verkehr eröffnet und hafte daher auch für dessen Sicherheit. Die Revision meint, in diesen Ausführungen liege ein Widerspruch; denn wenn die Stadt den Platz dem Verkehr übergeben habe, so stehe einer Privatperson nicht mehr das Recht und die Möglichkeit zu, dort auch ihrerseits einen solchen Verkehr zu eröffnen. Die Rüge kann aber nicht als begründet anerkannt werden. Selbst wenn man die Ansicht des Vorderrichters teilt, die Stadt habe auf dem Platz einen öffentlichen Verkehr eröffnet, so ist nach den besonderen Umständen des Falles in der Annahme, auch die Beklagte habe das getan, kein rechtlicher Verstoß und auch keine gedankliche Unmöglichkeit zu erblicken.

In Übereinstimmung mit der Rechtsprechung des Reichsgerichts (RGZ. Bd. 54 S. 53, Bd. 106 S. 340) nimmt das Berufungsgericht an, daß derjenige, der einen Verkehr an einem Orte eröffnet und die Verfügung über ihn hat, für die Sicherheit des Verkehrs haftet. Nach den Feststellungen liegen beide Voraussetzungen hier vor. Öffentliche Wege und Plätze sind zum Gemeingebrauch bestimmt; jedermann darf sie in den Grenzen des Gemeingebrauchs benutzen. Dagegen bedarf es zu einem der Art oder dem Umfang nach darüber hinausgehenden Gebrauch einer besonderen Erlaubnis des zur Verfügung über den Weg Berechtigten, der Gewährung eines Sonderrechts. Das gilt insbesondere z. B. für das Legen von Schienen und Rohrleitungen auf öffentlichen Wegen, für die Überspannung des darüber befindlichen Luftraums mit Drähten, für die Anbringung von Schaukästen u. a. (vgl. dazu die Aufsätze „Öffentliche Wege" Nr. 3 in v. d. Mosel, Handwörterbuch des Sächsischen Verwaltungsrechts 13. Aufl.). Auch das sächsische Gesetz über die Wegebaupflicht vom 12. Januar 1870 (Sächs. Gesetz- und Verordnungsblatt 1870 S. 5) sieht in § 17 bei solchen Personen, die einen öffentlichen Weg in besonders starkem Maße benutzen und abnutzen, die Heranziehung zu Sonderbeiträgen vor. Die Regelung aller dieser Verhältnisse kann auch durch privatrechtliche Abmachungen zwischen dem Herrn und dem Benutzer des Weges erfolgen. Vorliegend gehen die besonderen Umstände und die Vereinbarungen über die eben erörterten Fälle noch weit hinaus. Die ganze Anlegung des Platzes geschah im wesentlichen nur für die Zwecke der Beklagten; der Verkehr von und nach ihren Schiffen war der Anlaß dafür und stellte auch tatsächlich die Hauptbenutzung des Platzes dar; der anderweite Verkehr war offenbar unbedeutend; die Rücksicht auf ihn hatte bei der Anlegung keine Rolle gespielt. Alles das kam auch im Vertrag zum Ausdruck. Der Beklagten wird ein besonderes Benutzungsrecht eingeräumt, ihr gegenüber verpflichtet sich die Stadt zur Herrichtung und Unterhaltung des Platzes, sie zahlt für seine Benutzung und Herstellung jährlich einen nicht unerheblichen Betrag, sie verpflichtet sich zur Sorge für die Sicherheit des Verkehrs. Damit hatte die Beklagte also, wie das Berufungsgericht mit Recht annimmt, für ihre Zwecke ein Sonderrecht über den Platz erlangt, das ihr eine erhebliche Verfügungsgewalt über ihn gab. An dem Verkehr, der sich auf dem Platz abwickeln sollte, war die Beklagte die Hauptbeteiligte; durch ihren Betrieb wurde er veranlaßt. Um ihn zu erleichtern und bequem zu gestalten, traf sie die Abrede mit der Stadt über Anlegung und Ausbau des Platzes. Es war nicht so, wie die Revision annimmt, daß die Stadt den Verkehr eröffnete und nun der Beklagten noch besonders gestattete, auch ihren Verkehr sich dort vollziehen zu lassen. Vielmehr war gerade dieser letztere Verkehr die Hauptzweckbestimmung der Anlegung. Und wenn sich die Beklagte Anlegung und Unterhaltung durch besonderen Vertrag sicherte, so eröffnete sie zum mindesten im Zusammenwirken mit der Stadt den Verkehr. Sie muß daher auch für die Sicherheit des Verkehrs haften, wie dies ja auch der Vertrag im Verhältnis der Vertragsparteien besonders anordnet, jedenfalls insoweit, als der Verkehr durch ihren Betrieb veranlaßt ist. Ob außerdem auch eine Haftung der Stadt besteht, braucht hier nicht erörtert zu werden. Daß neben dem Eigentümer, der einem andern die Benutzung seines Grundstücks oder eines Teils davon überläßt, auch der Benutzer dort einen Verkehr eröffnen und deshalb für die Verkehrssicherheit haftbar gemacht werden kann, ist im Gebiete des bürgerlichen Rechts für das Verhältnis zwischen Eigentümer und Mieter vom Reichsgericht bereits anerkannt (RGZ. Bd. 92 S. 359 und Bd. 95 S. 61)....

---

21. 1. Welche Behörde vertritt den preußischen Staat gegenüber Ansprüchen, die auf Grund der Vorschriften über die Staatshaftung gegen ihn erhoben werden?

2. Inwieweit sind die Minister befugt, in Rechtsstreitigkeiten des preußischen Staates als seine gesetzlichen Vertreter zu handeln?

3. Liegen den staatlichen Beamten, die mit der Kommunalaufsicht betraut sind, bei ihrer Ausübung auch Amtspflichten

gegenüber den Gemeinden ob? Können sie diese Amtspflichten nur durch bindende Anweisungen, die sie den Gemeinden erteilen, oder auch schon durch andere Aufsichtsmaßnahmen verletzen?

ZPO. § 51. RVerf. Art. 131. Preußisches Staatshaftungsgesetz vom 1. August 1909 § 1.

III. Zivilsenat. Urt. v. 23. September 1927 i. S. Stadtgemeinde R. u. Gen. (Kl.) w. Preuß. Staat (Bekl.). III 25/27.

I. Landgericht I Berlin.
II. Kammergericht daselbst.

Am Nachmittag des 11. Oktober 1923 erhielt die Stadtgemeinde R., die Klägerin zu 1, folgendes Schreiben des stellvertretenden Regierungspräsidenten in Düsseldorf:

„Ich bin damit einverstanden, daß an die bei dem Arbeitsamt in Unterstützung stehenden Erwerbslosen, an die Notstandsarbeiter und die Lohngesicherten eine einmalige Zahlung von 50 Milliarden erfolgt. Ich habe diese Zusicherung nur deshalb gegeben, weil der Brotpreis in den nächsten Tagen erheblich erhöht wird.

Aus der Versammlung, welche die Anträge hier vorbrachte, wurde angeregt, daß, falls die Stadt bzw. Gemeinde bare Mittel nicht zur Verfügung hat, Gutscheine ausgegeben werden, die von der Geschäftswelt in Zahlung zu nehmen wären. Die Art der Einlösung der Gutscheine soll durch eine Veröffentlichung in den Tageszeitungen bekannt gegeben werden.

In Vertretung:
gez. M."

Zu diesem Schreiben hatte sich der Stellvertreter des ausgewiesenen Regierungspräsidenten unter dem Druck einer Zusammenrottung von Arbeitslosen veranlaßt gesehen. Es wurde der Klägerin zu 1 auch durch einen Arbeitslosen überbracht. Sie wartete noch einige Stunden mit der Vornahme der in dem Schreiben genehmigten Auszahlung, da sie einen Widerruf der Verfügung mit Rücksicht darauf für möglich hielt, daß am 6. Oktober eine ähnliche Verfügung alsbald zurückgenommen worden war. Als sie aber keine andere Nachricht erhielt, gab sie am Abend des 11. und am Vormittag des 12. Oktober 1923 an die Erwerbslosen und die sonst noch in dem Schreiben genannten Personen Gutscheine aus, die auf je 10 Milliarden Mark lauteten. Dasselbe tat die Bürgermeisterei E., die Klägerin zu 2, deren Verwaltung ebenfalls in R. ihren Sitz hat und die sich mit der Klägerin zu 1 über ein gemeinsames Vorgehen geeinigt hatte. Im Laufe des 12. Oktober verbot dann der Regierungspräsident fernmündlich die weiteren Zahlungen.

Die Klägerinnen haben die von ihnen in den Verkehr gegebenen Gutscheine einlösen müssen. Die dafür aufgewandten Beträge sind ihnen nicht aus Mitteln der Erwerbslosenfürsorge erstattet worden. Den ihnen so entstandenen Schaden verlangen sie mit der gegenwärtigen Klage vom Preußischen Staat erstattet. Sie behaupten, der Erlaß der Verfügung vom 11. Oktober 1923, durch den sie zur Ausgabe der Gutscheine veranlaßt worden seien, enthalte ihnen gegenüber eine schuldhafte Amtspflichtverletzung des stellvertretenden Regierungspräsidenten. Er habe sich zuvor darüber vergewissern müssen, ob die von ihm angeordnete außerordentliche Beihilfe durch die Erwerbslosenfürsorge übernommen werde; andernfalls sei er verpflichtet gewesen, die Verfügung alsbald zurückzuziehen und die Klägerinnen davon in Kenntnis zu setzen, was in wenigen Stunden möglich gewesen wäre.

Der Beklagte wendet ein, daß die Klägerinnen aus eigener Entschließung gehandelt hätten, da das Schreiben des stellvertretenden Regierungspräsidenten keine bindende Anweisung für sie enthalten habe. Ein Verschulden treffe den stellvertretenden Regierungspräsidenten nach der ganzen Sachlage nicht. Im Laufe des Rechtsstreits hat der Beklagte außerdem noch die Vertretungsbefugnis des Ministers für Volkswohlfahrt bestritten, da die Beamtenhaftung zum Geschäftsbereich des Ministers des Innern gehöre.

Die Vorinstanzen haben die Klage abgewiesen. Auf die Revision der Klägerinnen wurde das Berufungsurteil aufgehoben und die Sache an das Berufungsgericht zurückverwiesen.

Gründe:

1. Die Vorinstanzen haben mit Recht angenommen, daß der Beklagte im gegenwärtigen Rechtsstreit durch den Minister für Volkswohlfahrt gesetzlich vertreten wird. Ob die Prozeßvertretung auch durch den Regierungspräsidenten in Düsseldorf hätte erfolgen können, kann dahingestellt bleiben. Denn die Klage ist von vornherein gegen den Preußischen Fiskus (richtig: gegen den Preußischen

Staat), vertreten durch den Minister des Volkswohlfahrtsministeriums (richtig: durch den Minister für Volkswohlfahrt) erhoben worden. Und dieser Minister hat sich — das ist das Entscheidende — auf den Prozeß sachlich eingelassen. Er hat damit von der den Ministern, den höchsten Verwaltungsstellen, zustehenden Befugnis Gebrauch gemacht, in staatlichen Prozessen ihres Geschäftsbereichs an Stelle der an sich berufenen nachgeordneten Behörde selbst als gesetzlicher Vertreter aufzutreten; er hat sich selbst zum gesetzlichen Vertreter für diesen Rechtsstreit bestellt. Hieran war er gebunden und konnte daher nicht mehr im späteren Verlauf des Prozesses die Einrede der mangelnden gesetzlichen Vertretung (§ 274 Abs. 2 Nr. 7 ZPO.) erheben. Er war mit ihr nicht etwa verfahrensrechtlich ausgeschlossen, da es sich um eine unverzichtbare Einrede handelt; wohl aber war ihr durch seine Einlassung auf den Prozeß die sachliche Grundlage entzogen worden. Die in der vorliegenden Sache ergangene Entscheidung des Gerichtshofs zur Entscheidung der Kompetenzkonflikte vom 31. Oktober 1925 (daß der Rechtsweg, insoweit sich der Klaganspruch auf § 839 BGB. stützt, zulässig und der erhobene Kompetenzkonflikt insoweit unbegründet, im übrigen aber der Rechtsweg unzulässig und der Kompetenzkonflikt begründet sei), welche Entscheidung den Minister veranlaßt hat, seine Prozeßvertretungsbefugnis zu bestreiten, ist für diese ohne Belang. Denn die Klage war von vornherein auf Beamtenverschulden gestützt, hatte also stets einen Anspruch aus Art. 131 RVerf. in Verbindung mit § 839 BGB. und § 1 des Staatshaftungsgesetzes zum Gegenstand. Nicht richtig ist die Ansicht des Beklagten, daß für die Frage der Beamtenhaftung stets das Ressort des Ministers des Innern zuständig sei. Es kommt vielmehr darauf an, in welchem Geschäftsbereich der Beamte angestellt ist, dem eine schuldhafte Amtspflichtverletzung zur Last gelegt wird. Der Regierungspräsident ist Organ sämtlicher Minister mit Ausnahme des Justizministers (vgl. § 11 der Verordnung wegen verbesserter Einrichtung der Provinzialbehörden vom 30. April 1815 GS. S. 85). Die Verfügung des stellvertretenden Regierungspräsidenten, für deren Folgen die Klägerinnen den Beklagten ersatzpflichtig machen, betrifft die Erwerbslosenfürsorge. Sie gehört zum Geschäftsbereich des Ministers für Volkswohlfahrt, dem in Preußen in Angelegenheiten der Erwerbslosenfürsorge die oberste

Verwaltung zusteht (vgl. Beschluß der Preußischen Staatsregierung, betr. die Zuständigkeit des Ministeriums für Volkswohlfahrt, vom 7. November 1919, GS. S. 173 Nr. 1r). Er war also befugt, die Vertretung des Staates im gegenwärtigen Rechtsstreit zu übernehmen.

2. Das Kammergericht vertritt in Übereinstimmung mit dem Landgericht die Auffassung, daß eine fahrlässige Amtspflichtverletzung des stellvertretenden Regierungspräsidenten nur dann in Frage kommen könne, wenn sein Schreiben vom 11. Oktober 1923 einen bindenden Befehl zur Auszahlung der Erhöhungen an die Erwerbslosen und sonstigen Unterstützungsempfänger enthalten hätte. Aus der ganzen Art der Abfassung des Schreibens und aus seiner Überbringung durch einen Erwerbslosen müsse jedoch entnommen werden, daß der stellvertretende Regierungspräsident die Klägerinnen überhaupt nicht zur Ausführung habe verpflichten, sondern ihnen die Entscheidung über die erwähnten Maßnahmen selbst habe überlassen wollen. Unzweifelhaft hätten die Klägerinnen diesen Charakter des Schreibens erkannt und hätten deshalb auch unter dem Druck der Erwerbslosen nicht zur Ausstellung von Gutscheinen schreiten dürfen. Sie könnten daher vom Beklagten keinen Ersatz des ihnen durch ihr eigenes Verhalten entstandenen Schadens verlangen.

Den Ausgangspunkt dieser Ausführungen beanstandet die Revision mit Recht. Es ist nicht richtig, daß der stellvertretende Regierungspräsident auf dem Gebiet der Erwerbslosenfürsorge seine Amtspflichten gegenüber den Gemeinden des Bezirks nur durch eine bindende Anweisung verletzen konnte. Die Erwerbslosenfürsorge war nach der im Oktober 1923, wenngleich mit Änderungen, noch in Kraft befindlichen Verordnung über Erwerbslosenfürsorge vom 1. November 1921 (RGBl. S. 1337) eine Angelegenheit der Gemeinden. Sie waren verpflichtet, soweit ein Bedürfnis dazu bestand, eine Fürsorge für Erwerbslose einzurichten (§ 2), deren Aufwand ihnen vom Reiche zu $^6/_{12}$, vom Lande (hier Preußen) zu $^4/_{12}$ ersetzt wurde (§ 4 Abs. 1). Die Kommunalaufsichtsbehörde hatte die Gemeinden, die trotz eines vorhandenen Bedürfnisses keine oder keine genügende Erwerbslosenfürsorge einrichteten, hierzu anzuhalten; sie konnte die dazu notwendigen Anordnungen für Rechnung der Gemeinde treffen, konnte auch bestimmen, daß ein weiterer Gemeindeverband eine Gemeinde im Falle ihrer Leistungsunfähigkeit zu unterstützen oder die Fürsorge zu übernehmen habe (§ 3). Auf diese in der Verordnung beispielsweise aufgeführten Maßnahmen war die Kommunalaufsichtsbehörde aber nicht beschränkt, sie konnte vielmehr nicht bloß bei der Einrichtung, sondern auch bei der Handhabung der Erwerbslosenfürsorge durch die Gemeinden, kurzum in allen Angelegenheiten der gemeindlichen Erwerbslosenfürsorge die Maßnahmen ergreifen, in denen sich die Kommunalaufsicht überhaupt zu betätigen pflegt. Mittel der Kommunalaufsicht sind aber nicht bloß bindende Anordnungen oder sonstige Zwangsmaßregeln; auch mit bloßer Raterteilung oder mit der Genehmigung gemeindlichen Vorgehens kann sie sich begnügen. Sonach stellt sich das Schreiben des stellvertretenden Regierungspräsidenten vom 11. Oktober 1923, mag ihm auch der Zwangscharakter gefehlt haben, als eine Maßnahme der staatlichen Kommunalaufsicht auf dem Gebiet der Erwerbslosenfürsorge dar. Es ist nicht ersichtlich, weshalb grundsätzlich ausgeschlossen sein soll, daß es eine schuldhafte Amtspflichtverletzung des mehrgenannten Beamten den Gemeinden gegenüber enthalte.

Die Beaufsichtigung der Selbstverwaltungskörper durch staatliche Behörden soll sicherstellen, daß die Verwaltung der Gemeindeangelegenheiten den Vorschriften der Gesetze gemäß geführt wird und stets in geordnetem Gange bleibt (OVG. Bd. 25 S. 49, Bd. 54 S. 472). Trotz dieses Zweckes der Kommunalaufsicht haben die mit ihr betrauten Beamten bei ihrer Ausübung auch auf die Belange der Gemeinden die gebührende Rücksicht zu nehmen und sie vor Schädigungen zu bewahren. Sie verletzen, wenn sie es nicht tun, die ihnen den Gemeinden gegenüber obliegende Amtspflicht. Das gilt nicht bloß für Zwangsmaßnahmen im Aufsichtswege, sondern für jede Art von Betätigung der Kommunalaufsicht. Eine bloße Raterteilung an eine Gemeinde, eine ihr erteilte Genehmigung, Maßnahmen, die auf die Entschließungen der Gemeinden von erheblichem Einfluß zu sein pflegen, können schon eine Amtspflichtverletzung ihnen gegenüber enthalten. Die von den Vorinstanzen vorgenommene Beschränkung der Staatshaftung den Gemeinden gegenüber auf Befehle, die ihnen von den Kommunalaufsichtsinstanzen erteilt werden, entbehrt der rechtlichen Grundlage. . . . .

22. Gehört zur Erfüllung des Kaufvertrags über ein Grundstück im Sinne des § 454 BGB., daß der Käufer als Eigentümer im Grundbuch eingetragen wird?

BGB. §§ 433, 454.

VI. Zivilsenat. Urt. v. 26. September 1927 i. S. E. (Bekl.) w. Pf. (Kl.). VI 19/27.

I. Landgericht Chemnitz.
II. Oberlandesgericht Dresden.

Der Kläger hat durch notariellen Vertrag vom 2. Februar 1925 ein Grundstück in Altchemnitz für 18000 GM an die Beklagte verkauft und aufgelassen. Der Restkaufpreis von 14400 GM sollte gegen Bestellung von Hypotheken gestundet und mit jährlich 12% in vierteljährlichen Raten verzinst werden. Es war außerdem bedungen, daß das Kapital bei pünktlicher Zinszahlung nicht vor dem 31. Dezember 1927 kündbar, der Kläger aber berechtigt sein solle, das Kapital für sofort fällig zu erklären, wenn die Beklagte länger als 2 Wochen mit einer Zinszahlung ganz oder teilweise im Rückstand bleibe. Die Beklagte ist bisher nicht als Eigentümerin im Grundbuch eingetragen. Da die Beklagte die für das 3. Vierteljahr 1925 fälligen Zinsen nicht bezahlte, hat der Kläger durch Schreiben vom 22. Oktober 1925 das Kapital für fällig erklärt und zugleich zur Bezahlung des Kapitals und der Zinsen auf Grund des § 326 BGB. eine Frist bis zum 28. Oktober 1925 gesetzt; er ist nach Ablauf der Frist am 29. Oktober 1925 vom Vertrag zurückgetreten.

Mit der Klage fordert er Einwilligung der Beklagten in die Aufhebung des Kauf- und Auflassungsvertrags, Zurückziehung ihres Antrags auf Eintragung im Grundbuch und Wiedereinräumung des Besitzes am Grundstück. Beide Vorinstanzen gaben der Klage statt. Die Revision der Beklagten hatte Erfolg.

Aus den Gründen:

Das Oberlandesgericht hält die Vorschrift des § 454 BGB. nicht für anwendbar, weil der Kläger als Verkäufer den Vertrag noch nicht erfüllt habe. Denn zur Erfüllung des Kaufvertrags über ein Grundstück gehöre außer der Übergabe und der Auflassung die

Eintragung des Käufers im Grundbuch, ohne die sich die dem Verkäufer obliegende Verschaffung des Eigentums nicht vollende. Wolle man in einem solchen Falle dem Verkäufer das Rücktrittsrecht versagen, so wäre die Durchführung seiner Ansprüche fast unmöglich. Denn die Einleitung der Zwangsversteigerung des Grundstücks zur Beitreibung des Kaufpreises setze voraus, daß der Schuldner als Eigentümer eingetragen sei (§ 17 ZVG.), während die nach § 147 ZVG. allerdings zulässige Zwangsverwaltung mangels ausreichender Überschüsse in der Regel nicht zur Befriedigung des Verkäufers führen werde. Das praktische Bedürfnis nötige deshalb auch zur Gewährung des Rücktrittsrechts.

Die Revision meint demgegenüber, daß die Voraussetzungen des § 454 BGB. gegeben seien und deshalb der Kläger das ihm erwachsene — übrigens bestrittene — Rücktrittsrecht nicht geltend machen könne. Schon durch die Auflassung habe der Kläger seine Verpflichtungen aus dem Kaufvertrag voll erfüllt. Die aus § 433 BGB. zu entnehmende Pflicht zur Eigentumsverschaffung bedeute, daß der Verkäufer alles tun müsse, was ihm zur Eigentumsverschaffung obliege. Dazu gehöre die Zahlung der Wertzuwachssteuer nicht. Die Erwägung, daß der Kläger die Zwangsversteigerung nicht betreiben könne, greife nicht durch; auch genüge die Zwangsverwaltung. Der Kläger könne sich nicht darauf berufen, daß die Käuferin noch nicht eingetragen sei, da er selbst diese Eintragung verhindern wolle. Die zweite Voraussetzung des § 454 BGB., die Stundung des Kaufpreises, liege gleichfalls vor.

Der Angriff ist begründet. Die wörtliche Auslegung des § 433 BGB., wonach der Verkäufer verpflichtet ist, dem Käufer das Eigentum an der Sache zu verschaffen, scheint zwar die Auffassung des Oberlandesgerichts zu rechtfertigen, daß der Verkäufer eines Grundstücks dieser Verpflichtung erst dann genügt hat, wenn die Eintragung des Käufers als Eigentümer im Grundbuch erfolgt ist. Zur Übereignung eines Grundstücks ist außer der in der Form der Auflassung zu vollziehenden dinglichen Einigung die Umschreibung des Eigentums im Grundbuch erforderlich (§§ 873, 925 BGB.). Entscheidend kommt jedoch in Betracht, daß nach § 1 GBO. die Grundbücher von den Grundbuchämtern geführt werden und daß die nach den bestehenden Vorschriften zuständigen Beamten namentlich die Eintragungen im Grundbuch vorzunehmen haben. Der Verkäufer ist rechtlich außerstande, diese behördliche Tätigkeit zu besorgen, und diese kann daher begrifflich nicht unmittelbarer Gegenstand einer rechtsgeschäftlichen Verpflichtung des Verkäufers sein. Die Verpflichtung des Verkäufers erschöpft sich vielmehr darin, daß er alles zu tun hat, was ihm nach Gesetz oder Vertrag im einzelnen Falle obliegt, um die vom Grundbuchamt zu bewirkende Umschreibung des Eigentums herbeizuführen. Daß der Verkäufer verpflichtet ist, die nach sachenrechtlichen Vorschriften zur Übertragung oder Rechtsverschaffung erforderlichen Erklärungen und Handlungen vorzunehmen, ist schon in den Motiven (Bd. 2 S. 317) zu dem mit § 433 BGB. dem Sinne nach übereinstimmenden § 459 des 1. Entwurfs zum BGB. ausgesprochen. Unter gewöhnlichen Umständen wird die Mitwirkung des Verkäufers bei der formgerechten Erklärung der Auflassung und seine Bewilligung der Eintragung des Käufers in das Grundbuch ausreichen, um dem Käufer das Eigentum zu verschaffen. Ist der Käufer im Besitze des Grundstücks und imstande, durch Einreichung der Auflassung beim Grundbuchamt seine Eintragung mit Erfolg zu beantragen, so ist er insoweit befriedigt und hat keinen weiteren Anspruch auf Erfüllung des Kaufvertrags gegen den Verkäufer. Zu den Pflichten des Verkäufers gehört es aber anderseits, Hindernisse zu beseitigen, die der Umschreibung im Grundbuch im Wege sind oder nachträglich entstehen, falls die Vertragschließenden nichts anderes vereinbart haben. So hat das Reichsgericht ausgesprochen, daß der Verkäufer, wenn er das Eigentum noch nicht erlangt hatte oder nicht mehr Eigentümer war, abgesehen von dem Ausnahmefall des § 41 GBO. zunächst seine eigene Eintragung oder doch die erforderliche Zustimmung des Eigentümers zur Umschreibung herbeizuführen hat (JRsch. 1926 Nr. 2015; JW. 1927 S. 977 Nr. 10; RGZ. Bd. 113 S. 405). Ist die Eintragung des Erwerbers von der Entrichtung oder Sicherstellung bestimmter an den Eigentumsübergang geknüpfter Steuern abhängig (vgl. z. B. § 24 des Grunderwerbsteuergesetzes), so hat der Verkäufer entgegen der Meinung der Revision das Erforderliche zu veranlassen, falls ihm die Steuer zur Last fällt. Ob die nach der Auflassung erfolgte Eröffnung des Konkursverfahrens über das Vermögen des Verkäufers die Eintragung des Erwerbers hindert und ob die volle Erfüllung im Sinne des §17 KO. dann nicht vorliegt (RGZ. Bd. 85 S. 403), bedarf hier keiner Erörterung. In der angeführten

Entscheidung ist die Frage, ob der Verkäufer nach § 433 BGB. dafür einzustehen habe, daß die ordnungsmäßige Auflassung auch zur Eintragung des Erwerbers führe, ausdrücklich offen gelassen.

Auch im Sinne des § 454 BGB. kann zur Erfüllung des Vertrags nicht mehr verlangt werden, als was der Käufer nach § 433 BGB. zu leisten schuldig ist (Komm. v. RGR. Bem. 1 zu § 454). Die Ansicht des Oberlandesgerichts, daß zur vollen Erfüllung des Kaufvertrags schlechthin die Eintragung des Käufers erfordert werden müsse, kann nicht für zutreffend erachtet werden (RG. im Recht 1907 Nr. 3785; Planck 4. Aufl. Bem. 2a, Staudinger 9. Aufl. Bem. 4a zu § 454 BGB.). Ebensowenig vermögen die weiteren Gründe des Oberlandesgerichts über das praktische Bedürfnis des Verkäufers seine Ansicht zu stützen. Der von der II. Kommission aufgestellte jetzige § 454 BGB. ist in den Protokollen namentlich mit folgenden Erwägungen begründet:

Der Käufer erwerbe die Sache, um sie zu seinen Zwecken zu verwenden. Die Verwendung bestehe häufig in Verbrauch oder Weiterveräußerung, häufig in einer Umgestaltung, in den meisten Fällen bringe sie eine Wertminderung mit sich. In solchen Fällen den Käufer zu verpflichten, seine tatsächlichen oder rechtlichen Verfügungen rückgängig zu machen oder Schadensersatz wegen derselben zu leisten, wäre eine unbillige Belastung des Käufers.

Und an anderer Stelle (Prot. S. 1739, Mugdan Mat. Bd. 2 S. 775flg.):

Das Rücktrittsrecht beruhe auf dem Gedanken, daß bei gegenseitigen Verträgen in der Regel Zug um Zug erfüllt werde oder jedenfalls die Leistung in der Erwartung der Gegenleistung erfolge. Mit der Stundung des Kaufpreises werde aber der innere Zusammenhang zwischen Lieferung der Ware und Zahlung des Kaufpreises gelöst. Es liege deswegen nahe, in der Stundung des Kaufpreises einen Verzicht auf das Rücktrittsrecht zu erblicken.

Hiernach bezweckt die Beseitigung des Rücktrittsrechts wesentlich den Schutz des Käufers, dem die Verfügung über die Sache unter Stundung des Kaufpreises eingeräumt ist. Das Interesse des Verkäufers an der Aufrechterhaltung des Rücktrittsrechts in besonderen Fällen kann deshalb nicht, wie das Oberlandesgericht will, zur Auslegung des § 454 BGB. herangezogen werden. Außerdem ist die Darlegung des Oberlandesgerichts, daß der Kläger bei Ausschluß des Rücktrittsrechts seine Befriedigung durch Zwangsvollstreckung nicht erreichen könne, nicht schlüssig. Zwar ist wegen der Restkaufgeldforderung weder die Zwangsversteigerung noch die Zwangsverwaltung des Grundstücks zulässig, solange nicht die Beklagte als Eigentümerin und die Hypotheken für den gestundeten Kaufpreis eingetragen sind. Allein das Oberlandesgericht übersieht, daß der Kläger, wenn ihm das geltend gemachte Rücktrittsrecht abgesprochen wird, den Vertrag zu erfüllen gehalten ist und daß dann durch die vertragsmäßigen Eintragungen die Zwangsvollstreckung in das Grundstück in vollem Umfang ermöglicht wird. Sollten aber die Eintragungen daran scheitern, daß die Beklagte die von ihr zu leistenden Beträge an Gerichtskosten und Grunderwerbsteuer nicht aufbringt, so würde in Frage kommen, ob nicht die endgültige Abnahme des Grundstücks durch die Bewirkung der Eintragung der Beklagten und die Bestellung der Hypotheken für das Restkaufgeld als — nicht gestundete — Hauptleistungen der Beklagten anzusehen sind, wegen deren Nichterfüllung dem Kläger die Rechte aus § 326 BGB. zuständen. Nach alledem würde die Auflassung als Erfüllung des Kaufvertrags gelten können, wenn nicht der Eintragung der Käuferin solche Hindernisse entgegenstehen, deren Beseitigung dem Kläger obliegt. Der Kläger hat in dieser Richtung selbst vorgetragen, daß das Grundbuchamt die Umschreibung auch von der Sicherstellung der Wertzuwachssteuer abhängig gemacht habe, deren Entrichtung der Kläger vertragsmäßig übernommen hat. Ist die Verfügung des Grundbuchamts insoweit zu Recht ergangen, so daß ihre Aufhebung im Beschwerdeverfahren nicht erreicht werden kann — worüber das Oberlandesgericht sich bisher nicht ausgesprochen hat —, so würde der Kläger, solange er dem Verlangen des Grundbuchamts nicht genügt hat, den Vertrag im Sinne des § 454 BGB. noch nicht voll erfüllt haben. Unhaltbar ist die Meinung der Revision, dem Kläger stehe die Einrede der Arglist entgegen, wenn er selbst die volle Erfüllung verweigere und dadurch die Anwendung des § 454 BGB. verhindere. Das Gesetz knüpft den Ausschluß des Rücktrittsrechts lediglich an die Tatsache der Erfüllung durch den Verkäufer. Die Nichterfüllung, mag sie auch auf Verschulden des Verkäufers beruhen, kann unter dem Gesichtspunkt von Treu und Glauben niemals der Erfüllung im Sinne des § 454 BGB. gleichgestellt werden. . . .

23. Gilt ein schriftlicher Mietvertrag, wenn er nachträglich durch mündliche Vereinbarungen geändert wird, als für unbestimmte Zeit geschlossen?

BGB. § 566.

III. Zivilsenat. Urt. v. 27. September 1927 i. S. S.-werk A.-G. (Kl.) w. G. (Bekl.). III 127/27.

I. Landgericht Hamburg.
II. Oberlandesgericht daselbst.

Durch schriftlichen Vertrag vom 28. April/5. Mai 1925 vermietete der Beklagte der Klägerin in einem noch nicht fertiggestellten Neubau das zweite Stockwerk, einen Kraftwagenstand und einen Raum im Erdgeschoß zum Preis von monatlich 750 RM. Hiervon entfielen auf den Kraftwagenstand 80 RM und auf den Erdgeschoßraum 50 RM. Das Mietverhältnis sollte vom 1. Juli 1925 ab fünf Jahre dauern und danach bei Nichtkündigung auf unbestimmte Zeit weiterlaufen. Der Neubau sollte am 20. Juni 1925 bezugsfertig sein. Die Klägerin sollte schon vor dem 1. Juli 1925 einziehen dürfen, die Miete aber erst von diesem Tag ab zahlen. Bei Nichteinhaltung des Termins sollte sie Anspruch auf einen der Miete entsprechenden Teil der mit dem Bauunternehmer vereinbarten Vertragsstrafe haben. Bei Beginn des Mietverhältnisses hatte die Klägerin ferner den zweijährigen Mietbetrag mit 20000 RM als Baukostenvorschuß zu entrichten. Die Räume waren zum vereinbarten Termin nicht bezugsfertig. Daraufhin vereinbarten die Parteien mündlich: der Erdgeschoßraum solle aus dem Vertrag ausscheiden und die Miete entsprechend ermäßigt werden; nach Fertigstellung, voraussichtlich Anfang Dezember, solle die Klägerin einziehen, Miete aber erst vom 15. Februar 1926 ab zahlen; für den Mietvorschuß von 20000 RM solle die Klägerin am 15. November 1925 ein Dreimonatakzept auf den 15. Februar 1926 geben.

Am 25. August 1926 hat die Klägerin das Vertragsverhältnis zum 1. Oktober 1926 gekündigt und auf den Widerspruch des Beklagten gegen die Kündigung Klage auf Feststellung ihrer Rechtswirksamkeit erhoben, da der Mietvertrag infolge der nachträglichen mündlichen Abänderung gemäß § 566 BGB. als auf unbestimmte

Zeit geschlossen zu gelten habe. Das Landgericht wies die Klage ab, weil nur eine unwesentliche Änderung in Frage stehe. Die Berufung der Klägerin war ohne Erfolg. Ihrer Revision wurde stattgegeben aus folgenden

Gründen:

Das Oberlandesgericht hat die Annahme einer unwesentlichen Änderung als bedenklich bezeichnet, sich insoweit also dem Landgericht nicht angeschlossen. § 566 BGB. gehe davon aus, daß dem Erwerber eines Grundstücks die Möglichkeit gegeben werden solle, sich über den Umfang der Belastung des zu erwerbenden Grundstücks an der Hand schriftlicher Verträge zu unterrichten. Eine Verringerung der Bindung des Vermieters durch Freigabe von Räumen oder durch Abkürzung der Mietzeit sei also auch bei formloser Vereinbarung zulässig. Ferner sei die Aufhebung eines schriftlichen Mietvertrags auch formlos wirksam; es sei nicht einzusehen, warum eine Teilaufhebung anders behandelt werden und die Wirksamkeit des Vertrags im übrigen beeinträchtigen sollte.

§ 566 BGB. will dem Interesse des späteren Erwerbers eines Grundstücks Rechnung tragen und ihm die Möglichkeit bieten, sich für den Fall des Erwerbs über den Umfang seiner Verpflichtungen zu unterrichten. Zu diesem Zweck ist die Schriftlichkeit für Mietverträge vorgeschrieben, die für längere Zeit als ein Jahr geschlossen werden (Prot. Bd. 2 S. 149/150). Zu Unrecht will das Berufungsgericht hieraus entnehmen, daß eine Verringerung der Bindung des Vermieters durch nachträgliche formlose Vereinbarung zulässig sei. Soll dem neuen Erwerber einmal die Möglichkeit gewährt werden, den Umfang seiner Verpflichtungen kennen zu lernen, so kann der Gesetzgeber damit nur beabsichtigt haben, ihm die Kenntnis des wirklichen und richtigen, nicht aber eines unvollständigen und unrichtigen Zustands zu verschaffen. Dabei ist zu beachten, daß mit einer Verringerung der Bindung des Vermieters wohl in allen Fällen auch eine Minderung seiner Ansprüche Hand in Hand gehen wird, wie denn auch im vorliegenden Falle die Freigabe eines Raumes eine Ermäßigung der Miete zur Folge hatte, die im Mietvertrag nicht zum Ausdruck gekommen ist. Mit diesem Gedanken ist also die Auffassung des Berufungsgerichts, der schriftliche Mietvertrag sei trotz der Änderung in Geltung geblieben, nicht zu halten. Ob die Bestimmungen des Mietvertrags nach der Änderung den Vermieter entlasten oder weiter belasten, ist gleichgültig; der neue Erwerber findet nur dann seine Rechnung, wenn er die wahre Belastung kennen lernt.

Zu Unrecht nimmt aber auch das Berufungsgericht an, es sei, weil der formlosen Aufhebung eines langfristigen schriftlichen Mietvertrags im ganzen nichts im Wege stehe, auch die Aufhebung nur eines Teils statthaft, unbeschadet des Fortbestehens des Vertrags im übrigen. Der Vorderrichter verkennt dabei, daß zwischen der Aufhebung des ganzen Vertrags und der eines Teils doch ein erheblicher Unterschied besteht. Im ersten Falle handelt es sich um eine wirkliche Beendigung des Vertragsverhältnisses. Im zweiten Falle hingegen wird das Vertragsverhältnis nicht beendigt, nicht aufgehoben, es soll vielmehr zu einem gewissen Teil fortbestehen. Lediglich sein Inhalt soll geändert werden; an die Stelle des bisherigen Inhalts soll ein anderer treten. Insoweit ist es unrichtig, von einer „teilweisen Aufhebung" zu sprechen; tatsächlich liegt nur eine Änderung vor.

Die Auffassung des Berufungsgerichts zu diesem Punkt steht aber auch nicht im Einklang mit dem von ihm selbst betonten Zweck des § 566 BGB. Die Absicht des Gesetzgebers, den neuen Erwerber eines Grundstücks zu schützen, wird gegenstandslos, wenn ein Mietvertrag vollständig aufgehoben ist und demgemäß überhaupt nicht mehr oder nur noch auf kurze Zeit besteht, der neue Erwerber durch ihn also überhaupt nicht oder nur auf kurze Zeit belastet wird. Anders liegt der Fall, wenn der Vertrag nur teilweise aufgehoben, mit anderen Worten geändert wird, aber als langfristiger im übrigen fortbestehen soll. Gerade für diesen Fall will das Gesetz dem neuen Erwerber Schutz angedeihen lassen. Die Gleichstellung der völligen Aufhebung eines auf längere Zeit geschlossenen schriftlichen Mietvertrags mit der Aufhebung nur eines Teils versagt also.

Im vorliegenden Falle haben die Parteien einen langfristigen schriftlichen Mietvertrag in — wie das Berufungsgericht selbst annimmt — nicht unwesentlichem Umfang durch nachträgliche mündliche Vereinbarung abgeändert. Sieht man von der anderweitigen Regelung des Beginns des Vertragsverhältnisses und der Zahlung des Baukostenzuschusses ganz ab, so betrafen die Änderungen des

Vertragsgegenstands und der Miethöhe jedenfalls wesentliche Bestandteile eines Mietvertrags. Daß diese Vereinbarung gültig und rechtswirksam war, unterliegt keinem Bedenken. Durch sie ist der schriftliche Mietvertrag in wesentlichen Punkten geändert worden, und es fragt sich, ob auch der nunmehr geänderte Vertragsinhalt durch die Schriftform gedeckt wird oder ob mangels Beobachtung der Schriftform für die Abänderung nunmehr der ursprüngliche, langfristige Vertrag zu einem auf unbestimmte Zeit abgeschlossenen geworden ist. Das letztere ist zutreffend.

Es ist davon auszugehen, daß unter dem Formzwang alle Vereinbarungen stehen, die das abzuschließende Geschäft betreffen und aus denen sich nach dem Willen der Parteien der zu schließende Vertrag zusammensetzen soll (RGZ. Bd. 51 S. 181). Wenn also ein Vertrag der vorgeschriebenen schriftlichen Form genügen soll, so muß sein gesamter Inhalt, wie er unter den Parteien gelten soll, durch die Schriftform gedeckt sein. Nun können neben dem formgerechten Vertrag Nebenabreden und nach seinem Abschluß nachträgliche Vereinbarungen rechtswirksam getroffen werden, auch wenn dies nur mündlich geschieht. Wird durch sie der Inhalt des Vertrags geändert, wie dies im vorliegenden Falle geschehen ist, so besteht zwar der Vertrag im abgeänderten Zustand fort. Er setzt sich aber nunmehr aus teils schriftlichen, teils mündlichen Vereinbarungen zusammen; der ursprünglich durch die Schriftform gedeckte Gesamtinhalt ist ein anderer geworden und wird durch sie nicht mehr gedeckt. Ein schriftlich abgeschlossener Vertrag des nunmehr unter den Parteien maßgebenden Inhalts ist also nicht vorhanden. In Anwendung auf den vorliegenden Fall bedeutet dies, daß der durch die nachträgliche mündliche Vereinbarung abgeänderte, ursprünglich formgerecht abgeschlossene Mietvertrag kein schriftlicher im Sinne des § 566 BGB. mehr ist und daß er nur noch als ein auf unbestimmte Zeit geschlossener Vertrag gelten kann (JW. 1906 S. 348 Nr. 5).

Hiernach war die Klägerin berechtigt, das Mietverhältnis, das mit dem 1. Juli 1925 begonnen hatte, im August 1926 zum nächstzulässigen Termin zu kündigen. Ihrem Feststellungsantrag war sonach stattzugeben.

24. Ist der Rechtsweg zulässig für die Rückforderung eines Geldbetrags, dessen Zahlung das Wohnungsamt bei Zuweisung einer Wohnung dem Mieter auferlegt hat?

GVG. § 13. Wohnungsmangelgesetz vom 26. Juli 1923 §§ 2, 4, 6.

III. Zivilsenat. Urt. v. 27. September 1927 i. S. Wesermühlen-A.-G. (Kl.) w. Stadt E. (Bekl.). III 43/27.

I. Landgericht Essen.
II. Oberlandesgericht Hamm.

Die Klägerin wollte im Jahre 1924 in E. eine Filiale errichten und suchte für den als Leiter in Aussicht genommenen Kaufmann S., der in H. wohnte, eine Wohnung. Ein gewisser Sch., der in E. eine Wohnung innehatte, wollte nach K. verziehen, sollte dort aber eine Abstandssumme von 3000 RM zahlen. Mit ihm vereinbarte die Klägerin, daß sie die 3000 RM für ihn zahle, wenn S. seine Wohnung erhalte. Mit dieser Abmachung erklärte sich das Wohnungsamt in E. einverstanden, verlangte aber weiter, daß S. einen Gutschein der Stadt H. über seine bisherige Wohnung gebe und daß die Klägerin 3000 RM Baukostenzuschuß an das Wohnungsamt E. zahle. Diese Verabredung wurde in einer Urkunde vom 9. Dezember 1924 niedergelegt und es wurde dann entsprechend verfahren.

Die Klägerin hält dieses Abkommen für nichtig und fordert mit der Klage die 3000 RM zurück. Das Landgericht hat die Klage abgewiesen, weil der Anspruch nicht begründet sei. Das Oberlandesgericht hat die Berufung der Klägerin wegen Unzulässigkeit des Rechtswegs zurückgewiesen. Die Revision der Klägerin hatte Erfolg.

Gründe:

Das Berufungsgericht geht davon aus, daß die Beklagte bei der Zuweisung der Wohnung Hoheitsrechte ausgeübt habe. In derselben Eigenschaft habe sie sich den Zuschuß als eine Art von Gebühr ausbedungen. Das Abkommen vom 9. Dezember 1924 sei also kein bürgerlichrechtlicher Vertrag, eine Klage aus ihm sei nicht gegeben. Gegenstand des Rechtsstreits sei der Inhalt des Hoheitsrechts der Beklagten. Hierüber hätten nicht die ordentlichen Gerichte zu befinden.

Das Berufungsgericht hat die Zulässigkeit des Rechtswegs zu Unrecht verneint. Es hat zunächst übersehen, daß für die Beurteilung der Frage der Zulässigkeit des Rechtswegs in erster Linie der Inhalt der Klageschrift maßgebend ist. In ihr hatte die Klägerin geltend gemacht, es habe sich um einen Wohnungstausch gehandelt, für den nach § 8 des Wohnungsmangelgesetzes (WMG.) ein Genehmigungszwang bestanden habe. Trotzdem habe die Beklagte die Genehmigung von der Zahlung eines Baukostenzuschusses abhängig gemacht. Hierdurch habe sie gegen § 8 verstoßen, dabei aber auch ihre Stellung als Behörde dazu benutzt, um einen Druck auf die Klägerin dahin auszuüben, daß sie die Zahlung des Baukostenzuschusses zusage. Die Klägerin ficht deshalb den Vertrag gemäß § 123 BGB. an und behauptet, er sei nichtig. Ferner macht sie geltend, das Verhalten der Beklagten bei Abschluß des Vertrags verstoße gegen die §§ 823flg. BGB. Der geforderte Betrag sei also der Klägerin entweder wegen ungerechtfertigter Bereicherung oder als Schadensersatz (§§ 823flg. BGB.) zurückzuzahlen.

Dieses Vorbringen hat das Berufungsgericht überhaupt nicht geprüft. Da in ihm aber die Behauptung einer Amtspflichtverletzung der Beamten des Wohnungsamts gefunden werden könnte, welche die Beklagte gemäß Art. 131 RVerf. zum Ersatz des daraus entstandenen Schadens verpflichten würde, und da für eine solche Klage auf Grund der genannten Vorschrift der Rechtsweg zulässig wäre, muß das Berufungsurteil schon aus diesem Grunde aufgehoben werden.

Aber auch im übrigen ist die Entscheidung des Berufungsgerichts nicht zu billigen. In der Urkunde vom 9. Dezember 1924 weist das Wohnungsamt E. die bisher von Sch. gemietete Wohnung dem Geschäftsführer S. zu; die Zustimmung des Vermieters sei bereits nachgewiesen. Die Klägerin verpflichtete sich ihrerseits, sofort einen Baukostenzuschuß von 3000 RM an die Stadthauptkasse E. zu zahlen. Das Wohnungsamt hat sich also nicht etwa nur zur Zuweisung der Wohnung, zu einem hoheitsrechtlichen Akte, verpflichtet. Eine dahingehende Abmachung wäre vielleicht nichtig, ebenso wie eine Vereinbarung auf Unterlassung einer späteren Beschlagnahme. Das Wohnungsamt hat vielmehr dem S. die Wohnung zugewiesen, und hierfür hat sich die Klägerin zur Zahlung der 3000 RM verpflichtet. Diese Zuweisung war ein hoheitsrechtlicher

Akt des Wohnungsamts, zu dessen Vornahme es im Rahmen seiner hoheitsrechtlichen Befugnisse in der Lage war und der auch im ordentlichen Rechtsweg nicht angegriffen werden könnte. Fraglich ist nur, ob auch die Vereinbarung wegen der 3000 RM von diesem hoheitsrechtlichen Akt mitumfaßt wird, ob auch für sie der Rechtsweg ausgeschlossen ist, wie das Berufungsgericht meint.

Die Frage ist zu verneinen. Die Abmachung der Parteien über die Zahlung des Baukostenzuschusses hat zwar ihre Grundlage im öffentlichen Recht. Aber nicht alle auf diesem Boden erwachsenen Ansprüche sind dem ordentlichen Rechtsweg entzogen. Der Rechtsweg ist von der Rechtsprechung bereits zugelassen worden für Ansprüche aus unerlaubter Handlung wegen angeblich obrigkeitlicher Anordnungen, sofern diese der rechtlichen Grundlage entbehren und sich als offenbare Willkür darstellen. Eine Behörde ist verpflichtet, sich bei ihren Anordnungen in den Grenzen der Befugnisse zu halten, die ihr durch das Gesetz übertragen sind. Überschreitet sie diese, macht sie die Vornahme obrigkeitlicher Handlungen von Leistungen des anderen Teils abhängig, zu deren Auferlegung sie gesetzlich nicht berechtigt ist, so kann dies nur in der Weise geschehen, daß sie sich die Leistungen durch privatrechtlichen Vertrag sichert. Dann bildet aber nicht mehr die Hoheitsbefugnis, sondern die vertragliche Zusage die Grundlage des Anspruchs (RGZ. Bd. 101 S. 131, Bd. 105 S. 35). Da es sich dann um einen privatrechtlichen Anspruch handelt, ist der ordentliche Rechtsweg zulässig.

Die Entscheidung über die Zulässigkeit des Rechtswegs im vorliegenden Falle ist also davon abhängig, ob sich das Wohnungsamt E. innerhalb seiner öffentlichrechtlichen, ihm durch Gesetz übertragenen Befugnisse für die Zuweisung einer Wohnung eine besondere Vergütung in Form des Baukostenzuschusses ausbedingen durfte. Die Frage ist an der Hand der Wohnungsmangel-Gesetzgebung zu prüfen, welche die für die Zuweisung einer Wohnung einschlägigen Bestimmungen enthält.

Die Wohnungsmangelverordnung vom 23. September 1918/22. Juni 1919/11. Mai 1920 hatte in § 2 Abs. 1b angeordnet, daß Räume, die bis zum 1. Oktober 1918 zu Wohnzwecken bestimmt oder benutzt waren, beim Bestehen einer entsprechenden Anordnung der Gemeinde nur mit deren Zustimmung zu anderen Zwecken verwendet werden dürften. Diese Vorschrift hat das Wohnungsmangelgesetz (§ 2 Abs. 2) übernommen mit dem Zusatz, daß die Gemeindebehörden in besonderen Fällen Ausnahmen zulassen dürfen, wenn für den beanspruchten Raum neuer Wohnraum erstellt wird. Dazu führte ein Runderlaß des Reichsarbeitsministers vom 8. Juni 1921 aus, die Gemeinden sollten die Zulassung möglichst versagen, allenfalls gegen Geldzahlung gestatten. Hier läßt die gesetzliche Vorschrift die Annahme zu, daß dem Nachsuchenden eine Leistung auferlegt werden kann, die in der Schaffung von neuem Wohnraum oder in der Zahlung einer entsprechenden Geldsumme bestehen soll.

Anders liegt die Sache bei Zuweisungen von Wohnungen. Sie haben ihre Regelung in den §§ 4 und 6 WMG. gefunden. Aber in keiner von diesen Vorschriften ist von einer Befugnis der Gemeinde die Rede, ihre obrigkeitlichen Maßnahmen von einer Gegenleistung abhängig zu machen. Die Inanspruchnahme von Räumen ist wohl in ihr Ermessen gestellt. Daß sie aber befugt sein solle, die Ausübung ihrer amtlichen Tätigkeit von der Zahlung von Gebühren oder von sonstigen Leistungen abhängig zu machen, ist im Gesetz nicht gesagt. Im Anschluß an die neue Bestimmung des § 2 WMG. wäre dies sicher geschehen, wenn es der Gesetzgeber gewollt hätte. Diese Annahme wird bestätigt durch einen Erlaß des preußischen Ministers für Volkswohlfahrt vom 18. November 1924, der es rügt, daß Wohnungsämter für Wohnungs-Zuweisungen und -Tauschgenehmigungen sich Geldbeträge als Abfindung gewähren ließen und daß sie auch außer der Reihe Wohnungen zuwiesen. Dieses Verfahren — heißt es in dem Erlaß — lasse sich mit den gesetzlichen Bestimmungen in keiner Weise in Einklang bringen und sei unter Umständen geradezu unmoralisch und geeignet, Erbitterung hervorzurufen.

Hiernach ist das Wohnungsamt nicht befugt, für die Zuweisung einer Wohnung eine Abgabe unter irgendeinem Titel zu fordern. Ob dies auch für die Beschlagnahme zu gelten hat, bedarf hier keiner Entscheidung. Wird trotzdem eine solche Leistung für eine Zuweisung verlangt, so stellt sich das Wohnungsamt damit außerhalb seiner gesetzlichen Befugnisse, sein Handeln wird durch das Hoheitsrecht nicht mehr gedeckt. Mit der Zusage des anderen Teils wird nur ein vertraglicher Anspruch geschaffen, für den der Rechtsweg zugelassen ist.

25. 1. Sind die Grundsätze über Nichtigkeit von Grundstücks-Kaufverträgen wegen falscher Preisangabe entsprechend anzuwenden, wenn bei Gründung einer Gesellschaft m. b. H. ein eingebrachtes Grundstück absichtlich zu niedrig bewertet worden ist?

2. Wird die Wirksamkeit der zur Einbringung eines Grundstücks in die Gesellschaft erteilten behördlichen Genehmigung in Frage gestellt, wenn die Gesellschafter gleichzeitig die Veräußerung der für das Grundstück gewährten Stammeinlage zu einem den Einbringungswert übersteigenden Preis verabredet haben?

3. Zur Auslegung des § 6 Nr. 2 des preuß. Grundstücksverkehrs-Gesetzes.

4. Unterliegen der Genehmigungspflicht nach § 1 Abs. 1 dieses Gesetzes nur solche Rechtsgeschäfte, die unmittelbar die Veräußerung eines Grundstücks betreffen, oder auch ergänzende Rechtsgeschäfte wie die Zustimmung des Verfügungsberechtigten? Bedarf die Auflassungserklärung, die der Berechtigte selbst in Erfüllung des von einem Nichtberechtigten abgeschlossenen Verpflichtungsgeschäfts abgibt, der besonderen Genehmigung?

GmbHG. § 5. Preuß. GrVerkG. vom 10. Februar 1923 §§ 1, 6 Nr. 2.

II. Zivilsenat. Urt. v. 27. September 1927 i. S. V.-GmbH. (Bekl.) w. Eheleute V. (Kl.). II 501/26.

I. Landgericht Frankfurt a. M.
II. Oberlandesgericht daselbst

Am 12. April 1923 schloß der Kläger Ehemann V. mit dem Kaufmann Sch. einen notariellen Gesellschaftsvertrag über Errichtung der beklagten Gesellschaft mit beschränkter Haftung. Am Stammkapital der Gesellschaft von 5 Millionen Mark war Sch. mit 3 Millionen Mark, der Kläger V. mit 2 Millionen Mark beteiligt; in Anrechnung auf seine Stammeinlage brachte letzterer ein in Frankfurt a. M. gelegenes Grundstück ein, das damals je zur Hälfte im Miteigentum der beiden Kläger stand. Am gleichen Tage erteilten diese dem Bürovorsteher U. Auflassungsvollmacht, auch machte der Ehemann V. für seinen Geschäftsanteil von 2 Millionen Mark der St.-GmbH. ein bis zum 1. Juli 1923 befristetes notarielles Abtretungsangebot mit der Erklärung, daß der Abtretungspreis dem Nennwert entspreche. Die St.-GmbH., deren Gesellschafter damals der Kaufmann Sch., seine Ehefrau und ein Neffe des ersteren waren, sandte an diesem Tage dem Kläger V. 20 Millionen Mark in Schecks und Wechseln, worüber dieser aber erst verfügen sollte, wenn der Eintragung des Grundstücks auf die V.-GmbH. nichts mehr im Wege stehe. Am 23. April 1923 genehmigte der Frankfurter Magistrat den Einbringungsvertrag; dazu war jedoch nur der Gesellschaftsvertrag vorgelegt worden, nicht auch die übrigen Urkunden vom gleichen Tage. Die Umschreibung des Grundstücks auf die beklagte Gesellschaft erfolgte am 26. Mai 1923 auf Grund der am 16. Mai 1923 von dem Bevollmächtigten der beiden Eheleute und dem Kaufmann Sch. als Geschäftsführer der Beklagten erklärten Auflassung. Vorher, nämlich am 12. Mai 1923, hatte die St.-GmbH. mit dem Ehemann V. einen privatschriftlichen Vertrag geschlossen, worin über die Vergütung für die Abtretung der Geschäftsanteile des Ehemanns V. nähere Bestimmung getroffen wurde. Am 18. September 1923 trat der Kläger V. seinen Geschäftsanteil von 2 Millionen Mark endgültig an die St.-GmbH. ab. Im ganzen hat der Kläger 60 Millionen Mark als Vergütung für die Abtretung des Geschäftsanteils erhalten.

Mit der Klage verlangen die Kläger Berichtigung des Grundbuchs dahin, daß sie wieder als Eigentümer des Grundstücks eingetragen werden sollen, weil es an einer rechtswirksamen Genehmigung der Grundstücksveräußerung fehle. Der allein vorgelegte und genehmigte Gesellschaftsvertrag sei nicht ernstlich gemeint gewesen, tatsächlich sei vereinbart worden, daß der Ehemann V. 60 Millionen Mark für das Grundstück bekommen solle. Ein Vertrag dieses Inhalts sei nicht genehmigt worden und deshalb sei auch die Auflassung unwirksam, so daß ein Eigentumsübergang auf die Beklagte nicht stattgefunden habe. Jedenfalls habe kein Verpflichtungsgeschäft der Ehefrau V. vorgelegen, das hätte genehmigt werden können, und deswegen habe die Auflassung, mindestens für ihren Anteil an dem Grundstück, einer besonderen Genehmigung bedurft.

Das Landgericht gab der Klage statt. Das Oberlandesgericht dagegen verurteilte die Beklagte nur Zug um Zug gegen Zahlung von 9636,06 RM zu der beantragten Berichtigung des Grundbuchs. Auf die Revision der Beklagten wurde die Klage abgewiesen.

Gründe:

Das Berufungsgericht hält den zwischen dem Kläger Ehemann B. und dem Kaufmann Sch. am 12. April 1923 abgeschlossenen Gesellschaftsvertrag nicht deshalb für ungültig, weil der Betrag der dem Kläger B. zugewiesenen Stammeinlage dem Wert des Grundstücks nicht entsprochen habe. Wirtschaftlich habe allerdings die Gründung der Gesellschaft mbH. nur dazu dienen sollen, den Übergang des Grundstücks an die St.-GmbH., deren Geschäftsführer und Hauptgesellschafter der Kaufmann Sch. war, für eine Vergütung von 60 Millionen Mark herbeizuführen. Aber die Grundsätze über Formnichtigkeit von Grundstücks-Kaufverträgen wegen falscher Preisangabe könnten hier nicht entsprechend angewendet werden. Der Weiterverkauf des Geschäftsanteils an die St.-GmbH. habe überhaupt nicht der Form des § 313 BGB. bedurft. Trotzdem meint das Oberlandesgericht, es fehle an einer ausreichenden Genehmigung des Magistrats im Sinne von § 1 GrVerkGes. vom 10. Februar 1923. Denn dem Magistrat habe nur der notarielle Vertrag über die Einbringung des Grundstücks vorgelegen, nicht dagegen die weiteren Urkunden über die Auflassungsvollmacht, die Abtretung des Geschäftsanteils und die dafür zu gewährende Vergütung. Diese Geschäfte hätten aber nach dem Willen der Beteiligten rechtlich in dem Sinne zusammengehört, daß der Einbringungsvertrag nicht ohne die gleichzeitig zwischen B. und der St.-GmbH. getroffenen Abmachungen gelten sollte und diese nicht ohne ihn. Die erwähnten Urkunden seien also, wenn nicht Teile des Gründungs- und Einbringungsvertrags, so doch mindestens Nebenabreden im Sinne von § 6 Nr. 2 Satz 1 GrVerkGes. gewesen, und zwar trotz der Verschiedenheit der dabei beteiligten Personen. Diese Nebenabreden hätten dem Magistrat mitgeteilt werden sollen, da er ohne sie habe annehmen müssen, daß das Grundstück von den Vertragsparteien nur mit 2 Millionen, statt in Wirklichkeit mit 60 Millionen Mark, bewertet worden sei. Die Genehmigung habe sich also nicht auf die nicht mitgeteilten Nebenabreden bezogen, so daß das der Auflassung zugrundeliegende Verpflichtungsgeschäft nicht in seinem ganzen wirklichen Umfang genehmigt worden und deshalb für die Auflassung eine besondere Genehmigung erforderlich gewesen sei. Letzteres sei auch deshalb der Fall gewesen, weil die als Miteigentümerin zur Hälfte eingetragene Ehefrau V. an dem vorgelegten und genehmigten Einbringungsvertrag nicht beteiligt gewesen sei. Die zu diesem Vertrag erteilte Genehmigung habe sich deshalb nicht auf die Veräußerung ihres ideellen Anteils erstreckt. Mangels einer wirksamen Genehmigung der Grundstücksveräußerung sei also das Eigentum an dem Grundstück durch die Auflassung und Eintragung nicht auf die Beklagte übergegangen und das Grundbuch insoweit unrichtig geworden. Die Auffassung, daß nach dem Außerkrafttreten des Grundstücksverkehrs-Gesetzes auch in denjenigen Fällen, wo die Genehmigung noch nicht endgültig versagt war, Heilung dieses Mangels und damit unanfechtbares Eigentum des Erwerbers eingetreten sei, wird vom Berufungsrichter abgelehnt.

Das letztere entspricht der Rechtsprechung des Reichsgerichts (RGZ. Bd. 114 S. 230). Insoweit erhebt die Revision auch keinen Angriff. Sie wendet sich in der Hauptsache nur dagegen, daß das Berufungsgericht der von der zuständigen Behörde ausgesprochenen Genehmigung der Einbringung die Wirksamkeit für die spätere Auflassung und Umschreibung auf den Namen der Gesellschaft versagt habe. Insoweit mußte die Revision Erfolg haben.

In seinem Ausgangspunkt ist dem angefochtenen Urteil beizutreten. Der Gesellschaftsvertrag, durch den der Ehemann V. das Grundstück einbrachte, ist nicht wegen zu niedriger Bewertung des auf die Stammeinlage eingebrachten Grundstücks, also nicht deshalb nichtig, weil die Vertragschließenden im Ergebnis eine Veräußerung des Grundstücks für 60 Millionen Mark erstrebten. Zutreffend nimmt das Berufungsgericht an, daß es rechtlich nicht zu beanstanden sei, wenn die Beteiligten den beabsichtigten Erfolg (Erwerb des Grundstücks durch die St.-GmbH. für 60 Millionen Mark) auf dem Umweg zu erreichen suchten, daß das Grundstück gegen Gewährung eines Geschäftsanteils in die V.-GmbH. eingebracht und dieser Geschäftsanteil dann an die St.-GmbH. gegen Entgelt abgetreten würde. Dadurch wurde im Ergebnis der wirtschaftliche Erfolg erzielt, daß die St.-GmbH., deren Geschäftsführer und Hauptgesellschafter schon den anderen Geschäftsanteil besaß, tatsächlich die Verfügung über das Grundstück erlangte. Wie diese Maßnahmen steuerrechtlich zu beurteilen wären, kann hier dahingestellt bleiben. Ihre Beanstandung aus dem Gesichtspunkt des Steuerrechts würde den Rechtsakten noch nicht die privatrechtliche Gültigkeit nehmen (RGZ. Bd. 112 S. 236, JW. 1925 S. 1109 Nr. 7). Privatrechtlich liegen zwei verschiedene Rechtsvorgänge vor, die allerdings den gemeinschaftlichen Zweck verfolgten, den Übergang des V.'schen Grundstücks in die Verfügungsgewalt der St.-GmbH. herbeizuführen, die aber doch ihrem Gegenstand nach verschieden waren und deshalb getrennt beurteilt werden müssen, namentlich für die Frage, wie weit die behördliche Genehmigung nach dem Grundstücksverkehrs-Gesetz erforderlich war.

Nur der eine Rechtsvorgang, die Einbringung des Grundstücks in die Gesellschaft, hatte die Veräußerung eines Grundstücks zum Gegenstand und bedurfte nach § 1 Abs. 1 und 2 GrVerkG. der behördlichen Genehmigung. Als Unterlage für die Entscheidung mußten dem Magistrat, abgesehen von der Vorlegung des Gesellschaftsvertrags, alle sonstigen auf diese Veräußerung sich beziehenden Nebenabreden mitgeteilt werden. Die Abmachungen mußten zu ihrer Gültigkeit den in § 5 Abs. 4 GmbHG. vorgeschriebenen Inhalt haben, also die Person des Gesellschafters, den Gegenstand der Einlage sowie den Geldwert, für den die Einlage angenommen wird, bezeichnen und mußten vollständig in den Gesellschaftsvertrag aufgenommen werden. Verabredungen zwischen den Gesellschaftern, die in den notariellen oder gerichtlichen Gesellschaftsvertrag keine Aufnahme gefunden haben, sind der Gesellschaft gegenüber unwirksam (RGZ. Bd. 82 S. 299). Wenn auch in § 5 Abs. 4 GmbHG. eine ausdrückliche Bestimmung fehlt, wie sie § 186 Abs. 4 HGB. für Aktiengesellschaften trifft, so muß doch nach dem Zweck der ganzen Vorschrift hier dasselbe gelten. Das Einbringungsabkommen hat nur so, wie es sich aus dem Gesellschaftsvertrag ergibt, der Gesellschaft gegenüber rechtliche Wirkung. Der einbringende Gesellschafter muß die Einbringung gegen sich gelten lassen, wie sie im Gesellschaftsvertrag geregelt ist, und kann sich nicht nachträglich darauf berufen, das Einbringungsabkommen sei im Gesellschaftsvertrag unvollständig beurkundet worden und aus diesem Grunde sei das ganze Abkommen nichtig (RGZ. Bd. 114 S. 77). Für den Grundstücksveräußerungs-Vorgang, für das Verhältnis des Ehemanns V.

als Veräußerers zur Beklagten als Erwerberin des Grundstücks, kommt nur der Inhalt des Gesellschaftsvertrags in Betracht. Danach hatte die zuständige Behörde ihre Entscheidung zu treffen. Der Vertrag, so wie er rechtswirksam geschlossen wurde, ist von der zuständigen Behörde genehmigt worden. Die Wirksamkeit der Genehmigung kann nicht deshalb in Zweifel gezogen werden, weil die der freien Vereinbarung der Gesellschafter unterliegende Bewertung der eingebrachten Sache unrichtig und eine Weiterveräußerung des für das eingebrachte Grundstück zu gewährenden Geschäftsanteils an eine dritte Person zu erheblich höherem Preise in Aussicht genommen war. Diese Weiterveräußerung bildete einen selbständigen Rechtsvorgang, der rechtlich einen anderen Gegenstand hatte als der Einbringungsvertrag; bei ihm kam nicht mehr das Grundstück selbst als Gegenstand der Veräußerung in Betracht, sondern der dafür gewährte Geschäftsanteil. Deshalb unterlag die Weiterveräußerung auch nicht der Genehmigung nach dem Grundstücksverkehrs-Gesetz.

Es ist auch nicht zutreffend, wenn das Berufungsgericht in diesen an den Gesellschaftsvertrag sich anschließenden Vereinbarungen zwischen dem Kläger V. und der St.-GmbH. (über den Verkauf des nominell 2 Millionen Mark betragenden Geschäftsanteils für 60 Millionen Mark) Nebenabreden im Sinne von § 6 Nr. 2 Satz 1 GrVerkGes. erblickt, die nach dem Willen der Parteien rechtlich mit dem Gesellschaftsvertrag zusammenhingen und ohne die er nicht gültig sei. Aus der Fassung des § 6 Nr. 2 Satz 1 a. a. O. ist zu entnehmen, daß es sich im Sinne dieser Vorschrift nur um Nebenabreden zwischen den Vertragschließenden selbst handelt. Die Hervorhebung der Nebenabreden soll eine Erläuterung dafür geben, was unter der Vollständigkeit und Richtigkeit des geschlossenen Vertrags zu verstehen sei. Als Nebenabreden im Sinne von § 6 Nr. 2 Abs. 1 sind also nur solche Vereinbarungen anzusehen, die an sich Bestandteile des Hauptvertrags sein, mit ihm zusammen gelten sollen, aber aus irgendwelchen Gründen in ihn nicht aufgenommen sind. Abmachungen mit dritten Personen, mögen sie auch in engem Zusammenhang mit dem Hauptgeschäft stehen, fallen nicht darunter, haben vielmehr in § 6 Nr. 2 Satz 2 ihre besondere Regelung gefunden. Über sie ist nur auf Verlangen der für die Genehmigung zuständigen Behörde

Auskunft zu geben. Wird ein solches Verlangen nicht gestellt, so kann das Verheimlichen derartiger Rechtsgeschäfte die Wirksamkeit der Genehmigung des Hauptgeschäfts nicht in Frage stellen.

Hier waren die Vertragschließenden beim Gesellschafts- und Einbringungsvertrag nicht dieselben wie bei den Vereinbarungen über die Veräußerung des V.'schen Geschäftsanteils an die St.-GmbH. Die Auffassung des Berufungsgerichts, daß es sich praktisch um dieselbe Persönlichkeit, nämlich den Kaufmann Sch., gehandelt habe, ist zu beanstanden und steht im Widerspruch damit, daß die St.-GmbH. eine von der Persönlichkeit ihres Geschäftsführers und Hauptgesellschafters Sch. verschiedene juristische Persönlichkeit darstellt und daß deshalb rechtlich — und darauf kommt es allein an — keine Personengleichheit zwischen ihm und der St.-GmbH. besteht. Hiernach ist nicht § 6 Nr. 2 Satz 1 GrVerkGes. anzuwenden, wie das Berufungsgericht will. Die Vereinbarungen über die Abtretung der Geschäftsanteile waren nicht unlösliche Bestandteile des Gesellschafts- und Einbringungsvertrags, sondern selbständige Verträge, die von einem Gesellschafter über die Verwertung seines Geschäftsanteils mit einem Dritten abgeschlossen wurden. Sie standen allerdings im Zusammenhang mit dem Gesellschaftsvertrag, da durch ihn der Geschäftsanteil erst geschaffen wurde, der den Gegenstand der weiteren Abmachungen bildete. Aber die in Betracht kommenden Rechtsvorgänge, der Abschluß des Gesellschaftsvertrags unter entgeltlicher Einbringung des Grundstücks und die Veräußerung des Geschäftsanteils an die St.-GmbH. für 60 Millionen Mark, stellen doch nicht ein einheitliches Grundstücks-Veräußerungsgeschäft dar, das im ganzen der Genehmigung bedurft hätte. Die Parteien wollten eben den beabsichtigten Erfolg, das Grundstück in die wirtschaftliche Verfügung der St.-GmbH. zu bringen, nicht durch die unmittelbare Veräußerung des Grundstücks an diese Gesellschaft, sondern durch das Zwischenglied der Gründung der Beklagten erreichen. Nur der Erwerb des Grundstücks durch die Beklagte war ein Grundstücks-Veräußerungsgeschäft im Sinne von § 1 GrVerkGes. und unterlag als solches der Genehmigungspflicht, nicht dagegen die Abmachungen über die Abtretung des Geschäftsanteils. Das Berufungsgericht setzt sich mit seinem eigenen rechtlichen Ausgangspunkt in Widerspruch, wenn es auch zu den Abmachungen über die Veräußerung des Geschäftsanteils die Genehmigung verlangt, obwohl es den Gesellschaftsvertrag trotz der zu geringen Bewertung des Grundstücks für gültig und die Übertragung des Geschäftsanteils nicht für genehmigungspflichtig hält.

Den Vorinstanzen kann auch darin nicht beigetreten werden, daß die Auflassung des Grundstücks hier deshalb einer besonderen Genehmigung bedurft habe, weil die als Miteigentümerin des Grundstücks eingetragene Ehefrau B. an dem genehmigten Einbringungsvertrag nicht beteiligt gewesen sei und die Genehmigung sich daher nicht auf die (im Vertrag nicht erwähnte) Übertragung des Miteigentums erstreckt habe. In dieser Beziehung ist die Rechtslage folgende:

Es ist nicht erforderlich, daß der Gesellschafter Eigentümer der von ihm auf das Stammkapital eingebrachten Sache sei. Man kann sich auch zur Einbringung einer fremden Sache verpflichten, und der Einbringungsvertrag wird nicht dadurch ungültig, daß zur Zeit des Abschlusses des Gesellschaftsvertrags die eingebrachte Sache dem Einbringer noch nicht gehört oder nur in seinem Miteigentum steht. Die wirksame Durchführung der Verpflichtung hängt in diesem Falle von der Zustimmung des dritten Berechtigten ab. Da hier das eingebrachte Grundstück im Miteigentum der B.'schen Eheleute stand, so bedurfte es zur Erfüllung des Einbringungsversprechens der Zustimmung der Ehefrau. Als Verpflichtungsgeschäft, das die Veräußerung eines Grundstücks zum Gegenstand hatte, kam nach § 1 Abs. 1 GrVerkG. nur der vom Ehemann abgeschlossene Einbringungsvertrag in Betracht; bloß er bedurfte zu seiner Rechtswirksamkeit der Genehmigung. Denn nur die Rechtsgeschäfte, welche unmittelbar die Veräußerung eines Grundstücks zum Gegenstand haben, unterliegen der Genehmigungspflicht des § 1 Abs. 1 GrVerkGes., nicht auch ergänzende Rechtsgeschäfte wie die Zustimmung des Verfügungsberechtigten (bei Verfügungen durch einen Nicht- oder Nichtvollberechtigten). Ein Vorgang der letzteren Art war die Einwilligung der Ehefrau zur Verfügung ihres Ehemanns über den ihr gehörigen ideellen Anteil an dem Grundstück. Für sie war keine besondere Genehmigung nötig. Tatsächlich hat hier, wie auch das Berufungsgericht annimmt und wie nach der ganzen Sachlage nicht bezweifelt werden kann, der Ehemann B. bei seinen Maßnahmen, insbesondere bei der Einbringung des Grundstücks, von Anfang an im Einverständnis mit seiner Frau gehandelt, sodaß das Verpflichtungsgeschäft voll wirksam war. Dieses auf Veräußerung des ganzen Grundstücks gerichtete, durch Einwilligung der Ehefrau von Anfang an wirksame Rechtsgeschäft fand die Genehmigung des Magistrats. In Erfüllung dieses genehmigten Verpflichtungsgeschäfts wurden dann die Auflassungserklärungen der beiden B.'schen Eheleute abgegeben, wie in der Auflassungserklärung ausdrücklich hervorgehoben wird. Auch die Auflassung der Ehefrau B. (hinsichtlich des ihr zustehenden Miteigentums) diente also nur der Erfüllung der von ihrem Mann mit ihrer Einwilligung eingegangenen Einbringungsverpflichtung. Hat sich jemand zur Übertragung des Eigentums an einem ihm nicht gehörigen Grundstück verpflichtet, so kann sich die Erfüllung in der Weise vollziehen, daß er selbst die Auflassung erklärt und die Zustimmung des eingetragenen Berechtigten in beglaubigter Form beibringt (RGZ. Bd. 54 S. 362). Es besteht aber auch die Möglichkeit, daß der eingetragene Eigentümer selbst die Auflassung unmittelbar an den Erwerber erklärt. Auch im letzteren Falle dient die Auflassung der Erfüllung des vorausgegangenen Verpflichtungsgeschäfts des Nichteigentümers und ist nichts weiter als die Ausführung des Grundgeschäfts. Es handelt sich bei solcher Rechtslage nicht um verschiedene Veräußerungsgeschäfte, sondern um denselben Veräußerungsfall, und eine für das Verpflichtungsgeschäft erteilte Genehmigung gilt auch für die zu seiner Erfüllung erklärte Auflassung, die nach § 1 Abs. 1 Satz 3 GrVerkGes. eine besondere Genehmigung nur erfordert, wenn das zugrundeliegende Verpflichtungsgeschäft nicht genehmigt ist. Gleiche Grundsätze finden auch im vorliegenden Falle Anwendung, wo der eine Miteigentümer sich allein zur Übertragung des ganzen Eigentums an dem Grundstück mit Zustimmung des anderen Miteigentümers verpflichtet hat und nun der andere Miteigentümer in Erfüllung dieser Verpflichtung selbst die Auflassung für seinen Miteigentumsanteil erklärt. Die für den Einbringungsvertrag des Ehemanns B. erteilte Genehmigung hatte daher auch Wirkung für die zu seiner Erfüllung erklärte Auflassung des Miteigentums der Ehefrau B.

Hiernach fehlte es nicht an der behördlichen Genehmigung für die allein in Betracht kommende Veräußerung des Grundstücks an die Beklagte. Deshalb war die Auflassung nicht unwirksam, sie hatte vielmehr im Zusammenhang mit der Umschreibung des Grundstücks den Übergang des Eigentums auf die Beklagte zur Folge. Das Grundbuch steht also mit der wirklichen Rechtslage im Einklang, so daß für einen Anspruch der Kläger auf Berichtigung des Grundbuchs kein Raum ist.

---

26. Welchen Nachweis hat der Nichtigkeitskläger zu führen, der geltend macht, er sei in einem Vorprozeß wegen krankhaft gestörter Geistestätigkeit geschäftsunfähig und nicht nach Vorschrift der Gesetze vertreten gewesen?

ZPO. § 52 Abs. 1, §§ 86, 246, 579 Abs. 1 Nr. 4. BGB. §§ 6, 104.

III. Zivilsenat. Urt. v. 27. September 1927 i. S. K. (Nichtigkeitskl.) w. Stadtgemeinde B. (Nichtigkeitsbekl.). III 456/26.

I. Landgericht II Berlin.
II. Kammergericht daselbst.

Der Nichtigkeitskläger hatte durch Verträge aus dem Jahre 1917 von verschiedenen Grundbesitzern in Berlin-Schöneberg Lagerplätze gepachtet. In dieses Pachtverhältnis ist später die Stadtgemeinde Berlin als General-Verpächterin eingetreten; sie hat zum 30. September 1920 die Verträge gekündigt. Da keine Räumung erfolgte, hat die Stadt Berlin im November 1920 Klage auf Räumung der Pachtsachen und auf Übergabe an sie erhoben. Der Nichtigkeitskläger war in diesem Rechtsstreit durch Rechtsanwälte vertreten und hat der Räumungsklage zunächst die Einrede der Unzulässigkeit des Rechtswegs entgegengesetzt. Diese Einrede wurde in allen Rechtszügen als unbegründet verworfen. In der Sache selbst hat hierauf das Landgericht den Nichtigkeitskläger nach dem Klagantrag zur Räumung verurteilt. Seine Berufung wurde durch Urteil des Kammergerichts vom 10. Juli 1924 zurückgewiesen. Auch seine Revision war erfolglos (Urteil des erkennenden Senats vom 13. Oktober 1925). Durch Beschluß des Amtsgerichts Berlin-Schöneberg vom

1. Dezember 1925 ist der Nichtigkeitskläger wegen Geistesschwäche entmündigt und durch Beschluß des gleichen Gerichts vom 2. März 1926 ist ihm ein Vormund bestellt worden. Dieser hat die Bewilligung des Armenrechts zur Erhebung der Nichtigkeitsklage gegen die vorerwähnten drei Urteile beantragt. Durch Beschluß des erkennenden Senats vom 30. November 1926 wurde jedoch das Armenrecht nur zur Erhebung der Nichtigkeitsklage gegen das reichsgerichtliche Urteil vom 13. Oktober 1925 bewilligt. Zur Begründung der am 18. Dezember 1926 zugestellten Nichtigkeitsklage wird geltend gemacht, der Nichtigkeitskläger sei bei Erlaß des Urteils vom 13. Oktober 1925 und auch schon zur Zeit der Klagerhebung dauernd in einem die freie Willensbestimmung ausschließenden Zustand krankhafter Störung der Geistestätigkeit gewesen; er sei daher in den früheren Verfahren nicht nach Vorschrift der Gesetze vertreten gewesen (§ 579 Abs. 1 Nr. 4 ZPO.). Beantragt wird:

1. Das Urteil des erkennenden Senats vom 13. Oktober 1925 für nichtig zu erklären und

2. das Urteil des 17. Zivilsenats des Kammergerichts vom 10. Juli 1924 aufzuheben und die Klage abzuweisen.

Zum Beweis für das Klagevorbringen hat sich der Nichtigkeitskläger auf vier in den Jahren 1919 bis Oktober 1925 erstattete medizinische Gutachten berufen. Für den Fall, daß durch die schriftlichen Gutachten ein genügender Beweis für die Klagebehauptungen nicht erbracht sein sollte, hat sein Prozeßbevollmächtigter die Vernehmung eines weiteren Sachverständigen angeregt und zum Nachweis der dauernden Geschäftsunfähigkeit des Nichtigkeitsklägers weiteren Zeugenbeweis erboten; Namen von Zeugen wurden nicht angegeben.

Die Nichtigkeitsklage wurde abgewiesen.

Gründe:

Die nach § 589 ZPO. von Amtswegen vorzunehmende Prüfung, ob die auf § 579 Abs. 1 Nr. 4 gegründete Nichtigkeitsklage an sich statthaft und ob sie in der gesetzlichen Form und Frist erhoben ist, hat ergeben, daß die sämtlichen prozeßrechtlichen Erfordernisse für die Zulässigkeit der Klage vorhanden sind. Was insbesondere die Frage betrifft, ob die Klage vor Ablauf der Notfrist eines Monats erhoben wurde (§ 586 Abs. 1 und 3 ZPO.), so war festzustellen, daß das Revisionsurteil vom 13. Oktober 1925, gegen das sich die Nichtigkeitsklage richtet, überhaupt noch nicht zugestellt ist. Nach der Entscheidung des Reichsgerichts vom 16. Februar 1904 (JW. 1904 S. 180 Nr. 27) kann jedoch die Nichtigkeitsklage gegen ein im Rechtszuge der Revision ergangenes Urteil schon vor seiner Zustellung erhoben werden. Auch die Voraussetzungen des § 586 ZPO. sind somit gegeben.

Muß hiernach die Nichtigkeitsklage für zulässig erachtet werden, so ist weiter das Vorhandensein des Wiederaufnahmegrundes zu prüfen (§ 579 Abs. 1 Nr. 4 ZPO.; RGZ. Bd. 75 S. 56). Die Entmündigung des Nichtigkeitsklägers ist, wie bereits erwähnt, nicht wegen Geisteskrankheit, sondern nur wegen Geistesschwäche erfolgt, und zwar erst durch Beschluß vom 1. Dezember 1925, also nach Erlaß des Revisionsurteils vom 13. Oktober 1925, gegen das sich die Nichtigkeitsklage richtet. Zur Aufhebung des Revisionsurteils vom 13. Oktober 1925 auf die Nichtigkeitsklage würde es genügen, wenn der Nichtigkeitskläger im Revisionsverfahren, das vom 1. Oktober 1924 bis zum 13. Oktober 1925 gewährt hat, nicht nach Vorschrift der Gesetze vertreten war und die Prozeßführung nicht ausdrücklich oder stillschweigend genehmigt hat (JW. 1924 S. 908 Nr. 4). Ist aber, wie üblich, der Prozeßbevollmächtigte für die Revisionsinstanz nicht vom Nichtigkeitskläger (damaligem Revisionskläger) selbst, sondern vom Anwalt des zweiten Rechtszugs bestellt worden, so müßten die Voraussetzungen des § 579 Abs. 1 Nr. 4 auch für die weiter zurückliegende Zeit, unter Umständen bis zum Zeitpunkt der Bevollmächtigung des Anwalts für das Berufungsverfahren oder selbst des erstinstanzlichen Prozeßbevollmächtigten, dargetan werden. Da die Entmündigung des Nichtigkeitsklägers nicht wegen Geisteskrankheit erfolgt ist, so scheidet der § 104 Nr. 3 BGB. von vornherein aus. Es kann sich sonach nur fragen, ob sich der Nichtigkeitskläger während der ganzen in Betracht kommenden Zeit, zum mindesten also vom Oktober 1924 bis Oktober 1925, in einem die freie Willensbestimmung ausschließenden, seiner Natur nach nicht bloß vorübergehenden Zustand krankhafter Störung der Geistestätigkeit befunden hat, ob er also gemäß § 104 Nr. 2 BGB. geschäftsunfähig und damit gemäß § 52 Abs. 1 ZPO. prozeßunfähig gewesen ist. Nach der Rechtsprechung des erkennenden Senats hat der Nichtigkeitskläger den

Nachweis zu führen, daß die Geschäftsunfähigkeit während der ganzen in Betracht kommenden Zeit des Vorprozesses, zum mindesten also während der ganzen Dauer des Revisionsverfahrens, ununterbrochen vorgelegen hat. Eine etwa erst im Laufe des Revisionsverfahrens eingetretene Prozeßunfähigkeit hätte auf die Wirksamkeit der rechtsgültig erteilten Vollmacht und des weiteren Prozeßverfahrens keinen Einfluß gehabt (§§ 246, 86 ZPO.). Bei einer etwaigen zeitweisen Wiedererlangung der zu Beginn des maßgebenden Zeitraums nicht vorhandenen Geschäftsfähigkeit würde aber in der Fortführung des Rechtsstreits eine die Nichtigkeitsklage ausschließende Genehmigung der Vollmacht und der bisherigen Prozeßführung gelegen haben, und ein späterer Verlust der Prozeßfähigkeit würde der Klage nicht zum Erfolge verhelfen können (§ 579 Abs. 1 Nr. 4, § 246 ZPO.; WarnRspr. Bd. 18 Nr. 156; RGU. vom 1. November 1917 IV 252/17).

Der dem Nichtigkeitskläger hiernach obliegende Beweis ist durch die vorliegenden ärztlichen Gutachten nicht zu erbringen. Die in den Jahren 1919, 1921 und im März 1924 abgegebenen Gutachten können für die Zeit des Revisionsverfahrens im Vorprozeß, auf die es in erster Reihe ankommt, überhaupt nicht in Betracht gezogen werden, da sie sämtlich vor diesem Zeitpunkt erstattet sind. Das vom 26. Oktober 1925 datierte und dem Entmündigungsbeschluß zugrunde liegende Gutachten des Prof. Dr. Fr. ist aber in keiner Weise geeignet, den Nachweis für eine ununterbrochene, dauernde Geschäftsunfähigkeit des Nichtigkeitsklägers zu erbringen. Dieser Sachverständige bezeichnet den Nichtigkeitskläger als „durchaus nicht allgemein geschäftsunfähig", er erklärt, dieser „besorge vielmehr den größten Teil seiner Angelegenheiten ganz sachgemäß", und spricht schließlich von ihm als von einem „zwar chronisch geisteskranken, aber doch größtenteils geschäftsfähigen Manne." Aus der geschichtlichen Darstellung des Fr.'schen Gutachtens ergibt sich des weiteren, daß der Geisteszustand des Nichtigkeitsklägers sich mehrfach verändert hat, und daß er von den einzelnen Sachverständigen zu verschiedenen Zeiten in ganz verschiedener Weise beurteilt worden ist. Sind im Wiederaufnahmeverfahren schon aus allgemeinen Erwägungen im Interesse der Rechtssicherheit an die Beweisführung strenge Anforderungen zu stellen, so muß dies im vorliegenden Falle angesichts der durch das Fr.'sche Gutachten festgestellten besonderen

Umstände in erhöhtem Maße geschehen. Daß der Beweis einer dauernden Geschäftsunfähigkeit des Nichtigkeitsklägers durch das vorliegende Beweismaterial nicht erbracht ist, bedarf hiernach keiner weiteren Ausführung; er wäre aber in einer jeden Zweifel ausschließenden Weise auch nicht durch Vernehmung weiterer Sachverständiger zu führen. Erfahrungsgemäß ist es außerordentlich schwierig, wenn nicht unmöglich, daß ein Sachverständiger rückschließend den Geisteszustand für einen um mehrere Jahre zurückliegenden Zeitraum zuverlässig feststellen kann, und angesichts der wiedergegebenen Ausführungen des Sachverständigen Dr. Fr. vermöchte ein damit in Widerspruch tretendes Gutachten eines anderen Sachverständigen dem Senat auf keinen Fall die volle Überzeugung von einer dauernden Geschäftsunfähigkeit des Nichtigkeitsklägers für die Zeit vor Erlaß des hier angegriffenen Revisionsurteils zu verschaffen. Im Hinblick auf diese besonderen Umstände und auf die freiere Stellung, die dem Gericht gegenüber Anträgen auf Erhebung von Sachverständigenbeweis eingeräumt ist, hat der Senat der Anregung auf Einziehung weiterer Gutachten keine Folge gegeben. Die Nichtigkeitsklage war sonach als unbegründet abzuweisen, da es am erforderlichen Beweis für den Wiederaufnahmegrund fehlt.

---

27. 1. Unter welchen Voraussetzungen haftet ein Rechtsanwalt der von ihm als Armenanwalt vertretenen, in erster Instanz unterlegenen Partei, mit der er über die Einlegung der Berufung verhandelt hat, für die Versäumung der Rechtsmittelfrist?

2. Wann entschuldigt ein Irrtum des Schuldners über das Bestehen einer gegen ihn erhobenen Forderung seine Leistungsweigerung?

BGB. §§ 276, 285.

III. Zivilsenat. Urt. v. 27. September 1927 i. S. K. (Bekl.) w. von P. (Kl.). III 38/27.

I. Landgericht Hamburg.
II. Oberlandesgericht daselbst.

Die Ehe der Klägerin, die mit ihrem Ehemann Gustav von P. in allgemeiner Gütergemeinschaft gelebt hat, wurde im April 1917 rechtskräftig geschieden. Noch während des Schwebens der Gesamtguts-Auseinandersetzung erwirkte Herbert von P., ein Bruder des Gustav von P., gegen diesen einen Zahlungsbefehl in Höhe von 150089,53 ℳ nebst Zinsen, der, da Gustav von P. keinen Widerspruch erhob, am 2. November 1918 mit dem Vollstreckungsbefehl versehen wurde. Nach der Behauptung des Herbert von P. war seine Forderung in Höhe von 145089,53 ℳ nebst Zinsen eine Gesamtgutsschuld. Er klagte deshalb gegen die jetzige Klägerin mit dem Antrag, daß sie wegen dieses Betrags die Zwangsvollstreckung in das Gesamtgut zu dulden habe. Die damalige Beklagte, die der Ansicht war, daß die beiden Brüder sich zusammengetan hätten, um sie um ihren Anteil am Gesamtgut zu bringen, bestritt die Berechtigung der Forderung. Das Landgericht legte dem Herbert von P. vier Eide auf und verurteilte nach deren Leistung — unter Abweisung der Klage im übrigen — die damalige Beklagte zur Duldung der Zwangsvollstreckung in Höhe von 144089,53 ℳ. Infolge der langen Dauer jenes Rechtsstreits (das Läuterungsurteil erging am 16. Dezember 1920) gelang es dem Herbert von P. erst etwa am 18. Januar 1921, Befriedigung aus dem Gesamtgut zu erhalten. Er vertrat die Auffassung, daß Frau von P., die jetzige Klägerin, schon nach Erlaß des Vollstreckungsbefehls ihre Einwilligung zur Zwangsvollstreckung hätte geben müssen und daß ihm durch die Verzögerung infolge des Verfalls der deutschen Währung ein Schaden entstanden sei, den er auf 134995,30 Gℳ bezifferte und den er in einem zweiten Rechtsstreit — zunächst zur Hälfte — von Frau von P. erstattet verlangte. Frau von P. wurde durch Teilurteil des Landgerichts Hamburg vom 24. Februar 1925, das rechtskräftig geworden ist, zur Zahlung von 46724,16 RℳM nebst Zinsen verurteilt. Die damalige Beklagte war in jenem Schadensersatzprozeß durch den ihr als Armenanwalt beigeordneten Rechtsanwalt K., den jetzigen Beklagten, vertreten. Ihm wirft sie vor, er habe schuldhafterweise unterlassen, gegen das nach ihrer Ansicht unrichtige Teilurteil Berufung einzulegen. Infolgedessen nimmt sie im vorliegenden Rechtsstreit den Beklagten auf Schadensersatz in Anspruch. Im ersten Rechtszug ist sie mit ihrer Klage abgewiesen worden. Das Oberlandesgericht hat dagegen — unter Zurückweisung der Berufung der Klägerin im übrigen — den Beklagten verurteilt, sie von jeder Inanspruchnahme des Herbert von P. oder seiner Rechtsnachfolger aus dem Urteil vom 24. Februar 1925 zu ¼ freizuhalten und ¼ der Kosten des Rechtsstreites zu tragen. Auf die Revision des Beklagten wurde dieses Urteil, soweit es zu seinen Ungunsten ergangen war, aufgehoben und die Sache in diesem Umfang an das Berufungsgericht zurückverwiesen.

Gründe:

Die beiden Fragen, von deren Beantwortung das Schicksal des Rechtsstreits im wesentlichen abhängt, ob nämlich der Beklagte die Versäumung der Berufungsfrist verschuldet oder wenigstens mitverschuldet und dadurch die Klägerin geschädigt habe, sind vom Oberlandesgericht geprüft und bejaht worden. Nach beiden Richtungen bezeichnet die Revision die Entscheidung als rechtsirrig. In der Beurteilung der Schuldfrage fällt jedoch dem Vorderrichter kein Rechtsfehler zur Last.

Der Beklagte war der Klägerin in dem von ihrem Schwager wider sie angestellten Schadensersatzprozeß für den ersten Rechtszug als Armenanwalt beigeordnet worden. Die Beiordnung verpflichtete ihn nicht zur Rechtsmitteleinlegung (§ 119 Abs. 1 ZPO.). Am 12. März 1925, noch vor dem Beginn der Berufungsfrist, übersandte er der Klägerin eine vollständige Abschrift des landgerichtlichen Urteils. Dieses wurde ihm am folgenden Tage zugestellt. Davon machte er der Klägerin am 16. März Mitteilung mit dem Hinweis, daß die Rechtskraft des Urteils am 13. April eintrete, falls nicht vorher Berufung eingelegt werde. Dazu sei erforderlich, daß sie beim Oberlandesgericht die Bewilligung des Armenrechts und die Beiordnung eines Anwalts beantrage. Dem Briefe lagen die Handakten des Beklagten bei. Es fehlten aber einige für die Klägerin anscheinend wichtige Papiere. Denn die Klägerin ersuchte am 19. März um deren Nachsendung und bat den Beklagten zugleich, Berufung einzulegen. „Sie stellen mich" — so fuhr sie fort — „vor die Alternative, beim Oberlandesgericht das Armenrecht usw. anzufordern. Wie soll ich das machen?" Hierauf antwortete der Beklagte unter Beifügung der gewünschten Papiere am 23. März: „Wenn Sie wünschen, daß ich .... Berufung einlege, so müssen Sie mir dazu das abgekürzte Urteil mit der Zustellungsurkunde und die Ausfertigung mit Tatbestand und Gründen hergeben, und zwar möglichst umgehend, damit ich zunächst den Antrag auf Gewährung des Armenrechts für Sie stellen kann." Des weiteren teilte er der Klägerin mit, daß er vom 29. bis 31. März in Berlin weilen werde und bereit sei, dort mit ihr persönlich Rücksprache zu nehmen. Die Klägerin ließ aber nicht nur die Anwesenheit des Beklagten in Berlin ungenutzt vorübergehen, sondern zunächst überhaupt nichts von sich hören. Am 6. April erinnerte der Beklagte die Klägerin daran, daß die Berufungsfrist am 13. April ablaufe und daß sie beim Oberlandesgericht um Gewährung des Armenrechts und Beiordnung eines Armenanwalts nachsuchen müsse. Zur Begründung des Armenrechtsgesuchs müsse sie angeben, was ihrer Meinung nach zur Rechtfertigung der Berufung diene. „Ich lehne es ab" — so schloß er — „ohne Rückgabe der Akten und ohne Ihre rechtfertigende Erklärung das Rechtsmittel einzulegen." Nun übersandte die Klägerin dem Beklagten am 9. April die einschlägigen Akten. In einem besonderen Einschreibebrief vom gleichen Tag bat sie ihn: da er die Akten am Sonnabend den 11. ds. Mts. in Händen habe, noch an diesem Tage Berufung einzulegen. „Wenn ich" — so heißt es in dem Schreiben weiter — „dem Oberlandesgericht schreiben soll, so bitte ich, mir den Wortlaut zu diktieren, damit die Form richtig und nicht für ungültig oder gar als nicht eingereicht erklärt wird. . . . Sie können unmöglich jetzt die Berufung ablehnen, wo ich Sie am 19. v. Mts. darum bat und ich Ihr Schreiben vom 6. am 8. April in Händen habe, jetzt die Feiertage kommen und ich, da leider nicht juristisch ausgebildet, unmöglich weiß, welche rechtfertigende Erklärung abzugeben ist. Sie waren es doch, der darauf hinwies, Berufung einzulegen. Ich sehe einer umgehenden beruhigenden Antwort entgegen." Dieser Brief ist dem Beklagten persönlich am Sonnabend vor Ostern, d. h. am 11. April, vormittags zugegangen; das Aktenpaket wurde an demselben Tag einem seiner Bürogehilfen zugestellt, dem Beklagten soll es, wie er behauptet, erst am 14. April nachmittags vorgelegt worden sein. An diesem Tage lief die Berufungsfrist ab, da der 13. April der zweite Osterfeiertag war. Am 16. April benachrichtigte der Beklagte, der bis dahin nichts weiter veranlaßt hatte, die Klägerin von dem Eintritt der Rechtskraft des Urteils.

Zweifellos ist dem Beklagten bis zum Eintreffen des Einschreibebriefs der Klägerin vom 9. April auch nicht der geringste Vorwurf zu machen. Er hat die Klägerin wiederholt und in nicht mißzuverstehender Weise darüber belehrt, was zu geschehen habe, wenn sie die Rechtskraft des Urteils verhindern wolle und wünsche, daß er für sie weiter tätig werde. Die Klägerin hat aber bis zum 9. April alle Ratschläge des Beklagten, ja sogar sein Anerbieten, in Berlin persönlich mit ihr zu verhandeln, außer acht gelassen. Es ist geradezu unverständlich, weshalb die Klägerin, die weder zur Abfassung eines Armenrechtsgesuchs noch zur Angabe auch nur eines Grundes zur Rechtfertigung der Berufung imstande gewesen sein will, die Handakten und das anzufechtende Urteil trotz des dringenden Rückgabeverlangens des Beklagten bis zum 9. April behalten hat. Ihre Säumnis, die sich als unentschuldbare Außerachtlassung der verkehrsgebotenen Sorgfalt darstellt, ist für die Unterlassung der Einlegung des Rechtsmittels in erheblichem Maße mitursächlich geworden. Das verkennt auch der Berufungsrichter nicht. Er ist aber der Ansicht, die Klägerin habe die Schreiben des Beklagten, insbesondere seinen Brief vom 6. April, dahin aufgefaßt und auch auffassen dürfen, daß er Berufung einlegen werde, wenn er die Akten noch rechtzeitig erhalte. Diese Würdigung des Briefwechsels liegt auf tatsächlichem Gebiet und läßt keinen Rechtsirrtum erkennen. Von ihr aus gelangt der Berufungsrichter zu dem Ergebnis, daß der Beklagte zwar die Erfüllung der Bitte der Klägerin vom 9. April hätte verweigern dürfen, daß er dann aber verpflichtet gewesen sei, der Klägerin von der Ablehnung umgehend Nachricht zu geben, um ihr die Möglichkeit offen zu lassen, bis zum 14. April einen anderen Rechtsanwalt mit der Einlegung der Berufung zu beauftragen. Diese Möglichkeit durfte der Beklagte der Klägerin in der Tat nicht abschneiden, um so weniger, als er wußte, um wie hohe Vermögenswerte es sich in dem Rechtsstreit handelte und von welcher schwerwiegenden Bedeutung dessen Verlust für sie sein mußte. Die Annahme, daß der Beklagte eine solche Mitteilung hätte machen müssen, ist daher rechtlich bedenkenfrei und enthält keine Überspannung der an die Sorgfalt eines Anwalts zu stellenden Anforderungen. Das angefochtene Urteil läßt aber eine Feststellung dahin vermissen, daß die damals in Berlin wohnhafte Klägerin in der angegebenen Frist auch wirklich einen Hamburger Rechtsanwalt gefunden haben würde, der die Berufungsschrift rechtzeitig eingereicht hätte. Diese Frage hätte der Berufungsrichter erörtern müssen. Denn würde er sie verneint haben, so hätte er mangels des ursächlichen Zusammenhangs zwischen der Versäumung der Rechtsmittelfrist und der Fahrlässigkeit des Beklagten diesen für den Schaden der Klägerin nicht verantwortlich machen können. Nur bei Bejahung der Frage wäre seine Entscheidung nicht zu beanstanden. Denn seine Annahme, daß die Berufung der Klägerin, wenn sie rechtzeitig erhoben worden wäre, auch Erfolg gehabt hätte, ist rechtlich bedenkenfrei.

In dem Vorprozeß, der die Grundlage des vorliegenden Rechtsstreits bildet, verlangte Herbert von P. Ersatz von Verzugsschaden. Das Landgericht ging im Teilurteil vom 24. Februar 1925 davon aus, daß die damalige Beklagte mit ihrer Verpflichtung, wegen der Forderung des Herbert von P. gegen seinen Bruder die Zwangsvollstreckung in das Gesamtgut zu dulden, zum mindesten seit Erhebung der auf die Duldung gerichteten Klage in Verzug geraten sei und deshalb für die Folgen des während ihres Verzugs eingetretenen Verfalls der deutschen Währung aufzukommen habe.

Nach dem Vollstreckungsbefehl vom 2. November 1918 schuldete Gustav von P. seinem Bruder Herbert etwa 150000 *M*. Diese Schuld war nach der Behauptung des Gläubigers in Höhe von etwa 145000 *M* eine Gesamtgutschuld. Traf das zu, so war die jetzige Klägerin, sofern sie nicht freiwillig zur Befriedigung des Herbert von P. beitrug, diesem gegenüber nach Maßgabe des § 1472 Abs. 1 BGB. und des § 743 ZPO. schuldrechtlich verpflichtet, die Zwangsvollstreckung in das Gesamtgut zu dulden (Urt. des IV. Zivilsenats vom 7. April 1909 in Seuff. Arch. Bd. 65 Nr. 16). Mit der Erfüllung dieser Verpflichtung konnte somit die Klägerin, frühere Beklagte, an sich in Verzug geraten. Grundsätzlich kann auch ein Irrtum des Schuldners über die Rechtslage nicht zur Entschuldigung seiner Säumnis dienen. Denn er wird regelmäßig mit der Möglichkeit rechnen müssen, daß nicht seine Rechtsauffassung, sondern die des Gegners die richtige ist (RGZ. Bd. 92 S. 377). Das schließt jedoch nicht aus, daß unter besonderen Umständen eine Erfüllungsweigerung des Schuldners bis zur Beseitigung der gegen seine Leistungspflicht bestehenden Bedenken ihm ausnahmsweise nicht als Verschulden anzurechnen ist (RGZ. Bd. 96 S. 316). Mit Recht hat das Berufungsgericht solche besonderen Umstände im gegebenen Falle als vorliegend angenommen.

Wie schon erwähnt, erwirkte Herbert von P. nach rechtskräftiger Scheidung der Ehe des Gustav von P. und während des Schwebens der Auseinandersetzung über das Gesamtgut gegen seinen Bruder einen Zahlungs- und Vollstreckungsbefehl in Höhe von etwa 150000 *M*. Die Entstehung dieser beträchtlichen Schuld, von deren Dasein die Klägerin bis dahin nichts gewußt hatte, wurde aus Vorgängen abgeleitet, die viele Jahre zurücklagen. Gustav von P. hatte den Zahlungsbefehl, ohne Einwendungen zu erheben, vollstreckbar werden lassen. Das alles legte den Verdacht nahe, daß die beiden Brüder in arglistigem Zusammenwirken die Schmälerung des Gesamtguts zuungunsten der Klägerin erstrebten. Nimmt man noch hinzu, daß während der mehrjährigen Dauer des Rechtsstreits auch eine umfangreiche Beweisaufnahme dem Gericht nicht die volle Überzeugung vom Bestehen der Klagforderung zu verschaffen vermochte, sondern daß die letzten Zweifel erst durch die Leistung der dem Herbert von P. auferlegten vier Eide behoben wurden, so kann es der jetzigen Klägerin nicht zum Vorwurf gereichen, daß sie von Herbert von P. den Nachweis seines Gläubigerrechts verlangte und bis zur Führung dieses Nachweises, d. h. bis zum Erlaß des Läuterungsurteils, ihre Zustimmung zur Zwangsvollstreckung verweigerte. Die Anwendung des § 285 BGB. hätte daher im zweiten Rechtszug zur Abweisung der Herbert von P.'schen Schadensersatzklage führen müssen und geführt. Eben das wollte das Oberlandesgericht mit dem Satze zum Ausdruck bringen, daß „das Urteil vom 24. Februar 1925 der Aufhebung in der Berufungsinstanz unterlegen wäre." . . .

Nicht zu beanstanden ist es auch, daß der Berufungsrichter in Abwägung des Verschuldens beider Parteien und in Anwendung des § 254 BGB. dem Beklagten nur die Pflicht auferlegt, die Klägerin von der Inanspruchnahme aus dem Urteil vom 24. Februar 1925 zu $^1/_4$ freizustellen, während die Klägerin infolge ihrer Fahrlässigkeit den Rest des Schadens selbst zu tragen hat. Mit dieser Schadensverteilung bewegt sich der Berufungsrichter im wesentlichen auf dem Gebiete der Tatsachenwürdigung. Ein Rechtsirrtum ist dabei nicht zu erblicken.

Es bleibt also nur noch die Frage offen, ob es der Klägerin bei pflichtmäßigem Verhalten des Beklagten, d. h. bei Absendung einer Ablehnungs-Depesche unmittelbar nach Empfang des Briefes vom 9. April, gelungen wäre, mit Hilfe eines Hamburger Rechtsanwalts die Berufungsfrist zu wahren. Zur Prüfung dieser Frage muß die Sache an das Berufungsgericht zurückverwiesen werden. . . .

28. Bedeutung des Erfordernisses „zu Zwecken des Wettbewerbs" im § 14 UnlWG.

II. Zivilsenat. Urt. v. 27. September 1927 i. S. Firma K. u. N. (Bekl.) w. Firma W. E. u. Gen. (Kl.). II 57/27.

I. Landgericht Bremen.
II. Oberlandesgericht Hamburg.

Die beiden klagenden Firmen betreiben in Bremen und in Bramsche Getreidegeschäfte. Die Klägerin zu 1 erledigt ihre Speditionen in der Regel selbst. Die Beklagte ist eine reine Speditionsfirma, die eine eigene Getreidespeditions-Abteilung unterhält. Sie hat unter dem 20. Mai 1925 an Geschäftsfreunde, die am Bremer Platzhandel in Getreide interessiert sind, ein als „streng vertraulich" bezeichnetes Rundschreiben versandt, in dem gesagt ist:

„Diese Firmen (nämlich die Klägerinnen und eine Firma A. E. in Bremen) sollen in letzter Zeit sehr schwer in Getreide verloren haben. Von Haus aus machte A. E. ein solides Getreideimport- und Konsumgeschäft. Infolge der starken Verluste wird jetzt von verschiedenen Seiten größte Vorsicht empfohlen. Mit A. E. war bisher ein sehr gutes Arbeiten. Die Firma erfüllte ihre Verpflichtungen pünktlich und gewissenhaft, wurde in Fach- und Bankkreisen sehr geschätzt. Es ist nicht ausgeschlossen, daß die Firma trotz der starken Verluste durchkommt. Eine gewisse Vorsicht dürfte aber am Platze sein. . . . Wir geben Ihnen diese Auskünfte streng vertraulich und ohne jede Verbindlichkeit für uns."

Die Klägerinnen behaupten, das Schreiben, dessen tatsächliche Behauptungen unwahr seien, habe dazu geführt, daß sie im geschäftlichen Verkehr starke Einbuße erlitten hätten. Ihre Geschäfte seien plötzlich wie abgeschnitten gewesen, der monatliche Umsatz, der bis dahin durchschnittlich $1^1/_4$ Millionen RM betragen habe, sei im Juli 1925, als die durch das Schreiben verursachten Gerüchte ihre Wirkung ausgeübt hätten, auf 700000 RM heruntergegangen. Mit der Klage verlangen die beiden Klägerinnen zunächst Schadensersatz in Höhe von 10000 RM und 5000 RM. Die Vorinstanzen erklärten den Klaganspruch dem Grunde nach für gerechtfertigt. Die Revision der Beklagten war erfolglos.

Gründe:

Nach § 14 Abs. 1 Satz 1 UnlWG. ist derjenige, der zu Zwecken des Wettbewerbs über das Erwerbsgeschäft eines andern Tatsachen behauptet oder verbreitet, die geeignet sind, den Betrieb des Geschäfts oder den Kredit des Inhabers zu schädigen, dem Verletzten zum Schadensersatz verpflichtet, sofern diese Tatsachen nicht erweislich wahr sind. Daß die durch das Rundschreiben vom 20. Mai 1925 über die Klägerinnen verbreiteten Tatsachen (erhebliche Verluste im Getreidehandel und schlechte finanzielle Lage) das Erwerbsgeschäft und den Kredit der Klägerinnen zu schädigen geeignet waren, ist unbestritten, ebenso daß die Behauptungen der Wahrheit nicht entsprechen. Das Vorbringen der Beklagten, es habe sich um eine vertrauliche Mitteilung gehandelt und sowohl die Beklagte selbst als auch die Empfänger der Mitteilung hätten an ihr ein berechtigtes Interesse gehabt, unterstellt der Vorderrichter als richtig. Gleichwohl hält er die Schadensersatzansprüche für begründet, wenn die Mitteilungen zu Zwecken des Wettbewerbs gemacht worden seien und wenn die Beklagte die Unrichtigkeit der mitgeteilten Tatsachen gekannt habe oder hätte kennen müssen (§ 14 Abs. 2 Satz 2 UnlWG.). Den Umstand, daß die Beklagte derartige Rundschreiben ohne greifbare Unterlagen, nur auf Börsengerüchte hin an Geschäftsfreunde versandt habe, rechnet ihr das Oberlandesgericht zur Fahrlässigkeit an. Das ist rechtlich nicht zu beanstanden und dagegen erhebt auch die Revision kein Bedenken. Sie ist aber der Meinung, daß einem Schadensersatzanspruch auf Grund des § 14 UnlWG. der Boden entzogen sei, weil das Oberlandesgericht die Vertraulichkeit der Mitteilungen und ein berechtigtes Interesse an ihnen sowohl bei den Empfängern als auch bei der Beklagten selbst angenommen habe.

Diese Auffassung ist nicht zutreffend.

Nach § 14 Abs. 1 UnlWG. ist der Unterlassungs- und Schadensersatzanspruch ohne ein vom Verletzten nachzuweisendes Verschulden des Mitteilenden schon dann gegeben, wenn dem letzteren der Beweis der Wahrheit der kreditschädigenden Behauptungen mißlingt. Handelt es sich dagegen um vertrauliche Mitteilungen und hat an ihnen der Mitteilende oder der Empfänger der Mitteilung ein außerhalb des Wettbewerbszweckes liegendes berechtigtes Interesse (was der Mitteilende zu beweisen hat), so dringt der Verletzte mit dem Unterlassungsanspruch nur durch, wenn er seinerseits die objektive

Unrichtigkeit der kreditschädigenden Tatsachen dartut, und einen Schadensersatzanspruch kann er nur dann geltend machen, wenn er beweist, daß jene Tatsachen objektiv unrichtig sind und daß der Mitteilende ihre Unrichtigkeit kannte oder, was hier allein in Betracht kommt, kennen mußte. Nur wenn dem Verletzten dieser Beweis — den aber das Oberlandesgericht als geführt erachtet — mißlingt, ist der Mitteilende durch die Vertraulichkeit der Mitteilung und durch das berechtigte Interesse an ihr vor Schadensersatzansprüchen geschützt. Nach § 6 Abs. 2 des früheren UnlWG. vom 27. Mai 1896 fiel in solchem Falle die Klage auf Unterlassung und Schadensersatz fort; nur nahm man an, daß bei wissentlicher Verbreitung unrichtiger Behauptungen kein berechtigtes Interesse anzuerkennen sei (RGZ. Bd. 50 S. 109). Das jetzige Gesetz geht also über den früheren Rechtszustand und über den § 824 BGB. insofern hinaus, als es trotz Vertraulichkeit und trotz berechtigter Interessen an der Mitteilung den Schadensersatzanspruch auch dann gewährt, wenn die Unkenntnis des Mitteilenden von der objektiven Unrichtigkeit der verbreiteten Tatsachen auf Fahrlässigkeit beruht.

Die Entscheidung des Rechtsstreits in der Revisionsinstanz hängt also davon ab, ob das Oberlandesgericht, wie die Revision geltend macht, rechtsirrtümlich bejaht, daß die Beklagte ihre unwahren kreditschädigenden Mitteilungen „zu Zwecken des Wettbewerbs" verbreitet hat. Insoweit führt das Oberlandesgericht unter allgemeiner Billigung der Gründe des Landgerichts aus, daß die Mitteilungen der Beklagten über die finanzielle Lage der Klägerinnen für die Empfänger der Mitteilungen, die mit den Klägerinnen in geschäftlichen Beziehungen gestanden hätten, von Interesse und daher geeignet gewesen seien, den Wettbewerb dieser Empfänger zu fördern, daß die Beklagte aber auch eine zur Förderung ihres eigenen Wettbewerbs geeignete Handlung begangen habe. In diesem Zusammenhang sei kein besonderes Gewicht darauf zu legen, daß die Klägerin zu 1 in gewissem Umfang auch Spedition betreibe und dadurch mit den Geschäften der Beklagten konkurriere. Der eigene Wettbewerb der Beklagten habe schon dadurch gefördert werden können, daß Gefälligkeit gegenüber Geschäftsfreunden stets geeignet sei, dem eigenen Geschäft Vorteil zu bringen. Die Empfänger der Mitteilungen hätten diese Gefälligkeit als eine wertvolle Freundlichkeit betrachten und geneigt gemacht werden können, die Beklagte bei passender Gelegenheit vor konkurrierenden Firmen zu bevorzugen. Alle diese Umstände seien dem Prokuristen S., der das Rundschreiben verfaßt habe, als erfahrenem Kaufmann bewußt gewesen.

Diese Ausführungen werden von der Revision mit Recht beanstandet. Das Tatbestandsmerkmal „zu Zwecken des Wettbewerbs" (im § 14 UnlWG.) ist nur da erfüllt, wo der Mitteilende mit der Verbreitung der kreditschädigenden Tatsachen darauf abzielt, zum Nutzen des eigenen oder eines fremden Geschäftsbetriebs den Betrieb des Verletzten — sofern dieser die gleichen wirtschaftlichen Ziele verfolgt oder die gleichen wirtschaftlichen Bedürfnisse anderer befriedigt — dergestalt zu beeinträchtigen, daß ihm durch Schmälerung des Absatzes, Entziehung von Kunden oder andere geeignete Mittel geschäftliche Vorteile entzogen und dem Mitteilenden oder dem von ihm begünstigten Dritten zugewendet werden sollen (RGZ. Bd. 60 S. 190, RGSt. Bd. 32 S. 27).

Von solchen Gesichtspunkten geht aber das Oberlandesgericht nicht aus. Ihm genügt schon, daß die Empfänger der Mitteilung an dieser ein irgendwie geartetes Interesse nehmen konnten, weil sie mit den Klägerinnen in — nicht näher festgestellten — Geschäftsbeziehungen standen, oder daß die Beklagte zu eigenem Geschäftsnutzen handeln wollte, diesen Nutzen aber durch eine geschäftliche Benachteiligung anderer, eigener Konkurrenten suchte, zu denen nicht notwendig auch der Verletzte zu gehören brauchte. Anders können die Ausführungen des Oberlandesgerichts nicht verstanden werden. Denn wenn der Vorderrichter kein „besonderes Gewicht" darauf legt, daß die Klägerin zu 1 in gewissem Umfang mit der Beklagten konkurriere, und es als genügend ansieht, daß die Beklagte nur bezweckte, den Empfängern des Rundschreibens mit Auskünften über Firmen der Bremer Getreidebranche gefällig zu sein, um dadurch „vor konkurrierenden Firmen", also vor anderen Speditionsfirmen bevorzugt zu werden, so gibt er zu erkennen, daß er ein Wettbewerbsverhältnis zwischen den Klägerinnen als den Verletzten und der Beklagten nicht als wesentlich ansieht. Es ist aber auch nicht festgestellt, daß die Empfänger der Mitteilung zu den Klägerinnen im Wettbewerbsverhältnis gestanden haben und daß sie als deren Mitbewerber von der Beklagten zum Nachteil der Klägerinnen begünstigt werden sollten. Wenn die Empfänger zu den Klägerinnen nur in „irgendwelchen Geschäftsbeziehungen" standen, aber nicht ihre Mitbewerber waren, so konnte die Mitteilung sie zwar vor Fortsetzung dieser Geschäftsbeziehungen warnen und sie so vor Schaden bewahren wollen, sie diente dann aber nicht den Wettbewerbsinteressen der Empfänger gegenüber den Klägerinnen.

Der Auslegung des Oberlandesgerichts kann daher nicht beigestimmt werden. Vor dem Schaden, der durch Verbreitung unwahrer kreditschädigender Tatsachen entsteht, wird der Verletzte schon durch § 824 BGB. geschützt. Der im Vergleich hierzu erleichterte Schutz des § 14 UnlWG. wird ihm nur dann zuteil, wenn er durch den Schädiger „im Wettbewerb" benachteiligt werden soll. Dieser für den Schädiger erschwerende Umstand zielt also auf den Schutz des Verletzten vor fremdem Wettbewerb ab. Nur wenn den Verletzten die Wettbewerbsabsichten des Schädigers treffen sollen, wird ihm unter wesentlich leichteren Bedingungen (als sie § 824 BGB. verlangt) ein Schadensersatzanspruch auch nach Wettbewerbsrecht zugestanden. Der Schädiger muß daher in der Lage sein und beabsichtigen, entweder selbst in Förderung seiner eigenen Interessen dem Verletzten Wettbewerb zu bereiten oder den Wettbewerb eines Dritten mit dem Verletzten zum Nachteil des letzteren zu begünstigen. Es genügt nicht, daß der Verletzte durch die Verbreitung kreditschädigender Tatsachen benachteiligt wird und daß dadurch dem Schädiger oder einem Dritten im wirtschaftlichen Leben irgendein Vorteil zufallen soll; dieser Vorteil muß vielmehr für den Schädiger oder den Dritten gerade darin liegen, daß der Schädiger seinen eigenen Geschäftsbetrieb oder den des Dritten fördert und dem Verletzten dadurch Wettbewerb bereitet.

Es kommt sonach nur darauf an, ob die Beklagte oder die Empfänger der Mitteilungen zu den Klägerinnen in einem Wettbewerbs-Verhältnis standen und ob die Beklagte beabsichtigt hat, mit ihrem Rundschreiben ihren eigenen Geschäftsbetrieb oder den der Empfänger zum Nachteil der Klägerinnen zu fördern. Dies ist aber im landgerichtlichen Urteil für das Verhältnis der Beklagten zu den Klägerinnen festgestellt, und diese Beurteilung hat sich das Oberlandesgericht zu eigen gemacht. Wenn es auch später ausspricht, es sei kein „besonderes" Gewicht darauf zu legen, daß die Klägerin zu 1 in gewissem Umfang auch Spedition betreibe und dadurch mit der Beklagten konkurriere, so billigt es doch auch damit die Feststellungen des Landgerichts wenigstens nach der tatsächlichen Seite und schwächt sie nur in ihrer rechtlichen Tragweite ab. Das ist rechtsirrig, weil dieser Umstand keine nebensächliche, sondern rechtlich entscheidende Bedeutung hat.

Das Landgericht führt weiter aus, die Beklagte habe durch das Rundschreiben in gewissem Umfang ihre eigenen Konkurrenzinteressen als Spediteurin zum Nachteil der Klägerinnen gefördert; denn nach dem eigenen Vortrag der Beklagten erledige die Klägerin zu 1 ihre eigenen Speditionen regelmäßig selbst. Die Beklagte habe aber kein Interesse daran, daß der Getreidehandel allgemein dazu übergehe, seine Speditionen selbst zu besorgen. Durch die Benachteiligung von Firmen wie die der Klägerinnen fördere daher die Beklagte sich selbst, insofern sie sich mit Getreidespedition befasse. Auch sei es nicht selten, daß auswärtige Kunden den Bremer Importeur veranlaßten, die Speditionen nicht selbst vorzunehmen, sondern sich eines Bremer Spediteurs zu bedienen. Auch aus diesem Grunde bestehe im Verhältnis zu auswärtigen Firmen ein Konkurrenzinteresse der Beklagten gegenüber den Klägerinnen. Dem kann nur beigetreten werden; denn damit ist der Wettbewerbszweck der Beklagten im Sinne des § 14 UnlWG. einwandfrei dargelegt.

Die Revision vermißt zwar in den Darlegungen des Berufungsgerichts eine Feststellung des subjektiven Tatbestands, also der Wettbewerbsabsicht der Beklagten, und sie betrachtet auch mit Recht die Feststellung, daß der Prokurist S. „das Bewußtsein" vom Vorliegen des objektiven Tatbestands gehabt habe, nicht als ausreichend. Allein in den vom Vorderrichter gebilligten Ausführungen des Landgerichts (die damit schließen, daß der Wettbewerbszweck nachgewiesen sei) ist die vermißte Feststellung enthalten. An anderer Stelle spricht denn auch das Landgericht ausdrücklich aus, daß die Beklagte mit dem Rundschreiben die Förderung ihres eigenen Geschäfts bezweckt habe. Die Feststellungen des Landgerichts sind aber auch insoweit einwandfrei, als es annimmt, daß die Beklagte, abgesehen vom Wettbewerbszweck, auch beabsichtigt habe, frühere günstige Auskünfte über die Klägerinnen entsprechend zu berichtigen, daß aber dadurch der Wettbewerbszweck des Rundschreibens keineswegs in den Hintergrund gedrängt werde. Diese Auffassung steht im Einklang mit dem Urteil des erkennenden Senats vom 10. November 1925 (JW. 1926 S. 564 Nr. 8).

29. 1. Entstehen von Handelsgebräuchen.

2. Sind auch solche Kontokorrentforderungen nicht aufwertbar, die zwar an sich auf wertbeständiger Grundlage zu berechnen waren, aber in Papiermark umgerechnet in das Kontokorrent eingestellt worden sind?

HGB. § 346. AufwG. § 65.

I. Zivilsenat. Urt. v. 28. September 1927 i. S. Landwirtschaftliche Hauptgenossenschaft (Kl.) w. v. De. (Bekl.). I 64/27.

I. Landgericht Neustrelitz.
II. Oberlandesgericht Rostock.

Seit einer Reihe von Jahren hatte der Beklagte mit der Klägerin in Geschäftsverbindung gestanden. Er bezog von ihr Waren, hauptsächlich Düngemittel und anderen landwirtschaftlichen Bedarf, lieferte dagegen der Klägerin Getreide und leistete auch Barzahlungen. Unter Bezugnahme auf mehrere Kontoauszüge verlangte die Klägerin mit ihrer Klage zunächst Zahlung eines Teilbetrags von 500 GM, erweiterte dann aber den Klagantrag auf 6431,32 GM mit der Begründung, daß sie Zahlung des aufgewerteten Kaufpreises für eine Kalilieferung von 2419,20 GM und für eine Salpeterlieferung von 4012,12 GM verlange. Der Beklagte wandte ein, daß ein Kontokorrentvertrag vorliege und danach die Klägerin nichts mehr zu beanspruchen habe.

Das Landgericht gab der Klage statt, das Oberlandesgericht wies sie ab. Die Revision der Klägerin hatte in Höhe von 4012,12 GM (Salpeterlieferung) Erfolg.

Aus den Gründen:

Die Instanzgerichte haben übereinstimmend angenommen, daß zwischen den Streitteilen ein Kontokorrentverhältnis bestand, das sich in langjähriger Übung stillschweigend herausgebildet hatte. Die Klägerin hat dem Beklagten regelmäßig Kontoauszüge erteilt, deren Salden vom Beklagten stillschweigend anerkannt worden sind. Diese Würdigung des Sachverhältnisses begegnet keinen rechtlichen Bedenken und wird auch von der Revision nicht besonders angegriffen (zu vgl. RGZ. Bd. 115 S. 393)....

Die Revision macht unter anderem geltend, die Kaufpreisforderung für die Kalilieferung hätte vertragsgemäß auf wertbeständiger Grundlage bezahlt werden müssen und habe daher in einem Papiermark-Konto überhaupt keinen Platz gehabt. Dem kann nicht beigestimmt werden. Denn die Kalilieferung ist vom 21. oder 22. September 1923, während das Kali-Syndikat (immer dabei vorausgesetzt, daß seine Bedingungen auch für das Vertragsverhältnis der Streitteile Geltung hatten) erst am 24. September 1923 seine Preise auf Goldmark gestellt hat. Für die früheren Lieferungen galten noch die Preise der damals ausgegebenen Rundschreiben. Durch die späteren Preisfestsetzungen konnten diese früher gemachten Lieferungen in keiner Weise berührt werden. Die gegenteilige Annahme des Landgerichts — das Oberlandesgericht ist darauf nicht eingegangen — läßt sich mit rechtlichen Erwägungen aus § 242 BGB. nicht begründen. Gerade aus dem Rundschreiben des Syndikats vom 23. August 1923 ist ganz deutlich zu ersehen, daß man an feste Preissätze gedacht und geglaubt hat, bei verspäteter Zahlung die fortschreitende Geldentwertung durch einen „Zins- und Entwertungszuschlag" von täglich 3% ausgleichen zu können. Die Revision beruft sich noch auf die Behauptung der Klägerin, es sei Handelsgebrauch gewesen, daß „die am 10. Oktober 1923 neu festgesetzten Goldmarkpreise" auch für frühere Abschlüsse von Kalilieferungen bei Nichteinhaltung der Zahlungsfristen zu zahlen gewesen seien. Aber auch hiermit vermag sie nicht durchzudringen. Denn es erscheint völlig ausgeschlossen, daß sich damals, in den unruhigsten Zeiten der Geldentwertung, ein solcher Handelsgebrauch hätte entwickeln können. Gerade die in kurzen Zeitabständen wiederholten Neufassungen der Syndikatsbedingungen zeigen, daß eine gleichmäßige Übung, wie sie für das Entstehen eines Handelsgebrauchs wesentlich ist, nicht bestanden hat. Beruhte aber hiernach der Kaufpreis für die Kalilieferung nicht auf wertbeständiger Grundlage, so entfallen damit die weiter von der Revision daran geknüpften Folgerungen (§ 65 AufwG.).

Mit Recht führt dagegen die Revision aus, daß nach den Bedingungen des Stickstoff-Syndikats Salpeter nur zu wertbeständigen Preisen geliefert wurde. Der Preis hierfür berechnete sich, worauf schon der gerichtliche Sachverständige in seinem ersten Gutachten mit Recht hingewiesen hatte, gemäß den Bedingungen des Stickstoff-Syndikats nach Roggenpreisen. Das Landgericht hat näher dargelegt, daß diese Syndikatsbedingungen auch für das Verhältnis der Streitteile Geltung hatten. Das Oberlandesgericht hat dazu keine Stellung genommen. Für die Revision ist daher zu unterstellen, daß die Syndikatsbedingungen auch der Salpeterlieferung an den Beklagten zugrunde lagen. Dann aber gehörte die Kaufpreisforderung der Klägerin nicht in das Papiermark-Kontokorrent, und das hat wiederum zur Folge, daß § 65 AufwG. auf diese Forderung nicht anwendbar ist (Zeiler, Aufw.-Fälle Nr. 347).... Belanglos ist, daß die Klägerin in ihren dem Beklagten erteilten Rechnungen und Kontoauszügen die Salpeterlieferung in Papiermark berechnet hat. Keineswegs läßt sich daraus der Wille entnehmen, die Preisberechnung auf andere Grundlagen zu stellen und auf weitergehende Rechte zu verzichten. Selbst wenn die sog. endgültige Rechnung vom 1. Oktober 1923 dem damals geltenden Roggenpreis nicht entsprochen haben sollte, so fehlte immer noch der schlüssige Nachweis, daß die Klägerin damit auf einen ihr zustehenden höheren Preis verzichten wollte, wozu sie ja nicht den mindesten Anlaß gehabt hätte.

Danach stellt sich die Sachlage so dar, daß die Klägerin, wenngleich sie sich zunächst lediglich auf ihr Saldoguthaben aus dem Kontokorrent berief, später die Klage auf ihre Kaufpreisforderungen für die Kali- und die Salpeterlieferung gestützt hat, mit der Begründung, daß diese beiden Forderungen nicht in das Kontokorrent gehörten. Wie vorher gezeigt wurde, trifft dies für die Kalilieferung nicht zu, während die Salpeterlieferung bei Zugrundelegung der Bedingungen des Stickstoff-Syndikats nicht in das Papiermark-Kontokorrent einzustellen war. In diesem Fall vermag daher der Hinweis des Oberlandesgerichts auf § 65 AufwG. die völlige Klagabweisung nicht zu rechtfertigen....

---

30. 1. Gilt Artikel 12 des Einführungsgesetzes zum Bürgerlichen Gesetzbuch auch für die Verjährungseinrede?

2. Sind dort mit den „deutschen Gesetzen" nur solche über unerlaubte Handlungen gemeint?

3. Zusammentreffen von Haftung aus unerlaubter Handlung mit Haftung aus ungerechtfertigter Bereicherung und aus Vertragsverletzung.

BGB. § 852. EG. z. BGB. Art. 12. HGB. § 72 Nr. 1.

VI. Zivilsenat. Urt. v. 29. September 1927 i. S. St. & K. (Kl.) w. C. (Bekl.). VI 37/27.

I. Landgericht Gera.
II. Oberlandesgericht Jena.

Der Beklagte, der die deutsche Reichsangehörigkeit besitzt, beging im Jahre 1920, während er bei der Klägerin, einer Firma in Böhmen, angestellt war, Betrug und Diebstahl zu ihrem Nachteil und wurde am 7. Januar 1922 vom Kreisgericht in Böhmisch-Leipa wegen Verbrechens des Betrugs und Diebstahls zu einem Jahre verschärften Kerkers rechtskräftig verurteilt. Im Urteil ist der Gesamtschaden mit 52824,30 Kronen angegeben. Diesen Betrag nebst Zinsen oder einen entsprechenden Reichsmarkbetrag beansprucht die Klägerin mit der im April 1926 erhobenen Klage. Der Beklagte beruft sich, gestützt auf Artikel 12 EG. z. BGB. und auf § 852 BGB., auf Verjährung. Das Landgericht hat ihn verurteilt, das Oberlandesgericht dagegen hat die Klage abgewiesen. Die Revision der Klägerin hatte Erfolg.

Aus den Gründen:

Zwar ist der Ausgangspunkt des Berufungsgerichts zutreffend. Es ist richtig, daß an sich die Verjährung nach demjenigen Recht zu beurteilen ist, das überhaupt auf das Rechtsverhältnis Anwendung findet (RGZ. Bd. 74 S. 171, Bd. 106 S. 83; JW. 1911 S. 148; Urt. vom 4. Mai 1918 V 8/18, teilweise abgedruckt in RGZ. Bd. 93 S. 23), daß dies aber bei unerlaubten Handlungen nach Art. 12 EG. z. BGB. seine Grenze an den deutschen Gesetzen hat, sofern die Klage gegen einen Deutschen gerichtet ist. Die Auffassung des Landgerichts, welches Einreden nicht unter Art. 12 bringen will, entspricht nicht dem Sinne dieser Vorschrift. Nach ihr soll bei einem deutschen Beklagten geprüft werden, wie der Fall nach ausländischem und wie er nach deutschem Recht zu entscheiden ist; ergibt der Vergleich, daß sich der Beklagte nach deutschem Recht günstiger steht, so darf über dieses nicht hinausgegangen werden

(RGZ. Bd. 96 S. 98). Gibt also das deutsche Recht dem Beklagten eine Einrede, die er nach ausländischem Recht nicht hat, so ist nach Art. 12 zugunsten des deutschen Beklagten insoweit das deutsche Recht anzuwenden. Aus der Wortfassung des Art. 12 läßt sich nicht herleiten, daß die Vorschrift für Einreden keine Bedeutung habe. Wenn die Revision meint, Art. 12 sei nur ein Anwendungsfall des in Art. 30 ausgedrückten allgemeinen Rechtsgedankens und die verschiedene Länge der Verjährungsfristen könne die Anwendung des Art. 30 nicht rechtfertigen, so ist dem entgegenzuhalten, daß der Fall der unerlaubten Handlung in Art. 12 eine besondere Regelung erfahren hat, die über die des Art. 30 hinausgeht (Planck 3. Aufl. Art. 12 Anm. 2b). Selbst wenn daher Art. 30 nicht ausreichen sollte, um dem Beklagten die Verjährungseinrede zu geben, so könnte er sie doch aus Art. 12 entnehmen. Daß Art. 12 die Verjährungseinrede mitumfaßt, ist offenbar auch die Ansicht von Staudinger-Riezler im Kommentar zum BGB. (9. Aufl. Bd. 1 S. 766), wenngleich sie dort nur für Art. 21 EG. z. BGB. ausgesprochen wird (Rehbein BGB. Bd. 1 S. 337, Zitelmann Internat. Privatrecht Bd. 2 S. 509, Walker Internat. Privatrecht 4. Aufl. S. 469, Habicht Internat. Privatrecht S. 97). Dem Berufungsgericht ist auch darin beizutreten, daß der Brief des Beklagten vom 30. September 1925 kein Anerkenntnis enthält. Ebensowenig kann die Revisionsklägerin eine Hemmung der Verjährung (§§ 202 bis 205 BGB.) daraus herleiten, daß ihr der Aufenthaltsort des Beklagten zeitweilig unbekannt war. Wäre daher der Klagegrund nur unter dem Gesichtspunkt der unerlaubten Handlung zu beurteilen, so könnte sich der Beklagte mit Erfolg auf den Ablauf der Verjährungsfrist nach § 852 Abs. 1 BGB. berufen.

Nun bestimmt aber Art. 12 EG. z. BGB. nicht, daß aus einer im Auslande begangenen unerlaubten Handlung gegen einen Deutschen nicht weitergehende Ansprüche geltend gemacht werden können, als sie nach den deutschen Gesetzen über unerlaubte Handlungen, sondern als sie „nach den deutschen Gesetzen", d. h. nach den deutschen Gesetzen überhaupt begründet sind. Jene einschränkende Auslegung wird zwar von Zitelmann (Internat. Privatrecht Bd. 2 S. 506) und von Walker (Internat. Privatrecht S. 467) vertreten, sie wird aber weder durch den Wortlaut noch durch den

Zweck des Art. 12 gefordert. Fällt der von der Klägerin vorgetragene Tatbestand noch unter ein anderes deutsches Gesetz und ist nach diesem die Verjährungseinrede nicht begründet, so kann sich der Beklagte zu ihrer Geltendmachung nicht auf Art. 12 EG. z. BGB. berufen. Es ist Sache des Gerichts, den Klagevortrag unter allen in Betracht kommenden rechtlichen Gesichtspunkten zu prüfen (RGZ. Bd. 105 S. 302, 349). Übrigens hatte die Klägerin schon im ersten Rechtszug auf den Gesichtspunkt der ungerechtfertigten Bereicherung hingewiesen. Das Berufungsgericht ist bisher hierauf nicht eingegangen, wird dies aber nunmehr nachzuholen haben. Hat der Beklagte, wie nach dem Klagevortrag kaum zweifelhaft sein kann, durch seine unerlaubte Handlung auf Kosten der Klägerin etwas erlangt, so ist er nach der ausdrücklichen Vorschrift in § 852 Abs. 2 BGB. auch nach der Vollendung der im ersten Absatz bestimmten Verjährungsfrist zur Herausgabe nach den Vorschriften über ungerechtfertigte Bereicherung verpflichtet. Es liegt dann nicht der Fall vor, daß die Klägerin, gleichviel unter welchem rechtlichen Gesichtspunkt sie klagt, gegen den Beklagten einen weitergehenden Anspruch geltend macht, als er nach den deutschen Gesetzen begründet ist, vorausgesetzt nur, daß sie nicht mehr und nichts anderes verlangt, als die deutschen Vorschriften über die Herausgabe einer ungerechtfertigten Bereicherung zulassen.

Aber noch ein anderes deutsches Gesetz ist auf seine Anwendbarkeit zu prüfen. Nach dem Klagevortrag war der Beklagte zur Zeit der Begehung seiner Straftaten bei der Klägerin angestellt und zwar, wie es scheint, als Handlungsgehilfe. Trifft das zu, so hat er nach deutschem Recht nicht nur unerlaubte Handlungen gegen die Klägerin begangen, sondern auch seinen Dienstvertrag, der ihn zur Treue verpflichtete (vgl. § 72 Nr. 1 HGB.), positiv verletzt und haftet der Klägerin auch aus dieser Vertragsverletzung (Staudinger 9. Aufl. § 241 BGB. Anm. 5, Komm. v. RGR. 5. Aufl. § 241 Anm. 2). Beim Zusammentreffen von Haftung aus unerlaubter Handlung und aus Vertragsverletzung gilt aber für letztere Haftung nach deutschem Recht eine besondere Verjährungsfrist (RGZ. Bd. 66 S. 86, Bd. 74 S. 434, Bd. 88 S. 435), sodaß der Beklagte sich auch aus diesem Grunde nicht auf Art. 12 EG. z. BGB. berufen könnte.

31. Ist die Erbschaftsausschlagung durch einen gesetzlichen Vertreter wirksam, wenn zur Zeit ihrer Erklärung die erforderliche Genehmigung des Vormundschaftsgerichts noch nicht erteilt ist, wenn aber die nachträgliche Genehmigung und ihre Bekanntmachung an den gesetzlichen Vertreter noch innerhalb der Ausschlagungsfrist dem Nachlaßgericht nachgewiesen werden?

BGB. §§ 1831, 1643, 1944, 1945.

IV. Zivilsenat. Beschluß v. 29. September 1927 i. S. R. Nachlaßpflegschaft. IV B 52/27.

I. Amtsgericht Horn i. L.
II. Landgericht Detmold.

Das Reichsgericht hat die Frage bejaht mit folgenden, den Sachverhalt ergebenden

Gründen:

Der am 9. Januar 1927 gestorbene R. hat ein gemeinschaftlich mit seiner Frau errichtetes Testament hinterlassen, in dem er sie als alleinige Erbin eingesetzt hat. Die Frau erklärte nach seinem Tode schon vor der Eröffnung des Testaments gegenüber dem Nachlaßgericht, Amtsgericht H., daß sie sowohl die testamentarische als auch die gesetzliche Erbschaft ausschlage. Als nächste gesetzliche Erben waren neben ihr vier Kinder des Erblassers und an Stelle einer vorverstorbenen Tochter deren minderjähriger Sohn Werner B. berufen. In dessen Namen erklärte sein (vom Tode des Erblassers und von der Erbschaftsausschlagung der Witwe durch eine Verfügung des Nachlaßgerichts vom 19. Februar 1927 in Kenntnis gesetzter) Vater Ernst B. in einer notariell beglaubigten Urkunde vom 1. März 1927 die Ausschlagung der Erbschaft. Die Erklärung wurde beim Nachlaßgericht am 2. März 1927 mit dem Bemerken eingereicht, die vormundschaftsgerichtliche Genehmigung werde nachgereicht werden. Diese Genehmigung wurde vom Amtsgericht E. als dem Vormundschaftsgericht durch Beschluß vom 3. März 1927 erteilt. Der Beschluß wurde dem Ernst B. zugestellt und von ihm am 7. März 1927 dem Nachlaßgericht überreicht. Nachdem auch die vier überlebenden Kinder des Erblassers und im Namen von drei gesetzlich nachberufenen Kindeskindern deren gesetzliche Vertreter die Erbschaftsausschlagung erklärt hatten, bestellte das Nachlaßgericht gemäß

§ 1960 Abs. 2 BGB. für diejenigen, welche Erben werden, in der Person des Rechtsanwalts D. einen Pfleger (Nachlaßpfleger). Auf Antrag dieses Pflegers hob es aber durch Beschluß vom 26. April 1927 die Pflegschaft mit der Begründung auf, daß Werner B. Erbe geworden sei, weil seine Ausschlagung nach §§ 1831, 1643 BGB. unwirksam sei. Hiergegen legte Ernst B. als gesetzlicher Vertreter seines Sohnes Beschwerde ein. Das Landgericht hob daraufhin durch Beschluß vom 1. Juni 1927 den Beschluß des Nachlaßgerichts vom 26. April 1927 auf, indem es im Anschluß an das Urteil des Reichsgerichts vom 25. Februar 1915 IV 378/14 (Gruch. Bd. 60 S. 138, WarnRspr. 1915 Nr. 120) darlegte, dem Gesetze sei damit genügt, daß der Erklärung des gesetzlichen Vertreters über Ausschlagung der Erbschaft die Genehmigung des Vormundschaftsgerichts innerhalb der Frist des § 1944 BGB. gefolgt sei. Das Nachlaßgericht, an das die Sache durch den Beschluß des Beschwerdegerichts zurückverwiesen wurde, bestellte nunmehr den Rechtsanwalt D. von neuem zum Nachlaßpfleger. Dieser legte weitere Beschwerde ein mit dem Antrag auf Aufhebung des Beschlusses des Beschwerdegerichts. Das Oberlandesgericht legte die weitere Beschwerde gemäß § 28 Abs. 2 FGG. dem Reichsgericht zur Entscheidung vor. Es ist mit dem Nachlaßpfleger der Ansicht, daß die Ausschlagungserklärung des gesetzlichen Vertreters nach § 1643 Abs. 3, § 1831 BGB. der vorgängigen Genehmigung des Vormundschaftsgerichts bedurft hätte, um rechtswirksam zu sein, und möchte deshalb der weiteren Beschwerde stattgeben, sieht sich aber durch das oben erwähnte Urteil des Reichsgerichts vom 25. Februar 1915 daran gehindert.

Das Reichsgericht ist hiernach gemäß § 28 Abs. 3 FGG. zur Entscheidung über die weitere Beschwerde berufen. Im Gegensatz zum Oberlandesgericht, das seine Auffassung lediglich mit dem Hinweis auf den Wortlaut des § 1831 BGB. und auf die Ausführung von Kretzschmar in ZBlFG. Bd. 18 S. 12flg. begründet hat, erachtet das Reichsgericht die weitere Beschwerde für unbegründet.

Nach § 1643 Abs. 2 BGB. bedarf der Vater zur Ausschlagung einer seinem minderjährigen Kinde angefallenen Erbschaft, von einer hier nicht in Betracht kommenden Ausnahme abgesehen, der Genehmigung des Vormundschaftsgerichts. Die Ausschlagung erfolgt nach § 1945 Abs. 1 BGB. durch eine gegenüber dem Nachlaßgericht in öffentlich beglaubigter Form abzugebende Erklärung. In

§ 1944 ist für dieses einseitige Rechtsgeschäft eine bestimmte (im vorliegenden Regelfall sechswöchige) Frist vorgeschrieben. Hieraus hat der Senat in dem oben angeführten Urteil hergeleitet, daß die Vorschrift in § 1831 Satz 1 (§ 1643 Abs. 3) BGB. über die Unwirksamkeit eines vom gesetzlichen Vertreter (Vormund oder Vater) ohne die erforderliche Genehmigung des Vormundschaftsgerichts vorgenommenen einseitigen Rechtsgeschäfts auf die Erbschaftsausschlagung unanwendbar sei. Wie die Vorschrift in § 111 Satz 1 BGB. über die Unwirksamkeit eines einseitigen Rechtsgeschäfts, das ein Minderjähriger ohne die erforderliche Genehmigung des gesetzlichen Vertreters vornehme, habe auch jene Vorschrift ihren gesetzgeberischen Grund darin, daß man es für unbillig erachtet habe, diejenigen Personen, deren Rechtsverhältnisse durch ein einseitiges Rechtsgeschäft berührt würden, ohne daß sie sich — wie bei einem Vertragsabschluß der Geschäftsgegner — der Vornahme des Geschäfts entziehen könnten, für unbestimmte Zeit über die Wirksamkeit des Geschäfts im Ungewissen zu lassen. Um dem vorzubeugen, solle die Genehmigung des Vormundschaftsgerichts der Vornahme des Geschäfts vorhergehen, sodaß das Geschäft im Zeitpunkt seiner Vornahme sofort wirksam werde. Dieser gesetzgeberische Grund entfalle aber, wenn das Gesetz selbst anderweit dafür Sorge trage, daß der Zustand der Ungewißheit binnen festbestimmter Zeit sein Ende erreiche. In solchen Fällen müsse die gesetzliche Fristbestimmung dahin verstanden werden, daß es genüge, wenn alle zur Gültigkeit des Geschäfts erforderlichen Erklärungen bis zum Ablauf der Frist abgegeben würden, daß es aber auf die Reihenfolge der Erklärungen nicht ankomme.

Durch die so aus dem Zusammenhang und dem Zweck des Gesetzes begründete Einschränkung des Anwendungsgebiets von § 1831 BGB. werden erhebliche Unzuträglichkeiten abgewendet, die sich aus einer wörtlichen Anwendung dieses einzelnen Paragraphen ergeben. Das Kammergericht, auf dessen ältere Entscheidungen sich der Nachlaßpfleger in der weiteren Beschwerde beruft, hat sich in einer neueren Entscheidung (KGJ. Bd. 50 S. 73) der freieren Gesetzesauslegung des Reichsgerichts angeschlossen. An ihr ist mit der folgenden Klarstellung festzuhalten: Die Entscheidung über die Wirksamkeit einer zur Zeit ihrer Erklärung gegenüber dem Nachlaßgericht noch nicht vormundschaftsgerichtlich genehmigten Erbschaftsausschlagung ist nicht darauf abzustellen, daß die Genehmigung noch innerhalb der Ausschlagungsfrist erteilt oder, genauer gesagt, gemäß § 1828 (§ 1643 Abs. 3) BGB., § 16 FGG. gegenüber dem gesetzlichen Vertreter erklärt wird, sondern es ist (mit Planck Komm. 4. Aufl. Anm. 6dα zu § 1943, Staudinger Komm. 9. Aufl. Anm. 3 zu § 1945, Komm. von RGRäten 5. Aufl. Anm. 1 zu § 1831) weiter zu verlangen, daß die Genehmigung samt der zu ihrer Wirksamkeit erforderlichen Bekanntmachung an den gesetzlichen Vertreter dem Nachlaßgericht noch vor Ablauf der Ausschlagungsfrist nachgewiesen wird. Nur so wird, gemäß dem in der früheren Entscheidung des Senats hervorgehobenen gesetzgeberischen Zwecke der Fristbestimmung, der bis dahin bestehenden Ungewißheit innerhalb der bestimmten Zeit ein Ende bereitet. Das Nachlaßgericht wird durch jenen Nachweis in den Stand gesetzt, die Ausschlagung gemäß § 1953 Abs. 3 BGB. demjenigen mitzuteilen, dem die Erbschaft infolge der Ausschlagung nach Abs. 2 das. angefallen ist, und damit die Ausschlagungsfrist gemäß § 1944 Abs. 2 gegen ihn in Lauf zu setzen.

Bildet danach der vom Ausschlagenden dem Nachlaßgericht zu erbringende Nachweis der vormundschaftsgerichtlichen Genehmigung eine Voraussetzung für die Wahrung der Ausschlagungsfrist, so erledigt sich das von Kretzschmar a. a. O. gegen das Urteil vom 25. Februar 1915 geäußerte Bedenken, daß ihm zufolge „die ganze Frage unter Umständen in der Luft hängen bleibe", weil es an einem Mittel fehle, den Ausschlagenden zur Beibringung des Nachweises für die fristgemäße Genehmigung des Vormundschaftsgerichts zu zwingen.

Auf das im Vorstehenden begründete Erfordernis des fristgemäßen Nachweises der — die Vertretungsmacht des Vormunds oder Vaters erst herstellenden — vormundschaftsgerichtlichen Genehmigung weist auch die Regelung hin, welche die Ausschlagung durch einen Bevollmächtigten in § 1945 Abs. 2 BGB. gefunden hat, daß nämlich der Bevollmächtigte einer öffentlich beglaubigten Vollmacht bedarf und daß diese Vollmacht, wenn sie nicht der gegenüber dem Nachlaßgericht abgegebenen Ausschlagungserklärung beigefügt wird, innerhalb der Ausschlagungsfrist nachgebracht werden muß.

Dem angegebenen Erfordernis ist im vorliegenden Falle dadurch genügt, daß Ernst B. die mit der Bescheinigung der Zustellung an ihn versehene Ausfertigung des Genehmigungsbeschlusses vom 3. März 1927 dem Nachlaßgericht noch innerhalb der Ausschlagungsfrist überreicht hat. Damit soll nicht gesagt werden, daß der Nachweis einer wirksamen Erteilung der vormundschaftsgerichtlichen Genehmigung dem Nachlaßgericht nur durch solche Vorlegung des Genehmigungsbeschlusses geführt werden kann. Es kann vielmehr im einzelnen Falle genügen, wenn (wie es in dieser Sache in der für zwei nachberufene Enkel abgegebenen Ausschlagungserklärung vom 26. März 1927 geschehen ist) der gesetzliche Vertreter in der Ausschlagungserklärung anzeigt, das namhaft gemachte Amtsgericht habe ihm durch einen nach Datum und Aktenzeichen angeführten, ihm am angegebenen Tage zugestellten Beschluß die vormundschaftsgerichtliche Genehmigung zur Ausschlagung erteilt. . . .

---

32. Bleibt dann, wenn der Beklagte nach Einlegung der Berufung des Klägers Hauptsumme und Zinsen bezahlt, die Berufung zulässig, sofern die Kosten die Berufungssumme erreichen?

ZPO. §§ 4, 511a.

III. Zivilsenat. Urt. v. 30. September 1927 i. S. der Firma R. u. F. (Kl.) w. L. (Bekl.). III 30/27.

I. Landgericht Breslau.
II. Oberlandesgericht daselbst.

Der Beklagte hatte Räume gemietet. Im März 1926 hat der Vermieter seine Mietzinsforderung zum Teil, nämlich von der zum 1. April 1926 fälligen Miete 300 RM, von der zum 1. Juli 1926 fälligen 500 RM und von der zum 1. Oktober 1926 fälligen 460,45 RM an die Klägerin abgetreten. Mit der Mitte April 1926 erhobenen Klage verlangte die Klägerin vom Beklagten die verfallenen 300 RM nebst Zinsen; außerdem bat sie, den Beklagten zur Zahlung der 500 RM und der 460,45 RM je zum Verfalltag zu verurteilen. Am 6. Mai 1926 hat der Beklagte die damals verfallenen 300 RM bezahlt; die Zulässigkeit der auf künftige Zahlung gerichteten Klage hat er bestritten. Das Landgericht hat die Klage abgewiesen. Nachdem die Klägerin Berufung eingelegt hatte, zahlte der Beklagte zunächst 500 RM, später noch 470,45 RM, im ganzen also 10 RM mehr als die Hauptsumme. Die Klägerin will diese 10 RM auf die Zinsen verrechnen und hat in der Berufungsverhandlung den Antrag gestellt, den Rechtsstreit in der Hauptsache für erledigt zu erklären, die Kosten des Rechtsstreits aber dem Beklagten aufzuerlegen. Der Beklagte hält die Berufung für unzulässig. Nach seinem Antrag hat der Berufungsrichter die Berufung als unzulässig verworfen. Auf die Revision der Klägerin wurde das Berufungsurteil aufgehoben und die Sache an das Berufungsgericht zurückverwiesen.

Gründe:

In Rechtsstreitigkeiten über vermögensrechtliche Ansprüche ist die Zulässigkeit der Berufung durch einen Wert des Beschwerdegegenstands von 50 RM bedingt (§ 511a ZPO. verbunden mit der Bekanntmachung des Reichsministers der Justiz vom 13. Mai 1924). Zur Zeit der Einlegung der Berufung der Klägerin, im Juli 1926, war dieser Wert vorhanden; denn der Klagantrag ging damals auf sofortige Zahlung von 500 RM und auf Zahlung von 460,45 RM zum 1. Oktober 1926. Im Zeitpunkt der Berufungsverhandlung war er nicht mehr vorhanden, da der Beklagte inzwischen die Hauptsumme und 10 RM darüber hinaus entrichtet hatte; den letzteren Betrag hat die Klägerin auf die Zinsen verrechnet. An sich zutreffend und im Einklang mit der Rechtsprechung des Reichsgerichts (RGZ. Bd. 74 S. 325, Bd. 76 S. 292, Bd. 107 S. 53, Bd. 113 S. 246) nimmt der Berufungsrichter an, daß die Beschwerdesumme nicht bloß zur Zeit der Einlegung des Rechtsmittels, sondern auch noch zur Zeit der letzten mündlichen Verhandlung vorhanden sein müsse. Dies sei hier nicht mehr der Fall, nachdem die Klägerin beantragt habe, den Rechtsstreit mit Rücksicht auf die Zahlung der ganzen Hauptsumme in der Hauptsache für erledigt zu erklären. Lediglich wegen der Kosten, so fährt der Berufungsrichter fort, könne nach Wegfall des Streits in der Hauptsache das Berufungsverfahren nicht fortgesetzt werden. Nur gegen diese Schlußbemerkung des Berufungsurteils wendet sich die Revision. Sie vertritt die Meinung, daß nach Erledigung der Hauptsache die Kosten, falls über sie Streit bestehe, an die Stelle der Hauptsache treten; da die Kosten im gegenwärtigen Fall mehr als 50 RM ausmachten, sei das Rechtsmittel zulässig geblieben.

Die Revision ist begründet. Für die von ihr vertretene Meinung sprechen überwiegende Gründe. Maßgebend für die Entscheidung ist die Vorschrift des § 4 ZPO. Wie ihre Stellung in der Gliederung des Gesetzes und ihr einleitender Satz ergeben, gilt sie für die Berechnung des Streitwerts nicht bloß insofern, als sich die Gerichtskosten und andere Gebühren nach dem Streitwert bestimmen, sondern auch insofern, als die Zulässigkeit eines Rechtsmittels vom Wert des Streit- oder Beschwerdegegenstands abhängt. Nach § 4 Abs. 1 Halbsatz 2 bleiben Früchte, Nutzungen, Zinsen und Kosten unberücksichtigt, wenn sie als Nebenforderungen geltend gemacht werden. Daraus erhellt im Wege des Umkehrschlusses, daß Früchte, Nutzungen, Zinsen und Kosten bei der Wertberechnung zu berücksichtigen sind, wenn sie nicht als Nebenforderungen, sondern selbständig geltend gemacht werden. So können auch die Prozeßkosten zur Hauptsache werden, wenn sie nach Erledigung der Hauptsache (und anderer Nebenforderungen wie Zinsen, RGZ. Bd. 39 S. 386) den Gegenstand des Klagbegehrens bilden.

Für diese Meinung hat sich der VII. Zivilsenat des Reichsgerichts in den Urteilen vom 16. Januar 1920 VII 365/17 (WarnRspr. 1920 Nr. 121) und vom 17. Februar 1920 VII 399/19 ausgesprochen, ohne daß allerdings die Entscheidungen auf dem in Rede stehenden Satz beruhten. Anderseits hat der erkennende Senat in den Urteilen vom 21. November 1922 III 67/22 und vom 27. Februar 1923 III 194/22 dieser Auffassung gegenüber Zweifel geäußert, ohne sich ausdrücklich mit ihr in Widerspruch zu setzen. Diese Zweifel beruhten teils auf dem Gesichtspunkt der Entlastung, teils auf der Erwägung, daß die Anfechtung der Entscheidung über den Kostenpunkt unzulässig sei, wenn nicht gegen die Entscheidung in der Hauptsache ein Rechtsmittel eingelegt werde (§ 99 Abs. 1 ZPO.). Bei der jetzt gebotenen neuerlichen Prüfung der Frage glaubt der Senat die zuletzt angeführten Zweifelsgründe zurückstellen und der folgerichtigen Durchführung des in § 4 ZPO. enthaltenen Rechtsgedankens den Vorzug geben zu sollen. . . .

33. Wie ist bei der Aufwertung der sog. Gewinnobligationen der neben der festen Verzinsung bestehende Anspruch auf die Zusatzvergütung zu behandeln?

AufwG. §§ 1, 33. DurchfVo. Art. 38.

II. Zivilsenat. Urt. v. 30. September 1927 i. S. Sch.-P. Brauerei-A.-G. (Bekl.) w. K. (Kl.). II 40/27.

I. Landgericht I Berlin.
II. Kammergericht daselbst.

Die Beklagte gab im März 1922 für eine Anleihe von 1 Milliarde Mark Teilschuldverschreibungen aus, die auf den Namen der Deutschen Bank oder deren Order ausgestellt waren. § 2 der Anleihebedingungen lautete:

„Die Teilschuldverschreibungen sind vom 1. April 1922 ab mit jährlich 5% verzinslich. Die Zinsen sind am 1. Oktober und 1. April jeden Jahres, zum ersten Male am 1. Oktober 1922, fällig. Die Zinsen erhöhen sich für jedes angefangene Prozent, um das die jährliche Durchschnittsdividende der Stammaktien der Sch.-P. Brauerei-Aktiengesellschaft (d. h. der Beklagten), der O.-Aktiengesellschaft und der C. A. F. K.-Aktiengesellschaft 4% übersteigt, um ⅛% jährlich, höchstens jedoch um so viel, daß die Zinserhöhung 5% jährlich beträgt. Diese Zinserhöhung ist spätestens einen Monat nach den Dividendenerklärungen der drei genannten Gesellschaften zahlbar, und zwar zum ersten Male mit der Hälfte ihres Betrags nach den Dividendenerklärungen für das im Kalenderjahr 1922 ablaufende Geschäftsjahr . . ."

Nach § 5 der Bedingungen hört die Verzinsung mit dem Tage auf, an dem die Schuldverschreibungen zu der (in § 6 geordneten) Einlösung fällig werden; nach § 10 können die Schuldverschreibungs-Gläubiger ihre Forderungen als fällig betrachten, wenn die Beklagte mit der Zahlung fälliger Zinsen in Verzug kommt. Die Zinsbogen enthielten neben den für die regelmäßigen Zinsen von 5% ausgegebenen Zinsscheinen besondere „Zinserhöhungsscheine". Mit den in § 2 der Bedingungen genannten zwei weiteren Gesellschaften ist die Beklagte zu einer Interessengemeinschaft (dem Spritkonzern) zusammengeschlossen. Die Beklagte hatte zur Zeit der Ausgabe der

Schuldverschreibungen ein Stammaktienkapital von 1 Milliarde Mark. Dieses Kapital wurde in der Generalversammlung vom 31. März 1925 im Verhältnis von 4:1 umgestellt. Schuldverschreibungen mit solchen nach der Dividende bemessenen Zinszuschlägen (sog. Gewinnobligationen) wurden in der Inflationszeit auch sonst von deutschen Aktiengesellschaften ausgegeben.

Der Kläger behauptete, daß für die Geschäftsjahre 1923/24 und 1924/25 die Voraussetzungen vorlägen, unter denen die Inhaber der Schuldverschreibungen der Beklagten die Zahlung eines Zuschlags nach Maßgabe des § 2 der Anleihebedingungen zu beanspruchen hätten und daß der Zuschlag nach einer Dividende von 10% zu bemessen sei. Mit der Klage machte er diesen Anspruch für die beiden genannten Geschäftsjahre geltend, indem er auf Schuldverschreibungen im Betrage von 1200000 *M* insgesamt 4500 *RM* forderte. Hierbei ging er davon aus, daß der Zuschlag nicht auf den vollen Nennwert der Obligationen, sondern, entsprechend der Umstellung des Grundkapitals der Beklagten, nur auf ein Viertel dieses Wertes zu zahlen sei.

Das Landgericht wies die Klage ab, das Kammergericht gab ihr statt. Auf die Revision der Beklagten wurde das landgerichtliche Urteil wieder hergestellt.

Gründe:

Der Streit der Parteien hat sich in der Hauptsache um die Frage der Anwendbarkeit des Aufwertungsgesetzes vom 16. Juli 1925 und der Durchführungsverordnung zu diesem Gesetze vom 29. November 1925 bewegt. Der Berufungsrichter läßt unentschieden, ob die hier in Rede stehenden sog. Gewinnobligationen überhaupt zu den verzinslichen Schuldverschreibungen im Sinne der §§ 33flg. des Gesetzes gehören. Er ist — indem er die von Breit im Zentralbl. f. Handelsrecht 1926 S. 372 und von Reichardt, Aufwertung von Industrieobligationen und verwandten Schuldverschreibungen S. 2, 52 vertretene abweichende Auffassung ablehnt — der Ansicht, daß jedenfalls der Anspruch auf den Zinszuschlag nicht unter das Gesetz falle. Im Anschluß an die Kommentare von Neukirch Anm. 3 zu Art. 38 DurchfVo. und von Quassowski 4. Aufl. S. 329 (S. 387 der inzwischen erschienenen 5. Auflage) führt das angefochtene Urteil aus: Es komme darauf an, ob es sich bei dem hier bedungenen Zinszuschlag um einen Anspruch handle, der die Zahlung einer bestimmten Geldsumme in Mark oder in einer anderen nicht mehr geltenden inländischen Währung zum Gegenstand habe, weil nur auf solche Ansprüche das Aufwertungsgesetz (nach § 1 das.) Anwendung finde. Diese Voraussetzung treffe auf ein Nebenrecht der fraglichen Art nicht zu, weil bei ihm nicht eine bestimmte in Mark ausgedrückte Geldsumme zu zahlen, sondern die Höhe der zu zahlenden Summe durch die Verwendung eines besonderen Maßstabs, nämlich nach der Höhe der Dividende der betreffenden oder einer befreundeten Gesellschaft bestimmt sei. Würde ein solches Recht, das als Genußrecht bezeichnet werden könne, selbständig bestehen, so wäre die Unanwendbarkeit des Aufwertungsgesetzes wohl nicht zweifelhaft. Das gleiche habe aber zu gelten, wenn dieses Genußrecht als Nebenrecht bestehe; denn die Vorschrift des § 1 biete keinen Anhalt für eine einschränkende Auslegung dahin, daß ihre Voraussetzungen nur den Hauptanspruch zu treffen brauchten, Nebenansprüche dagegen durch das Gesetz auch dann betroffen würden, wenn sie jene Erfordernisse nicht erfüllten. Auch für den Nebenanspruch komme vielmehr eine Aufwertung nur in Frage, wenn er die Zahlung einer bestimmten Marksumme zum Gegenstand habe. Wohne dem Rechte, wie hier, durch seine Anpassung an die Dividende eine gewisse Wertbeständigkeit inne, so sei es doch seiner Natur nach einer Aufwertung nicht zugänglich, der Anwendbarkeit des Aufwertungsgesetzes vielmehr entzogen und als Genußrecht für fortbestehend zu erachten. Weiter tritt das Berufungsgericht mit Quassowski a. a. O. dem Kläger auch darin bei, daß es sich, was den Umfang dieses fortdauernden Genußrechts betrifft, rechtfertige, das Verhältnis zwischen dem Stammaktienkapital der Beklagten und dem Obligationenkapital, wie es zur Zeit der Aufnahme der Anleihe war, als maßgebend anzusehen und danach, nachdem die Beklagte ihr Stammaktienkapital im Verhältnis von 4 : 1 umgestellt habe, den beanspruchten Zuschlag unter Zugrundelegung des vierten Teils des klägerischen Obligationenbesitzes zu bemessen.

Diese Beurteilung wird mit Recht von der Revision angegriffen. Der Aufdruck auf der Vorderseite der fraglichen Teilschuldverschreibungen („5%ige und mit Zinserhöhung bis zu weiteren 5% ausgestattete Teilschuldverschreibungen ...“), ferner die gesamten Anleihebedingungen, wo durchweg von einer Erhöhung der

„Zinsen" die Rede ist und in den §§ 5 und 10 die die „Verzinsung" und die Zahlung „fälliger Zinsen" betreffenden Bestimmungen unzweideutig auch auf den streitigen Zuschlag Bezug haben, lassen klar erkennen, daß die Beklagte den Zuschlag als weitere Zinsen und nicht als ein Nebenrecht sonstiger Art zusichern wollte. Wenn nun auch dieser Umstand für sich allein nicht entscheidend ist, so ist er doch bei der Ermittlung der rechtlichen Natur des Zuschlags deshalb von Bedeutung, weil der klar ausgedrückte Wille der Beklagten solange als maßgebend anzusehen ist, als nicht besondere Gründe zu einer anderen Auffassung nötigen. Solche Gründe liegen aber hier nicht vor. Das Kammergericht beruft sich im Laufe seiner Ausführungen auf das Urteil dieses Senats RGZ. Bd. 86 S. 399, dem zu entnehmen sei, daß es sich im gegenwärtigen Falle nicht um Zinsen, sondern um einen Gewinnanteil (ein „Genußrecht") handle. Damit ist jenes Urteil mißverständlich verwertet. Der Zuschlag, der damals neben 5% Zinsen gezahlt werden sollte und den das Reichsgericht nicht als Zinsen angesehen hat, war in der Weise bestimmt, daß der Schuldner aus dem Reingewinn seines Geschäfts dem Gläubiger, der die Rechte eines Kommanditisten haben sollte, so viel zu überlassen hatte, daß das vom Gläubiger hingegebene Kapital sich mit 10% verzinste. Im gegenwärtigen Falle haben die Schuldverschreibungs-Gläubiger nicht teil am Gewinn der Beklagten. Ihr Anspruch ist zu diesem Gewinn nur mittelbar dadurch in Beziehung gebracht, daß er sich nach der als Maßstab dienenden jeweiligen Dividende richtet, die ihrerseits zwar vom erzielten Gewinn abhängt, aber durch ihn nicht ausschließlich bestimmt wird. Dazu kommt, daß nach den Anleihebedingungen nicht einmal die Dividende der Beklagten allein, sondern die Durchschnittsdividende der Beklagten und zweier weiterer Gesellschaften maßgebend ist, daß also ein Geschäftsergebnis entscheidet, das gar nicht dasjenige der Beklagten zu sein braucht. Auch ist den Gläubigern in keiner Weise ein Recht zur Kontrollierung des Geschäftsbetriebs der Beklagten eingeräumt. Nun findet sich in dem erwähnten Urteil allerdings der Satz, daß unter Zinsen Vergütungen für Überlassung des Kapitals zu verstehen seien, die auf Bruchteile dieses Kapitals bemessen im voraus dem Betrag nach fest bestimmt seien. Hiermit sollte aber nur klargestellt werden, daß ein Anteil am Reingewinn des Schuldners, wie er damals vorlag, nicht unter den Rechtsbegriff der Zinsen fällt. Zur Erörterung der Frage, in welcher Weise dann, wenn eine Vergütung als Zins gelten soll, die Höhe dieser Vergütung im voraus fest bestimmt sein muß, bot jener Fall keinen Anlaß. Nun unterliegt es keinem Zweifel, daß es dem Begriff der Zinsen nicht widerspricht, wenn ihre Höhe nicht unwandelbar ziffermäßig feststeht, sondern sich nach bestimmten, möglicherweise zu einem wechselnden Ergebnis führenden Umständen richtet. Es genügt, in dieser Hinsicht auf die Festsetzung eines Zinsfußes zu verweisen, der sich dem jeweiligen Reichsbankdiskont anpaßt. Wie von sonstigen Umständen, kann die Gestaltung des Zinsfußes auch abhängig gemacht werden von irgendwelchen geschäftlichen Verhältnissen des Schuldners oder eines Dritten und so auch von der Dividende, die eine Aktiengesellschaft verteilt, sei es die Schuldnerin selbst oder eine andere.

Ist hiernach davon auszugehen, daß der streitige Zuschlag Zins im Rechtssinn ist, so sind nicht nur die von der Aufwertung von Industrieobligationen handelnden §§ 33flg. AufwG., sondern es ist auch Art. 38 DurchfVo. anwendbar und zwar in der Weise, daß alle rückständigen Zinsen — die fest zugesagten 5% und der etwaige Zuschlag — bis zum 1. Januar 1925 als erlassen zu gelten haben und daß von da an eine Verzinsung des nach der Kapitalschuld berechneten Aufwertungsbetrags eintritt, die sich auf die in der Verordnung vorgesehenen Sätze beschränkt. Dem stehen die sonstigen vom Kläger gegen die Anwendbarkeit des Aufwertungsgesetzes vorgebrachten Bedenken nicht entgegen.

Nach Maßgabe dieses Gesetzes werden, wie § 1 anordnet, Ansprüche aufgewertet, die auf Rechtsverhältnissen aus der Zeit vor dem 14. Februar 1924 beruhen und die Zahlung einer bestimmten Geldsumme in Mark oder in einer anderen nicht mehr geltenden inländischen Währung zum Gegenstand haben, wenn sie durch den Währungsverfall betroffen sind. Daß diese Merkmale hier bei dem Kapitalanspruch einschließlich der fest zugesagten Zinsen gegeben sind, liegt auf der Hand. Aber auch der streitige weitere Anspruch weist nichts auf, was eine Sonderbehandlung rechtfertigen könnte. Er ist nach den Darlehensbedingungen ein der Entwertung ausgesetzter reiner Papiermarkanspruch. Daran ändert nichts die Beziehung, in die er zu der Dividende der drei Gesellschaften gebracht ist. Die Einwirkung des Währungsverfalls wurde hierdurch nicht aufgehoben, sondern es trat nur die Folge ein, daß die Weiterentwicklung der Geldverhältnisse mittelbar — und auch das nur innerhalb der Höchstgrenze des auf 5% beschränkten Zuschlags — Einfluß auf den Anspruch insofern gewinnen konnte, als mit der fortschreitenden Verschlechterung der Mark eine Steigerung der Dividende verbunden war, die aus Sachwerten und einem gleichbleibenden oder verhältnismäßig wenig erhöhten Aktienkapital erwirtschaftet wurde. Hierin mag man ein gewisses wertbeständiges Moment erblicken, das dem Anspruch innewohnt. Allein es kann nicht anerkannt werden, daß im Sinne des Gesetzes ein auf Zahlung einer bestimmten Marksumme lautender, durch den Währungsverfall betroffener Anspruch schon dann nicht mehr vorliegt, wenn die Entwicklung der Währung überhaupt in irgendeiner Weise Einfluß auf den an sich nicht wertbeständigen Anspruch erlangen konnte. Damit würde dem Gesetz ein Sinn beigelegt, der keinen Ausdruck darin gefunden hat. Ebensowenig ist die Annahme gerechtfertigt, daß es an der erforderlichen Bestimmtheit der zu zahlenden Marksumme deshalb fehle, weil der — nach der Dividende zu berechnende — Zuschlag nicht im voraus feststand, sondern vom Eintritt gewisser Tatsachen abhängig gemacht wurde. Ein Grund, warum die danach vorhandene Bestimmbarkeit des Anspruchs, die sonst regelmäßig genügt, einen Anspruch zu einem bestimmten zu machen, hier nicht ausreichen sollte, ist nicht zu ersehen und zwar um so weniger, als Zinsenforderungen schon ihrer Natur nach nicht einen im voraus feststehenden, sondern einen erst nach dem Zeitablauf zu berechnenden Betrag zum Gegenstand haben. Schließlich kann der Revisionsbeantwortung auch nicht beigetreten werden, wenn sie meint, der streitige Anspruch falle, soweit er hier in Betracht komme und für die Zukunft Bedeutung habe, deshalb nicht unter das Gesetz, weil er insoweit nach einer in Reichsmark berechneten Dividende zu bemessen sei und darum auf Reichsmark und nicht auf Mark laute. Es kommt nicht darauf an, wie sich der Anspruch jetzt, nach Beendigung der Inflation und nach Einführung der neuen Währung, gestalten würde, sondern entscheidend ist der Inhalt, mit dem er begründet wurde.

34. 1. Kann eine durch Festsetzung eines Endtermins bestimmte Nachweisfrist (§ 519 Abs. 6 ZPO.) in eine nach einem Zeitraum bemessene Frist umgedeutet werden, oder verliert die Festsetzung im Falle einer an ihrem Endtage noch fortdauernden Hemmung oder Unterbrechung jede Bedeutung? Wird die Frist wirkungslos, wenn sie unmittelbar nach dem Aufhören einer Hemmung oder Unterbrechung zu Ende geht?

2. Erlischt die Prozeßvollmacht mit der Konkurseröffnung?

ZPO. §§ 86, 87, 221 Abs. 1, §§ 176, 239, 240flg., 519 Abs. 6. KO. § 23. BGB. § 168.

II. Zivilsenat. Beschl. v. 30. September 1927 i. S. M. u. Gen. (Kl.) w. Bl. GmbH. (Bekl.). II B 15/27.

I. Landgericht Breslau.
II. Oberlandesgericht daselbst.

Auf die Berufung der Kläger gegen das klagabweisende Urteil des Landgerichts setzte der Vorsitzende des Feriensenats des Oberlandesgerichts den Klägern am 9. August 1926 eine Frist bis zum 16. Oktober 1926 zur Erbringung des Nachweises für die Zahlung der Prozeßgebühr. Am 26. August 1926 wurde über das Vermögen der Beklagten, einer im landgerichtlichen Verfahren durch ihren Geschäftsführer Rechtsanwalt L. vertreten gewesenen Gesellschaft mit beschr. Haftung, das Konkursverfahren eröffnet. Am 22. April 1927 beschloß das Konkursgericht die Einstellung des Verfahrens wegen mangelnder Masse. Dieser Beschluß erschien am 7. Mai 1927 im Amtsblatt; die Bekanntmachung gilt daher als bewirkt mit dem Ablauf des 9. Mai 1927 (KO. § 76). Am 21. Mai 1927 nahm Rechtsanwalt L., ohne eine neue Vollmacht vorzulegen, den Rechtsstreit beim Oberlandesgericht auf. Dieses verwarf die Berufung als unzulässig, weil die Berufungskläger den rechtzeitigen Nachweis der Zahlung der Prozeßgebühr versäumt hätten. Der Zahlungsnachweis wurde erst am 12. Juli 1927 erbracht. Die Kläger haben gegen diesen Beschluß ordnungsmäßig sofortige Beschwerde eingelegt und um Wiedereinsetzung in den vorigen Stand gegen die Versäumung der Nachweisfrist gebeten. Der Beschwerde ist stattgegeben worden aus folgenden

Gründen:

1. Es fragt sich zunächst, ob eine Frist mit festem Endtermin in eine nach einem Zeitraum bemessene Frist umgedeutet werden kann. Im Falle der Bejahung dieser Frage ist zu prüfen, wie die Umdeutung dann zu geschehen hat, wenn es sich um eine während der Gerichtsferien bestimmte Frist handelt.

Allerdings hat das Reichsgericht schon wiederholt eine Frist mit festem Endtermin in eine solche von soviel Tagen umgerechnet, wie zwischen der Zustellung der Fristsetzungs-Verfügung und dem Ablauf des Endtages liegen; vgl. z. B. RGZ. Bd. 112 S. 141; JW. 1925 S. 768 Nr. 20; 1926 S. 1669 Nr. 2, S. 2685 Nr. 2. Bei einer während der Gerichtsferien bestimmten Frist ließ das Reichsgericht die Zahl der Tage maßgebend sein, die zwischen dem 15. September und dem Ablauf des Endtags liegen; so in JW. 1925 S. 1557 Nr. 4; 1926 S. 578 Nr. 2; 1927 S. 584 Nr. 10. Gegen diese Berechnung sind aber von verschiedenen Seiten Bedenken erhoben worden. Auch der VI. Zivilsenat des Reichsgerichts hat sich (JW. 1926 S. 1162 Nr. 1, S. 1557 Nr. 4) dahin ausgesprochen, daß bei einer durch Benennung eines Endtermins bestimmten Frist eine Umdeutung in eine Zeitraum-Frist ausgeschlossen sei und daß, wenn am Endtag die Hemmung oder Unterbrechung noch fortdauere, die Fristsetzung überhaupt ihre Bedeutung verliere. Die Meinung des VI. Zivilsenats geht ferner dahin, daß dann, wenn der Endtermin ganz kurze Zeit nach Aufhören der Hemmung oder Unterbrechung eintrete und infolgedessen keine genügende Frist mehr übrig bleibe, die Fristsetzung als wirkungslos anzusehen sei. Dieser Auffassung tritt nunmehr auch der jetzt beschließende Senat bei. Die Fristsetzung erfolgt für Laien, die sich nicht auskennen in den gesetzlichen Vorschriften über die Berechnung von Fristen, die nach Zeitabschnitten bestimmt sind. Dem Laien liegt der Gedanke näher, daß eine mit dem Ablauf eines bestimmten Tages endende Frist ihre Bedeutung von selbst verliert, wenn ihre Einhaltung am Tag des Ablaufs mit Rücksicht auf eine zu dieser Zeit noch bestehende Unterbrechung oder Hemmung ihres Laufs unmöglich ist. Die Annahme, die einmal gesetzte Frist sei so umzudeuten, daß nach Aufhören der Unterbrechung eine neue Frist zu laufen beginne, die der Zahl der Tage der bisherigen Frist unter Ausschluß der in die Ferien fallenden Tage entspreche, liegt dem Nichtjuristen außerordentlich fern.

Da im vorliegenden Falle die Unterbrechung der Frist durch den Konkurs der Beklagten am 16. Oktober 1926 noch fortdauerte und da bei Beendigung des Konkurses (9. Mai 1927) der Endtermin (16. Oktober 1926) längst abgelaufen war, so hatte die Fristsetzung vom 9. August 1926 ihre Bedeutung völlig eingebüßt, und es hätte einer neuen Fristsetzung durch den Vorsitzenden des Berufungsgerichts bedurft. Der angefochtene Beschluß ist hiernach zu Unrecht ergangen.

2. Die Aufhebung des Beschlusses rechtfertigt sich aber auch noch aus einem anderen Grunde. Ob die Prozeßvollmacht durch die Konkurseröffnung erlischt, ist eine im Schrifttum und in der Rechtsprechung mehrfach erörterte Streitfrage.

Die verneinende Ansicht beruft sich darauf, daß nach § 23 KO. lediglich der privatrechtliche Auftrag und demgemäß, nach § 168 BGB., auch die privatrechtliche Vollmacht erlösche, daß dagegen die prozessuale Vollmacht nach § 86 ZPO. weder durch den Tod des Vollmachtgebers noch durch eine Veränderung seiner Prozeßfähigkeit oder seiner gesetzlichen Vertretung aufgehoben werde. Außerdem wird darauf hingewiesen, daß zwar der einer Prozeßvollmacht zugrunde liegende Dienstvertrag gekündigt werden könne, für die Kündigung des Vollmachtvertrags aber die besonderen Grundsätze des § 87 ZPO. maßgebend seien. Diese Meinung sieht die Bedeutung des § 240 ZPO., wonach beim Konkurs ein die Masse betreffendes Verfahren unterbrochen wird, in rein konkursrechtlichen Wirkungen, die mit einem Erlöschen der Prozeßvollmacht nichts zu tun haben, nämlich darin, daß in der Zeit der Unterbrechung des Prozeßverfahrens der Konkursverwalter die Möglichkeit haben soll, Einblick in die schwebenden Rechtsstreitigkeiten zu gewinnen und sich über ihre Aufnahme schlüssig zu machen, ohne durch Handlungen der Prozeßbevollmächtigten gestört zu werden. Deshalb diene die Vorschrift des § 240 ZPO. hauptsächlich dem Zwecke der Klarstellung, wer den Rechtsstreit aufzunehmen habe und gegen wen er aufzunehmen sei. Dabei sei (wegen der Zustellungen) noch auf § 176 ZPO. hinzuweisen, der wenigstens mittelbar eine Bestätigung dafür biete, daß die Prozeßvollmacht durch den Konkurs nicht erlösche.

Nach der Meinung derer dagegen, die das Erlöschen der Prozeßvollmacht durch den Konkurs bejahen, enthält der § 168 Satz 1 des

BGB. einen allgemeinen Rechtsgrundsatz, wonach das Erlöschen des Grundverhältnisses ohne weiteres das Erlöschen der Vollmacht nach sich zieht. Trete aber das Erlöschen des Grundverhältnisses kraft Gesetzes ein, wie dies nach § 23 KO. beim Auftrag der Fall sei, so könne auch von einer Fortdauer der Vollmacht nicht die Rede sein, weil es an jedem vernünftigen Zweck für eine derartige zwiespältige Behandlung fehle. Die Vertreter dieser Ansicht legen dem § 86 ZPO. für die Entscheidung der hier erörterten Frage keine Bedeutung bei, weil die Konkurseröffnung an der Prozeßfähigkeit des Schuldners nichts ändere. Auch die für die Prozeßvollmacht geltende besondere Vorschrift des § 87 ZPO. ist danach nicht anwendbar, weil das der Prozeßvollmacht zugrunde liegende Geschäft im Falle des Konkurses nicht durch Kündigung des Konkursverwalters, sondern gemäß § 23 KO. kraft Gesetzes erlischt. Nach dieser Ansicht waren auch ganz andere Erwägungen dafür maßgebend, daß man die Grundsätze über Kündigung der Prozeßvollmacht nicht auf deren Beendigung durch Konkurseröffnung angewandt hat. Das Erlöschen kraft Gesetzes kann und muß der Gegner auch ohne Benachrichtigung wissen, und ebenso muß der Richter ein Erlöschen kraft Gesetzes von Amts wegen kennen und berücksichtigen. Gerade der Umstand, daß der Fall des § 240 ZPO. dem § 239 das. gleichgestellt ist, spricht für den bejahenden Standpunkt. Weil der Gemeinschuldner selbst von der Konkurseröffnung an keine gültige Handlung mehr vornehmen kann, kann es auch sein Vertreter nicht mehr. Seine Vollmacht ist erloschen, und deshalb ist das Verfahren im Falle des Konkurses genau so unterbrochen, wie zunächst durch den Tod einer Partei oder in den Fällen des § 241 ZPO. Gerade daraus, daß die Partei nach der Konkurseröffnung infolge des Erlöschens der Prozeßvollmacht stets „unvertreten" dasteht, erklärt es sich, daß der § 246 ZPO. unter den Fällen, wo ausnahmsweise trotz Vorliegens der Voraussetzungen der §§ 239, 241 und 242 das. eine Unterbrechung des Verfahrens nicht eintritt, die Konkurseröffnung nicht nennt. Das Gesetz steht also auf dem Standpunkt, daß der Fall des Weiterbestehens der Prozeßvollmacht nach Konkurseröffnung gar nicht eintreten kann. Aus § 176 ZPO. ergibt sich nichts Gegenteiliges. Das folgt daraus, daß, wenn die Vollmacht des Prozeßbevollmächtigten aufgehört hat, selbstverständlich auch § 176 keine Anwendung finden kann.

Aus diesen Gründen bejaht der beschließende Senat die Frage, ob die Prozeßvollmacht mit der Eröffnung des Konkurses erlischt. Danach ist aber gemäß §§ 244, 249 ZPO. auch mit Wirkung für den Lauf der Frist Unterbrechung des Verfahrens eingetreten. Darüber, daß dem Rechtsanwalt L. nach der Einstellung des Konkursverfahrens von neuem Prozeßvollmacht erteilt worden wäre, erhellt nichts aus den Akten. Soweit seine frühere Prozeßvollmacht darauf beruht hatte, daß er zugleich Geschäftsführer der Gesellschaft m. b. H. war, ist hier von Bedeutung, daß er in einer beim Konkursgericht eingegangenen Schrift vom 28. Mai 1927 erklärt hat, er habe mit dem 1. April 1927 sein Amt als Geschäftsführer niedergelegt. Sollte die Gesellschaft m. b. H. nach der Einstellung des Konkursverfahrens noch keinen Geschäftsführer besessen haben, so läge Unterbrechung des Verfahrens gemäß § 241 ZPO. vor (Aufhören der Vertretungsbefugnis, ohne daß die Partei prozeßfähig geworden ist).

---

35. Können zur Sicherung desselben Forderungskreises mehrere Höchstbetragshypotheken bestellt werden?

BGB. § 1190.

V. Zivilsenat. Urt. v. 1. Oktober 1927 i. S. Kreis F. (Bekl.) w. W.'er Bankverein (Kl.). V 69/27.

I. Landgericht Verden.

Auf einem Grundstück des Kaufmanns W. lastete für die Sparkasse des beklagten Kreises an zweiter und dritter Stelle je eine Höchstbetragshypothek, und zwar unter Nr. 2 eine solche zum Höchstbetrag von 9500 GM „zur Sicherung für allen dem W. von der Kreissparkasse bisher und künftig gewährten Kredit aus Geschäftsverbindung", bewilligt am 22. November 1924 und eingetragen am 23. Dezember 1924, und unter Nr. 3 eine solche zum Höchstbetrag von 8000 GM „zur Sicherung aller Forderungen und Ansprüche, welche die Kreissparkasse gegen W. aus Geschäftsverbindung erwerben wird und bereits erworben hat", bewilligt am 31. Dezember 1924 und eingetragen am 8. Januar 1925. Nach diesen Hypotheken folgte eine am 19. Februar 1925 im Wege der Zwangsvollstreckung eingetragene Sicherungshypothek für den Kläger wegen 7083,55 GM samt Anhang. Das Grundstück ist im Jahre 1926 zwangsweise versteigert worden. Im Verteilungstermin vom 2. Juli 1926 hat der Kläger gegen den Plan, wonach vom Versteigerungserlös 8000 RM auf die unter Nr. 3 eingetragene Hypothek des Beklagten ausgewiesen wurden, der Kläger aber — wie für den Rechtsstreit unter den Parteien unstreitig ist — mit 8333,60 RM ausfallen sollte, Widerspruch erhoben mit der Begründung, diese Hypothek des Beklagten sei ungültig und seine, des Klägers, Hypothek müsse aufrücken. Er hat demgemäß verlangt, daß der für den Beklagten ausgeworfene Betrag von 8000 RM ihm, dem Kläger, zugeteilt werde. Auf Grund Vereinbarung der Parteien ist der streitige Betrag bei jeder von ihnen zur Hälfte hinterlegt worden. Der Kläger hat sodann Klage erhoben mit dem Antrag, festzustellen, daß ihm die bei ihm selbst hinterlegten 4000 RM endgültig gebührten, und den Beklagten zu verurteilen, die bei diesem hinterlegten 4000 RM an den Kläger herauszuzahlen. Das Landgericht erkannte demgemäß. Die vom Beklagten unmittelbar beim Reichsgericht eingelegte Revision führte zur Abweisung der Klage.

Gründe:

Das Landgericht ist, wie der Kläger, der Meinung, die beiden Hypotheken der Kreissparkasse seien trotz der teilweisen Abweichung des Wortlauts der Eintragungsbewilligungen und der Einträge doch zur Sicherung derselben Forderungen eingetragen. Eine solche Doppelsicherung, bei der dieselbe Forderung bei jeder der beiden Hypotheken in voller Höhe, also doppelt geltend gemacht werden könne, sei aber unzulässig; das Gesetz gestatte nur eine einmalige Belastung eines Grundstücks für eine und dieselbe Forderung und bei Belastung mehrerer Grundstücke nur die Eintragung einer Gesamthypothek. Die Eintragung einer neuen selbständigen Hypothek zur Sicherung von Forderungen, die wie hier in den Forderungskreis einer bereits eingetragenen Hypothek fielen, an Stelle der Erhöhung der Höchstgrenze der früheren Hypothek, sei unstatthaft und, wenn trotzdem geschehen, unwirksam und als nicht vorhanden anzusehen. Das Landgericht bezieht sich dabei auf die Entscheidung des Kammergerichts in KGJ. Bd. 49 S. A 222.

Die Ausführungen des Landgerichts beruhen auf Rechtsirrtum. Zwar kann die Revision nicht damit gehört werden, daß die Hypothek Nr. 3 nach dem vom Eintrag Nr. 2 abweichenden Inhalt der Eintragung einen weiteren Forderungsbereich sichere als die Hypothek Nr. 2. Die Auslegung, die das Landgericht den beiden Einträgen gegeben hat, ist rechtlich einwandfrei und bindet das Revisionsgericht. Unbedenklich ist auch die Annahme des Landgerichts, daß das Grundbuchamt seinerzeit die Eintragung der Hypothek Nr. 3 nicht in der Form hätte vornehmen sollen, wie sie geschehen ist. Aber der Schluß ist verfehlt, daß die Eintragung unter Nr. 3, weil sie so nicht hätte erfolgen dürfen, völlig wirkungslos und als nicht vorhanden zu betrachten sei. Die Eintragung zweier selbständiger Einzel-Höchstbetragshypotheken zur Sicherung eines und desselben Forderungskreises erscheint bedenklich, weil sie geeignet ist, Verwirrung zu stiften. Es sind Gründe der Zweckmäßigkeit bei der Grundbuchführung, die der Eintragung solcher Hypotheken entgegenstehen. Ist aber entgegen diesen Bedenken ein Eintrag einmal gemacht, so besteht kein Grund, ihn für unwirksam zu erklären, sofern er nicht inhaltlich unzulässig ist. Die Schwierigkeiten, die durch Zurückweisung des Eintragungsantrags hätten vermieden werden können und sollen, müssen, wenn sie sich einstellen, beseitigt und die aus einer undeutlichen Eintragung erwachsenen Zweifel müssen — nötigenfalls im Wege des Rechtsstreits — geklärt werden.

Die Eintragung einer zweiten Höchstbetragshypothek für denselben Forderungskreis ist nicht inhaltlich unzulässig, wenn sie lediglich dazu bestimmt ist, denjenigen Betrag der schließlich festzustellenden Gesamtforderung zu decken, der den Höchstbetrag der früheren Hypothek übersteigt. Ob die später eingetragene Hypothek diesen Sinn hat, muß gegebenenfalls im Wege der Auslegung festgestellt werden. Im vorliegenden Fall kann die streitige Hypothek Nr. 3 überhaupt keinen anderen Sinn haben. Sie ist auf demselben Grundstück wie die Hypothek Nr. 2 eingetragen, später als diese bewilligt und weist einen Höchstbetrag auf, der hinter dem der vorangegangenen zurückbleibt. Wäre der Höchstbetrag bei beiden Hypotheken gleich oder bei der späteren höher als bei der früheren, so könnte immerhin der Zweifel entstehen, ob nicht nur eine Sicherung insgesamt in Höhe der bei beiden gleichmäßig eingetragenen Summe oder in Höhe der bei der späteren Hypothek eingetragenen größeren

Summe beabsichtigt war, so daß die geringere Summe in der größeren enthalten wäre. Ein solcher Zweifel ist hier aber schlechterdings nicht möglich. Denn es wäre völlig unsinnig, wenn etwa beabsichtigt gewesen sein sollte, nachdem schon eine Sicherung in Höhe von 9500 GM bestand, wegen derselben Forderungen auf demselben Grundstück an schlechterer Rangstelle eine nochmalige Sicherung, aber nur in Höhe bis zu 8000 GM zu schaffen. Unter diesen Umständen bedarf es nicht der Zurückverweisung der Sache an den Tatsachenrichter; die erforderliche Auslegung ergibt sich zwingend aus dem festgestellten Sachverhalt und kann daher auch in der Revisionsinstanz erfolgen.

---

36. Zur Höhe des Zinsanspruchs bei Bankkrediten.

BGB. §§ 288, 608. HGB. §§ 352, 353.

I. Zivilsenat. Urt. v. 1. Oktober 1927 i. S. G.- und H.-Bank (Kl.) w. Konsumgenossenschaft E. (Bekl.). I 71/27.

I. Landgericht Krefeld.
II. Oberlandesgericht Düsseldorf.

Im Frühjahr 1924 übernahm die Beklagte die Forderungen und Verbindlichkeiten der eingetragenen Genossenschaft mit beschränkter Haftpflicht „Allgemeiner Beamten- und Bürgerkonsum" in K. Diese Genossenschaft hatte vom Juli 1923 bis zum Januar 1924 mit der Klägerin im Kontokorrentverkehr gestanden. Die Klägerin berechnet daraus ein Guthaben zu ihren Gunsten und hat diesen Betrag eingeklagt. Die Beklagte hat u. a. die Zinsberechnung der Klägerin bemängelt. Landgericht und Oberlandesgericht haben der Klägerin nur einen Teilbetrag ihrer Forderung zugesprochen. Ihre Revision führte zur Aufhebung und Zurückverweisung.

Aus den Gründen:

Bei der Zinsberechnung für November und Dezember 1923 war die Klägerin in der Weise verfahren, daß sie der Beklagten in Zwischenräumen von 15 Tagen „provisorische" Kreditprovisionen, also Vergütungen für den gewährten Kredit, zur Last geschrieben und vom Tage der Belastung ab Zinsen auf diese Beträge berechnet, am Schluß der Abrechnung jedoch zwar die Kreditprovisionen, nicht aber die auf sie berechneten Zinsen wieder gutgebracht hat. Das Berufungsgericht hält die auf diesem Wege erfolgte Berechnung von Zinsen auf Zinsen nicht für zulässig.

Der hiergegen gerichtete Revisionsangriff ist begründet. Es handelt sich bei der beanstandeten Zinsberechnung sachlich um Entgelt für die Einräumung von Kredit. Entscheidend dafür, ob die Klägerin einen Zinsanspruch in der von ihr berechneten Art und Weise in Rechnung stellen konnte, ist daher allein, ob sie zur Forderung eines Entgelts für die erfolgte Kreditgewährung in der Höhe berechtigt war, in der sie die Belastung vorgenommen hat. Wie sie buchtechnisch die Inrechnungstellung der geforderten Vergütung durchgeführt hat, ist ohne Bedeutung, soweit das Ergebnis sich im Rahmen des Zulässigen hält.

Bei Nachprüfung der Höhe des Entgelts wird davon auszugehen sein, daß, wie auch der Vorderrichter grundsätzlich anerkennt, die Schuldnerin als ständige Bankkundin zur Zahlung der banküblichen Zinsen verpflichtet war. Es wird daher nötigenfalls zu erörtern sein, ob das von der Klägerin geforderte Kreditentgelt innerhalb derjenigen Sätze bleibt, die für eine Kreditgewährung unter den vorliegenden Umständen bankühlich und gemäß § 4 PreistrVo. zulässig sind. Griffe letztere Bestimmung Platz, so müßte die Kreditvergütung auf das angemessene Maß herabgesetzt werden.

Berechtigt ist auch der Angriff, den die Revision gegen die Erwägungen des Berufungsgerichts bei Bemessung des vom 1. Januar 1924 ab in Betracht kommenden Zinssatzes gerichtet hat. Der Vorderrichter erkennt an, daß die Klägerin an sich Anspruch auf die banküblichen Zinsen habe. Er erwägt aber, daß die Beklagte lediglich aus „Solidaritätsgefühl" mit ihrer Rechtsvorgängerin deren Schuld übernommen und damit der Klägerin ein Entgegenkommen bewiesen habe, auf Grund dessen die Beklagte bei der Zinsberechnung besondere Rücksicht habe erwarten können. So gelangt er, obwohl der bankübliche Zinssatz für Januar 1924 1% und für die erste Februarhälfte ½% täglich betragen hat, dazu, für die ganze Zeitspanne nur einen Zinssatz von 14% jährlich zuzüglich einer Kreditprovision von 1% monatlich als berechtigt anzusehen. Dieser Satz entspricht nach der vom Berufungsgericht verwendeten Auskunft der Industrie- und Handelskammer in K. den banküblichen Zinssätzen für genehmigte Kredite in der Zeitspanne vom 1. Februar bis zum 31. Juli 1924.

Diese Begründung trägt die getroffene Zins-Entscheidung nicht. Standen der Klägerin, wie das Berufungsgericht annimmt, nach dem Inhalt des Abkommens die banküblichen Zinssätze zu, so können diese Zinssätze nur nach den Grundsätzen des § 4 PreistrVo. von 1923, des § 242 BGB. oder allenfalls des § 317 BGB. ermäßigt werden. Das Gericht ist nicht berechtigt, entgegen dem Inhalt einer auch nur stillschweigenden Zinsvereinbarung den angemessenen Zinssatz zu bestimmen. Bei der Festsetzung des angemessenen Zinssatzes auf Grund der angeführten Bestimmungen sind allerdings alle Umstände der Sachlage zu berücksichtigen. Dabei kommen jedoch nur solche Tatsachen in Betracht, die objektiv die Höhe des Entgelts bestimmen, namentlich die allgemeinen und besonderen eigenen Unkosten, das durch die allgemeinen wirtschaftlichen Verhältnisse (z. B. die drohende Gefahr weiterer Geldentwertung, die besonderen Verhältnisse des Kreditnehmers und die Kreditbedingungen) bestimmte Risiko des Kreditgebers und ein angemessener Gewinnzuschlag. Da die Klägerin eine Genossenschaft ist, könnte hier auch noch von Erheblichkeit sein, ob sie nicht satzungsmäßig weniger eigenen Nutzen als allgemeine Interessen verfolgt. Nicht aber können die Erwägungen von Bedeutung sein, welche die Beklagte zur Übernahme der Schuld veranlaßt haben. Unter gewissen Verhältnissen mag allerdings auch ein dem Gläubiger von der Gegenseite durch Übernahme einer gefährdeten Schuld gezeigtes Entgegenkommen bei der Wertung aller Nebenumstände berücksichtigt werden. Nach den Feststellungen des angefochtenen Urteils hat aber die Beklagte dieses Entgegenkommen nur ihrer durch Gemeinsamkeit der wirtschaftlichen Bestrebungen mit ihr verbundenen Rechtsvorgängerin gezeigt. Die Schlußfolgerung, daß sie auch der Klägerin ein Entgegenkommen bewiesen habe, ist nicht ohne weiteres gerechtfertigt. Daß die Klägerin durch die Handlungsweise der Beklagten einen Vorteil gewann, kann ihre vertraglich begründeten Zinsforderungen nicht als unangemessen erscheinen lassen.

37. Genügt beim Vorliegen einer Gesamtvertretung für die Schriftform einer Wechselerklärung die Unterschrift eines der Gesamtvertreter? Kann das zur Wirksamkeit der Wechselerklärung gegenüber dem Vertretenen erforderliche Einverständnis des zweiten Gesamtvertreters auch in anderer Weise erfolgen als durch Mitunterzeichnung der Wechselerklärung?

WO. Art. 21. BGB. §§ 177, 184.

II. Zivilsenat. Urt. v. 4. Oktober 1927 i. S. B. Th.-GmbH. (Bekl.) w. K. (Kl.). II 37/27.

I. Landgericht I Berlin.
II. Kammergericht daselbst.

Der Kläger erhob gegen die Beklagte als Akzeptantin eines Wechsels über 470 RM Klage im ordentlichen Verfahren. Die Beklagte verlangte widerklagend Zahlung von 6000 RM nebst Zinsen mit der Begründung: Die Beklagte habe am 5. Januar 1926 durch ihren Geschäftsführer E. an den Kläger 6000 RM gezahlt auf zwei Wechsel über je 3000 RM, die für die Beklagte von dem Geschäftsführer E. und dem zweiten Geschäftsführer Ko. akzeptiert gewesen seien; Ko. habe aber den Akzeptvermerk (der die Firma der Beklagten in Stempeldruck enthielt) nicht mit seinem eigenen Namen, sondern mit dem Namen „S. Kaufmann" unterzeichnet. Von dieser Fälschung, welche die Akzepterklärung ungültig mache, habe E. bei der Einlösung des Wechsels nichts gewußt. Irgendwelche Forderungen des Klägers lägen der Wechselausstellung nicht zugrunde, es habe sich vielmehr um bloße Gefälligkeitsakzepte gehandelt. Der Kläger bestritt, daß es sich nur um Gefälligkeitsakzepte gehandelt habe, und behauptete, die Wechsel seien zur Deckung dafür gegeben, daß der Kläger Geldbeträge in das Geschäft der Beklagten eingelegt habe. Die Zeichnung mit dem Namen „S. Kaufmann" sei deshalb geschehen, weil Ko. damals noch nicht als Geschäftsführer eingetragen gewesen sei und die Absicht bestanden habe, an seiner Stelle den S. Kaufmann zum Geschäftsführer zu machen.

Die Klage wurde vom Landgericht wegen Nichtleistung der dem Kläger als Ausländer auferlegten Prozeßkostensicherheit für zurückgenommen erklärt. Die Widerklage wurde in beiden Vorinstanzen abgewiesen. Auch die Revision der Widerklägerin blieb erfolglos.

Aus den Gründen:

Die Beklagte fordert die auf die beiden Wechsel gezahlten 6000 RM zurück, weil es an einem rechtlichen Grund für die Zahlung gefehlt habe. Denn eine Wechselverpflichtung der Beklagten sei durch die Akzeptvermerke nicht entstanden, weil die Zeichnung durch den zweiten Geschäftsführer Ko. mit dem Namen „S. Kaufmann" nicht geeignet gewesen sei, eine wechselrechtliche Haftung der Beklagten zu begründen. Das Kammergericht hat in Übereinstimmung mit dem Landgericht angenommen, daß die Akzepte für die Beklagte rechtsverbindlich seien. Nach dem Willen beider Geschäftsführer hätten die durch Firmenstempel auf die Wechsel gesetzten Annahmeerklärungen die Beklagte verpflichten sollen. Der eine Geschäftsführer habe dies durch Unterzeichnung seines Namens, der andere ebenfalls durch Unterzeichnung, wenn auch mit einem anderen Namen, zum Ausdruck gebracht. Zum mindestens liege in dem Verhalten des Ko. eine Genehmigung der Akzepterklärungen.

Die Auffassung des Berufungsgerichts läßt jedenfalls insoweit, als es den Gesichtspunkt der Genehmigung der Wechselerklärungen durch Ko. verwertet, keinen Rechtsirrtum erkennen. Gegen die formelle Gültigkeit der Wechselakzepte bestehen keine Bedenken. Es genügte, wenn die Geschäftsführer der in Stempeldruck hergestellten Firmenbezeichnung ihre Namensunterschriften hinzusetzten (RGZ. Bd. 47 S. 165). Zur Zeit der Abgabe der Annahmeerklärungen waren E. und Ko. Geschäftsführer der Beklagten. Die Wechselerklärungen mußten daher nach § 35 Abs. 2 Satz 2 GmbHG. durch beide Geschäftsführer geschehen, um eine Verpflichtung der Gesellschaft zu begründen. Tatsächlich tragen die Annahmevermerke nur die Namensunterschrift des einen Geschäftsführers (des E.), während der andere dem Firmenstempel nicht seinen Namen, sondern die Unterschrift „S. Kaufmann" beigefügt hat. Hiernach ergibt sich aus den Annahmeerklärungen selbst nicht unmittelbar, daß sie auch vom zweiten Geschäftsführer Ko. für die Gesellschaft gezeichnet sind, vielmehr wird der Anschein erweckt, als ob eine zur Vertretung der Gesellschaft nicht berufene Person mitunterzeichnet hätte, die Wechselerklärungen also der Rechtsverbindlichkeit gegenüber der Beklagten entbehrten. Denn die

Unterzeichnung durch den zweiten Geschäftsführer mit dem Namen einer Person, die zur Vertretung der Gesellschaft nicht befugt war, kann nicht als eine dem § 35 Abs. 2 Satz 2 und Abs. 3 GmbHG. entsprechende Erklärung und Zeichnung angesehen werden.

Aber der vom Berufungsgericht hilfsweise hervorgehobene Gesichtspunkt rechtfertigt es, den Annahmeerklärungen trotzdem rechtsverbindliche Wirkung gegenüber der Beklagten beizulegen. Die Unterschrift des einen Geschäftsführers konnte beim Bestehen einer Gesamtvertretung für sich allein allerdings keine wechselrechtliche Verpflichtung der Beklagten begründen; der Mangel einer zweiten rechtsverbindlichen Unterschrift war jedoch dadurch heilbar, daß der zweite Geschäftsführer die vom ersten abgegebenen Annahmeerklärungen nachträglich genehmigte. Eine solche Genehmigung konnte ohne Rechtsirrtum in dem festgestellten Verhalten des Geschäftsführers Ko. erblickt werden. Der erste Geschäftsführer übergab die Wechsel mit den von ihm unterzeichneten Annahmeerklärungen dem zweiten Geschäftsführer, damit auch dieser die Erklärungen unterzeichne und die Wechsel sodann dem Kläger ausfolge. Demgemäß gab Ko., der nach der Feststellung des Kammergerichts die Beklagte wechselrechtlich verpflichten wollte, die Wechsel an den Kläger weiter, nachdem er in der soeben erwähnten Absicht unter die Annahmevermerke die Unterschrift „S. Kaufmann" gesetzt hatte. Kann diese Unterzeichnung auch nicht als ordnungsmäßig im Sinne von § 35 Abs. 2 Satz 2 GmbHG. gelten, so faßt doch das Berufungsgericht mit Recht das ganze Verhalten des Ko. als Genehmigung der vom ersten Geschäftsführer abgegebenen Wechselerklärungen auf. Der für die Annahmeerklärungen nach Wechselrecht erforderlichen Schriftform war dadurch genügt, daß die Annahmevermerke die Unterschrift des einen Geschäftsführers trugen. Diese Erklärungen erlangten beim Bestehen einer Gesamtvertretung allerdings nur dann rechtliche Wirkung gegenüber der Gesellschaft, wenn auch der zweite Geschäftsführer ihnen beitrat. Das konnte aber nicht nur dadurch geschehen, daß er die Annahmeerklärungen entsprechend der Ordnungsvorschrift des § 35 Abs. 2 GmbHG. mit seinem Namen unterzeichnete, sein Einverständnis konnte vielmehr auch durch vorherige Zustimmung oder durch nachträgliche Genehmigung erklärt werden, ohne daß dies aus den Wechseln selbst hervorzugehen brauchte. Eine solche Erklärung, insbesondere auch die nachträgliche Genehmigung, bedarf nicht der für Wechselerklärungen vorgeschriebenen Form, sondern kann formlos durch irgendwelche rechtsgeschäftliche Handlungen erfolgen (RGZ. Bd. 81 S. 325, Bd. 101 S. 342; JW. 1901 S. 518 Nr. 9). Dazu reichte auch die Unterzeichnung der Annahmeerklärungen durch den zweiten Geschäftsführer mit einem fremden Namen und die Weitergabe der Wechsel an den Kläger aus, wenn dies nur mit dem Willen geschah, die Beklagte wechselrechtlich zu verpflichten. . . .

---

38. Ist ein nach Erlaß eines Scheidungsurteils erklärter Verzicht auf Rechtsmittel nichtig, wenn ihm eine auf Erleichterung der Scheidung abzielende Vereinbarung der Parteien zugrunde liegt?

ZPO. §§ 617, 622. BGB. §§ 134, 138 Abs. 1.

II. Zivilsenat. Urt. v. 7. Oktober 1927 i. S. Ehefrau L. (Bekl.) w. Ehemann L. (Kl.). II 332/27.

I. Landgericht I Berlin.
II. Kammergericht daselbst.

Die Parteien haben am 16. September 1911 die Ehe geschlossen. Auf Klage des Ehemanns hat das Landgericht die Ehe wegen Ehebruchs der Beklagten mit einem gewissen G. geschieden und die Beklagte für allein schuldig erklärt. Das Urteil ist der Beklagten am 7. Mai 1925 zugestellt worden. Am 25. Mai 1925 hat sie im Büro des Prozeßbevollmächtigten des Klägers, Justizrat F., in dessen und des Klägers Beisein ein an ihren Prozeßbevollmächtigten, Rechtsanwalt M., gerichtetes Schreiben unterzeichnet, worin sie auf ein Rechtsmittel gegen das Scheidungsurteil verzichtete. Am gleichen Tag haben die Parteien vor Justizrat und Notar F. einen notariellen Vertrag geschlossen, in dessen § 1 sie erklärten: „Wir haben auf Rechtsmittel (gegen das Scheidungsurteil) verzichtet." In § 2 verpflichtet sich der Kläger, an die Beklagte 3000 RM zu zahlen, „sobald der instrumentierende Notar mir das rechtskräftige Urteil vorlegt"; weitere 1000 RM sollten am 1. Juli 1925 gezahlt werden. In § 3 heißt es, diese Zahlung erfolge, um der Beklagten die Möglichkeit zu geben, sich eine Existenz zu verschaffen und um etwaige Ansprüche aus eingebrachtem Gut abzugelten. Darauf haben, noch am selben Tag, die Prozeßbevollmächtigten der Parteien in einer gemeinsamen Erklärung, die am 26. Mai 1925 bei Gericht einging, auf Rechtsmittel gegen das Scheidungsurteil verzichtet. Der Prozeßbevollmächtigte der Beklagten hat außerdem noch in einer weiteren, selbständigen Anzeige an das Prozeßgericht vom 26. Mai 1925 erklärt, daß die Beklagte auf Berufung verzichte. Trotzdem hat die Beklagte durch Schriftsatz vom 4. Juni 1925, eingegangen am gleichen Tag, Berufung gegen das Scheidungsurteil einlegen lassen. Am nächsten Tag, 5. Juni 1925, wurden ihr auf ihr Verlangen von Justizrat F. 3000 RM ausgezahlt. Das Kammergericht hat die Verhandlung auf die Frage der Zulässigkeit der Berufung beschränkt.

Die Beklagte hat geltend gemacht, der Rechtsmittelverzicht sei unwirksam. Er sei nichtig, weil er durch den Vertrag vom 25. Mai 1925 erkauft worden und Teil eines Abkommens sei, das bezweckt habe, nicht bloß die Ehescheidung zu erleichtern, sondern in einem Falle, in dem gar kein Ehescheidungsgrund vorgelegen habe, die unberechtigte Scheidung durchzusetzen. Der Kläger habe nämlich der Beklagten den Ehebruch mit G. verziehen. Außerdem sei der Verzicht (was näher ausgeführt wurde) wegen Drohung und arglistiger Täuschung anfechtbar. Der Kläger hat die behauptete Unwirksamkeit des Rechtsmittelverzichts bestritten.

Das Kammergericht hat die Berufung der Beklagten als unzulässig verworfen. Ihre Revision hatte Erfolg.

Gründe:

Das Kammergericht geht davon aus, daß die Beklagte in dreifacher Form und an sich wirksam auf das Rechtsmittel der Berufung verzichtet habe, einmal durch außergerichtliche Erklärung gegenüber dem Gegner vom 25. Mai 1925, ferner durch die gemeinschaftliche Anzeige der beiden Prozeßbevollmächtigten vom gleichen Tag und schließlich durch die nochmalige Anzeige ihres Prozeßbevollmächtigten an das Gericht vom 26. Mai 1925. Alle diese Verzichtserklärungen, die in einem inneren Zusammenhang ständen, seien, so meint das Kammergericht, hinfällig, wenn der Rechtsmittelverzicht gegenüber dem Kläger vertragsmäßig gegen Entgelt und zum Zwecke der Einwilligung in die Scheidung oder zur wesentlichen Erleichterung der Scheidung erklärt worden und daher nichtig sei. Einen einheitlichen Verzichts- und Abfindungsvertrag hält der Vorderrichter indessen nicht für vorliegend, weil dem Verzicht selbständige Bedeutung beizumessen sei, und er verneint die Sittenwidrigkeit auch für den Fall des Bestehens der von der Beklagten behaupteten Abhängigkeit zwischen Verzichtserklärung und Abfindungsvertrag, weil trotz der Möglichkeit, daß der Verzeihungseinwand habe durchgreifen können, die Ehe doch sicher auf die Widerklage (wegen Ehebruchs des Klägers) geschieden worden wäre.

Es mag dahingestellt bleiben, ob damit die Frage der Sittenwidrigkeit erschöpfend behandelt ist oder ob nicht auch ein Vertrag gegen die guten Sitten verstößt, worin jemand trotz der Allein- oder Mitschuld des anderen Teils durch Verzicht auf Rechtsmittel die Schuld an der Scheidung gegen Bezahlung auf sich nimmt. Denn die Begründung, mit der das Kammergericht die Sittenwidrigkeit verneint, ist, wie die Revision mit Grund rügt, rechtlich nicht haltbar. Es ist in der Rechtsprechung des Reichsgerichts anerkannt (und damit setzt sich das Kammergericht auch nicht in Widerspruch), daß ein Abkommen unter Eheleuten, das den Zweck hat, eine Ehescheidung durch Verzicht auf Rechtsmittel wesentlich zu erleichtern, dem in §§ 617 und 622 ZPO. aufgestellten Grundsatz des Eheschutzes zuwiderläuft und daher gemäß §§ 134, 138 Abs. 1 BGB. nichtig ist (RGZ. Bd. 70 S. 59; JW. 1913 S. 128 Nr. 2; WarnRspr. 1909 Nr. 386, 1916 Nr. 9, 1917 Nr. 7). Daß die für alleinschuldig erklärte Beklagte Verzeihung einwenden wollte und daher Berufung einzulegen beabsichtigte, ist dem Prozeßbevollmächtigten des Klägers am 23. Mai 1925 vom Prozeßbevollmächtigten der Beklagten mitgeteilt worden. Das Kammergericht hält daher mit Recht für möglich, daß der Verzeihungseinwand hätte durchgreifen können, und auch der Kläger hatte am 25. Mai, als das Abkommen getroffen wurde, damit zu rechnen, daß der Prozeß, soweit die Klage in Betracht kam, in der Berufungsinstanz vielleicht eine andere Wendung nehmen werde. Wenn aber die Möglichkeit der Geltendmachung des Verzeihungseinwands durch den Vertrag beseitigt werden sollte, so liegt darin ein Verstoß gegen den Grundsatz des Eheschutzes. Das Kammergericht selbst verkennt dies auch nicht. Verfehlt ist jedoch seine Annahme, daß auch bei Durchgreifen des Verzeihungseinwands die Ehe auf alle Fälle, nämlich auf die

Widerklage, geschieden worden wäre. Die Beklagte hatte bis zum 25. Mai noch keine Widerklage erhoben, und ob sie es tun würde, stand völlig dahin. Sie hat auch später nur hilfsweise eine Widerklage erhoben, was zweifellos zulässig war (RGZ. Bd. 59 S. 409). Sie wollte also die Scheidung und Schuldigerklärung des Klägers nur dann erreichen, wenn nicht die Klage abgewiesen wurde, also nur dann, wenn sie selbst für schuldig befunden werden sollte. Damit ist der Erwägung, daß eine Scheidung auf die Widerklage auf alle Fälle hätte erfolgen müssen, der Boden entzogen. Dabei ist aber auch verkannt, daß es entscheidend auf die Willensrichtung der Parteien bei Abschluß des Vertrags ankommt. Die Parteien warfen sich gegenseitig Ehebruch vor und beide wollten Verzeihung einwenden. Wie der Rechtsstreit ausgehen würde, war nicht vorauszusehen, ist auch nicht von Belang. Denn wenn durch den Vertrag der einen und der anderen Partei der Verzeihungseinwand und damit der Weg, auf dem eine Aufrechterhaltung der Ehe unter Umständen erreichbar war, abgeschnitten werden sollte, so diente ein solches Abkommen einer wesentlichen Erleichterung der Scheidung.

Auch darin kann dem Kammergericht nicht beigetreten werden, daß der Rechtsmittelverzicht und der notarielle Abfindungsvertrag getrennte Akte seien und daß daher der Rechtsmittelverzicht selbständige Bedeutung habe. Das Kammergericht meint, die Beklagte habe auf jeden Fall geschieden werden wollen und der Abfindungsvertrag sei nach den Bekundungen des „instrumentierenden" Notars erst beurkundet worden, nachdem die Beklagte auf Rechtsmittel verzichtet habe, was auch im Vertrag selbst durch die Fassung „wir haben auf Rechtsmittel verzichtet" zum Ausdruck gelangt sei. Diese Auffassung ist nicht haltbar. Die Frage ist dahin zu stellen, ob beide Erklärungen, der Verzicht und die Abfindung, in Wechselwirkung zueinander standen und ob daher die Beklagte den Rechtsmittelverzicht auch erklärt hätte, wenn ihr der Unterhalt nicht versprochen worden wäre (§ 139 BGB.). Es kann auf sich beruhen, ob diese Frage im Hinblick auf die beiderseitigen Parteierklärungen, insbesondere angesichts der Behauptung des Klägers, daß ihn die Beklagte schon zwei Tage vor Vertragsschluß um Geld gebeten habe, erschöpfend behandelt worden ist und ob es nach diesen Erklärungen nicht der Lebenserfahrung widerspricht, anzunehmen, daß der Rechtsmittelverzicht der Beklagten, der zusammen mit ihrer vermögensrechtlichen Abfindung in einen Vertrag aufgenommen wurde, von dieser Abfindung nicht habe abhängig gemacht werden sollen, obwohl die Beklagte zwei Tage vorher ihre Absicht, Berufung einzulegen und Verzeihung einzuwenden, dem Kläger und seinem Anwalt hatte erklären lassen. Denn wenn auch bei der Verhandlung über das Abkommen zuerst der Rechtsmittelverzicht und dann erst die Abfindung erklärt worden ist, so folgt daraus noch nicht, daß nicht beide Erklärungen in Wechselwirkung stehen könnten. Obwohl das notarielle Protokoll sich bemüht, den Verzicht als etwas in der Vergangenheit Liegendes hinzustellen, so macht es doch die beiden Erklärungen wieder voneinander abhängig durch die Feststellung, daß die Abfindung erst gezahlt werden solle, wenn dem Kläger das rechtskräftige Urteil vorgelegt werde. Die Auslegung des Kammergerichts, daß darin nur eine Zeitbestimmung liege, ist nicht möglich. Läge ein betagtes Rechtsgeschäft vor, so würde es sich für die Verpflichtung des Klägers um die Bestimmung eines Anfangstermins handeln, von dem ungewiß war, ob und wann er eintreten werde. Denn wenn es dem Notar aus irgendwelchem Grunde nicht gelang, das Rechtskraftszeugnis beizubringen, so war der Anfangstermin nicht herbeizuführen. Nur eine Umdeutung dahin, daß binnen einer angemessenen Frist zu zahlen sei, könnte die Annahme eines betagten Rechtsgeschäfts rechtfertigen. Diesen Weg geht indessen das Kammergericht selbst nicht. Es ist daher nicht zu bezweifeln, daß, wenn der Notar das Rechtskraftszeugnis nicht beizubringen vermochte, auch die rechtsgeschäftliche Verpflichtung des Klägers nicht wirksam wurde. Die Abfindung war also die ausgesprochene Gegenleistung für den Rechtsmittelverzicht. Bei dieser rechtlichen Gestaltung des Vertrags hat die Auffassung keine Berechtigung, daß die Beklagte entgegen dem regelmäßigen Lauf der Dinge die Gegenleistung gar nicht als solche habe empfangen, sondern ihrerseits den Verzicht ohne Rücksicht auf die Abfindung, also unabhängig von ihr, habe erklären wollen. Wäre das ihr Wille gewesen, so hätte es keinen vernünftigen Zweck gehabt, die beiderseitigen Erklärungen miteinander zu verquicken und vor der Rechtskraft des Urteils den notariellen Abfindungsvertrag zu schließen. Der Kläger konnte vielmehr die Rechtskraft abwarten und dann die Beklagte abfinden, wie das dem ordnungsmäßigen Hergang bei solcher Sachlage entsprochen hätte.

Der notarielle Vertrag läuft daher dem Grundsatz des Eheschutzes zuwider und ist damit wegen Verstoßes gegen Gesetz und gute Sitten nichtig (§§ 134, 138 BGB.). Nun ist der Vertrag allerdings nicht rein privatrechtlichen Inhalts. Denn die Erklärung des Rechtsmittelverzichts, die prozessual gültig auch außergerichtlich dem Prozeßgegner gegenüber erklärt werden kann (RGZ. Bd. 105 S. 351) und durch Aufnahme in den Vertrag so erklärt wurde, ist nicht nur Teil eines privatrechtlichen Tatbestands, sondern zugleich Prozeßhandlung. Sie hat also eine Doppelnatur.

Das Reichsgericht hat zwar mehrfach ausgesprochen (vgl. RGZ. Bd. 69 S. 262, Bd. 81 S. 178, Bd. 105 S. 351; WarnRspr. 1914 Nr. 2, 1916 Nr. 144), daß die Anwendung bürgerlichrechtlicher Grundsätze auf prozessuale Rechtsgeschäfte nicht zulässig sei. Dies ist aber nur geschehen in der Beschränkung auf die Anfechtung wegen Willensmängel und nicht über den Kreis rein prozessualer Rechtsgeschäfte hinaus. Ob ein Rechtsmittelverzicht dann als ungültig zu behandeln wäre, wenn nachgewiesen werden könnte, daß er nur zur Erleichterung der Ehescheidung abgegeben sei, hält das Reichsgericht in RGZ. Bd. 105 S. 356 für zweifelhaft. Im Streitfalle führt die Doppelnatur des Rechtsgeschäfts zur Anwendung der §§ 134, 138 BGB. Dem rechtsgeschäftlichen Tatbestand, dem nach bürgerlichem Recht die Wirksamkeit versagt ist, kann nicht dadurch zum Leben verholfen werden, daß er zugleich die Erfordernisse eines Prozeßrechtsgeschäfts erfüllt. Denn das Prozeßrecht kann sich solchenfalls nicht in den Dienst eines Erfolgs stellen, den das Privatrecht als Verstoß gegen die guten Sitten mißbilligt. Das Ergebnis ist indessen im vorliegenden Falle auch dann kein anderes, wenn man die Anwendung bürgerlichrechtlicher Grundsätze verwirft und den Tatbestand, soweit er Prozeßrechtsgeschäft ist, nur nach Prozeßrecht beurteilt sehen will. Denn der Verzicht als Prozeßhandlung tritt hier in unmittelbaren Gegensatz zu den Vorschriften der Zivilprozeßordnung über den Eheschutz und kann sich gegen diesen prozeßrechtlichen Grundsatz nicht durchsetzen. Er ist daher auch nach Prozeßrecht nicht wirksam.

Eine andere Beurteilung können auch die weiteren, dem Vertragsschluß nachgefolgten Verzichtserklärungen des Prozeßbevollmächtigten der Beklagten nicht erfahren. Sie sind zwar äußerlich selbständig abgegeben, stehen aber notwendig in innerem Zusammenhang mit dem nichtigen Vertrag. Sie sollen prozeßrechtlich erfüllen, was die Beklagte im notariellen Vertrag versprochen hat und wofür ihr die Gegenleistung zugesagt worden ist. Auch sie verstoßen daher gegen den Grundsatz des Eheschutzes und sind unwirksam. Darauf, ob die Beklagte ihren Verzicht auch wegen Drohung und arglistiger Täuschung anfechten könnte, kommt es unter diesen Umständen nicht mehr an.

Die Berufung der Beklagten ist daher zulässig. . . .

---

39. Ist eine vor dem 1. Januar 1909 begründete Kaufgeldforderung im Sinne des § 10 Abs. 1 Nr. 5 AufwG. nach Abs. 1 Nr. 6 daselbst aufzuwerten, wenn die Hypothek eine Sicherungshypothek ist?

AufwG. § 10 Abs. 1 Nr. 6.

V. Zivilsenat. Beschl. v. 8. Oktober 1927 in der Aufwertungssache des Heinrich M. gegen die Gewerkschaft E. V B 25/27.

I. Aufwertungsstelle Recklinghausen.
II. Landgericht Bochum.

Die Frage ist verneint worden. Der Sachverhalt ergibt sich aus den

Gründen:

Auf Grundstücken der Schuldnerin lastet seit dem 10. August 1909 eine Sicherungshypothek für 150000 *M* Restkaufgeld (Kaufgeld für den Erwerb der mit der Hypothek belasteten Grundstücke) zugunsten der Witwe M. und ihres Sohnes, des Antragstellers, zu gleichen Teilen. Der letztere hat den Anspruch auf Aufwertung der gesamten Kaufgeldforderung, auch soweit er seiner Mutter zusteht, im eigenen Namen angemeldet und dabei eine Aufwertung über den normalen Höchstsatz von 25 v. H. verlangt. Seine Befugnis, den Aufwertungsanspruch auch für den Forderungsanteil der Witwe M. geltendzumachen, stützt er auf seine Stellung als ihr Nacherbe, den Anspruch auf Aufwertung über den normalen Höchstsatz auf § 10 Abs. 1 Nr. 5 oder Nr. 6 AufwG. Er meint, die Forderung sei nach dem 31. Dezember 1908 begründet, jedenfalls aber treffe § 10 Abs. 1 Nr. 6 AufwG. zu, da die Hypothek eine Sicherungshypothek sei. Die Schuldnerin hat die Sachbefugnis des Antragstellers schließlich nicht mehr bemängelt, aber einer Aufwertung über den normalen Höchstsatz widersprochen, da die Forderung nicht erst nach dem 31. Dezember 1908, sondern schon früher begründet worden sei und auch § 10 Abs. 1 Nr. 6 AufwG. nicht einschlage. Die Aufwertungsstelle hat den Antrag, die Forderung höher als auf 25 v. H. aufzuwerten, zurückgewiesen. Auf sofortige Beschwerde hat das Landgericht den Beschluß der Aufwertungsstelle aufgehoben und festgestellt, daß die persönliche Forderung gemäß § 10 AufwG. frei aufzuwerten sei. Die Schuldnerin hat sofortige weitere Beschwerde erhoben und Wiederherstellung des Beschlusses der Aufwertungsstelle beantragt. Das Kammergericht möchte die weitere Beschwerde zurückweisen, sieht sich aber daran gehindert durch den Beschluß des Oberlandesgerichts Karlsruhe vom 26. Juli 1926 (AufwRechtspr. 1 S. 528) und den Beschluß des Oberlandesgerichts Darmstadt vom 4. Februar 1926 (Hess. Rechtspr. 1926 S. 85) und hat deshalb die weitere Beschwerde gemäß § 74 AufwG. in Verbindung mit § 28 FGG. dem Reichsgericht vorgelegt.

Das Landgericht hat angenommen, daß die Forderung nach dem 31. Dezember 1908 begründet worden sei, daß aber auf alle Fälle § 10 Abs. 1 Nr. 6 AufwG. zutreffe. Das Kammergericht hält zwar den zuerst angegebenen Grund für rechtsirrig, meint aber, der zweite trage die Entscheidung, denn eine vor dem 1. Januar 1909 begründete hypothekarisch gesicherte Kaufgeldforderung sei trotz des § 10 Abs. 1 Nr. 5 gemäß Nr. 6 das. von der Bindung an den normalen Höchstsatz dann befreit, wenn die Hypothek eine Sicherungshypothek sei.

Die Oberlandesgerichte Karlsruhe und Darmstadt haben in den angegebenen, ebenfalls in Aufwertungssachen ergangenen Entscheidungen den § 10 Abs. 1 Nr. 6 in entgegengesetztem Sinne ausgelegt. Die Zuständigkeit des Reichsgerichts zur Entscheidung auf die weitere Beschwerde ist also gegeben.

In der Beurteilung der Frage, ob die angemeldete Forderung nach dem 31. Dezember 1908 begründet worden ist, muß dem Kammergericht im Ergebnis und in der Begründung beigetreten werden. Es kommt hierbei, wie noch zu bemerken ist, nicht darauf an, daß auch die Hypothek schon vor dem 1. Januar 1909 bestellt worden ist. In RGZ. Bd. 113 S. 341 ist entschieden, daß es für die Vorschrift des § 10 Abs. 3 AufwG. ohne Bedeutung ist, wann die Hypothek bestellt wurde. Die dort angeführten Gründe treffen auch für § 10 Abs. 1 Nr. 5 zu.

Die zwischen dem Kammergericht und den genannten Oberlandesgerichten streitige Frage ist dagegen im Sinne der letzteren zu entscheiden. Die Frage ist dahin zu stellen:

Ist eine vor dem 1. Januar 1909 begründete Kaufgeldforderung im Sinne des § 10 AufwG. dann nach Abs. 1 Nr. 6 daselbst aufzuwerten, wenn die Hypothek eine Sicherungshypothek ist?

Das Kammergericht meint, der Wortlaut des Gesetzes spreche zwar mehr für Verneinung der Frage, aber auch eine Bejahung tue ihm keinen Zwang an. Die Auslegung des Gesetzes im letzteren Sinne sei durch innere Gründe geboten. Die Entstehungsgeschichte des Gesetzes ergebe nur so viel, daß man die vor dem 1. Januar 1909 begründeten Kaufgeldforderungen (im folgenden kurz als „ältere" bezeichnet), da sie schon mehr die Natur einer Vermögensanlage angenommen hätten, von der Bevorzugung habe ausschließen wollen, die man Kaufgeldforderungen sonst grundsätzlich gewährt habe; es sei jedoch kein Anhalt dafür gegeben, daß man sie habe schlechter stellen wollen als die anderen in den Nummern 1 bis 5 nicht aufgeführten Forderungen. Eine solche Schlechterstellung ergebe sich aber für ältere durch Sicherungshypothek gesicherte Kaufgeldforderungen, wenn man sie auf den normalen Höchstsatz beschränken wolle, gegenüber den anderen nach Nr. 6 von der Beschränkung auf den normalen Höchstsatz befreiten Forderungen. Der gesetzgeberische Grund für die Bevorzugung der von Nr. 6 betroffenen Forderungen gelte auch für ältere Kaufgeldforderungen, nämlich, daß es unbillig sei, gewisse Forderungen, die als ungesicherte frei aufgewertet werden könnten, lediglich deshalb in der Aufwertung zu beschränken, weil sie durch eine „rein akzessorische" Sicherungshypothek gesichert seien. Freie Aufwertung könne Unbilligkeiten vermeiden, die sich bei der Beschränkung auf den Höchstsatz von 25 v. H. für den Gläubiger unter Umständen notwendig ergäben.

Mit Recht geht das Kammergericht vom Wortlaut des Gesetzes aus, und es erkennt auch richtig, daß dieser mehr gegen als für die von ihm vertretene Auslegung spricht. Die Ausdrucksweise der

Nr. 6: „Forderungen anderer als der in Ziffer 1 bis 5 bezeichneten Art" deutet darauf hin, daß es auf den Rechtstypus der in den vorangegangenen Nummern bezeichneten Forderungen ankommen soll. Das wird noch besonders deutlich, wenn man der Fassung des § 10 Abs. 1 Nr. 6 die im § 11 und im § 62 des Gesetzes gewählte Fassung gegenüberhält, wo das Wort „Art" vermieden und von „Fällen des § 10 Ziffer 1 bis 5" und von „anderen als den in den §§ 4 bis 61 bezeichneten Ansprüchen" die Rede ist. Die Nummern 1 bis 4 führen durchweg nur bestimmte Rechtstypen von Forderungen auf, auch Nr. 5 spricht von Darlehensforderungen als einer bestimmten Art von Forderungen. Bei den in den Nummern 1 bis 4 genannten Arten ist es gerade die besondere Arteigenschaft, um derentwillen sie eine Ausnahmestellung eingeräumt erhalten, und anderseits wird dieser Vorzug den Darlehensforderungen ebenfalls gerade wegen dieser ihrer besonderen Arteigenschaften versagt. Auch den Kaufgeldforderungen, wenigstens den jüngeren, wird gerade wegen ihrer Rechtsnatur als Kaufgeldforderung die Vorzugsbehandlung gewährt. Es liegt sehr nahe, anzunehmen, daß Nr. 6 mit der in Nr. 5 bezeichneten „Art" von Forderungen Kaufgeldforderungen schlechthin meint. Freilich ist das Aufwertungsgesetz, wie dem Kammergericht zugegeben werden muß, in seiner Wortfassung nicht so fein ausgefeilt, daß man allein aus dem Gebrauch oder Nichtgebrauch eines Wortes so weitreichende Schlüsse mit einiger Sicherheit ziehen könnte, falls innere Gründe von irgendwie erheblichem Gewicht eine andere Auslegung fordern. Wohl aber kann der Wortlaut des Gesetzes zur Unterstützung solcher inneren Gründe herangezogen werden.

Der Gedanke des Kammergerichts, die gegenteilige Auslegung führe zu einer Schlechterstellung der älteren durch Sicherungshypotheken gesicherten Kaufgeldforderungen gegenüber den anderen in den Nummern 1 bis 5 nicht bezeichneten Arten von Forderungen, ist richtig. Der weitere Satz aber, daß eine solche Schlechterstellung nicht gerechtfertigt sei und deshalb vom Gesetz nicht gewollt sein könne, ist eben erst zu beweisen. Die Forderungen, an die man bei Schaffung der Nr. 6 gedacht hat — Baugeldforderungen, Kautionen, Ansprüche aus laufenden Geschäftsverbindungen, Ansprüche auf Rückzahlung einer Kaufgeldanzahlung — sind ihrer Natur nach nie Vermögensanlagen und werden es regelmäßig auch dann nicht, wenn eine Sicherungshypothek für sie bestellt wird. Wohl aber konnte sich der Gesetzgeber auf den Standpunkt stellen, daß Grundstücks-Kaufgeldforderungen, die schon vor dem 1. Januar 1909 begründet wurden und hypothekarisch gesichert — und wäre es auch nur durch eine Sicherungshypothek — bis in die Zeit der Geldentwertung hinein bestanden haben, in aller Regel Vermögensanlagen zum mindesten geworden sind. Zu bedenken ist dabei, daß es häufig von Zufälligkeiten, wie örtlichen Gewohnheiten, abhängt, ob als Form der hypothekarischen Sicherstellung eine Verkehrs- oder eine Sicherungshypothek gewählt wird.

Nadler, auf den sich das Landgericht zur Rechtfertigung seiner Ansicht berufen hat, findet es unangemessen, daß eine ungesicherte Kaufgeldforderung ohne Rücksicht auf die Zeit ihrer Begründung frei aufgewertet werde, während eine ältere Kaufgeldforderung lediglich deshalb, weil sie durch eine „rein akzessorische" Sicherungshypothek gesichert sei, nur beschränkt solle aufgewertet werden dürfen. Ihm ist aber entgegenzuhalten, daß das Gesetz ganz bewußt z. B. Ansprüche aus gegenseitigen Verträgen der freien Aufwertung überläßt, wenn sie nicht hypothekarisch gesichert sind (§ 63 Abs. 3), dagegen dann regelmäßig in der Aufwertung beschränkt, wenn eine Hypothek für sie besteht (§ 9).

Entscheidend gegen die Meinung des Kammergerichts müssen die Folgerungen ins Gewicht fallen, die, wie besonders von Mügel (5. Aufl. Anm. 5 zu § 10 AufwG.) dargelegt worden ist, sich aus ihr notwendig ergeben. Die Beschränkungen der Aufwertung, die im § 10 Abs. 3 und im § 11 AufwG. festgelegt sind, treffen Kaufgeldforderungen nur dann, wenn diese nach dem 31. Dezember 1908 begründet worden sind; denn beide Vorschriften beziehen sich auf Kaufgeldforderungen bloß insoweit, als es sich um Fälle des § 10 Abs. 1 Nr. 5 handelt. Will man also mit dem Kammergericht ältere Kaufgeldforderungen auf dem Wege des Abs. 1 Nr. 6 von der Bindung an den normalen Höchstsatz freistellen, so fehlen die Beschränkungen, die für die Fälle der Nr. 1 bis 5, namentlich also auch für jüngere Kaufgeldforderungen, gesetzt sind. Ein solches Ergebnis ist schlechthin unannehmbar. Es ist aber nicht zu umgehen, wenn man der Auslegung folgt, die das Kammergericht dem § 10 Abs. 1 Nr. 6 geben möchte; umgekehrt ist es ausgeschlossen, wenn man die durch den Wortlaut des Gesetzes gewiesene Auslegung wählt. Für sich allein nicht zwingend, aber doch zur Unterstützung der hier vertretenen Auffassung zu verwerten ist die Erwägung Neukirchs, daß bei Annahme der Meinung des Kammergerichts ältere Kaufgeldforderungen dann, wenn sie durch Verkehrshypotheken gesichert sind, auf die Normalaufwertung beschränkt, aber dann, wenn sie durch das schwächere Mittel der Sicherungshypothek gesichert sind, an diesen Höchstsatz nicht gebunden wären. Es ließe sich dagegen sagen, daß ja auch die von Nr. 6 gemeinten Forderungen nur dann einen Vorzug genießen, wenn sie nicht durch eine Verkehrs-, sondern nur durch eine Sicherungshypothek gesichert sind. Die Erwägung Neukirchs kann nur dann von Gewicht sein, wenn man weiter berücksichtigt, daß, wie dargelegt, nach Ansicht des Gesetzgebers die Tatsache der Bestellung einer bloßen Sicherungshypothek zwar nicht älteren Kaufgeldforderungen, wohl aber den in Nr. 6 gemeinten Arten von Forderungen den Stempel der Vermögensanlage nimmt.

---

40. Bleibt der Ausrüster eines zur Binnenschiffahrt verwendeten Schiffes der richtige Beklagte für die Pfandklage, wenn im Lauf des Rechtsstreits ein Dritter Schiffseigner wird?

ZPO. § 265. Binnenschiffahrtsgesetz § 103.

I. Zivilsenat. Urt. v. 8. Oktober 1927 i. S. Sch. (Bekl.) w. M. (Kl.). I 57/27.

I. Landgericht Darmstadt, Kammer für Handelssachen.
II. Oberlandesgericht daselbst.

Der Beklagte verwendete ein einer holländischen Firma gehöriges Schleppboot zur Schiffahrt auf Binnenwasserstraßen. Ein der Klägerin gehöriger Kahn war im Anhang des Schleppbootes beschädigt worden. Die Klägerin nahm den Beklagten wegen dieses Schadens sowohl persönlich als auch auf Duldung der Zwangsvollstreckung in Schiff und Fracht in Anspruch. Im Lauf des Rechtsstreits veräußerte die Eigentümerin des Schleppbootes dieses an einen Dritten. Damit endete die Verwendung des Bootes durch den Beklagten.

Das Landgericht hat den Beklagten nur als persönlichen Schuldner verurteilt, die Klage im übrigen aber abgewiesen. Das Berufungsgericht hat auch der Pfandklage stattgegeben. Die Revision des Beklagten blieb erfolglos.

Gründe.

... Der Beklagte, der bei Klagerhebung Ausrüster eines Binnenschiffes im Sinne von § 2 BinnenschiffG. war, wird als solcher wegen eines durch dieses verursachten Schadens auf Grund von §§ 3, 4, 114 BinnenschiffG. persönlich und auf Duldung der Zwangsvollstreckung in Schiff und Fracht belangt. Nachdem im Lauf des Rechtsstreits der Eigentümer das Schiff an einen Dritten veräußert hatte, der es seinerseits zur Binnenschiffahrt in Verwendung nahm, hatte dadurch die Stellung des Beklagten als Ausrüster ihr Ende gefunden. Es fragt sich jetzt, ob er trotzdem für die Pfandklage der richtige Beklagte geblieben ist.

Während das Landgericht diese Frage unter Bezugnahme auf RGZ. Bd. 78 S. 307 verneinte, hat das Berufungsgericht die Verurteilung des Beklagten zur Duldung der Zwangsvollstreckung in Schiff und Fracht ausgesprochen. Ihm ist beizutreten. Es ist allseitig anerkannt, daß passiv legitimiert für die Pfandklage auf Grund von §§ 102 bis 104 BinnenschiffG. derjenige ist, der zur Zeit der Klagerhebung Schiffseigner im Sinne von §§ 1 oder 2 BinnenschiffG. ist (RGZ. Bd. 78 S. 307). Auch darin besteht im Schrifttum Übereinstimmung, daß eine im Lauf des Rechtsstreits erfolgende Veräußerung des Schiffes durch den Schiffseigner, die den Verlust dieser Eigenschaft im Gefolge hat, gemäß § 265 ZPO. keinen Einfluß auf den Rechtsstreit ausübt, und daß gemäß § 727 ZPO. die Erteilung der Vollstreckungsklausel gegen den neuen Schiffseigner nachgesucht werden kann. Der vorliegende Fall zeigt aber die Besonderheit, daß nicht der Schiffseigner, sondern der Eigentümer das Schiff veräußert hat. Dadurch verlor der Ausrüster seine Eigenschaft als Schiffseigner und der Käufer des Schiffes wurde Schiffseigner.

In einem solchen Falle ist zwar die Voraussetzung des § 265 Abs. 2 Satz 1 ZPO., daß der Veräußernde Prozeßpartei ist, nicht gegeben. Gleichwohl sprechen überwiegende Gründe für eine sinngemäße Anwendung dieser Vorschrift. Der Grund für ihre Schaffung war die Rücksichtnahme auf den Gegner des Veräußerers. Bei Zulässigkeit der Veräußerung der streitbefangenen Sache besteht für diesen ein schutzwürdiges Interesse daran, den Rechtsstreit wirksam mit seinem ersten Gegner durchführen zu können und so vor einer von Preisgabe der bisherigen Prozeßergebnisse begleiteten Wiederholung des eingeleiteten Rechtsstreits bewahrt zu bleiben. Ein gleiches Interesse ist auch für den Schiffsgläubiger bei Verfolgung der Pfandklage anzuerkennen.

Falls zur Zeit der gerichtlichen Geltendmachung des Schiffsgläubigerrechts ein Ausrüsterverhältnis besteht, ist der Ausrüster nach dem Willen des Gesetzes der allein in Betracht kommende Beklagte. Wollte man auf einen Fall der vorliegenden Art die Vorschrift des § 265 Abs. 2 Satz 1 ZPO. nicht anwenden, so wäre die Folge eine schlechtere Rechtsstellung des Schiffsgläubigers in einem Rechtsstreit mit einem Ausrüster gegenüber derjenigen in einem Rechtsstreit mit einem Eigentümer-Schiffseigner. Das ist mit der grundsätzlichen Gleichstellung beider Arten von Schiffseignern gemäß § 2 BinnenschiffG. nicht vereinbar. Es ist vielmehr gerechtfertigt, wenn im vorliegenden Fall die Interessen des Schiffsgläubigers die gleiche Berücksichtigung erfahren wie in dem einer Veräußerung des Schiffes durch den verklagten Schiffseigner selbst. Dem ist genügt, wenn die Vorschrift des § 265 Abs. 2 Satz 1 ZPO. entsprechende Anwendung findet. Eine solche liegt um so näher, als diese Vorschrift ständig in weitestem Sinne für Fälle der Rechtsnachfolge, durch die eine Sachlegitimation erworben wird (abgesehen natürlich vom Fall des § 239 ZPO.) für maßgebend erklärt worden ist. Auch der Schiffserwerber tritt in die dem früheren Ausrüster vom Gesetz zugewiesene Rechtsstellung ein. Auf den Ausrüster bei Verlust der Eigenschaft als Schiffseigner die Vorschriften des § 239 ZPO. entsprechend anzuwenden, erscheint schon um deswillen nicht angängig, weil es sich nicht um eine Gesamtrechtsnachfolge, sondern nur um die verfahrensrechtlichen Folgen der Veräußerung eines Einzelgegenstands handelt. Der Anwendung des § 241 ZPO. steht entgegen, daß hier nicht der Wegfall eines gesetzlichen Vertreters oder einer Partei kraft Amtes in Frage kommt, wie es zum Beispiel bei einem Wechsel in der Person des gemäß § 761 Abs. 2 HGB. passiv legitimierten Schiffers der Fall wäre. Eine besondere Inanspruchnahme des bisherigen Ausrüsters, die nicht schon durch die ihm vom Gesetz zugewiesene Rechtsstellung als solche begründet gewesen wäre, wird durch entsprechende Anwendung von § 265 Abs. 2 Satz 1 ZPO. nicht herbeigeführt. Auch insoweit bestehen daher gegen sie keine Bedenken.

Der Auffassung des Berufungsgerichts ist deshalb beizupflichten. Mit Recht hat auch der Vorderrichter die Entscheidung des Reichsgerichts in RGZ. Bd. 78 S. 307, auf die sich die Revision beruft, als nicht entgegenstehend erachtet. Die entscheidenden Ausführungen in diesem Urteil besagen, daß ein Schiffseigentümer, der das Schiff zur Zeit der Erhebung der Pfandklage nicht zur Binnenschiffahrt verwendet hat, für diese nicht passiv legitimiert ist. Weiter wird dort die Frage erörtert, ob der Eigentümer des Schiffes, der danach nicht passivlegitimiert war, dieser Eigenschaft dadurch teilhaftig werden könne, daß er im Lauf des Rechtsstreits die Stellung eines Schiffseigners erlangt. Mit der Prüfung der Frage aber, ob der verklagte Schiffseigner mit dem im Verlauf des Rechtsstreits eingetretenen Verlust dieser Eigenschaft die Passivlegitimation für eine Pfandklage verliere, hat sich jenes Urteil nicht befaßt.

---

41. Gegenstand und Inhalt des Bereicherungsanspruchs. Zur Frage der Aufwertung dieses Anspruchs.

BGB. §§ 812, 818, 242.

II. Zivilsenat. Urt. v. 11. Oktober 1927 i. S. Maschinenfabr. O. L. (Bekl.) w. Deutsches Reich (Kl.). II 50/27.

I. Landgericht I Berlin.
II. Kammergericht daselbst.

Der Kläger hat durch das Reichskommissariat für Reparationslieferungen mit der Beklagten am 18. Juli 1922 zwei Verträge über Lieferung von Maschinen für Hanfgarn-Fabrikation abgeschlossen. Die Maschinen waren für eine Reparationslieferung an die serbische Regierung bestimmt. Auf den einen Vertrag hat die Beklagte teilweise geliefert, auf den anderen ist noch keine Lieferung erfolgt; die aus beiden Verträgen noch ausstehenden Maschinen waren aber von der Beklagten fertig gestellt, als der Kläger auf Grund des § 3 der Verordnung über Aussetzung von Zahlungen auf

Sachlieferungen vom 29. Oktober 1923 von den Verträgen zurücktrat, soweit die Beklagte noch nicht erfüllt hatte. Die nicht mehr abgenommenen Maschinen liegen bei der Beklagten. Der Kläger hatte an die Beklagte für die Leistungen, bezüglich deren es nicht mehr zur Vertragserfüllung kam, in der Zeit vom 27. Juli 1922 bis 9. August 1923 Teilanzahlungen in Papiermark gemacht, deren Goldwert er nach den Tagen der Bankgutschriften über den Dollarkurs auf zusammen 121983,83 GM berechnet. Er hält die Beklagte für rückgewährpflichtig nach den Grundsätzen des vertragsmäßigen Rücktrittsrechts und fordert von ihr unter Gewährung eines Nachlasses von 50% noch 60991,91 RM zurück. Davon wird mit der jetzigen Klage, die in zweiter Linie auch auf den Gesichtspunkt der ungerechtfertigten Bereicherung gestützt ist, der Teilbetrag von 30000 RM nebst 6½% Zinsen seit dem 15. Juni 1924 verlangt. Die Beklagte bestreitet den Anspruch nach Grund und Betrag. Sie wendet sich gegen die Rechtsgültigkeit der Verordnung vom 29. Oktober 1923, beruft sich auf § 649 BGB. und macht weiter geltend: Eine etwaige Rückgewährpflicht bestimme sich keinesfalls nach den Grundsätzen des vertragsmäßigen Rücktrittsrechts, sondern nur nach denen über ungerechtfertigte Bereicherung. Bereichert sei die Beklagte aber nicht, weil die Maschinen unverkäuflich seien. Es wäre ihr wohl gelungen, sie auf Grund von Verhandlungen, die sie mit den serbischen Interessenten geführt habe, an diese abzusetzen; der Kläger habe jedoch die Verhandlungen zum Scheitern gebracht. Deswegen sei er ihr schadensersatzpflichtig; mit diesem Schadensersatzanspruch rechne sie auf. Endlich seien dem Kläger von der serbischen Regierung 60000 RM auf Reparationskonto gutgeschrieben worden.

Das Landgericht wies die Klage ab; das Kammergericht dagegen erklärte den Klaganspruch dem Grunde nach für gerechtfertigt. Die Revision der Beklagten führte zur Aufhebung und Zurückverweisung an das Berufungsgericht.

Aus den Gründen:

(Es wird zunächst ausgeführt, daß die Beklagte nur nach Bereicherungsgrundsätzen hafte [RGZ. Bd. 116 S. 377]. Dann wird fortgefahren:) ... Zur Frage der Bereicherungshaftung macht die Beklagte zunächst geltend, daß sie die durch die Zahlungen des Klägers ihr zugeflossenen Mittel zur Herstellung der vertragsmäßig zu liefernden bestimmten Spezialmaschinen verwendet habe, die sie sonst nicht gebaut hätte, und daß diese Maschinen in Deutschland unverkäuflich und anderwärts nicht mehr unterzubringen seien, für sie — die Beklagte — also nur Alteisen bedeuteten. Die Maschinen seien demnach so gut wie wertlos, woraus folge, daß die Beklagte überhaupt nicht bereichert sei. Sie hat ferner im Rechtsstreit wiederholt erklärt, daß sie zur Herausgabe der Maschinen an den Kläger bereit sei; dieser aber hat auf seinem Geldanspruch beharrt und im übrigen die Wertlosigkeit der Maschinen bestritten.

Das Vorbringen der Beklagten ist erheblich. Der oberste Grundsatz der Bereicherungshaftung, wie er sich aus § 818 Abs. 2 und 3 BGB. ergibt, geht dahin, daß die Herausgabepflicht des Bereicherten, sofern nicht etwa die — hier unbestrittenermaßen nicht zutreffenden — erschwerenden Umstände der § 818 Abs. 4, §§ 819, 820 BGB. vorliegen, keinesfalls zu einer Verminderung des Vermögens des Bereicherten über den Betrag der Bereicherung hinaus führen darf. Daß die Beklagte die Maschinen ohne die Bestellung des Klägers nicht gebaut hätte, ist ernstlich nicht bestritten. Es sind ihr also durch die Leistungen des Klägers keine Aufwendungen erspart geblieben, die sie auch ohne seinen Auftrag hätte machen müssen und gemacht hätte, wie es z. B. dann der Fall wäre, wenn sie mit seinen Zahlungen Maschinen auf Bestellung eines Dritten gebaut hätte. Vielmehr hätte sie die fraglichen Maschinen überhaupt nicht angefertigt. Hat nun die Beklagte das, was ihr an Geldwert vom Kläger zugegangen ist, tatsächlich zum Bau der bestellten Maschinen, also zur Bezahlung der dafür erforderlichen Rohstoffe und Löhne verwendet, so verkörperte sich der Wert dessen, was sie durch jene Zahlungen erlangt hat, in dem durch Spezifikation entstandenen Eigentum an den Maschinen. Dieses Eigentum hat die Beklagte insoweit, als die Leistungen des Klägers die gemachten Aufwendungen decken, auf dessen Kosten erlangt. Sie ist bereichert, insofern der Wert der Leistungen in den Maschinen erhalten ist. Dieser Wert ist jedoch, wenn überhaupt vorhanden, nur sehr schwer herauszuholen, weil die Maschinen entweder gar nicht oder nur mit ungewissem finanziellem Ergebnis abzusetzen sind. Demnach würde die Beklagte im Falle der Verurteilung zur Zahlung einer bestimmten Geldsumme auch bei noch so niedriger Bewertung der Maschinen, sobald sie über den Alteisenwert (Schrottwert) hinausginge, Gefahr laufen, den gezahlten Betrag nicht wieder hereinzubekommen. Bei solcher Sachlage wird man dem im § 818 Abs. 3 BGB. ausgedrückten Grundgedanken der Bereicherungshaftung nur dann gerecht, wenn man den Kläger darauf beschränkt, die Herausgabe der Maschinen zu fordern; dann kann er selbst den Versuch machen, sich durch Veräußerung zu befriedigen. Zur Herausgabe der Maschinen hat sich die Beklagte aber erboten. Der Kläger müßte demnach mit seinem Zahlungsanspruch abgewiesen werden (vgl. hierzu RGZ. Bd. 86 S. 343, ferner Oertmann Komm. z. BGB. § 818 Anm. 3b Abs. 2 a. E.). Beim Fehlen der erforderlichen tatsächlichen Klärung kann jedoch unter diesem Gesichtspunkt in der Sache selbst noch nicht erkannt werden.

Die Ausführungen des Berufungsgerichts geben aber auch sonst noch zu rechtlichen Bedenken Anlaß. Der Vorderrichter ist zunächst der Ansicht, daß ein etwaiger Geldanspruch des Klägers Aufwertungsgrundsätzen unterliege. Dem kann nicht beigetreten werden. Denn selbst wenn Geld ohne rechtlichen Grund geleistet wird, ist der Anspruch — von den Sonderfällen der §§ 819, 820 BGB. abgesehen — nicht auf Rückzahlung einer ziffermäßig bestimmten oder ohne weiteres bestimmbaren Geldsumme gerichtet; er ist vielmehr gegenständlich und in seinem Umfang wandelbar und beschränkt sich stets auf die Höhe der noch vorhandenen Vermögensvermehrung des Schuldners. Lediglich dieser Wert ist, je nachdem in Natur oder in Geld, Gegenstand des Anspruchs. Insofern ist der Bereicherungsanspruch Wertanspruch (vgl. Mügel, Das gesamte Aufwertungsrecht 5. Aufl. S. 149flg., auch RGZ. Bd. 114 S. 342 und JW. 1927 S. 1364 Nr. 16), der nicht nach Aufwertungsgrundsätzen behandelt werden kann. Der Gedanke, dem Gläubiger Schutz gegen die Geldentwertung zu gewähren, wird überholt durch die Erwägung, daß der Schuldner nicht benachteiligt werden darf. Allerdings ist bei Ermittlung der Bereicherung von der dem Schuldner durch die Geldleistung zugeflossenen Vermögensvermehrung auszugehen. Sie bleibt aber nicht Gegenstand des Herausgabeanspruchs, diesen bildet vielmehr lediglich der im maßgeblichen Zeitpunkt — § 818 Abs. 4 BGB. — noch vorhandene Wert. . . .

42. Hat der im Aufwertungsverfahren aufgestellte Armenanwalt einen Gebührenanspruch gegen den Staat?

AufwG. § 73. FGG. § 14. Reichsgesetz vom 6. Februar 1923 über die Erstattung von Rechtsanwaltsgebühren in Armensachen.

IV. Zivilsenat. Beschl. v. 13. Oktober 1927 i. S. Z. w. D. IV B 32/27.

I. Aufwertungsstelle Rüstringen.
II. Landgericht Oldenburg.

Diese zwischen dem Oberlandesgericht Oldenburg und dem Oberlandesgericht Dresden streitig gewordene Frage ist bejaht worden aus folgenden

Gründen:

Das Gesetz vom 6. Februar 1923 über die Erstattung von Rechtsanwaltsgebühren in Armensachen hat nur dem in bürgerlichen Rechtsstreitigkeiten und im Privatklageverfahren aufgestellten Armenanwalt einen Gebührenanspruch gegen den Staat gegeben. Zu entscheiden ist, ob eine entsprechende Anwendung des Gesetzes auf den im Aufwertungsverfahren bestellten Armenanwalt zulässig und geboten ist. Diese Frage ist mit dem Oberlandesgericht Dresden und dem Kammergericht in Übereinstimmung mit der im Schrifttum überwiegenden Auffassung zu bejahen (vgl. den noch auf Grund der 3. Steuernotverordnung erlassenen Beschluß des Kammergerichts vom 27. April 1925 und die in der Rechtspr. in Aufw.sachen 2. Jahrgang Nr. 259 veröffentlichte Entscheidung desselben Gerichts vom 16. Juni 1927).

Wie das Oberlandesgericht Dresden mit Recht hervorhebt, handelt es sich im Aufwertungsverfahren in Wahrheit um eine bürgerliche Rechtsstreitigkeit, die nur in den Formen des Reichsgesetzes über die Angelegenheiten der freiwilligen Gerichtsbarkeit auszutragen ist. Es besteht kein innerer Grund, den Armenanwalt lediglich deswegen schlechter zu stellen, weil das Aufwertungsgesetz den Aufwertungsstreit in einem bestimmten Umfang vor die Aufwertungsstelle verwiesen hat. Daß das Gesetz vom 6. Februar 1923 das Aufwertungsverfahren gleichwohl durch die Heraushebung der bürgerlichen Rechtsstreitigkeiten und des Privatklageverfahrens von seiner Anwendung ausschließen wollte, ist schon deswegen nicht anzunehmen, weil es vor der 3. Steuernotverordnung erlassen worden ist und seine späteren Änderungen sich nicht mit seinem Geltungsumfang befassen. Die Ausgestaltung des Gesetzes ist allerdings allein den in ihm behandelten Verfahren angepaßt. Aber auch dadurch wird eine entsprechende Anwendung des Gesetzes auf das Aufwertungsverfahren nicht gehindert, sofern nur ihre Ergebnisse mit den Einzelvorschriften des Gesetzes in Einklang zu bringen sind.

Der § 3 des Gesetzes vom 6. Februar 1923 schreibt vor, § 4 GKG. finde mit der Maßgabe Anwendung, daß die Erinnerung auch dem Rechtsanwalt zustehe. Der § 4 GKG. verweist auf die Beschwerdevorschriften des § 567 Abs. 3 und der §§ 568 bis 575 ZPO. Im Aufwertungsverfahren kann die Beschwerde nur die einfache Beschwerde des Gesetzes über die Angelegenheiten der freiwilligen Gerichtsbarkeit sein, wie dies nach § 73 AufwG., § 14 FGG. auch für die Anwendung der Vorschriften der Zivilprozeßordnung über das Armenrecht anzunehmen ist. Die entsprechende Anwendung der Vorschriften der Zivilprozeßordnung wird aber die Folge haben müssen, daß gegen Entscheidungen der Landgerichte über Erstattungsansprüche der Armenanwälte eine weitere Beschwerde nicht gegeben ist. Dem Armenanwalt kann eine Beschwerde im Aufwertungsverfahren nicht zustehen, wenn sie ihm in bürgerlichen Rechtsstreitigkeiten nach § 568 Abs. 3 ZPO. grundsätzlich versagt ist. Dies kann wiederum dann nicht gelten, wenn es sich gerade um die Frage der entsprechenden Anwendbarkeit des Gesetzes vom 6. Februar 1923 handelt, sofern die Beschwerde, wie hier, darauf gestützt wird, daß solche Anwendung des Gesetzes abgelehnt worden ist. Die entsprechende Anwendung der Vorschriften des Gesetzes auf das Aufwertungsverfahren darf nicht dazu führen, die im Aufwertungsverfahren sonst zulässige Beschwerde dann zu versagen, wenn die grundsätzliche Frage zur Entscheidung steht, ob das Gesetz überhaupt entsprechend anwendbar ist. Der Fall einer hierauf gestützten weiteren Beschwerde kann bei der unmittelbaren Anwendung des Gesetzes, also in bürgerlichen Rechtsstreitigkeiten und in Privatklagesachen, gar nicht vorkommen.

Für die Höhe der ersatzfähigen Gebühren sollen nach dem Gesetz vom 6. Februar 1923 die Vorschriften der Gebührenordnung für Rechtsanwälte mit den im Gesetze selbst gegebenen Einschränkungen maßgebend sein. Im Aufwertungsverfahren haben an deren Stelle die jeweiligen landesrechtlichen Gebührenvorschriften zu treten. Die nach dem Gesetz vom 6. Februar 1923 maßgebenden Vorschriften geben in diesem Falle nur die Höchstgrenze dessen an, was der Armenanwalt zu beanspruchen hat. Damit ist dem Gesetz Genüge geschehen. Der Armenanwalt erhält nur, was er als Wahlanwalt erhalten würde, und auch das nur insoweit, als ihm das Gesetz einen Erstattungsanspruch in bürgerlichen Rechtsstreitigkeiten zuerkennt.

Die vom Armenanwalt eingelegte weitere Beschwerde ist hiernach zulässig und auch begründet.

---

43. 1. Zum Begriff der böslichen Absicht im Sinne des § 1567 Abs. 2 Nr. 1 BGB.

2. Setzt das Herstellungsurteil die Jahresfrist des § 1567 Abs. 2 Nr. 1 BGB. stets sofort und immer nur einmal in Lauf?

3. Geht mit dem Recht auf die Scheidungsklage auch das Recht auf den Ausspruch der Mitschuld verloren?

BGB. § 1567, § 1574 Abs. 3. ZPO. § 616.

VII. Zivilsenat. Urt. v. 14. Oktober 1927 i. S. Ehemann R. (Bekl.) w. Ehefrau R. (Kl.). VII 159/27.

I. Landgericht Breslau.
II. Oberlandesgericht daselbst.

Die Parteien sind seit dem 14. Dezember 1915 verheiratet. Am 17. Juli 1918 hat die Klägerin den Beklagten verlassen. Ihre erste Scheidungsklage wurde durch Urteil des Landgerichts abgewiesen. Gleichzeitig wurde sie auf die Widerklage des Beklagten verurteilt, das eheliche Leben, insbesondere die häusliche Gemeinschaft wiederherzustellen. Die Berufung der Klägerin gegen dieses Urteil wurde zurückgewiesen. Auch die Revision der Klägerin verfiel der Zurückweisung; das Urteil des Reichsgerichts wurde am 25. Oktober 1920 verkündet. Im Juli 1921 strengte die Klägerin eine zweite Ehescheidungsklage an, die ebenfalls in allen drei Instanzen abgewiesen wurde. Das Urteil des Oberlandesgericht erging am 8. Januar 1923, das des Reichsgerichts am 28. Januar 1924.

Die Klägerin reichte dann im September 1925 die gegenwärtige Scheidungsklage ein, der das Landgericht auf Grund des § 1568 BGB. stattgab. In der Berufungsinstanz beantragte der Beklagte Abweisung der Klage, hilfsweise bat er, die Klägerin für mitschuldig zu erklären, weil sie dem Herstellungsurteil im ersten Rechtsstreit nicht nachgekommen sei, außerdem im Jahre 1925 oder 1926 einem anderen Manne die Ehe versprochen habe. Auch das Oberlandesgericht hält die Scheidungsklage für begründet. Gegenüber der Klägerin erachtet es den Scheidungsgrund des § 1567 BGB. nicht für gegeben, dagegen sieht es den Tatbestand des § 1568 BGB. dann für vorliegend an, wenn die Klägerin wirklich einem andern Manne die Ehe versprochen haben sollte. Über diese Behauptung vertraute der Berufungsrichter der Klägerin einen Eid an. Für den Fall seiner Leistung soll die Ehe aus alleinigem Verschulden des Beklagten, für den Fall der Verweigerung des Eides aus dem Verschulden beider Parteien geschieden werden. Die Revision des Beklagten blieb ohne Erfolg.

Aus den Gründen:

.... Der Hauptangriff der Revision wendet sich dagegen, daß der Berufungsrichter den Scheidungsgrund des § 1567 Abs. 2 Nr. 1 BGB. nicht für vorliegend erachtet hat. Das ist geschehen, weil die dort bestimmte Jahresfrist mit dem Eintritt der Rechtskraft des Herstellungsurteils, also am 25. Oktober 1920 begonnen habe und am 25. Oktober 1921 endgültig abgelaufen sei, ohne daß die Klägerin während dieser Jahresfrist dem Urteil in böslicher Absicht keine Folge geleistet hätte. Die Revision führt aus, die bösliche Absicht sei zu Unrecht verneint worden; auf die vom Oberlandesgericht für wesentlich erachtete Belehrung durch ihre Rechtsanwälte habe sich die Klägerin nicht verlassen dürfen. Dem ist entgegenzuhalten, daß nach ständiger Rechtsprechung des Reichsgerichts (vgl. z. B. RGZ. Bd. 107 S. 333, WarnRspr. 1912 Nr. 263) die bösliche Absicht des fernbleibenden Ehegatten dann zu verneinen ist, wenn er auf Grund ausreichender tatsächlicher Anhaltspunkte des guten Glaubens war, er sei zur Verweigerung der ehelichen Gemeinschaft berechtigt. Gerade das hat der Berufungsrichter in tatrichterlicher Würdigung des Sachverhalts festgestellt. Er erkennt zwar an, daß die mit der zweiten Scheidungsklage geltend gemachten Tatsachen zur Scheidung nicht ausreichten, hebt aber hervor, daß die Klägerin von ihrem

Standpunkt aus anderer Ansicht sein durfte und daß sie von den vorsichtshalber befragten Rechtsberatern in dieser ihrer Ansicht noch bestärkt wurde. Danach ist die — auf § 1353 Abs. 2 Satz 2 BGB. beruhende — Gutgläubigkeit der Klägerin in rechtlich bedenkenfreier Weise angenommen worden. Ob in andern Fällen eine unrichtige Belehrung der Partei durch Rechtsanwälte auf ihre Kosten und Gefahr geht, wie die Revision darzulegen sucht, kann unerörtert bleiben. Im Rahmen des § 1567 Abs. 2 Nr. 1 BGB. ist die bösliche Absicht Tatbestandsmerkmal, es kommt also auf die persönliche Auffassung des fernbleibenden Ehegatten entscheidend an. Wurde diese persönliche Auffassung, wie vorliegend festgestellt, auf Grund ernster Selbstprüfung und nach Einholung geeigneten Rates gewonnen, so ist ihre Rechtserheblichkeit nicht zu bestreiten.

Für den Fall, daß die Klägerin sich in der Zeit vom 25. Oktober 1920 bis dahin 1921 etwa doch in böslicher Absicht vom Beklagten ferngehalten haben sollte, hat der Berufungsrichter einen Hilfsgrund gegeben. Er führt aus, daß in diesem Falle für den Beklagten der Scheidungsgrund der böslichen Verlassung nach § 1567 Abs. 2 Nr. 1 BGB. schon während des zweiten Scheidungsprozesses erwachsen war und daß er ihn in diesem Rechtsstreit, der in der Berufungsinstanz zum letztenmal am 8. Januar 1923 verhandelt wurde, hätte geltend machen können und zur Vermeidung des Ausschlusses nach § 616 Satz 2 ZPO. auch hätte geltend machen müssen. Dem ist lediglich beizutreten. Der § 616 ZPO. spricht zwar ausdrücklich nur vom Verlust des Rechts, die Scheidung zu verlangen; da aber nach § 1574 Abs. 3 BGB. der Antrag, auch den Kläger für schuldig zu erklären, nur dann gestellt werden darf, wenn Tatsachen vorliegen, wegen deren der Beklagte auf Scheidung klagen könnte, so geht mit dem Recht auf die Scheidungsklage auch das Recht auf den Ausspruch der Mitschuld verloren (JW. 1910 S. 477 Nr. 17, 1913 S. 644 Nr. 9, WarnRspr. 1913 Nr. 101). Die Ausnahmevorschrift im zweiten Halbsatz des § 1574 Abs. 3 BGB. bezieht sich nur auf die Fälle, daß das Recht auf Scheidung durch Verzeihung oder durch Zeitablauf ausgeschlossen ist, also nicht auch auf den Fall des § 616 ZPO. Im übrigen wäre aber der Beklagte auch zur Zeit des Eintritts des von der Klägerin geltend gemachten Scheidungsgrundes, d. h. im Sommer 1925, nicht mehr berechtigt gewesen, wegen des Fernbleibens der Klägerin in dem am 25. Oktober 1921 abgelaufenen

Jahre seinerseits auf Scheidung zu klagen. Er hätte dieses Recht durch Nichtgebrauch im zweiten Scheidungsprozeß nach § 616 ZPO. bereits verloren gehabt.

Die Revision bekämpft — von ihrem Standpunkt aus hilfsweise — auch die Annahme des Berufungsrichters, daß das entscheidende Jahr des § 1567 Abs. 2 Nr. 1 BGB. mit dem 25. Oktober 1921 endgültig abgelaufen sei. Sie legt dar, daß die Klägerin durch das Urteil des Reichsgerichts vom 28. Januar 1924, das den zweiten Scheidungsprozeß abschloß, über die Unzulänglichkeit der von ihr dort geltend gemachten Scheidungsgründe aufgeklärt worden sei, und sie glaubt von diesem Zeitpunkt ab ein neues Jahr im Sinne des § 1567 Abs. 2 Nr. 1 BGB. berechnen zu dürfen. Zu Unrecht — meint sie — leugne der Berufungsrichter die fortdauernde Wirksamkeit des Herstellungsurteils; durch das hartnäckige Widerstreben der Klägerin und den zweiten von ihr angestrengten Scheidungsprozeß habe es seine Kraft nicht verlieren können. Das letztere nimmt auch der Berufungsrichter nicht an, er vertritt aber die richtige Ansicht, daß dem Herstellungsurteil an sich und von Gesetzeswegen nur eine Wirksamkeit von begrenzter Dauer innewohnt.

Das Herstellungsurteil soll dem verurteilten Ehegatten die Rechtswidrigkeit seiner Rückkehrweigerung zum Bewußtsein bringen. Das Gesetz gibt ihm ein Jahr Frist zur Entscheidung, ob er dem Urteil nachkommen will oder nicht. Ist das Jahr verflossen und der verurteilte Ehegatte dem andern wider dessen Willen und in böslicher Absicht während der ganzen Jahresfrist ferngeblieben, so erwächst daraus dem andern das Scheidungsrecht. Tritt dagegen im Lauf des Jahres eine Veränderung ein und ist deshalb das Fernbleiben nicht mehr böslich und nicht mehr dem Willen des andern Ehegatten entgegen, so entsteht das Scheidungsrecht nicht, auch wenn später — sei es vor oder nach Ablauf der Jahresfrist — eine abermalige Veränderung stattfindet und das Fernbleiben des verurteilten Ehegatten wieder eigenmächtig und böslich wird. Man könnte in einem solchen Fall an ein Zusammenrechnen der verschiedenen Zeiträume des böslichen Fernbleibens nach § 191 BGB. denken oder an eine entsprechende Anwendung der Vorschriften über die Hemmung der Verjährung. Beide Möglichkeiten hat aber das Reichsgericht als dem § 1567 BGB. widersprechend in ständiger Rechtsprechung abgelehnt (RGZ. Bd. 60 S. 194, WarnRspr. 1915

Nr. 23, JW. 1921 S. 28 Nr. 7). Man könnte auch anzunehmen geneigt sein — und diese Ansicht vertritt die Revision —, daß mit dem Augenblick, wo das Fernbleiben des verurteilten Ehegatten, nachdem es zunächst aufgehört hatte, eigenmächtig und böslich zu sein, diese Eigenschaften wiedererlangt, auf Grund des alten Herstellungsurteils ein neues Jahr zu laufen beginne. Auch das hat jedoch das Reichsgericht stets abgelehnt, weil die Gesetzesvorschrift mit festen Zeitpunkten und ein für alle Mal bestimmten Fristen rechnet und es nicht angängig ist, hier Unklarheiten entstehen zu lassen, wie sie sich bei Billigung der Gegenmeinung leicht ergeben könnten. Das Reichsgericht hält es deshalb in solchen Fällen für erforderlich, daß erst wieder ein neues Herstellungsurteil erstritten werde; von dessen Rechtskraft ab ist dann wieder eine neue Jahresfrist zu berechnen (vgl. die Entscheidungen des IV. Zivilsenats vom 3. April 1913 IV 632/12, 15. Oktober 1914 IV 274/14 [WarnRspr. 1915 Nr. 23], 17. November 1921 IV 160/21 [LZ. 1922 Sp. 120 Nr. 7], 21. Oktober 1926 IV 242/26 und das Urteil des V. Zivilsenats vom 12. Februar 1921 V 455/20).

Der vorliegende Rechtsfall enthält gewisse Besonderheiten; auch sie haben aber dem Berufungsrichter mit Recht keinen Anlaß zu einer abweichenden Stellungnahme gegeben. Einmal liegt hier die erste Veränderung der Verhältnisse, die das Fernbleiben der Klägerin aufhören ließ, rechtswidrig und böslich zu sein, schon vor der Rechtskraft des Herstellungsurteils, also auch vor dem Beginn der entscheidenden Jahresfrist. Das hat indessen nicht gehindert, daß die Jahresfrist in Lauf gesetzt wurde. Die Entscheidung RGZ. Bd. 60 S. 194 nimmt allerdings an, daß die Jahresfrist erst später zu laufen beginnt, wenn der verurteilte Ehegatte bei Eintritt der Rechtskraft des Herstellungsurteils, z. B. durch Krankheit oder durch Strafhaft, in die Unmöglichkeit versetzt ist, dem Herstellungsbefehl zu gehorchen. Um einen derartigen oder auch nur um einen ähnlichen Fall handelt es sich hier aber nicht.

Eine weitere Besonderheit ergibt sich daraus, daß die zweite Veränderung der Verhältnisse, welche das Fernbleiben der Klägerin wieder rechtswidrig und böslich werden ließ, durch ein gerichtliches Urteil herbeigeführt wurde und daß der Eintritt der Rechtskraft dieses Urteils einen festen Zeitpunkt bestimmt, von dem an die Jahresfrist des § 1567 Abs. 2 Nr. 1 BGB. an sich in zweifelsfreier

Weise berechnet werden könnte. Dabei handelt es sich indessen um einen rein zufälligen Umstand, der es nicht rechtfertigt, von der allgemeinen Regel abzusehen, daß das Herstellungsurteil die entscheidende Jahresfrist immer nur einmal in Lauf zu setzen vermag. Danach ist dem Berufungsrichter darin beizutreten, daß es dem Beklagten obgelegen hätte, erst wieder ein neues Herstellungsurteil zu erstreiten.

---

44. 1. Unter welchen Voraussetzungen sind örtliche Verwaltungsstellen eines Arbeitnehmer-Hauptverbands zugleich selbständige nicht rechtsfähige Vereine?

2. Umfang der Friedenspflicht eines Arbeitnehmerverbands bei einem Mantel- und Lohntarif, dessen Bestandteile von zeitlich verschiedener Dauer sind.

BGB. § 54. ZPO. § 50 Abs. 2, § 56 Abs. 1. Tarifvertrags-Verordnung vom 23. Dezember 1918 § 1.

III. Zivilsenat. Urt. v. 14. Oktober 1927 i. S. Deutscher Textilarbeiter-Verband, Gau I (Bekl.) w. B.-N. & M., G.m.b.H. (Kl.). III 491/26.

I. Landgericht Hannover.
II. Oberlandesgericht Celle.

Zwischen dem Arbeitgeberverband der Textilindustrie, Bezirksgruppe H., dem die Klägerin als Mitglied angehört, dem verklagten Deutschen Textilarbeiter-Verband, Gau I in H., und dem christlichen Textilarbeiter-Verband, Bezirk H., wurde am 22. Dezember 1924 ein Tarifvertrag geschlossen, der vom 1. Januar bis 31. Dezember 1925 in Kraft bleiben und dessen Geltung sich immer um ein Vierteljahr weiter verlängern sollte, wenn er nicht rechtzeitig gekündigt wurde. Bezüglich der Löhne bestimmte § 3 folgendes:

„Die jeweils gültigen Löhne regelt die Lohntafel, die ein Bestandteil dieses Tarifvertrags ist.

Für die Lohntafel kann unabhängig von diesem Tarifvertrag eine besondere Kündigungsfrist vereinbart werden."

§ 9, der sich über die Schlichtung von Streitigkeiten verhält, lautet:

„. . . . Kommt bei Einzel- oder Gesamtstreitigkeiten eine Einigung nicht zustande, so ist zunächst die paritätische Schlichtungsstelle zuständig.

Kommt es auch hier weder zu einer Einigung noch zu einem Spruch, so sind die staatlichen Schlichtungsstellen auf Grund der Schlichtungsverordnung zuständig.

Solange Streitfälle vor den Schlichtungsinstanzen schweben, dürfen weder Arbeitsniederlegungen noch Aussperrungen erfolgen."

Am 1. Oktober 1925 lief der die Löhne regelnde Lohntarif ab. Die paritätische Schlichtungsstelle und ebenso der staatliche Schlichtungsausschuß wurden vergeblich angerufen. Letzterer machte im Schiedsspruch vom 16. Oktober 1925 den Parteien einen Tarifvertrags-Vorschlag, der vom Arbeitgeberverband angenommen, von den Arbeitnehmerverbänden aber abgelehnt wurde. Der Arbeitgeberverband stellte darauf beim Schlichter den Antrag auf Verbindlicherklärung, die auch am 2. November 1925 erfolgte.

Unterdessen hatten von 228 Arbeitern der Klägerin 216 gemäß der in ihre Arbeitsverträge übergegangenen Bestimmung des § 2 des Tarifvertrags, der die Auflösung des Arbeitsverhältnisses jedem Teile mit eintägiger Kündigungsfrist gestattete, am Sonnabend, 24. Oktober, ihre Arbeitsverträge gekündigt und waren vom Montag, 26. Oktober, an nicht mehr zur Arbeit erschienen. Am 31. Oktober sperrte die Klägerin sämtliche Arbeitnehmer ihres Betriebs aus.

Die Klägerin betrachtet die Massenkündigung, die notgedrungen zu einer Stillegung ihres Betriebs hätte führen müssen, als einen Streik. Sie wirft dem Beklagten vor, ihn hervorgerufen und die Streikenden in ihrem vertragswidrigen Verhalten bestärkt und unterstützt zu haben, und macht ihn wegen Verletzung der Friedenspflicht und wegen Tarifbruchs für den ihr durch die Unterbrechung ihrer Fabrikation entstandenen Schaden verantwortlich, da erst am 26. November 1925 die Arbeit in ihrem Betrieb wieder aufgenommen worden sei. Das Landgericht wies die Klage ab, das Oberlandesgericht erklärte den Schadensersatzanspruch dem Grunde nach für berechtigt. Auf die Revision des Beklagten wurde das landgerichtliche Urteil wiederhergestellt.

Gründe:

Der Beklagte hat in der Revisionsinstanz seine in den früheren Rechtszügen nicht bemängelte Parteifähigkeit bestritten. Da ihr

Mangel in jeder Lage des Verfahrens, auch im dritten Rechtszug, von Amts wegen zu berücksichtigen ist (§ 56 Abs. 1 ZPO.), darf das Revisionsgericht selbst die zu ihrer Bejahung oder Verneinung erforderlichen Feststellungen treffen. Nicht rechtsfähige Vereine können verklagt werden, sind also passiv parteifähig (§ 50 Abs. 2 ZPO.). Der Beklagte stellt aber gerade in Abrede, ein nicht rechtsfähiger Verein zu sein. Er meint, daß er nur als eine jeder eigenen Selbständigkeit entbehrende Verwaltungsstelle des Deutschen Textilarbeiter-Verbands anzusehen sei. Nun ist er aber nach außen stets als selbständiger und tariffähiger Arbeitnehmerverein aufgetreten. Als solcher hat er mit dem Arbeitgeberverband der Textilindustrie, Bezirksgruppe H., den Tarifvertrag vom 22. Dezember 1924 geschlossen und Rechte aus ihm für seine Mitglieder hergeleitet. Er ist auch bei den Verhandlungen über einen neuen Lohntarif vom Schlichtungsausschuß und vom Schlichter als selbständiger und tariffähiger Verein behandelt worden. In zwei Rechtszügen hat er sich gegen den Vorwurf des Tarifbruchs nur mit sachlichen Gründen verteidigt, ohne den angeblichen Mangel seiner Vereinseigenschaft geltend zu machen. Schon aus diesem Verhalten ist zu folgern, daß der Beklagte die Rechtsnatur eines Vereins im Sinne des § 54 BGB. besitzt. Jeder Zweifel nach dieser Richtung wird aber durch § 10 der Satzung des Deutschen Textilarbeiter-Verbands ausgeschlossen. In ihm wird der Ausdruck „Gau" in der Regel im Sinne von Gauverband gebraucht. Jeder „Gau" hat seinen eigenen „Sitz", einen Gauvorstand und einen Gauleiter. Dem Gauvorstand liegt die Beratung und selbständige Beschlußfassung über sämtliche Verwaltungsangelegenheiten des Gaues ob. Er kann kleinen Ortsgruppen Zuschüsse aus der „Gaukasse" bewilligen, die vom Gauleiter zu führen ist. Dieser hat außerdem die Verwaltungsgeschäfte zu überwachen. Er hat nur bei der Erledigung von Verbandsangelegenheiten innerhalb des Gaues den Weisungen des Hauptvorstands Folge zu leisten.

Aus alledem ergibt sich, daß die Mitglieder derjenigen Ortsgruppen, aus denen ein Gauverband besteht, zugleich auch seine Mitglieder sind, daß jeder Gauverband eine korporative Verfassung hat und daß der Wechsel seiner Mitglieder auf seinen Fortbestand keinen Einfluß ausübt. Daraus folgt weiter, daß die Gauverbände einerseits zwar Verwaltungsstellen des Hauptverbands, anderseits aber, bei aller Abhängigkeit von ihm in allgemeinen Verbandsangelegenheiten, doch zugleich auch von ihm verschiedene selbständige Vereine sind, die ihre eigenen Interessen nach eigenen Beschlüssen regeln und nach außen hin wahrnehmen. Da also alle wesentlichen Begriffsmerkmale eines nicht rechtsfähigen Vereins (§ 54 BGB.) auf den Beklagten zutreffen, so ist die Rüge der eigenen Parteiunfähigkeit unbegründet.

Sachlich ist der Revision jedoch der Erfolg nicht zu versagen. Das Berufungsgericht geht zutreffend davon aus, daß der Manteltarif und der Lohntarif nach den im Tatbestand wiedergegebenen Vertragsbestimmungen eine organische Einheit bilden. Streitigkeiten über die Löhne während der Dauer des Mantel- und des Lohntarifs fallen daher unbedenklich unter § 9 des Vertrags, der die Erzwingung einer vorzeitigen Änderung der vereinbarten Lohnsätze durch Entfesselung von Wirtschaftskämpfen verhüten will und Arbeitgeber wie Arbeitnehmer auf die Anrufung der dort genannten Schlichtungsstellen verweist. Wenn der Berufungsrichter aber aus der Zusammengehörigkeit von Mantel- und Lohntarif folgert, daß § 9 des Tarifvertrags schlechthin bei allen Lohnstreitigkeiten Platz greife, so übersieht er, daß nach § 3 Abs. 2 a. a. O. der Lohntarif vor dem Manteltarif sein Ende finden kann, daß dieser Fall eingetreten war und daß der Streit der Tarifvertragsparteien nicht die Erhöhung tarifvertraglicher Löhne, sondern das Zustandekommen eines neuen Lohntarifvertrags betraf, der erst mit seinem Abschluß Bestandteil des allein noch gültigen Manteltarifvertrags werden konnte und sollte.

Mit dem Ablauf des Lohntarifs endete naturgemäß auch sein Zusammenhang mit dem Manteltarifvertrag, der nunmehr allein ohne Lohntarif in Geltung blieb. Sein § 9 handelt aber nur von den „aus diesem Vertrag entstehenden Streitigkeiten", d. h. von Streitigkeiten aus den zur Zeit ihrer Entstehung noch in Kraft befindlichen Vertragsbestimmungen. Daher findet § 9 a. a. O. auf Streitigkeiten über den Abschluß und Inhalt neuer Vertragsbestimmungen, die an Stelle eines durch Zeitablauf erloschenen, also nicht mehr in Kraft befindlichen Vertragsbestandteils treten sollen, nach seinem klaren Wortlaut keine Anwendung. Mit diesem steht die Vertragsauslegung des Berufungsrichters im Widerspruch. Sie ist rechtsirrig, weil sie die von den Tarifvertragsparteien gewollte und erklärte zeitliche Beschränkung des organischen Zusammenhangs zwischen Mantel- und Lohntarif nicht berücksichtigt.

Nun ist aber die Friedenspflicht der Tarifvertragsparteien, wie der Senat bereits im Urteil RGZ. Bd. 113 S. 197 ausgesprochen hat, regelmäßig eine relative, die nur den Inhalt des Tarifvertrags schützt. Dafür, daß der Tarifvertrag vom 22. Dezember 1924 die Friedenspflicht ausnahmsweise auch auf die Herbeiführung einer vertraglichen Regelung von Punkten ausgedehnt hat, die in ihm nicht oder nicht mehr geregelt sind, fehlt es an jedem Anhalt. Es läßt sich nicht vermuten, daß die Arbeitnehmerverbände auch für solche Fälle von vornherein auf ihr Recht verzichtet haben, die Interessen ihrer Mitglieder durch Einleitung und Unterstützung von Wirtschaftskämpfen zu fördern. Nach dem Erlöschen des Lohntarifvertrags und nach dem Fehlschlagen der Verhandlungen über den Abschluß eines neuen durfte der Beklagte also, ohne sich eines Tarifbruchs schuldig zu machen, den Arbeitern der Klägerin, die mit ihren außertariflichen Löhnen nicht zufrieden waren, die Arbeitsniederlegung empfehlen und sie, nachdem sie unter Einhaltung der vertraglichen eintägigen Kündigungsfrist diesem Rate gefolgt waren, mit Geldmitteln unterstützen.

Es kann sich nur noch fragen, ob der Beklagte nach der Verbindlicherklärung des Schlichters vom 2. November 1925 und nach dem Zustandekommen eines nunmehr zum wesentlichen Bestandteil des Tarifvertrags vom 22. Dezember 1924 gewordenen Zwangslohntarifs nicht gehalten war, in Betätigung der ihm obliegenden Friedenspflicht seine Mitglieder mit allen ihm zu Gebote stehenden Mitteln zur Wiederaufnahme der Arbeit zu veranlassen. Auch das ist zu verneinen. Nachdem die einzelnen Arbeitsverträge durch eine ordnungsmäßige Kündigung gelöst waren und die Klägerin diese Lösung noch durch ihre Aussperrungserklärung von Ende Oktober unterstrichen hatte, war der Beklagte nicht verpflichtet, seine Mitglieder zum Abschluß neuer Arbeitsverträge zu bestimmen. Eine solche Pflicht legte ihm § 9 a. a. O. nicht auf.

Da der gegen den Beklagten erhobene Vorwurf einer schuldhaften Verletzung der Friedenspflicht somit unbegründet ist, mußte das angefochtene Urteil aufgehoben werden....

45. 1. Über zeichenrechtliche Gleichartigkeit.

2. Zur Frage der Beschränkung der Teillöschungsklage aus § 9 Abs. 1 Nr. 2 WZG.

a) im Falle der Entwicklung des beanstandeten Zeichens zum Kennzeichen des Unternehmens des Zeicheninhabers,

b) wenn die vom Zeicheninhaber nicht geführten eingetragenen Waren nach der Art seines Geschäftsbetriebs ohne weiteres in diesen Betrieb fallen.

WZG. §§ 5, 9 Abs. 1 Nr. 2.

II. Zivilsenat. Urt. v. 14. Oktober 1927 i. S. Akt.-Ges. St. (Kl.) w. Firma St. & Z. (Bekl.). II 133/27.

I. Landgericht Köln, Kammer für Handelssachen.
II. Oberlandesgericht daselbst.

Für die Klägerin ist auf ihre Anmeldung vom 21. August 1911 das Wort „Goldkrone" als Warenzeichen für Kakao, Kakaoprodukte, Schokolade, Tee und eine Reihe anderer Waren unter Nr. 161753 in die Zeichenrolle des Reichspatentamts eingetragen worden. Ferner ist der Klägerin auf ihre Anmeldung vom 6. Februar 1923 unter Nr. 312145 in die Zeichenrolle eingetragen der Spruch: „Stollwerck Goldkrone Edel wie der Name", und zwar als Warenzeichen für die gleichen Waren wie oben, also auch für Tee, außer jenen Waren aber auch für geröstete und gemahlene Eicheln, auch in Mischung mit Kakao, zur Bereitung kaffee- und kakaoähnlicher Getränke. Der Geschäftsbetrieb der Klägerin, in dem die Zeichen verwendet werden sollen, ist bei beiden Eintragungen bezeichnet als: Kakao-, Schokoladen- und Zuckerwarenfabrik, Fabrik von Kanditen, Konserven und anderen Nahrungs- und Genußmitteln, automatischer Warenvertrieb.

Für die Beklagte ist auf ihre Anmeldung vom 2. Oktober 1924 unter Nr. 331864 das Wort „Kronen-Gold" als Warenzeichen für Kaffee und Tee in die Zeichenrolle eingetragen. Ihr Geschäftsbetrieb ist in der Rolle als „Kaffee- und Teehandlung, Kaffeerösterei" gekennzeichnet. Die Beklagte ist nach der Feststellung des Berufungsgerichts in Köln als Spezialgeschäft für Kaffee und Tee im großen und im kleinen bekannt.

Die Klägerin hat, nachdem sie trotz Benachrichtigung durch das Patentamt der Eintragung des Zeichens Nr. 331864 nicht widersprochen hatte, die Beklagte vergebens zur Löschung aufgefordert. Mit der Klage verlangte sie Löschung des Wortzeichens „Kronen-Gold" und Verzicht der Beklagten auf die Sperrfrist aus § 4 Abs. 3 WZG. wegen Verwechslungsfähigkeit der beiderseitigen für gleichartige Waren eingetragenen Zeichen. Die Beklagte begehrte widerklagend Löschung der beiden Wortzeichen der Klägerin, des ersteren, soweit es für Tee, des letzteren, soweit es für Tee und geröstete und gemahlene Eicheln zur Bereitung kaffeeähnlicher Getränke eingetragen ist, weil die Klägerin weder Tee noch Kaffee noch kaffeeähnliche Getränke führe und daher ihr Zeichenschutz für diese Waren nicht berechtigt sei. Unstreitig hat die Klägerin früher auch Tee geführt. Sie hat aber ihrer Angabe nach den Vertrieb von Tee infolge des Kriegs einstellen müssen. Nach Beendigung des Kriegs will sie versucht haben, diesen Geschäftszweig wieder aufzunehmen.

Das Landgericht gab der Klage statt und wies die Widerklage ab. Das Oberlandesgericht dagegen erkannte umgekehrt. Auf die Revision der Klägerin wurde dem Klagantrag stattgegeben und die Widerklage dem Verlangen der Revisionsklägerin entsprechend insoweit abgewiesen, als sie sich auf die Ware Tee bezieht.

Gründe:

Die Verwechslungsfähigkeit der beiderseitigen Wortzeichen „Goldkrone" und „Kronen-Gold" steht außer Zweifel. Das gleiche gilt für das zweite Wortzeichen der Klägerin „Stollwerck Goldkrone Edel wie der Name" und das Wortzeichen „Kronen-Gold". Denn die spruchartige Zusammenfassung des Wortes „Goldkrone" mit noch anderen Wörtern (im zweiten Zeichen der Klägerin) ändert nichts daran, daß die Bezeichnung „Goldkrone", die durch das erste Zeichen der Klägerin geschützt ist, im Verkehr neben dem Firmennamen „Stollwerck" schlagwortartig vor den anderen Wörtern hervortritt. Es handelt sich daher für die Klage nur um die Frage der Gleichartigkeit der beiderseits geschützten Waren, und zwar kommt es für die Revisionsinstanz nur auf die Ware Tee an, da die Klägerin das Urteil des Berufungsgerichts nur insoweit angefochten hat, als hinsichtlich dieser Ware zu ihren Ungunsten erkannt ist.

Die Entscheidung über die Klage hängt nicht von derjenigen über die Widerklage ab. Denn selbst wenn die Widerklage, die als

Popularklage aus § 9 Abs. 1 Nr. 2 WZG. auf Löschung der Ware Tee im Warenverzeichnis der Klägerin — wegen Nichtführung dieser Ware — gerichtet ist, Erfolg hätte und die Klägerin daher ihren Löschungsanspruch nicht mehr darauf stützen könnte, daß beiderseits die gleiche Ware (Tee) durch verwechselbare Zeichen geschützt sei, so müßte doch geprüft werden, ob der Klaganspruch nicht wegen Gleichartigkeit anderer der Klägerin geschützter und von ihr unstreitig geführter Waren, wie Kakao, Schokolade mit der Ware Tee begründet wäre. Das Berufungsgericht hat diese Frage aus einer rechtsirrigen Erwägung nicht geprüft; sie ist aber ohne weiteres zu bejahen. Denn für die zeichenrechtliche Gleichartigkeit ist nach feststehender Rechtsprechung des erkennenden Senats nicht die Gleichheit oder Ähnlichkeit des Stoffes und der Herstellungsart der sich gegenüberstehenden Waren entscheidend, sondern die Frage, ob diese Waren im allgemeinen in Geschäften gleicher oder ähnlicher Art feilgehalten und daher im allgemeinen von den gleichen Kreisen der Bevölkerung gekauft werden. Im Bejahungsfalle sind diese Käufer — und wäre es auch nur ein gewisser, nicht ganz unerheblicher Teil von ihnen — der Gefahr ausgesetzt, in der Gleichheit oder Verwechslungsfähigkeit der Zeichen der dort feilgehaltenen Waren einen Hinweis auf dieselbe Herkunftsstätte zu erblicken. Erfahrungsgemäß wird nun in fast sämtlichen Geschäften, in denen Schokolade und Kakao zu haben ist, auch Tee feilgeboten. Die obige Voraussetzung für die Möglichkeit einer Täuschung der Käufer oder wenigstens eines nicht unerheblichen Teils von ihnen ist somit gegeben.

Da hiernach die zeichenrechtliche Gleichartigkeit der für die Klägerin eingetragenen und unstreitig von ihr geführten Waren (Kakao und Schokolade) mit der für die Beklagte eingetragenen und von ihr geführten Ware Tee zu bejahen ist, so ist entgegen der Auffassung des Berufungsgerichts der Klaganspruch auf Löschung des Zeichens der Beklagten für Tee und ebenso das Verlangen ihres Verzichts auf die Sperrfrist des § 4 Absatz 3 WZG. begründet. Der Revision war daher zur Klage — soweit es sich um Tee handelt — stattzugeben.

Die Revision ist aber auch insoweit begründet, als sie sich gegen die Entscheidung des Berufungsgerichts über die Widerklage richtet. Es handelt sich hier, wie schon erwähnt, um die aus § 9 Abs. 1 Nr. 2

WZG. erhobene Popularklage auf Löschung der Ware Tee im Warenverzeichnis der Klägerin. Dieses Verlangen wird damit begründet, daß die Klägerin diese zwar vor dem Krieg geführte, während des Kriegs aber aufgegebene Ware auch nach Beendigung des Kriegs nicht wieder in ihren Geschäftsbetrieb aufgenommen habe, jedenfalls nicht in einer Weise, die für die Wiederaufnahme dieses Geschäftszweigs als ausreichend angesehen werden könne.

Die grundsätzliche Zulässigkeit einer Teillöschungsklage aus § 9 Abs. 1 Nr. 2 WZG. wegen solcher im Warenverzeichnis eingetragener Waren, die früher vom Zeicheninhaber geführt wurden, deren Führung dann aber eingestellt und in angemessener Zeit nicht wieder aufgenommen wurde, wird vom Reichsgericht anerkannt, ebenso wie die Möglichkeit der Teillöschungsklage wegen sog. Vorratswaren, deren Führung in angemessener Zeit überhaupt nicht aufgenommen worden ist (RGZ. Bd. 101 S. 374, Bd. 104 S. 312). Auch die Rechtslehre macht in dieser Richtung keine Zweifel mehr geltend. Eine Gestaltung, bei der ohne weiteres eine Einschränkung der Teillöschungsklage geboten wäre, liegt hier nicht vor. Denn es handelt sich nicht um einen der Fälle, wo sich das Warenzeichen als Kennwort des Unternehmens des Berechtigten derart Geltung verschafft hat, daß der Verkehr, wenn nunmehr der Inhaber eines andern Betriebs das gleiche Zeichen für ganz andere Waren benutzen wollte, eine Ausdehnung des Betriebs des Zeichenberechtigten annehmen würde. In solchem Fall könnte der Zeicheninhaber, selbst wenn sich sein eingetragenes Warenverzeichnis auf die von ihm geführten Waren beschränkte, von dem andern die Unterlassung der Benutzung fordern, sei es nach § 1 UnlWG. (so RGZ. Bd. 111 S. 197), sei es mit der Popularklage des § 9 Abs. 1 Nr. 3 WZG. (so Hagens Kommentar zum WZG. S. 161). Dann wäre es widersinnig, einem Dritten in bezug auf Waren, die für einen andern Betrieb in der Rolle stehen, ohne daß dieser sie führt, die Teillöschungsklage des § 9 Abs. 1 Nr. 2 WZG. einzuräumen. Denn diese Klage findet ihre Rechtfertigung nur in dem Bedürfnis, für solche Waren das Zeichen dem Verkehr freizugeben. Die Revision hat eine Entwicklung der beiden Warenzeichen der Klägerin zum Kennzeichen ihres Unternehmens selbst nicht ernstlich behauptet. Eine derartige Behauptung ist auch von der Klägerin in den Vorinstanzen niemals aufgestellt worden. Die

Entwicklung eines Wortzeichens zum Kennwort eines ganzen Unternehmens müßte aber auch auf dem hier fraglichen Gebiet der Schokolade-Fabrikation als geradezu ausgeschlossen angesehen werden, da hier der Name des Fabrikanten — zumal ein so bekannter wie „Stollwerck" — bei der Unterscheidung von Waren anderer Hersteller für den Durchschnittskäufer erfahrungsgemäß eine ausschlaggebende Rolle spielt.

Hiernach wäre — entsprechend der Beseitigung des Zeichenschutzes für sog. Vorratswaren, wenn die Absicht, sie zu führen, entweder überhaupt nicht bestand oder nicht in angemessener Zeit verwirklicht wurde — auch der Zeichenschutz für eine früher geführte, aber während des Kriegs aufgegebene Ware zu löschen, wenn nicht der ernstliche Wille, sie wieder aufzunehmen, nach Wegfall des Hindernisses in hinreichender Weise betätigt worden ist.

Nun ist Tee (die Ware, um deren Löschung wegen angeblich unterbliebener Wiederaufnahme dieses Geschäftszweigs es sich hier handelt) nach dem oben Gesagten allerdings gleichartig mit anderen der Klägerin geschützten und unstreitig von ihr geführten Waren, insbesondere mit Kakao, Kakaoerzeugnissen und Schokolade. Auch stellt das Urteil des erkennenden Senats vom 15. Januar 1924 (RGZ. Bd. 108 S. 34) den Grundsatz auf, daß nicht nur die tatsächlich geführten, sondern auch die nicht geführten, aber den geführten gleichartigen Waren in der Zeichenrolle belassen werden müßten. Aber der Senat vermag nach nochmaliger Prüfung an dieser Auffassung nicht festzuhalten, jedenfalls nicht in der damals ausgesprochenen Allgemeinheit. Denn jene Auffassung findet im Warenzeichengesetz keine Stütze und entspricht auch in diesem Umfang keinem Verkehrsbedürfnis; sie führt vielmehr zu einem ins Ungemessene erweiterten Zeichenschutz und zu einer überflüssigen und störenden Belastung der Zeichenrolle. Grundsätzlich soll ja das Warenverzeichnis nur diejenigen Waren enthalten, für die das Zeichen bestimmt ist, d. h. solche, die in dem betreffenden Geschäftsbetrieb schon zur Zeit der Anmeldung geführt werden oder deren Vertrieb innerhalb angemessener Zeit nach der Anmeldung aufgenommen werden soll. Wollte man die Löschung von Waren ohne Rücksicht darauf, ob sie tatsächlich geführt werden, nur deshalb versagen, weil sie anderen eingetragenen und wirklich geführten Waren gleichartig sind, so würde man zu Defensiv- und

Vorratswaren-Verzeichnissen im weitesten Umfang und schließlich zur Firmenmarke gelangen, die das deutsche Warenzeichenrecht nicht kennt (wie sich ohne weiteres aus § 2 WZG. und daraus ergibt, daß § 12 das. das Schutzrecht nur für ganz bestimmte in der Rolle eingetragene Waren verleiht). Es würden — entgegen dem Grundsatz des § 2 WZG. — auf dem Umweg der Gleichartigkeit mit anderen, für denselben Betrieb eingetragenen und von ihm geführten Waren eine Unzahl von nicht geführten Waren eingetragen werden oder eingetragen bleiben. Ein praktisches Bedürfnis hierfür besteht nicht. Denn der Zeichenschutz des § 12 WZG. erstreckt sich nach § 5 das. nicht nur auf die eingetragenen, sondern auch auf die gleichartigen Waren. Hiernach bedarf es für gleichartige Waren zur Erlangung des Zeichenschutzes keiner Eintragung. Anderseits kann aber ihre Löschung nicht lediglich wegen ihrer Gleichartigkeit mit anderen eingetragenen und auch geführten Waren desselben Betriebs versagt werden, wenn der Zeichenberechtigte trotz Ablaufs angemessener Zeit ihren Vertrieb nicht angefangen oder wieder aufgenommen hat. Endlich würde bei uneingeschränkter Aufrechterhaltung der in RGZ. Bd. 108 S. 34 (37) vertretenen Ansicht der Bereich des Zeichenschutzes ohne gesetzliche Grundlage insofern erweitert, als er dann auch die den eingetragenen, aber nicht geführten Waren gleichartigen Waren mitumfaßte.

Jene frühere Auffassung des Senats wird zwar von einigen Schriftstellern (so von J. Seligsohn im Gewerbl. Rechtsschutz 1925 S. 62 und von Reimer ebendas. 1927 S. 81) und namentlich auch von den neueren Kommentaren zum Warenzeichengesetz von A. Seligsohn 3. Aufl. S. 147, Pinzger-Heinemann S. 163, Hagens S. 42flg. und 159 beanstandet. Aber im praktischen Ergebnis kommen sie alle jener Auffassung sehr nahe oder unterscheiden sich kaum noch von ihr. So spricht sich A. Seligsohn a. a. O. nur für die Teillöschung der „betriebsfremden", Pinzger-Heinemann nur für die Teillöschung der nicht „unmittelbar gleichartigen" Waren aus; und Hagens S. 43 und 159 befürwortet die Ablehnung der Teillöschung dann, „wenn es wahrscheinlich ist, daß sich der Geschäftsbetrieb in absehbarer Zeit auf die fraglichen Waren erstrecken wird, z. B. wenn die geführten Waren gleichartig sind".

In der Tat kann bei der Entscheidung der vorliegenden Frage auf die Berücksichtigung der Gleichartigkeit und des nahen wirtschaftlichen Verhältnisses der eingetragenen und nicht geführten zu den eingetragenen und geführten Waren und zu der Art des betreffenden geschäftlichen Unternehmens überhaupt nicht verzichtet werden, wenn auch die Entscheidung Bd. 108 S. 34 in dieser Beziehung zu weit geht. Es sind die besonderen Umstände des Falles zu berücksichtigen, insbesondere ist auf die Art des Geschäfts und auf seine sich daraus ergebenden wirtschaftlichen Bedürfnisse zu achten. Dem vernünftigen Sinn des Warenzeichengesetzes würde es nicht entsprechen, in Fällen, wo sich der Teillöschungsanspruch aus § 9 Abs. 1 Nr. 2 WZG. auf Waren richtet, die nach der Art des Geschäftsbetriebs ohne weiteres in diesen fallen und mit deren späterer Aufnahme daher so gut wie sicher zu rechnen ist, die Löschung ebenso zu regeln wie bei betriebsfremden nicht geführten Waren. Es wäre auch mit dem Zweck des Zeichenschutzes nicht vereinbar, wollte man bei Waren jener Art die Löschung schon dann gewähren, wenn die Erweiterung des Betriebs auf die bisher nicht geführten Waren oder die Wiederaufnahme früher geführter, eine Zeitlang aufgegebener Waren nicht innerhalb kurzer Zeit nach Anmeldung oder nach Beseitigung des der Weiterführung entgegenstehenden Hindernisses klar nachgewiesen würde. Hier muß der schon betonte Nachteil des Betriebsinhabers berücksichtigt werden, wenn für Waren, die er zunächst nicht führte oder deren Führung er aus zwingenden Gründen einstellte, die er aber später in seinen Betrieb aufnahm oder wiederaufnahm und die in engem wirtschaftlichem Zusammenhang mit seinen geführten und eingetragenen Waren stehen, inzwischen das gleiche Zeichen für einen Dritten eingetragen worden ist, weil dessen Waren nicht als gleichartig mit den zunächst allein geführten Waren des andern galten und weil das Warenzeichen des letzteren keine Verkehrsgeltung als Kennzeichen seines Betriebs erlangt hatte.

In Fällen solcher Art werden daher nicht zu strenge Anforderungen zu stellen sein an den vom Zeicheninhaber zu führenden Nachweis für die Ausführung der Absicht, seinen Betrieb auf die für ihn eingetragenen, aber bisher von ihm überhaupt nicht oder einige Zeit lang nicht mehr geführten Waren zu erweitern. Es werden vielmehr in dieser Richtung alle ernsthaft unternommenen Versuche zu berücksichtigen sein, auch wenn sie in die letzte Zeit vor Erlaß des Berufungsurteils fallen sollten. Bei früher geführten

Waren der genannten Art muß der Grund für die Aufgabe ihres Vertriebs und die Frage, ob und wann das Hindernis für ihre Weiterführung weggefallen ist, in einer die Interessen des Zeicheninhabers nach Möglichkeit wahrenden Weise in Betracht gezogen werden. Weiter ist zu beachten, daß sich die Einführung oder Wiedereinführung von Waren, auch wenn sie nach der Art des betreffenden Geschäftsbetriebs ohne weiteres in diesen gehören, nicht sofort in großem Umfang bewerkstelligen läßt und daß daher unter Umständen auch schon verhältnismäßig kleine Anfänge zum Nachweis der Ausführung jener Absicht ausreichen können, vorausgesetzt nur, daß es sich um ernsthafte Versuche der Aufnahme der fraglichen Ware handelt.

Nach diesen Grundsätzen hat das Berufungsgericht die Sachlage nicht gewürdigt. Es hat in erster Linie nicht berücksichtigt, daß Tee mit den für die Klägerin eingetragenen und von ihr geführten Waren Kakao und Schokolade zeichenrechtlich gleichartig ist und in einen mit Kakao, Kakaoerzeugnissen und Schokolade sich befassenden Geschäftsbetrieb erfahrungsgemäß derart hineingehört, daß mit seiner späteren Aufnahme oder Wiederaufnahme so gut wie sicher zu rechnen ist. Unbeachtet ist sodann auch geblieben, daß die Klägerin den früher mit gutem Erfolg ausgeführten Vertrieb von Tee nur wegen der Einfuhrunmöglichkeit und der in den Nachkriegsjahren herrschenden Devisennot gezwungenermaßen unterlassen und trotz der obwaltenden schwierigen Verhältnisse ihre Absicht, wieder Tee zu führen, schon im Jahre 1920 erkennbar betätigt hat. Wenn ihr damals in Anbetracht der gerade für den Teehandel bestehenden ungünstigen Verhältnisse kein dauernder Erfolg auf diesem Gebiet beschieden war, so hat sie doch zur Bestätigung dessen, daß sie ihre Absicht, auch wieder Tee zu vertreiben, nicht aufgegeben habe, im Jahre 1924 wiederum eine — wenn auch kleine — Menge Tee bezogen und feil gehalten. Das gleiche geschah im Januar 1927 mit einer etwas größeren Menge von Tee.

Unter Berücksichtigung aller dieser Umstände muß man zu dem Ergebnis gelangen, daß die Klägerin ihre Absicht, den Vertrieb von Tee wiederaufzunehmen, ernstlich und in genügender Weise praktisch zum Ausdruck gebracht hat. Das angefochtene Urteil war daher wegen Verletzung des § 9 Abs. 1 Nr. 2 WZG. auch zur Widerklage aufzuheben, soweit sie sich auf die Ware Tee bezieht. Auch insoweit war die (klagabweisende) Entscheidung des Landgerichts wiederherzustellen.

46. 1. Gewährt die Sicherungsübereignung im Konkurse des Sicherungsgebers ein Aussonderungsrecht oder nur ein Recht auf abgesonderte Befriedigung?

2. Wird die Klage geändert, wenn der Kläger statt des Aussonderungsrechts ein Recht auf abgesonderte Befriedigung geltend machen will?

KO. §§ 43flg., 47flg. ZPO. §§ 253, 268.

VII. Zivilsenat. Urt. v. 14. Oktober 1927 i. S. D.-O. W.-Bank (Kl.) w. Verwalter im Konkurse der Fa. G. & K. (Bekl.). VII 122/27.

I. Landgericht Düsseldorf.
II. Oberlandesgericht daselbst.

Die Klägerin verlangt vom verklagten Konkursverwalter die Herausgabe von 100 Tonnen Stabeisen und Blechen, 30 Tonnen Gußeisen und 30 Tonnen Halbfertigfabrikaten im Gesamtwerte von 38300 RM. Sie behauptet, daß die Gemeinschuldnerin ihr diese Sachen zur Sicherheit für eine Wechselforderung von 19000 RM übereignet habe. Der Beklagte bestreitet, daß es vor der Zahlungseinstellung der Gemeinschuldnerin zu einer wirksamen Übereignung gekommen sei, und ficht die etwa nach der Zahlungseinstellung vorgenommene Übereignung auf Grund der §§ 30, 31 Nr. 1 KO. an.

Beide Vorinstanzen haben die Klage abgewiesen. Die Revision der Klägerin hielt in erster Linie den Klagantrag aufrecht, stellte aber noch den Hilfsantrag, den Beklagten zur Anerkennung des Absonderungsrechts der Klägerin an den streitigen Gegenständen zu verurteilen. Die Revision blieb ohne Erfolg.

Gründe:

Die Klägerin verlangt vom Beklagten die Herausgabe gewisser Sachen, die sie als ihr Eigentum bezeichnet. Sie fordert damit, wie auch die Klageschrift ausdrücklich hervorhebt, die Aussonderung dem Gemeinschuldner nicht gehöriger Gegenstände aus der Konkursmasse (§ 43 KO.). Gestützt wird der Anspruch auf eine Sicherungsübereignung. Es steht aber in der Rechtsprechung des Reichsgerichts seit jeher fest, daß eine Sicherungsübereignung im Konkurse über das Vermögen des Schuldners für den Gläubiger nicht ein Aussonderungsrecht, sondern nur ein Recht auf abgesonderte Befriedigung begründet (§§ 47flg. KO.; RGZ. Bd. 24 S. 48flg.,

Bd. 91 S. 15, 280; WarnRspr. 1910 Nr. 38). Die Klage entbehrt deshalb von vornherein der Schlüssigkeit. Schon aus diesem Grunde war die Revision zurückzuweisen. Eines Eingehens auf die gegen die Gründe des Berufungsurteils erhobenen Einwendungen bedurfte es nicht mehr.

Die Revision hat noch versucht, den Klagantrag zu berichtigen, und hilfsweise um Feststellung des Rechts der Klägerin auf abgesonderte Befriedigung gebeten. Darin liegt indessen eine Klagänderung, die in der Revisionsinstanz nicht zulässig ist. Jede Klage wird in ihrer Eigenart bestimmt durch den Grund und den Gegenstand des erhobenen Anspruchs. Wird der Klagegrund geändert, so liegt stets eine Klagänderung vor, wie sich aus § 253 Abs. 2 Nr. 2 in Verbindung mit § 268 ZPO. ergibt (RGZ. Bd. 90 S. 433). Eine Änderung des Klagegegenstands ist nach § 268 Nr. 3 ZPO. nur dann nicht als Klagänderung anzusehen, wenn statt des ursprünglich geforderten Gegenstands wegen einer später, d. h. nach der Klagerhebung, eingetretenen Veränderung ein anderer Gegenstand oder das Interesse gefordert wird. Mit ihrem Hilfsantrag hat die Revision den Klagegegenstand geändert. Die Verhältnisse sind aber seit der Klagerhebung dieselben geblieben; schon damals konnte das Recht auf abgesonderte Befriedigung geltend gemacht werden. Die Ausnahmevorschrift des § 268 Nr. 3 ZPO. trifft also nicht zu. Die geänderte Klage durfte nicht zugelassen werden.

---

47. Hat eine Bank eine Darlehensschuld aufzuwerten, deren Schuldnerin sie dadurch geworden ist, daß sie beim Ankauf eines mit einer Darlehenshypothek belasteten Grundstücks mit Zustimmung des Gläubigers die Darlehensschuld in Anrechnung auf den Kaufpreis übernommen hat?

AufwG. § 66.

V. Zivilsenat. Urt. v. 17. Oktober 1927 i. S. Landesbank der Provinz Ostpreußen (Kl.) w. G.'er Lebensversicherungsbank (Bekl.). V 539/26.

I. Landgericht Tilsit.
II. Oberlandesgericht Königsberg.

Die Klägerin hat 1921 von einem gewissen J. ein Hausgrundstück durch Kauf erworben. Auf dem Grundstück lastete seit 1905 zugunsten der Beklagten eine Darlehenshypothek in Höhe von 63000 *M*. Persönlicher Schuldner war der Eigentümer J. Im Kaufvertrag übernahm die Klägerin die Hypothek in Anrechnung auf den Kaufpreis. In einem besonderen Abkommen der Parteien vom Oktober 1922 stimmte die Beklagte der Schuldübernahme durch die Klägerin ausdrücklich zu und es wurden die Darlehensbedingungen dahin geändert, daß das Darlehen bis 1928 unkündbar sein sollte. Auf die Schuld ist nichts zurückgezahlt. Die Klägerin verlangt gleichwohl Löschung der Hypothek und Herausgabe des Briefes, indem sie sich auf § 66 in Verbindung mit § 4 AufwG. beruft. Sie ist in beiden Vorinstanzen unterlegen. Ihre Revision hatte keinen Erfolg.

Gründe:

Wäre § 66 AufwG. anwendbar und auch nicht eine der dort vorgesehenen Ausnahmen gegeben, so würde die Darlehensforderung der Beklagten nicht aufzuwerten sein; sie würde also auch jetzt noch nur in Höhe von 63000 *PM* bestehen, d. h. praktisch erloschen sein, so daß dem Verlangen der Klägerin nach Löschung der Hypothek und Rückgabe des Briefs stattgegeben werden müßte. Daß die Klägerin ein Unternehmen ist, dessen Geschäftsbetrieb der Anschaffung und Darleihung von Geld dient (im folgenden kurz Kreditbank genannt), ist außer Streit. Sie ist dadurch, daß die Beklagte der zwischen ihr und J. vereinbarten Übernahme der Darlehensschuld ausdrücklich zugestimmt hat, Darlehensschuldnerin der Beklagten geworden. Rein äußerlich ist also der Tatbestand des § 66 AufwG. gegeben. Eine der dort bestimmten Ausnahmen liegt nicht vor. In Frage könnte nur kommen, ob etwa die Klägerin, da die Übernahme der Darlehensschuld gegenüber der Beklagten, wie diese bei der Genehmigung der Übernahme wußte, wirtschaftlich der Bezahlung des gekauften Grundstücks diente, auf Grund des Abkommens vom Oktober 1922 „vereinbarungsgemäß das Geld in wertbeständigen Gegenständen (nämlich in dem gekauften Grundstück) anzulegen hatte". Das ist jedoch nicht anzunehmen. Die Parteien waren beim Abschluß jenes Abkommens wohl darüber einig, daß die Klägerin die Darlehensschuld in Anrechnung auf den Kaufpreis und zu dessen teilweiser Tilgung übernommen hatte; daß aber die Klägerin gegenüber der Beklagten verpflichtet sein wollte und sollte, die Darlehensvaluta dauernd, d. h. bis zur Rückzahlung des Darlehens, in dem Grundstück angelegt zu belassen, ist weder behauptet, noch liegt irgendein Anhalt für eine solche Annahme vor. Es muß also davon ausgegangen werden, daß die Klägerin durch das Abkommen mit der Beklagten nicht gehindert war, das Hausgrundstück, wenn es ihr beliebte, wieder zu verkaufen und den Erlös in irgendeiner anderen ihr gutdünkenden Weise anzulegen.

Würde es also zur Anwendbarkeit des § 66 AufwG. genügen, daß eine Kreditbank einem anderen gegenüber eine unter den Rechtsbegriff des Darlehens (§ 607 BGB.) oder des sogenannten uneigentlichen Verwahrungsvertrags (§ 700 BGB.) fallende Schuldverbindlichkeit eingegangen ist, so müßte die Revision Erfolg haben. Mit Recht haben aber die Vorinstanzen angenommen, daß ein Fall wie der vorliegende, in dem eine Kreditbank dadurch Darlehensschuldnerin geworden ist, daß sie beim Kauf eines mit einer Darlehenshypothek belasteten Grundstücks die persönliche Schuld in Anrechnung auf den Kaufpreis übernommen hat, von jener Bestimmung nicht getroffen wird. Die gegenteilige Meinung, die von der Revision und auch mehrfach im Schrifttum vertreten wird, haftet in unzulässiger Weise am Wortlaut des Gesetzes und berücksichtigt nicht den gesetzgeberischen Grund und Zweck der Vorschrift des § 66 AufwG., wie er sich aus der Entstehungsgeschichte des Gesetzes ergibt und auch im Gesetz selbst, wenn auch nicht völlig deutlich, so doch immerhin ausreichend erkennbar zum Ausdruck gekommen ist. Da das Aufwertungsgesetz wegen des drohenden Ablaufs der Geltung der dritten Steuernotverordnung mit großer Eile fertiggestellt wurde, muß die Auslegung bei ihm mehr als bei anderen Gesetzen mit gewissen Unvollkommenheiten des Ausdrucks rechnen und darf sich, um seinem wahren Sinn gerecht zu werden, bei ihm eher als bei anderen Gesetzen vom äußeren Wortlaut freimachen und die erkannte Absicht des Gesetzgebers zur Geltung bringen, sofern nur nicht der klare Wortlaut geradezu entgegensteht.

Daß entgegen dem Wortlaut des § 66, der scheinbar allgemein die Aufwertung jeder gegen eine Kreditbank gerichteten Darlehensforderung verbietet, auch abgesehen von den im Gesetze selbst geordneten Ausnahmen in einzelnen Fällen Darlehensansprüche gegen eine Kreditbank aufgewertet werden müssen, scheint auch die Revision zugeben zu wollen, wenn sie sagt, von der Anwendung des § 66 könnten Darlehen ausgenommen werden, sofern sie für Zwecke bestimmt gewesen seien, die mit dem eigentlichen Bankbetrieb nichts zu tun hätten. Es ist dabei anscheinend an Fälle der Art gedacht, wie sie im Schrifttum erörtert worden sind, in denen z. B. ein Bankier Geld aufgenommen hat, um die Kosten eines Wohnhausbaues oder der Aussteuer seiner Tochter zu decken. Solche Fälle werden, wie nicht zweifelhaft sein kann, in der Tat von § 66 nicht getroffen. Aber auch auf Fälle von der Art des hier zur Entscheidung stehenden findet das Aufwertungsverbot des § 66 keine Anwendung.

Kreditbanken, bei denen Geld als Ware angeschafft und veräußert wird, sind wegen dieser besonderen Eigenart ihres Geschäftsbetriebs durch die Folgen der Geldentwertung in besonders starkem Maße berührt worden. Sie waren von Berufs wegen Markschuldner wie Markgläubiger und hätten an sich von der Entwertung der deutschen Mark ebensowohl Vorteil wie Nachteil haben können. Tatsächlich aber waren sie in weit überwiegendem Maße Opfer der Geldentwertung. Denn wenn sie auch bei der Rückzahlung fremder Gelder, ebenso wie ihre Kunden bei der Rückzahlung der diesen eingeräumten Kredite, den Vorteil genossen, in einer gegenüber dem empfangenen Geld entwerteten Valuta zahlen zu können, so konnten sie doch ihre eigenen Mittel der Entwertung nicht entziehen, da auch die für Vorkriegsverhältnisse ungeheuerlichen Zinssätze schließlich nicht entfernt ausreichten, um die zwischen Hingabe und Rückzahlung des Kredits eingetretene Geldentwertung auszugleichen. So kam es, daß die Kreditbanken im Zeitpunkt der Befestigung der deutschen Währung ihr Eigenkapital zum großen Teil eingebüßt hatten. Waren sie schon deshalb bei der Regelung der Aufwertung unter dem Gesichtspunkt des § 242 BGB. in besonderem Maße schutzbedürftig, zumal wenn man ihnen, wie es dann geschah, durch das Verbot der Aufwertung von Kontokorrentforderungen die Bildung einer Teilungsmasse unmöglich machte, so kam noch hinzu, daß allgemein-volkswirtschaftliche Gründe ihre Rettung und Stärkung (als der Träger der Geldwirtschaft) gerade in der mit der Währungsbefestigung zusammenfallenden und der ihr folgenden Zeit größter Kreditnot notwendig machten. Ihnen etwa dadurch zu helfen, daß man ihnen in besonderem Maße Aufwertungsansprüche gegen ihre Markschuldner gab, war nicht möglich. Hilfe konnte ihnen nur zuteil werden, wenn man sie tunlichst mit Aufwertungspflichten gegenüber ihren Markgläubigern verschonte. § 12 Abs. 3 der dritten Steuernotverordnung, der die Aufwertung von Saldoforderungen aus laufenden Rechnungen oder Kontokorrenten ausschloß, brachte den Kreditbanken nur insoweit Erleichterung, als sie Kontokorrentschuldner waren, versagte ihnen aber auf der anderen Seite die Aufwertung ihrer Kontokorrentforderungen. Der Entwurf des Aufwertungsgesetzes wiederholte erstlich das Verbot der Aufwertung von Kontokorrentforderungen in erweiterter Form und verbot ferner schlechthin die Aufwertung aller Ansprüche gegen Kreditbanken aus Darlehen oder uneigentlichem Verwahrungsvertrag (§ 700 BGB.) mit alleiniger Ausnahme von Ansprüchen aus Beteiligungsverhältnissen und von Fällen, in denen die Bank vereinbarungsgemäß das Geld in wertbeständigen oder aufgewerteten Gegenständen anzulegen hatte. Er schloß also nicht etwa alle Aufwertungsansprüche gegen Kreditbanken überhaupt aus, sondern nur solche gewisser Art. Im Auge hatte er dabei die von den Banken außerhalb des Kontokorrentverkehrs hereingenommenen fremden Gelder, die sog. Depositengelder. Ein allgemeines Aufwertungsverbot zugunsten der Kreditbanken wäre nicht zu rechtfertigen gewesen. Wohl aber ließ es sich begründen, diese Banken für den bei Erfüllung ihrer volkswirtschaftlichen Aufgabe erlittenen Verlust an Eigenkapital zu entschädigen durch Erleichterung der Last, die ihnen aus der in Erfüllung eben dieser Aufgabe betätigten Hereinnahme fremder Gelder oblag. Ein Aufwertungsstock oder eine Teilungsmasse, aus der sie die Ansprüche ihrer Geldgeber befriedigen konnten, war nicht vorhanden. Die Aufwertungslast aber dem Eigenkapital der Banken aufzuerlegen, erschien weder billig noch allgemein möglich noch auch volkswirtschaftlich rätlich, da man mit dem Zusammenbruch zahlreicher Kreditbanken rechnen zu müssen glaubte, falls man ihnen eine auch nur geringe Aufwertung ihrer Verpflichtungen aus der Aufnahme fremder Gelder ansinnen würde.

Wenn die amtliche Begründung zu § 12 Abs. 4 des Entwurfs — jetzt § 66 des Gesetzes — sagt: „Ansprüche auf Aufwertung von Bankguthaben sollen ferner auch dann ausgeschlossen werden, wenn es sich nicht um eine laufende Rechnung handelt", so kann das nicht wohl anders verstanden werden, als daß Kreditbanken auch solche fremden Gelder nicht sollten aufwerten müssen, die nicht über Kontokorrent gelaufen sind. Dieser Teil der fremden Gelder einer Kreditbank wird üblicherweise als „Depositengelder“ bezeichnet. So sagt denn auch der Bericht über die Beratung des Reichstagsausschusses über den Entwurf (erste Lesung), daß sich zu § 12 Abs. 4 eine äußerst lebhafte Debatte über die Frage der Aufwertung der „Bankguthaben (Depositengelder)“ entwickelt habe. Die Depositengelder, die neben den Kontokorrentguthaben den wesentlichsten Teil der fremden Gelder der Kreditbanken ausmachen, erscheinen rechtlich betrachtet entweder als Darlehen nach § 607 oder als Ansprüche aus sog. uneigentlichem Verwahrungsvertrag im Sinne des § 700 BGB. Der Gesetzgeber hat sich, da der Begriff „Depositengelder“ nicht der Rechtssprache, sondern der Sprache des Bankverkehrs angehört, übrigens auch dort kein fester ist, zur Kundgabe seines Willens neben dem Ausdruck „Bankguthaben“ ersichtlich der Formeln bedient, mit denen das Bürgerliche Gesetzbuch die rechtliche Natur der in Frage stehenden Ansprüche bezeichnet. Bei Berücksichtigung des inneren Rechtfertigungsgrundes dieser Vorschrift kann aber nicht wohl ein Zweifel sein, daß nicht die rechtliche Gestaltung der Ansprüche, sondern ihre wirtschaftliche Beziehung zum Bankbetrieb und seiner besonderen Eigenart ausschlaggebend sein soll.

Bei den Beratungen im Ausschuß und in der Vollversammlung des Reichstags wurden mehrfache Versuche gemacht, bestimmte Arten von fremden Geldern vom Aufwertungsverbot auszunehmen, so Einlagen, die von der Bank nachweisbar wertbeständig angelegt worden seien oder doch wertbeständig hätten angelegt werden können (Antrag Best), oder Einlagen, die nach den Grundsätzen des reinen Sparkassenverkehrs zu beurteilen seien (Antrag der Kompromißparteien), oder endlich Darlehen, die von der Bank im eigenen Interesse nachgesucht worden seien (Antrag Dr. Schetter). Die Anträge wurden abgelehnt. Ein anderer Antrag führte zu einer Verbesserung der Aufwertungsmöglichkeit für Ansprüche, die aus Beteiligungsverhältnissen herrühren. Auch diese Anträge ergeben sämtlich, daß man bei der dann als § 66 Gesetz gewordenen Vorschrift an keine anderen Verpflichtungen der Kreditbanken dachte als an die aus der Hereinnahme fremder Gelder für den Bankbetrieb oder, um mit den Worten des Handelsgesetzbuchs zu sprechen, an die aus der Anschaffung der Ware „Geld“ entstandenen.

Daraus folgt, daß eine Kreditbank zur Aufwertung nicht verpflichtet ist, wenn sie zu Zwecken ihres Geldumsatzes von fremder

Seite Geldbeträge hereinnimmt, mag es sich um einen Bankkunden im gewöhnlichen Sinn handeln oder nicht und mögen auch die Bedingungen über die Kündbarkeit usw. im Einzelfall von den für gewöhnliche Depositen üblichen stark abweichen (wie im Fall der Entscheidung RGZ. Bd. 114 S. 354, wo das Kapital von einer Stadtgemeinde auf 10 Jahre unkündbar gegeben war). Nach ausdrücklicher Bestimmung des Gesetzes soll auch die im allgemeinen nicht übliche hypothekarische Sicherstellung einer solchen Einlage am Aufwertungsverbot nichts ändern. Aufwertung hat aber regelmäßig stattzufinden, wenn eine Kreditbank Darlehensschuldnerin wird aus Geschäften, die sie nicht zu dem Zweck eingegangen ist, um den Bestand ihrer dem Ausleihgeschäft dienenden fremden Gelder zu vermehren. Von § 66 AufwG. werden also nicht betroffen die Fälle der schon erwähnten Art, wo die Aufnahme von Geld mit dem Handelsgewerbe der Bank überhaupt nichts zu tun hat, und ebensowenig solche Fälle, in denen die Geldaufnahme an sich zwar zum Betrieb des Handelsgewerbes der Bank im Sinne der §§ 343, 344 HGB. gehörte, aber nicht dem Geldumsatzverkehr der Bank, dem eigentlichen Daseinszweck der Kreditbank, zu dienen bestimmt war. Dazu gehört regelmäßig der Fall, daß eine Kreditbank ein Grundstück, sei es auch zu geschäftlichen Zwecken, erwirbt, aber den Kaufpreis sich ganz oder teilweise stunden läßt und die Kaufpreisschuld in eine Darlehensschuld mit oder ohne hypothekarische Sicherstellung umwandelt. Dazu gehören regelmäßig auch Fälle von der Art des hier zur Entscheidung stehenden, wo die Bank beim Ankauf eines Grundstücks eine bereits darauf lastende Darlehenshypothek in Anrechnung auf den Kaufpreis als Selbstschuldnerin übernimmt. Denn auch hier dient die Übernahme, ebenso wie die Bestellung einer Kaufgeldhypothek, wirtschaftlich der Bezahlung des Grundstücks, nicht aber der Vermehrung der für das Ausleihgeschäft bestimmten fremden Gelder. Ob die Kaufpreisschuld gerade in ein Darlehen umgewandelt wird und ob die übernommene Hypothek gerade für ein Darlehen oder für eine Forderung anderer Art bestellt war, spielt offenbar keine Rolle. Es ist auch ohne Bedeutung, daß der Bank durch die Stundung des Kaufpreises oder durch die Übernahme einer auf dem Grundstück lastenden Hypothek irgendwelcher Art in Anrechnung auf den Kaufpreis eine Ausgabe, d. h. eine Schwächung ihrer Betriebsmittel, erspart wird. Nur Verpflichtungen aus der wirklichen Hereinnahme fremder Gelder zu Ausleihzwecken können berechtigten Anspruch auf Freiheit von der Aufwertung erheben.

Bei dieser einschränkenden Auslegung des § 66 AufwG. befindet sich der Senat im Ergebnis im Einklang mit allen bisher bekannt gewordenen Entscheidungen von Obergerichten zu der streitigen Frage und mit der Ansicht der weitaus meisten und jedenfalls der zur Zeit führenden Stimmen im Schrifttum, ebenso aber auch mit der Auffassung, die bei der Beratung der Novelle zum Aufwertungsgesetz (Ges. vom 9. Juli 1927) vom Reichswirtschaftsminister und aus der Mitte des Reichstags zum Ausdruck gebracht worden ist.

---

48. Liegt in dem vom Versicherer an den Versicherungsnehmer gestellten Verlangen, einen Vordruck zu einer Erklärung über das Vorhandensein von Gefahrumständen zu unterschreiben, eine ausdrückliche schriftliche Frage nach solchen Umständen?

Reichsgesetz über den Versicherungsvertrag § 18.

VII. Zivilsenat. Urt. v. 18. Oktober 1927 i. S. N. G. Lebensversicherungsbank (Bekl.) w. D. u. Gen. (Kl.). VII 294/27.

I. Landgericht Schwerin.
II. Oberlandesgericht Rostock.

Der Molkereiverwalter D. hatte im Jahre 1924 mit der Beklagten einen Lebensversicherungsvertrag über 6000 G.ℳ geschlossen. Er ist am 29. Juli 1925 gestorben und von den Klägern beerbt worden, die nunmehr Verurteilung der Beklagten zur Zahlung der Versicherungssumme verlangen. Diesem Antrag gab das Landgericht statt; die Berufung der Beklagten wurde zurückgewiesen. Auch ihre Revision hatte keinen Erfolg.

Aus den Gründen:

... Die Revision wendet sich gegen die Ansicht des Berufungsgerichts, daß D. nicht schriftlich nach einem von ihm verschwiegenen Umstand gefragt worden sei. Sie findet diese Befragung in dem Verlangen der Beklagten, das Antragsformular zu unterschreiben mit dem Vordruck: „Der Wahrheit gemäß erkläre ich, daß ich seit meiner letzten vertrauensärztlichen Untersuchung oder, falls eine solche nicht stattgefunden hat, seit der letzten Antragstellung weder krank gewesen noch körperlich verletzt worden bin, noch meines Wissens sonst eine nachteilige Veränderung in meinem Gesundheitszustande erlitten habe". Diese Rüge geht fehl. Eine „ausdrückliche schriftliche Frage", wie sie der § 8 der Allgemeinen Versicherungsbedingungen der Beklagten in Anlehnung an § 18 VVG. verlangt, liegt in der Vorlegung des Antragsformulars zur Unterschrift nicht. Das Berufungsgericht stellt fest, daß dem obigen Vordruck vier Fragen vorausgehen, neben denen Raum für die Antworten gelassen ist, und daß sich die vorgedruckte einseitige Erklärung von diesen Fragen deutlich abhebt. Zutreffend führt der Vorderrichter aus, die schriftliche Beantwortung einer Frage nötige zur Überlegung wegen der Gestaltung der Antwort, während die einfache Unterschrift unter vorgedruckten Erklärungen, die erfahrungsgemäß in den Kreisen des D. sehr häufig nicht gelesen oder doch nicht inhaltlich geprüft würden, rein mechanisch abgegeben zu werden pflege. Deshalb kann die Unterzeichnung der vorgedruckten Erklärung nicht der Beantwortung einer ausdrücklich gestellten Frage gleichgestellt werden.

Die Revision sucht sodann noch darzutun, daß der Beklagten nach allgemeinen Versicherungsgrundsätzen ein Rücktrittsrecht zustehe, weil D. grob fahrlässig die Anzeigepflicht verletzt habe. Aber auch dieses Rücktrittsrecht, das der Beklagten durch § 8 Satz 1 der Versicherungsbedingungen an sich gegeben war, wird nach Satz 2 daselbst beseitigt, wenn es sich um das Verschweigen eines Umstandes handelt, nach dem die Beklagte nicht ausdrücklich schriftlich gefragt hat, es sei denn, daß der Umstand arglistig verschwiegen worden wäre. Eine Arglist des D. hat aber das Berufungsgericht mit rechtlich einwandfreier Begründung für widerlegt angesehen. Auch dieser Angriff der Revision geht daher fehl.

---

49. 1. In welchem Umfang findet § 139 BGB. auf Generalversammlungs-Beschlüsse einer Genossenschaft Anwendung?

2. Ist ein gegen § 50 des Genossenschaftsgesetzes verstoßender Beschluß unheilbar nichtig und welchen Einfluß hat eine solche Nichtigkeit auf die Rechtswirksamkeit der gemäß § 7 Nr. 2 daselbst getroffenen Satzungs-Bestimmungen?

3. Unter welchen Voraussetzungen wird die Rechtswirksamkeit eines äußerlich selbständigen Generalversammlungs-Beschlusses durch die Nichtigkeit eines früheren, mit ihm zusammenhängenden Beschlusses der Generalversammlung beeinflußt?

GenG. § 7 Nr. 2, §§ 50, 51. BGB. § 139.

II. Zivilsenat. Urt. v. 18. Oktober 1927 i. S. W.-Genossenschaft m. b. H. (Kl.) w. S. u. Gen. (Bekl.). II 74/27.

I. Landgericht Lüneburg.
II. Oberlandesgericht Celle.

Die Beklagten sind Genossen der am 24. Oktober 1923 gegründeten klagenden Genossenschaft mit beschränkter Haftpflicht. Der § 26 der Satzung lautete ursprünglich:

„1. Der Betrag, bis zu welchem die Genossen sich an Einlagen beteiligen müssen, der Geschäftsanteil, wird auf eine Milliarde Mark festgesetzt.

2. Jeder Genosse ist verpflichtet, den Geschäftsanteil sofort einzuzahlen.

3. Die Beteiligung eines Genossen auf mehrere Geschäftsanteile ist zulässig. Ein Geschäftsanteil muß erworben werden: für jede angefangenen 50 Morgen landwirtschaftlich benutzter Fläche.

4. Die höchste Zahl der Geschäftsanteile, auf welche ein Genosse sich beteiligen kann, beträgt 100."

Ein Generalversammlungs-Beschluß vom 1. März 1924 änderte den § 26 dahin ab, daß in Abs. 1 der Geschäftsanteil „auf 20 RtM" festgesetzt wurde und der Abs. 2 folgende Fassung erhielt:

„Jeder Genosse ist verpflichtet, den Geschäftsanteil zur Hälfte sofort einzuzahlen. Der Rest darf nur mit Genehmigung des Vorstands und des Aufsichtsrats seitens der Geschäftsführung eingezogen werden."

Diesem Abs. 2 gab ein Beschluß der Generalversammlung vom 15. September 1924 folgenden Wortlaut: „Jeder Genosse ist verpflichtet, den Geschäftsanteil sofort nach Aufforderung durch den Vorstand einzuzahlen." Gleichzeitig wurde Abs. 3 Satz 2 dahin abgeändert, daß für jede angefangenen 10 Morgen landwirtschaftlich benutzter Fläche ein Geschäftsanteil erworben werden müsse, und im Abs. 4 die Höchstzahl der Geschäftsanteile auf 500 erhöht.

Endlich erhöhte ein Beschluß der Generalversammlung vom 24. August 1925 den einzelnen Geschäftsanteil (Abs. 1 des § 26) auf 100 RM.

Die Abänderungsbeschlüsse sind im Genossenschaftsregister eingetragen. Eine Anfechtung im Wege der Klage hat nicht stattgefunden; jedoch haben einzelne Genossen beim Registergericht ihre Löschung von Amts wegen angeregt, auch hat das Landgericht Lüneburg am 6. Juli 1926 auf Beschwerde gegen die Ablehnung dieser Anregung die Löschung des den Abs. 2 abändernden Beschlusses vom 15. September 1924 angeordnet, im übrigen aber die Beschwerde zurückgewiesen.

Die Genossenschaft hat gegen die einzelnen Genossen Klage erhoben und verlangt von ihnen entsprechend der Größe der von ihnen genutzten landwirtschaftlichen Flächen die Abgabe von unbedingten Erklärungen auf Zeichnung weiterer Geschäftsanteile gemäß der jetzt geltenden Fassung des § 26. Die Beklagten haben ihre Verpflichtung zur Zeichnung weiterer Geschäftsanteile überhaupt bestritten, da die Beschlüsse vom 1. März und 15. September 1924 gegen § 7 Nr. 2 und § 50 GenG. verstießen und deshalb ihrem ganzen Umfang nach nichtig seien. Außerdem machten sie geltend, der Beschluß vom 24. August 1925 sei auch deshalb nichtig, weil er nicht mit der erforderlichen Dreiviertel-Mehrheit gefaßt sei. Die Klägerin bestreitet die behauptete Nichtigkeit der Beschlüsse, da diese nicht gegen zwingende Vorschriften verstießen; jedenfalls könne die Nichtigkeit jetzt nicht im Wege der Einrede geltend gemacht werden.

Das Landgericht wies die Klage ab. Die Berufung der Klägerin hatte keinen Erfolg. Ihre Revision führte zur Aufhebung und Zurückverweisung.

Gründe:

Das Berufungsgericht hat zwar den § 26 der Satzung der klagenden Genossenschaft in seiner ursprünglichen Fassung als gültig angesehen, aber die Abänderungen durch die Beschlüsse vom 1. März und 15. September 1924 und vom 24. August 1925 wegen Verstoßes gegen zwingende Vorschriften des Genossenschaftsgesetzes für nichtig erachtet und demgemäß die auf sie gegründeten Ansprüche auf Zeichnung weiterer Geschäftsanteile abgewiesen. Das Gericht geht davon aus, daß die einzelnen Bestimmungen des § 26 über die Höhe der Geschäftsanteile, den Zeitpunkt der Einzahlung, die Mindestanzahl von Geschäftsanteilen, welche die einzelnen Genossen nach Maßgabe der von ihnen benutzten Fläche erwerben müssen, sowie über die Höchstzahl der Geschäftsanteile eng miteinander zusammenhingen, sodaß die Ungültigkeit einer dieser Bestimmungen die Ungültigkeit der anderen nach sich ziehe.

Es ist rechtlich nicht zu beanstanden, wenn das angefochtene Urteil die satzungsmäßige Verpflichtung der Genossen zum Erwerb einer Mehrheit von Geschäftsanteilen für zulässig hält (RGZ. Bd. 62 S. 303, Bd. 73 S. 403, Bd. 117 S. 116) und weiter annimmt, daß sich die Beklagten auf eine etwaige unheilbare Nichtigkeit der Abänderungsbeschlüsse auch einredeweise berufen können. Insoweit sind in der Revisionsinstanz auch keine Angriffe mehr erhoben worden. Den Vorinstanzen ist auch darin beizutreten, daß die verschiedenen im § 26 enthaltenen Bestimmungen über Höhe, Mindestzahl und Höchstzahl der von den einzelnen Genossen zu erwerbenden Geschäftsanteile und über den Zeitpunkt der Einzahlungen eng miteinander zusammenhängen und daß daher die Nichtigkeit einer der Abänderungen die Nichtigkeit auch der übrigen zur Folge haben kann. Weder das Landgericht noch das Oberlandesgericht nimmt zur Begründung seines Standpunkts ausdrücklich auf den § 139 BGB. Bezug (der bei einem einheitlichen Rechtsgeschäft auch bei Nichtigkeit nur eines Teils das ganze Rechtsgeschäft für nichtig erklärt, wenn nicht anzunehmen ist, daß es auch ohne den nichtigen Teil vorgenommen worden wäre); beide Gerichte haben aber ersichtlich diese Vorschrift im Auge. Der Anwendung des § 139 BGB. auf Beschlüsse der Generalversammlung einer Genossenschaft stehen jedenfalls insoweit keine Bedenken entgegen, als diese Beschlüsse rechtsgeschäftliche Erklärungen darstellen. Das trifft hier zu, da es sich um Beschlüsse auf Abänderung der Satzung handelt; darin ist eine rechtsgeschäftliche Willensäußerung der Generalversammlung als eines Organs der Genossenschaft zu erblicken. Die Anwendung der Rechtsregel des § 139 BGB. kommt übrigens nur bei den ersten beiden Abänderungsbeschlüssen vom 1. März 1924 und vom 15. September 1924 in Betracht. Beim Beschluß vom 24. August 1925 fragt es sich, ob und wieweit er trotz seiner Selbständigkeit durch eine etwaige Nichtigkeit der vorausgegangenen Beschlüsse in seiner Gültigkeit beeinflußt ist.

Die Abänderung von Abs. 2 des § 26 dahin, daß der Rest des zur Hälfte sofort einzuzahlenden Geschäftsanteils nur mit Genehmigung des Vorstands und des Aufsichtsrats soll eingezogen werden dürfen, wird von den Vorinstanzen wegen Verstoßes gegen § 50 GenG. als nichtig angesehen, weil die Einforderung des Restes nur durch die Generalversammlung hätte beschlossen werden dürfen. Das Berufungsgericht weist zutreffend darauf hin, daß § 50 GenG. nicht zu denjenigen Vorschriften des Gesetzes gehöre, bei denen die Satzung Abweichendes bestimmen dürfe (§ 18 GenG.). Die Festsetzung desjenigen Teiles des Geschäftsanteils, der satzungsgemäß nicht auf Grund des § 7 Nr. 2 GenG. nach Betrag und Zeit bestimmt ist, darf nur durch Beschlußfassung der Generalversammlung geschehen. Eine Übertragung der Festsetzung auf andere Organe der Genossenschaft ist ausgeschlossen und eine hiervon abweichende Satzungsbestimmung wäre schlechthin nichtig. Die Revision bezweifelt dies jetzt auch nicht mehr. Eine andere Frage ist, ob die Nichtigkeit dieses Teils des Beschlusses vom 1. März 1924 unter den vorliegenden Verhältnissen notwendig auch die Nichtigkeit der übrigen beschlossenen Abänderungen des § 26 zur Folge hat oder ob nicht die Ausnahme von der Regel des § 139 BGB. Platz greift, daß diese Abänderungen auch ohne den nichtigen Teil beschlossen worden wären. Bei Anwendung des § 139 BGB. ist zu prüfen, ob der die rechtsgeschäftliche Willenserklärung Abgebende auch dann noch dabei stehen geblieben wäre, wenn er die rechtliche Unverbindlichkeit eines Teils seiner Erklärung gekannt hätte. Dabei ist davon auszugehen, daß der Erklärende (bei einem Vertrag die beiden Beteiligten) seine Entscheidung in vernünftiger Abwägung der in Betracht kommenden Verhältnisse getroffen hätte, daß er insbesondere an der Nichtigkeit eines nur unwesentlichen Teils die Wirksamkeit des ganzen Geschäfts regelmäßig nicht hätte scheitern lassen.

Es ist also zu prüfen, ob die Generalversammlung in ihrer Mehrheit die Festsetzung des Geschäftsanteils auf 20 RtM und die sofortige Einzahlung der Hälfte davon auch dann beschlossen hätte, wenn ihr bekannt gewesen wäre, daß die Bestimmung wegen der Einforderung des Restes rechtsunwirksam ist. Die Erwägungen des Berufungsgerichts werden der Sachlage nicht gerecht und lassen wesentliche Umstände außer acht, die für die Beantwortung dieser Frage in Betracht kommen. Wenn lediglich die gegen § 50 GenG. verstoßende Bestimmung (Einforderung des restlichen Geschäftsanteils nur mit Genehmigung von Vorstand und Aufsichtsrat) wegen Nichtigkeit wegfiele, so hätte das zur Folge, daß ohne weiteres die gesetzliche Regelung des § 50 (Festsetzung der Einforderung des Restes durch die Generalversammlung) an die Stelle treten würde. Das ist auch die jetzige Auffassung der Klägerin, während sie in den Vorinstanzen die vom Oberlandesgericht mit Recht zurückgewiesene Meinung vertreten hatte, es komme dann die Satzung in ihrer ursprünglichen Fassung in Betracht und es sei demgemäß der ganze Geschäftsanteil sofort einzuzahlen. Blieb aber bei Wegfall der nichtigen Bestimmung des Abs. 2 Satz 2 des § 26 die Einforderung des Restes der Entschließung der Generalversammlung vorbehalten, so bedeutete das für den einzelnen Genossen einen wesentlich stärkeren Schutz gegen eine frühere Einforderung des Restes als die Abhängigkeit von der Genehmigung des Vorstands und Aufsichtsrats. Denn auf deren Entschließung stand ihm kein unmittelbarer Einfluß zu, während er in der Generalversammlung durch Anträge und Abstimmung selbst auf die Beschlußfassung einwirken konnte. Schon deshalb ist die Annahme gerechtfertigt, daß die Generalversammlung bei verständiger Würdigung der Interessen der Genossen die übrigen Abänderungen des § 26 auch dann beschlossen hätte, wenn ihr die Unwirksamkeit des Abs. 2 Satz 2 bekannt gewesen wäre.

Unterstützend kommt aber noch folgendes in Betracht: Bei Festsetzung des Geschäftsanteils auf 20 RtM handelte es sich nicht um eine reine Erhöhung, sondern um eine Neufestsetzung des Geschäftsanteils in Rentenmark, wie sie schon vor Erlassung der 2. Durchführungsverordnung zur Goldbilanzverordnung vom 28. März 1924 durch die Zweiten Durchführungsbestimmungen zur Rentenbankverordnung vom 17. Dezember 1923 (RGBl. I S. 1243) zugelassen war; gleichzeitig erfolgte auch die Erhöhung der Haftsumme in Rentenmark. Eine derartige Umwandlung sollte nach § 5 dieser Durchführungsbestimmungen nicht als Erhöhung oder Herabsetzung des Geschäftsanteils und der Haftsumme gelten. Beschloß eine Genossenschaft eine solche Umwandlung in Rentenmark, so erübrigte sich die später durch §§ 47flg. der 2. DurchfVo. zur GBVo. vorgeschriebene Umstellung. Bei dieser Bedeutung des übrigen Inhalts des Beschlusses vom 1. März 1924 hätte die Mehrheit der Genossen sicher auch dann für die Annahme gestimmt, wenn ihnen bekannt gewesen wäre, daß die weitere Bestimmung (über die Einforderung des Restes nur nach Genehmigung von Vorstand und Aufsichtsrat) nicht aufrecht erhalten werden konnte. Außerdem war die ganze Belastung auch der mit größeren Flächen beteiligten Genossen nicht sehr erheblich.

Hiernach ist anzunehmen, daß die Generalversammlung die Abänderung des § 26 der Satzung betreffend die Festsetzung des Geschäftsanteils in Rentenmark und die sofortige Einziehung der einen Hälfte auch ohne die nichtige Bestimmung im Abs. 2 Satz 2 beschlossen hätte. Die durch den Beschluß vom 1. März 1924 herbeigeführte Satzungsänderung bleibt also insoweit gültig; an Stelle der nichtigen Bestimmung tritt die gesetzliche Regelung des § 50 GenG.

Anders ist die Frage der Nichtigkeit des zweiten Abänderungsbeschlusses, vom 15. September 1924, zu entscheiden. Hier verstößt die weitere Abänderung des § 26 Abs. 2 der Satzung: „Jeder Genosse ist verpflichtet, den Geschäftsanteil sofort nach Aufforderung durch den Vorstand einzuzahlen" nicht nur gegen § 50 GenG., sondern auch gegen § 7 Nr. 2 das., wie die Vorinstanzen zutreffend angenommen haben. Eine Nachprüfung der Richtigkeit dieser Entscheidung kann im gegenwärtigen Verfahren nicht mehr stattfinden, nachdem durch die im Verfahren nach § 147 FGG. ergangenen Beschlüsse des Landgerichts vom 4. Januar und 6. Juli 1926 die Nichtigkeit dieses Teils des Beschlusses festgestellt und seine Löschung angeordnet worden ist. Damit steht die Unwirksamkeit dieser Abänderung für alle Beteiligten bindend fest. Im gegenwärtigen Rechtsstreit kommt nur noch in Frage, ob die Nichtigkeit jenes Teils den ganzen Abänderungsbeschluß nichtig macht. Auch dabei handelt es sich um die Anwendung des § 139 BGB., also darum, wie weit bei einem einheitlichen Rechtsgeschäft die Nichtigkeit eines Teils die Wirksamkeit des ganzen Geschäfts beeinflußt. Das Oberlandesgericht hat die Nichtigkeit des zweiten Abänderungsbeschlusses nicht, wie die Revision meint, bloß deshalb angenommen, weil er mit dem ersten, von den Vorinstanzen für nichtig gehaltenen Beschluß vom 1. März 1924 im Zusammenhang stand.

Die Auffassung der beiden Vorderrichter, daß die Nichtigkeit der Abänderung des Abs. 2 des § 26 die Nichtigkeit des ganzen Beschlusses, auch wegen der Erhöhung der Verpflichtung der Genossen zur Zeichnung von Geschäftsanteilen zur Folge haben müsse, kann nicht als rechtsirrig bezeichnet werden. Es läßt sich nicht ohne weiteres sagen, der nichtige Teil sei im Rahmen des ganzen einheitlichen Beschlusses so unerheblich gewesen, daß die Mehrheit in der Generalversammlung bei verständiger Abwägung der Verhältnisse die Abänderungen auch ohne den nichtigen Teil angenommen haben würde, wenn sie gewußt hätte, daß die Bestimmung über die Einforderung keine Wirkung äußern werde. Die Bestimmung wegen der Einforderung der Einzahlungen auf die weiteren Geschäftsanteile wurde, wie das Berufungsgericht annimmt, von den Genossen in dem Sinne verstanden, daß sie damit rechnen konnten, der Vorstand werde von der Ermächtigung nicht sofort, sondern erst nach einer gewissen Frist Gebrauch machen. Wurde diese Bestimmung hinfällig, so hatte das zur Folge, daß auf die Einforderungen wegen der vermehrt zu zeichnenden Geschäftsanteile die Bestimmungen des Beschlusses vom 1. März 1924 und des § 50 GenG. anzuwenden waren. Dann wäre von den Geschäftsanteilen, zu deren Zeichnung die Genossen mit größeren landwirtschaftlich benutzten Flächen durch den neuen Abs. 3 in erheblich gesteigertem Maße verpflichtet sein sollten, die Hälfte sofort einzuzahlen gewesen, während die Bestimmung über die Einforderung des Restes der Generalversammlung überlassen blieb. Schon die sofortige Einforderung der Hälfte des Geschäftsanteils konnte für Genossen mit größeren landwirtschaftlichen Flächen eine erhebliche Mehrbelastung bedeuten und sie veranlassen, unter dieser Voraussetzung überhaupt gegen eine Erweiterung ihrer Pflicht zur Übernahme von Geschäftsanteilen zu stimmen. Das Zustandekommen des Beschlusses wäre also zweifelhaft geblieben. Der Fall liegt hier anders als beim Beschluß vom 1. März 1924, wo es sich um eine nur unerhebliche Belastung der einzelnen Mitglieder handelte, wo die Festsetzung des Geschäftsanteils auf 20 Rentenmark als Umstellungsmaßnahme durch die Veränderung der Währungsverhältnisse geboten und wo die an Stelle der nichtigen Bestimmung tretende gesetzliche Vorschrift des § 50 GenG. den Genossen günstiger war. Hier kann nicht ohne weiteres angenommen werden, daß die Genossen mit der erforderlichen Mehrheit für die Erhöhung ihrer Zeichnungspflicht gestimmt hätten, wenn die nichtige Bestimmung des Abs. 2 des § 26 der Satzung wegfiel, die von ihnen im Sinne einer Befristung der Einzahlungspflicht aufgefaßt wurde. Es verbleibt also für den Beschluß vom 15. September 1924 bei der Anwendung der Regel des § 139 BGB.; er ist im ganzen als nichtig anzusehen, so daß eine höhere Zeichnungspflicht der Genossen nicht besteht.

Die Nichtigkeit des äußerlich selbständigen Beschlusses vom 24. August 1925 über die Erhöhung des Geschäftsanteils von 20 RtM auf 100 RM wird vom Berufungsgericht darauf gestützt, daß er mit den nichtigen Beschlüssen vom 1. März und 15. September 1924 aufs engste verknüpft sei, durch welche die Einzahlung der Geschäftsanteile und deren Höchst- und Mindestanzahl bestimmt werden sollte. Hier kommt, wie bereits hervorgehoben, die Anwendung des § 139 BGB. nicht in Betracht; die Nichtigkeit dieses Beschlusses könnte vielmehr nur darauf gestützt werden, daß der spätere Beschluß innerlich mit dem früheren zusammenhängt. Ein derartiger innerer, sachlicher Zusammenhang liegt nicht nur dann vor, wenn der spätere Beschluß ausdrücklich auf den früheren Bezug nimmt, sondern kann sich auch aus dem Inhalt des zweiten Beschlusses ergeben. Er wird besonders dann vorhanden sein, wenn der spätere Beschluß sich als eine Abänderung, Ergänzung oder Ausführung des früheren darstellt. Dann fehlt bei Nichtigkeit des früheren Beschlusses eine notwendige Voraussetzung für den späteren, so daß auch er ohne weiteres unwirksam ist. Diese Voraussetzungen würden für das Verhältnis des Beschlusses vom 24. August 1925 zu dem vom 1. März 1924 zutreffen, wenn der letztere wirklich nichtig wäre; denn der spätere Beschluß enthält eine unmittelbare Abänderung des früheren hinsichtlich der Höhe der einzelnen Geschäftsanteile. Anders stellt sich das Verhältnis zum zweiten Abänderungsbeschluß (vom 15. September 1924). Er betraf nicht die Höhe des einzelnen Geschäftsanteils, sondern regelte die Art seiner Einforderung und erhöhte die Zeichnungspflicht. Der spätere Beschluß konnte auch Bestand haben, wenn die Bestimmungen des früheren (vom 15. September 1924) wegen Nichtigkeit keine rechtliche Wirkung äußerten. Es ist auch nicht anzunehmen, daß sich die Mehrheit der Genossen nicht zu einer Erhöhung des Geschäftsanteils entschlossen hätte, wenn ihr bekannt gewesen wäre, daß die durch den Beschluß vom 15. September 1924 angeordneten Abänderungen nicht zum Zuge kämen. Denn dann fiel für die Genossen mit größeren Flächen auch die erhöhte Verpflichtung zur Zeichnung von Geschäftsanteilen fort und es bestand fortan nur noch die Verpflichtung, für die ursprünglichen Geschäftsanteile die Hälfte der durch die Erhöhung bedingten Leistungen sofort zu zahlen, während wegen der anderen Hälfte die Entschließung der Generalversammlung vorbehalten blieb. Im Ergebnis bedeutete also der Wegfall des Beschlusses vom 15. September 1924 eine Minderung der Verpflichtungen der Genossen, und es läßt sich deshalb nicht sagen, daß die Abstimmung in der Generalversammlung vom 24. August 1925 bei Kenntnis der Nichtigkeit anders ausgefallen wäre.

Demgemäß muß für die Bestimmung des Umfangs der Zeichnungspflicht der Beklagten von der Gültigkeit der Beschlüsse vom 1. März 1924 und vom 24. August 1925 im bezeichneten Umfang ausgegangen und geprüft werden, wie weit den von der Klägerin in der Berufungsinstanz gestellten Hilfsanträgen stattzugeben ist. . . .

---

50. Kann der Eigentümer einer Wohnung im ordentlichen Rechtsweg Klage erheben auf Feststellung, daß die Ortsgemeinde nicht berechtigt sei, über die Wohnung durch Einweisung von Wohnungsuchenden zu verfügen?

GVG. § 13.

III. Zivilsenat. Urt. v. 18. Oktober 1927 i. S. P. (Kl.) w. Marktgemeinde W. (Bekl.). III 13/27.

I. Landgericht München II.
II. Oberlandesgericht daselbst.

Im Jahre 1921 kaufte der Kläger das Haus Nr. 237 in W., in dem damals Josef Bä. und Hans Bi. als Mieter wohnten. Um die von diesen bewohnten Räume für sich benutzen zu können, kaufte der Kläger ferner eine auf dem Grundstück Nr. 390 in W. gelegene Wirtschaftskantine und ließ in sie ohne Inanspruchnahme öffentlicher Mittel zwei Wohnungen einbauen. In die neuen Wohnungen zogen Bä. und Bi. ein, während die von ihnen im Hause Nr. 237 innegehabten Wohnungen vom Wohnungsamt dem Kläger zugewiesen wurden. Im Jahre 1925 zog Bä. aus der Wohnung im Hause Nr. 390 aus. Das Wohnungsamt W. wies sie durch Beschluß vom 31. August 1925 dem Arbeiter K. zu. Die Beschwerde des Klägers gegen diesen Beschluß wurde vom Bezirksamt W. verworfen.

Der Kläger hat nunmehr gegen die Gemeinde W. Klage erhoben mit dem Antrag, festzustellen, daß sie nicht berechtigt sei, über die von ihm im Jahre 1921 aus eigenen Mitteln hergestellten Notwohnungen auf dem Grundstück Nr. 390 durch Einweisung von Wohnungsuchenden zu verfügen. Er macht geltend, daß die beiden Wohnungen durch Um- und Einbauten ohne Inanspruchnahme öffentlicher Mittel neu geschaffene Räume seien und deshalb der Wohnungszwangswirtschaft nicht unterlägen. Der Beklagten stehe daher kein Recht zu, in sein Eigentum an ihnen einzugreifen und über sie zu verfügen. Er habe ein rechtliches Interesse daran, daß das durch gerichtliches Urteil alsbald festgestellt werde.

Die Vorinstanzen haben die Klage wegen Unzulässigkeit des Rechtswegs abgewiesen. Die Revision des Klägers blieb erfolglos.

Gründe:

... Das Berufungsgericht hat mit zutreffender, mit der Rechtsprechung des Reichsgerichts im Einklang stehender Begründung angenommen, daß für die Klage der Rechtsweg unzulässig sei. Insbesondere ist ihm darin beizupflichten, daß der Rechtsweg nicht deshalb gegeben ist, weil sich der Kläger auf sein Eigentum an den beiden auf dem Grundstück Nr. 390 von ihm ausgebauten Wohnungen beruft. Für die Eigentumsabwehrklage ist, obwohl sie auf ein Privatrecht gestützt wird, der Rechtsweg ausgeschlossen, wenn schon nach dem Klagvortrag der abzuwehrende Eingriff auf Grund einer öffentlichrechtlichen, der gerichtlichen Entscheidung nicht unterliegenden Befugnis erfolgt ist (RGZ. Bd. 93 S. 259, Bd. 108 S. 168). Das ist hier der Fall. Denn die Zuweisung der einen Notwohnung an den Arbeiter K., die den Kläger zur Klage veranlaßt hat, ist, wie sich schon aus seiner eigenen Darstellung ergibt, vom Wohnungsamt in Ausübung der den Gemeinden durch die

Gesetzgebung zur Behebung der Wohnungsnot übertragenen obrigkeitlichen Befugnisse vorgenommen worden. Die Klage wendet sich also gegen einen Eingriff in das Eigentum des Klägers, der auf Grund eines der Beklagten übertragenen Staatshoheitsrechts erfolgt ist, und bezweckt die Feststellung, daß dieser, wie auch gleichartige Eingriffe in das Eigentum des Klägers, der Beklagten nicht gestattet seien. Für eine so begründete Klage ist der Rechtsweg nicht gegeben.

Allerdings hat das Reichsgericht anerkannt, daß der durch eine obrigkeitliche Anordnung Geschädigte dann vor dem ordentlichen Richter Klage erheben kann, wenn die Anordnung ohne jeden Rechtsgrund in offenbarer Willkür getroffen worden ist (RGZ. Bd. 105 S. 39; Urteil des Senats vom 19. Juni 1925 III 612/24, abgedruckt Preuß. VerwBl. Bd. 47 S. 454). Ein solcher Fall liegt hier indessen nicht vor. Es ist zwar richtig, daß die Vorschriften des Wohnungsmangelgesetzes auf die vom Kläger aus eigenen Mitteln errichteten neuen Wohnungen keine unmittelbare Anwendung finden (§ 12 WMG.). Das Wohnungsamt der verklagten Gemeinde hat aber die eine der beiden Wohnungen in Anspruch genommen auf Grund der Bedingungen, die es an die Überlassung der alten Wohnung im Hause Nr. 237 an den Kläger geknüpft haben will. Es leitet daraus die öffentlichrechtliche Befugnis her, über die beiden neuen Wohnungen zu verfügen. Ob diese Ansicht zutrifft oder nicht, ist im gegenwärtigen Rechtsstreit nicht zu entscheiden. Denn selbst wenn sie nicht richtig wäre, wenn der Beklagten, wie der Kläger meint, nur Ansprüche aus einem bürgerlichrechtlichen Vertrag zustehen könnten, so würde daraus doch nur die Fehlerhaftigkeit der getroffenen Maßnahme folgen, nicht auch ein willkürliches, sich über jede Rechtsschranke hinwegsetzendes Verhalten des Wohnungsamts, das überhaupt nicht mehr als obrigkeitliches Handeln anzusehen wäre. Die Klage würde sich dann immer noch gegen eine — allerdings mangelhafte — Amtshandlung wenden. Die bloße Unrechtmäßigkeit einer Amtshandlung vermag aber, wie das Reichsgericht vielfach ausgesprochen hat, den Rechtsweg gegen sie nicht zu eröffnen. Bemerkt werden soll noch, daß das S. 109 dieses Bandes abgedruckte Urteil des Senats vom 27. September 1927 III 43/27 einen andersartigen Fall betrifft. Die Klage, über die dort zu entscheiden war, richtete sich nicht unmittelbar gegen die Ausübung staatlicher Hoheitsrechte.

Zu Unrecht zieht die Revision den Gesichtspunkt des Schadensersatzes heran. Einen Anspruch, der sich auf fahrlässige Amtspflichtverletzung eines Beamten gründet, hat der Kläger nicht geltend gemacht. Der unmittelbar gegen die obrigkeitliche Betätigung der Beklagten gerichtete Feststellungsanspruch, der allein den Gegenstand der Klage bildet, hat einen völlig anderen Inhalt als der bezeichnete Schadensersatzanspruch. Aus der Zulässigkeit des Rechtswegs für diesen kann daher kein Schluß auf seine Zulässigkeit auch für jenen Feststellungsanspruch gezogen werden.

---

51. 1. Kann die nach dem preußischen Gesetz über den Verkehr mit Grundstücken vom 10. Februar 1923 zur Veräußerung eines Grundstücks erforderliche Genehmigung noch erteilt werden, wenn sie bereits endgültig versagt worden ist?

2. Zur Anwendbarkeit der Vorschriften des Bürgerlichen Gesetzbuchs über den öffentlichen Glauben des Grundbuchs auf Vormerkungen.

Preuß. GrundstVerkGes. v. 10. Februar 1923 § 1. BGB. §§ 883flg., 892, 893.

V. Zivilsenat. Urt. v. 19. Oktober 1927 i. S. Schm. u. Gen. (Bekl.) w. C. (Kl.). V 465/26.

I. Landgericht Breslau.
II. Oberlandesgericht daselbst.

Durch notariellen Vertrag vom 10. Januar 1923 verkaufte der inzwischen (im März 1925) in Konkurs geratene und durch den klagenden Konkursverwalter C. vertretene Kaufmann G. ein in B. gelegenes Hausgrundstück an den Beklagten Schm. Im Kaufvertrag war die Bestimmung enthalten, daß der Kaufpreis, soweit er nicht durch Hypothekenübernahme und sofortige Barzahlung gedeckt war, in tschechischen Kronen zum damaligen Tageskurs beglichen werden solle. Bei der zu notariellem Protokoll vom 15. Januar 1923 erfolgten Auflassung erklärten die Vertragschließenden, daß sie die auf Zahlung in tschechischer Valuta gerichtete Abrede wieder aufhöben, daß aber im übrigen alle Vertragsbestimmungen unverändert bestehen bleiben sollten. Durch Bescheid des Magistrats vom 17. Mai 1923 wurde die auf Grund des preußischen Gesetzes über den Verkehr mit Grundstücken vom 10. Februar 1923 zur Veräußerung erforderliche Genehmigung des Vertrags vom 10. Januar 1923 versagt. Die von den Vertragschließenden dagegen eingelegte Beschwerde wurde im Juni 1923 vom Regierungspräsidenten zurückgewiesen. Gleichwohl ist der Beklagte Schm. vom Grundbuchrichter am 5. September 1923 als Eigentümer in das Grundbuch eingetragen worden. Schm. hat das Grundstück, und zwar, wie der Kläger behauptet, nur durch mündlichen Vertrag, an die beklagten Eheleute Schw. weiterverkauft. Der beklagte Ehemann Schw. hat sodann auf Grund einer ihm vom Beklagten Schm. erteilten Vollmacht, durch die er unwiderruflich zum Verkauf des Grundstücks und zu allen darauf bezüglichen Rechtshandlungen für ermächtigt erklärt wurde, zur Sicherung des von seiner Frau erhobenen Anspruchs auf Auflassung des Grundstücks eine Vormerkung in das Grundbuch eintragen lassen. Der Kläger vertritt den Standpunkt, der von ihm mit dem Beklagten Schm. abgeschlossene Kaufvertrag sei wegen Verstoßes gegen die Devisenverordnung nichtig; denn die bei der Auflassung getroffene Vereinbarung sei nur zum Schein getroffen worden. Abgesehen davon sei die Veräußerung des Grundstücks an Schm. durch endgültige Versagung der dazu erforderlichen Genehmigung auch unwirksam, und Schm. sei daher nicht Grundstückseigentümer geworden. Es habe sonach auch die Beklagte Ehefrau Schw. schon aus diesem Grunde durch die Eintragung der Vormerkung keine Rechte erwerben können. Auf die Vorschriften über den öffentlichen Glauben des Grundbuchs könne sie sich nicht berufen. Denn diese seien auf Vormerkungen nicht anwendbar. Auch habe die beklagte Ehefrau Schw. bei Eintragung der Vormerkung gewußt, daß dem Beklagten Schm. die Genehmigung zum Erwerb des Grundstücks versagt worden sei. Zudem bestehe auch der vorgemerkte Anspruch nicht zu Recht. Denn der zwischen dem Beklagten Schm. und den Beklagten Eheleuten Schw. geschlossene Vertrag entbehre nicht nur der in § 313 BGB. vorgeschriebenen Form, sondern auch der nach dem preußischen Grundstücksverkehrsgesetz erforderlichen Genehmigung. Der Kläger hat deshalb Klage erhoben mit dem Antrag:

1. den Beklagten Schm. zu verurteilen, in die Berichtigung des Grundbuchs dahin zu willigen, daß der Gemeinschuldner G. wieder als Eigentümer des Grundstücks in das Grundbuch eingetragen werde,

2. die beklagte Ehefrau Schw. zur Bewilligung der Löschung der zu ihren Gunsten eingetragenen Vormerkung und ihren Mann zur Duldung der Zwangsvollstreckung in ihr eingebrachtes Gut zu verurteilen.

Die Beklagten haben, nachdem sie in erster Instanz klagegemäß verurteilt worden waren, in der Berufungsinstanz noch weiter vorgebracht, daß es dem Kläger, auch abgesehen von der Veräußerung des Grundstücks an den Beklagten Schm., um deswillen an der Klagebefugnis fehle, weil der Gemeinschuldner auf Grund eines wegen unrichtiger Kaufpreisangabe formungültigen Kaufvertrags vom 30. November 1922 und der Auflassung vom 30. Dezember 1922 erst am 30. Mai 1923, also erst nach dem Inkrafttreten des Grundstücks-Sperrgesetzes als Eigentümer eingetragen worden sei und daher beim Fehlen der zur Veräußerung erforderlichen Genehmigung des wirklich abgeschlossenen Vertrags kein Eigentum erlangt habe. Das Oberlandesgericht hat nach Beweisaufnahme darüber, ob der Gemeinschuldner das Grundstück durch einen Schwarzkauf erworben habe, die Berufung der Beklagten zurückgewiesen.

Die Revision des Beklagten Schm. hat sich durch Zurücknahme erledigt. Auf die Revision der beklagten Eheleute Schw. wurde das oberlandesgerichtliche Urteil, soweit es diese Beklagten betrifft, aufgehoben und die Sache in diesem Umfang an das Berufungsgericht zurückverwiesen.

Gründe:

Das Berufungsgericht geht davon aus, der vom klagenden Konkursverwalter vertretene Gemeinschuldner G. sei durch Auflassung und Eintragung Eigentümer des Grundstücks geworden. Denn einer Genehmigung der Veräußerung des Grundstücks an ihn habe es nach dem preußischen Grundstücks-Verkehrsgesetz nicht bedurft, da diese Veräußerung auf Grund eines vor dem 1. Januar 1923 rechtswirksam abgeschlossenen Kaufvertrags erfolgt sei. G. sei auch ungeachtet der Umschreibung des Grundstücks auf den Beklagten Schm. Eigentümer geblieben. Denn die

Veräußerung an diesen habe der Genehmigung bedurft und sei infolge endgültiger Versagung dieser Genehmigung unwirksam gewesen. Daraus ergebe sich, daß auch die Beklagte Ehefrau Schw. aus der zu ihren Gunsten eingetragenen Vormerkung schon deshalb keine Rechte herleiten könne, weil die Eintragung der Vormerkung nicht vom Eigentümer bewilligt sei, die Vorschriften über den öffentlichen Glauben des Grundbuchs auf Vormerkungen aber keine Anwendung fänden.

Die Revision hat gegen diese Erwägungen nur den Einwand erhoben, es sei nicht beachtet, daß die Behörde durch die Versagung der Genehmigung nicht gehindert werde, die Genehmigung auf Grund erneuter Vorstellung zu erteilen, und dies sei hier nach der Erlassung des Berufungsurteils geschehen. Im übrigen hat die Revision lediglich um Nachprüfung des Berufungsurteils gebeten.

Der Angriff kann keinen Erfolg haben. Die Revision übersieht, daß durch endgültige Versagung der Genehmigung der Vertrag, um den es sich dabei handelte, unwirksam wurde und daß daher von nun an eine Genehmigung dieses Vertrags nicht mehr in Frage kommen konnte. Freilich würde diese Erwägung nicht der Prüfung der Frage entgegenstehen, ob nicht die Vertragsparteien hier, wie die Beklagten behaupten am 15. Januar 1923, einen neuen Vertrag geschlossen haben, dessen Wirksamkeit von der Versagung der Genehmigung zu dem am 10. Januar 1923 geschlossenen Vertrag nicht betroffen wurde und der daher auch durch Genehmigung hätte wirksam werden können. Aber diese Frage bedarf im gegenwärtigen Rechtszug keiner Erörterung. Denn tatsächlich war eine solche Genehmigung nach dem tatbestandsmäßigen Vorbringen der Parteien in den Vorinstanzen nicht erteilt. Mithin ist die Klagbefugnis des Klägers, der auch kein sonstiges von Amts wegen zu beachtendes Bedenken entgegensteht, nicht zu bemängeln. Die neue Behauptung der Beklagten, die Genehmigung sei inzwischen erteilt worden, ist in dieser Instanz nicht zu beachten.

Als nicht haltbar erweist sich dagegen die dem angefochtenen Urteil zugrundeliegende Annahme, daß der Beklagten Ehefrau Schw. der öffentliche Glaube des Grundbuchs schon deshalb nicht zustatten kommen könne, weil die Vorschriften des Bürgerlichen Gesetzbuchs hierüber auf Vormerkungen nicht anwendbar seien. Diese Auffassung ist allerdings richtig, soweit es sich um unmittelbare Anwendung des § 892 BGB. handelt. Denn durch die Eintragung einer Vormerkung wird kein Recht an einem Grundstück und auch kein Recht an einem solchen Recht im Sinne dieser Vorschrift begründet. Das hat der Senat noch in dem JW. 1927 S. 1828 Nr. 9 abgedruckten Urteil anerkannt. Dagegen ist die Bewilligung der Eintragung einer Vormerkung, wenn die Eintragung erfolgt, mit Rücksicht auf die hierdurch bewirkte dingliche Gebundenheit des betroffenen Grundstücks oder Rechts als eine Verfügung im Sinne des § 893 BGB. anzusehen. Daraus folgt, daß wegen der dort vorgeschriebenen entsprechenden Anwendbarkeit der Vorschriften des § 892 dem Vormerkungsberechtigten zwar nicht für den Bestand seiner Forderung, wohl aber für die dingliche Gebundenheit des von der Vormerkung betroffenen Grundstücks oder Rechts der Schutz des öffentlichen Glaubens des Grundbuchs zustatten kommt. Dieser Schutz muß aber dahin wirken, daß der Vorgemerkte auch in seinem guten Glauben an das Bestehen des eingetragenen, von der Vormerkung betroffenen Rechts geschützt wird. Denn für die gegenteilige Annahme bietet das Gesetz keinen zulänglichen Anhalt. In diesem Sinne hat sich auch die im Schrifttum überwiegend vertretene Meinung ausgesprochen (vgl. zu dieser Frage die von Güthe-Triebel GBO. § 25 Anm. 14 angeführten Schriftsteller).

Das angefochtene Urteil läßt sich daher, soweit es die Beklagten Eheleute Schw. betrifft, mit der bisherigen Begründung nicht aufrecht erhalten. Zur Endentscheidung ist die Sache noch nicht reif. Denn es sind gegen den Bestand der zugunsten der Beklagten Ehefrau Schw. eingetragenen Vormerkung noch weitere Einwendungen erhoben, deren tatsächliche Grundlagen noch nicht geklärt sind.

---

52. Zur rechtlichen Bedeutung der Anschauungen der beteiligten Verkehrskreise über die Frage, in welchem Umfang die Angestellten der Depositenkassen von Großbanken zum Abschluß von Geschäften bevollmächtigt sind.

HGB. § 54.

IV. Zivilsenat. Urt. v. 20. Oktober 1927 i. S. Direktion der Disconto-Gesellschaft (Bekl.) w. A. GmbH. (Kl.). IV 218/27.

I. Landgericht I Berlin.
II. Kammergericht daselbst.

Die Klägerin verlangt von der Beklagten Zahlung von 42000 RM nebst 3% monatlicher Zinsen seit dem 9. März 1925 und stützt diesen Anspruch auf ein an den Kaufmann K. gerichtetes Schreiben der Beklagten folgenden Inhalts:

Halensee, 9. Februar 1925.

Wir teilen Ihnen hierdurch mit, daß wir von der Firma J. G. den unwiderruflichen Auftrag erhalten haben, Ihnen am 9. cr. zehntausend Dollars bzw. M 42000 nach Ihrer Wahl und ferner am 9. März, 9. April, 9. Mai cr. je M 1260 zu zahlen.

Wir werden diesen Zahlungsauftrag der Firma J. G. hier am 9. Mai cr. unwiderruflich an Sie ausführen.

Hochachtungsvoll
Direktion der Disconto-Gesellschaft
Depositenkasse Kurfürstendamm 163/64
B. D.

Sie behauptet, daß K. seinen hieraus abzuleitenden Anspruch an sie abgetreten habe.

Die Beklagte wendet ein, die damals an ihrer Depositenkasse angestellten Aussteller des Schriftstücks seien nicht zum Abschluß derartiger Geschäfte bevollmächtigt gewesen; sie hafte deshalb aus der von ihnen abgegebenen Erklärung nicht. Daß die Forderung von K. an die Klägerin abgetreten sei, bestreitet die Beklagte nicht mehr.

Die Vorinstanzen haben der Klage stattgegeben, abgesehen von der Höhe der Zinsen. Die Revision der Beklagten hatte keinen Erfolg.

Gründe:

Daß etwa der ursprüngliche Gläubiger K. durch den Ausdruck „Direktion der Disconto-Gesellschaft" in dem ihm zugegangenen Schreiben irregeführt und in den Glauben versetzt worden wäre, er habe es mit Erklärungen der Hauptstelle zu tun, wird nicht behauptet. Er hat offenbar gewußt, daß das Wort „Direktion" hier einen Teil der Firmenbezeichnung darstellt.

Die beiden Unterzeichner des Schriftstücks vom 9. Februar 1925 waren Angestellte an der oben bezeichneten Depositenkasse der

Beklagten; B. war Leiter der Kasse, O. Leiter der dortigen Buchhaltung. Daß sie ausdrücklich zum Abschluß von Geschäften der hier in Rede stehenden Art — die von der Beklagten als Akkreditivausstellung bezeichnet werden — bevollmächtigt gewesen seien, bestreitet die Beklagte. Die Vorinstanzen nehmen als Grund für die Haftung der Beklagten an, sie habe sich so verhalten, daß das Publikum und namentlich auch der Rechtsvorgänger der Klägerin nach Treu und Glauben die Bevollmächtigung der bezeichneten Angestellten zur Eingehung der Verbindlichkeit hätte annehmen können.

Daß auf diese Weise eine Haftung des Geschäftsherrn für Handlungen eines Angestellten begründet werden kann, die über dessen wirkliche Bevollmächtigung hinausgeht, wird von Rechtsprechung und Rechtslehre in Anlehnung an § 54 HGB. allgemein anerkannt. Die Beklagte bestreitet das auch an sich nicht; sie macht aber geltend, es komme hier nicht in Betracht, weil jedermann bekannt sei, daß Geschäfte dieser Art von den Angestellten der Depositenkassen nicht vorgenommen werden dürften, hierzu vielmehr nur die Bankleitung oder ihre dafür bestellte Akkreditivstelle befugt sei.

Die beiden Vorinstanzen sind in dieser Hinsicht anderer Meinung. Das Landgericht, auf dessen Ausführungen das Berufungsurteil zustimmend verweist, hatte — und zwar unter Mitwirkung zweier Handelsrichter — folgendes gesagt: „Nun werden, wie gerichtsbekannt ist, von den Depositenkassen der Großbanken in Berlin täglich die umfangreichsten Bank- und Börsengeschäfte aller Art abgewickelt. Die Großbanken unterhalten diese Depositenkassen in allen Stadtteilen und fordern in ihren Bekanntmachungen, Inseraten usw. das Publikum zur Abwicklung aller solcher Geschäfte von diesen Kassen aus öffentlich auf. Das Publikum kann daher damit rechnen und rechnet damit, daß in diesen Depositenkassen doch mindestens ein verantwortlich zeichnender Vertreter der betreffenden Bank vorhanden ist. Wenn das Publikum davon ausginge, daß die in den Depositenkassen tätigen Angestellten der Bank nur untergeordnete Organe seien, die allenfalls in der Lage seien, eine Quittung auszustellen, so würde es gar nicht daran denken, sich mit diesen Depositenkassen in Geschäfte einzulassen, aus denen in zahlreichen Fällen auch umfangreiche Verpflichtungen der betreffenden Bank gegen den Kunden erwachsen. Haben also auch diese Angestellten der Depositenkasse keine, hat nicht einmal der Depositenkassen-Vorsteher, also der leitende Beamte der Depositenkasse, eine ausdrückliche Handlungsvollmacht, die ihn zur Vornahme aller der von ihm tatsächlich betriebenen Geschäfte auch rechtlich bevollmächtigt, so muß doch mindestens dieser Depositenkassen-Vorsteher als stillschweigend zur Vornahme dieser Geschäfte bevollmächtigt angesehen werden. Dabei braucht nicht noch untersucht zu werden, ob von der betreffenden Kasse und durch den betreffenden Vorsteher Geschäfte der in Rede stehenden Art auch sonst gemacht worden sind, da notorisch alle Bank- und Börsengeschäfte kleineren und größeren Umfangs täglich in großer Menge vorgenommen werden."

Das Berufungsurteil, das sich, wie erwähnt, die Ausführungen des landgerichtlichen Urteils zu eigen macht, fügt noch bei: „Mit der Errichtung von Depositenkassen haben die Großbanken, die ihre Zentrale in der Innenstadt haben, den Zweck verfolgt, das Publikum der Außenbezirke von den dort befindlichen Kleinbankiers abzulenken, indem sie ihm durch die Einrichtung der Depositenkassen die Möglichkeit boten, seine Bankgeschäfte bei einer für sicherer geltenden Großbank zu machen, ohne daß es zeitraubende Wege zur Zentrale zu machen braucht. Die dem Gericht bekannte Verkehrsauffassung geht aber auch dahin, daß die Kundschaft bei den Depositenkassen a l l e bankmäßigen Geschäfte abschließen kann. Das Publikum, das durch die Errichtung von Depositenkassen zum Abschluß von bankmäßigen Geschäften bei den Großbanken aufgefordert wird, nimmt daher auch mit Recht an, daß in den Kassen Angestellte tätig sind, die derartige Geschäfte für die Beklagte verbindlich abschließen können."

Die Revision bekämpft diese Anschauung. Sie sagt, wenn man die Ausführungen des Kammergerichts gelten ließe, dann gäbe es keine in den Rahmen eines Bankgeschäfts fallende Verpflichtung mehr, die nicht auch von den Angestellten der Depositenkassen eingegangen werden könnte; namentlich wären auch die von ihnen vollzogenen Wechselakzepte für die Bank verbindlich, was mit der Vorschrift in § 54 Abs. 2 HGB. unvereinbar sei. Aus dieser Vorschrift läßt sich jedoch keine der Beklagten günstige Schlußfolgerung herleiten. Einmal fällt das hier in Rede stehende Geschäft nicht unter die dort aufgeführten, eine besondere Bevollmächtigung erfordernden Geschäfte. Weiter ist aber auch nicht einmal für die dort aufgeführten Geschäfte, namentlich auch nicht für die von der Revision besonders hervorgehobene Akzeptierung von Wechseln, eine Bevollmächtigung durch bloßes Dulden ausgeschlossen (RGZ. Bd. 117 S. 164).

Auch die Berufung der Revision auf das Schrifttum zum Bankwesen ist nicht geeignet, die Feststellungen der Vordergerichte über den Geschäftsbetrieb in den Depositenkassen der Großbanken und über die Anschauungen des Publikums zu erschüttern. Was Rießer, Die deutschen Großbanken, an der von der Revision angeführten Stelle über die mit der Gründung der Depositenkassen verfolgten Zwecke der Großbanken sagt, steht mit den Ausführungen des Berufungsurteils nicht im geringsten in Widerspruch. Dagegen bestätigt Rießer an anderer Stelle (S. 169, vgl. auch S. 271) gerade das, was die Revision nicht gelten lassen will, indem er sagt, daß die Depositenkassen nach und nach zu Wechselstuben geworden seien, die alle Bankgeschäfte gleich der Zentrale und gleich einer Filiale betrieben. Eine Ausnahme hiervon will Rießer nur für Konsortialgeschäfte und für Effektengeschäfte auf eigene Rechnung gemacht wissen, also nicht für Geschäfte der hier in Rede stehenden Art. Ähnlich W. Mueller, Bankarchiv 8. Jahrg. S. 117, der dort unausgeschieden Wechselstuben und Depositenkassen bespricht und sagt, sie seien „in ihrer heutigen Verfassung vollständige Bankgeschäfte" und „kultivierten alle Zweige des Bankgeschäfts mit Ausnahme von Konsortialgeschäften", die selbstverständlich den Zentralen vorbehalten seien. Auch weitere Schriftsteller des Bankfachs, z. B. Schacht, Einrichtung, Betrieb usw. der Großbanken, Motschmann, Das Depositengeschäft der Berliner Großbanken, Porges, Die Organisation einer Großbank, behandeln Depositenkassen, Wechselstuben und Filialen von Großbanken als einander gleichstehend und ohne etwas darüber zu sagen, daß vom Geschäftskreis der Depositenkassen Geschäfte der hier fraglichen Art auszunehmen seien. In welchem Sinn Leitner, Bankbetrieb und Bankgeschäfte S. 45, den von der Revision angeführten Satz meint, daß von der Depositenkundschaft die Abhängigkeit der Vorsteher von der weit entfernt liegenden Direktion der Bank als nachteilig empfunden werde, namentlich ob er dabei eine Abhängigkeit für Geschäfte wie das hier vorliegende im Auge hat, ist nicht mit Sicherheit zu erkennen. Keinesfalls kann diesem Satz die Bedeutung beigelegt werden, daß durch ihn die von den Vorinstanzen als gerichtskundig bezeichnete, mit den angeführten Äußerungen des Schrifttums im Einklang stehende Auffassung des Verkehrs ihr Gewicht verlöre.

Die Revision macht geltend, die Beklagte habe von der ganzen Sache keine Kenntnis gehabt und haben können, weil die streitigen Geschäfte ihrer Kenntnis von den Angestellten absichtlich entzogen worden seien; es hätten sich nämlich in den Geschäftsräumen keine Kopien der über die Geschäfte an K. geschriebenen Briefe gefunden, sodaß die Beklagte auch durch noch so sorgfältige Nachprüfung der dortigen Geschäftsführung keine Kenntnis von den Geschäften erlangt haben würde. Die Klägerin hat demgegenüber darauf hingewiesen, daß die Zahlungen aus den Geschäften mit K. doch durch die Bücher gelaufen sein müßten. Das Berufungsgericht läßt die Frage, ob die Briefkopien verheimlicht worden seien, offen und sagt in erster Reihe (unter Berufung auf Staub-Bondi Bem. 7a zu § 54 HGB.), daß die Beklagte für alle Fälle das Verhalten ihrer Angestellten so gegen sich gelten lassen müsse, wie es von den beteiligten Kunden nach Treu und Glauben habe aufgefaßt werden dürfen. Beigefügt wird, die Beklagte habe auch in hohem Grade fahrlässig gehandelt, wenn die Überwachung bei ihr so mangelhaft gewesen sei, daß sie von diesen erheblichen Geschäften nichts gemerkt habe.

Die Revision will das nicht gelten lassen; sie sagt, eine Haftung der Beklagten aus der eigenmächtigen Handlungsweise ihrer Angestellten könnte nur dann angenommen werden, wenn sie solche geduldet hätte, und davon könnte nur die Rede sein, wenn sie Kenntnis davon gehabt hätte. Eine Fahrlässigkeit der Beklagten, auf die ihre Nichtkenntnis zurückzuführen wäre, liege bei der vom Berufungsgericht offen gelassenen Möglichkeit einer absichtlichen Verheimlichung nicht vor.

Diesen beiden Fragen braucht bei der besonderen Lage des Streitfalls nicht nachgegangen zu werden. Denn was das Berufungsgericht über den Geschäftsbetrieb in Berliner Depositenkassen und über die Auffassung der in Betracht kommenden Verkehrskreise von diesem Geschäftsbetrieb feststellt, das muß natürlich auch gegenüber der Beklagten gelten, die selbst dem Bankfach angehört. Wie die sonst beteiligten Geschäftskreise, so hat demnach auch die Beklagte gewußt, daß in den Berliner Depositenkassen allgemein bankmäßige Geschäfte in weitgehendem Maße vorgenommen werden. Wenn sie ihre eigenen Depositenkassen in der gleichen Weise arbeiten ließ, ohne Geschäfte bestimmter Art ausdrücklich von dem dortigen Betrieb auszuschließen, so hat sie nicht nur den Schein der Vollmacht erweckt, sondern geradezu ihre Angestellten zu allen Geschäften bevollmächtigt, wie sie nach der Auffassung des Verkehrs bei den Kassen vorgenommen werden können. Nun hat sie zwar geltend gemacht, B. und O. hätten mit dem Abschluß des streitigen Geschäfts „instruktionswidrig" gehandelt; welchen Inhalt oder Wortlaut aber die Instruktion gehabt haben soll, hat sie nicht angegeben. Auch aus der Vernehmung von B. und O. hat sich kein Anhalt für die Ausschließung von Geschäften der fraglichen Art aus dem Geschäftskreis der Depositenkasse ergeben. Diese Zeugen haben ausgesagt, sie hätten sich zum Abschluß des streitigen Geschäfts für befugt erachtet, weil damals Deckung in Effekten und dergl. für den Zahlungsauftrag vorhanden gewesen sei, die sie für genügend gehalten hätten und hätten halten können, wenn sie sich auch später als ungenügend erwiesen habe. Wie es sich mit den angeblich fehlenden Briefkopien verhalte, sind die Zeugen nicht gefragt worden, sodaß hieraus kein Schluß auf ein bewußt auftragswidriges Handeln der Genannten gezogen werden kann. Muß aber nach alledem angenommen werden, daß die Beklagte ihre Depositenkassen-Angestellten allgemein zu Geschäften auch dieser Art bevollmächtigt hatte, dann kann ein etwaiger innerer Vorbehalt, die Bevollmächtigung solle nur gelten, wenn die Geschäfte glatt und vorteilhaft verliefen, keine rechtliche Anerkennung finden.

Die Beklagte hatte geltend gemacht, in ihren Depositenkassen werde durch einen Aushang darauf hingewiesen, von welchen Angestellten die Quittungen der Kasse zu zeichnen seien; sie meint, daraus hätte jedermann entnehmen können, daß die Angestellten keine weitere Befugnis als zur Quittungsleistung hätten. Die Vorinstanzen sind dagegen der Ansicht, daß durch diesen Aushang das Publikum in seiner Meinung über weitgehende Befugnisse der Angestellten nur bestärkt werde. Die Revision hält das für falsch; die Beurteilung dieser Frage gehört aber dem Gebiet der tatsächlichen Würdigung an. Auf dem gleichen Gebiete liegt es, wenn die Revision die Schlüsse als verfehlt bezeichnet, die nach der Auffassung des

Berufungsgerichts vom Publikum daraus gezogen werden, daß die Beklagte einen der Unterzeichner des fraglichen Schriftstücks als den Leiter der Depositenkasse bezeichnet hatte. Aus Gründen rechtlicher Art kann diese Auffassung des Berufungsgerichts nicht beanstandet werden.

Die Beklagte hatte sich darauf berufen, daß vor dem Abschluß des dem Schreiben vom 9. Februar 1925 zugrunde liegenden Geschäfts Rechtsanwalt M. als Vertreter von K. die Unterzeichner des Schreibens gefragt habe, ob sie zu solchen Geschäften ermächtigt seien, und daß erst nach bejahender Antwort das Geschäft geschlossen worden sei. Daraus gehe hervor, daß M. zunächst nicht an eine solche Ermächtigung geglaubt habe und daß er nicht im Vertrauen auf die nach der Verkehrsauffassung anzunehmende Vollmacht, sondern im Vertrauen auf die ihm gewordene unwahre Auskunft gehandelt habe. Das Berufungsgericht hat jedoch diesen Schluß aus dem erwähnten Vorgang nicht gezogen, sondern sagt, K. habe nach der Stellung, die B. als Leiter der Depositenkasse eingenommen habe, der Auffassung sein müssen, daß eine Vollmacht bestehe, und jene Frage könne nur den Sinn gehabt haben, daß M. seiner Sache ganz sicher habe sein wollen. Diese von der Revision angegriffenen Erwägungen bewegen sich auf dem Gebiet tatsächlicher Würdigung und geben keinen Anlaß zu rechtlicher Beanstandung.

---

53. 1. Erfolgt die Führung des Verzeichnisses derjenigen Schuldner, denen gegenüber der Antrag auf Konkurseröffnung wegen Mangels an Masse abgewiesen worden ist, in Ausübung öffentlicher Gewalt?

2. Sind bei der Führung eines öffentlichen Registers auch die Beamten beteiligt, die zwar nicht unmittelbar die Eintragung bewirken, die aber ihren Inhalt maßgebend feststellen?

RVerf. Art. 131. KO. § 107 Abs. 2.

III. Zivilsenat. Urt. v. 21. Oktober 1927 i. S. Preuß. Staat (Bekl.) w. off. Handelsges. S. H. & Co. u. Gen. (Kl.). III 59/27.

I. Landgericht I Berlin.
II. Kammergericht daselbst.

Die Klägerin zu 1, eine offene Handelsgesellschaft, beantragte am 3. Februar 1926 gegen eine Schuldnerin die Eröffnung des Konkursverfahrens. Der Antrag wurde vom Amtsgericht Berlin-Mitte zurückgewiesen, weil eine den Kosten des Verfahrens entsprechende Masse nicht vorhanden sei. Infolge eines Versehens des beim Amtsgericht beschäftigten Kanzleiangestellten Sch. wurde am 23. Februar 1926 statt der Schuldnerin die Klägerin zu 1 in das Verzeichnis derjenigen Personen eingetragen, denen gegenüber der Antrag auf Konkurseröffnung wegen Mangels an Masse abgewiesen worden ist. Die Eintragung wurde nach Behauptung der Kläger am 3., nach Behauptung des Beklagten am 1. März 1926 gelöscht.

Die Kläger, die offene Handelsgesellschaft und ihre beiden Gesellschafter, behaupten, daß die unrichtige Eintragung der Klägerin zu 1 in der Liste allgemein bekannt geworden sei und ihnen erheblichen geschäftlichen und persönlichen Schaden verursacht habe, für den der preußische Staat nach den Grundsätzen über Staatshaftung aufzukommen habe. Mit der Klage verlangen sie vorläufig Erstattung eines Teilbetrags dieses Schadens in Höhe von 1000 RM nebst Zinsen. Der Beklagte bestreitet, daß Sch., der lediglich auf Privatdienstvertrag angestellt worden sei, Beamter sei. Auch habe er nicht in Ausübung öffentlicher Gewalt gehandelt. Die kurzzeitige Eintragung habe die Klägerin in keiner Weise geschädigt.

Die Vorinstanzen haben den Klaganspruch dem Grunde nach für gerechtfertigt erklärt. Die Revision des Beklagten blieb erfolglos.

Gründe:

Der Klaganspruch findet seine Rechtsgrundlage in Art. 131 RVerf., der bestimmt, daß, wenn ein Beamter in Ausübung der ihm anvertrauten öffentlichen Gewalt die ihm einem Dritten gegenüber obliegende Amtspflicht verletzt, die Verantwortlichkeit den Staat oder die Körperschaft trifft, in deren Dienst der Beamte steht. Für den Anwendungsbereich dieser Verfassungsbestimmung ist der Beamtenbegriff selbständig, unabhängig von den einschlägigen Beamtengesetzen zu bestimmen. Im Sinne von Art. 131 ist Beamter eines Staates jede Person, die der Staat mit öffentlicher Gewalt, und zwar mit der Gewalt umkleidet hat, in deren Ausübung sie pflichtwidrig handelt (RGZ. Bd. 105 S. 334, Bd. 114 S. 200; ebenso schon zu § 1 Pr. StaatshaftungsG. Gruch. Bd. 65 S. 632). Mit Recht hat das Berufungsgericht daher angenommen, daß es im vorliegenden Falle nicht darauf ankomme, ob der Kanzleiangestellte Sch., durch dessen Versehen die Kläger nach der Feststellung der Vorinstanzen geschädigt worden sind, auf Privatdienstvertrag angestellt worden ist. War er mit der Ausübung von Hoheitsrechten betraut, so war er, gleichviel, in welcher äußeren Form seine Anstellung erfolgt ist, für den Bereich des Art. 131 RVerf. Beamter. Es kommt also lediglich darauf an, ob Sch. bei der schadenbringenden Handlung in Ausübung ihm anvertrauter öffentlicher Gewalt gehandelt hat. Diese Frage fällt hier mit der Frage nach seiner Beamteneigenschaft zusammen. Das Berufungsgericht hat sie bejaht mit folgender Begründung: Unstreitig sei es zu der falschen Eintragung dadurch gekommen, daß die zur Eintragung in das Register bestimmte Nachricht aus den Konkursakten durch ein Versehen von Sch. an Stelle der wirklichen Schuldnerin die Klägerin zu 1 als diejenige angegeben habe, gegen die ein Antrag auf Konkurseröffnung mangels Masse abgelehnt worden sei. Die Registerführung sei ebenso wie die Beschaffung der Unterlagen für die Eintragung in das Register keine Wahrnehmung privatwirtschaftlicher Interessen des Staates, sondern eine Betätigung des staatlichen Schutzes und der Fürsorge für die Staatsangehörigen. Wer dabei tätig sei, und wäre es auch nur in der Art, daß ihm ohne Überwachung durch einen verantwortlichen Beamten die Herstellung und Weitergabe der Unterlagen für die Registereintragung überlassen werde, handle in Ausübung ihm anvertrauter öffentlicher Gewalt.

Diesen Ausführungen ist beizupflichten. Allerdings hat der Senat in der Entscheidung RGZ. Bd. 105 S. 99 ausgesprochen, es genüge nicht, daß der Verwaltungszweig, in dem der Beamte tätig sei, einen Ausfluß und eine Betätigung öffentlicher Gewalt darstelle, um die Anwendung der Reichshaftungsvorschriften zu rechtfertigen. Es müsse vielmehr dem Beamten selbst, für den das Reich haften solle, die Ausübung öffentlicher Gewalt anvertraut sein; er müsse für seine Person als „Träger öffentlicher Machtbefugnisse" gehandelt haben; dies werde bei Beamten mit einer bloßen Kanzlei- oder Werkstättentätigkeit regelmäßig nicht der Fall sein. Sch. hat aber nach der Feststellung des Berufungsgerichts eben nicht bloße Kanzleitätigkeit, d. h. mechanische Schreibarbeit, ausgeübt. Er hat vielmehr die Unterlage für die fragliche Eintragung in das nach § 107 Abs. 2 KO. geführte Verzeichnis ohne Überwachung durch einen verantwortlichen Beamten, also selbständig und unter eigener Verantwortung, hergestellt und weitergegeben. Insofern hat er bei der Führung des Verzeichnisses, die unzweifelhaft eine Betätigung fürsorgender öffentlicher Gewalt ist, mitgewirkt. Bei der Führung eines öffentlichen Registers sind nicht bloß die Beamten tätig, die unmittelbar die Eintragungen bewirken, sondern ebenso die Personen, die den Inhalt maßgebend feststellen, der den Eintragungen zu geben ist. Ihre freilich nur mittelbare Beteiligung tritt in den Registereintragungen gleichfalls nach außen in die Erscheinung. So stellt sich die Mitarbeit des Sch. bei der Führung des genannten Verzeichnisses, unabhängig von seiner sonstigen Tätigkeit, als Ausübung öffentlicher Gewalt dar. Bei ihr hat er sich einer fahrlässigen Amtspflichtverletzung schuldig gemacht, für deren Folgen der Beklagte einzustehen hat.

---

54. 1. Ist ein zwischen Miterben geschlossener notarieller Kaufvertrag über ein Nachlaßgrundstück nichtig, wenn der Erwerber durch mündliche Nebenabrede mit nur einem Miterben, ohne Kenntnis der übrigen, einen höheren Kaufpreis vereinbart hat, der dem Nachlaß zugute kommen sollte?

2. Wie ist zu entscheiden, wenn ein Miterbe für sich persönlich eine Sondervergütung mit dem Erwerber mündlich vereinbart?

BGB. § 2033 Abs. 2, § 313.

VI. Zivilsenat. Urt. v. 22. Oktober 1927 i. S. W. (Kl.) w. M. u. Gen. (Bekl.). VI 55/27.

I. Landgericht Leipzig.
II. Oberlandesgericht Dresden.

Als Eigentümer eines Grundstücks in G. ist der Hausbesitzer M. eingetragen. Durch notariellen Vertrag vom 18. März 1923 verkauften seine Erben und Erbeserben, zu denen unter anderen die Klägerin und die Beklagten zu 1, 2 und 4 gehören, zum Zwecke der Erbauseinandersetzung das Grundstück an die Klägerin. Im

Vertrag ist der Kaufpreis auf 800000 ℳ angegeben. Sofort nach seinem Abschluß hat die Klägerin zu Händen des Beklagten zu 4 den Betrag von 1200000 ℳ gezahlt, von denen er 800000 ℳ alsbald an die Erben entrichtet, den Rest aber zurückbehalten hat.

Während sich die übrigen Verkäufer zur Abgabe der Auflassungserklärung bereit erklärt haben, verweigern die Beklagten zu 1, 2 und 4 die Auflassung, außer anderen Gründen auch deswegen, weil unmittelbar vor Abschluß des Vertrags vom 18. März 1923 zwischen ihnen und der Klägerin mündlich vereinbart worden sei, der Kaufpreis solle 1200000 ℳ betragen, wovon 400000 ℳ zur Deckung von Nachlaßverbindlichkeiten zu verwenden seien; auf Verlangen der Klägerin sei man jedoch dahin übereingekommen, daß zur Ersparung von Steuern und Kosten im notariellen Vertrag nur ein Kaufpreis von 800000 ℳ angegeben werden solle.

Die Klägerin, welche bestreitet, daß das zwischen ihr und dem Beklagten zu 4 getroffene Sonderabkommen diesen Inhalt gehabt habe, hat gegen die Beklagten zu 1, 2 und 4 mit dem Antrag auf Verurteilung zur Abgabe der Auflassungserklärung und gegen den Beklagten zu 3 auf Verurteilung zur Genehmigung der Auflassungserklärung seiner Frau Klage erhoben. Das Landgericht hat die Entscheidung von einem der Klägerin zugeschobenen Eid abhängig gemacht, der darauf hinausläuft, daß die 400000 ℳ, die über den in der notariellen Urkunde vereinbarten Kaufpreis von 800000 ℳ hinaus gezahlt wurden, keinen Teil des Kaufpreises gebildet hätten. Das Oberlandesgericht hat dagegen die Klage abgewiesen. Die Revision der Klägerin war erfolglos.

Gründe:

Zur Begründung der Revision ist folgendes vorgetragen worden. Neben dem in notarieller Form geschlossenen Vertrage habe unstreitig die Klägerin mit einem der Miterben, dem Beklagten zu 4, ohne Wissen und Willen zum mindesten eines Teils der übrigen Miterben eine auf Erhöhung des Kaufpreises hinauslaufende Abrede getroffen, die in der Urkunde unerwähnt geblieben sei. Durch die Annahme, die Nebenabrede bilde einen Bestandteil des Kaufvertrags und deshalb sei der Kaufvertrag mangels richtiger Beurkundung nach § 313 BGB. nichtig, habe das Berufungsgericht diese Vorschrift verletzt, weil eine derartige heimliche Nebenabrede mit einem Teil der nur gemeinschaftlich zur Verfügung berechtigten Miterben niemals als Bestandteil eines von Miterben geschlossenen Kaufvertrags angesehen werden könne. Der Umstand, daß das von der Klägerin dem Beklagten zu 4 zugesagte Mehrentgelt nicht diesem allein, sondern allen Verkäufern habe zugute kommen sollen und später auch tatsächlich zugute gekommen sei, ändere hieran nichts. Vertreter der übrigen Verkäufer habe der Beklagte zu 4 bei der Nebenabrede nicht sein sollen und können, und was später geschehen sei, berühre den inzwischen rechtsgültig zustande gekommenen Kaufvertrag nicht. Diese Rüge kann jedoch gegenüber dem vom Berufungsgericht festgestellten und rechtlich im wesentlichen zutreffend gewürdigten Sachverhalt keinen Erfolg haben.

Die Gründe des Oberlandesgerichts gehen dahin: Bei der Beurkundung des Vertrags hätten allerdings einzelne Erben angenommen, der Kaufpreis betrage 800000 *M*; denn damals hätten sie von einer besonderen Vereinbarung, daß 400000 *M* über den beurkundeten Kaufpreis hinaus zu zahlen seien, noch nichts gewußt. Aber nach dem Beweisergebnis sei anzunehmen, daß diese nur mündlich verabredete Verpflichtung, auch wenn die Vereinbarung, wie die Klägerin behaupte, nur zwischen ihr und dem Beklagten zu 4 getroffen sei, zum mindesten im Verhältnis zwischen der Klägerin und dem Beklagten zu 4 Bestandteil des Veräußerungsvertrags habe sein sollen, daß sie also mit zu der Gegenleistung gehöre, welche die Klägerin für den Erwerb des Nachlaßgrundstücks zu gewähren gehabt habe. Denn nach dem übereinstimmenden Willen dieser beiden Beteiligten habe ihr das Grundstück nur dann verkauft werden sollen, wenn sie jene besondere Zusage geben würde. Dann wäre aber auch bezüglich dieser Zusage die Formvorschrift des § 313 BGB. zu beachten gewesen, da hier der Regelfall des § 139 das. zutreffe. Daß die Nebenabrede über die Zahlung weiterer 400000 *M* nicht mit allen Verkäufern getroffen worden sei, ändere an der rechtlichen Beurteilung deshalb nichts, weil die einzelnen Miterben gemäß § 2033 Abs. 2 BGB. über ihren Anteil an den Nachlaßgegenständen nicht verfügen könnten und es sich hier nicht um eine Sondervergütung handle, die lediglich dem einen Beteiligten, dem sie versprochen worden sei, hätte zugute kommen sollen. Im gegenteiligen Falle wäre die Vereinbarung über die Sondervergütung vielleicht nicht als Bestandteil des Grundstücks-

Veräußerungsvertrags anzusehen. Hier aber habe die Zusage der Klägerin, weitere 400000 ℳ zu zahlen, die zur Bezahlung von Nachlaßschulden hätten verwendet werden sollen, allen Verkäufern einen Vorteil gebracht. Es sei daher von vornherein das Einverständnis aller Erben mit dieser Nebenabrede anzunehmen gewesen, wie denn auch keiner der bisher vernommenen, als Verkäufer beteiligten Zeugen gegen die Auszahlung von 1200000 ℳ statt 800000 ℳ und gegen jene Nebenabrede Widerspruch erhoben habe. Aber auch hiervon abgesehen könne die Vereinbarung über die Zahlung der weiteren 400000 ℳ nicht als eine solche bezeichnet werden, die nach dem Willen der beiden an ihr beteiligten Personen außerhalb des notariellen Vertrags habe stehen sollen. Sie habe vielmehr schon bei ihrem Abschluß erst zusammen mit dem notariellen Vertrag den von der Klägerin und zum mindesten dem Beklagten zu 4 wirklich gewollten gesamten Veräußerungsvertrag darstellen sollen. Daraus ergebe sich gemäß § 125 S. 1 BGB. die Nichtigkeit des Vertrags vom 18. März 1923.

Nach § 2033 Abs. 2 BGB — vgl. auch § 2040 Abs. 1 das. — kann ein Miterbe über seinen Anteil an den einzelnen Nachlaßgegenständen nicht dinglich verfügen. Es ist nun zwar anzuerkennen, daß er sich gleichwohl nach § 308 BGB. oder schuldrechtlich — ohne Wirkung für die übrigen Miterben — zur Beschaffung des Gegenstandes verpflichten kann (RGZ. Bd. 60 S. 126, Bd. 61 S. 76; Seuff. Arch. Bd. 62 Nr. 165; JW. 1909 S. 20 Nr. 14 und 1910 S. 180 Nr. 4; Planck Bem. 2c zu § 2033). Aber ein derartiger Verpflichtungsvertrag kommt hier nicht in Frage; die sämtlichen am Vertrag vom 18. März 1923 Beteiligten wollten vielmehr einen endgültigen Kaufvertrag über das Nachlaßgrundstück schließen und damit unmittelbar die Grundlage für das dingliche Rechtsgeschäft, die Übereignung des Grundstücks, schaffen. Ob § 2033 Abs. 2 BGB. auf einen schuldrechtlichen Vertrag mit solchem Inhalt Anwendung finden muß (RG. in JW. 1903 Beil. S. 26 Nr. 54; a. M. RGRKomm. Anm. 2 zu § 1442 BGB.), kann dahingestellt bleiben. Denn nach § 313 Satz 1 BGB., dessen Nichtbeachtung Formnichtigkeit des Kaufvertrags zur Folge hat, bedurfte der Vertrag vom 18. März 1923 der gerichtlichen oder notariellen Beurkundung; es mußten also alle Vertragsbedingungen, insbesondere die wesentliche Bestimmung über die Höhe der Gegenleistung des Käufers, der Kaufpreis, so beurkundet werden, wie es der wirklichen Abrede aller Beteiligten entsprach. Dies war hier nicht der Fall. Denn während im notariellen Vertrag der Kaufpreis auf 800000 ℳ angegeben ist, waren sich nach der Feststellung des Berufungsurteils die Klägerin und zum mindestens der Beklagte zu 4 bereits vor der Aufnahme der Urkunde darüber einig geworden, daß zwar im Vertrag ein Kaufpreis von 800000 ℳ genannt werden, in Wirklichkeit aber der Überlassungspreis 1200000 ℳ betragen solle. Der Überpreis von 400000 ℳ sollte auch nicht etwa als eine Sondervergütung in die Tasche des Beklagten zu 4 fließen, sondern der Bezahlung von Nachlaßverbindlichkeiten dienen und mithin allen Erben zugute kommen. Schon dieses im Einvernehmen mit der Klägerin erklärte Nichteinverständnis mindestens des einen zur Verfügung über das Nachlaßgrundstück berechtigten Verkäufers mit dem insoweit unrichtig beurkundeten Kaufpreise von 800000 ℳ führte die Nichtigkeit des Kaufvertrags herbei, ohne daß es darauf ankommt, ob auch noch andere von den Verkäufern von vornherein die gleiche mündliche Abrede wie der Beklagte zu 4 mit der Klägerin getroffen hatten oder ob dieser Beklagte, wofür der Sachverhalt spricht, für alle anderen Miterben zunächst als Geschäftsführer ohne Auftrag gehandelt hat und jene die Nebenabrede nachträglich, ausdrücklich oder stillschweigend, genehmigt haben. Denn da zwischen der Käuferin und jedenfalls einem der Verkäufer, dem Beklagten zu 4, zur Zeit der Beurkundung des Vertrags Willensübereinstimmung darüber herrschte, daß an alle Verkäufer ein Kaufpreis von 1200000 ℳ zu zahlen sei, so ist der Kaufpreis nicht nur im Verhältnis zum Beklagten zu 4, sondern gegenüber allen Verkäufern in der Urkunde unrichtig angegeben.

Nach Lage der Sache bedarf es keiner Stellungnahme zu der Frage, ob der Fall nicht dann anders zu beurteilen wäre, wenn sich der Beklagte zu 4 nicht als Miterbe zugunsten der Nachlaßmasse, sondern für sich persönlich eine Sondervergütung für die Erteilung seiner Zustimmung zum Kaufvertrag von der Klägerin hätte versprechen lassen. In solchem Falle könnte man vielleicht sagen, daß zwischen ihm und der Klägerin ein besonderer, nur äußerlich mit dem Kaufvertrag zusammenhängender Dienstvertrag oder dienstähnlicher Vertrag vorläge, der die Ernstlichkeit der beurkundeten Kaufpreisvereinbarung nicht in Frage stellen würde. Dabei kann unerörtert bleiben, unter welchen Umständen ein solcher Nebenvertrag als gegen die guten Sitten verstoßend nichtig und ob seine etwaige Nichtigkeit auf die Gültigkeit des Kaufvertrags von Einfluß wäre. Ein besonderer, die Gewährung einer Sondervergütung für den Beklagten zu 4 bezweckender Nebenvertrag liegt aber hier nach der Feststellung des Berufungsgerichts nicht vor. Denn der zwischen der Klägerin und dem Beklagten zu 4 vereinbarte Überpreis sollte in voller Höhe an alle Verkäufer gezahlt werden; den Gegenstand dieser Abrede bildete also unmittelbar die Höhe des Kaufpreises.

Mit ähnlichen Fragen wie den hier erörterten hat sich das Reichsgericht, soweit ermittelt, bisher in zwei Fällen beschäftigt: der V. Zivilsenat in einem Urteil vom 14. Mai 1924 V 480/23 (Seuff. Arch. Bd. 78 Nr. 176) und der IV. Zivilsenat in einem Urteil vom 14. Mai 1925 I 33/25 (JW. 1925 S. 1751 Nr. 7).

Im ersteren Urteil, das einen Vertrag über die Auseinandersetzung einer fortgesetzten allgemeinen Gütergemeinschaft behandelt, wird folgendes ausgeführt. Bei einem der Auseinandersetzung zugrunde liegenden schuldrechtlichen Vertrag könne nur das als Vertragsbestandteil angesehen werden, was allen Beteiligten gegenüber als Vertragsinhalt erkennbar hervorgetreten und als solcher gebilligt worden sei. Die gegenteilige Annahme würde zu dem unannehmbaren Ergebnis führen, daß die Gültigkeit eines solchen Vertrags wegen Formmangels beanstandet werden könnte, wenn einzelne Beteiligte hinter dem Rücken der anderen formlose Nebenabreden getroffen hätten. Es sei aber nicht festgestellt, daß die für erwiesen erachtete Nebenabrede auch den übrigen Beteiligten bekannt gewesen sei. Noch viel weniger stehe fest, daß die übrigen Beteiligten diese Abrede als einen Teil des mit ihnen abgeschlossenen Vertrags betrachtet hätten. Die Annahme des Berufungsgerichts, daß die Nebenabrede Bestandteil des Auseinandersetzungs-Vertrags und dieser daher mangels Beurkundung der Abrede nichtig sei, könne daher nicht gebilligt werden. — Diesen Ausführungen vermag der erkennende Senat in solcher Allgemeinheit nicht zuzustimmen. Das zwingt aber nicht zur Anrufung der Vereinigten Zivilsenate, weil im Falle V 480/23 Sondervergütungen in Rede standen, die sich einzelne Beteiligte zu ihren eigenen Gunsten, also nicht für die Gesamtheit der Veräußerer, außerhalb des Auseinandersetzungs-Vertrags ausbedungen hatten.

Das Urteil des IV. Zivilsenats betrifft einen Erbauseinandersetzungs-Vertrag. Es führt aus: Der Kläger habe der Erstbeklagten als Gegenleistung für die Überlassung von Grundstücken nach dem gerichtlichen Vertrag ein dieser Beklagten zu gewährendes Ausgedinge und einen in Höhe von 40000 ℳ an die Gesamtheit seiner Vertragsgegner zu zahlenden Überlassungspreis von 180000 ℳ versprochen. Nach der als richtig zu unterstellenden Behauptung der Beklagten habe er aber außerdem den Beklagten zu 3 und 4 mit Wissen und Willen der Zweitbeklagten noch je eine Sondervergütung von 20000 ℳ zugesagt. Auch diese Sondervergütungen bildeten einen Teil der Gegenleistungen für die Übereignung der Grundstücke und hätten deshalb in die Vertragsurkunde aufgenommen werden müssen. Die Notwendigkeit dieser Beurkundung werde dadurch nicht in Frage gestellt, daß der Kläger die Sonderabrede nur mit dreien von seinen Vertragsgegnern zugunsten zweier von ihnen hinter dem Rücken der übrigen getroffen habe. Da hiernach der IV. Zivilsenat Abreden über Sondervergütungen, die einzelnen Verkäufern zu gewähren sind, für schlechthin beurkundungsbedürftig erachtet, so müßte er die Nichtigkeit des beurkundeten Vertrags um so mehr annehmen, wenn die zwischen dem Erwerber und einem der veräußernden Miterben getroffene mündliche Abrede die Zahlung eines allen Erben zugute kommenden Überpreises betrifft, der in der Urkunde verschwiegen wird. Auch dieses Urteil gibt daher zur Anrufung der Vereinigten Zivilsenate keinen Anlaß.

---

55. Besitz des Haupt- und des Unterspediteurs am Speditionsgut. Kann der Hauptspediteur ein vertraglich ausbedungenes Pfandrecht am Speditionsgut durch seinen Unterspediteur erwerben? Kann der Unterspediteur ein solches Pfandrecht dem Eigentümer des Gutes entgegenhalten?

BGB. §§ 868, 986, 1205.

I. Zivilsenat. Urt. v. 22. Oktober 1927 i. S. R. (Bekl.) w. A. (Kl.). I 125/27.

I. Landgericht Lübeck, Kammer für Handelssachen.
II. Oberlandesgericht Hamburg.

Die Klägerin verkaufte im Februar 1924 an die Firma K. & Co. in L. 100 Tonnen Walzdraht fob Antwerpen, Zahlung gegen Verschiffungsdokumente. Die Ware wurde in Antwerpen nach H. an die Beklagte als Spediteurin der Käuferin verschifft. Die Konnossemente gingen abredegemäß an die D. und N.bank, Filiale L., zur Einlösung durch die Käuferin. Dieser gelang es jedoch, die Klägerin zu bestimmen, daß sie die Bank anweisen ließ, die Verschiffungspapiere ohne Zahlung des Rechnungsbetrags von 793.17.5 engl. Pfd. auszuhändigen. Die Beklagte nahm daraufhin die Ware entgegen. Einige Tage später wurde über die Käuferin die Geschäftsaufsicht verhängt, darauf auch das Konkursverfahren über ihr Vermögen eröffnet. Die Klägerin hat gegenüber der Käuferin die Freigabe der Verschiffungspapiere und die damit verbundene Eigentumsübertragung wegen arglistiger Täuschung angefochten. Gleichzeitig hat sie der Beklagten die Anfechtung mitgeteilt und jeder Verfügung über die Ware widersprochen. Nachdem die Klägerin gegen die Beklagte auf Herausgabe des Gutes Klage erhoben hatte, ist dieses im Einvernehmen der Beklagten und des Konkursverwalters verkauft worden. Die Klägerin verlangte nunmehr Zahlung des Rechnungswerts der Ware.

Die Beklagte machte u. a. geltend, ihr habe wegen ihrer Forderung aus dem Speditionsvertrag ein gesetzliches Pfandrecht an der Ware zugestanden. Weiter berief sie sich darauf, die Firma C. & A. Nachf. in S., die von der Firma K. & Co. beauftragt gewesen sei, die Versendung der Ware zu besorgen, habe nach § 52 der zwischen ihr und ihrer Auftraggeberin geltenden „Allgemeinen Geschäftsbedingungen, festgestellt vom Verein Deutscher Spediteure", wegen ihrer den Klagebetrag übersteigenden Forderungen aus anderen Speditionsaufträgen ein vertragliches Pfandrecht an der Ware gehabt, das auch von ihr, der Beklagten, als Unterspediteurin dieser Firma habe geltend gemacht werden können.

Das Landgericht verurteilte die Beklagte durch Teilurteil zur Zahlung des Unterschieds zwischen dem Erlös aus der Ware und dem Betrag ihrer eigenen Forderung. Die Berufung der Beklagten wurde zurückgewiesen. Ihre Revision führte zur Aufhebung und Zurückverweisung.

Gründe:

Nach den Feststellungen des Berufungsgerichts hat die Firma C. & A. Nachf. von der Firma K. & Co. den Auftrag erhalten, die

Versendung der fob Antwerpen gekauften Ware von dort nach H. und weiter nach L. zu besorgen. Sie hat sich zur Ausführung des Auftrags der Beklagten bedient. Diese hat die der Käuferin ausgelieferten Konnossemente erhalten und die Ware darauf entgegengenommen. Die in der Aushändigung der Konnossemente an die Käuferin liegende Eigentumsübertragung ist von der Klägerin, der Verkäuferin, nach den nicht zu beanstandenden Darlegungen des Berufungsgerichts mit Erfolg angefochten worden. ... (Es folgt Wiederholung der im Tatbestand angegebenen Einwendungen der Beklagten und es wird festgestellt, daß sie, wie schon das Landgericht mit Recht angenommen habe, wegen ihrer eigenen Forderung von 106.15.7 engl. Pfd. ein gesetzliches Pfandrecht gehabt habe.)

Geht man von diesem Sachverhalt aus, so kann die Klägerin an die Beklagte wegen Verweigerung der Herausgabe nur dann Ansprüche stellen, wenn die Firma C. & A. Nachf. das beanspruchte Pfandrecht gehabt hat, das nach der bestrittenen Behauptung der Beklagten wegen einer den Wert des Gutes übersteigenden Forderung bestanden haben soll, und wenn die Beklagte berechtigt war, sich gegenüber dem Herausgabeanspruch der Klägerin auf dieses Pfandrecht zu berufen. Ist dies zu bejahen, so war die Verweigerung der Herausgabe berechtigt. Ein Schadensersatzanspruch gegen die Beklagte ist dann wegen dieser Verweigerung nicht entstanden. Anderseits handelte die Beklagte, sofern einer der entscheidenden Punkte zu ihren Ungunsten zu beantworten ist, widerrechtlich, wenn sie es zuließ, daß eine Verwertung des Pfandgutes über das hinaus stattfand, was zu ihrer Befriedigung aus dem ihr selbst zustehenden Pfandrecht erforderlich war (§ 1230 BGB.) und wenn sie insoweit dem Herausgabeanspruch des Eigentümers nicht nachkam. Sie ist dann nach § 823 BGB., gegebenfalls auch nach § 990 Abs. 1 Satz 2 BGB., schadensersatzpflichtig.

Unerheblich ist es, ob der Firma C. & A. Nachf. von ihrer Auftraggeberin vertraglich ein Zurückbehaltungsrecht eingeräumt worden ist. Denn ein solches ließ gegen die Klägerin keine Rechte entstehen. Die Voraussetzungen des § 369 Abs. 2 HGB. liegen nicht vor. Es ist in der Rechtsprechung anerkannt, daß sich der Spediteur über das gesetzliche Pfandrecht hinaus auch für Forderungen, die nicht aus dem übernommenen Speditionsauftrag erwachsen sind, ein Pfandrecht am Speditionsgut ohne Rücksicht auf die Eigentumsverhältnisse ausbedingen kann (RGZ. Bd. 113 S. 427). Objektive Voraussetzung der Entstehung eines Pfandrechts ist aber nach § 1205 Abs. 1 BGB. neben der Einigung über die Bestellung des Pfandrechts, daß der Pfandgläubiger den Besitz der Sache erhält oder sich bereits darin befindet. Ein unmittelbarer Besitz der Firma C. & A. Nachf. kommt nicht in Frage. Es genügt aber auch der mittelbare Besitz (RGZ. Bd. 112 S. 133). Der Vorderrichter hat verneint, daß ein den Voraussetzungen des § 868 BGB. entsprechendes Rechtsverhältnis der Firma C. & A. Nachf. zum unmittelbaren Besitzer des Speditionsgutes bestanden habe. Die Revision greift das mit Recht als irrtümlich an. Unmittelbare Besitzerin des Gutes war unstreitig die Beklagte. Diese stand als Unterspediteurin lediglich mit ihrer Auftraggeberin, der Firma C. & A. Nachf., in Vertragsbeziehungen. Soweit sie mit der Firma K. & Co. in unmittelbaren Verkehr getreten ist, geschah dies nur auf Grund des von der Firma C. & A. Nachf. erhaltenen Auftrags. Nahm sie die Ware auf Grund der in ihre Hände gelangten Konnossemente in Besitz, so geschah auch dies nur auf Grund des zwischen der Firma C. & A. Nachf. und ihr bestehenden Auftragsverhältnisses. Wenn die Firma K. & Co. die Konnossemente unmittelbar an sie übersandte, so erzeugte dies zwischen beiden keine unmittelbaren Vertragsbeziehungen. Der Firma C. & A. Nachf. gegenüber war die Beklagte durch die Annahme des Auftrags zur Entgegennahme und Weiterspedition des Gutes zu dessen Inbesitznahme auf Zeit verpflichtet. Nach § 410 HGB. war sie auch befugt, ein Recht auf den erworbenen Besitz bis zur Befriedigung ihrer Forderungen aus dem Speditionsvertrag geltend zu machen. Die Voraussetzungen des § 868 BGB. sind also, was das Rechtsverhältnis der Firma C. & A. Nachf. zur Beklagten angeht, gegeben. Jene war ihrerseits durch Annahme des Auftrags zur Spedition in entsprechende Beziehungen zur Firma K. & Co. getreten. Die Beklagte war somit unmittelbare, die Firma C. & A. Nachf. mittelbare, die Firma K. & Co. entfernt mittelbare Besitzerin des Speditionsgutes.

War der Firma C. & A. Nachf. ein vertragliches Pfandrecht und damit ein Recht zum Besitz des Gutes entstanden, so war die Beklagte, die ihr Recht zum Besitz nach dem Gesagten nicht nur aus ihrem eigenen Pfandrecht, sondern auch von der Firma C. & A. Nachf. als mittelbarer Besitzerin ableitete, nach § 986 BGB. berechtigt, dem auf Eigentum gestützten Anspruch der Klägerin neben dem ihr selbst zustehenden Recht zum Besitz das Recht der mittelbaren Besitzerin entgegenzuhalten. Die Rechtsbeziehungen zwischen dem Hauptspediteur als mittelbarem Besitzer, dem Unterspediteur als unmittelbarem Besitzer und dem am Speditionsvertrag nicht beteiligten Eigentümer des Speditionsgutes sind durch die Vorschrift des § 986 BGB. geregelt. Eine Anwendung des § 411 Abs. 1 HGB. kommt insoweit überhaupt nicht in Betracht, da es an den Voraussetzungen einer Zwischenspedition fehlt.

Die Klägerin hat nicht behauptet, daß die Hauptspediteurin die Anfechtbarkeit der Eigentumsübertragung gekannt habe; § 142 Abs. 2 BGB. ist deshalb nicht anwendbar. Das Pfandrecht der Firma C. & A. Nachf., auf das sich die Beklagte berufen hat, ist daher trotz der Wirkungen der Eigentumsanfechtung nach §§ 1207, 932 BGB., § 366 HGB. als gutgläubig erworben anzusehen, falls die von der Beklagten behauptete Forderung der Firma C. & A. Nachf. besteht. Der objektiven Voraussetzung für die Entstehung des Pfandrechts, daß die Besitzverhältnisse den in §§ 929, 932 Abs. 1 BGB. aufgestellten Anforderungen entsprechen, ist genügt.

Auch wenn sich die Klägerin, wie sie behauptet, das Eigentum an der Ware bis zur völligen Bezahlung vorbehalten haben sollte, hat die Firma C. & A. Nachf., da böser Glaube beim Pfandrechtserwerb nicht behauptet ist, das beanspruchte Pfandrecht erlangt, falls die Behauptung der Beklagten über die ihm zugrunde liegende Forderung den Tatsachen entspricht. Unter diesen Umständen kann es dahingestellt bleiben, ob die Annahme des Berufungsgerichts, der Eigentumsvorbehalt sei nicht Vertragsinhalt geworden, einer rechtlichen Nachprüfung standhält.

---

56. Versicherung eines kombinierten Land- und Seetransports.

1. Zu den Begriffen „Versicherungsinteresse" und „Versicherungsreise".

2. Welche Bedeutung für das Versicherungsverhältnis hat die Beraubung des versicherten Frachtgutes durch die frachtmäßig bestimmten, aber noch nicht legitimierten Empfänger?

HGB. §§ 813, 814, 821 Nr. 5. Versicherungsvertragsgesetz § 131.

I. Zivilsenat. Urt. v. 22. Oktober 1927 i. S. W. (Kl.) w. Versicherungsgesellschaft Th. (Bekl.). I 122/27.

I. Landgericht I Berlin, Kammer für Handelssachen.
II. Kammergericht daselbst.

Auf Grund einer General-Polize hatte die Klägerin bei der Beklagten „für Rechnung, wen es angeht" Versicherung gegen die Gefahren von Güterbeförderungen genommen. Am 14. Februar 1925 meldete die Klägerin laut einer Eintragung auf S. 3 unter Nr. 4 des in der General-Polize vorgesehenen Versicherungshefts eine Kiste mit Bändern (Textilwaren) für die Reise von R. nach Helsingfors in Finnland zur Versicherung bei der Beklagten an. Nach der Anmeldung sollte die Reise mittels „Fuhre, Eisenbahn, Dampfer" erfolgen. Die Kiste wurde zunächst auf dem Landwege von R. nach Lübeck befördert. Die Klägerin beauftragte dann eine dortige Speditionsfirma, die Kiste „zur Weiterbeförderung" nach Åbo in Finnland zu versenden, und bemerkte dabei, daß die Kiste an die Södra Finlands Bank in Helsingfors gesandt werden müsse, da das Gut der Käuferin der Ware, der Firma N. & S. in Helsingfors, nur ausgehändigt werden solle, wenn diese den Betrag der über die Ware ausgestellten Rechnung an die Bank in Helsingfors bezahle. Der Lübecker Spediteur verlud die Kiste auf einen nach Åbo bestimmten Dampfer und erhielt vom Schiff über die Abladung ein auf Order lautendes Konnossement. Er sandte das Konnossement „im Auftrage" der Klägerin an die Södra Finlands Bank in Helsingfors und teilte gleichzeitig der Bank mit, daß die Waren an sie abgeladen seien „zur Weiterbeförderung laut Vorschrift"; es heißt in der Spalte „Empfänger": „Order", Åbo (N. & S., Helsingfors . . .). Die Kiste ist am 2. oder 3. März 1925 in Åbo eingetroffen und zunächst auf Lager genommen worden. Dort haben die Inhaber der Firma N. & S., die „irgendwie Zugang zur Sendung erlangt hatten", die Kiste erbrochen und sie des größten Teils ihres Inhalts beraubt. Bevor dies der Klägerin bekannt wurde, bat die Firma N. & S. die Klägerin, sie möge die noch in Åbo liegende Kiste als Transit nach Helsingfors senden. Die Klägerin gab darauf ihrem Lübecker Spediteur eine entsprechende Anweisung. Hierauf wurde die Kiste mit der Eisenbahn von Åbo nach Helsingfors befördert. Nunmehr verweigerte die Firma N. & S. die Zahlung des Kaufpreises der Ware bei der Bank in Helsingfors unter dem Vorgeben, daß die Kiste erbrochen sei.

Die Klägerin verlangt von der Beklagten auf Grund des Versicherungsvertrags Ersatz des ihr durch die Plünderung der Kiste in Åbo entstandenen Schadens und hat davon einen Teilbetrag eingeklagt. Die Beklagte hat widerklagend die Feststellung begehrt, daß die Klägerin auch über den eingeklagten Betrag hinaus nichts von ihr zu fordern habe.

Das Landgericht erkannte nach der Klage und wies die Widerklage ab. Das Berufungsgericht entschied umgekehrt. Die Revision der Klägerin führte zur Aufhebung und Zurückverweisung.

Gründe:

1. Die Klägerin beruft sich für ihre Ansprüche auf die General-Polize. Danach handelt es sich um eine Versicherung „für Rechnung, wen es angeht". Sie unterliegt den in der Polize angeführten und in Bezug genommenen Bedingungen und ferner — laut Art. 48 der „Allgemeinen Bedingungen für den Seetransport" — in zweiter Linie den Vorschriften des Deutschen Handelsgesetzbuchs. Zutreffend hat das Berufungsgericht ausgeführt, daß das Versicherungsinteresse der Klägerin durch die Absendung der Ware von R. als dem Orte der Niederlassung der Klägerin und durch den Übergang der Gefahr auf die Firma N. & S. (§ 447 BGB.) nicht beseitigt ist. Die Feststellungen des Berufungsgerichts ergeben auch, daß der Verkauf der Ware durch die Klägerin an die Firma N. & S. nicht zu einer Übertragung des Eigentumsinteresses an der versicherten Ware auf die Käuferin geführt hat. Danach ist die Sachberechtigung der Klägerin vorhanden.

2. Über die Versicherung ist gemäß Art. 1, 2 der „Besonderen Bedingungen" von der Klägerin im Versicherungsheft unter dem 14. Februar 1925 u. a. folgendes eingetragen:

Transportmittel	Versicherte Reise		Versicherter Gegenstand	Prämiensatz	Betrag der Prämie	
	von	bis			See RM	Land RM
Fuhre, Eisenbahn, Dampfer	Ronsdorf	Helsingfors Finnland	1 Kiste	$1^1/_2$	3,20	1,60

Das Berufungsgericht läßt es dahingestellt, ob die Klägerin im Verhältnis zu der Beklagten „bei glatter Durchführung der Reise bis nach Helsingfors" nur den unmittelbaren Seeweg von Lübeck nach Helsingfors benutzen durfte oder ob sie berechtigt war, die Reise auf dem Seewege nur bis Åbo und von da auf dem Landwege bis Helsingfors zu bewirken. Trotzdem nimmt das Berufungsgericht an, daß die Seereise von Lübeck nach Åbo unter Versicherung der Beklagten gestanden habe, und meint nur, daß diese Versicherung ihr Ende erreicht habe mit dem Zeitpunkt, wo das versicherte Gut in Åbo an das Land gelangt, d. h. dort auf dem Kai abgesetzt worden sei. Die Reise von Lübeck nach Åbo konnte aber nur dann unter die Versicherung fallen, wenn sie durch die Eintragung im Versicherungsheft, wonach die Versicherungsreise von R. nach Helsingfors gehen sollte, gedeckt wurde. Dazu gehörte grundsätzlich, daß die Reise Lübeck—Åbo weder eine andere als die versicherte, d. h. die in das Versicherungsheft eingetragene Reise war noch einen anderen als den der versicherten Reise entsprechenden Weg bedeutete (§§ 813, 814 HGB.). Das Vorhandensein einer gesetzlich zugelassenen Ausnahme von diesem Grundsatz hat das Berufungsgericht nicht festgestellt, zum Teil sogar verneint. Es kann aber von einer weiteren Erörterung darüber abgesehen werden. Denn die Ausführungen des Berufungsgerichts ergeben zur Genüge, daß für die versicherte Reise nach Helsingfors der Weg über Åbo gewählt werden durfte, wie dies bereits das Landgericht zutreffend dargelegt hat. Es handelte sich um einen kombinierten Land- und Seetransport, für den ausdrücklich als Beförderungsmittel Fuhre, Eisenbahn und Dampfer vorgesehen waren. Der Weg von Lübeck über Åbo nach Helsingfors bedeutete gegenüber dem unmittelbaren Seeweg von Lübeck nach Helsingfors keine wesentliche Änderung der Beförderungsstrecke. In der Generalpolize ist zwar bei Versicherungen, die nur den Seetransport betreffen, der Versicherungsumfang für Beförderungen nach dem „ehemaligen Rußland" etwas anders geregelt als bei Beförderungen nach anderen Plätzen Europas. Dieser Unterschied wird aber nicht gemacht, wenn, wie hier, die versicherte Reise ausdrücklich einen kombinierten Land- und Seetransport umfaßt. Ferner handelt es sich um eine Winterreise, bei der die wechselnden Eisverhältnisse der Ostsee für die Wahl des Reisewegs von Bedeutung sein konnten. Für die Frage, ob es zweckmäßig war, die Beförderung von Lübeck unmittelbar nach Helsingfors oder über Åbo vorzunehmen, kam außerdem in Betracht, wie sich die nach Art und Umfang keineswegs von vornherein feststehende Beförderungsgelegenheit zur maßgeblichen Zeit gestaltete. Bei dieser Sachlage ist anzunehmen, daß die versicherte Reise auch eine über Åbo geleitete Beförderung umfaßt, wenn nicht besondere Umstände dagegen sprechen. Es wäre Sache der Beklagten gewesen, die sich auf eine Befreiung von der Versicherung nach §§ 813, 814 HGB. beruft, die erforderlichen Voraussetzungen dafür im einzelnen darzulegen und zu beweisen, was aber nicht geschehen ist.

Nun meint allerdings das Berufungsgericht, daß die Klägerin die Kiste „zunächst" nur bis nach Åbo als dem Bestimmungshafen habe befördern lassen wollen und daß alle Beteiligten die Reise, gegen deren Gefahren die Versicherung genommen war, „anfänglich" in Åbo hätten beendet sein lassen wollen. Es ist nicht ganz klar — wenngleich einige Erwägungen des Berufungsgerichts solches andeuten —, ob dies in dem Sinne gemeint ist, daß statt der versicherten Reise eine ganz andere angetreten oder daß von dem der versicherten Reise entsprechenden Weg abgewichen worden sei (§§ 813, 814 HGB.). Dies kann aber dahingestellt bleiben. Das Berufungsgericht stützt seine Ausführungen ausschließlich auf den überreichten Briefwechsel. Dieser ergibt aber nichts dafür, daß die Reise in dem Sinne in Åbo enden sollte und ihr Ende gefunden hat, daß statt der versicherten Reise nach Helsingfors eine andere ausgeführt oder daß von dem der versicherten Reise entsprechenden Weg abgewichen wurde.... (Wird ausgeführt.)

3. Nach alledem ist davon auszugehen, daß die Seereise von Lübeck nach Åbo unter die Versicherung fällt. Und zwar handelt es sich um eine einheitliche Versicherungsreise von N. über Lübeck und Åbo nach Helsingfors. Auf diese Reise findet die Stelle der Generalpolize Anwendung: „im durchstehenden Risiko von Haus zu Haus, also vom Hause des Absenders bis zum Hause des endgültigen Empfängers einschließlich der im normalen Verlauf der Reise notwendig stattfindenden, nicht durch Verfügungen der Interessenten ausdrücklich veranlaßten Aufenthalte oder Lagerungen". Dem gewöhnlichem Verlauf dieser Versicherungsreise, für die als Transportmittel Fuhre, Eisenbahn und Dampfer vorgesehen waren,

entsprach es, daß die Ware von Åbo nach Helsingfors mit der Eisenbahn befördert und zu diesem Zweck in Åbo aus dem Seeschiff an das Land gebracht wurde. Nach dem Tatbestand des Berufungsurteils ist die Kiste am 2. oder 3. März 1925 auf dem Seeweg in Åbo eingetroffen, dort am 4. März 1925 erbrochen und des größten Teils ihres Inhalts beraubt worden. Es fragt sich, ob die Umladung und Lagerung der Ware in Åbo bis zu dem am 4. März 1925 erfolgten Diebstahl so, wie geschehen, im gewöhnlichen Verlauf der Beförderung vom Seeschiff zur Eisenbahn in Åbo und mit der Eisenbahn von dort nach Helsingfors notwendig war und nicht etwa ohne eine solche Notwendigkeit durch Verfügungen der Beteiligten ausdrücklich veranlaßt worden ist. Die bisherigen Feststellungen reichen zur Entscheidung dieser Frage nicht aus. Nach dem Auszug aus dem Protokoll des Stadtgerichts Åbo vom 25. November 1925 hat dieses Gericht festgestellt, die Kiste sei in Åbo, „als sie vom Hafen in den Packhof transportiert" wurde, erbrochen und eines Teils ihres Inhalts beraubt worden. Es ist aber nicht ersichtlich, warum die Kiste in den „Packhof" geschafft wurde und in Åbo bis zum 4. März 1925 verblieb und warum sie nicht sogleich vom Hafen nach dem Güterbahnhof geschafft und im unmittelbaren Anschluß hieran mit der Bahn nach Helsingfors befördert worden ist. Es wird Sache des Tatrichters sein, hier nähere Feststellungen zu treffen. Sollte sich herausstellen, daß die Einlagerung der Kiste (bis zur Ausführung des Diebstahls am 4. März 1925) in dem maßgeblichen Sinne „im normalen Verlauf der Reise notwendig" war, so würde der Schaden unter die Versicherung fallen. Denn für diesen Schaden war die weitere Lagerung der Kiste in Åbo und ihre später auf Veranlassung der Firma N. & S. erfolgte Weiterbeförderung nach Helsingfors ohne Bedeutung.

4. Hieran wird in rechtlicher Beziehung durch die weiteren Ausführungen des Vorderrichters nichts geändert. Nach dem Tatbestand des Berufungsurteils ist der Eingriff in die Kiste „von den Inhabern der Käuferin, die irgendwie Zugang zu der Sendung erlangt hatten", vorgenommen worden. In der Urteilsbegründung heißt es dann, es stehe nicht fest und lasse sich auch nicht feststellen, wie die Inhaber von N. & S. an die Kiste herangekommen seien. Wenn dann weiter ausgeführt wird, es sei nicht anders denkbar, als daß sie sich mit Hilfe von Papieren, die ihnen von der Klägerin

oder der Södra Finlands Bank zugegangen waren, als Empfänger ausgewiesen und daß sie so Zutritt zu der Ware erhalten hätten, so handelt es sich nur um eine allgemein gehaltene Vermutung, die im Akteninhalt keine Stütze findet. Der Umstand, daß die Kiste damals anscheinend unverzollt unter Zollverschluß in Åbo lagerte und daß nach dem Protokoll des dortigen Stadtgerichts auch Zollbeamte zu den Mitangeklagten gehörten, spricht dafür, daß die Inhaber von N. & S. nicht einmal als äußerlich legitimierte Empfänger an die Ware herangekommen sind. Jedenfalls konnten sie im vorliegenden Fall nur dann als legitimierte Empfänger auftreten, wenn sie im Besitz des Order-Konnossements vom 28. Februar 1925 waren. Dies ist aber nach dem Briefwechsel nicht der Fall gewesen. . . . (Wird ausgeführt.) Danach kann keine Rede davon sein, daß die versicherte Ware im Laufe der Versicherungsreise an die legitimierten Empfänger gelangt wäre in einer Weise, die den Eintritt des Versicherungsfalls ausschließen würde.

Damit entfällt auch die Annahme des Berufungsgerichts, daß der Schaden durch ein den Empfängern des versicherten Gutes in dieser ihrer Eigenschaft zur Last fallendes Verschulden entstanden ist (Allgemeine Versicherungsbedingungen für den Landtransport § 2 Abs. 3; § 821 Nr. 5 HGB.; § 131 VVG.). Die Inhaber der Firma N. & S. haben nach den Feststellungen des Berufungsgerichts den Schaden schuldhaft verursacht, indem sie sich zu der in Åbo lagernden Kiste außerhalb der ihnen am Frachtgut zustehenden Rechte Zutritt verschafften, die Kiste widerrechtlich erbrachen und des größten Teils ihres Inhalts beraubten. Sie haben dies nicht in ihrer Eigenschaft als Empfänger der Kiste im Sinne der genannten Vertrags- und Gesetzesbestimmungen getan. Denn als solche konnten sie nur insoweit auftreten, als ihnen Empfangsrechte am Frachtgut zukamen. Derartige Empfangsrechte standen ihnen aber nicht zur Seite, da die Kiste auf Grund eines Order-Konnossements befördert worden war und dieses Konnossement sich nicht in ihrem Besitz befand, sondern an die Bank in Helsingfors übersandt und damals in den Besitz dieser Bank entweder schon gelangt war oder doch alsbald gelangte.

Schließlich sind auch die bisherigen Feststellungen des Berufungsgerichts nicht geeignet, seine Annahme zu begründen, die Klägerin habe selbst den Schaden fahrlässig verursacht (Allgemeine

Versicherungsbedingungen für den Landtransport § 2 Abs. 3; § 821 Nr. 4 HGB.). Das Berufungsgericht erblickt das Verschulden der Klägerin darin, daß sie die Kiste in Åbo lagern ließ, ohne ihre Weiterbeförderung mit der Bahn nach Helsingfors „im Rahmen des normalen Verkehrsplans zu veranlassen". Anscheinend hat das Berufungsgericht dabei den von ihm kurz vorher erwähnten, hier aber nicht entscheidenden Umstand vor Augen, daß die Kiste tatsächlich erst am 9. April 1925 mit der Bahn von Åbo nach Helsingfors weiter befördert worden ist. Jedenfalls ist bislang keinerlei Anhaltspunkt dafür gegeben, daß bei Anwendung der im Verkehr erforderlichen Sorgfalt durch die Klägerin die Beraubung der Kiste am 4. März 1925 in Åbo ganz oder teilweise unterblieben wäre.

---

57. Zur Anwendbarkeit des § 93 ZPO. bei Feststellungsklagen.

V. Zivilsenat. Urt. v. 22. Oktober 1927 i. S. H. (Kl.) w. M. (Bekl.). V 40/27.

I. Landgericht I Berlin.
II. Kammergericht daselbst.

Der Beklagte hat am 28. Dezember 1925 als Testamentsvollstrecker des Bankiers S., welchem ehedem gegen den Kläger eine jetzt zurückgezahlte Restkaufpreishypothek von 126585 PM zustand, diese Hypothek bei der Aufwertungsstelle angemeldet und dabei den Kläger als persönlichen Schuldner für beinahe 100% der Forderung bezeichnet. Am 30. April 1926 hat der Prozeßbevollmächtigte des Klägers dem Beklagten brieflich Tatsachen mitgeteilt, aus denen das Erlöschen der persönlichen Schuld des Klägers hervorgeht; auch hat er dem Beklagten eine Frist bis zum 10. Mai 1926 für die Anerkennung gesetzt, daß der mitgeteilte Sachverhalt richtig sei, und angedroht, daß er nach fruchtlosem Fristablauf die Erhebung der Klage gegen den Beklagten als Nachlaßverwalter in die Wege leiten werde. Die Prozeßbevollmächtigten des Beklagten (diesem war damals die an die Aufwertungsstelle gerichtete Einspruchsschrift des Klägers noch nicht zugegangen) antworteten am

11. Mai, daß sie das Schreiben erst am vorhergegangenen Tag erhalten hätten, die Verlängerung der Frist um einige Tage erbäten und sich bemühen wollten, dem Gegner baldmöglichst ihre endgültige Stellungnahme mitzuteilen. Der Kläger hat darauf nicht geantwortet, vielmehr mit der am 19. Mai 1926 eingereichten Klage die Feststellung begehrt, daß er aus der persönlichen Haftung für die Hypothek entlassen sei. Der Beklagte hat den Klaganspruch im ersten Termin anerkannt, aber auf Grund des § 93 ZPO. gegen seine Belastung mit den Prozeßkosten Verwahrung eingelegt. Den Streit der Parteien über die Kostenlast hat das Landgericht zugunsten des Klägers, das Berufungsgericht zugunsten des Beklagten entschieden. Die Revision des Klägers hatte keinen Erfolg.

Gründe:

Vergebens bekämpft die Revision die Ansicht des Berufungsrichters, daß § 93 ZPO. auf die negative Feststellungsklage anwendbar sei, mit der Ausführung, diese Klage bezwecke nur die Abwehr eines Anspruchs und hierbei versage der Gesichtspunkt der Fälligkeit. Der Angegriffene müsse, so meint die Revision, stets das Recht haben, das Aufgeben des Angriffs zu fordern. Mit dem Begriff des Sichberühmens sei es unvereinbar, daß der Angegriffene den angekündigten Anspruch zu dulden habe, ehe die Leistungsklage erhoben sei. Die negative Feststellungsklage sei entsprechend dem Verlangen aus § 1004 BGB. zu beurteilen. Alsbaldige Feststellung könne jedenfalls dann stets begehrt werden, wenn der Anspruch nicht lediglich außergerichtlich, sondern sogar in einem Verfahren verfolgt werde, dessen Nichtbeachtung für den vermeintlichen Schuldner schwere Nachteile zur Folge habe. Aus den letzten Worten des § 93 ZPO. ergebe sich, daß die Klage, die er voraussetze, einen Anspruch zum Gegenstand haben müsse. Dieses vor dem Jahre 1900 aufgestellte Erfordernis habe allerdings noch nicht mit dem § 241 BGB. gerechnet, wonach die Leistung auch in einem Unterlassen bestehen könne. Die letzterwähnte Vorschrift wolle aber selbst keinen allgemeinen Unterlassungsanspruch schaffen. Komme ein solcher nicht in Frage, so gelange man zu dem Ergebnis, daß die Abwehr eines Forderungsrechts keinen Anspruch und keine Leistung im Sinne des § 241 BGB. oder des § 93 ZPO. begründe.

Die in diesen Anführungen enthaltene Heranziehung bürgerlichrechtlicher Gesichtspunkte zur Auslegung verfahrensrechtlicher Normen und die Auslegung selbst ist um deswillen verfehlt, weil der Anspruchsbegriff im § 194 BGB. anders verstanden werden muß als der im § 93 ZPO. gebrauchte. Hierzu genügt es, auf die Motive zum BGB. Bd. 1 S. 291 hinzuweisen, wo es heißt: „Nicht unter den Anspruchsbegriff im Sinne des Entwurfs fällt das Recht auf Feststellung des Bestehens oder Nichtbestehens eines rechtlichen oder tatsächlichen Verhältnisses durch richterlichen Spruch (ZPO. § 231 [jetzt § 256]). Gegenstand dieses Rechts ist nicht eine Leistung. Die Zivilprozeßordnung steht in letzterer Hinsicht auf einem abweichenden Standpunkt; die Motive zu § 223 d. Entw. werden von dem Gedanken eines der Feststellungsklage zugrunde liegenden Anspruchs beherrscht (vgl. auch ZPO. § 293 [jetzt § 322])." Aus dieser durch die Motive zur Zivilprozeßordnung bestätigten Auffassung erhellt ohne weiteres, daß im § 93 ZPO. unter „Anspruch" auch das mit der Klage auf Grund des § 256 das. verfolgte Begehren zu verstehen ist, ohne daß es darauf ankommen könnte, ob man darin einen Anspruch an den Gegner auf Anerkennung oder an den Staat auf Rechtsschutz erblickt (vgl. Stein-Jonas zu § 256 ZPO. Bem. I Abs. 3, Struckmann-Koch zu § 256 Anm. 6 Abs. 2). Ein rechtsgrundsätzliches Bedenken gegen die Anwendbarkeit des § 93 auf Feststellungsklagen äußern auch nicht die von der Revision für ihre Meinung angerufenen Kommentare von Seuffert (§ 93 Anm. 1) und Förster-Kann (§ 93 Anm. d). Vielmehr heben beide nur zutreffend hervor, daß die in der Rechtsberühmung liegende Gefährdung der Rechtslage des Klägers regelmäßig die Anwendung des § 93 ZPO. ausschließt. Damit ist keineswegs geleugnet, daß in besonderen Fällen dennoch die Anwendung des § 93 gerechtfertigt ist.

Eine Gefährdung der Rechtslage des Gegners liegt allerdings, wie der Revision zuzugeben ist, auch bei einer durch die Vorschriften des Aufwertungsgesetzes hervorgerufenen Bezeichnung eines dritten als persönlichen Schuldners in einem Grade vor, der das Interesse an alsbaldiger Feststellung der Nichtschuld rechtfertigt. Denn wenn hier selbst die Aufwertungsstelle noch nicht (wie in dem im Urteil des erkennenden Senats vom 13. Juli 1927 V 92/27 behandelten Fall) eine Erklärung des Klägers über das Bestehen der persönlichen Forderung verlangt hatte, so lag doch schon in seiner Bezeichnung als persönlicher Schuldner bei der Anmeldung eine Berühmung mit der persönlichen Forderung, das nach der ständigen Rechtsprechung des Reichsgerichts die Befugnis zur Feststellungsklage erzeugt (vgl. Gruch. Bd. 50 S. 1150). Mit dieser die Zulässigkeit des Vorgehens nach § 256 ZPO. begründenden Erwägung ist jedoch die Frage noch keineswegs entschieden, ob der Beklagte wirklich im Sinne von § 93 ZPO. durch sein Verhalten zur Erhebung der Klage Veranlassung gegeben hat. Denn hierfür genügt es noch nicht, daß für den Kläger ein auf Feststellung, oder auch auf alsbaldige Feststellung, gerichteter verfahrensrechtlicher Anspruch einmal entstanden war. Der Anspruch muß auch noch bei Klagerhebung fortbestehen. Anlaß zu ihr ist nur dann gegeben, wenn Tatsachen vorliegen, die im Kläger vernünftigerweise die Überzeugung oder Vermutung hervorrufen mußten, er werde ohne Klage nicht zu seinem Recht kommen (vgl. Stein-Jonas zu § 93 Anm. III 1; Meyer in Buschs Zeitschr. f. d. Zivilproz. Bd. 7 S. 293, Reinhold ebenda Bd. 21 S. 34). Diese Folgerung ist in dem Anerkenntnis des Feststellungsanspruchs nicht ohne weiteres mitinbegriffen. Und sie wird bei der durch Berühmung mit einer Forderung hervorgerufenen Rechtsgefährdung u. a. dann in Zweifel gezogen werden können, wenn derjenige, der sich eines Rechtsanspruchs berühmt hatte, nachträglich zu erkennen gibt, daß er den Anspruch nicht aufrechterhalten werde, sobald eine unverzüglich vorzunehmende Untersuchung die Richtigkeit neuerdings von der Gegenseite behaupteter rechtsvernichtender Tatsachen zutage fördere. Denn damit stellt er für eine zur Prüfung und Antwort ausreichende Zeitspanne die Ernstlichkeit und Fortdauer der Rechtsgefährdung in Frage.

In dieser Hinsicht erwägt das Berufungsgericht: Erst durch das Schreiben des Klägers vom 30. April 1926 habe der Beklagte von den im Schreiben nur kurz wiedergegebenen Einwendungen Kenntnis erlangt. Er habe daher annehmen können, daß ihm zur Nachprüfung der Ansprüche des S.'schen Nachlasses die bei dessen Umfang nötige Zeit gelassen werde. Eine Antwort auf die Bitte des Beklagten um Verlängerung der ihm gesetzten Frist, die ohnehin in Anbetracht der umfangreichen Nachprüfungsarbeiten recht kurz bemessen gewesen sei, habe der Kläger nicht erteilt. Er habe vielmehr nach Ablauf von weiteren acht Tagen ohne weiteres die Feststellungsklage erhoben, ohne zunächst, wie es nach der Sachlage angezeigt, ja geradezu geboten gewesen wäre, wenigstens eine kurze Rückfrage nach dem Stand der Angelegenheit beim damaligen Prozeßbevollmächtigten des Beklagten zu halten. Unter den obwaltenden Umständen sei die Erhebung der Feststellungsklage durch den Kläger, der zuvor noch nicht einmal ermittelt gehabt habe, ob dem Beklagten die Einspruchsschrift überhaupt zugegangen sei, außerordentlich übereilt gewesen. Denn der Kläger sei auch verpflichtet gewesen, zunächst genau zu prüfen, ob damals bereits genügender Anlaß gegeben gewesen sei, eine Klage zu erheben, die bei dem hohen Streitwert bedeutende Kosten verursachen mußte. Solche Prüfung, insbesondere durch nochmalige Rückfrage bei dem Beklagten wegen seines Antwortschreibens vom 11. Mai 1926 (wonach der Kläger immerhin damit habe rechnen können, daß er ohne Beschreiten des Prozeßwegs zu seinem Recht gelangen werde), habe der Kläger unstreitig nicht vorgenommen. Davon, daß dem Beklagten schon mit dem Schreiben vom 30. April 1926 eine Nachfrist gesetzt worden sei, wie der Kläger meine, könne nach der Sachlage nicht wohl die Rede sein.

Die Revision macht demgegenüber geltend, die negative Feststellungsklage sei nicht auf den Fall beschränkt, daß ein Gläubiger seine Forderung mutwillig aufrechterhalte, obwohl er an ihre Berechtigung selbst nicht glaube. Sie sei gerade dazu geschaffen, um zweifelhafte Rechtsfragen auf schnellstem Wege zu klären. Der Beklagte habe genügend Zeit gehabt, um die Berechtigung des Einspruchs des Klägers zu prüfen. Möge man ihm selbst zugute halten, daß er die Testamentsvollstreckung erst kurz vor Ablauf der Anmeldefrist übernommen und deshalb die Anmeldung zur Wahrung der Frist ohne genaue Prüfung habe einreichen müssen, so seien doch seit Ablauf der Anmeldefrist bis zur Klagerhebung über $4^1/_2$ Monate verstrichen gewesen. Der Beklagte habe den Einspruch des Klägers nicht abwarten dürfen. Wenn er die erforderliche Prüfung unterlassen habe, müsse er dies vertreten und könne die Folgen seiner Handlungsweise nicht durch Verwahrung gegen die Kostenpflicht auf den Kläger abwälzen. Dazu komme, daß der Beklagte selbst nur eine Nachfrist von einigen Tagen für seine Entscheidung gefordert habe. Diese sei ihm stillschweigend bewilligt worden, sie sei aber fruchtlos abgelaufen. Er sei also darauf vorbereitet gewesen, daß ihm nunmehr die Klage unmittelbar bevorstehe.

Diese Einwendungen gehen in der Hauptsache von dem hier (vgl. RGZ. Bd. 54 S. 40) nicht in Betracht kommenden Gesichtspunkt eines Verschuldens des Beklagten aus. Auch im übrigen kann dem Berufungsgericht aus Rechtsgründen nicht entgegengetreten werden, wenn es unter Beachtung der oben ausgesprochenen Grundsätze die wesentlich auf dem Gebiet des freien tatrichterlichen Ermessens liegende Frage verneint, ob der Beklagte zur Erhebung der Klage Veranlassung gegeben habe. War schon die Handlung, in der die eigentliche Berühmung zu erblicken ist, mehr vorsorglicher Art, so mußte erst recht mit der Möglichkeit gerechnet werden, daß der Beklagte, wenn er die im Schreiben vom 30. April 1926 aufgestellten Behauptungen erfuhr, sie auch zugeben werde, sofern ihm nur auf sein Ansuchen ausreichende Zeit zu ihrer Nachprüfung gelassen wurde. Gegen die Annahme aber, daß die dem Beklagten eingeräumte Zeit nicht ausgereicht habe und daß dem Kläger eine Anfrage Gewißheit darüber verschafft hätte, ob das Verhalten des Beklagten immer noch Anlaß gebe, den mit erheblichen Kosten verknüpften Rechtsweg zu beschreiten, ist aus Rechtsgründen nichts zu erinnern.

---

58. 1. Kann bei dem Stempel für die Einräumung eines Nießbrauchs der Wert der nach dem Reinertrag des Nießbrauchs zu berechnenden Nutzungen auch aus der für den Nießbrauch vereinbarten Gegenleistung entnommen werden?

2. Sind unter den Nutzungen in Tarifstelle 9 und in § 6 Abs. 8, 9 des preußischen Stempelsteuergesetzes nicht bloß die Früchte der Sache oder des Rechts, sondern auch die Vorteile begriffen, die der Gebrauch der Sache oder des Rechts gewährt, und fallen unter die letzteren auch solche Vorteile, die der Besitz von Geschäftsanteilen einer Gesellschaft m. b. H. für das Stimmrecht verschafft?

Preuß. Stempelsteuergesetz vom 27. Oktober 1924 Tarifstelle 9; § 6 Abs. 8, 9.

VII. Zivilsenat. Urt. v. 25. Oktober 1927 i. S. W. & Co. Kommanditgesellschaft (Kl.) w. Preuß. Staat (Bekl.). VII 297/27.

I. Landgericht Düsseldorf.

Durch notariellen Vertrag vom 26. November 1925 hat die K. und R.-GmbH. in M. der Klägerin gegen eine jährliche Vergütung von 96000 RM den Nießbrauch an den ihr gehörigen Geschäftsanteilen der A. u. K.-Werke GmbH. in M. eingeräumt. Der Notar hat für den Akt einen Stempel von 2880 RM verwendet, indem er den für die Verstempelung nach Tarifstelle 9 des preußischen Stempelsteuergesetzes maßgebenden Kapitalwert der nach dem Reinertrag des Nießbrauchs zu berechnenden Nutzungen gemäß § 6 Abs. 8, 9 des Gesetzes auf das Zwölfeinhalbfache von 4% des auf 960000 RM veranschlagten Wertes der Geschäftsanteile mit 480000 RM einsetzte. Das Finanzamt Essen-Land hat sich auf den Standpunkt gestellt, daß die von der Klägerin zu zahlende jährliche Vergütung von 96000 RM als Mindestbetrag des einjährigen Wertes der Nutzungen zu gelten habe, und hat deshalb diesen Betrag der Kapitalisierung zugrunde gelegt. Es hat danach den Kapitalwert der Nutzungen auf 1200000 RM berechnet und davon den $^6/_{10}$% betragenden Stempel auf 7200 RM festgesetzt. Infolgedessen hat es einen Stempelbetrag von 4320 RM von der Klägerin nachgefordert. Diese hat den Betrag entrichtet, fordert ihn aber nunmehr vom Beklagten zurück, weil sie die Nachforderung für unbegründet hält.

Das Landgericht hat die Klage abgewiesen. Mit Einverständnis des Gegners hat die Klägerin gegen dieses Urteil unmittelbar Revision eingelegt, die erfolglos geblieben ist.

Gründe:

Die Nießbrauchbestellung war nach Tarifstelle 9 des preuß. Stempelsteuergesetzes in der Fassung vom 27. Oktober 1924 mit $^6/_{10}$% des Kapitalwerts der nach dem Reinertrage des Nießbrauchs zu berechnenden Nutzungen zu versteuern. Die Revision erkennt selbst an, daß die Bestimmung des § 6 Abs. 8 des Stempelsteuergesetzes (wonach der einjährige Wert von Nutzungen, sofern nicht ein höherer oder niedrigerer Wert aus der Urkunde hervorgeht oder sonst festgestellt werden kann, auf 4% des Wertes des die Nutzung gewährenden Gegenstands anzusetzen ist) nur eine Hilfsvorschrift ist. Sie will aber nicht gelten lassen, daß das Landgericht in Übereinstimmung mit den Finanzbehörden den höheren Wert der Nutzungen aus der für den Nießbrauch vereinbarten Gegenleistung entnommen hat. Darin ist jedoch kein Rechtsirrtum zu finden. Zwar macht das preußische Stempelsteuergesetz in der Tarifstelle 9 nicht (wie z. B. bei

Kaufverträgen in Tarifstelle 7 oder bei Miet- und Pachtverträgen in Tarifstelle 10 oder bei Werkverträgen in Tarifstelle 21) die Gegenleistung zur Grundlage der Stempelberechnung, sondern den Kapitalwert der nach dem Reinertrag des Nießbrauchs zu berechnenden Nutzungen. Aber dies hat darin seinen Grund, daß die Nießbrauchbestellung nicht notwendig auf einem gegenseitigen Vertrage beruht und deshalb eine Gegenleistung nicht immer vorzuliegen braucht. Das schließt jedoch nicht aus, daß für die Ermittlung des Kapitalwerts der Nutzungen eine Gegenleistung in Betracht gezogen werden kann, wenn eine solche, wie im vorliegenden Falle, für die Einräumung des Nießbrauchs bedungen ist. Der Revision ist zuzugeben, daß eine Gegenleistung der Leistung des anderen nicht ohne weiteres gleichwertig zu sein braucht. Aber jedenfalls ist es die Regel, und wenn es das Landgericht auch hier angenommen hat, so kann dies rechtlich nicht beanstandet werden. Wer von den Parteien zu beweisen hatte, daß die vereinbarte Gegenleistung dem Werte der Nutzungen entspreche oder nicht entspreche, ist ohne Bedeutung. Denn da das Landgericht von sich aus dazu gelangt ist, die für den Nießbrauch jährlich zu zahlende Vergütung dem Jahreswert der Nutzungen gleichzusetzen, so kommt es auf die Beweislast nicht an.

Wäre in der Tarifstelle 9 unter dem Kapitalwerte der nach dem Reinertrag des Nießbrauchs zu berechnenden Nutzungen lediglich der kapitalisierte Wert der aus dem Nießbrauch gezogenen Früchte zu verstehen, so hätte dieser Wert allerdings nicht schlechthin aus der Gegenleistung entnommen werden können. Denn die Klägerin hat behauptet: da die Geschäftsanteile seit Jahren keine Dividende gegeben hätten, sei für das in Frage stehende Nießbrauchsrecht nicht bloß wegen der Nutzungen — gemeint sind die Früchte des Nießbrauchs — eine so hohe Jahresvergütung bewilligt worden, sondern hauptsächlich aus dem Grunde, um mit Hilfe des mit den Geschäftsanteilen verbundenen Stimmrechts die Gesellschaft möglichst zu beherrschen und ihre Geschäftsführung zu beeinflussen. Aber unter den Nutzungen ist in Tarifstelle 9 nichts anderes gemeint als in § 6 Abs. 8, 9 des Stempelsteuergesetzes, und hier wie dort fallen darunter in entsprechender Anwendung des § 100 BGB. nicht bloß die Früchte der Sache oder des Rechts, sondern auch die Vorteile, die der Gebrauch der Sache oder des Rechts gewährt (Heinitz,

Stempelsteuergesetz 3. Aufl. S. 88 VII; Hummel-Specht, Stempelsteuergesetz S. 105 Nr. 10). Es lag demnach so, daß alle Vorteile, die der Klägerin aus dem Nießbrauch erwuchsen, bei Berechnung des Wertes der daraus gezogenen Nutzungen einzustellen waren, und deshalb konnte die Gegenleistung, wenn sie eine Abgeltung dieser Vorteile war, auch als Grundlage für die Ermittlung des Wertes der fraglichen Nutzungen berechtigterweise Verwendung finden, ohne daß überhaupt zwischen Früchten und anderen Vorteilen unterschieden zu werden brauchte. Freilich kann von einem Vorteil aus dem Gebrauch der Geschäftsanteile im strengen Wortsinne vielleicht nicht gesprochen werden, soweit es sich um die der Klägerin aus dem Stimmrecht erwachsenden Vorteile handelt; denn in Wirklichkeit vermittelte der Besitz der Geschäftsanteile diese Vorteile. Aber wer den Besitz einer Sache oder eines Rechts benutzt, um Rechte auszuüben, gebraucht auch die Sache oder das Recht, und deshalb handelt es sich auch in diesem Falle um Nutzungen im Sinne des hier entsprechend anzuwendenden § 100 BGB.

59. 1. Muß ein Zeichnungsschein, um formgültig zu sein, alle in § 189 Abs. 2, § 281 Abs. 1 HGB. vorgeschriebenen Angaben enthalten oder darf zu seiner Erläuterung die Satzung (der Erhöhungsbeschluß) herangezogen werden?

2. Zur Frage der Replik der Arglist gegenüber der Berufung auf die Formungültigkeit eines Zeichnungsscheins.

HGB. § 189 Abs. 2, § 281 Abs. 1. BGB. § 125.

II. Zivilsenat. Urt. v. 28. Oktober 1927 i. S. K. Z. (Bekl.) w. Bank für Landesproduktenhandel A.-G. (Kl.). II 125/27.

I. Landgericht I Berlin.
II. Kammergericht daselbst.

In einer Generalversammlung der klagenden Aktiengesellschaft, deren Mitgründer und damaliges Aufsichtsratsmitglied der Beklagte war, ist am 30. März 1925 beschlossen worden, das Kapital der Gesellschaft von 121000 RM unter Ausschluß der gesetzlichen Bezugsrechte um 179000 RM neue Aktien, und zwar durch Ausgabe von 5000 RM Namens-Vorzugsaktien und 174000 RM Inhaber-Stammaktien, zu erhöhen und diese Aktien einem Konsortium unter Führung der Bank für Landwirtschaft zu übertragen mit der Verpflichtung, die 5000 RM Namens-Vorzugsaktien den bisherigen Vorzugsaktionären im Verhältnis von 1:1 zum Parikurse und von den Inhaber-Stammaktien 116000 RM den bisherigen Stammaktionären im Verhältnis von 1:1 zum Parikurse zuzüglich der auf die Aktien entfallenden Kosten zum Bezug anzubieten. Die restlichen 58000 RM Inhaber-Stammaktien sollte das Konsortium dem Aufsichtsrat zur Verwertung zugunsten der Gesellschaft überlassen. Mit dieser Verteilung der neuen Aktien haben sich nach der protokollarischen Feststellung des Erhöhungsbeschlusses die Vorzugsaktionäre, nämlich die Bank für Landwirtschaft und der Direktor Sch. als Besitzer sämtlicher Vorzugsaktien, ausdrücklich einverstanden erklärt. Im übrigen wurden dem Aufsichtsrat die Einzelheiten der Durchführung der Kapitalerhöhung, insbesondere die Stückelung der neu auszugebenden Aktien und die Festsetzung der auf sie entfallenden Kosten überlassen.

Der Beklagte hat einen Zeichnungsschein vom 28. April 1925 ausgestellt, worin er sich verpflichtete, von den aufzulegenden 179000 RM Aktien 20000 RM (Nennwert) zu übernehmen und den Übernahmepreis von 100% zuzüglich Gerichtskosten zu zahlen. Von dem hiernach zu entrichtenden Betrag hatte er zunächst eine Einzahlung von 25% sofort nach der Eintragung ins Handelsregister zu machen, der Rest war in gleichmäßigen, am 1. Juli 1925, 1. Oktober 1925 und 1. Dezember 1925 fälligen Raten zu begleichen. Gleichzeitig erklärte der Beklagte, daß seine Zeichnung erlösche, falls die beschlossene Erhöhung des Gründungskapitals nicht spätestens bis zum 31. März 1926 in das Handelsregister eingetragen sei. Durch Schreiben vom 30. Juni 1925 teilte die Klägerin dem Beklagten mit, daß sie ihm auf Grund seiner Konsortialzeichnung 20000 RM junge Aktien der Bank für Landesproduktenhandel mit 25% Einzahlung, zuzüglich Steuer und Spesen im Betrag von 6200 RM, Wert 1. Juli 1925, überlasse, wofür sie ihn, wie vorstehend, belaste und ihn auf Depotkonto für die Stücke erkenne, die ihm nach Erscheinen zugehen würden. Diese gemäß einem Beschluß des Aufsichtsrats am 1. Juli 1925 fällige Einzahlung von 6200 RM nebst Zinsen bildet den Gegenstand der Klage.

Das Landgericht gab der Klage statt. Die Berufung des Beklagten war erfolglos. Seine Revision führte zur Abweisung der Klage.

Gründe:

Das Berufungsgericht geht davon aus, daß gegenüber einer Aktienzeichnung, die nicht bloß in einer Erklärung an die Gründer bestehe, sondern sich an den allgemeinen Verkehr wende, mit Rücksicht auf diesen ihren öffentlichen Charakter der Einwand des Irrtums oder des Scheingeschäfts nicht zugelassen werden könne. Die Auffassung, daß Beteiligungserklärungen der hier fraglichen Art der Anfechtung wegen Willensmängel und ebenso dem Einwand des Scheingeschäfts entzogen seien, entspricht der ständigen Rechtsprechung des Reichsgerichts. Dagegen hat auch die Revision keine Bedenken geltend gemacht. Wohl aber rügt sie, und zwar mit Recht, daß der Vorderrichter den Zeichnungsschein, aus dem geklagt wird, als formell rechtsgültig anerkannt habe.

Das Kammergericht ist der Ansicht, daß der Zeichnungsschein den Erfordernissen des § 281 Abs. 1, § 189 Abs. 2 HGB. nicht entspreche, weil er die Gattung der gezeichneten Aktien nicht enthalte, obwohl Aktien verschiedener Gattung ausgegeben worden seien. Dieser Mangel mache aber den Zeichnungsschein nicht nichtig, weil es bei erläuternder Heranziehung des Kapitalerhöhungs-Beschlusses, auf Grund dessen die Namens-Vorzugsaktien bloß den bisherigen Vorzugsaktionären hätten angeboten werden sollen, keinem Zweifel unterliegen könne, daß die Zeichnung bloß auf die Inhaber-Stammaktien Bezug haben sollte. Die Heranziehung des Erhöhungsbeschlusses zur Erläuterung der fehlenden Gattungsangabe im Zeichnungsschein sei aber nach RGZ. Bd. 85 S. 284 unbedenklich zulässig.

Nach § 189 Abs. 2, § 281 Abs. 1 HGB. erfolgt die Aktienzeichnung durch schriftliche Erklärung, aus der die Beteiligung nach der Anzahl und, falls verschiedene Aktien ausgegeben werden, nach dem Betrag oder der Gattung der Aktien hervorgehen muß. In dem vom erkennenden Senat in RGZ. Bd. 85 S. 284 entschiedenen Falle war die Erhöhung des Grundkapitals um 200000 *M* durch Ausgabe von Aktien einer Gattung zum Nennwerte von 1000 *M* beschlossen worden und der Beklagte hatte im Zeichnungsschein erklärt, daß er von den Aktien, um welche das Grundkapital erhöht werden solle, 50000 ℳ übernehme. Rechtlich wurde hierzu ausgeführt, es mache keinen Unterschied, ob Maß und Art der Beteiligung im Zeichnungsschein, der kein Wertpapier sei, vollständig umschrieben seien oder ob zur Erläuterung die Satzung (der Erhöhungsbeschluß) zu Hilfe genommen werden müsse. Die Angabe des Gesamtbetrags der Geldeinlage im Zeichnungsschein sei aber genügend, weil für jeden, der die Satzung (den Erhöhungsbeschluß) kenne, mit der Bezeichnung des Gesamtbetrags der Geldeinlage genau so deutlich die Anzahl der Aktien angegeben sei. Wie wenig der Gesetzgeber daran gedacht habe, daß die Beteiligungsangabe auch ohne diese Hilfsmittel sich selbst erläutern müsse, beweise eben der § 189 Abs. 2 HGB., wonach in dem gewöhnlichen Falle, wenn Verschiedenheiten der Aktien nicht beständen, die Angabe der Anzahl genügen solle. In dieser Entscheidung, an der gegenüber den im Schrifttum, insbesondere von Staub-Pinner, HGB. 12. und 13. Aufl. § 189 Anm. 3, Fischer, Das Aktienrecht, Leipzig 1916, S. 114 Anm. 5, geäußerten Bedenken festzuhalten ist, wird also grundsätzlich ausgesprochen, daß die Heranziehung des Erhöhungsbeschlusses zur Erläuterung eines Zeichnungsscheins zulässig sei, wenn nach beiden Urkunden im Zusammenhalt Maß und Art der Beteiligung des Zeichners offen zutage lägen. Ein solcher Fall liegt aber hier nicht vor.

Aus dem hier in Rede stehenden Zeichnungsschein selbst erhellt nur, daß der Beklagte von den auszugebenden 179000 RM Aktien 20000 RM übernimmt. Ob er Inhaber-Stammaktien oder Namens-Vorzugsaktien zeichnen will, geht nicht daraus hervor. Welche Gattung der auszugebenden Aktien er zeichnen wollte und gezeichnet hat, ergibt sich entgegen der Meinung des Kammergerichts auch dann nicht, wenn der Erhöhungsbeschluß erläuternd zu Hilfe genommen wird. Zwar sollten nach diesem die Namens-Vorzugsaktien den bisherigen Aktionären angeboten werden, als welche der Direktor Sch. und die Bank für Landwirtschaft bezeichnet worden sind. Der Zeichnungsschein wurde indessen erst am 28. April 1925 ausgestellt. Der am 30. März 1925 gefaßte Erhöhungsbeschluß kann daher kein Beleg dafür sein, daß, als der Beklagte zeichnete, die bisherigen Vorzugsaktionäre sich noch im Besitz ihrer Vorzugsaktien befanden, ebensowenig dafür, daß diese samt dem Bezugsrecht in andere Hände und in welche übergegangen waren. Für dritte Personen, die es unternahmen, den Zeichnungsschein mit Hilfe des Erhöhungsbeschlusses zu erläutern, war also nicht mit Sicherheit erkennbar, welche Aktien der Beklagte gezeichnet hatte. Konnten doch bis zum 28. April 1925 die bisherigen Vorzugsaktionäre auch ihre Bezugsrechte veräußert haben, sodaß die Vorzugsaktien anderweitig gezeichnet werden mußten. Diese Ungewißheit wurde nicht einmal für denjenigen behoben, der alle Zeichnungsscheine im Zusammenhalt mit dem Erhöhungsbeschluß prüfte. Denn nach den Registerakten lauten alle Zeichnungsscheine über die insgesamt 179000 RM Aktien auf 20000 RM (Nennwert) „von den aufzulegenden Aktien". In keinem davon steht etwas darüber, in wessen Zeichnung die 5000 RM Vorzugsaktien stecken sollen, und insbesondere fehlt unter den Zeichnern der Direktor Sch., dem als bisherigem Vorzugsaktionär die Namens-Vorzugsaktien nach dem Erhöhungsbeschluß angeboten werden sollten und der sie demnach nicht gezeichnet hat. Schon dieser Verlauf zeigt, daß es nicht ohne weiteres zutage lag und auch unter Zuhilfenahme des Erhöhungsbeschlusses nicht zutage liegen konnte, daß die Zeichnung des Beklagten sich nur auf die Inhaber-Stammaktien bezog. Darauf, ob sich alle Beteiligten vollkommen klar darüber gewesen sind, daß der Beklagte nur Inhaber-Stammaktien zeichnen wollte, kommt es bei der Beurteilung der Formerfordernisse einer an die Allgemeinheit gerichteten Erklärung nicht an. Wollte man dem Rechnung tragen, so würde sich das zwingende Formerfordernis der § 281 Abs. 1, § 189 Abs. 2 HGB. vollkommen verflüchtigen. Der Zeichnungsschein ist daher, anders als beim Fehlen der im Abs. 3 Nr. 1 bis 4 des § 189 HGB. aufgestellten Erfordernisse, unheilbar nichtig; insbesondere heilt auch die spätere Eintragung der Kapitalerhöhung ins Handelsregister diese formellen Mängel nicht.

Aber auch der zweite Entscheidungsgrund des Kammergerichts trägt das angefochtene Urteil nicht, wie die Revision mit Recht rügt.

Das Kammergericht hält gegenüber der Berufung des Beklagten auf den Mangel der Form des Zeichnungsscheins die Replik der allgemeinen Arglist für durchgreifend, weil der Beklagte, der als Mitgründer und Aufsichtsratsmitglied der Klägerin zur ordnungsmäßigen Anmeldung und Beobachtung der Förmlichkeiten verpflichtet gewesen sei, nicht seine eigene pflichtwidrige Unterlassung heranziehen könne, um die Zahlungspflicht von sich abzuwälzen.

Diese Darlegung beruht auf rechtsirrtümlicher Anwendung von Grundsätzen, die das Reichsgericht (vgl. insbesondere RGZ. Bd. 87 S. 281, Bd. 96 S. 313, Bd. 107 S. 357, Urteil des erkennenden Senats vom 18. Februar 1927 II 205/26) auf dem Gebiete des Vertragsrechts entwickelt hat. Danach kann die Replik der allgemeinen Arglist gegenüber der Berufung auf die Formungültigkeit eines Vertrags oder auf den Verjährungseinwand erhoben werden, wenn derjenige, der die Nichtigkeit oder die eingetretene Verjährung einwendet, die Nichtbeobachtung der Form oder die Unterlassung der rechtzeitigen Geltendmachung des Anspruchs zwar nicht arglistig, aber doch durch eine von ihm zu vertretende Irrtumserregung, wider Treu und Glauben selbst herbeigeführt hat. Hier handelt es sich aber weder um Vertragspflichten, die verletzt sein könnten, noch hat der Beklagte bei der Zeichnung in den Organen der Klägerin den Irrtum erweckt, daß es der Förmlichkeit der Verpflichtungserklärung nicht bedürfe. Was den Beklagten rechtlich hindern soll, den Mangel der Form zu rügen, ist nach Meinung des Vorderrichters nur die Tatsache, daß er als Aufsichtsratsmitglied zur ordnungsmäßigen Anmeldung und Beobachtung der Förmlichkeiten verpflichtet gewesen sei und dies unterlassen habe. Das reicht jedoch zur Begründung der Replik der Arglist nicht aus.

Nach der Rechtsprechung des Reichsgerichts ist die Aktienzeichnung kein gegenseitiger oder zweiseitiger Vertrag. Die Verpflichtungsurkunde des Zeichners ist vielmehr ein rechtserzeugender Akt, der sich nicht nur an die Gründer oder an die Gesellschaft richtet, sondern zugleich eine Erklärung gegenüber der Öffentlichkeit enthält. Wenn der Beklagte zu der Zeit, als er den Schein unterzeichnete und der Gesellschaft übergab, Aufsichtsratsmitglied der Klägerin war, so trat er dieser als Zeichner doch nur wie jeder zeichnende Dritte gegenüber, und es lagen ihm bei diesem Zeichnungsgeschäft keinerlei Pflichten ob, die er in seiner Eigenschaft als Aufsichtsratsmitglied zu erfüllen gehabt hätte. Was ihm als schuldhaft zur Last fallen könnte, ist also nur, daß er gleich den übrigen Vorstands- und Aufsichtsratsmitgliedern die Zeichnungen vor der Anmeldung der Kapitalerhöhung zum Handelsregister — die nach § 284 HGB. Sache des Vorstands und des Aufsichtsrats war — nicht auf ihre Rechtsgültigkeit geprüft und nicht dafür gesorgt hat, daß an Stelle der ungültigen Scheine gültige ausgestellt wurden. Sollte er bei

Erfüllung dieser Obliegenheit nicht die Sorgfalt eines ordentlichen Geschäftsmanns angewandt haben, so mag er nach § 249 Abs. 1 und 2 HGB. der Gesellschaft zum Schadensersatz verpflichtet sein. Daraus erwächst aber der Klägerin nicht das Recht, die Berufung auf die Formungültigkeit der Zeichnung als arglistig abzuwehren. Denn hier ist der Rechtsgedanke nicht verwertbar, daß diejenige Vertragspartei, die durch ein von ihr zu vertretendes Verhalten die Wahrung der Form verhindert hat, sich nach Treu und Glauben auf den Mangel der Form nicht soll berufen dürfen.

Im Streitfall handelt es sich nicht darum, daß der Beklagte die Beobachtung der Form, etwa durch Erregung eines Irrtums auf der Gegenseite, schuldhaft vereitelt oder verhindert haben könnte. Nach seiner Behauptung war ihm der Schein, so wie er lautete, vom Rechtsberater der Klägerin zur Unterschrift vorgelegt worden. War er ungültig, so traf keine der Parteien im Verhältnis zueinander ein Verschulden. Denn daß der Beklagte als Zeichner die Organe der Klägerin von der Verwendung eines formgerechten Scheins abgehalten hätte, ist nicht festgestellt; eine solche Möglichkeit kommt als geradezu unsinnig überhaupt nicht in Betracht. Die Schuld, die der Beklagte im weiteren Verlauf im Verein mit den übrigen Vorstands- und Aufsichtsratsmitgliedern durch die ohne genügende Nachprüfung der Scheine bewirkte Anmeldung zum Handelsregister auf sich geladen haben soll, mag ihn (als Gesamtschuldner) zur Herstellung des Zustandes verpflichten, wie er ohne solches Verschulden bestanden hätte. Sie ist aber nicht ursächlich für den allein maßgebenden Umstand, daß der Schein bei der Zeichnung so wie geschehen und nicht anders abgefaßt wurde. Jenes angebliche Verschulden des Beklagten stellt also, anders als bei verschuldetem Mangel der Formwahrung innerhalb eines Vertragsverhältnisses, nicht das rechtserhebliche Moment her, das allein zu einem Einwand gegen die Berufung auf mangelnde Form berechtigen könnte.

Nach RGZ. Bd. 107 S. 357 (365) soll weiterhin Voraussetzung für den Erfolg der Replik der Arglist sein, daß der Zustand, der bestehen würde, wenn die Berufung auf die Nichtigkeit des Vertrags unterblieben wäre, zu dessen Erfüllung führen kann. Dies wird für den Fall verneint, daß die Nichtigkeit, mag sie auch nicht eingewendet worden sein, sich ohne weiteres aus dem Vorbringen der

Partei ergab und daher von Amts wegen hätte berücksichtigt werden müssen. Letzteres war aber nach dem Parteivorbringen hier offensichtlich der Fall. Überdies wäre die Replik der Arglist gegenüber der Berufung auf mangelnde Form hier schon um deswillen wirkungslos, weil die Zeichnung nicht nur einen rein privatrechtlichen Akt, sondern zugleich eine Erklärung gegenüber der Öffentlichkeit darstellt. Diese Eigenschaft läßt sich, wenn der Schein nichtig ist, im Gegensatz zu dem Fall der Erfüllung formungültiger Verträge durch Unterlassung der Berufung auf den Formmangel überhaupt nicht herstellen.

Hiernach ist der Zeichnungsschein unheilbar nichtig und kann daher keinen Zahlungsanspruch der Klägerin begründen.

---

60. Welche Anforderungen sind an die Inbesitznahme zu pfändender körperlicher Sachen durch den Gerichtsvollzieher zu stellen?

ZPO. § 808.

III. Zivilsenat. Urt. v. 28. Oktober 1927 i. S. Preuß. Staat (Bekl.) w. P. (Kl.). III 74/27.

I. Landgericht Altona.
II. Oberlandesgericht Kiel.

Der Gerichtsvollzieher P. pfändete am 16. September 1924 auf Antrag des Klägers, der wegen einer Forderung einen Arrestbefehl gegen den Makler H. in Bad O. erwirkt hatte, bei diesem eine größere Menge Zigarren, Zigaretten und Tabake. Die Sachen lagerten in einem Zimmer im ersten Stock des vom Schuldner bewohnten Hauses. Der Beamte verschloß die nach dem Flur führende Tür des Zimmers und nahm den Schlüssel an sich. Eine Kundbarmachung der Pfändung durch Anlegung von Siegeln oder auf andere Weise unterließ er. Der Schuldner H. erhielt von einem Rechtsanwalt die Auskunft, daß nach seiner Ansicht die Pfändung ungültig sei. Darauf schaffte er die Pfandstücke fort und verkaufte sie. Die Zwangsvollstreckung aus dem gegen H. im Hauptprozeß erstrittenen Urteil wurde dadurch dem Gläubiger unmöglich gemacht. Der Kläger ist der Meinung, daß der Gerichtsvollzieher die Pfändung vorschriftswidrig ausgeführt habe, und macht den preußischen Staat wegen der schuldhaften Amtspflichtverletzung, die nach seiner Ansicht vorliegt, für den hierdurch verursachten Schaden haftbar. Das Landgericht hat den Klaganspruch dem Grunde nach für gerechtfertigt erklärt. Die Berufung des Beklagten ist erfolglos geblieben. Auch seine Revision wurde zurückgewiesen.

Gründe:

Das Berufungsgericht spricht der Pfändung die Wirksamkeit ab, weil der Gerichtsvollzieher, um zu den Pfandstücken zu gelangen, zwei vom Schuldner in der Regel unter Verschluß gehaltene Türen habe durchschreiten müssen und deshalb erst nach Überwindung von Hindernissen und Widerständen die Herrschaft über die Stücke habe ausüben können. Es kann unentschieden bleiben, ob diese Begründung als stichhaltig anzuerkennen ist. Die Ungültigkeit der Pfändung ergibt sich jedenfalls aus folgenden Erwägungen. Die Pfändung der im Gewahrsam des Schuldners befindlichen körperlichen Sachen wird nach § 808 Abs. 1 ZPO. dadurch bewirkt, daß der Gerichtsvollzieher sie in Besitz nimmt. Das Gesetz erfordert hiernach zu einer rechtsgültigen Pfändung die Ergreifung des Alleinbesitzes an den zu pfändenden Gegenständen durch den Gerichtsvollzieher. Dieser muß sich, um wirksam zu pfänden, eine die Verfügungsmacht des Schuldners ausschließende tatsächliche Gewalt über die Sachen verschaffen. Selbst wenn er die Gegenstände im Gewahrsam des Schuldners beläßt, muß er sie zunächst in seinen unmittelbaren Besitz bringen. Die Belassung ist nur eine Wiedereinräumung des Besitzes an den Schuldner, der nunmehr als unmittelbarer Besitzer den Besitz dem Gerichtsvollzieher und dem Gläubiger im Sinne von § 868 BGB. vermittelt (JW. 1910 S. 116 Nr. 23, RGZ. Bd. 94 S. 341). Im vorliegenden Falle hat sich der Gerichtsvollzieher darauf beschränkt, daß er die nach dem Flur führende Tür des Zimmers, worin die zu pfändenden Sachen lagen, verschloß und den Schlüssel an sich nahm. Das Zimmer ist unstreitig noch durch eine zweite Tür zugänglich, die es mit einem Wohnzimmer des Schuldners verbindet. Selbst wenn diese zweite Tür, wie der Beklagte behauptet, der Kläger aber bestreitet, zur Zeit der Zwangsvollstreckung und auch noch später verschlossen und der Schlüssel zu ihr verloren gewesen wäre, so ergäbe sich auch dann noch nicht ein Gesamtzustand, bei dem von einer gesicherten und befestigten Herrschaft des Vollstreckungsbeamten über die Pfandstücke und demnach von einem Alleinbesitz des Gerichtsvollziehers die Rede sein könnte. Da er die Türschlösser nicht durch Anlegung von Siegeln für die Schlüssel unzugänglich gemacht hat, so konnte der Schuldner mit Hilfe herzustellender neuer Schlüssel oder durch Anwendung von Werkzeugen jederzeit ohne Schwierigkeit in den Raum eindringen, wo die Pfandstücke lagerten. Seine Verfügungsgewalt wurde also dadurch, daß der Gerichtsvollzieher die Tür nach dem Flur abschloß und den Schlüssel mitnahm, nicht beseitigt und ein Alleinbesitz des Beamten an den Pfandstücken dadurch nicht begründet. Nach der Rechtsprechung des Reichsgerichts wird allerdings die zur Begründung des rechtsgeschäftlichen Fahrnispfandrechts erforderliche Übergabe des Besitzes an den zu verpfändenden Gegenständen (§ 1205 Abs. 1 S. 1 BGB.) nicht dadurch verhindert und die Entstehung des Pfandrechts nicht dadurch ausgeschlossen, daß der Verpfänder zu dem Raume, worin sich die Sachen befinden, beliebig freien Zutritt nehmen und sich in den Besitz der Sachen setzen kann (RGZ. Bd. 66 S. 258). Auch hat das Reichsgericht schon ausgesprochen, daß zur Übertragung des körperlichen Besitzes an Sachen, die in einem verschlossenen Gelaß aufbewahrt werden, zum Zweck der Verpfändung oder Übereignung die Übergabe eines zum Schloß des Raumes gehörigen Schlüssels an den Pfandgläubiger oder Erwerber auch dann genügt, wenn der Übertragende ohne deren Wissen und Willen noch weitere zu dem Schloß passende Schlüssel besitzt und zurückhält (RGZ. Bd. 103 S. 100). Allein diese Grundsätze lassen sich auf das Pfändungspfandrecht an körperlichen beweglichen Sachen, dessen Entstehungsbedingungen in § 808 ZPO. besonders geregelt sind, nicht übertragen. Diese Vorschrift wird ganz wesentlich von dem Gedanken beherrscht, daß der Gläubiger gegen Gefährdung seiner Rechte an den Pfandstücken durch den Schuldner geschützt werden soll. Der Gesetzgeber, der den Schutz durch die Strafvorschrift in § 137 StGB. noch nicht für ausreichend gewährleistet erachtet, macht es deshalb dem Gerichtsvollzieher in § 808 Abs. 2 S. 1 zur Pflicht, die Pfandstücke nicht im Gewahrsam des Schuldners zu lassen, falls die Befriedigung des Gläubigers dadurch in Frage gestellt wird. Und die Vorschrift des Abs. 2 S. 2, welche anordnet, daß die Pfändung der im Gewahrsam des Schuldners verbleibenden Sachen durch Anlegung von Siegeln oder auf sonstige geeignete Weise ersichtlich zu machen ist, will durch die damit angestrebte Offenkundigkeit der Pfändung unter anderem auch den Gläubiger gegen Eingriffe des Schuldners durch Vertauschung oder Veräußerung von Gegenständen sicherstellen. Mit dieser Absicht des Gesetzgebers wäre die Anwendung der bezeichneten Grundsätze schwer verträglich. Vielmehr erfordert es der Gesetzeszweck, daß die Inbesitznahme der zu pfändenden Sachen durch den Gerichtsvollzieher erst dann als wirksam erfolgt gilt, wenn dieser sich die tatsächliche Gewalt über die Sachen in einer Weise verschafft, die nicht bloß ihm die Einwirkung auf die Gegenstände ermöglicht, sondern auch den Schuldner nach Möglichkeit von Besitzhandlungen ausschließt. Ein solcher Zustand konnte unter den Umständen des gegenwärtigen Falles durch das vom Gerichtsvollzieher eingeschlagene Verfahren nicht erreicht werden.

Bei der außergewöhnlichen Art der Pfändung und der Besonderheit der Umstände, die sich aus der Zugänglichkeit des in Frage stehenden Raumes von zwei Seiten ergab, hätte sich dem Gerichtsvollzieher bei sorgfältiger Wahrnehmung seiner Amtspflichten die rechtliche Wirksamkeit seines Verfahrens als zweifelhaft darstellen müssen. Er hätte daher, um die Zwangsvollstreckung nicht zu gefährden, den von ihm gewählten unsicheren Weg der Pfändung nicht beschreiten dürfen, sondern diese auf eine der Arten vollziehen müssen, welche die Erfahrungen des Lebens und die Vorschriften in § 71 der preuß. Geschäftsanweisung für die Gerichtsvollzieher als sicheren Weg zu einer gültigen Vollstreckung an die Hand gaben. Er hätte also entweder die Sachen im offenen Gewahrsam des Schuldners lassen und die Pfändung durch Anlegung von Siegeln oder auf andere geeignete Art erkennbar machen oder, wenn nötig, die Sachen durch Fortschaffung in die Pfandkammer oder an einen anderen geeigneten Ort dem Gewahrsam des Schuldners entziehen müssen. Seine Handlungsweise schließt sonach eine fahrlässige Amtspflichtverletzung in sich.

61. Ist im Sinne des § 28 Abs. 2 AufwG. die Erteilung einer löschungsfähigen Quittung der Löschung der Hypothek gleichzustellen?

V. Zivilsenat. Urt. v. 29. Oktober 1927 i. S. Stadtgemeinde Br. (Kl.) w. Fr. (Bekl.). V 104/27.

I. Landgericht Breslau.
II. Oberlandesgericht daselbst.

Die Frage wurde verneint aus folgenden

Gründen:

Das Berufungsgericht hat die Verpflichtung der Beklagten zur Verzinsung der aufgewerteten Hypothek vom 1. Januar 1925 ab im Gegensatz zum ersten Richter verneint und, weil damit auch die Fälligkeit der Hauptforderung entfiel, schon aus diesem Grunde die Klage abgewiesen. Darin kann ihm jedoch nicht gefolgt werden. Der Vorderrichter will im Sinne des § 28 Abs. 2 AufwG. der Löschung einer kraft Rückwirkung aufzuwertenden Hypothek die Erteilung einer löschungsfähigen Quittung nebst Aushändigung des Hypothekenbriefs gleichstellen und deshalb in solchem Falle die Verzinsung des Aufwertungsbetrags erst mit dem Beginn des auf seine Eintragung folgenden Kalendervierteljahrs eintreten lassen. Das ist rechtsirrtümlich. Wie der Berufungsrichter selbst nicht verkennt, widerspricht seine Auslegung dem Wortlaut des § 28 Abs. 2 und der im Schrifttum herrschenden Meinung. Er beruft sich auch zu Unrecht auf die Entscheidung des erkennenden Senats vom 29. Oktober 1926 (RGZ. Bd. 114 S. 178). Wenn dort für die Erstreckung des Zinsaufschubs nach § 28 Abs. 2 auf die persönliche Aufwertungsforderung auch die Absicht des Gesetzgebers herangezogen ist, dem Aufwertungsschuldner eine Vergünstigung zu gewähren, so ist dies doch nur in dem durch die Fassung des § 28 gegebenen Rahmen geschehen; denn zugleich wurde ausgesprochen, daß der ausdrückliche Wortlaut des Abs. 2 dessen Anwendung auf die Fälle der Aufwertung kraft Rückwirkung und unter diesen weiter auf diejenigen beschränke, in denen die Hypothekeneintragung bereits gelöscht worden war. Die Begründung jenes Beschlusses läßt auch ersehen, daß das Reichsgericht die gegen seine Auslegung obwaltenden Bedenken keineswegs verkannte, sich aber dem bestehenden Gesetz gegenüber durch die Gründe für gebunden erachtete, die aus dem Wortlaut, dem Aufbau des Gesetzes und dem anzunehmenden Zweck der Vorschrift herzuleiten sind. Zu einer Anwendung der Vorschrift über ihren unmittelbaren Bereich hinaus lag aber und liegt auch jetzt um so weniger Anlaß vor, als inzwischen die Gesetzgebung den durch § 28 Abs. 2 gewährten Zinsaufschub auf die Zeit bis Ende März 1926 beschränkt hat. Es ist auch nicht richtig, daß die Worte von der Wiedereintragung der Hypothek im Eingang des § 28 Abs. 2 AufwG. im Sinne der Eintragung des Aufwertungsbetrags verstanden werden dürften, weil das Aufwertungsgesetz auch dann, wenn der Grundstückseigentümer eine auf ihn als Grundschuld übergegangene Hypothek im Grundbuch stehen ließ, von einer Wiedereintragung spreche. Der vom Berufungsgericht hierfür angezogene § 21 AufwG. spricht zwar von Wiedereintragung, aber nur von Wiedereintragung des Gläubigers einer im Grundbuch noch eingetragenen Hypothek, und wenn er hierunter nach Nr. 2 auch den Fall begreift, daß der frühere Gläubiger zwar noch als Gläubiger eingetragen ist, das Gläubigerrecht eines anderen sich jedoch aus § 1155 BGB. ergibt, so folgt diese Besonderheit aus der Übertragbarkeit von Briefhypotheken außerhalb des Grundbuchs, die in solchem Falle das Fortbestehen der Eintragung des bisherigen Gläubigers zum bloßen Schein macht. Bei der Gleichstellung der Erteilung von Löschungsurkunden mit der Löschung selbst, die im § 20 Abs. 2 AufwG. nur als Ausnahme für einen bestimmten Sonderfall angeordnet ist, wird dagegen der wesentliche Unterschied übersehen, der auch vom Standpunkt des Eigentümers aus zwischen den Fällen der Erteilung der Löschungsurkunde und der wirklichen Ausführung der Löschung besteht. Denn regelmäßig bringt erst die Löschung im Grundbuch das Recht am Grundstück zum Erlöschen. Der Auslegung des Berufungsgerichts steht hiernach der ausdrücklich auf gelöschte Hypotheken beschränkte Wortlaut des § 28 Abs. 2 AufwG. entgegen. Bei der Beratung des Gesetzes vom 9. Juli 1927 (RGBl. I S. 171) ist man denn auch im Aufwertungsausschuß von dieser engeren Bedeutung der Vorschrift ausgegangen (vgl. darüber Mügel 5. Aufl. § 28 Anm. 6d, S. 826).

62. 1. Welchen Einfluß hat ersichtlicher Parteiwille im Vergleich zu sonstigen aus einem Vertrag erkennbaren Umständen auf die Frage nach dem anzuwendenden Recht?

2. Ist die Befugnis zur Verfilmung einer Operette aus dem Rechte des Tonsetzers oder aus dem Rechte des Textdichters abzuleiten?

3. Wem gebührt das Verfilmungsrecht, wenn, bevor dieses durch Gesetz ausdrücklich geregelt wurde, die urheberrechtlichen Befugnisse veräußert worden sind?

LitUrhG. § 14 Nr. 5, § 12 Abs. 2 Nr. 6.

I. Zivilsenat. Urt. v. 29. Oktober 1927 i. S. D.-Film-GmbH. (Kl.) w. J. u. Gen. (Bekl.). I 76/27.

I. Landgericht I Berlin.
II. Kammergericht daselbst.

Zu der Operette „Das Musikantenmädel" hat der Tonsetzer Georg J. (Rechtsvorgänger der Beklagten zu 1) die Musik geschaffen; Bernhard B. (Rechtsvorgänger der Beklagten zu 3) hat dazu das Textbuch, der Schauspieler und Theaterdirektor Josef J. (der Beklagte zu 2) ein Regiebuch geschrieben. Am 1. Februar 1910 schloß der Verleger F. in Stuttgart mit jenen drei Personen Verträge, durch die er sich ihre Befugnisse an der Operette übertragen ließ: einen Vertrag mit Georg J. über die Musik, einen andern mit Bernhard B. und Josef J. über Textbuch und Regiebuch.

Die Klägerin behauptet: im April 1926 habe F. seine Rechte an O. und S., welche die uneingetragene Firma F-VG. führten, weiterübertragen, und von ihnen habe sie diese Rechte am selben Tag erworben. Sie vertritt die Auffassung, daß in den auf sie übergegangenen Rechten das der Verfilmung mitenthalten sei, und verlangt mit der gegenwärtigen Klage Feststellung dieses Rechts. Die Beklagten bestreiten das und nehmen das Verfilmungsrecht gemeinsam für sich in Anspruch.

Das Landgericht hat die Klage abgewiesen, das Kammergericht die Berufung der — auf Streitverkündung der Klägerin dieser beigetretenen — Nebenintervenienten F., O. und S. zurückgewiesen. Die Revision blieb ohne Erfolg.

Aus den Gründen:

... Das Kammergericht kommt, wie das Landgericht, zu dem Ergebnis: F. habe durch die Verträge vom 1. Februar 1910 nicht das Recht erworben, die Operette zur Aufnahme in einem Bildstreifen zu benutzen und im Lichtspiel vorzuführen; ob er seine Befugnisse später auf die Klägerin weiterübertragen habe, könne deshalb dahingestellt bleiben. Während aber das Landgericht deutsches Reichsrecht anwandte, meint das Berufungsgericht, das am 1. Februar 1910 begründete Vertragsverhältnis sei nach österreichischem Rechte zu beurteilen.

Diese Auffassung ist nicht zu billigen. Allerdings hatten, wie das angefochtene Urteil hervorhebt, sämtliche drei beteiligten Urheber zur Zeit des Vertragsschlusses ihren Wohnsitz in Wien; dort war zugleich für ihre vertraglichen Verpflichtungen nach deren Zweck und Inhalt der Erfüllungsort. Auch war in beiden Verträgen vereinbart, alle aus ihnen entstehenden prozessualen Fragen sollten durch das Wiener Gericht entschieden werden. Aber beide Vertragsurkunden weisen als Ausstellungsort nur Stuttgart, den Wohnsitz des Verlegers F. auf, der dort auch seine Verbindlichkeiten aus den Verträgen zu erfüllen hatte. Das den Urhebern gebührende Entgelt ist durchweg in Mark, also in deutscher Reichswährung, ausgedrückt. Von besonderem Gewicht ist, daß im gegenwärtigen Rechtsstreit beide Teile sich von Anfang an, ohne den mindesten Zweifel zu äußern, auf deutsches Reichsrecht berufen und alsbald die nach ihrer Meinung zutreffenden Bestimmungen des Gesetzes betr. das Urheberrecht an Werken der Literatur und Tonkunst vom 19. Juni 1901 (RGBl. S. 227) erörtert haben. Die Abwägung dieser Zweifelsgründe gegeneinander spricht dafür, daß die Anwendung deutschen Rechtes dem vermutlichen Willen der am Vertragsabschluß Beteiligten entspräche; sie wäre auch, wenn die Gründe für und wider einander völlig die Waage hielten, das Gegebene (RGZ. Bd. 44 S. 301, Bd. 68 S. 205, Bd. 73 S. 383, Bd. 81 S. 274, Bd. 107 S. 123, Bd. 108 S. 243; JW. 1911 S. 148 Nr. 2; WarnRspr. 1921 Nr. 148).

Obwohl die Frage nach dem maßgebenden Recht anders als nach der Ansicht des Berufungsgerichts entschieden wird, führt dies nicht zur Aufhebung des angegriffenen Urteils. Denn das Kammergericht hat die Möglichkeit berücksichtigt, daß nicht österreichisches, sondern deutsches Recht anzuwenden sei. Bei dieser Prüfung gelangt es für beide Rechte wegen sachlicher Übereinstimmung zum gleichen Ergebnis. Das Revisionsgericht hat nicht darauf einzugehen, ob wirklich das österreichische Recht mit dem deutschen übereinstimme (§ 549 ZPO.). Bei der Auslegung des deutschen Rechtes aber ist kein Verstoß des Berufungsgerichts gegen dessen Regeln zu erkennen.

In der Operette ist das Schriftwerk des Worttextes nebst Bühnenanweisungen, also des Text- und Regiebuchs, mit der Musik, einem Werke der Tonkunst, verbunden. Auch nach der Verbindung gilt für jedes der verbundenen Werke dessen Verfasser als Urheber (LitUrhG. § 5). Mit Recht geht das Berufungsgericht davon aus: F. könne das Recht der Verfilmung (der Benutzung zu einer bildlichen Darstellung, welche das Originalwerk seinem Inhalt nach im Lichtspiel wiedergibt, § 12 Abs. 2 Nr. 6 LitUrhG.) nur am Text- und Regiebuch erworben haben, also nur durch den Vertrag, den F. mit B. und Josef J. abgeschlossen hat. Ableitung aus dem Rechte des Tonsetzers Georg J. komme für das Verfilmungsrecht nicht in Betracht. Schon in den beiden Verträgen vom 1. Februar 1910 hätten die Beteiligten die urheberrechtlichen Befugnisse am Text- und am Regiebuch von denen am Musikwerk streng geschieden. Damit sei klar ausgedrückt, daß der Tonsetzer am Textbuch kein Urheberrecht beanspruche. Zwar wüchsen bei Tonwerken Text und Musik zu einer gewissen Einheit zusammen, und tatsächlich könne das Gesamtwerk nicht ohne gegenseitige Anpassung von Worten und Tönen entstehen. Aber eine Bearbeitung oder sonstige Verwertung des Textbuchs lasse sich wohl denken, auch ohne daß gleichzeitig die Komposition benutzt werde. Grundlage der Filmhandschrift könnten danach nur Text- und Regiebuch sein.

Am 1. Februar 1910, als der Vertrag zwischen F. und den Verfassern des Text- und Regiebuchs geschlossen wurde, war das Verfilmungsrecht im Deutschen Reiche noch nicht gesetzlich ausdrücklich geregelt. Die Revidierte Berner Übereinkunft vom 13. November 1908 (RGBl. 1910 S. 965) bestimmte zwar im Art. 14, der Urheber von Werken aus dem Bereiche der Literatur oder der Kunst sei ausschließlich berechtigt, die Wiedergabe und die öffentliche Aufführung seiner Werke durch die Kinematographie zu gestatten. Aber diese zwischenstaatliche Übereinkunft wurde erst am 9. Juni 1910

(RGBl. 1910 S. 987) in Deutschland ratifiziert, also nach dem Abschluß des Vertrags, aus dem die Klägerin ihre Befugnisse herleitet. Ebenfalls nach Vertragsabschluß trat das Gesetz vom 22. Mai 1910 (RGBl. S. 793) in Kraft, das dem § 14 LitUrhG. in Nr. 5 hinzufügte: „Im Falle der Übertragung des Urheberrechts verbleiben, soweit nicht ein anderes vereinbart ist, dem Urheber seine ausschließlichen Befugnisse: .... 5. für die Benutzung eines Schriftwerkes zum Zwecke der kinematographischen Wiedergabe (§ 12 Abs. 2 Nr. 6)". Diese neue Vorschrift wirkte nicht auf ältere Verträge zurück (vgl. § 62 LitUrhG.). Der Vertrag vom 1. Februar 1910 muß also, wie das angefochtene Urteil zutreffend hervorhebt, nach den zur Zeit seines Abschlusses geltenden Rechtsregeln ausgelegt werden.

Ohne Einfluß bleibt dabei der Lehrstreit um das durch Urheberrechts-Gesetz vom 11. Juni 1870 (BGBl. S. 339) für das Reichsgebiet geschaffene ausschließliche Aufführungsrecht. Hatte der Urheber vor dem Geltungsbeginn dieses Gesetzes einen an keine Zeitgrenze gebundenen Aufführungsvertrag über sein Werk geschlossen, so erkannte die Rechtsprechung die Vorteile des reichsgesetzlichen Aufführungsrechts nicht dem Urheber, sondern seinem Vertragsgegner, dem Unternehmer, zu (ROHG. Bd. 10 S. 121, Bd. 12 S. 341, Bd. 15 S. 198, Bd. 23 S. 363, 397; RGZ. Bd. 3 S. 156; RG. bei Bolze Bd. 22 Nr. 114). Für das Verfilmungsrecht ist bei Verträgen aus der Zeit vor seiner ausdrücklichen gesetzlichen Regelung keine entsprechende Auslegung angebracht, schon weil die neuen Gesetzesvorschriften (LitUrhG. § 14 Nr. 4 und 5, § 12 Abs. 2 Nr. 5 und 6) von dem Gedanken beherrscht werden, daß in Zweifelsfällen anzunehmen ist, eine Befugnis sei beim Urheber verblieben.

Zweifel könnte allerdings die Fassung des Vertrags hervorrufen, den der Verleger F. mit den Text- und Regiebuch-Urhebern B. und Josef J. am 1. Februar 1910 geschlossen hat. Nach seinem § 2 verkauften „... die Librettisten ... an den Musikverleger ... das Text- und Regiebuch zu der Operette ‚Das Musikantenmädel' ... für alle Zeiten und mit allen gegenwärtig und künftig fließenden Rechten, auch den sämtlichen Übersetzungs- und Aufführungsrechten, sowie dem Rechte des Bühnenvertriebs und der Aufführung für alle Länder." Dies könnte nach dem sehr weit gefaßten Wortlaut so verstanden werden, daß der Wille dahin gegangen sei, alle damaligen und künftigen Urheberrechte, gleichviel welcher

Art, sollten auf F. übertragen werden, B. und Josef J. sollten nichts davon behalten. Das angefochtene Urteil lehnt aber nach Zweck, Inhalt und Umständen des Vertrags eine solche Deutung ab. Und der Revision ist nicht zuzugeben, daß die Ausführungen darüber unklar oder lückenhaft seien oder sonstwie gegen Auslegungsregeln verstießen. Ist die Darlegung des Berufungsgerichts im ganzen schlüssig und von Rechtsirrtum frei, so brauchte es sich mit Einzelheiten des Wortlauts nicht noch genauer zu beschäftigen. Fraglich ist vor allem, ob hier gerade das von der Revision betonte Wort „verkaufen" besondere Folgerungen auf den Umfang des veräußerten Rechts nahelegt. Für die Ermittlung des Parteiwillens verdient der sachliche Vertragsinhalt, den das Berufungsurteil eingehend behandelt, den Vorrang (§ 133 BGB.) . . .

Das Kammergericht erwägt: Die Befugnis, Werke durch kinematographische Darstellung wiederzugeben und öffentlich aufzuführen, sei zur Zeit des Vertragsabschlusses immerhin schon bekannt gewesen und hätte den Gegenstand vertraglicher Abmachungen bilden können. Durch die nachträglich in das Gesetz betr. das Urheberrecht an Werken der Literatur und Tonkunst eingefügten Vorschriften (§ 12 Abs. 2 Nr. 6, § 14 Nr. 5 — vgl. auch VerlagsG. § 2 Abs. 2 Nr. 5 —) sei sie nicht als etwas völlig neues, als ein dem Verkehr bis dahin unbekanntes oder wenigstens ungeläufiges Gebilde in die Erscheinung getreten. Aber nach Zweck und Umständen des Vertrags über Text- und Regiebuch habe es dem Parteiwillen nicht entsprochen, die Verfilmungsbefugnis in die übertragenen Urheberrechte einzubeziehen. Denn F. habe als Musikverleger — so nennt ihn der Vertrag im Eingang und dann ausdrücklich nochmals im § 2 — das Verlagsrecht an der Operette erwerben wollen. Zu diesem Zweck nur habe er das Urheberrecht am Text- und Regiebuch erstrebt. Selbständige Verwertung dieses Schriftwerks sei nach dem Vertragszweck gar nicht in Frage gekommen. Dem entspreche auch, daß im Vertrag das Übersetzungs- und Aufführungs- sowie das Bühnenvertriebsrecht ausdrücklich erwähnt seien. Übertragung des Verfilmungsrechts habe sich nicht von selbst verstanden; die Beteiligten hätten daran nicht gedacht. Gerade der Zweck des Vertrags spreche im Gegenteil wider die Annahme, daß man Mitübertragung des Rechts zur Verfilmung gewollt habe. Denn Verfilmung des Musikwerks (zum Unterschied vom Worttexte gemeint) komme nicht in Betracht; Verwertung von Opern- und Operettentexten als Unterlage für Filmhandschriften sei zu jener Zeit noch nicht üblich gewesen. Darum — so folgert das Berufungsgericht aus Zweck und Inhalt des Vertrags als seine Überzeugung — seien die im Vertrag mit den Textdichtern nicht ausdrücklich übertragenen Bearbeitungsrechte, namentlich das Verfilmungsrecht, den ursprünglichen Berechtigten (Urhebern) verblieben.

Diese Darlegung, in der sich erfahrungsmäßige Würdigung tatsächlicher Umstände mit der Rechtsanwendung verbindet, enthält keinen Verstoß gegen Auslegungsregeln. Die Revision bemängelt vor allem den Satz: „An eine Übertragung des Verfilmungsrechts haben offenbar beide Parteien nicht gedacht . . . ." Hierin, bemerkt sie, könne der Sinn liegen, daß die Parteien in Ansehung des Verfilmungsrechts gar keinen Willen gehegt hätten, weil es nicht in den Kreis ihres Bewußtseins getreten sei. Wenn das gemeint sei, müsse der Vertrag entsprechend ausgelegt werden. Das führe aber dazu, die Verfilmung in den Vertragsgegenstand einzurechnen. Allein der beanstandete Satz leidet nicht an der Unklarheit, welche die Revision rügt. Sein Zusammenhang mit den übrigen Urteilsgründen zeigt, daß er bedeutet: „Die Parteien erstrebten keine Übertragung des Verfilmungsrechts, obwohl sie sich der Möglichkeit solcher Übertragung bewußt waren." Darin liegt aber eine aus der Würdigung von Tatsachen geschöpfte Überzeugung des Berufungsgerichts (§ 286 ZPO.), die zur Zeit mit der Revision nicht angegriffen werden kann. Übrigens würde sich das Ergebnis ebenso gestalten, wenn man die beanstandeten Urteilsworte dahin verstünde: „Die Kenntnis, daß Verfilmung möglich sei, lag zwar im allgemeinen Bewußtsein der Beteiligten; weil sie ihnen aber (als etwas der praktischen Verwendung noch Ermangelndes) fern zu liegen schien, dachten sie an diese Möglichkeit überhaupt nicht, als sie den Vertrag abschlossen." Wäre das der Sinn, dann müßte sich die Frage anschließen: Was hätten die Vertragsbeteiligten vereinbart, wenn ihnen beim Abschluß der Gedanke an Verfilmung des Text- und Regiebuchs gegenwärtig gewesen wäre? Darauf gibt jedoch bereits der Tatrichter kraft seiner Würdigung der wesentlichen Umstände die Antwort, daß der Wille nicht auf Mitübertragung des Verfilmungsrechts gerichtet gewesen sei. Gegen Auslegungsgrundsätze verstößt das Urteil auch in diesem Falle nicht. Es läßt sich nicht einwenden, die Ausdrucksweise des Vertrags von „allen gegenwärtig und künftig fließenden Rechten" ermangle bei solcher Auslegung des dem Parteiwillen genügenden Inhalts. Denn eine Erweiterung der übertragenen Befugnisse würde z. B. eintreten, wenn sich etwa die gesetzliche Schutzfrist (§ 29 LitUrhG.) von dreißig Jahren auf fünfzig verlängerte.

Ist also das Verfilmungsrecht den Urhebern verblieben und nicht auf F. übertragen worden, so konnte dieser es nicht an O. und S. weiterveräußern; O. und S. wiederum nicht an die Klägerin. Der Klaganspruch auf Feststellung des Verfilmungsrechts der Klägerin ist mithin unbegründet, weil diese das (von F. abgeleitete) Recht nicht hat. Auch gegenüber der Erbin des Tonsetzers Georg J. kann sie mit ihrem Anspruch darum nicht durchdringen.

---

63. 1. Wesen des Vertrags, durch welchen der Hersteller eines Bildstreifens diesen an einen „Verleiher" veräußert.

2. Kann der Erwerber des Films, bevor er dessen Kopie abnimmt, die Besichtigung, und zwar in Gestalt projektionsmäßiger Vorführung, verlangen? Ist solche Vorführung, wenn sie beansprucht werden kann, eine vertragliche Hauptleistung? Welche Befugnisse hat der Erwerber, wenn sie verweigert wird?

BGB. §§ 157, 242, 325, 326.

I. Zivilsenat. Urt. v. 29. Oktober 1927 i. S. D. (Bekl.) w. M. (Kl.). I 88/27.

I. Landgericht I Berlin, Kammer für Handelssachen.
II. Kammergericht daselbst.

Die Beklagte überließ der Klägerin durch Vertrag vom 24. August 1925 das Erst- und Alleinausnutzungsrecht an vier Reinhold Schünzel-Filmen für Österreich und einige andere Länder auf fünf Jahre gegen Zahlung von zusammen 27000 amerikanischen Dollars in gewissen bedungenen Teilbeträgen. Der erste Film sollte am 15. Oktober, der zweite Ende November 1925 geliefert werden, die beiden anderen Ende Januar und Ende Februar 1926. Die Klägerin zahlte 1500 $ an.

Als erster Film wurde „Der Hahn im Korbe" fertiggestellt. Die Klägerin erklärte unterm 23. November 1925, daß sie vom Vertrag zurücktrete, weil sich die Beklagte beharrlich geweigert habe, sie diesen Film besichtigen zu lassen, und weil mit der Herstellung des zweiten Films noch nicht einmal begonnen worden sei. Mit dieser Begründung erhob die Klägerin die vorliegende Klage auf Rückgewährung der angezahlten 1500 $ nebst Zinsen. Später stützte sie den Anspruch noch darauf, daß die Beklagte, wie unstreitig ist, die Filme unterdessen anderweit vergeben hat; ferner daß die Beklagte in Verzug gekommen sei und ihre Vertragspflichten gröblich verletzt habe; auch machte sie geltend, daß die Filme zum Teil keine Reinhold Schünzel-Filme seien.

Die Beklagte erwiderte: Sie sei nicht verpflichtet gewesen, den Film besichtigen zu lassen, zumal da er zu jener Zeit schon anderwärts vorgeführt gewesen und in Zeitungen günstig beurteilt worden sei. Mit der Verwendung der Filme habe sie nicht warten können, weil sie sonst veraltet wären. Nicht sie, sondern die Klägerin sei in Verzug gekommen. Die Verwertung, die sie nachträglich ermöglicht habe, sei ungünstiger als jene nach dem Vertrag vom 24. August 1925. Mit dem so erwachsenen Schaden rechnet die Beklagte nötigenfalls auf.

Das Landgericht wies die Klage ab. Auf Berufung der Klägerin verurteilte das Kammergericht die Beklagte nach dem Klagantrag. Die Revision hatte keinen Erfolg.

Gründe:

Dem Klaganspruch liegt der zwischen der Beklagten als Herstellerin und der Klägerin als „Verleiherin" von Filmen geschlossene Vertrag vom 24. August 1925 zugrunde. Das Bestätigungsschreiben, worin sein Inhalt niedergelegt ist, spricht von „Verkauf" der vier Filme.

Im gegenwärtigen Rechtsstreit fragt sich, ob die Klägerin, bevor sie von einem der vier Bildstreifen jeweils die erste Kopie übernahm (wobei sie vertraglich 2000 $ zu zahlen hatte), von der Beklagten verlangen konnte, daß sie ihr den Film vorführe oder wenigstens die Vorführung ermögliche.

Landgericht und Kammergericht gehen (insoweit übereinstimmend) davon aus, daß zu dieser Frage die Vorschriften über den Kauf mindestens entsprechend anzuwenden seien. Das Landgericht nahm an, daß bloße äußere Besichtigung nicht genügt hätte, vollständige Vorführung aber mit den Grundsätzen des Filmgeschäfts unvereinbar sei. Das Berufungsgericht lehnt diese Auffassung ab und erwägt: Allerdings sei in den Vorschriften über den Kauf nicht ausdrücklich bestimmt, daß auch bei Leistung Zug um Zug dem Käufer ermöglicht werden müsse, vor der Abnahme und Bezahlung die Kaufsache so zu besichtigen, wie er dessen bedürfe, um sich über ihre Beschaffenheit genügend zu vergewissern. Doch entspreche ein solches Recht des Käufers dem natürlichen Gefühl und den Anforderungen von Treu und Glauben (§ 157 BGB.). Denn ein größerer Film könne nur unter der üblichen projektionsmäßigen Vorführung auf technische und sonstige Mängel hin gründlich und sicher geprüft werden. Dergleichen Prüfung müsse man dem Käufer ermöglichen, zumal bei kostspieligen Großfilmen. Dem Verkäufer liege insofern eine der Vorleistungspflicht gleichartige Verbindlichkeit ob, die der neueren Entwicklung des Filmwesens entspreche. Auch werde der Verkäufer dadurch nicht unbillig belastet. In dem Vorführungsraum, den jede Filmgesellschaft zu haben pflege, könne selbst ein „vielaktiger" Film binnen ein bis zwei Stunden vorgeführt werden; innerhalb einer Zeit also, die gegenüber dem Wert des Vertragsgegenstands sehr gering erscheine. Daß sich etwa ein entgegenstehender Handelsgebrauch gebildet habe, sei von vornherein unwahrscheinlich, überdies durch das im ersten Rechtszug eingeholte Gutachten der Berliner Industrie- und Handelskammer geradezu widerlegt.

Hierbei verkennt das angefochtene Urteil nicht, daß ein Vertrag wie der vorliegende nicht schlechthin nach den Regeln des Kaufes beurteilt werden kann, weil er von eigener Art und tatsächlich wie rechtlich gemischtem, auch in einzelnen Fällen mannigfach verschiedenem Inhalt ist. Verträge über den Vertrieb von Filmen sind nach ihrem Zweck und Wesen in der Regel den Lizenzverträgen verwandt, durch welche gegen Entgelt die Nutzungserlaubnis an patentrechtlich geschützten Gegenständen erteilt wird. Der vorliegende Vertrag vom 24. August 1925 macht davon keine Ausnahme, wenngleich in ihm von „Verkauf" der Filme gesprochen wird. Sein Inhalt verbindet mit der Übertragung urheberrechtlicher Befugnisse, zumal des Vorführungsrechts, worin der Schwerpunkt solcher Verträge zu liegen pflegt, die Veräußerung der Filmkopie als körperlicher Sache. Das Berufungsgericht hebt zwar diese Verbindung eines unkörperlichen und eines körperlichen Veräußerungsgegenstands nicht eigens hervor. Doch macht es kenntlich, daß es Vereinigung und Unterschiede dieser beiden zusammengehörigen Vertragsgegenstände wohl beachtet hat. Es würdigt den Einwand der Beklagten, daß der Film in anderen Gegenden schon öffentlich vorgeführt worden sei und in der Presse günstige Beurteilung gefunden habe. Damit ist angedeutet: wenigstens für diesen ersten Film sei die Frage nach den Eigenschaften des Vorführungsgegenstands, den urheberrechtlichen Befugnissen, überhaupt nach dem unkörperlichen Rechtsgute, von minderem Gewicht, als es ohne jene vorausgegangene öffentliche Vorführung und Preßbesprechung der Fall wäre. Gleichwohl, hebt das Urteil hervor, ändere sich dadurch am Ergebnis nichts. Denn der körperliche Vertragsgegenstand, die Filmkopie, hätte doch wesentliche Mängel, insbesondere technischer Art, haben können. Deshalb habe die Beklagte von der Klägerin nicht verlangen dürfen, daß sie die Kopie gegen sofortige Zahlung der 2000 $ übernehme, ohne sie vorher, und zwar durch projektionsmäßige Vorführung, besichtigt zu haben. — Diese Beurteilung ist nicht zu beanstanden. Namentlich darf dem Erwerber eines Films nicht verdacht werden, wenn er auf Berichte in Zeitungen, schon im Hinblick auf die Art, wie sie entstehen, zu wenig Wert legt, als daß er glauben müßte, durch sie des eignen Augenscheins überhoben zu sein, der ihm allein die wirklichen Eigenschaften offenbaren kann.

Das Berufungsgericht folgert: habe die Klägerin Besichtigung der ersten Filmkopie, und zwar projektionsmäßige Vorführung, verlangen dürfen, so sei die Beklagte durch beharrliche Weigerung, eine zweckentsprechende Prüfung des Films zu ermöglichen, in Verzug gekommen, also nicht berechtigt gewesen, vom Vertrag abzugehen.

In dieser Darlegung des Berufungsgerichts ist kein Rechtsirrtum zu erkennen. Größtenteils beruht sie auf tatsächlicher Würdigung der Verhältnisse des Filmwesens und gewissen daraus gezogenen erfahrungsmäßigen Folgerungen (§ 286 ZPO.). Der Gegenausführung der Revision kann nicht beigetreten werden.

Über die vertragliche Berechtigung der Klägerin entscheidet nicht (wie die Revision will), ob sie nach Entrichtung der 2000 $ bei besichtigungsloser Übernahme der Kopie wirtschaftlich noch ausreichend gesichert gewesen wäre, sofern sich nachträglich ein Mangel, sei es des körperlichen oder des unkörperlichen Vertragsgegenstands, herausgestellt hätte. Bei solcher Auslegung würde der im Vertrag niedergelegte, vom Berufungsgericht unter Hinweis auf die Entwicklung des Lichtspielwesens ermittelte Parteiwille nicht genügend beachtet.

Auch ist der Revision nicht zuzugeben, daß es an den rechtlichen Erfordernissen eines Verzugs der Beklagten fehle. Allerdings ist Verschulden eine gesetzliche Voraussetzung des Verzugs (§ 285 BGB.; RGZ. Bd. 75 S. 336). Darum kann unter Umständen entschuldbarer Irrtum über Tatsachen und Rechtsfragen den Schuldner so entlasten, daß Verzug verneint werden muß (RGZ. Bd. 96 S. 316; WarnRspr. 1917 Nr. 48). Nach den Feststellungen des Berufungsgerichts über die Entwicklung im Filmwesen und die hier billigerweise zu stellenden Anforderungen konnte aber unbedenklich angenommen werden: der Beklagten waren diese tatsächlichen Umstände bekannt und geläufig; daher hätte sie der Klägerin nach Treu und Glauben mit Rücksicht auf die Verkehrssitte die Vorbesichtigung des Films in Gestalt einer Vorführung nicht verweigern dürfen (§§ 157, 242 BGB.). Denn bei der Abwicklung eines Vertragsverhältnisses muß jeder Teil die ihm bekannten Zwecke und Umstände des anderen berücksichtigen und sein Verhalten so einrichten, daß eine Schädigung des Gegners möglichst verhütet wird (WarnRspr. 1910 Nr. 247). Solcher Verhütung hätte es gedient, wenn die Beklagte dem Verlangen der Klägerin nach Besichtigung des ersten Bildstreifens entsprach. Sie lehnte dies jedoch unterm 17. November (unter Erbittung der Abnahme bis zum 20.) in zwei schriftlichen Erklärungen und dann nochmals (unter Bestimmung einer Nachfrist von einigen Stunden) am 20. November 1925 bestimmt ab. Daß die Berechtigung ihres Verhaltens mindestens zweifelhaft war, blieb ihr vermöge der genauen Kenntnis der Umstände, zumal bei ihrer besonderen eigenen Sachkunde im Filmwesen, nicht verborgen. Also handelte sie nach anerkannten Rechtsgrundsätzen auf eigene Gefahr, wenn sie bei der Ansicht beharrte, die Filmvorführung verweigern zu dürfen, und kam in Verzug; denn sie mußte damit rechnen, daß die entgegengesetzte Rechtsauffassung zutreffe und durchdringe (RGZ. Bd. 92 S. 380; WarnRspr. 1908 Nr. 295).

Der Revision kann auch darin nicht beigestimmt werden, daß die Verpflichtung, die Kopie besichtigen zu lassen, sofern man sie überhaupt als gegeben ansehe, keine Haupt-, sondern eine bloße Nebenverpflichtung gewesen sei, von Verzug mithin schon aus diesem Grunde keine Rede sein könne. Allerdings berechtigt nicht jeder Verzug des Schuldners — etwa mit einer geringfügigen Teilleistung oder mit irgendwelcher Nebenleistung — den Gläubiger zum Rücktritt vom Vertrage (RGZ. Bd. 76 S. 152/3). Was aber als Hauptleistung anzusehen ist, hängt von der Beschaffenheit des einzelnen Falles ab; es kann durch den Parteiwillen oder die Umstände bestimmt werden (RGZ. Bd. 101 S. 431). Nach den Feststellungen des Berufungsgerichts war es für die Klägerin von entscheidender Bedeutung, daß ihr die erste Kopie des Films „Der Hahn im Korbe" auf der Lichtwand vorgeführt werde. Davon hing ihr Einblick in die wesentlichen Eigenschaften — nicht bloß der Kopie als körperlicher Sache, sondern auch des unkörperlichen Vertragsgegenstands — ab. Darin, daß die Beklagte der Klägerin die Kopie auf die angegebene Weise zur Besichtigung zugänglich machte (vorführte), lag somit keine bloß nebensächliche, sondern eine Hauptleistung.

Das Berufungsgericht beurteilt das Verhalten der Beklagten — und zwar nach alledem ohne Verletzung von Rechtsgrundsätzen — als hartnäckige (noch heute aufrechterhaltene) Verweigerung der Vertragserfüllung, die der Klägerin Grund zu dem unterm 23. November 1925 erklärten Rücktritt gegeben habe (§ 326 BGB.).

Ferner stellt es fest, daß die Beklagte durch anderweitige Vergebung des Aufführungsrechts — und zwar beim ersten Film schon im November oder Dezember 1925 — die Erfüllung des Vertrags unmöglich gemacht habe. Die Auffassung, daß die Beklagte im Verhalten der Klägerin keinen genügenden Grund zu ihrer Maßnahme hatte, ist, wie bereits dargelegt, ohne Verstoß gegen Rechtsregeln gewonnen. Die Folgerung, daß hiernach die Klägerin auch nach § 325 BGB. berechtigt gewesen sei, vom Vertrag zurückzutreten oder Schadensersatz zu fordern, läßt sich also nicht beanstanden.

Ist der Rücktritt der Klägerin berechtigt, so verlangt sie begründeterweise die von ihr angezahlten 1500 $ zurück.

64. Besteht für die Einwilligung des Gegners in die Übergehung der Berufungsinstanz Anwaltszwang und welche Folge hat die Nichtbeobachtung dieser Form?

ZPO. § 566a.

V. Zivilsenat. Urt. v. 29. Oktober 1927 i. S. J. (Bekl.) w. Pr. C. B. AG. (Kl.). V 155/27.

I. Landgericht I Berlin.

Die Beklagte hat gegen das am 3. Februar 1927 zugestellte Urteil des Landgerichts, durch das sie antragsgemäß verurteilt worden war, Revision eingelegt unter Beifügung einer von der Klägerin selbst ausgestellten schriftlichen Erklärung, daß sie mit der Übergehung der Berufungsinstanz einverstanden sei. Nach Ablauf der Revisionsfrist hat sie am 16. März 1927 auch eine ebensolche Erklärung des erstinstanzlichen Prozeßbevollmächtigten der Klägerin vom 9. dess. Monats eingereicht. Ihre Revision ist als unzulässig verworfen worden aus folgenden

Gründen:

Die nach § 554a ZPO. von Amts wegen zu prüfende Frage, ob die Revision zulässig ist, muß verneint werden. Denn zur unmittelbaren Einlegung der Revision gegen ein in erster Instanz erlassenes Endurteil des Landgerichts unter Übergehung der Berufungsinstanz bedarf es nach § 566a ZPO. der schriftlichen Einwilligungserklärung des Gegners, die der Revisionsschrift beizufügen ist. Diese Erklärung unterliegt nach § 78 ZPO. dem Anwaltszwang; Abs. 2 Satz 2 Halbs. 2 des § 566a enthält nur die Sonderbestimmung, daß auch der Prozeßbevollmächtigte erster Instanz zu ihrer Abgabe berechtigt ist. Daraus ergibt sich für den vorliegenden Fall, daß die von der Klägerin selbst ausgestellte Einwilligungserklärung dem Formerfordernis des Gesetzes nicht genügt. Ob die nachträgliche Einreichung der Einwilligungserklärung des erstinstanzlichen Prozeßbevollmächtigten der Klägerin ausgereicht hätte, wenn sie innerhalb der Revisionsfrist nachgebracht worden wäre, kann unerörtert bleiben. Denn diese Einreichung hat erst nach Ablauf der Revisionsfrist stattgefunden. Damit ist aber den an die Einlegung der Revision im Falle des § 566a ZPO. zu stellenden Anforderungen keinesfalls genügt. Darauf, ob die Klägerin diesen Mangel nicht gerügt hat, kommt es nicht an, da es sich um einen Mangel handelt, der von Amtswegen berücksichtigt werden mußte.

---

65. 1. Kann die offene Handelsgesellschaft oder die Kommanditgesellschaft solche Ansprüche, die ihr gegen einen Gesellschafter nicht aus dem Gesellschaftsverhältnis, sondern aus besonderen Rechtsgeschäften zustehen, außerhalb des durch das Ausscheiden des Gesellschafters veranlaßten Auseinandersetzungsverfahrens geltend machen?

2. Kann ein aus der offenen Handelsgesellschaft ausscheidender Gesellschafter gegen Forderungen, die der Gesellschaft aus besonderen mit ihm abgeschlossenen Rechtsgeschäften zustehen, vor beendeter Auseinandersetzung mit seinen Ansprüchen auf das Abfindungsguthaben aufrechnen?

3. Zur Frage des Zusammenhangs nach § 273 Abs. 1 BGB.

4. Wann erwirbt eine Bank gutgläubig ein Pfandrecht an Wertpapieren, die ihr ein Kunde ins offene Depot gegeben hat, die aber nicht dem Kunden, sondern einem Dritten gehören?

BGB. §§ 273, 387, 390, 738, 932, 1207. HGB. §§ 138, 366.

II. Zivilsenat. Urt. v. 29. November 1927 i. S. R. (Bekl.) w. Firma K. (Kl.). II 523/26.

I. Landgericht Köln.
II. Oberlandesgericht daselbst.

Die Klägerin ist eine Kommanditgesellschaft in K., deren persönlich haftende Gesellschafter bis zum Jahre 1921 vier in B. wohnende Personen waren. Kommanditistin war die Allg. Tr.-A.-G. in D. Durch Vertrag vom 17. August 1921 trat der Beklagte als persönlich haftender Gesellschafter mit einer Einlage von 100000 ℳ und gegen Zusicherung eines Gewinnanteils von 25% in die Firma ein. Die übrigen Teilhaber waren außerdem an der gleichnamigen Firma in B. beteiligt, die eine vollständig selbständige Firma ist, aber mit der Klägerin in naher Geschäftsverbindung stand. Am

15. Februar 1924 schied der Beklagte wieder aus der klagenden Gesellschaft aus. Nach dem Vertrag sollte in einem solchen Falle die Gesellschaft unter den übrigen Mitgliedern fortgesetzt werden und der Beklagte außer seiner Einlage und seinem Gewinnanteil 10% von den während seiner Teilhaberschaft gebildeten offenen und stillen Reserven erhalten. Eine Auseinandersetzung des Beklagten mit den übrigen Gesellschaftern hat bisher noch nicht stattgefunden.

Während seiner Teilhaberschaft hatte dem Beklagten im wesentlichen die geschäftliche Leitung des von der Klägerin betriebenen Bankgeschäfts obgelegen, da die übrigen Gesellschafter immer nur vorübergehend in K. waren. Er hat in dieser Zeit selbst die Dienste der Firma in erheblichem Maße in Anspruch genommen und Bankgeschäfte, namentlich An- und Verkäufe von Devisen, mit ihr abgeschlossen. Über diese Geschäfte wurden bei der Klägerin verschiedene gesonderte Konten geführt, und zwar das sog. Konto Ordinario in Papiermark und eine Anzahl von Konten in ausländischen Devisen, weiter ein Rentenmarkkonto, das mit 9888 RtM zu Lasten des Beklagten abschließt, und ein Separatkonto für die Gewinnanteile, das zugunsten des Beklagten ein Guthaben von 1352 GM aufweist. Aus diesen letzten beiden Konten und dem Konto Ordinario, das für den 15. März 1924 mit einem Saldo von 334854,40 GM zu Lasten des Beklagten abschließt, errechnet sich die Klägerin eine Gesamtforderung von 343390,45 GM, wovon sie im Rechtsstreit zunächst 100000 GM verlangte; später erhöhte sie ihren Anspruch auf den ganzen obigen Betrag. Außerdem macht sie noch die Guthaben aus vier Devisen-Sonderkonten geltend.

Der Beklagte bestreitet diese Ansprüche und wendet insbesondere ein, daß die ganze Zinsberechnung der Klägerin, auf der die eingeklagten Forderungen im wesentlichen beruhten, unrichtig sei. Die verschiedenen Konten hätten zusammengerechnet werden müssen, dann hätten sich erheblich geringere Beträge ergeben. Die angewendeten Zinssätze und die Art der Zinsberechnung seien wucherisch und verstießen gegen die Preistreibereiverordnung; sie seien insbesondere auch deshalb zu hoch, weil der Beklagte als Teilhaber und, da er der Klägerin durch seine Devisenkonten erhebliche Mittel für ihren Geschäftsbetrieb zur Verfügung gestellt habe, bei seinen Kreditentnahmen viel geringer zu belasten gewesen wäre. Außerdem gehörten die streitigen Ansprüche in das Auseinandersetzungsverfahren und könnten nicht gesondert geltend gemacht werden. Hilfsweise will der Beklagte gegen die eingeklagten Forderungen mit seinen Ansprüchen aus der Auseinandersetzung (auf seine Einlage, auf seinen Gewinnanteil, auf 10% der Reserven und auf Entschädigung aus Miete) aufrechnen oder ein Zurückbehaltungsrecht geltend machen. Gegenansprüche stützt er namentlich auch darauf, daß ihm die Klägerin Wertpapiere, die er bei ihr in Verwahrung gegeben, vorenthalten und dadurch erheblichen Schaden verursacht habe. Die Klägerin hat das Bestehen irgendwelcher Ansprüche des Beklagten aus der Auseinandersetzung bestritten, da sie gegen ihn viel höhere Gegenforderungen aus seiner Geschäftsführung habe. An den Wertpapieren habe die Klägerin auf Grund ihrer Geschäftsbedingungen ein Pfandrecht erworben und brauche sie nur gegen Befriedigung wegen ihrer sämtlichen Ansprüche herauszugeben.

Das Landgericht erkannte der Klägerin durch Teilurteil 80000 G.M zu. Die Berufung des Beklagten war erfolglos. Seine Revision führte zur Aufhebung und Zurückverweisung.

Aus den Gründen:

Mit Unrecht rügt die Revision Verletzung des § 138 HGB. in Verbindung mit § 738 BGB., weil die jetzige Klagforderung, die nur einen unselbständigen Auseinandersetzungsposten darstelle, nicht gesondert, sondern nur im Auseinandersetzungsverfahren geltend gemacht werden könne. Der Beklagte hatte bei der von ihm geleiteten Bank persönlich in sehr erheblichem Maße Devisen-Spekulationsgeschäfte gemacht; er hatte auf eigene Rechnung umfangreiche Käufe und Verkäufe von Devisen vorgenommen, über die auf seine Anweisung besondere Konten geführt wurden. Auf diesen Konten sind auch diejenigen Geschäfte gebucht, die der Beklagte kommissionsweise für Dritte abgeschlossen hat, um ihnen den Ankauf von Devisen zu ermöglichen. Dieser ganze Verkehr vollzog sich in der Weise, daß der Beklagte bei Käufen von Devisen im Konto Ordinario mit dem Kaufpreis in Papiermark belastet und die eingekauften Devisen dann in dem für die betreffende ausländische Valuta geführten besonderen Konto ihm gutgebracht wurden. Umgekehrt wurde bei Verkäufen der Devisenbetrag in dem betreffenden besonderen Konto abgeschrieben und der Kaufpreis in Papiermark dem Konto

Ordinario zugeschrieben. Diese Geschäfte schloß der Beklagte nicht in seiner Eigenschaft als Gesellschafter; sie hatten ihre rechtliche Grundlage nicht im Gesellschaftsverhältnis, sondern beruhten auf besonderen, außerhalb dieses Verhältnisses liegenden Rechtsvorgängen zwischen dem Beklagten und der Gesellschaft. Daß derartige besondere Forderungs- und Schuldverhältnisse zwischen dem einzelnen Gesellschafter und der offenen Handelsgesellschaft rechtlich möglich sind, ist nicht zu bezweifeln. Das Vermögen der zu einer offenen Handelsgesellschaft zusammengeschlossenen Gesellschafter bildet eine besondere Einheit und hat, obwohl Subjekt dieses Vermögens nicht eine juristische Persönlichkeit, sondern die Gesamtheit der Gesellschafter ist, gegenüber dem Privatvermögen der einzelnen Gesellschafter doch eine gewisse Selbständigkeit, was auch in § 124 HGB. zum Ausdruck kommt. Deshalb sind Rechtsbeziehungen zwischen dem Gesamtvermögen der Gesellschafter und dem Privatvermögen des einzelnen Gesellschafters nicht ausgeschlossen.

Der Beklagte stand bei einem derartigen Geschäftsverkehr der Gesellschaft ebenso gegenüber wie ein Dritter. Die aus diesem Geschäftsverkehr entspringenden Ansprüche konnten von jedem Beteiligten schon während bestehender Gesellschaft geltend gemacht werden. Die Gesellschaft ist nicht gehindert, ihre nicht auf dem Gesellschaftsverhältnis, sondern auf besonderen Rechtsgeschäften beruhenden Ansprüche außerhalb des nach § 138 HGB. und nach dem Gesellschaftsvertrag durch das Ausscheiden des Beklagten als Gesellschafters veranlaßten Auseinandersetzungsverfahrens durchzuführen. Es ist nicht richtig, wenn die Revision meint, daß der Beklagte bei den von ihm mit der Gesellschaft vorgenommenen Devisengeschäften als Gesellschafter gehandelt habe. Auch soweit er bei der Bank Devisenguthaben unterhielt, tat er dies nur als Kunde der Bank. Wenn er über sein eigenes Konto auch Devisen-Spekulationsgeschäfte Dritter gehen ließ, so trat er dabei nicht als Gesellschafter für die Bank auf, sondern machte mit diesen Dritten eigene Geschäfte, für deren Abwicklung unter Benutzung der ihm selbst zustehenden Berechtigung zum Devisenhandel er sich eine besondere Provision zahlen ließ. Diese Provision floß ihm, nicht der Gesellschaft zu, mochte diese auch durch Steigerung ihres Umsatzes mittelbare Vorteile an solchen Geschäften haben.

(Es wird weiter dargelegt, daß die Einwendungen des Beklagten wegen Art und Höhe der Zinsberechnung nicht begründet seien, daß namentlich weder Wucher nach § 138 Abs. 2 BGB. noch Preiswucher nach § 4 PreistrVo. vorliege und daß auch keine Nichtigkeit der Devisengeschäfte wegen Verstoßes gegen die Devisen-SpekulationsVo. anzunehmen sei. Dann wird fortgefahren:) Im übrigen hat das Berufungsgericht die geltend gemachte Aufrechnung nicht zugelassen und auch kein Zurückbehaltungsrecht des Beklagten anerkannt.

Die Aufrechnung hält es in erster Linie deshalb für unstatthaft, weil dem Anspruch des Beklagten auf sein Abfindungsguthaben eine Zurückbehaltungseinrede der Klägerin wegen zweier, aus der Geschäftsführung des Beklagten als Gesellschafters ihr erwachsener Forderungen im Gesamtbetrag von 56900 RM entgegenstehe. In Wahrheit scheitert aber die Aufrechnung hier nicht an § 390, sondern schon an § 387 BGB. Der Beklagte kann noch keine Geldzahlung als ihm gebührende Leistung fordern. Denn er kann beim Ausscheiden aus der Gesellschaft nicht schlechthin die einzelnen im Gesellschaftsvertrag aufgeführten Aktivposten seines Abfindungsguthabens verlangen, diese Einzelposten sind vielmehr nur Ansätze für die nach § 738 BGB. vorzunehmende Auseinandersetzung mit den in der Gesellschaft verbleibenden übrigen Gesellschaftern. Der Beklagte hat nur Anspruch auf das aus dieser Auseinandersetzung sich ergebende Abfindungsguthaben. Vor Beendigung der Auseinandersetzung ist ungewiß, ob ihm aus seiner Zugehörigkeit zur Gesellschaft überhaupt eine Geldforderung zusteht. Er kann seinen Anspruch auf das Abfindungsguthaben nicht so geltend machen, daß er auf die im Gesellschaftsvertrag erwähnten Beträge klagt und es der Klägerin überläßt, mit Gegenforderungen aufzurechnen. Vielmehr ist zunächst das Abfindungsguthaben auf dem im Gesellschaftsvertrag vorgeschriebenen Wege zu ermitteln; erst damit stellt sich heraus, ob dem Beklagten noch ein Geldanspruch gegen die Gesellschaft zusteht. Der Beklagte hat auch im Rechtsstreit nicht einmal versucht, die Höhe seines Abfindungsguthabens zahlenmäßig anzugeben.

Hilfsweise will der Beklagte auf seine Abfindungsansprüche auch ein Zurückbehaltungsrecht gegenüber der eingeklagten Forderung stützen. Das Zurückbehaltungsrecht des Beklagten wegen seiner Ansprüche aus dem Gesellschaftsverhältnis würde allerdings nicht deshalb entfallen, weil die Klägerin ihrerseits gegenüber diesen Ansprüchen ein Zurückbehaltungsrecht geltend macht. Das Zurückbehaltungsrecht gewährt nur die Befugnis zur vorläufigen Verweigerung der Leistung, führt aber keine weitere Beschränkung des Forderungsrechts herbei und hindert den Gegner nicht, wegen dieses Forderungsrechts seine eigene Leistung zurückzuhalten. Aber die Voraussetzungen für ein Zurückbehaltungsrecht im Sinne von § 273 Abs. 1 BGB., wie es hier allein in Frage kommen könnte, liegen deshalb nicht vor, weil es am rechtlichen Zusammenhang der beiderseitigen Ansprüche fehlt. Die Ansprüche des Beklagten wegen seines Ausscheidens haben ihre rechtliche Grundlage im Gesellschaftsverhältnis, die eingeklagten Forderungen aber gründen sich, wie dargelegt, auf die außerhalb des Gesellschaftsverhältnisses stehenden besonderen Geschäfte, die der Beklagte als Kunde der Bank mit ihr abgeschlossen hat. Sie haben neben den aus dem Gesellschaftsverhältnis hervorgehenden Ansprüchen ihr selbständiges Dasein. Zwischen diesen beiderseitigen Ansprüchen besteht kein solcher innerer Zusammenhang, daß es gegen Treu und Glauben verstoßen würde, wenn der eine Anspruch ohne den anderen geltend gemacht würde (vgl. WarnRspr. 1917 Nr. 10 und die dort angeführten früheren Entscheidungen).

Der Beklagte leitet eine Gegenforderung, mit der er aufrechnen will, noch daraus her, daß ihm die Klägerin Wertpapiere im Kurswert von 60000 GM, die seiner Ehefrau und seiner Schwiegermutter gehört hätten und die er der Klägerin im Herbst 1923 auf seinen Namen in Verwahrung gegeben, auf Verlangen nicht ausgefolgt und dadurch den Verkauf dieser Papiere bei fallenden Kursen unmöglich gemacht habe; dadurch sei den Eigentümerinnen, die ihre Ansprüche dem Beklagten abgetreten hätten, ein Schaden in Höhe von 102640 RM entstanden. Diesen Schaden berechnet der Beklagte in der Weise, daß er von der Umwandlung des Anspruchs in eine Geldforderung in Höhe des Kurswertes von 60000 RM ausgeht und hierauf kontokorrentmäßige Zinsen in Ansatz bringt.

Mit Recht bezeichnet das Berufungsgericht die ganze Art dieser Schadensberechnung als nicht haltbar. (Wird näher dargelegt.)

Diese Erwägungen tragen die vom Berufungsgericht ausgesprochene Ablehnung der Aufrechnung. Es kommt daher nicht weiter darauf an, ob der Rechtsgrund für eine solche Schadensersatzforderung auch wegen einer nach den Geschäftsbedingungen begründeten Haftung der Wertpapiere für die Forderungen der Klägerin entfiele. Das Bestehen eines Pfandrechts der Klägerin an den Wertpapieren ist aber von Bedeutung dafür, ob der Beklagte wegen des Anspruchs auf ihre Herausgabe ein Zurückbehaltungsrecht ausüben kann. Besteht ein solches Pfandrecht, so werden dadurch nach den Geschäftsbedingungen der Klägerin nicht nur ihre Forderungen aus dem Bankverkehr gesichert, sondern schlechthin alle ihre Forderungen gegen den Beklagten, insbesondere auch ihre gesellschaftsrechtlichen Erstattungsansprüche aus seiner Geschäftsführung, wie sie das Berufungsgericht in Höhe von 56900 RM festgestellt hat. Dann kann aber der Beklagte die von der Klägerin geforderte Zahlung nicht wegen seines Anspruchs auf Herausgabe der Wertpapiere verweigern. Allerdings stehen die hier fraglichen beiderseitigen Ansprüche in einem rechtlichen Zusammenhang, wie ihn § 273 BGB. für das Zurückbehaltungsrecht erfordert. Dazu genügt es, daß beide Ansprüche aus einem innerlich zusammengehörigen, einheitlichen Lebensverhältnis hervorgegangen sind. Ein solcher Zusammenhang kann bei Ansprüchen vorliegen, die aus einer fortlaufenden Geschäftsverbindung entstanden sind (RGZ. Bd. 68 S. 32, Bd. 78 S. 334; WarnRspr. 1917 Nr. 134). Eine Geschäftsverbindung dieser Art bestand hier zwischen dem Beklagten und der Bank für diejenigen Geschäfte, die der Beklagte als Kunde der Bank mit ihr abgeschlossen hat. In diesem Geschäftsverkehr wurde über die im offenen Depot des Beklagten befindlichen Wertpapiere durch Ein- und Verkauf fortlaufend verfügt; zwischen dem Kontokorrent und dem Depot bestanden fortlaufende Wechselwirkungen. Wenn der Beklagte seinem Depot neue Wertpapiere zuführte, um damit, wenn auch für fremde Rechnung, Spekulationsgeschäfte zu machen, die er dann unter Benutzung seines Konto Ordinario ausführen lassen wollte, so war damit ein innerer Zusammenhang zwischen diesen Geschäften vorhanden, wie er für das Zurückbehaltungsrecht des § 273 BGB. ausreicht.

Trotzdem würde dem Beklagten kein Zurückbehaltungsrecht zustehen, weil sein Anspruch auf Herausgabe der Wertpapiere wegen des auch auf andere Ansprüche sich erstreckenden Pfandrechts der Klägerin noch nicht fällig war. Erst nach dem Erlöschen des Pfandrechts, also nach Befriedigung sämtlicher durch die Pfandhaftung gesicherten Ansprüche, könnte der Beklagte die Rückgabe der Pfandsachen fordern, nicht schon gegen Befriedigung derjenigen Forderungen, welche die Klägerin mit der Klage herausgegriffen hat (§§ 1223, 1252 BGB.). Besteht also ein rechtswirksames Pfandrecht der Klägerin an den Wertpapieren, so kann der Beklagte nicht verlangen, daß er nur Zug um Zug gegen Herausgabe der Papiere zur Zahlung verurteilt werde. Wird dagegen das Pfandrecht verneint, so läßt sich aus allgemeinen Gründen ein Zurückbehaltungsrecht der Klägerin an den Wertpapieren (wegen ihrer anderen, nicht aus dem Bankverkehr herrührenden Forderungen) nicht ableiten. Diese Forderungen rührten aus der Geschäftsführung des Beklagten als Gesellschafters her, haben also ihre Grundlage im Gesellschaftsverhältnis. Sie stehen, wie schon ausgeführt ist, nicht in dem für die Ausübung des Zurückbehaltungsrechts erforderlichen inneren wirtschaftlichen Zusammenhang mit Ansprüchen aus dem Verwahrungsvertrag, den der Beklagte mit der Bank als ihr Kunde geschlossen hatte. Es fehlt auch an den Voraussetzungen des kaufmännischen Zurückbehaltungsrechts nach § 369 HGB., weil der Klägerin jene Forderungen nicht „aus einem zwischen den Parteien geschlossenen beiderseitigen Handelsgeschäft" zustehen. Die Berufung der Klägerin auf ein Zurückbehaltungsrecht würde also im Falle des Nichtbestehens eines Pfandrechts nicht durchgreifen.

Das Berufungsgericht gründet das Pfandrecht der Klägerin an den Wertpapieren im wesentlichen darauf, daß die Papiere, die bei ihr nach der ausdrücklichen Anweisung des Beklagten auf seinen Namen und zwar im allgemeinen Konto A, nicht im besonderen Depot für fremde Wertpapiere (Konto B), eingetragen gewesen seien, der Klägerin gegenüber als Papiere des Beklagten zu gelten hätten und deshalb nach den Geschäftsbedingungen für alle der Klägerin gegen den Beklagten zustehenden Forderungen als Pfand hafteten. Die Revision bekämpft diese Auffassung mit dem Hinweis darauf, daß der Vorderrichter bei Prüfung der Bösgläubigkeit der Klägerin von rechtsirrigen Voraussetzungen ausgegangen sei; auch bei vereinbartem Ausschluß der Führung eines Konto B sei im Falle der Bösgläubigkeit der Klägerin der Erwerb eines Pfandrechts an den Papieren nicht möglich gewesen. Diesem Angriff kann die Berechtigung nicht versagt werden.

Der Beklagte hat behauptet, die Wertpapiere hätten nicht ihm, sondern seiner Ehefrau und seiner Schwiegermutter gehört und er sei auch nicht von den Eigentümerinnen ermächtigt gewesen, über die Papiere für eigene Zwecke zu verfügen. Das angefochtene Urteil hat über diese (bestrittene) Behauptung keine Feststellung getroffen; ihre Richtigkeit ist aber für die Revisionsinstanz zu unterstellen. Dann würde nur ein gutgläubiger Pfandrechtserwerb vom Nichteigentümer gemäß §§ 1207, 932 BGB. in Frage kommen, und ein solcher Erwerb wäre ausgeschlossen, wenn die Klägerin das fremde Eigentum gekannt oder infolge grober Fahrlässigkeit nicht gekannt hätte. Der gute Glaube der Klägerin müßte sich auf das Eigentum des Beklagten beziehen; es würde nicht, wie die Revision meint, genügen, wenn er sich nur auf die Verfügungsbefugnis des Beklagten erstreckt hätte. Denn die Vorschrift des § 366 HGB. setzt voraus, daß ein Kaufmann eine ihm nicht gehörige bewegliche Sache im Betrieb seines Handelsgewerbes veräußert oder verpfändet. Der Beklagte hatte kein besonderes Handelsgewerbe neben seiner Tätigkeit in der Gesellschaft und konnte es nach dem Gesellschaftsvertrag auch nicht haben. Zu der bestrittenen Frage, wieweit er in seiner Eigenschaft als persönlich haftendes Mitglied einer Kommanditgesellschaft Kaufmann war, braucht nicht Stellung genommen zu werden. Auch wenn diese Frage zu bejahen wäre, so hätte doch der Beklagte die Hinterlegung und Verpfändung keinesfalls im Betrieb seines — von der Geschäftsphäre des Erwerbers gesonderten — Handelsgewerbes vorgenommen.

Mit Unrecht legt das Berufungsgericht für den gutgläubigen Erwerb des Pfandrechts das alleinige Gewicht darauf, daß für die Wertpapiere die Einrichtung eines besonderen Konto B (fremde Wertpapiere) im Einverständnis mit dem Beklagten unterblieben sei und daß sie zusammen mit den sonstigen Wertpapieren des Beklagten auf seinen Namen hinterlegt worden seien. Trotz Nichteinrichtung eines Konto B konnte der Klägerin infolge sonstigen Wissens oder Wissenmüssens von dem mangelnden Eigentum des Beklagten der gute Glaube fehlen (RGZ. Bd. 68 S. 130; Bd. 71 S. 337). Nach dieser Richtung hätte daher das Berufungsgericht die Sache prüfen müssen, zumal da der Beklagte geltend gemacht hatte, die Klägerin sei über die Rechtsverhältnisse an den Wertpapieren vollständig unterrichtet gewesen. Darüber, wie sich die

Verhandlungen über die Hinterlegung der Papiere und der weitere Geschäftsverkehr zwischen der Klägerin und dem Beklagten als Vertreter der angeblichen Eigentümerinnen abgespielt haben, trifft das angefochtene Urteil keine bestimmten Feststellungen. Wäre die Klägerin dabei durch den Beklagten vertreten gewesen, der, wie die anderen Gesellschafter wußten, auch als Kunde Geschäfte mit der Bank abschloß und deshalb zur Vornahme von Rechtsgeschäften mit sich selbst als ermächtigt zu gelten hatte, so würde seine Kenntnis der Sachlage den guten Glauben der Klägerin ohne weiteres ausschließen (§§ 166, 181 BGB.); was er wußte, wußte dann auch die Klägerin. Nach den Behauptungen des Beklagten scheint es aber so, als ob die Klägerin in dieser Angelegenheit zunächst durch die übrigen Gesellschafter und später, bei Ausführung der Hinterlegung und im laufenden Geschäftsverkehr, durch die Leiter der Depotabteilung vertreten gewesen wäre. Dann würde es für die Bösgläubigkeit der Klägerin auf die Kenntnis der genannten Personen von dem fremden Eigentum an den Wertpapieren oder auf ihr Kennenmüssen ankommen. Darauf läuft das Vorbringen des Beklagten hinaus, und er hatte nach dieser Richtung auch Beweis angetreten. Auch diese Verhältnisse, welche die Grundlage für die Prüfung der Bösgläubigkeit der Klägerin bilden, wird das Berufungsgericht näher aufzuklären haben.

---

66. Über die Bedeutung und die Voraussetzungen des Rechts zur Einziehung von Aktien im Sinne von § 30 der 2. Durchführungsverordnung zur Goldbilanzverordnung.

II. Zivilsenat. Urt. v. 27. September 1927 i. S. Firma C. F. H. Chemische Fabrik A.-G. (Bekl.) w. Kommanditgesellschaft R. L. u. Co. (Kl.). II 3/27.

I. Landgericht II Berlin.
II. Kammergericht daselbst.

Eine Generalversammlung der Beklagten hat am 15. Mai 1923 die Erhöhung des Grundkapitals der Gesellschaft um 12 Millionen Mark durch Ausgabe von 1 Million Mark Vorzugsaktien und 11 Millionen Mark Stammaktien beschlossen. In dem Beschluß heißt es:

„Die 11 Millionen Mark Stammaktien werden einem unter Führung des Bankhauses R. L. & Co. in Berlin gebildeten Konsortium überlassen zum Kurse von 600% mit der Verpflichtung,

a) 5500000 ℳ den bisherigen Aktionären in der Weise anzubieten, daß auf 10 alte Stammaktien über 1000 ℳ eine neue Stammaktie über 5000 ℳ zum Kurse von 600% zuzüglich des Schlußnotenstempels und der Bezugsrechtssteuer mit einer Mindestbezugsfrist von 2 Wochen bezogen werden kann;

b) die restlichen 5500000 ℳ mit der Verpflichtung, sie im Interesse der Gesellschaft nach den Weisungen ihres Vorstands zu verwerten.

Auf sämtliche neuen Aktien sind 25% und außerdem .... auf die neuen Stammaktien der den Nennbetrag übersteigende Betrag von 500% sofort einzuzahlen, die Restzahlung hat jeder Zeit auf Erfordern des Vorstands zu erfolgen."

Einem schon am 19. April 1923 zwischen den Parteien getroffenen Abkommen gemäß hat die Klägerin von den 11 Millionen Mark Stammaktien 5½ Millionen Mark an die Aktionäre abgegeben, die andere Hälfte hat sie mit der oben zu b) bezeichneten Verpflichtung selbst übernommen und die beschlossenen Einzahlungen geleistet. Außerdem war vereinbart worden, daß vom Erlös der nach den Weisungen des Vorstands im Interesse der Gesellschaft zu verwertenden Aktien ¾ der Beklagten, ¼ der Klägerin zufließen und daß die Klägerin bemüht sein sollte, die Aktien an der Börse zunächst zum amtlichen, später zum freien Handel einzuführen. Die Einführung der Aktien an der Börse ist nicht erfolgt. Durch schriftlichen Vertrag vom 10. September 1923 hat dann die Beklagte aus diesen nach Weisung des Vorstands zu verwertenden Aktien der Klägerin 4 Millionen Mark Stammaktien zum Kurse von 2½ Millionen % „zur freien Verfügung" überlassen. In dem Vertrag heißt es weiter, die Klägerin verpflichte sich:

„aus den von uns übernommenen 4 Millionen Mark C. F. H.-Aktien den Betrag bei der Einführung dieser Aktien im Freiverkehr zur Verfügung zu halten, der von dem Ausschuß über die Zulassung von Wertpapieren zum Handel im Freiverkehr für erforderlich gehalten worden ist."

Vorher hatten Verhandlungen mit dem Börsenausschuß geschwebt, über deren Verlauf zwar zwischen den Parteien Streit herrscht, auf Grund deren aber beide Teile davon ausgingen, daß 15% des Aktienkapitals = 3300000 ℳ Aktien für die Einführung an der Börse zur Verfügung gehalten werden müßten.

Am 27. Oktober 1924 beschloß der Vorstand der Beklagten mit Zustimmung des Aufsichtsrats, die der Klägerin überlassenen 4 Millionen Mark Aktien einzuziehen. Die Klägerin hält dieses auf § 30 Abs. 1 der 2. Durchführungsverordnung zur Goldbilanzverordnung gestützte Vorgehen der Beklagten für ungerechtfertigt und ist klagbar geworden mit dem Antrag:

1. festzustellen, daß die Beklagte nicht berechtigt sei, die 4 Millionen Mark Aktien ganz oder zum Teil einzuziehen,

2. ihr die Vornahme von Handlungen zu untersagen, welche die Klägerin oder ihre Rechtsnachfolger bezüglich dieser Aktien in der Wahrnehmung ihrer Aktienrechte behindern.

Sie hat geltend gemacht, die Vorschriften der §§ 27 bis 31 der 2. Durchführungsverordnung zur Goldbilanzverordnung seien rechtsungültig. Abgesehen davon könne § 30 Abs. 1 das. keine Anwendung finden, weil die Bindung, auf die sich die Klägerin im April/Mai 1923 bei Erhöhung des Aktienkapitals der Beklagten eingelassen habe, durch das Abkommen vom 10. September 1923 aufgehoben worden sei. Die Aktien seien dadurch ihr „zu freier Verfügung" überlassen, also verwertet worden. Auf verwertete Aktien finde aber § 30 Abs. 1 a. a. O. keine Anwendung, auch um deswillen nicht, weil durch Zahlung des am 10. September 1923 vereinbarten Kaufpreises Einlagen auf die Aktien entsprechend ihrem Werte geleistet worden seien.

Das Landgericht gab der Klage statt; die Berufung der Beklagten wurde zurückgewiesen. Auch ihre Revision war erfolglos.

Gründe:

Mit der Klage, die nach dem Zwischenurteil des erkennenden Senats vom 5. Juli 1927 (RGZ. Bd. 117 S. 400) im ordentlichen Rechtsweg auszutragen ist, wird in erster Linie die Feststellung verlangt, daß die Beklagte nicht berechtigt sei, die 4 Millionen Mark Stammaktien der Klägerin ganz oder zum Teil einzuziehen. Diese Aktien hat die Beklagte aus Anlaß der Kapitalerhöhung vom Jahre 1923 ausgegeben; die Klägerin hat sie erworben und der Vorstand der Beklagten hat mit Zustimmung des Aufsichtsrats auf Grund des § 30 der 2. DurchfVo. zur Goldbilanzverordnung ihre Einziehung beschlossen. Nach dieser Vorschrift kann der Vorstand einer

Aktiengesellschaft mit Zustimmung des Aufsichtsrats andere als die in den §§ 28, 29 bezeichneten Aktien einziehen, wenn deren Inhaber durch ausdrückliche oder stillschweigende Vereinbarung mit der Gesellschaft zu ihren Gunsten in der Ausübung der Aktienrechte oder in der Veräußerung oder sonstigen Verfügung über die Aktien gebunden sind oder gebunden waren (Abs. 1). Der zur Einziehung zu verwendende Betrag bemißt sich nach demjenigen Teil des auf Goldmark umzustellenden Grundkapitals, der dem Verhältnis des Nennbetrags der einzuziehenden Aktien zum Nennbetrag der gesamten Aktien entspricht. Der Betrag darf jedoch den in Goldmark umgerechneten Wert der auf die einzuziehenden Aktien geleisteten Einlagen nicht übersteigen ... (Abs. 2). Diese Vorschriften gelten nicht für solche Aktien, auf welche Einlagen entsprechend dem Kurs oder Wert der nach den allgemeinen Bestimmungen umzustellenden Aktien geleistet worden sind (Abs. 3).

Daß die Aktien, deren Einziehung die Klägerin bekämpft, weder schuldverschreibungsähnliche im Sinne des § 28, noch Mehrstimmrechtsaktien im Sinne des § 29 der 2. DurchfVo. sind, steht außer Frage. Die Klägerin hat auch nicht in Zweifel gezogen und das Kammergericht geht mit Recht davon aus, daß durch die der Klägerin im Vertrag vom 19. April 1923 auferlegte Bindung typische Verwertungsaktien geschaffen worden sind, zu deren Wesen es gehört, daß ein Treuhänder sie übernimmt, der sie für Rechnung der Aktiengesellschaft und nach den Weisungen des Vorstands verwerten soll und sie deshalb zu einem niedrigeren Ausgabekurs übernimmt, als es dem Preise der alten, gattungsgleichen Aktien entspricht. Demgemäß hat die Klägerin auf Grund des Abkommens vom 19. April 1923 $5^1/_2$ Millionen Mark neu auszugebender Stammaktien zum Kurse von 600% übernommen und die beschlossenen Einzahlungen geleistet, mit der Verpflichtung, die Aktien im Interesse der Gesellschaft nach den Weisungen des Vorstands zu verwerten. Dadurch ist sie schuldrechtlich in der Verfügung über diese Aktien gebunden worden.

Wenn nun diese Treuhandverpflichtung später aufgehoben wurde, so genügte das allein noch nicht, um den Treuhänder von dem Einziehungsrecht der Gesellschaft zu befreien, denn er unterliegt diesem Recht als Inhaber der Aktien auch dann, wenn er in der Verfügung über sie einmal gebunden w a r. Hinzukommen muß vielmehr, daß Hand in Hand mit der Aufhebung des Treuhandverhältnisses die endgültige Verwertung der Aktien stattgefunden und der bisherige Treuhänder sie entsprechend dem Kurs oder Wert der nach den allgemeinen Bestimmungen umzustellenden Aktien bezahlt hat (§ 30 Abs. 3 der 2. DurchfVo.). Das soll nach der Behauptung der Klägerin dadurch geschehen sein, daß am 10. September 1923 zwischen den Parteien vereinbart worden sei, der Klägerin würden von den $5\frac{1}{2}$ Millionen Stammaktien, die sie im Interesse der Beklagten zu verwerten verpflichtet war, 4 Millionen Mark gegen eine — alsbald — erfolgte Nachzahlung von $2\frac{1}{2}$ Millionen % = 25 Milliarden Mark „zur freien Verfügung" überlassen.

Die Parteien streiten nun darüber, ob in dieser Vereinbarung eine neue Bindung zu erblicken sei, weil nämlich der Vertrag besagt, daß die Klägerin sich verpflichte, „aus den von uns übernommenen 4 Millionen Mark C. F. H.-Aktien den Betrag bei der Einführung dieser Aktien im Freiverkehr zur Verfügung zu halten, der von dem Ausschuß über die Zulassung von Wertpapieren zum Handel im Freiverkehr für erforderlich gehalten worden ist." Das Kammergericht hat die Frage verneint, weil trotz des Wortlauts dieser Vertragsbestimmung nicht anzunehmen sei, daß das Einführungsmaterial gerade diesen zur freien Verfügung überlassenen Aktien habe entnommen werden sollen. Ob dem beizustimmen wäre, braucht nicht untersucht zu werden. Denn wenn die Klägerin auf die Aktien, für die zur Zeit ihrer Verwertung ein Börsenkurs nicht bestand, weil sie an der Börse nicht eingeführt waren, eine wertgleiche Einzahlung gemacht hat (was, wie noch zu erörtern sein wird, der Fall war), so ist es ohne Belang, ob die Klägerin in der Verfügung über diese Aktien einmal gebunden war oder noch gebunden ist. Die wertgleiche Einzahlung wird indessen in Frage gestellt, wenn der Preis, den die Klägerin bei der endgültigen Verwertung der Aktien gezahlt hat, dadurch gedrückt wurde, daß ihre Bindung in anderer Form bestehen geblieben oder eine neue, andersartige Bindung eingegangen worden ist. Unter dem „Wert" der nach den allgemeinen Bestimmungen umzustellenden Aktien, dem der Kurs an die Seite gestellt ist und welchem entsprechend Einlagen auf die Aktien geleistet sein müssen, wenn das Einziehungsrecht der Gesellschaft nicht bestehen soll, ist nicht der „innere Wert" der Aktien zu verstehen, wie die Revision irrtümlich annimmt, vor allem auch nicht ihr Goldwert, wie er sich nach der Umstellung gestaltet hat. Denn nach der Goldbilanzverordnung soll grundsätzlich das Verhältnis der Nennbeträge die Umstellung bestimmen, mögen auch die später geschaffenen Aktien in viel schlechterem Geld als die älteren eingezahlt worden sein (GoldbilVo. § 8, 2. DurchfVo. § 27). Ausnahmen davon gelten nur in den Fällen des § 28 (schuldverschreibungsähnliche Aktien), des § 29 (Mehrstimmrechtsaktien) und des § 30 der 2. DurchfVo.

Wenn es nun, um das Einziehungsrecht der Gesellschaft auszuschließen, nach § 30 Abs. 3 genügen soll, daß der bei der endgültigen Verwertung der in Abs. 1 bezeichneten Aktien gezahlte Preis den Kurs der nach den allgemeinen Bestimmungen umzustellenden Aktien erreicht, so zeigt dies, daß dem inneren Wert oder Goldwert der Aktien keine Bedeutung beizumessen ist. Denn der innere Wert von Aktien braucht sich mit ihrem Kurs nicht zu decken, wie denn auch die Erfahrung gelehrt hat, daß während der Inflationszeit die Börsenkurse sich oft weit unter dem Goldwert der Aktien bewegt haben. Damit wird aber zugleich klargestellt, daß der dem Kurs als gleichbedeutend an die Seite gestellte „Wert" der nach den allgemeinen Bestimmungen umzustellenden Aktien nicht in einem anderen Sinne zu verstehen ist, als er beim Kurs in Betracht kommt. Maßgebend ist danach in beiden Fällen der Handelswert, also der Wert, wie er bei börsengängigen Aktien im Handel an der Börse erzielt wird und sich im Börsenkurs ausdrückt, und wie er bei Aktien, die nicht an der Börse eingeführt sind und daher keinen Börsenkurs haben, im freien Handel mit solchen Papieren zur Zeit der Verwertung der Aktien zu erzielen war. Sind daher die Aktien derart verwertet worden, daß der vereinbarte Preis durch eine neue oder bestehen gebliebene Bindung der Klägerin gedrückt wurde und deswegen zurückblieb hinter dem Preis, der damals für gattungsgleiche Papiere im Handel zu erzielen war, so fehlt es an den Voraussetzungen des § 30 Abs. 3 der 2. DurchfVo.

Das Kammergericht hat indessen festgestellt, daß das Versprechen der Klägerin, aus jenen Aktien Material für ihre Einführung in den Freiverkehr zur Verfügung zu halten (mag dies nun eine neue Bindung gewesen sein oder nicht), auf die Festsetzung des Preises von $2^1/_2$ Millionen % ohne jeden Einfluß gewesen sei, denn die Frage der Börseneinführung sei erst zur Sprache gebracht worden, nachdem der Preis durch Fordern und Bieten „ausgehandelt" gewesen sei. Die von der Revision hiergegen erhobenen Bedenken liegen auf tatsächlichem Gebiet und sind daher unbeachtlich.

Die Entscheidung hängt deshalb nur noch davon ab, ob die Klägerin bei der endgültigen Verwertung der Aktien mit $2^1/_2$ Millionen $^0/_0$ so viel nachgezahlt hat, daß die im ganzen von ihr geleisteten Einlagen dem damaligen Handelswert gattungsgleicher Aktien entsprochen haben. Diese Frage hat das Kammergericht rechtsirrtumsfrei bejaht. Es vertritt den Standpunkt, daß beim Fehlen eines Börsenkurses allein der im Vertrag vom 10. September 1923 vereinbarte Preis für die Wertbestimmung maßgebend sei. Auf irgendwelche andere im September 1923 abgeschlossene Verkäufe von Aktien hätten die Parteien nicht Bezug genommen. Die Klägerin habe 1 Million $^0/_0$ geboten, die Beklagte 4 Millionen $^0/_0$ verlangt. Man habe sich dann auf 2,5 Millionen $^0/_0$ geeinigt. Die Behauptung der Beklagten, dieser Preis sei deswegen so niedrig ausgefallen, weil die Klägerin sich verpflichtet habe, aus diesen Aktien Einführungsmaterial zur Verfügung zu stellen, sei durch die Beweisaufnahme widerlegt. Der vereinbarte Preis sei auch nicht auffallend niedrig; denn bei Übernahme eines so umfangreichen Aktienpakets würden erfahrungsmäßig erheblich geringere Preise gezahlt als bei Übernahme einzelner Stücke, außerdem habe der Wert der Aktien durch die Aufnahme neuer Mittel sinken müssen, während der Gegenstand des Unternehmens in seinen Sachwerten der gleiche geblieben sei. Da nach alledem die Bestimmung des Wertes der Aktien sehr schwierig gewesen sei, insbesondere kein Maßstab aus anderen Verkäufen zur Verfügung gestanden habe, so sei der zwischen den Parteien ausgehandelte Preis „der einzige und beste Wertmesser".

Die tatsächlichen Feststellungen, die dem zugrunde liegen, rechtfertigen die gefundene Lösung. Ein Börsenkurs bestand nicht. Mutmaßlich ließ sich ein so großer Posten an der Börse nicht eingeführter Aktien nicht anders als bei einem befreundeten Bankhaus unterbringen. Daß etwa eine andere Bank oder sonst jemand zur Abnahme der Aktien und zur Zahlung eines höheren Preises bereit gewesen wäre, hat die Beklagte nicht behaupten können. Andere, zu gleicher Zeit bei normalen Umsätzen für gattungsgleiche Aktien erzielte Preise stehen als Maßstab nicht zur Verfügung; daß aber der gezahlte Preis, gemessen an der Geschäftslage der Gesellschaft, unverhältnismäßig niedrig gewesen sei, hat das Kammergericht ohne Rechtsirrtum verneint. Dem läßt sich auch nicht entgegenhalten, daß man den Kaufpreis einer gehandelten Ware nicht dem angemessenen Preis oder Wert gleichsetzen könne. Denn der aus den Feststellungen des Kammergerichts zu ziehende Schluß ist nicht der, daß der Preis der Aktien, weil er ausgehandelt sei, auch als der angemessene gelten müsse, sondern der, daß der ausgehandelte Preis nach Lage der Umstände nicht hinter dem für gattungsgleiche Aktien im freien Handel erzielbaren Preis zurückgeblieben sei.

Sind somit die Voraussetzungen des § 30 Abs. 3 der 2. DurchfVo. erfüllt, so sind die Aktien mit Unrecht eingezogen worden.

Auch für diesen Fall hat die Revision zwei Rügen erhoben.

Sie hält einmal, entgegen der Meinung des Kammergerichts, den Verwertungsvertrag vom 10. September 1923 für nichtig, weil er wegen arglistiger Täuschung mit Grund angefochten worden sei. Es erübrigt sich, zu untersuchen, ob die Nichtigkeit jenes Vertrags das Recht der Beklagten begründen würde, die Aktien zurückzufordern, oder ob dadurch nur der frühere Zustand, nämlich die Gebundenheit der Klägerin in der Verfügung über die Aktien, wiederhergestellt würde und ob aus dieser Gebundenheit das Recht zur Einziehung hergeleitet werden könnte. Denn die Erwägungen, mit denen das Kammergericht den Einwand der arglistigen Täuschung abgelehnt hat, liegen auf rein tatsächlichem Gebiet, und was die Revision dagegen vorbringt, stellt eine zurzeit unzulässige Rüge aus § 286 ZPO. dar.

In zweiter Linie wird Verletzung des § 812 Abs. 1 Satz 2 BGB. geltend gemacht, weil mit dem Verkauf der Aktien habe erreicht werden sollen, daß die Klägerin sie zur Einführung benutze, und weil dieser Erfolg unmöglich geworden sei; dadurch sei die Verpflichtung der Klägerin zur Herausgabe der Aktien begründet worden. Auch diese Rüge versagt, weil das Kammergericht festgestellt hat, daß die Verpflichtung der Klägerin, die Aktien an der Börse einzuführen, keine Gegenleistung für die der Klägerin am 10. September 1923 überlassenen Aktien gewesen sei. Die Vereinbarung könne vielmehr — sagt das Berufungsgericht — nur dahin verstanden werden, daß der Verkauf der Aktien unabhängig von der Einführung für sich Bestand haben solle. Daß aber die Klägerin entgegen ihrer Nebenverpflichtung, für die Einführung der Aktien zu sorgen, diese hintertrieben und sich dadurch einer positiven Vertragsverletzung schuldig gemacht habe, könne nicht angenommen werden, sei vielmehr widerlegt. Diese Feststellung, die keinen Rechtsirrtum erkennen läßt, schließt die Anwendbarkeit des § 812 Abs. 1 Satz 2 BGB. ohne weiteres aus.

Die Annahme der Vorinstanzen, daß die Beklagte zur Einziehung der Aktien nicht berechtigt sei, und ebenso das Verbot an die Beklagte, die Klägerin in der Wahrnehmung ihrer Aktienrechte zu behindern, ist somit gerechtfertigt.

---

67. Ist § 266 StGB. als Schutzgesetz im Sinne des § 823 Abs. 2 BGB. anzusehen? Zum Tatbestand der Untreue.

VI. Zivilsenat. Urt. v. 10. Oktober 1927 i. S. Ku. (Kl.) w. R. u. Gen. (Bekl.). VI 45/27.

I. Landgericht II Berlin.
II. Kammergericht daselbst.

Der Kläger hat zu notariellem Protokoll vom 2. November 1922 dem inzwischen verstorbenen Ehemann der Beklagten R. ein Grundstück zum Kauf angeboten, und zwar mit Frist bis zum 1. April 1923. Der Kaufpreis wurde mit 700000 ℳ angegeben, davon wurden 100000 ℳ als gezahlt anerkannt; an Hypotheken sollten 133400 ℳ übernommen, der Rest von 466600 ℳ sollte Zug um Zug gegen die Auflassung gezahlt werden. In besonderer notarieller Urkunde vom gleichen Tage erteilte der Kläger dem Ehemann R. eine bis zum 5. April 1923 unwiderrufliche Auflassungsvollmacht. Auf Grund dieser Vollmacht ließ der Ehemann der Beklagten R. am 29. November 1922 das Grundstück an seine Ehefrau auf. In der Auflassungsurkunde wurde ein Kaufpreis von 700000 ℳ angegeben und erklärt, daß eine Urkunde über das Veräußerungsgeschäft nicht errichtet sei. Am 13. Dezember 1922 wurde die Beklagte R. als Eigentümerin des Grundstücks eingetragen. Sie verkaufte es am 18. Dezember 1922 für 1123400 ℳ weiter an den Beklagten Ko., der am 26. Januar 1923 als Eigentümer eingetragen wurde. Nachdem der Kläger Ende Dezember 1922 die grundbuchamtliche Benachrichtigung über die Eintragung der Beklagten R. erlangt hatte, ging dem Ehemann R. ein mit der Unterschrift des Klägers versehenes Schreiben vom 21. Januar 1923 zu, worin Zahlung von 566600 ℳ gefordert wurde, widrigenfalls Anzeige wegen Betrugs erstattet würde. Am 22. Januar 1923 focht sodann der Kläger das Angebot vom 2. November 1922 wegen Irrtums und Betrugs an. Darauf hinterlegte der Ehemann R. am 25. Januar 1923 beim Anwalt des Klägers 466600 ℳ als Restkaufpreis zur Abführung an den Kläger gegen Übergabe der das Grundstück betreffenden Papiere. Der Kläger lehnte jedoch die Annahme ab. Am 30. März 1923 erklärte der Ehemann R. die Annahme des Angebots vom 2. November 1922 zu notariellem Protokoll; hiervon erfuhr der Kläger erst im Laufe des Rechtsstreits.

Der Kläger forderte von den beiden Beklagten die Wiederverschaffung des Eigentums an dem Grundstück. Das Landgericht wies die Klage beiden Beklagten gegenüber ab. Die Berufung des Klägers, die nur gegen die Beklagte R. durchgeführt wurde, war erfolglos. Seine Revision führte zur Aufhebung und Zurückverweisung.

Aus den Gründen:

Der Kläger erblickt eine zum Schadensersatz verpflichtende unerlaubte Handlung der Beklagten R. darin, daß sie in Kenntnis der ganzen Sachlage die von ihrem Ehemann auf Grund der Auflassungsvollmacht des Klägers vom 2. November 1922 vorgenommene Auflassung entgegengenommen und dadurch an einer von ihrem Ehemann dem Kläger gegenüber begangenen Untreue mitgewirkt habe. Dieser Sachverhalt wäre allerdings geeignet, eine Haftung der Beklagten aus § 823 Abs. 2 BGB. zu begründen, sofern sich die Beklagte der Beihilfe zu einer Untreue zum Nachteil des Klägers schuldig gemacht hätte (§ 266 Nr. 2, § 49 StGB.); denn sie würde dadurch gegen ein den Schutz eines andern bezweckendes Gesetz, nämlich die Strafvorschrift des § 266 StGB., verstoßen haben. Das Berufungsgericht hat auch angenommen, daß der Kläger seiner Beweispflicht für die vom Ehemann R. ihm gegenüber verübte Untreue und für die von der Beklagten R. dazu geleistete Beihilfe genügt habe. Es erachtet aber trotzdem den Kläger für beweisfällig, weil erwiesen sei, daß der Ehemann R. am 28. November 1922, also am Tage vor der Auflassung des Grundstücks an die Beklagte, dem Kläger brieflich mitgeteilt habe: er habe dessen notarielles Kaufangebot vom 2. November 1922 angenommen, er werde auf Grund der notariellen Vollmacht das Grundstück in den nächsten Tagen entweder an sich selbst oder an seine Ehefrau auflassen, der Kaufpreisrest von 466600 ℳ stehe dem Kläger gegen Übergabe der „Hausdokumente" zur Verfügung. Angesichts dieser Tatsache, so führt das Berufungsgericht aus, könne beim Ehemann R. das Bewußtsein der Rechtswidrigkeit seines am 29. November 1922 beobachteten Verhaltens nicht festgestellt werden; denn er habe, da er kein Jurist sei, der Meinung sein können, daß die privatschriftliche Annahme des Angebots ausreiche und daß den rechtlich begründeten Ansprüchen des Klägers Genüge geschehe, wenn er ihm das Restkaufgeld Zug um Zug gegen Übergabe der zur Bereinigung des Grundbuchs erforderlichen Papiere anbiete. Es liege aber ferner, nachdem die Absendung des Briefes vom 28. November 1922 festgestellt sei, nicht ohne weiteres die Annahme nahe, daß der Ehemann R. den Brief geschrieben habe, ohne das angebotene Restkaufgeld zur Verfügung zu haben. Dies hätte wiederum der an sich beweispflichtige Kläger dartun müssen, er habe jedoch keinen Beweis dafür angeboten. Lasse sich aber keine Untreue des Ehemanns R. feststellen, so könne von einer Beihilfe der Beklagten dazu nicht die Rede sein.

Die Revision rügt zunächst, das Berufungsgericht habe bei der Prüfung der Haftung der Beklagten nur auf das Vorliegen einer vorsätzlich begangenen Handlung abgestellt, der Kläger habe aber seine Klage ganz allgemein auf unerlaubte Handlung, nicht nur auf eine vorsätzliche unerlaubte Handlung oder auf eine strafbare Handlung gestützt. Der Ehemann R. habe, wie auch das angefochtene Urteil feststelle, objektiv Untreue begangen, indem er das Grundstück an seine Ehefrau aufgelassen habe, ohne gleichzeitig dem Kläger das Restkaufgeld von 466600 ℳ zu zahlen; dadurch habe er gegen das im § 266 StGB. enthaltene Schutzgesetz verstoßen. Diesen Verstoß habe er schuldhaft begangen; denn bei einiger Sorgfalt habe er seine Verpflichtung aus dem eingegangenen Vertrag richtig erkennen müssen. Das genüge zur Annahme einer unerlaubten Handlung im Sinne des § 823 Abs. 2 BGB. Die Beklagte habe hieran teilgenommen, indem sie auf Grund des auch ihr bekannten

Vertrags die Auflassungserklärung ihres Ehemanns entgegengenommen habe.

Der Revisionsangriff ist verfehlt. Richtig ist zwar, daß an sich ein schuldhaftes gesetzwidriges Handeln genügt, um die Haftung aus § 823 Abs. 2 BGB. zu begründen. Auf der andern Seite liegt aber ein Zuwiderhandeln gegen ein Schutzgesetz im Sinne des § 823 Abs. 2 BGB. nur vor, wenn sämtliche Tatbestandsmerkmale des Schutzgesetzes erfüllt sind. Sofern also zum Tatbestand der Zuwiderhandlung gegen ein Schutzgesetz der Vorsatz gehört, kann eine Haftung aus unerlaubter Handlung (§ 823 Abs. 2 BGB.) nur in Frage kommen, wenn auch Vorsatz vorliegt. Zum Begriff der Untreue im Sinne der vom Kläger selbst in Bezug genommenen Vorschrift des § 266 StGB. gehört aber ein „absichtliches" Handeln zum Nachteil des andern. Absicht im Sinne dieses Gesetzes ist, wie das Reichsgericht wiederholt ausgesprochen hat, gleichbedeutend mit Vorsatz (RGSt. Bd. 1 S. 172, 329; Urt. des I. Strafsenats vom 8. Juni 1926 1 D 153/26). Das Berufungsurteil erachtet daher einen Verstoß gegen § 266 StGB. als Schutzgesetz nach § 823 Abs. 2 BGB. mit Recht nur bei vorsätzlichem Handeln als gegeben.

Die Revision macht weiter geltend, das Berufungsgericht habe, auch wenn im vorliegenden Falle Vorsatz erforderlich sein sollte, von seinen tatsächlichen Feststellungen aus beim Ehemann der Beklagten und bei dieser selbst zur Annahme einer vorsätzlich unerlaubten Handlung gelangen müssen. Bei der Beklagten müsse es genügen, wenn sie sich bewußt gewesen sei, daß ihr Ehemann von seiner Vollmacht einen dem Vertrag nicht entsprechenden Gebrauch gemacht habe. Ob der Ehemann geglaubt habe, er habe das Angebot angenommen, sei nicht von Bedeutung. Nur darauf komme es an, was er als Inhalt seiner Vollmacht habe erkennen müssen und erkannt habe. Er habe widerrechtlich gehandelt, wenn er entgegen dem klaren Wortlaut des Vertrags die Vollmacht zur Auflassung verwendet habe, ohne gleichzeitig zu zahlen.

Der Tatbestand der Untreue im Sinne von § 266 Abs. 1 Nr. 2 StGB. enthält nicht ausdrücklich das Erfordernis der Rechtswidrigkeit des Handelns. Erfordert wird nur, daß der Bevollmächtigte absichtlich zum Nachteil seines Auftraggebers handelt, d. h. daß seine Verfügungshandlung dem Auftraggeber nachteilig ist und daß er sich die nachteiligen Folgen wenigstens als möglich vorgestellt und sie für den Fall ihres Eintritts innerlich gebilligt und in seinen Willen aufgenommen hat (RGSt. Bd. 53 S. 194). Begrifflich kann aber eine absichtliche Verfügung zum Nachteil des Auftraggebers nur vorliegen, wenn die Verfügung den Pflichten, die der Bevollmächtigte dem Auftraggeber gegenüber hatte, insbesondere dem Willen des Auftraggebers objektiv zuwiderläuft, insofern also unerlaubt ist, und wenn sich der Bevollmächtigte seiner aus dem Auftrag fließenden Pflichten dem Auftraggeber gegenüber bewußt war. Daß in diesem Sinne auch bei der Untreue das Bewußtsein der Rechtswidrigkeit vorhanden sein muß, hat das Reichsgericht wiederholt ausgesprochen (Rspr. i. Straff. Bd. 1 S. 273; RGSt. Bd. 38 S. 266; JW. 1916 S. 1200 Nr. 9; Recht 1916 Nr. 870). Es ist deshalb zunächst nicht zu beanstanden, wenn der Berufungsrichter annimmt, es müsse zum Vorhandensein einer Untreue in der Person des Ehemanns R. das Bewußtsein der Rechtswidrigkeit festgestellt werden. Seine weiteren Ausführungen lassen es aber zweifelhaft erscheinen, ob er den Begriff des Bewußtseins der Rechtswidrigkeit, wie er zum Tatbestand der Untreue erfordert wird, richtig erkannt hat. Der Vorderrichter glaubt dieses Bewußtsein deshalb nicht feststellen zu können, weil der Ehemann R. immerhin der Meinung habe sein können, daß die privatschriftliche Annahme des Angebots ausreiche und daß er den begründeten Ansprüchen des Klägers genüge, wenn er ihm das Restkaufgeld Zug um Zug gegen Übergabe der zur Vereinigung des Grundbuchs erforderlichen Papiere anbiete, und weil außerdem nicht ohne weiteres angenommen werden könne, daß er den Brief vom 28. November 1922 geschrieben habe, ohne das angebotene Restkaufgeld zur Verfügung zu haben. Im Urteil vom 4. Juli 1916 (JW. 1916 S. 1200 Nr. 9) hat das Reichsgericht bei einer durch Aneignung fremden Geldes (das der Täter im Besitz hatte) begangenen Untreue ausgeführt, die objektive Widerrechtlichkeit der Verfügung werde nicht schon dadurch aufgehoben, daß eine Ersatzbereitschaft bestehe, sondern allein dadurch, daß der Eigentümer des Geldes mit der Verfügung und Aneignung einverstanden sei. In demselben Sinne heißt es in RGSt. Bd. 38 S. 266 zu § 266 Abs. 1 Nr. 2 StGB., es komme bei der Prüfung des objektiven Tatbestands nicht darauf an, ob der ungetreue Bevollmächtigte zur Ersatzleistung imstande sei und der Auftraggeber durch Geltendmachung seiner Forderung aus §667 BGB. zu seiner vollständigen Befriedigung gelangen könne. In subjektiver Hinsicht sagt das vorbezeichnete Urteil vom 4. Juli 1916, den Vorsatz der unerlaubten Verfügung vermöge nach § 59 StGB. nicht schon der Glaube an eine sofortige oder alsbaldige Ersatzmöglichkeit auszuschließen, sondern lediglich ein etwaiger Irrtum dahin, daß auch das Einverständnis mit der Verfügung als Folge dieser Ersatzmöglichkeit vorliege. Und ebenso hat das Reichsgericht in der im Recht 1916 Nr. 870 abgedruckten Entscheidung vom 22. Februar 1916 ausgesprochen, die Leistung einer Kaution durch den Provisionsreisenden habe gegenüber der Veruntreuung einkassierter Gelder keine Bedeutung; der Anspruch des Beschädigten auf Ablieferung der Gelder beruhe auf Eigentum an diesen, sei also nicht aufrechenbar, Zurückbehaltung sei nicht gerechtfertigt, und auch die Möglichkeit, aus der Kaution Ersatz zu leisten, und das Bewußtsein hiervon seien nicht geeignet, die zunächst eintretende Zufügung des Schadens zu rechtfertigen oder den Glauben an die Befugnis dazu zu begründen. Bei Anwendung dieser Grundsätze auf den vorliegenden Rechtsstreit kommt es für die Frage, ob der subjektive Tatbestand der Untreue beim Ehemann R. gegeben ist, nicht so sehr darauf an, ob er der Meinung sein konnte, daß die privatschriftliche Annahme des Angebots ausreiche und daß es den rechtlich begründeten Ansprüchen des Klägers genüge, wenn er ihm das Restkaufgeld Zug um Zug gegen Übergabe der „Hausdokumente" anbiete, ebensowenig darauf, ob er bei Absendung des Briefes vom 28. November 1922 das angebotene Restkaufgeld tatsächlich zur Verfügung hatte. Entscheidend ist vielmehr, ob Umstände vorlagen, die ihn zu der Annahme berechtigten und auch tatsächlich zu der Annahme veranlaßt haben, der Kläger werde mit der Verfügung über sein Grundstück so, wie er sie vornahm, einverstanden sein. Können solche Umstände festgestellt werden, so wird allerdings eine Untreue des Ehemanns R. nicht angenommen werden können, und damit würde sich auch die Frage der Beihilfe der Beklagten erledigen. In dieser Beziehung fehlt es aber bisher an einer ausreichenden Erörterung der tatsächlichen Verhältnisse....

---

68. Welche Verhandlung ist die letzte mündliche Verhandlung der ersten Instanz im Sinne von Art. VII Abs. 6 der Verordnung über das Verfahren in bürgerlichen Rechtsstreitigkeiten vom 13. Februar 1924?

III. Zivilsenat. Urt. v. 18. Oktober 1927 i. S. Fürstin v. N. (Bekl.) w. Wwe. N. u. Gen. (Kl.). III 173/27.

I. Landgericht Cottbus.
II. Kammergericht Berlin.

Der Erblasser der Klägerinnen war vom Grafen O., dem Erblasser der Beklagten, durch Vertrag vom 10. Januar 1910 als Verwaltungsdirektor mit der Abrede angestellt worden, daß eine Kündigung durch den Dienstherrn nur mit einjähriger Frist und nur dann erfolgen durfte, wenn der Angestellte über die Geschäfte, die Person oder die Familienverhältnisse des Grafen O. anderen Personen Mitteilung machte oder nicht nach den Anordnungen des Grafen O. handelte oder wenn er „geschäftlich invalide" würde. Für diesen Fall war ihm eine lebenslängliche Pension von 1600 ℳ jährlich zugesagt. Infolge von Unstimmigkeiten wurde bereits am 8. März 1910 ein notarieller Vertrag geschlossen, in dem der Erblasser der Klägerinnen anerkannte, daß Graf O. zur fristlosen Kündigung berechtigt und der Vertrag erloschen sei. Graf O. anderseits verpflichtete sich, ihm bis 1. April 1911 das volle Gehalt und von da ab jährlich 1600 ℳ Pension zu zahlen. In einem ferneren notariellen Vertrag übernahm Graf O. am 3. November 1911 die Zahlung einer weiteren lebenslänglichen Rente von 900 ℳ. Bis 1923 wurde der Betrag von 2500 ℳ gezahlt, dann aber die Weiterzahlung verweigert.

Im Februar 1924 erhob der Erblasser der Klägerinnen gegen den Grafen O. Klage auf Zahlung einer aufgewerteten Rente von 1800 GℳM. Der Beklagte bestritt seine Verpflichtung zur Aufwertung, da es sich um eine Schenkung handle, beanstandete auch die Höhe der geforderten Aufwertung.

Das Landgericht gab durch Urteil vom 25. April 1924 der Klage statt. Ehe am 8. Mai 1924 das Urteil zugestellt wurde, verstarb Graf O. am 3. Mai 1924. Der Rechtsstreit wurde durch Beschluß vom

12. Mai 1924 ausgesetzt, der am 16. Mai 1924 zugestellt wurde. Im Januar 1926 nahm die alleinige Erbin des Grafen O., die jetzige Beklagte, den Rechtsstreit auf. Am 12. Februar 1926 erging Urteil auf Grund Anerkenntnisses dahin, daß das Urteil vom 25. April 1924 von nun an als gegen die jetzige Beklagte erlassen zu gelten habe. Gegen dieses Urteil hat sie am 1. April 1926 Berufung eingelegt. Mittlerweile war der Erblasser der jetzigen Klägerinnen gestorben. Seine Erbinnen haben das Verfahren am 23. Oktober 1926 aufgenommen. Das Berufungsgericht hat dann auf Grund der Verhandlung vom 8. März 1927 die Berufung der Beklagten mit der Maßgabe zurückgewiesen, daß die Beklagte zur Zahlung von 4500 RM nebst Zinsen an die Klägerinnen verurteilt werde.

Auf die Revision der Beklagten wurde das Berufungsurteil aufgehoben und die Sache an die Vorinstanz zurückverwiesen.

Gründe:

... Die Beklagte hat in der Berufungsinstanz neu geltend gemacht, ihr Erblasser sei im Jahre 1910 tatsächlich zur sofortigen Auflösung des Vertragsverhältnisses berechtigt gewesen, was der Erblasser der Klägerinnen auch brieflich anerkannt habe. Ihr Erblasser sei durch die Geldentwertung finanziell in schwere Bedrängnis geraten und schließlich darauf angewiesen gewesen, im Kasino einer Kohlengrube Wohnung und Beköstigung zu nehmen. Endlich habe der Erblasser der Klägerinnen sich zu Unrecht eine vollstreckbare Ausfertigung des Urteils vom 25. April 1924 erteilen lassen und daraufhin die Zwangsvollstreckung in Grubenfelder des Grafen O. betrieben. Hierdurch sei ihr, der Beklagten, ein Schaden von 270,65 RM entstanden, mit dem sie aufrechne. Das Berufungsgericht hat diese Behauptungen zurückgewiesen, da sie aus grober Fahrlässigkeit nicht früher vorgebracht worden seien und ihre Zulassung die Erledigung des Rechtsstreits verzögern würde. Schon der Erblasser der Beklagten sei in der Lage gewesen, den Entlassungsgrund vorzubringen und seine Vermögensverhältnisse darzulegen. Auch die Beklagte habe Zeit genug gehabt, die Behauptungen so zeitig vor dem Verhandlungstermin vom 8. März 1927 vorzubringen, daß sich die Klägerinnen in diesem Termin darauf hätten erklären können.

Soweit die Revision das Urteil deshalb angreift, weil die Voraussetzungen des § 529 ZPO. nicht gegeben gewesen seien, kann sie keinen Erfolg haben. Darüber, ob eine Partei Angriffs- und Verteidigungsmittel sowie Beweismittel und Beweiseinreden in der Absicht, den Prozeß zu verschleppen, oder aus grober Nachlässigkeit nicht früher vorgebracht hat, entscheidet das Gericht nach freier Überzeugung. Eine solche Entscheidung ist in der Revisionsinstanz nicht nachzuprüfen.

Mit Recht macht aber die Revision geltend, daß § 529 ZPO. im vorliegenden Falle nicht habe angewendet werden dürfen. Das Berufungsgericht hat die Vorschriften der Verordnung über das Verfahren in bürgerlichen Rechtsstreitigkeiten vom 13. Februar 1924 (RGBl. I S. 135) nicht beachtet. Ihr Artikel VII bestimmt, daß die Artikel I bis VI am 1. Juni 1924 in Kraft treten, und ordnet in Abs. 5 an, daß die Vorschriften über die Berufungsbegründung nur auf die nach dem Inkrafttreten der Verordnung eingelegten Berufungen Anwendung finden. Da hier die Berufung am 1. April 1926 eingelegt worden ist, kämen an sich die Vorschriften des § 519 ZPO. und darunter die des Abs. 3 Nr. 2 zur Anwendung, wonach die Berufungsbegründung die neuen Tatsachen, Beweismittel und Beweiseinreden enthalten muß, welche die Partei geltend zu machen beabsichtigt. Nun macht aber Artikel VII Abs. 6 der Verordnung eine weitere Ausnahme: die Zurückweisung eines neuen Vorbringens in der Berufungsinstanz ist nur in den Fällen zulässig, in denen die letzte mündliche Verhandlung der ersten Instanz nach dem Inkrafttreten des Gesetzes abgehalten worden ist. Darunter ist selbstverständlich nur eine mündliche Verhandlung zur Sache selbst zu verstehen, in der die neuen Behauptungen usw. vorgebracht werden konnten. Für den vorliegenden Fall kommt als solche nur die Verhandlung vom 25. April 1924 in Frage, auf die das erste Urteil erging. Die spätere, vom 12. Februar 1926, befaßte sich nur mit der Aufnahme des Verfahrens und der Rechtsnachfolge der Beklagten. In ihr war für die Geltendmachung neuer Behauptungen usw. kein Raum. Nur diese Auffassung entspricht dem Willen der Verordnung, es solle niemand von den verschärften Vorschriften des § 519 ZPO. betroffen werden, der nicht schon unter ihrer Geltung in erster Instanz sachlich verhandelt habe (RGZ. Bd. 111 S. 365). Die letzte hier in Betracht kommende mündliche Verhandlung erster Instanz hat, wie bereits erwähnt, am 25. April 1924, also vor dem Inkrafttreten der Verordnung, dem 1. Juni 1924, stattgefunden. Für das Verfahren in der Berufungsinstanz gelten deshalb noch die früheren Vorschriften der §§ 540, 279 ZPO., wonach der Beklagten die Geltendmachung ihrer zurückgewiesenen Behauptungen usw. vorzubehalten war.

---

69. 1. Bestimmt sich bei einem Streit über das Bestehen oder die Sicherstellung einer erst später fälligen Forderung der Streitwert im Verfahren vor den ordentlichen Gerichten auch dann nach dem Betrag (Aufwertungsbetrag) der Forderung, wenn die Hinausschiebung der Fälligkeit auf dem Aufwertungsgesetz beruht? Ist ein Abzug wegen der späteren Fälligkeit zu machen?

2. Wie ist der Beschwerdewert zu berechnen, wenn sich ein Schuldner lediglich darüber beschwert, daß die Fälligkeit der Forderung auf einen früheren als den von ihm gewollten Zeitpunkt angenommen ist, und wie dann, wenn nicht nur die frühere oder spätere Fälligkeit, sondern zugleich die Forderung an sich streitig ist?

ZPO. §§ 3, 6, 511a Abs. 2, § 546 Abs. 2. AufwG. § 76. DurchfVo. v. 29. November 1925 (RGBl. I S. 392) Art. 129.

IV. Zivilsenat. Urt. v. 3. November 1927 i. S. Sch. (Bekl.) w. F. (Kl.). IV 279/27.

I. Landgericht Dresden.
II. Oberlandesgericht daselbst.

Der Kläger verlangt Aufwertung einer Forderung von 10000 *M*. Das Landgericht hat die Aufwertung, die der Kläger nach allgemeinen Vorschriften beurteilt sehen will, in der Annahme, daß es sich um eine Vermögensanlage handle, gemäß § 63 Abs. 1 AufwG. auf 25% des Nennbetrags = 2500 *RM* beschränkt, hiervon die vom Beklagten am 4. Januar 1923 gezahlten 10000 *M* mit ihrem Goldmarkwert von 4,94 *RM* abgezogen und, unter Abweisung der Mehrforderung des Klägers, den Beklagten verurteilt, dem Kläger am 15. November 1926 2495,06 *RM* mit 8% Zinsen seit dem 12. März 1926 als dem Tage der Klagzustellung zu zahlen. Gegen dieses Urteil haben beide Parteien Berufung eingelegt, und zwar der Kläger mit dem Antrag, den Beklagten zur Zahlung weiterer 3500 RM nebst 8% Zinsen seit dem 12. März 1926 zu verurteilen, der Beklagte mit dem Antrag, die Berufung des Klägers zurückzuweisen und die im ersten Urteil ausgesprochene Verurteilung insoweit aufzuheben und die Klage auch insoweit abzuweisen, als er verurteilt worden sei, den Aufwertungsbetrag von 2495,06 RM früher als am 1. Januar 1932 zu zahlen und höher zu verzinsen als mit 4% vom 12. März 1926 bis zum 31. Dezember 1927 und mit 6% vom 1. Januar 1928 ab. Das Oberlandesgericht hat auf die Berufungen beider Parteien das Urteil des Landgerichts abgeändert und den Beklagten verurteilt, an den Kläger 5995,06 RM nebst 4% Zinsen seit dem 12. März 1926 zu zahlen, und zwar in 5 Raten von je 1000 RM am 1. Oktober der Jahre 1927, 1928, 1929, 1930 und 1931 und in einer Rate von 995,06 RM am 1. Oktober 1932; die jeweils aufgelaufenen Zinsen sollen jährlich zusammen mit den Kapitalraten gezahlt werden; die gesamte Restschuld soll fällig werden, wenn der Beklagte mit einer Rate länger als einen Monat im Rückstand bleibt.

Die Revision des Beklagten, mit der er seine Anträge aus dem zweiten Rechtszug wiederholte, wurde wegen Fehlens der Revisionssumme als unzulässig verworfen.

Gründe:

Die Zulässigkeit der Revision ist durch einen 4000 RM übersteigenden Wert des Beschwerdegegenstands bedingt. Gegenüber der Klagforderung ist der Beklagte im zweiten Rechtszug in Höhe derjenigen 3500 RM unterlegen, die er über die dem Kläger im ersten Urteil zuerkannten 2495,06 RM hinaus zahlen soll. Diese 3500 RM sind bei der Berechnung des Wertes des Beschwerdegegenstands voll anzusetzen, obwohl sie nach den im Berufungsurteil getroffenen Fälligkeitsbestimmungen erst am 1. Oktober der Jahre 1929, 1930, 1931 und 1932 in Raten fällig werden. Über die Frage, wie bei einem Streit über das Bestehen oder die Sicherstellung einer erst später fälligen Forderung der Streitwert zu berechnen ist, herrscht allerdings Meinungsverschiedenheit (vgl. aus der neueren Rechtsprechung der Oberlandesgerichte einerseits JW. 1926 S. 210 Nr. 2, auch 1925 S. 649 Nr. 19 und 1927 S. 1436 Nr. 5, anderseits JW. 1925 S. 1146 Nr. 23 und 1799 Nr. 2, 1926 S. 2476 Nr. 9, 1927 S. 1500 Nr. 14). Für die Frage kommen im Verfahren vor den ordentlichen Gerichten auch dann, wenn die Hinausschiebung der Fälligkeit auf dem Aufwertungsgesetz beruht, die Vorschriften in § 76 AufwG., Art. 129 DurchfVo. v. 29. November 1925 nicht in Betracht. Denn diese Vorschriften, denen zufolge der Wert des Streitgegenstands unter Berücksichtigung der gestellten Anträge nach freiem Ermessen festzusetzen ist, gelten nur für das Kostenwesen im Verfahren vor den Aufwertungsstellen und den ihnen übergeordneten Beschwerdeinstanzen. Im Verfahren vor den ordentlichen Gerichten sind die §§ 3 bis 9 ZPO. maßgebend, die zunächst für die Bestimmung des zuständigen Gerichts (§ 2 ZPO.) und die Berechnung der Berufungs- und Revisionssumme (§ 511a Abs. 2, § 546 Abs. 2 ZPO.) gegeben sind und nur nach Maßgabe ihrer Anziehung in den Kostengesetzen auch für das Kostenwesen Bedeutung haben. Auch auf dem Boden dieser Vorschriften, nämlich auf Grund des § 3 Halbs. 1 ZPO., wird die Meinung vertreten, daß der Streitwert in dem gedachten Falle nach freiem Ermessen festzusetzen und demgemäß vom Betrag der streitigen Forderung ein Abzug wegen ihrer späteren Fälligkeit zu machen sei. Diese Meinung widerspricht dem § 6 ZPO., der die Anwendung des § 3 ausschließt. Nach § 6 bestimmt sich, wenn die Sicherstellung einer Forderung Gegenstand des Streites ist, der Wert des Streitgegenstands nach dem Betrag der Forderung, ohne Rücksicht darauf, ob die Forderung bereits fällig oder ob sie betagt ist. Was so für den Fall einer bloßen Sicherstellung der Forderung Rechtens ist, muß um so mehr dann gelten, wenn die Forderung als solche streitig ist (WarnRspr. 1919 Nr. 43). Diese Maßgeblichkeit des zahlenmäßigen Betrags der Forderung, die es ermöglicht, die sachliche Zuständigkeit der Gerichte und die Zulässigkeit von Rechtsmitteln ohne die Schwierigkeit der Ermittlung des jeweiligen Vermögenswerts einer Forderung zu bestimmen, wird dadurch bestätigt, daß nach §§ 8 und 9 ZPO. Pacht- oder Mietzinsen und wiederkehrende Nutzungen oder Leistungen zusammenzurechnen sind, ohne daß von den erst später fällig werdenden Jahresbeträgen ein Abzug wegen der späteren Fälligkeit zu machen ist.

Hiernach bietet die Hinausschiebung der Fälligkeit der streitigen 3500 RM bis in die Jahre 1929 bis 1932 keinen Grund dafür, den Wert dieses Teiles des Streitgegenstands unter den zahlenmäßigen Betrag herabzusetzen. Anderseits können diese 3500 RM auch nicht nochmals berücksichtigt werden bei der Beschwerde des Beklagten darüber, daß für die Schuldsumme (genauer: für einen Teil der Summe) frühere Fälligkeitstermine als der 1. Januar 1932 festgesetzt seien. Auf diese Beschwerde kommt es vielmehr für die Berechnung des Wertes des Beschwerdegegenstands nur bei denjenigen 2495,06 RM an, die im zweiten Rechtszug an sich nicht mehr streitig waren. Insoweit ist gemäß § 3 ZPO. (JW. 1927 S. 2129 Nr. 28) danach zu fragen, welches Interesse der Beklagte und Revisionskläger am 27. April 1927, als dem nach § 4 ZPO. maßgebenden Tage der Einlegung der Revision, daran hatte, daß seinem das Maß seiner Beschwerde (RGZ. Bd. 47 S. 422) bestimmenden Berufungsantrag entsprochen werde. Mit anderen Worten, der Beschwerdewert richtet sich insoweit nach dem Interesse des Beklagten daran, daß er die 2495,06 RM nicht, wie im Berufungsurteil festgesetzt, mit 4% Zinsen seit dem 12. März 1926 in drei am 1. Oktober der Jahre 1927, 1928 und 1929 fälligen Raten zu zahlen brauche, sondern gemäß seinem Berufungsantrag mit 4% Zinsen bis zum 31. Dezember 1927 und 6% Zinsen seit dem 1. Januar 1928 erst am 1. Januar 1932.

Diese Rechtslage wird vom Beklagten verkannt, wenn er zur Begründung der Revisionssumme das Vorhandensein eines 500 RM übersteigenden Vermögensnachteils daraus herleitet, daß er dem Kläger bereits vom 1. Oktober 1927 ab jährlich 1000 RM zahlen soll, statt die ganzen, mit 4% verzinslichen 5995,06 RM erst am 1. Januar 1932 zahlen zu müssen. Dagegen kann dem Beklagten darin gefolgt und von ihm als glaubhaft gemacht angesehen werden, daß er die ihm auferlegten Ratenzahlungen, von denen nach Vorstehendem hier nur die beiden ersten und rund die Hälfte der dritten in Betracht zu ziehen sind, nicht aus den Erträgnissen seines Gutes aufbringen könnte, sich das Geld dazu vielmehr darlehensweise beschaffen müßte und es „wohl kaum unter 10%" geliehen erhielte. So ergibt sich: Der Beklagte hätte, wenn er zum 1. Oktober 1927 und zum 1. Oktober 1928 je 1000 RM und zum 1. Oktober 1929 weitere (rund) 500 RM zu 10% als Darlehen aufnehmen müßte, hierfür bis zum 31. Dezember 1931 insgesamt 862,50 RM Zinsen zu zahlen. Nach seinem Berufungsantrag würde er die 2500 RM in der Zeit vom 1. Oktober bis zum 31. Dezember 1927 in Höhe von 4% mit 25 RM und in der Zeit vom 1. Januar 1928 bis zum 31. Dezember 1931 in Höhe von 6% mit 600 RM, also insgesamt mit 625 RM zu verzinsen haben. Sein als Beschwerdewert anzusetzendes Interesse am Erfolg des mit der Revision verfolgten Berufungsantrags kann danach auf nicht mehr als den Unterschied von 862,50 — 625,00 = 237,50 RM angenommen werden.

Durch die Zusammenrechnung der beiden Beschwerdewerte von 3500 und 237,50 RM wird die Revisionssumme nicht erreicht.

---

70. 1. Ist der ordentliche Rechtsweg zulässig für Schadensersatzansprüche gegen das Reich, die sich auf die Behauptung stützen, das Reich habe ein wider die guten Sitten verstoßendes Gesetz erlassen?

2. Kann mit der Behauptung, die Reichsminister hätten die Inflation schuldhaft herbeigeführt und das Publikum über den Wert der deutschen Mark vorsätzlich getäuscht, ein Anspruch gegen das Reich auf Erstattung von Vermögenswerten begründet werden, die das Aufwertungs- und das Anleiheablösungs-Gesetz einzelnen Staatsbürgern entzogen haben?

GVG. § 13. RVerf. Art. 131.

III. Zivilsenat. Urt. v. 4. November 1927 i. S. R. (Kl.) w. Deutsches Reich (Bekl.). III 60/27.

I. Landgericht I Berlin.
II. Kammergericht daselbst.

Die Klägerin ist seit dem Jahre 1911 Gläubigerin einer auf dem Grundstück Sch. Bd. 6 Bl. Nr. 166 eingetragenen Darlehenshypothek von 6000 M. Außerdem ist sie Eigentümerin eines Altbesitzanleihestücks in Höhe von 500 M. Dieses wurde gemäß dem Anleiheablösungs-Gesetz vom 16. Juli 1925 in eine Anleiheablösungsforderung von 12,50 RM umgewandelt. Die Hypothek ist auf Grund des Aufwertungsgesetzes vom gleichen Tage in eine solche von 1500 RM umgewertet worden. Wegen des Wertunterschieds in Höhe von zusammen 5000 RM nimmt die Klägerin das Reich in Anspruch. Sie meint, daß zum mindesten das Anleiheablösungs-Gesetz verfassungswidrig sei und ihren Darlehensanspruch gegen das Reich nicht habe beseitigen können. Im übrigen stützt sie ihre

Forderung auf die §§ 823, 826 BGB. und Art. 131 RVerf. Sie erachtet den Erlaß des Aufwertungsgesetzes und des Anleiheablösungs-Gesetzes für einen sittenwidrigen Eingriff in wohlerworbene Rechte, für den das Reich als Träger der gesetzgebenden Gewalt hafte. Ferner wirft sie dem Reichskanzler und den Reichsministern vor, sie hätten schuldhaft die Reichsbank veranlaßt, entgegen den §§ 12 und 16 des alten Bankgesetzes fortgesetzt Banknoten nicht aus wirtschaftlichen, sondern lediglich aus finanzpolitischen Gründen auszugeben; sie hätten ferner künstlich und unter Anwendung von Täuschungsmitteln das an sich unberechtigte Vertrauen des Publikums auf die Güte der deutschen Mark aufrechtzuerhalten gesucht und so vorsätzlich die Inflation mit ihren verheerenden Wirkungen zum Schaden der Reichsgläubiger und zum Vorteil des Reichs als Schuldner herbeigeführt.

Die Klägerin ist vom Landgericht und vom Kammergericht abgewiesen worden. Auch ihre Revision hatte keinen Erfolg.

Gründe:

Soweit die Klägerin ihren Anspruch auf die Behauptung stützt, das Reich habe als Träger der gesetzgebenden Gewalt sittenwidrige Gesetze erlassen, ist der Rechtsweg ausgeschlossen. Wenn das Reich als Gesetzgeber Gebote oder Verbote an die Allgemeinheit richtet, übt es lediglich Hoheitsrechte aus und bewegt sich ausschließlich auf dem Boden des öffentlichen Rechts. Für die schädlichen Folgen der Ausübung eines Hoheitsrechts kann jedoch das Reich vor den ordentlichen Gerichten nur auf Grund besonderer reichsrechtlicher Vorschriften zur Verantwortung gezogen werden, die seine Inanspruchnahme im Rechtswege gestatten. Nun gibt es aber keine Bestimmung, aus der eine von den ordentlichen Gerichten erzwingbare Verpflichtung des Reichs zu entnehmen wäre, für die vermögensrechtliche Beeinträchtigung einzelner Staatsbürger durch ein verfassungsmäßig zustande gekommenes Gesetz deshalb einzustehen, weil dessen Inhalt oder seine Wirkungen gegen die guten Sitten verstoßen. Die Berufung der Klägerin auf § 826 BGB. ist verfehlt. Diese nur für Privatrechtsverhältnisse bestimmte Vorschrift findet keine Anwendung auf das öffentlichrechtliche Verhältnis, das durch die beanstandeten Gesetzgebungsakte zwischen dem Reich und den seiner obrigkeitlichen Gewalt unterworfenen Staatsbürgern begründet wird. Dieses Verhältnis vermag nur öffentlichrechtliche

Ansprüche zu erzeugen, für die, wie schon hervorgehoben, der Rechtsweg verschlossen ist und die daher auch nicht im Gewand einer Schadensersatzforderung zum Gegenstand eines bürgerlichen Rechtsstreits im Sinne des § 13 GVG. gemacht werden können (RGZ. Bd. 87 S. 119, 120).

Der Gesetzgeber ist selbstherrlich und an keine anderen Schranken gebunden als diejenigen, die er sich selbst in der Verfassung oder in anderen Gesetzen gezogen hat. Daß er sie nicht überschritten hat, ist vom V. Zivilsenat für das Aufwertungsgesetz im Urteil vom 4. November 1925 (RGZ. Bd. 111 S. 320) und vom IV. Zivilsenat für das Anleiheablösungs-Gesetz im Urteil vom 27. Januar 1927 IV 359/26 mit gleicher Begründung ausgesprochen worden. Der erkennende Senat schließt sich ihr an und verneint in Übereinstimmung mit beiden Senaten die Verfassungswidrigkeit der genannten Gesetze.

Der dem Reich gemachte Vorwurf einer schuldhaft falschen Währungspolitik ist wegen seiner Allgemeinheit unbeachtlich. Soweit die Klägerin ihn aber dahin erläutert, die Inflation sei vom Reichskanzler und von den Reichsministern vorsätzlich zum Vorteil des Reichs und zum Nachteil der Gläubiger herbeigeführt worden, ist ihr Vorbringen erheblich. Sie meint, die Inflation und ihr (der Klägerin) Schaden seien dadurch verursacht worden, daß die Minister unter Verletzung ihrer Amtspflichten entgegen den §§ 12 und 16 des alten Bankgesetzes die Reichsbank zur Ausgabe ungedeckter Banknoten veranlaßt und das Vertrauen des Publikums auf den Wert der deutschen Mark durch Täuschungshandlungen künstlich aufrecht erhalten hätten. Damit wirft die Klägerin den höchsten Reichsbeamten Pflichtwidrigkeiten vor, die nach ihrer Behauptung durch den hoheitsrechtlichen Charakter ihrer Amtshandlungen nicht gedeckt werden und nach Maßgabe des Art. 131 RVerf. und des § 839 BGB. im Rechtsweg verfolgbare Schadensersatzansprüche zu begründen vermögen. Die Schadenshaftung des Staates tritt aber nach dem klaren Wortlaut der angezogenen Vorschriften nur bei einem Verstoß gegen amtliche Pflichten ein, deren Erfüllung, wenn nicht allein, so doch zum mindesten auch dem Schutze einzelner Dritter dienen soll. Sie fällt dagegen fort, wenn es sich um eine Verletzung von Pflichten handelt, die dem Beamten lediglich im Interesse des Staates und der Allgemeinheit auferlegt sind (RGZ.

Bd. 78 S. 243 und Urteil des erkennenden Senats vom 22. Juni 1923 III 517/22). Der Berufungsrichter hat daher mit Recht den Sachverhalt nach dieser Richtung geprüft. Er ist dabei zu einem der Klägerin ungünstigen Ergebnis gelangt, das die Revision vergebens zu bekämpfen sucht.

Die Amtshandlungen des Reichskanzlers und der Reichsminister, in denen die Klägerin Amtspflichtverletzungen erblickt, liegen sämtlich auf dem Gebiete der Reichsfinanzhoheit und Währungspolitik und damit des öffentlichen Rechts. Die ihnen zur Last gelegten Anordnungen waren zum großen Teil, wie zum Beispiel die Anweisung an die Reichsbank zur Erhöhung des Notenumlaufs, innerdienstlicher Natur. Aber auch soweit das nicht zutraf, richteten sie sich nicht an oder gegen einzelne, sondern an die Allgemeinheit und berührten unmittelbar nur deren Interessen. Sie bezweckten, bei der wachsenden Teuerung und der damaligen Knappheit an Zahlungsmitteln dem Reich und dem Publikum solche zur Verfügung zu stellen, um dadurch den Staat und den Verkehr möglichst vor finanziellen Erschütterungen zu bewahren und Ruhe und Ordnung im Innern aufrechtzuerhalten. Schon hiernach erscheint es zweifelhaft, ob der Richter auf dem Umweg über Art. 131 RVerf. in einem Schadensprozeß wie dem vorliegenden zu einer Nachprüfung der Notwendigkeit oder Vermeidbarkeit der beanstandeten, im wesentlichen auf dem Ermessensgebiete liegenden Verwaltungsakte befugt ist. Einer Entscheidung dieser Frage bedarf es jedoch nicht. Der Berufungsrichter geht jedenfalls nicht fehl, wenn er erwägt: den Leitern der Finanzpolitik — so sind seine Ausführungen zu verstehen — habe in der Nachkriegszeit die Amtspflicht obgelegen, bei ihren Währungsmaßnahmen lediglich das Wohl des Reichs und der Allgemeinheit im Auge zu behalten und hinter ihm, soweit sie es nach pflichtmäßigem Ermessen für erforderlich hielten, die Interessen einzelner Staatsbürger zurücktreten zu lassen. So, d. h. richtig verstanden, geben sie zu rechtlichen Bedenken keinen Anlaß. Es ist ein allgemein anerkannter Grundsatz des deutschen Staatsrechts, daß die Interessen der Allgemeinheit den Interessen der einzelnen vorgehen und daß die Staatsangehörigen, insbesondere in Zeiten der Not, dem Staatswohl auch Opfer zu bringen verpflichtet sind. Haben der Reichskanzler und die Minister in der Wahl der Mittel fehlgegriffen, so haben sie ihre

Amtspflichten dem Reich, aber nicht Dritten und daher auch nicht der Klägerin gegenüber verletzt. Art. 131 RVerf. steht daher der Klage nicht zur Seite.

Beizupflichten ist auch der weiteren Erwägung des Kammergerichts, daß das Aufwertungs- und das Anleiheablösungs-Gesetz Ansprüche vorliegender Art überhaupt ausschließen. Die Entwürfe zu den neuen Steuergesetzen, zu einem Finanzausgleich sowie zum Aufwertungs- und zum Anleiheablösungs-Gesetz wurden dem Reichstag zu gleicher Zeit vorgelegt. Sie bezweckten nach der Einführungsrede des damaligen Reichsfinanzministers von Schlieben, die finanzielle Gesundung des Reichs und eine gedeihliche Entwicklung der Staats- und Volkswirtschaft auf Jahre hinaus sicherzustellen. Das Anleiheablösungs-Gesetz sollte den öffentlichrechtlichen Schuldnern eine genaue Feststellung ihrer Verpflichtungen und der danach zu bemessenden Steuern ermöglichen und zugleich dazu dienen, die Kreditwürdigkeit des Reiches, der Länder und der Gemeinden wieder herzustellen. Alle diese Zwecke konnten naturgemäß, wie der Reichsfinanzminister wiederholt betonte, nur dann erreicht werden, wenn die Höhe der Leistungen des Reichs und der anderen öffentlichrechtlichen Verbände aus den Anleihen im Gesetz endgültig festgelegt wurde. Dieser Gedanke hat auch im § 1 Abs. 2 AnlAblGes. — „Ansprüche aus Markanleihen des Reichs bestehen nur nach Maßgabe dieses Gesetzes" — klaren und unzweideutigen Ausdruck gefunden. Es wäre damit unvereinbar und würde zu einer völligen Vereitelung des Gesetzeszwecks führen, wenn sämtliche Anleihegläubiger in der Lage wären, unter Berufung auf die vor dem Gesetze liegende, angeblich von Reichsbeamten verschuldete Inflation und unter dem Gesichtspunkt des Schadensersatzes vom Reich Erstattung der Vermögenswerte zur fordern, die es ihnen auf verfassungsmäßigem Wege durch das Anleiheablösungs-Gesetz entzogen hat.

Noch einschneidender und unübersehbarer wären die Folgen für die Finanz- und Steuerwirtschaft des Reichs sowie für seine Kreditwürdigkeit, wenn das Reich unter denselben Gesichtspunkten gezwungen werden könnte, den Hypothekengläubigern den durch das Aufwertungsgesetz herbeigeführten Ausfall ihrer Forderungen zu ersetzen. In § 1 AufwG. ist, wie aus einem Kommissionsbericht erhellt, im Gegensatz zur 3. Steuernotverordnung, welche von der Aufwertung der durch den Währungsverfall entwerteten Ansprüche handelt, das Wort „entwertet“ durch „betroffen“ ersetzt worden, um dadurch auch der Rechtsauffassung Rechnung zu tragen, daß die Substanz der Forderungsrechte durch den Währungsverfall nicht berührt und nicht entwertet sei (vgl. Mügel, Aufwertungsgesetz Anm. 4 zu § 1). Von diesem Gesichtspunkt aus enthält das Aufwertungsgesetz eine teilweise, an sich zulässige entschädigungslose Enteignung von Forderungsrechten (Art. 153 RVerf.) und schneidet damit seinem Sinn und Geist nach jeden Anspruch ab, der den Enteignungszweck tatsächlich hinfällig machen und das Reich mit dem Ersatz dessen belasten würde, was es in seiner Eigenschaft als Gesetzgeber den Gläubigern auf verfassungsmäßigem Wege nehmen wollte und genommen hat. Ließe man solche Ansprüche, wie die Klägerin sie erhebt, allgemein zu, so würden die Schulden des Reichs und damit die Steuerlast der Staatsbürger ins Ungemessene steigen und die Absicht des Gesetzgebers, mit dem Aufwertungsgesetz ebenso wie mit dem Anleiheablösungs-Gesetz klare Verhältnisse zu schaffen und die Forderungen der durch die Inflation betroffenen Gläubiger endgültig und abschließend zu regeln, in ihr Gegenteil verkehrt werden. Aus diesem Zweck folgt auch, daß das in den Urkunden über die einzelnen Anleihebeträge enthaltene Schuldversprechen des Reichs nicht weiter wirken kann, als es das Anleiheablösungs-Gesetz gestattet.

---

71. Zur Frage der Zulässigkeit und rechtlichen Begründung der sog. Legitimationsübertragung von Aktien zur Ausübung des Stimmrechts in der Generalversammlung.

HGB. §§ 250, 252, 258.

II. Zivilsenat. Urt. v. 4. November 1927 i. S. W. (Kl.) w. K.er Maschinenfabrik A.-G. (Bekl.). II 135/27.

I. Landgericht Köln, Kammer für Handelssachen.
II. Oberlandesgericht daselbst.

Am 12. Dezember 1925 fand die ordentliche Generalversammlung der Beklagten statt. In ihr wurden die Bilanz und die Gewinn- und Verlustrechnung für 1924/25 nebst dem Geschäftsbericht des

Vorstands und dem Prüfungsbericht des Aufsichtsrats vorgelegt; auf der Tagesordnung stand weiter die Beschlußfassung über die Genehmigung der Bilanz, über die Entlastung von Vorstand und Aufsichtsrat sowie über die Verteilung des Reingewinns und die Wahl von Aufsichtsratsmitgliedern. In der Versammlung waren 5834 Aktien zu je 500 RM vertreten, darunter der Kläger mit einer Aktie. Nach Aufstellung des Verzeichnisses der erschienenen Aktionäre beanstandete der Kläger dessen Richtigkeit und erhob gegen sämtliche zu fassenden Beschlüsse Widerspruch, weil Scheinaktionäre sich als wirkliche Aktionäre in die Anwesenheitsliste hätten eintragen lassen und demgemäß an der Abstimmung teilnehmen würden. Es wurden über die oben aufgeführten Punkte der Tagesordnung verschiedene Beschlüsse gefaßt.

Der Kläger begehrt die Nichtigerklärung dieser sämtlichen Beschlüsse. Zur Begründung machte er unter anderem geltend: Alle Beschlüsse seien mit unlauteren Mitteln herbeigeführt worden, denn es hätten dabei Scheinaktionäre mitgewirkt, die entgegen den §§ 250, 252 Abs. 2, 258, 316 HGB. und dem § 18 der Satzung als wirkliche Aktionäre eingetragen worden seien. So seien 1920 500 M-Aktien mit 3861 Stimmen auf den Namen des Dr. M. eingetragen, obwohl sie nicht ihm, sondern der Großaktionärin Firma H. & Sohn in K. gehörten. Die Beklagte bestritt die Berechtigung der Anfechtung und wies darauf hin, daß auch ohne die vom Kläger beanstandeten Stimmen eine Mehrheit für die Beschlüsse vorhanden gewesen wäre.

Das Landgericht wies die Klage ab. Berufung und Revision des Klägers waren erfolglos.

Aus den Gründen:

Die Zulässigkeit der sog. Legitimationsübertragung von Aktien zur Ausübung des Stimmrechts in der Generalversammlung, d. h. die Überlassung der Aktien an einen Dritten mit der Ermächtigung, das Stimmrecht im eigenen Namen auszuüben, ist vom Reichsgericht in ständiger Rechtsprechung anerkannt. Es ist nicht nur, wie der Kläger meint, der II. Zivilsenat, der bis in die letzte Zeit, namentlich auch in verschiedenen Prozessen des Klägers (WarnRspr. 1920 Nr. 52 und 173), daran festgehalten hat, sondern schon vorher hatte sich der I. Zivilsenat in RGZ. Bd. 30 S. 50, Bd. 40 S. 80, Bd. 60 S. 172 für die Gültigkeit dieser Rechtsform ausgesprochen.

Auch andere Zivilsenate haben diese Auffassung ausdrücklich gebilligt, so der III. Zivilsenat in RGZ. Bd. 111 S. 405, der IV. Zivilsenat in LZ. 1913 Sp. 778, der VI. Zivilsenat im Urteil vom 18. November 1920 VI 155/20 (Bankarchiv Bd. 20 S. 213) und der VII. Zivilsenat in RGZ. Bd. 105 S. 289. Die Bezeichnung „Legitimationsübertragung" für diese Rechtserscheinung bringt allerdings ihr Wesen nur ungenau zum Ausdruck. Die rechtliche Wirksamkeit einer solchen Stimmrechtsausübung — mit fremden Aktien im eigenen Namen — beruht wesentlich darauf, daß der Aktionär als Berechtigter einen andern ermächtigt, das Stimmrecht im eigenen Namen auszuüben. Die vorherige Zustimmung des Berechtigten, seine Einwilligung, macht die Verfügung, die der Nichtaktionär durch Ausübung des Stimmrechts in der betreffenden Generalversammlung trifft, nach § 185 BGB. rechtlich wirksam. Um dem Dritten die Ausübung des Stimmrechts im eigenen Namen zu ermöglichen, muß ihm nach außen die Stellung eines stimmberechtigten Aktionärs gegeben werden, d. h. es müssen die Formen und Voraussetzungen erfüllt werden, die für die Übertragung des Aktionärrechts gelten. Dazu genügt bei Inhaberaktien, wie sie hier in Betracht kommen, die Einräumung des Besitzes an den Aktienurkunden oder die Hinterlegung auf den Namen des Dritten bei der in der Satzung vorgeschriebenen Hinterlegungsstelle. Von einer fiduziarischen Übertragung unterscheidet sich diese Rechtsform dadurch, daß dem Dritten nicht das volle Recht zustehen soll, ihm vielmehr nur die äußere Rechtsstellung eingeräumt wird, um entsprechend der erteilten Ermächtigung einzelne aus dem Recht entspringende Befugnisse geltend zu machen. Gegenüber der Vollmacht, mit der eine gewisse Verwandtschaft besteht, liegt die Verschiedenheit darin, daß die Vollmacht die Befugnis verleiht, im Namen des **Vertretenen** und mit Wirkung für ihn Rechtshandlungen vorzunehmen (RGZ. Bd. 53 S. 274, Bd. 78 S. 87).

Eine solche Rechtsform, wie sie auch auf anderen Rechtsgebieten (so beim Vollindossament zu Inkassozwecken, bei der Abtretung zur bloßen Einziehung) von der Rechtsprechung, zum Teil allerdings unter Widerspruch des Schrifttums, anerkannt ist, steht also mit den allgemeinen Grundsätzen des Rechts im Einklang. Sie widerspricht auch nicht den besonderen Vorschriften des Aktienrechts. Der § 178 HGB. regelt nur die Art der Beteiligung des Aktionärs und den Ausschluß seiner persönlichen Haftung. Dafür, daß er seine Rechte nur selbst ausüben und ihre Ausübung, insbesondere das Stimmrecht, nicht auf andere übertragen dürfe, ist aus der Vorschrift nichts zu entnehmen. Wenn § 250 HGB. sagt, die Aktionäre übten ihre Rechte in bezug auf Beteiligung an der Geschäftsführung durch Beschlußfassung in der Generalversammlung aus, so wird damit die Wahrnehmung solcher Rechte durch andere, mit Zustimmung der Aktionäre, nicht für unzulässig erklärt. Der § 252 Abs. 2 HGB. läßt ja auch für die Aktionäre, im Gegensatz zu der Regelung bei anderen Körperschaften, eine Vertretung in der Ausübung des Stimmrechts ausdrücklich zu und schreibt für den Fall der offenen Stellvertretung die Vorlegung einer schriftlichen Vollmacht vor. Die Vorschrift bietet keinen genügenden Anhalt dafür, daß damit eine stille oder mittelbare Stellvertretung — durch Ermächtigung eines Dritten zur Stimmabgabe im eigenen Namen in der äußeren Form der Rechtsübertragung — ausgeschlossen sein sollte. Die bloße Möglichkeit eines Mißbrauchs dieser Rechtsform zur Umgehung der in § 252 Abs. 3 HGB. angeführten Stimmrechtsbeschränkungen kann eine derartige Auffassung nicht rechtfertigen. Wenn § 258 vorschreibt, daß in der Generalversammlung ein Verzeichnis der „erschienenen Aktionäre oder Vertreter von Aktionären" aufzustellen ist, so sind damit diejenigen Personen gemeint, die sich in der nach der Art der betreffenden Aktien erforderlichen oder durch die Satzung besonders vorgeschriebenen Weise als Aktionäre oder als deren Vertreter ausgewiesen haben. Dazu gehören namentlich auch Legitimationsaktionäre, die durch Besitz von Inhaberaktien oder durch Hinterlegung solcher Aktien ihre Berechtigung zur Stimmrechtsausübung im eigenen Namen dartun. Eine bei satzungsmäßiger Anordnung nach § 255 Abs. 2 HGB. zum Nachweis der Stimmrechtsberechtigung erforderliche Hinterlegungsbescheinigung bekundet nur, daß für eine bestimmte Person Aktien hinterlegt sind, nicht aber, daß derjenige, auf dessen Namen sie hinterlegt wurden, wirklich Aktionär ist. Durch Hinterlegung von Aktien für eine Person, die vom Aktionär zur Ausübung des Stimmrechts im eigenen Namen ermächtigt ist, kommt daher auch nicht eine falsche oder verfälschte Bescheinigung im Sinne der Strafvorschrift des § 316 HGB. zustande. Der § 318 HGB. verbietet nur und stellt nur unter Strafe die Benutzung fremder Aktien zur Stimmrechtsausübung ohne Vertretungsbefugnis und ohne Einwilligung des Berechtigten und weiter die Stimmrechtsausübung auf Grund entgeltlicher Leihe. Daraus läßt sich nichts dafür entnehmen, daß auch die unentgeltliche Überlassung von Aktien zur Stimmrechtsausübung und das Abstimmen auf Grund solcher Überlassung und Ermächtigung des Aktionärs unzulässig sein soll.

Die Ausübung des Stimmrechts durch sog. Legitimationsaktionäre widerspricht auch nicht dem § 18 der Satzung, wonach in der Generalversammlung diejenigen „Aktionäre" stimmberechtigt sind, die „ihre" Aktien hinterlegt haben, und die „Aktionäre" sich durch andere stimmberechtigte Aktionäre vertreten lassen können. Der Berufungsrichter lehnt das Vorliegen eines solchen Widerspruchs mit zutreffender Begründung ab unter Bezugnahme auf das Urteil des erkennenden Senats vom 25. November 1919 II 115/19 in Sachen des jetzigen Klägers gegen den E.er Bergwerksverein. Das Wort „ihre" kann sich auch auf den im Besitze von Aktien befindlichen Legitimationsaktionär beziehen, und auch das weitere paßt ebenso auf den Legitimationsaktionär, der sich durch einen Bevollmächtigten vertreten lassen will, wie auf den Eigentumsaktionär. Auch darin ist dem Berufungsgericht beizutreten, daß an dieser Beurteilung nichts geändert wird durch die besondere Bestimmung des § 18 Abs. 4 der Satzung, wonach „der Aktionär", der „seine" Aktien hinterlegt hat, vor der Versammlung eine persönliche Eintrittskarte empfängt. Auch hierzu gilt das oben Gesagte. Derjenige, auf dessen Namen die Aktien hinterlegt sind, wird der Gesellschaft gegenüber als Aktionär angesehen und erhält auf seinen Namen die Eintrittskarte; wer von einem Aktionär Inhaberaktien mit der Ermächtigung zur Stimmrechtsausübung erhalten hat, fällt gleichfalls unter diese Bestimmung.

Der vorliegende Fall bietet keine Veranlassung, auf die vom Vorderrichter zum Teil erörterten Bedenken einzugehen, die im Schrifttum insbesondere dagegen erhoben werden, daß Banken für die von ihren Kunden ihnen in Verwahrung gegebenen Aktien im Wege der Legitimationsübertragung das Stimmrecht ausüben. (Es wird weiter dargelegt, daß es sich hier nicht um den soeben erwähnten Fall handelt und daß hier auch keine Umgehung der Stimmrechtsbeschränkungen des § 252 Abs. 3 HGB. in Frage kommt.)

72. Zum Begriff der Genehmigung eines Vertrags.

BGB. §§ 177, 184.

VII. Zivilsenat. Urt. v. 4. November 1927 i. S. Darlehens- und Sparkassenverein G., e. G. m. u. H. (Kl.) w. K. als Verwalter im Konkurse der Firma G. R. & Co. G.m.b.H. (Bekl.). VII 346/27.

I. Landgericht Bautzen.
II. Oberlandesgericht Dresden.

Die Klägerin behauptet, am 1. Mai 1924 mit der Firma G. R. & Co. G.m.b.H. in B., der sie einen offenen Kredit in laufender Rechnung eingeräumt habe, einen Sicherungsübereignungs-Vertrag abgeschlossen zu haben, durch den der Klägerin das Eigentum an den in einem umfangreichen Verzeichnis aufgeführten Gegenständen (Inventar, Fuhrpark, Maschinen, Werkzeuge und Rüstmaterialien eines Baugeschäfts) übertragen worden sei. Nachdem am 14. Oktober 1925 das Konkursverfahren über das Vermögen der Firma eröffnet und der Beklagte zum Konkursverwalter bestellt worden war, erhob die Klägerin Klage auf Herausgabe der sämtlichen in dem Verzeichnis enthaltenen Gegenstände, indem sie weiter behauptete, sie habe im Zeitpunkt der Konkurseröffnung eine den Wert der Sachen übersteigende Forderung gegen die Gemeinschuldnerin gehabt.

Die Vorinstanzen haben die Klage abgewiesen, weil der Sicherungsübereignungs-Vertrag nicht in einer für die Gemeinschuldnerin rechtsverbindlichen Weise zustande gekommen sei. Die Revision der Klägerin blieb ohne Erfolg.

Gründe:

Das Berufungsgericht erörtert zunächst, daß die Gesellschaft m.b.H. G. R. & Co. nach dem Gesellschaftsvertrag, wie er am 1. Mai 1924, dem Tage des Abschlusses des streitigen Vertrags, bestand, durch zwei Geschäftsführer gemeinschaftlich vertreten, daß aber der Vertrag durch den Geschäftsführer R. allein vollzogen wurde. Weiter stellt der Vorderrichter fest, daß keiner der beiden anderen damals noch vorhandenen Geschäftsführer den Geschäftsführer R. ermächtigt hatte, den Vertrag abzuschließen. Diese Darlegungen ergeben, daß die Gesellschaft m.b.H. durch den Vertragsabschluß ohne den Hinzutritt weiterer rechtserheblicher Umstände nicht verpflichtet werden konnte; sie sind frei von rechtlichen Bedenken und werden auch von der Revision nicht beanstandet.

Die Klägerin hatte nun unter Hinweis darauf, daß am 25. März 1925 im Handelsregister eine Änderung des Gesellschaftsvertrags eingetragen worden sei, wonach R. allein die Gesellschaft vertreten könne, behauptet, R. habe nach diesem Zeitpunkt Handlungen gegenüber der Klägerin vorgenommen, in denen eine Genehmigung des Sicherungsübereignungs-Vertrags zu finden sei, so daß der Vertrag dadurch rechtliche Wirksamkeit erlangt habe. Hierzu erwägt das Berufungsgericht, von einer Bestätigung des Vertrags, die einer erneuten Vornahme des Rechtsgeschäfts gleichzustellen sei, könne nur dann die Rede sein, wenn sich R. der wirklichen Sachlage bewußt gewesen wäre, also die Ungültigkeit des Vertrags vom 1. Mai 1924 gekannt hätte; da dies nicht der Fall gewesen sei, bedürfe es nicht der Erhebung der Beweise, welche die Klägerin für die angeblichen Genehmigungshandlungen des R. angeboten habe.

Gegen diese Ausführung wendet die Revision zunächst ein, die Grundsätze über die Bestätigung eines nichtigen Rechtsgeschäfts (§ 141 BGB.) seien zu Unrecht angewendet worden, die Lage sei vielmehr nach den Vorschriften der §§ 164 flg., insbesondere nach § 177 BGB. zu beurteilen. Insofern ist der Revision beizupflichten. Der in den Eingangsworten des § 177 BGB. gekennzeichnete Fall, daß jemand ohne Vertretungsmacht im Namen eines anderen einen Vertrag geschlossen hat, liegt hier unzweifelhaft vor. R. hat im Namen der Gesellschaft m.b.H. den Vertrag vom 1. Mai 1924 geschlossen, ohne damals berechtigt gewesen zu sein, sie allein zu vertreten. Die Anwendbarkeit des § 177 BGB. ist also zu bejahen.

Dies vermag jedoch der Revision nicht zum Erfolg zu verhelfen. Die Frage ist dahin zu stellen, ob die Gesellschaft als Geschäftsherrin den von R. ohne Vertretungsmacht geschlossenen Vertrag durch nachträgliche Zustimmung (§ 184 BGB.) genehmigt hat. Nach dem 25. März 1925 konnte eine solche Genehmigung durch den nunmehr allein vertretungsberechtigten Geschäftsführer R. erklärt werden. Eine Äußerung oder Handlung von ihm könnte aber nur dann als Genehmigung im Sinne des Gesetzes gedeutet werden, wenn darin der Ausdruck des Willens zu finden wäre, den vom Genehmigenden als unverbindlich erkannten Vertrag nunmehr für ihn verbindlich zu machen (vgl. Reichsgerichtsurteile vom 4. Januar 1908 V 217/07, vom 31. Mai 1919 V 36/19 und vom 8. Juli 1925 V 528/24). Wenn auch nicht volle Kenntnis davon vorhanden zu sein braucht, daß der zu genehmigende Vertrag ohne Genehmigung rechtsunwirksam ist, so muß sich doch der Genehmigende der Möglichkeit einer solchen Rechtsunwirksamkeit bewußt sein und für diesen Fall den Erfolg des Wirksamwerdens des Vertrags durch die Genehmigung in seinen Willen aufgenommen haben (vgl. Urteile vom 15. November 1912 III 188/12, vom 16. Dezember 1922 V 173/22, abgedruckt Bay. Z. 1923 S. 117, und vom 13. Juni 1923 V 526/22). An dieser Voraussetzung fehlt es aber im gegebenen Falle, da die Klägerin nicht behauptet hat, daß dem R. während des in Frage kommenden Zeitraums bis zur Konkurseröffnung Zweifel an der Rechtsbeständigkeit des Vertrags vom 1. Mai 1924 aufgestiegen seien. Außerdem ist die auf der Zeugenaussage des R. beruhende Feststellung des Berufungsrichters, dieser habe die wirkliche Sachlage nicht gekannt, so aufzufassen, daß auch das Bestehen solcher Zweifel bei ihm hat verneint werden sollen. Wenn aber R. der Meinung war, der Vertrag binde die von ihm vertretene Gesellschaft, dann kann in seinen etwaigen Erfüllungshandlungen gegenüber der Klägerin keinesfalls eine Genehmigung gesehen werden.

---

73. Kann eine durch Gesellschafterbeschluß aufgelöste, in Liquidation befindliche Gesellschaft m. b. H. durch einstimmigen Beschluß der Gesellschafter ohne Neugründung in eine werbende Gesellschaft zurückverwandelt werden?

GmbHG. §§ 60, 65.

II. Zivilsenat. Beschl. v. 25. Oktober 1927 i. d. Handelsregistersache der O.-Grundstückserwerbsgesellschaft m. b. H. II B 14/27.

I. Amtsgericht Berlin-Mitte.
II. Landgericht I daselbst.

Der Sachverhalt ergibt sich aus folgenden

Gründen:

Der alleinige Gesellschafter der beschwerdeführenden O.-Grundstückserwerbsgesellschaft m. b. H., Kaufmann G., beschloß am 26. Februar 1927 zu notariellem Protokoll die Auflösung der Gesellschaft und bestellte sich selbst zum alleinigen Liquidator. Am gleichen Tage meldete er zum Handelsregister an, daß die Gesellschaft in Liquidation getreten und die Liquidation beendet sei, da er das einzige Vermögensstück der Gesellschaft, ein Grundstück in Berlin-Tempelhof, an jenem Tage an sich selbst aufgelassen habe. Gleichzeitig beantragte er die Löschung der Gesellschaft. Das Registergericht trug darauf die Auflösung der Gesellschaft in das Handelsregister ein. Auf den weitergehenden Antrag benachrichtigte es den Liquidator, daß die Löschung der Gesellschaft erst nach Ablauf des Sperrjahrs erfolgen könne. Zu notariellem Protokoll vom 24. März 1927 beschloß dann G. die Aufhebung des Auflösungsbeschlusses und die Fortsetzung der Gesellschaft. In dem Protokoll heißt es, daß die Auflassung des Grundstücks rückgängig gemacht und dem Grundbuchamt nicht eingereicht worden sei. Gleichzeitig bestellte sich G. zum alleinigen Geschäftsführer.

Die Eintragung dieser Vorgänge in das Handelsregister wurde vom Registerrichter abgelehnt. Das Landgericht wies die hiergegen erhobene sofortige Beschwerde zurück. Der weiteren sofortigen Beschwerde des G. möchte das Kammergericht abhelfen; es sieht sich aber hieran gehindert durch die Entscheidung des Oberlandesgerichts Stuttgart vom 19. Juni 1914 (Ztschr. f. freiw. Gerichtsb. u. Gemeindeverw. in Württemberg Bd. 56 S. 330), des Oberlandesgerichts Darmstadt vom 9. Mai 1921 (Hess. Rechtspr. Jahrg. 1922 Sp. 166) und des Bayr. Obersten Landesgerichts vom 15. Dezember 1921 (Jahrb. in Angel. d. freiw. Gerichtsbarkeit u. des Grundbuchrechts Bd. 1 S. 243). Deshalb hat das Kammergericht die weitere sofortige Beschwerde gemäß § 28 Abs. 2 FGG. dem Reichsgericht vorgelegt.

Es handelt sich um die Frage, ob und unter welchen Umständen eine durch Gesellschafterbeschluß aufgelöste Gesellschaft m. b. H. nach Eintragung der Auflösung in das Handelsregister ohne Neugründung durch Beschluß der Gesellschafter in eine werbende Gesellschaft zurückverwandelt werden kann. Diese Frage ist im Schrifttum und in der Rechtsprechung fast durchweg verneint worden. Schon Brodmann, GmbHG. Anm. 2 zu § 60, hat aber Bedenken gegen die herrschende Meinung erhoben, und das Kammergericht hat für den Fall des § 60 Abs. 1 Nr. 1 GmbHG. (Auflösung der Gesellschaft durch Ablauf der im Gesellschaftsvertrag bestimmten Zeit) in einem Beschluß vom

5. Februar 1925, abgedr. JW. 1925 S. 640 Nr. 7, die gegenteilige Meinung vertreten. Nunmehr stellt sich das Kammergericht im Anschluß an eine neuerdings von Hachenburg, GmbHG. 5. Aufl. Anm. 3 zu § 60 (vgl. auch JW. 1925 S. 802), näher begründete Lehre auf den Standpunkt, daß die Rückverwandlung der liquidierenden Gesellschaft m.b.H. in eine werbende Gesellschaft grundsätzlich möglich sei. Dieser Ansicht ist beizutreten.

Einer der Hauptgründe, die von der herrschenden Meinung gegen die Zulässigkeit der Rückverwandlung angeführt werden, ist der, daß § 60 Abs. 1 Nr. 4 GmbHG., wonach die Gesellschafter die Fortsetzung der Gesellschaft beschließen können, wenn im Falle der Auflösung durch Konkurseröffnung das Verfahren nach Abschluß eines Zwangsvergleichs aufgehoben oder auf Antrag des Gemeinschuldners eingestellt wird, eine Ausnahmevorschrift darstelle, aus der hervorgehe, daß in anderen als den genannten Fällen die Rückverwandlung unzulässig sei. Diese Erwägung hat jedoch keine überzeugende Kraft und ist auch schon vom Reichsgericht, für die offene Handelsgesellschaft wenigstens, abgelehnt worden. Für diese besteht nämlich, ebenso wie für die Aktiengesellschaft, eine dem § 60 Abs. 1 Nr. 4 a. a. O. entsprechende Vorschrift (vgl. § 144 Abs. 1, § 307 Abs. 2 HGB.). Für die offene Handelsgesellschaft hat aber das Reichsgericht (RGZ. Bd. 106 S. 63) anerkannt, daß die liquidierende Gesellschaft in eine werbende zurückverwandelt werden kann, daß also insoweit der Gegenschluß aus der Vorschrift des Gesetzes abzulehnen ist. Können also dort die Gesellschafter in jedem Falle die Fortsetzung der aufgelösten Gesellschaft beschließen, so müßten zwingende, aus der Rechtsnatur der Gesellschaft m.b.H. zu entnehmende Gründe vorliegen, um hier verbieten zu können, was dort erlaubt ist. Solche Gründe liegen nicht vor. Insbesondere kann das Wiederaufleben der werbenden Gesellschaft mit der Auflösung als solcher nicht grundsätzlich unvereinbar sein; das wird ja eben durch die gesetzlich anerkannte Möglichkeit des Wiederauflebens im Konkursfalle bewiesen. Ebenso wie § 60 Abs. 1 GmbHG. anerkanntermaßen nicht alle überhaupt möglichen Auflösungsgründe aufführt, zwingt auch nichts zu der Annahme, daß die Rückgängigmachung der Auflösung durch Gesellschafterbeschluß in Nr. 4 das. habe erschöpfend behandelt werden sollen. Dem steht auch die Darlegung der Denkschrift zu den §§ 144, 307 HGB. nicht entgegen, weil aus ihr, wie das Kammergericht zutreffend dargelegt hat, keine zwingenden Gründe gegen die hier vertretene Auffassung zu entnehmen sind.

Auch der vom Bayr. Obersten Landesgericht für die herrschende Meinung angeführte Grund (daß nämlich bei der Gesellschaft m. b. H., im Gegensatz zur offenen Handelsgesellschaft, die durch Vertragsschluß zustande komme, durch Eintragung in das Register eine in ihrem Dasein abgegrenzte neue Rechtspersönlichkeit auf Grund konstitutiven Gesamtakts geschaffen werde) steht der Möglichkeit der Rückverwandlung ohne Neugründung nicht entgegen. Denn solange die Liquidation noch nicht beendet ist, besteht diese Rechtspersönlichkeit fort, und es kann dann nur noch erwogen werden, ob es richtig ist, daß die Liquidationsgesellschaft nur für Liquidationszwecke Handlungsfähigkeit besitzt und sich etwa aus diesem Grunde nicht in eine werbende Gesellschaft zurückverwandeln kann. Die letztere Auffassung ist indessen abzulehnen. Solange die Gesellschaft liquidiert, sind die Liquidatoren gehalten, die laufenden Geschäfte zu beendigen, und sie können neue Geschäfte nur zur Beendigung schwebender Geschäfte eingehen. Damit ist jedoch nichts dafür erbracht, daß die Gesellschafter nicht gleichwohl durch einstimmigen Beschluß das Liquidationsverhältnis sollten beendigen und die Gesellschaft wieder zu einer werbenden sollten machen können. Warum dazu eine Neugründung nötig sein sollte, ist nicht einzusehen. Fragen kann sich nur, ob die Rückverwandlung nicht durch die Rücksichtnahme auf den Schutz der Gläubigerinteressen ausgeschlossen wird. Eine Gefährdung der Gesellschaftsgläubiger ist möglich, wenn mit der Durchführung der Liquidation schon begonnen ist. Ist sie bereits beendet und ist das Vermögen der Gesellschaft verteilt, so kann allerdings nur eine Neugründung in Frage kommen. Ist dagegen mit der Liquidation erst begonnen, so kann die Rückverwandlung, wie das Kammergericht mit Recht annimmt, stattfinden, wenn das Stammkapital der Gesellschaft unversehrt geblieben ist oder wenn es, soweit schon ausgezahlt, wieder hereingebracht wird. Dann muß, bevor die Rückverwandlung der Gesellschaft eingetragen wird, dem Registergericht der Nachweis erbracht werden, daß die Liquidationsmaßnahmen rückgängig gemacht worden sind. Denn die wieder ins Leben getretene Gesellschaft muß den Gläubigern in bezug auf das Stammkapital die gleiche Gewähr bieten, wie es vor der Auflösung der Fall gewesen war. Mit dieser Maßgabe ist die Rückverwandlung in eine werbende

Gesellschaft zuzulassen, wenn sie von den Gesellschaftern einstimmig beschlossen wird. Ob im Falle des § 60 Abs. 1 Nr. 4 die Fortsetzung auch mit einfacher Stimmenmehrheit beschlossen werden könnte, braucht nicht erörtert zu werden. Bei der hier gegebenen Sachlage kann die Beschlußfassung jedenfalls nur einstimmig geschehen, weil mit der Auflösung jeder Gesellschafter das Recht auf Liquidation und auf Auskehrung seines Liquidationsguthabens erworben hat.

Es bleibt hiernach nur noch zu prüfen, ob diesem Ergebnis nicht Bedenken formeller Art entgegenstehen. Im Schrifttum (vgl. Wimpfheimer, Die Gesellschaften des Handelsrechts und des bürgerl. Rechts im Stadium der Liquidation, in Bd. 17 der Abhandl. zum Privatrecht und Zivilprozeß S. 129) wird zum Beweise der „grundsätzlichen Irreparabilität" darauf verwiesen, daß im Register nur die vom Gesetz aufgezählten Eintragungen Aufnahme finden könnten, daß diese erschöpfend angeführt seien, daß es aber für die Eintragung eines Beschlusses, der die Auflösung rückgängig mache, an einer gesetzlichen Anordnung fehle. Das Kammergericht hält diesen Grund nicht für durchschlagend, weil der die Auflösung rückgängig machende Beschluß eine Satzungsänderung sei. Das trifft allerdings nicht zu. Eine Satzungsänderung würde vorliegen, wenn z. B. die Gesellschaft satzungsgemäß bis zu einem bestimmten Zeitpunkt bestehen sollte, aber vorher durch Gesellschafterbeschluß aufgelöst wurde. Um derartiges handelt es sich jedoch hier nicht. Jede Gesellschaft, die ihr Bestehen nicht selbst auf eine bestimmte Zeit eingeschränkt hat, trägt satzungsgemäß die Möglichkeit jederzeitiger Auflösung durch Gesellschafterbeschluß in sich. Mit der Auflösung wird nicht ihr satzungsmäßiger Zweck verändert, sondern ihr Weiterbestehen verneint. Insofern sind Auflösung und Satzungsänderung verschiedene Dinge. Allein auch wenn keine Satzungsänderung vorliegt, fehlt es doch nicht an einer Vorschrift, wonach die Rückgängigmachung der Auflösung einzutragen ist. Denn nach § 65 GmbHG. ist die Auflösung einer Gesellschaft m.b.H. außer dem Falle des Konkursverfahrens zur Eintragung in das Handelsregister anzumelden. Das gleiche gilt von der Fortsetzung der Gesellschaft in den im § 60 Abs. 1 Nr. 4 bezeichneten Fällen. Ist aber die letztere Vorschrift nicht als Ausnahmebestimmung, sondern als Anwendungsfall für die Fortsetzung der aufgelösten Gesellschaft aufzufassen, so folgt aus ihr, daß in allen Fällen, in denen materiell die Fortsetzung beschlossen werden darf, ein solcher Beschluß auch einzutragen ist, zumal da er eine frühere Eintragung sachlich rückgängig macht. . . .

---

74. 1. Zum Begriff des Vorbehalts der Rechte im Sinne des § 14 AufwG.
2. Klagänderung.
3. Was bedeutet „die durch die Hypothek gesicherte persönliche Forderung" im Sinne des § 9 AufwG.? Kann Aufwertung der persönlichen Forderung nach allgemeinen Vorschriften verlangt werden, wenn die Leistung vor dem 15. Juni 1922 ohne Vorbehalt der Rechte angenommen und die Hypothek vor dem 15. Februar 1924 gelöscht worden ist?

AufwG. §§ 9, 14, 62. ZPO. § 268.

V. Zivilsenat. Urt. v. 22. Dezember 1927 i. S. K. u. Gen. (Kl.) w. Hotelbetriebs-Aktiengesellschaft (Bekl.). V 374/27.

I. Landgericht I Berlin.
II. Kammergericht daselbst.

Für den am 5. April 1921 verstorbenen M. stand seit 1911 auf dem Grundbesitz der Beklagten eine Restkaufgeldhypothek von einer Million Mark eingetragen; die Beklagte war auch persönliche Schuldnerin. Der Gläubiger hatte das Kapital zur Rückzahlung auf den 1. April 1921 gekündigt; sein Bevollmächtigter K. hat an diesem Tage das Geld in Empfang genommen und löschungsfähige Quittung erteilt; die Hypothek ist am 30. Dezember 1922 gelöscht worden. Die Klägerinnen als die Erben des Gläubigers M. haben einen Anspruch auf Aufwertung der Hypothek, und zwar sowohl der persönlichen Forderung als auch des dinglichen Rechts, bei der Aufwertungsstelle angemeldet und den Anspruch auf eine nach ihrer Behauptung von K. bei Annahme der Zahlung abgegebene Erklärung gestützt, in der sie einen Vorbehalt im Sinne des § 14 AufwG. finden. Die Schuldnerin hat Einspruch eingelegt und den Anspruch nach Grund und Höhe bestritten, namentlich die behauptete Erklärung des K. und ihre Bedeutung als Vorbehalt in Abrede gestellt. Die Aufwertungsstelle hat das Verfahren bis zur rechtskräftigen Entscheidung des Prozeßgerichts über die Frage ausgesetzt, ob der geltend gemachte Anspruch dem Grunde nach bestehe. Die Klägerinnen haben darauf Klage erhoben mit dem Antrag, für einen Teil von 20000 *M* der gelöschten Hypothek festzustellen, daß der Aufwertungsanspruch dem Grunde nach berechtigt sei. Sie sind in beiden Vorinstanzen unterlegen. Auch ihre Revision hatte keinen Erfolg.

Aus den **Gründen**:

1. (Betrifft die Zulässigkeit der Feststellungsklage).

2. Nach der Behauptung der Klägerinnen soll K. bei Annahme des über den Schuldbetrag ausgestellten Schecks zum Vertreter der Beklagten gesagt haben:

„Es ist doch unglaublich, daß man heute diesen Betrag zurücknehmen muß. Was war beim Verkauf des Hauses das Restkaufgeld von einer Million Mark für eine Summe, und welchen Wert bedeutet heute dieser Betrag! So einen Scheck schreibe ich in meinem Büro jetzt fast täglich aus."

Das Berufungsgericht unterstellt die Richtigkeit dieser Behauptung, verneint aber, daß damit ein Vorbehalt im Sinne des § 14 AufwG. erklärt sei. Es hat ausgeführt, K. habe mit jenen Worten, wenn sie gefallen sein sollten, nur seine Unzufriedenheit darüber zum Ausdruck gebracht, daß die gezahlte Summe nicht mehr den Wert habe wie zur Zeit der Entstehung der Forderung, daß aber der Gläubiger sie trotzdem annehmen müsse. Aus der Äußerung sei nicht erkennbar gewesen, daß K. die Leistung nicht als Erfüllung habe annehmen wollen; er sei vielmehr gerade davon ausgegangen, daß der Gläubiger infolge seiner Kündigung bedauerlicherweise gezwungen sei, die geringwertige Leistung als Erfüllung anzunehmen. Die Möglichkeit einer Nachzahlungspflicht der Beklagten habe außerhalb aller Erwägungen der Beteiligten gelegen, entsprechend der damaligen allgemeinen Auffassung im Wirtschaftsleben wie im Rechtsverkehr. Es sei daher ausgeschlossen, daß K. mit der Äußerung hätte andeuten wollen, er sei mit der Tilgung der Schuld durch Zahlung von einer Million Papiermark nicht einverstanden; vor allem aber habe die Beklagte in jener Äußerung unmöglich die Erklärung erblicken können, daß K. die Angelegenheit noch nicht als erledigt betrachte, sondern eine Nachzahlung erwarte.

Die Revision vertritt demgegenüber den Standpunkt, zur Annahme eines Vorbehalts genüge es, daß der Gläubiger seine durch die

Geldentwertung hervorgerufene Unzufriedenheit mit der Leistung irgendwie zum Ausdruck gebracht habe. Diese Auffassung entspricht jedoch nicht dem Gesetz, wie der erkennende Senat in ständiger Praxis angenommen hat. Dieses versteht unter Vorbehalt eine Willenserklärung des Inhalts, daß sich der Gläubiger mit der Leistung, wenn sie auch äußerlich, dem Nennbetrag nach, der Forderung entspreche, wegen ihres Minderwerts nicht endgültig zufriedengeben, sondern die Möglichkeit einer Nachforderung für die Zukunft wahren wolle. Danach kann in der behaupteten Äußerung ein Vorbehalt schon deshalb nicht gefunden werden, weil das Berufungsgericht ohne rechtlichen Verstoß tatsächlich feststellt, daß dem K. bei der Äußerung überhaupt die Vorstellung gefehlt hat, die Beklagte könne möglicherweise zu einer weitergehenden als der damals gemachten Leistung verpflichtet sein, und daß jedenfalls dem Vertreter der Beklagten nicht erkennbar war, K. sehe die Angelegenheit durch die Zahlung des Nennbetrags der Schuld noch nicht als erledigt an, sondern erwarte eine Nachzahlung. Danach haben die Vorinstanzen ohne Rechtsirrtum die Feststellung abgelehnt, daß der bei der Aufwertungsstelle angemeldete, auf § 14 AufwG. gestützte persönliche und dingliche Aufwertungsanspruch dem Grunde nach bestehe.

3. Die Revision hat weiter geltend gemacht: Wenn bei der Annahme der Leistung ein Vorbehalt nicht gemacht worden, also ein Anspruch nach §§ 4, 9, 14 AufwG. nicht gegeben sei, dann stehe den Klägerinnen wenigstens ein Aufwertungsanspruch für die persönliche Kaufgeldrestforderung zu, der sich, da eine Vermögensanlage nach § 63 Abs. 3 Satz 1 AufwG. nicht gegeben sei und auch ein Fall der §§ 64 bis 66 nicht in Frage komme, gemäß § 62 nach allgemeinen Vorschriften richte. Die Revision meint, da der Sachvortrag völlig unverändert bleibe, werde mit diesem neuen Vorbringen nicht etwa die Klage geändert, sondern nur ein neuer rechtlicher Gesichtspunkt aufgestellt, der auch schon von Amts wegen hätte berücksichtigt werden müssen. Das ist aber nicht richtig. Die Klage nimmt ausdrücklich Bezug auf die Anmeldung bei der Aufwertungsstelle und den Einstellungsbeschluß und verlangt die Feststellung, daß der in den (genau bezeichneten) Aufwertungsakten erhobene, d. h. auf einen bei Annahme der Papiermarkleistung erklärten Vorbehalt gestützte Aufwertungsanspruch zu dem genannten Teilbetrag dem Grunde nach zu Recht bestehe. Sie bezieht sich also ausdrücklich auf einen nach

den Vorschriften des zweiten Abschnitts des Aufwertungsgesetzes, insbesondere nach den §§ 4, 9, 14, 20 zu beurteilenden Anspruch. Von ihm ist der in § 62 geregelte Anspruch nach seinen Voraussetzungen und seinem Inhalt wie auch nach dem dafür geordneten Verfahren durchaus verschieden. Für den jetzt in den Streit gezogenen Anspruch nach § 62 wäre die Aufwertungsstelle nur kraft einer von beiden Parteien getroffenen Vereinbarung, in diesem Fall aber auch in vollem Umfang, d. h. für Grund und Höhe, zuständig gewesen. Lag aber, wie hier, eine solche Vereinbarung nicht vor, war also das ordentliche Gericht für die Entscheidung über Grund und Betrag zuständig, so war wiederum eine Feststellungsklage vom Nachweis eines besonderen, hier ersichtlich nicht gegebenen Feststellungsinteresses abhängig. Danach hatten die Vorinstanzen keine Veranlassung, den Klagvortrag auch nach der Richtung zu prüfen, ob er etwa einen Aufwertungsanspruch nach § 62 AufwG. ergebe. Die Klägerinnen können daher mit ihrem neuen Vorbringen in der Revisionsinstanz nicht gehört werden.

4. Übrigens mag bemerkt werden, daß das neue Vorbringen auch sachlich der Klage nicht hätte zum Erfolg verhelfen können. Die Revision hat unter Berufung auf das Urteil des erkennenden Senats vom 16. Juni 1926 V 457/25, abgedr. in JW. 1926 S. 2358 und in WarnRspr. 1926 Nr. 133, ausgeführt, ein nach § 62 AufwG. frei aufzuwertender persönlicher Anspruch bleibe den Klägerinnen, wenn eine durch Hypothek gesicherte Forderung im Sinne des § 9 das. nicht gegeben sei. Das sei insbesondere dann der Fall, wenn die Hypothek, wie hier, beim Inkrafttreten des Aufwertungsgesetzes und auch schon beim Inkrafttreten der dritten Steuernotverordnung gelöscht gewesen sei und auch nicht etwa eine Aufwertung der Hypothek kraft Vorbehalts oder kraft Rückwirkung (§§ 14, 15 AufwG.) in Frage komme. Dazu ist zu sagen:

Eine Aufwertung nach allgemeinen Vorschriften (§ 62 AufwG.) ist nur dann möglich, wenn ein Anspruch der in den §§ 4 bis 61 das. bezeichneten Art nicht vorliegt, nicht schon dann, wenn eine Aufwertung nach den vorhergehenden Abschnitten versagt ist. Das Aufwertungsgesetz will nach seinem § 1 alle Markansprüche regeln, die auf einem vor dem 14. Februar 1924 begründeten Rechtsverhältnis beruhen und durch den Währungsverfall betroffen sind (von den praktisch bedeutungslosen Ansprüchen auf Zahlung in einer anderen, nicht mehr geltenden inländischen Währung kann hier abgesehen werden). In den §§ 14, 15, 20 wird die Aufwertung der dinglichen Hypothekenrechte und der durch Hypotheken gesichert gewesenen Forderungen für den Fall geregelt, daß die Leistung darauf bereits bewirkt ist, mag die Löschung der Hypothek schon erfolgt sein oder nicht. Wenn hier das Gesetz die Wirkung bestimmen will, welche die Leistung auf eine durch Hypothek gesicherte Forderung hinsichtlich der Aufwertung der Hypothek und der Forderung ausübt, so entspricht es der natürlichen Auslegung, daß dabei solche Forderungen gemeint sind, die in dem Augenblick, als die Leistung bewirkt wurde, durch Hypothek gesichert waren oder etwa solche, deren hypothekarische Sicherung mit Rücksicht auf die beabsichtigte Leistung schon vorher aufgehoben worden ist. Für die Anwendbarkeit der §§ 14, 15 AufwG. ist es also ohne Belang, ob die Hypothek beim Inkrafttreten des Aufwertungsgesetzes oder auch der dritten Steuernotverordnung noch bestanden hat oder nicht. Der im Urteil vom 16. Juni 1926 behandelte Fall lag von dem jetzigen insofern verschieden, als dort ein Vorbehalt im Sinne des § 14 AufwG. erklärt war. Soweit aber in jenem Urteil Rechtsgrundsätze ausgesprochen worden sind, die mit der im Vorstehenden dargelegten Rechtsauffassung im Widerspruch stehen, werden sie nicht aufrechterhalten. Im gegenwärtigen Fall bestand die Hypothek am 1. April 1921 noch im Grundbuch, als die Leistung angenommen wurde; es ist auf eine hypothekarisch gesicherte Forderung gezahlt worden. Die Aufwertung folgt also den Vorschriften der §§ 14, 15 AufwG., d. h. sie ist, da die Leistung vor dem 15. Juni 1922 erfolgte, vom Nachweis eines Vorbehalts abhängig, beim Fehlen eines solchen also ausgeschlossen. Ebenso entfallen nach § 19 AufwG. auch andere Ansprüche, abgesehen von solchen aus arglistiger Täuschung.

---

75. 1. Kann rückwirkende Aufwertung der in den Jahren 1922 und 1923 fortlaufend gemachten Zahlungen für die Ausführung eines Werkes verlangt werden, wenn die Parteien schon durch die Vereinbarung gleitender Löhne und ähnliche Abreden dem Eintritt von Währungsverlusten vorzubeugen gesucht haben?

2. Begründet mangelnde Gleichwertigkeit zwischen Leistung und Gegenleistung den Anspruch auf nachträgliche Erhöhung der letzteren?

3. Unter welchen Umständen ist der gegenwärtige Wert des hergestellten Werkes bei der Aufwertung zu berücksichtigen?

BGB. § 242.

VII. Zivilsenat. Urt. v. 7. Oktober 1927 i. S. Allg. H.-Aktienges. (Bekl.) w. B. & Co. (Kl.). (VII) VI 202/27.

I. Landgericht Düsseldorf.
II. Oberlandesgericht daselbst.

Die Klägerin hat in den Jahren 1922 und 1923 durch die Beklagte einen Fabrikneubau in Eisenbeton ausführen lassen. Durch Briefwechsel schlossen die Parteien zunächst den Vertrag vom 28. Juni 1922, sodann drei weitere Vereinbarungen (vom 22. Juli 1922, 18./22. Mai 1923 und 8./18. Juni 1923), welche die Ausführung weiterer Bauteile betrafen; die Bedingungen waren im wesentlichen diejenigen des ersten Vertrags. Im August 1923 legte die Klägerin, von einer im ersten Vertrag ihr erteilten Befugnis Gebrauch machend, den Bau wegen der veränderten Währungsverhältnisse still. Es war damals nur noch ein Teil der Verschalungen von den Eisenbetonarbeiten wegzunehmen und die Baustelle aufzuräumen. Über die letzteren Arbeiten trafen die Parteien am 15. November 1923 eine Vereinbarung, wonach die Restarbeiten von der Beklagten zum Festpreise von 2500 holländischen Gulden zu erledigen waren. Zu den von der Beklagten ausgeführten Betonarbeiten hatte die Klägerin vereinbarungsgemäß einen Teil der Materialien geliefert; auch Frachten hatte sie verauslagt. Mit der Behauptung, hieraus stehe ihr noch eine Forderung von 344,02 RM zu, klagte sie auf Bezahlung dieses Betrags. Die Beklagte erhob Widerklage, indem sie eine Restforderung aus einer Eisenrücklieferung in Höhe von 1211 RM und eine Forderung von 1516,95 RM aus einer Rechnungsaufstellung vom 21. März 1924 geltend machte und Aufwertung der ihr von der Klägerin für die gelieferten Bauarbeiten gezahlten Beträge verlangte. Sie bemaß diesen Aufwertungsanspruch, den sie auch auf Verzug stützte, zunächst auf 120865,88 RM. Die Klägerin bestritt die Forderung von 1211 RM bis zur Höhe von 640 RM nicht und erklärte ihren Klaganspruch dadurch für getilgt. Das Landgericht erklärte die Klage für erledigt, verurteilte auf die Widerklage die Klägerin zur Zahlung von 2383,93 RM (1516,95 RM und 1211 RM abzüglich der Klageforderung), wies aber im übrigen die Widerklage ab. Die Beklagte legte Berufung ein und erhöhte ihren Aufwertungsanspruch auf 150000 RM. Die Klägerin schloß sich der Berufung an. Das Oberlandesgericht wies durch Teilurteil die Berufung der Beklagten zurück; die Entscheidung über die Anschlußberufung blieb vorbehalten. Die Revision der Beklagten war ohne Erfolg.

Aus den Gründen:

Der Berufungsrichter hat den Aufwertungsanspruch der Beklagten, um den es sich hier allein handelt, auf Grund folgender Erwägungen zurückgewiesen:

Die Bauverträge zeigten das Bestreben der beiden geschäftskundigen Parteien, die Abmachungen, soweit bei den damaligen Währungsverhältnissen möglich, so zu gestalten, daß Währungsverluste vermieden würden. Das sei auch erreicht worden. Die Leistungen seien mit den Gegenleistungen nach den damaligen Wertmaßstäben unverzüglich ausgeglichen worden, so daß ein nach Treu und Glauben ausgleichbedürftiges Mißverhältnis zwischen Leistung und Gegenleistung nicht entstanden sei. Es fehle also an der Vorbedingung für die Entstehung eines Aufwertungsanspruchs. Nach den Bedingungen des ersten Vertrags vom 28. Juli 1922 seien für die der Beklagten von der Klägerin zu zahlenden Löhne die damals geltenden Tarifsätze angenommen, die Löhne aber gleitend gestaltet worden; sie hätten mit einem Unternehmerzuschlag von 37% vergütet werden sollen. Bei den Verschalungen aus dem Bauholz, wofür Festpreise gegolten, habe es sich nur um Formmaterial für die Einbetonierung gehandelt, das die Beklagte nach der Ausschalung der Bauteile zurückerhalten sollte. Bei den Materialien habe man Festpreise nur für das vereinbart, was die Beklagte alsbald lieferte, also damals zu diesen Festpreisen beschaffen konnte. Für die späteren Lieferungen von Zement seien die jeweiligen Syndikatspreise festgesetzt worden. Für Fracht und Materialien sollten, so lautet die Vereinbarung weiter, die damaligen Tarife maßgebend sein, jedoch etwaige Erhöhungen gezahlt werden, einschließlich eines Zuschlags von 20%. Der Klägerin sei vorbehalten worden, die Arbeiten ruhen zu lassen, falls die Löhne unerwartet „ins Unermeßliche steigen" sollten. Ferner habe die Klägerin vor Beginn der Arbeiten, und zwar am 7. Juli 1922, eine Vorauszahlung von 2 Millionen Papiermark geleistet. Die Beklagte habe also die Kaufkraft, welche diese Summe am 7. Juli 1922 gehabt habe, in ihrem Geschäft ausnützen können. Unrichtig sei die Behauptung der Beklagten, die Summe sei ihr nur zum Augustwert (1922) zugute gekommen, weil der Betrag Anfang August 1922 in die Gesamtabrechnung wieder als Zahlung eingestellt worden sei. Aus dem Briefwechsel ergebe sich, daß die von der Beklagten ihren Arbeitern gezahlten Wochenlöhne von der Klägerin wöchentlich an die Beklagte abgeführt worden seien, so daß diese ihre Lohnaufwendungen in Papiermark zum gleichen Kurswert erhalten habe, zu dem sie die Papiermark für Löhne wieder auszahlte, außerdem sei ihr der Zuschlag von 37% verblieben. Die späteren Zusatzverträge enthielten weitere Bestimmungen, die erkennen ließen, wie beide Parteien auch fernerhin bedacht gewesen seien, ihre gegenseitigen Leistungen dem Währungsverfall zu entziehen und insbesondere die Beklagte nicht darunter leiden zu lassen. So enthalte der Vertrag vom 22. Juli 1922 die Vereinbarung, daß die Klägerin das für den Eisenbeton erforderliche Moniereisen selbst zu festem Preise liefere. Ferner habe die Beklagte am 4. Dezember 1922 eine weitere Vorauszahlung von 3 Millionen Papiermark gefordert, die ihr die Klägerin am 6. Dezember zugesagt habe. Am 8. Dezember habe dann die Beklagte der Klägerin erklärt, die Parteien seien einig darüber, daß die Klägerin die wöchentlichen Löhne in ungefährer Höhe der Auszahlung wöchentlich überweise. Am 18. Mai 1923 habe die Beklagte für den Zusatzvertrag eine Erhöhung des ihr auf die gleitenden Löhne zu zahlenden Zuschlags von 37% auf 60% gefordert und erhalten. Dabei sei zusätzlich vereinbart worden, daß der größere Teil des Baueisens von der Klägerin und nur die restlichen 28 Tonnen von der Beklagten geliefert werden sollten und daß die Klägerin den damaligen Tagespreis von 1450000 PM für diese 28 Tonnen an die Beklagte in holländischen Gulden, also wertbeständig zu zahlen habe. Weiter habe man vereinbart, daß die Klägerin der Beklagten einen Barvorschuß von 20 Millionen Papiermark zum Holzeinkauf zu gewähren habe. Dieser Vorschuß habe von der Beklagten „sukzessive" zurückvergütet, d. h. auf ihre Forderungen gegen die Klägerin nach und nach verrechnet werden sollen, so daß die Beklagte den Vorteil des höheren Geldwerts am Tage der Vorauszahlung genossen und gegen ihre später ausgestellten Rechnungen habe aufrechnen können. Die Vereinbarung über die wöchentliche Zahlung des Betrags für die Löhne sei damals wiederholt und es sei ein Zuschlag für den Eisentransport ausgemacht worden, falls der Facharbeiter-Stundenlohn sich erhöhen sollte. Im letzten noch auf Papiermark lautenden Zusatz vom 8./18. Juni 1923 seien die Parteien davon ausgegangen, daß die Klägerin die Materialien selbst liefere, so daß es sich dann im wesentlichen nur noch um die Löhne für die Beklagte gehandelt habe; diese seien ihr aber nach gleitender Skala mit festen Zuschlägen bezahlt worden, so daß sie daran keinen Wertverlust habe erleiden können. Auch durch die zeitweilige Einstellung der Bauarbeiten im August 1923 sei der Beklagten kein Währungsverlust entstanden. Denn die bis dahin geleisteten Arbeiten seien ihr nach den dargelegten Vereinbarungen gezahlt worden. Ein Gewinn sei der Beklagten auch nicht entgangen; denn sie habe die Arbeiten später auf Grund des vierten Zusatzvertrags vom November 1923 gegen Bezahlung in holländischen Gulden zu Ende geführt. Der Vorbehalt im Vertrag vom 28. Juni 1922, wonach die Klägerin bei allzu hohem Steigen der Löhne den Bau stillegen durfte, habe also keine so einseitige Bevorzugung der Klägerin dargestellt, daß der Bauvertrag und die Zusatzverträge die Leistungen und Gegenleistungen nicht mehr in billiger Weise zum Ausgleich gebracht hätten.

Hiernach sei festzustellen, daß die Vereinbarungen der Parteien der Beklagten nach den damaligen Wertmaßstäben eine angemessene Gegenleistung für ihre Bauarbeiten gewährt und daß Leistungen und Gegenleistungen sich nach dem damaligen Maßstab ausgeglichen hätten, so daß eine Schädigung der Beklagten nicht eingetreten sei. Deshalb stehe der Beklagten auch kein Aufwertungsanspruch zu. Insbesondere könne sie nicht etwa Bezahlung des heutigen Wertes des Baues beanspruchen. Daraus, daß die Errichtung des Baues heute erheblich mehr kosten würde, als sie damals, in Goldmark umgerechnet, gekostet habe, ergebe sich nicht, daß die Beklagte den heutigen Goldwert aus ihrem Vermögen aufgewendet habe. Denn sie habe ihre Arbeiter und Lieferanten damals mit der weit kaufkräftigeren Papiermark bezahlt und daher selbst keine Aufwendungen gemacht, die mit dem heutigen Herstellungswert des Werkes verglichen werden könnten. Das spreche gegen den Aufwertungsanspruch der Beklagten, aber auch gegen die Annahme, daß die Klägerin auf Kosten der Beklagten bereichert sei.

Ebenso verfehlt sei die Berechnung der Beklagten, wonach ihr die Klägerin den Betrag schulde, den die vereinbarten Zahlungen am

Tage der Vereinbarungen gehabt hätten, wenn man die Papiermark über den Dollar in Goldmark umrechne. Denn die Beklagte habe ihre Leistungen nicht am Tage der Vereinbarungen bewirkt, sondern erheblich später, als die Papiermark schon weiter entwertet gewesen sei. Die Abweisung des Aufwertungsanspruchs sei auch nicht unbillig; denn die Beklagte habe für ihre damaligen Leistungen Zug um Zug angemessene, damals gleichwertige Gegenleistungen erhalten. Es sei nicht zutreffend, daß die Beklagte durch die fünf Bauverträge in unbilliger Weise einseitig mit dem Währungsverfall habe belastet werden sollen. Soweit die Beklagte ihren Anspruch auch auf Zahlungsverzug und darauf stütze, daß die Klägerin verspätet gezahlt habe, fehle es an der erforderlichen tatsächlichen Begründung ihres Begehrens.

Die Revision macht demgegenüber geltend: Zu Unrecht habe das Berufungsgericht der Beklagten einen Ausgleich wegen der Geldentwertung versagt. Es sei jetzt allgemein anerkannt, daß in der Inflationszeit geleistete Papiermarkzahlungen in Wirklichkeit nur Teilzahlungen dargestellt hätten. Auch insoweit müsse der Beklagten eine Aufwertung gewährt werden, als die Regelung der Preisberechnung nicht zu einer dem Werte der Arbeiten entsprechenden Vergütung geführt habe. In jener Zeit sei es leicht möglich gewesen, daß infolge der Unübersichtlichkeit der Verhältnisse und der Unkenntnis über das Wesen der Geldentwertung die Vereinbarungen der Parteien nicht zu der von ihnen angestrebten Gleichwertigkeit der beiderseitigen Leistungen geführt hätten. Nach § 242 BGB. bestehe ein Anspruch darauf, daß diese Gleichwertigkeit hergestellt werde. Allen diesen rechtlichen Gesichtspunkten werde das Urteil nicht gerecht.

Die Angriffe der Revision können keinen Erfolg haben. Was die Revision geltend macht, läuft im wesentlichen darauf hinaus, daß alle Zahlungen, die in der Inflationszeit auf nach und nach erfüllte Lieferungs- und Werkverträge fortlaufend bewirkt wurden, hinterher auf ihren Goldmarkwert umzurechnen seien und der Gläubiger den Unterschied zwischen der vereinbarten Zahlung (umgerechnet in den Goldmarkwert vom Tage der Vereinbarung oder der Lieferung) und der erhaltenen Zahlung (umgerechnet in den Goldmarkwert am Tage der Zahlung) verlangen könne. Ein solcher Grundsatz ist niemals aufgestellt worden, weder in der Rechtsprechung noch im Schrifttum. Es wäre mit der Rechtssicherheit nicht verträglich, wenn in dieser

Weise die auf Arbeiten oder Lieferungen von längerer Dauer fortlaufend geleisteten Zahlungen nachträglich umgerechnet und die Unterschiede nachgefordert werden könnten. Eine Aufwertung in dieser Art und von solchem Maße hätte die Aufrollung aller in der Inflationszeit fortlaufend ausgeführten und fortlaufend bezahlten Lieferungs- und Werkvertragsverhältnisse zur Folge. Sie entspricht aber nicht dem, was gemäß § 242 BGB. nach Treu und Glauben verlangt werden kann. Eine derartig weitgehende rückwirkende Aufwertung kann um so weniger dann gebilligt werden, wenn, wie hier, die Parteien bereits bei Abschluß und bei Abwicklung der Verträge nach Kräften bemüht waren, die Verträge und ihre Erfüllung so zu gestalten, daß Währungsverluste möglichst vermieden würden. Der erkennende Senat hat wiederholt (so im Urteil vom 2. März 1926 VI 519/25, abgedr. in WarnRspr. 1926 Nr. 63, und im Urteil vom 18. Februar 1927 VI 387/26, vgl. Aufwertungskartothek von 1927 Karte „Vorbehaltlose Annahme" Nr. 1b) ausgesprochen, es sei, wenn die Parteien gleitende Löhne vereinbart hätten, für eine Aufwertung kein Raum, weil sie schon durch diese Vereinbarung der fortschreitenden Geldentwertung Rechnung getragen hätten. Hieran ist für den vorliegenden Fall um so mehr festzuhalten, als die Parteien bei ihren Abmachungen auch sonst noch (Beschaffung der Materialien durch die Klägerin, Vereinbarung beträchtlicher Vorauszahlungen und wöchentliche Überweisung der Lohnbeträge, Zahlung eines Postens in holländischen Gulden) bestrebt gewesen sind, der erwarteten weiteren Geldentwertung zu begegnen und einen billigen Ausgleich zu schaffen. Ist aber danach für eine Aufwertung gemäß § 242 BGB. kein Raum, so kann die Anwendung dieser Vorschrift auch nicht aus dem Gesichtspunkt der mangelnden Gleichwertigkeit in Frage kommen. Wollte man den § 242 BGB. überall da für anwendbar erklären, wo die Preisvereinbarungen nicht zu einer dem Werte der Arbeiten entsprechenden Vergütung geführt haben, so käme das einer Abänderung geschlossener Verträge in allen den Fällen gleich, wo sich die eine oder die andere Partei bei der Preisbemessung verrechnet hat. Das ist nicht der Sinn und Zweck jener Vorschrift. Dazu kommt hier, daß, wie der Berufungsrichter ausdrücklich feststellt, die Beklagte eine angemessene Gegenleistung erhalten und keine Schädigung erfahren hat.

Was die Vorauszahlung der zwei Millionen Papiermark anlangt, auf die sich eine besondere Rüge der Revision bezieht, so hat der Berufungsrichter zutreffend dargelegt, daß dieser Betrag, der nach seiner Feststellung vor Ausführung der Arbeiten gezahlt wurde, der Beklagten zu dem vor Beginn der Arbeiten maßgebend gewesenen Goldmarkwert zugute gekommen ist. Wenn das angefochtene Urteil sodann sagt, die Leistungen seien mit den Gegenleistungen nach den damaligen Wertmaßstäben „unverzüglich" ausgeglichen worden, so handelt es sich dabei nicht, wie die Revision anzunehmen scheint, um den gesetzlichen Begriff der Unverzüglichkeit, wie er z. B. in § 377 HGB. vorkommt. Der Berufungsrichter will vielmehr nur sagen, die Gegenleistungen seien den Leistungen so schnell nachgefolgt, daß ein ausgleichbedürftiges Mißverhältnis nicht entstanden sei. Das ist eine tatsächliche Feststellung, die keinen Rechtsirrtum erkennen läßt.

Ob die wöchentliche Zahlung der Löhne im einzelnen Falle einen vollen Ersatz des wahren Wertes der verauslagten Löhne gebracht hat oder nicht, kann dahingestellt bleiben, weil, wie schon dargelegt, die Vereinbarung gleitender Löhne die Aufwertung ausschließt und nach den Feststellungen des Berufungsrichters ein ausgleichbedürftiges Mißverhältnis überhaupt nicht entstanden ist. Dasselbe gilt von der Frage, ob die Vereinbarungen über die wöchentliche Auszahlung der Löhne und über die Barvorschüsse eingehalten worden sind.

Da von einer Aufwertung nicht die Rede sein kann, kommt es auch nicht auf den gegenwärtigen Wert des Baues an. Denn eine Berücksichtigung des gegenwärtigen Wertes kann höchstens in Betracht gezogen werden, wenn die Höhe der Aufwertung in Frage steht, nicht auch, wenn es sich darum handelt, ob überhaupt aufzuwerten ist. Übrigens wird der gegenwärtige Wert bei der Bemessung der Höhe der Aufwertung auch nur dann mitzuberücksichtigen sein, wenn die Gegenleistung noch aussteht (vgl. Urt. des erkennenden Senats vom 14. Januar 1927 VI 480/26 und vom 14. Juni 1927 VI 53/27, abgedr. in WarnRspr. 1927 Nr. 23 und Nr. 133; Urt. des II. Zivilsenats vom 1. April 1927 II 257/26; Planck, Kommentar zum BGB. 4. Aufl. 2. Bd. 2. Hälfte S. 1490). . . .

Gegen die Feststellung des Berufungsrichters, daß es die Beklagte an der erforderlichen tatsächlichen Begründung für den schließlich noch geltend gemachten Zahlungsverzug habe fehlen lassen, kämpft die Revision in dieser Instanz vergeblich an. Zu solcher Begründung wäre übrigens die Beklagte um so mehr veranlaßt gewesen, als ein Verzug der Klägerin nicht schon aus dem Zeitunterschied zwischen Rechnungsausstellung und Zahlung folgen würde, es vielmehr zu ihrer Inverzugsetzung einer jedesmaligen Mahnung bedurft hätte (§ 284 BGB.).

---

76. Über die Zulässigkeit der Eintragung einer Höchstbetragshypothek zur Sicherung von Forderungen gegen mehrere Schuldner.

BGB. §§ 1113, 1115, 1190.

V. Zivilsenat. Urt. v. 5. November 1927 i. S. Stadtgemeinde K. (Kl.) u. Preuß. Staat (NJ.) w. N. F.-G.m.b.H. in Liqu. (Bekl.). V 115/27.

I. Landgericht Köslin.
II. Oberlandesgericht Stettin.

Ein im Eigentum der Beklagten stehendes Grundstück ist am 25. Juni 1924 für die Klägerin mit einer Sicherungshypothek zum Höchstbetrag von 10000 GM belastet worden. Dabei wurde auf die Eintragungsbewilligung vom 23. Juni 1924 Bezug genommen. Diese lautet:

Bestellung einer Sicherungshypothek.

Zur Sicherung aller Ansprüche und Forderungen an Hauptsumme, Zinsen, Provision, Spesen und Kosten jeder Art, welche der Stadtgemeinde (Stadtbank) K. gegen uns, die Kaufleute Heinrich Sch. und Paul G. aus K., sowie gegen die Firma Heinrich Sch. & Co. in K., gegen diese auch für den Fall, daß ihre Inhaber wechseln oder daß Änderungen in der Rechtsform der Firma eintreten, aus Kreditgewährung, aus laufender Rechnung, aus Wechseln, aus Bürgschaft oder aus einem sonstigen Rechtsgrunde bereits entstanden sind und noch entstehen werden bis zum Höchstbetrage von 10000 Goldmark, bewilligen und beantragen wir hiermit die Eintragung einer Sicherungshypothek zugunsten der Stadtgemeinde (Stadtbank) K. in das Grundbuch an dem uns gehörenden, in N. belegenen, im Grundbuch von N. verzeichneten Grundstück auf unsere Kosten.

(Unterschriften: H. Sch. & Co. und Heinrich Sch.)

Gesellschafter der Beklagten waren damals der Kaufmann Heinrich Sch., Frau Hermine P. und der Kaufmann Paul G.; alleiniger Geschäftsführer war der Kaufmann Heinrich Sch., zugleich der alleinige Inhaber der Firma H. Sch. & Co.

Gegen diese Firma hat die Klägerin auf Grund von Wechselforderungen zwei Urteile über 2500 und 11300 RM nebst Zinsen erwirkt. Im gegenwärtigen Rechtsstreit beantragt sie (mit zwei Klagen, die vom Berufungsgericht zur gemeinsamen Verhandlung und Entscheidung verbunden worden sind) Verurteilung der Beklagten G.m.b.H. in Liqu. dahin, daß diese zur Vermeidung der Zwangsvollstreckung aus dem erwähnten Grundstück zur Befriedigung wegen der genannten Höchstbetragshypothek an die Klägerin 2500 RM und 3500 RM (Teilbetrag der 11300 RM) je nebst Zinsen zu zahlen habe.

Die Klägerin ist in beiden Vorinstanzen unterlegen. Auch ihre Revision blieb erfolglos.

Gründe:

Das Berufungsgericht weist die Klagen ab, weil es aus der Eintragungsbewilligung vom 23. Juni 1924 entnimmt, daß die Höchstbetragshypothek zur Sicherung aller Forderungen der Klägerin gegen mehrere Schuldner, der Firma H. Sch. & Co. gegenüber insbesondere auch für den Fall eines Wechsels ihrer Inhaber und einer Änderung ihrer Rechtsform, dienen solle und daß die Eintragung einer derartigen Hypothek nach der reichsgerichtlichen und auch sonst herrschenden Meinung nur bei Verpflichtungsgemeinschaft der verschiedenen Schuldner zulässig sei. Eine solche Verpflichtungsgemeinschaft ergebe sich jedoch aus der dafür allein maßgebenden Eintragungsbewilligung nicht. Die Beklagte handle auch nicht arglistig, wenn sie sich gegen die Geltendmachung von Rechten aus einer unzulässigen Grundbucheintragung wehre. Ebensowenig komme eine Umdeutung der Hypothekbestellung dahin in Betracht, daß sie wenigstens für die gegen die Firma H. Sch. & Co. oder ihren Alleininhaber H. Sch. geltend gemachten Forderungen als wirksam erfolgt anzusehen sei. Denn eine Hypothekbestellung mit diesem beschränkteren Inhalt habe nicht dem Willen der Beteiligten entsprochen.

Die Revision rügt Verletzung der §§ 1113 und 1115 BGB. Sie hält die Sachlage für grundsätzlich anders geartet als die früher vom Reichsgericht erörterte, bittet aber zutreffendenfalls um Nachprüfung der Ansicht des Reichsgerichts mit Rücksicht auf den bei Güthe-Triebel GBO. 4. Aufl. Bd. 2 S. 1837 eingenommenen abweichenden Standpunkt. Namentlich erkennt die Revision nicht an, daß die Verpflichtungsgemeinschaft der mehreren Schuldner aus der Eintragungsbewilligung selbst hervorgehen müsse, wenn, wie hier, der ursprüngliche Gläubiger und der ursprüngliche Bewilliger der Eintragung einander gegenüberstehen. Die Eintragungsbewilligung bedürfe nicht der Schriftform, wenn ihr die Eintragung nachgefolgt sei. Werde nachgewiesen, daß die Eintragungsbewilligung auf einem Rechtsverhältnis beruhe, das jetzt noch fortbestehe und beiden Beteiligten vollkommen deutlich gewesen sei, dann müßten auch die wirklich getroffenen Vereinbarungen als der Eintragung zugrunde liegend angesehen werden. Die Klägerin habe aber diese Vereinbarungen dargelegt und unter Beweis gestellt, und zwar dahin, daß von jeher nur die Firma Heinrich Sch. & Co. als Schuldnerin in Frage gekommen sei. Eine Rangbeeinträchtigung der andern Realberechtigten sei wegen des eingetragenen Höchstbetrags ausgeschlossen. Deshalb bestehe auch kein außerhalb der Beziehungen der Parteien liegender Grund dafür, daß die der Klägerin eingeräumte Sicherheit für unwirksam zu erklären sei.

Dem kann nicht beigetreten werden.

Der vom Berufungsgericht zur Abweisung der Klagen verwendete Grund kommt erst dann in Betracht, wenn die Höchstbetragshypothek der Klägerin vom Berechtigten im Sinne von § 873 BGB., d. h. von demjenigen eingeräumt worden ist, dessen Recht von der Eintragung der Rechtsänderung betroffen wurde (GBO. § 19). Diese Voraussetzung, die von der Beklagten bestritten und vom Landgericht verneint wurde, muß für die Revisionsinstanz als richtig unterstellt werden, da sie im Berufungsurteil nicht erörtert worden ist. Aus demselben Grunde muß die von der Klägerin in der Berufungsinstanz unter Beweisantritt vorgebrachte Behauptung für wahr gelten, die Hypothek habe bisher ausschließlich Gesamtschuldverbindlichkeiten der Firma H. Sch. & Co. und der beiden als Inhaber dieser offenen Handelsgesellschaft auftretenden Kaufleute H. Sch. und Paul G. gedeckt. Indessen ist auch auf der hiernach maßgebenden tatsächlichen Grundlage die Eintragung der Höchstbetragshypothek unzulässig. Zutreffend nimmt das Berufungsgericht an, daß für die Feststellung des Inhalts eines dinglichen Rechts (da durch dieses auch Dritte, z. B. gutgläubige Rechtsnachfolger des Gläubigers oder spätere Erwerber des Grundstücks betroffen werden) nur die der Eintragung zugrunde liegende Urkunde selbst, hier also die Eintragungsbewilligung verwendet werden darf. Deshalb könnte der Nachweis, daß das Recht von seinem derzeitigen Inhaber bloß in einem Umfang in Anspruch genommen wird, innerhalb dessen seine Eintragung ins Grundbuch unbedenklich wäre, die Entscheidung darüber nicht beeinflussen, ob das Recht in seinem durch die Eintragung vorgesehenen Umfang Bestand hat. In diesem Umfang geht aber der Schuldnerkreis, dessen Verbindlichkeiten gegenüber der Stadtbank K. die Hypothek sichern soll, über das nach der bisherigen Rechtsprechung des Reichsgerichts zulässige Maß hinaus. Denn selbst abgesehen davon, daß der eine von den beiden in der Eintragungsbewilligung bezeichneten Einzelschuldnern, Paul G., zur Zeit der Bewilligung unstreitig nicht Teilhaber der Schuldnerfirma war, wäre doch eine Mehrheit nicht in Verpflichtungsgemeinschaft stehender Schuldner schon dadurch geschaffen, daß nach dem Wortlaut der Eintragungsbewilligung auch die etwaigen Privatschulden der Kaufleute Heinrich Sch. und Paul G. bei der Stadtbank K. zu den Forderungen gehören, zu deren Sicherung die Höchstbetragshypothek bestellt ist, und daß auch beim Wechsel der Inhaber der Firma Heinrich Sch. und Co. oder bei Änderungen in der Rechtsform dieser Firma das Grundstück verhaftet bleiben soll. Dadurch wurde die Zahl der nicht notwendig in einer Verpflichtungsgemeinschaft stehenden Schuldner völlig ins Ungewisse gestellt.

Der Revision kann auch nicht zugegeben werden, daß gegenüber den bisher vom Reichsgericht behandelten Fällen ein für die Entscheidung ins Gewicht fallender Unterschied besteht. Allerdings handelt es sich hier, im Gegensatz zu RGZ. Bd. 75 S. 245, um eine bereits eingetragene Höchstbetragshypothek. Das hat jedoch nur zur Folge, daß, während damals die Eintragung nicht zuzulassen war, nunmehr die bereits geschehene Eintragung eines rechtlich unmöglichen Verhältnisses nicht rechtsbeständig bleiben darf (RGZ. Bd. 88 S. 27, 83). Ebensowenig kann bei den hier ausschließlich erhobenen dinglichen Klagansprüchen für die Beurteilung der Rechtslage wesentlich sein, ob derjenige, dem gegenüber sich die Klägerin auf das dingliche Recht stützt, noch die ursprüngliche Schuldnerfirma und ihr Liquidator ist. Denn auch dann treffen die Erwägungen zu, welche die Eintragung unzulässig machen. Allerdings teilen Güthe-Triebel a. a. O. und mehrere andere Schriftsteller die Ansicht des Reichsgerichts nicht. Mit Recht weist aber v. Thur, BGB., allgem. Teil Bd. 1 S. 231 Anm. 7 zur Bestätigung des für den Standpunkt des Reichsgerichts angeführten Grundes, daß durch Zulassung mehrerer Schuldner für die Höchstbetragshypothek Unklarheiten entstehen könnten, auf die Schwierigkeiten hin, die sich aus der Zulassung von Einreden aus § 1137 BGB. ergeben würden. Denn diese Einreden brauchen nicht allen Schuldnern gemeinsam zuzustehen (vgl. RGRKomm. § 1137 Anm. 2). Auch betont das Oberlandesgericht Dresden (Rings Jahrbuch N. F. Bd. 2 S. 439) zutreffend die Möglichkeit unentwirrbarer Verhältnisse bei der Zwangsvollstreckung; die Höhe der verschiedenen Schuldnerverpflichtungen braucht nicht gleich und ihr Zusammenfallen kann zweifelhaft sein. Demgemäß hält der Senat bei nochmaliger Prüfung an der noch im Urteil vom 1. Oktober 1927 V 549/26 bestätigten ständigen Rechtsprechung fest. In ihr ist das äußerste Maß der Abweichung klargelegt, die für die Höchstbetragshypothek von der im Gesetze grundsätzlich verlangten Einheitlichkeit des durch die Hypothek gedeckten Forderungsverhältnisses zulässig erscheint.

---

77. Ist der Bürge an seine Bürgschaft gebunden, wenn er sie in einer dem Gläubiger erkennbaren Weise zu dem Zwecke geleistet hat, den Gläubiger zu einem bestimmten dem Schuldner günstigen Verhalten zu veranlassen, und wenn der Gläubiger dann ein solches Verhalten abgelehnt hat?

BGB. §§ 765, 812.

IV. Zivilsenat. Urt. v. 7. November 1927 i. S. E. (Bekl.) w. Saalekreis (Kl.). IV 303/27.

I. Landgericht Naumburg a. S.
II. Oberlandesgericht daselbst.

Bei der Sparkasse des Saalekreises war K. angestellt und zwar als leitender Beamter einer Nebenstelle. Er verfügte eigenmächtig über Sparkassengelder zu Spekulationsgeschäften mit Wertpapieren und wurde so der Kasse einen Betrag schuldig, der sich schließlich auf über 14000 RM belief. Im Sommer 1925 fand eine Revision der Kasse statt, wobei die Unregelmäßigkeiten an den Tag kamen. K. stellte nunmehr die Sache so dar, daß er aus Mitteln der ihm unterstellten Kasse sich selbst einen Kredit gewährt habe, und bemühte sich, die nachträgliche Bewilligung der zuständigen Stelle für diese Kreditgewährung zu erlangen. Er bewog seinen Schwiegervater E. zur Ausstellung eines Schriftstücks folgenden Inhalts:

N., den 3. 8. 1925.

Bürgschaftsschein.

Bis 31. Dezember 1925 bürge ich hiermit mit meinem Hausgrundstück in N., welches einen Wert von Mk. 42000 hat, für den von meinem Schwiegersohn F. K. in Anspruch genommenen Kredit zu Mk. 13000.

A. E.

K. reichte dieses Schriftstück zusammen mit einem von ihm gestellten Antrag auf nachträgliche Genehmigung des von ihm in Anspruch genommenen Kredits bei der Kreisbehörde ein. Diese gab jedoch dem Antrag keine Folge; vielmehr wurde ein Disziplinarverfahren gegen K. eingeleitet und in der ersten Instanz auf seine Entlassung ohne Pension erkannt.

Der Kreisausschuß erhob sodann gegen den Aussteller des Scheins Klage mit dem Antrag, festzustellen, daß er verpflichtet sei, als Bürge für die Schuld des K. bis zum Betrag von 13000 RM einzustehen. Das Landgericht wies die Klage ab. In der Berufungsinstanz stellte der Kläger gegenüber den an die Stelle des inzwischen verstorbenen Bürgen getretenen Erben den Antrag, sie zur Zahlung von 11000 RM zu verurteilen, und das Oberlandesgericht gab diesem Antrag statt. Die Revision der Beklagten führte zur Wiederherstellung des landgerichtlichen Urteils.

Gründe:

Der Beklagte E. hatte eingewendet, er habe den Bürgschaftsschein nur ausgestellt, um seinen Schwiegersohn vor der drohenden Dienstentlassung zu retten; dieser habe ihm versichert, daß die Ausstellung des Scheines diesen Erfolg haben werde. K. habe zu diesem Zweck seinem oben erwähnten Gesuch um nachträgliche Genehmigung des Kredits die Bürgschaftsurkunde beigelegt. Beides habe vom Kläger nur einheitlich behandelt werden können; er habe nicht, wie geschehen, das Gesuch ohne weiteres ablehnen, dabei aber die Bürgschaft annehmen dürfen.

Das Landgericht hatte unter Billigung dieses Vorbringens angenommen, daß ein Bürgschaftsvertrag überhaupt nicht zustandegekommen sei. Das Berufungsgericht sagt dagegen, ein so enger Zusammenhang zwischen Gesuch und Bürgschaft habe nicht bestanden; der Kläger sei deshalb in der Lage gewesen, auch ohne Genehmigung des Gesuchs die Bürgschaft anzunehmen; das habe er auch getan und so sei ein Bürgschaftsvertrag zustande gekommen. Das ist hier als tatsächliche Feststellung hinzunehmen. Es reicht aber nicht aus, um die Verurteilung der Beklagten zu rechtfertigen. Denn auch gegenüber dem zustandegekommenen Bürgschaftsvertrag verblieb dem E. das Recht, gemäß § 812 BGB. seine Leistung, das Bürgschaftsversprechen, zurückzuverlangen, wenn der mit der Leistung nach dem Inhalte des Rechtsgeschäfts bezweckte Erfolg nicht eintrat.

Daß letztere Voraussetzung hier vorliegt, ist aus den Ausführungen des Berufungsurteils zu entnehmen. Der Vorderrichter sagt, mit der Hingabe der Bürgschaftsurkunde sei nach der Darstellung des Klägers der Zweck verfolgt worden, den K. vor etwaiger Disziplinarstrafe oder strafrechtlicher Verfolgung zu schützen; der Erreichung dieses Zieles habe die Bürgschaft in Verbindung mit dem Genehmigungsantrag gedient. Er fügt allerdings noch bei, die Bürgschaft habe nicht gerade auf die Genehmigung des Gesuchs abgezielt; es sei für K. wohl gar nicht von ausschlaggebender Bedeutung gewesen, ob formell der Kredit nachträglich genehmigt oder nicht genehmigt wurde, denn auch im letzteren Falle habe er hoffen können, daß ihm auf die Bürgschaft hin Zeit zur Abdeckung der Schuld gelassen und nicht mit den strengsten Maßnahmen gegen ihn vorgegangen werde. Damit werden jedoch Erwägungen in das Rechtsgeschäft hineingetragen, die nicht seinen Gegenstand gebildet haben. Der Antrag, der durch die Bürgschaftserklärung unterstützt werden sollte, ging ausschließlich auf die nachträgliche Genehmigung des Kredits; wäre ihm stattgegeben worden, so wäre das Unterbleiben weiterer Maßregelungen des K. die selbstverständliche Folge gewesen. Ob E. die Bürgschaft auch für den Fall leisten wollte, daß dem Antrag nicht stattgegeben und ein Disziplinarverfahren gegen K. eingeleitet wurde, etwa in der Absicht, für K. eine mildere Behandlung in diesem Verfahren herbeizuführen, war eine Sache für sich. Die Entschließung darüber mußte dem E. vorbehalten bleiben; er kann nicht an einer zu anderem Zweck abgegebenen Erklärung festgehalten werden.

Die Beklagten haben sich nicht ausdrücklich auf § 812 BGB. berufen. Aber E. hatte seine Bürgschaftserklärung dem Kläger gegenüber wegen Irrtums angefochten. Auch hat er im Prozeß die Behauptung aufgestellt, er habe die Bürgschaft nur unter der Bedingung geleistet, daß dem Genehmigungsantrag des K. stattgegeben werde. Darin muß, namentlich im Zusammenhang mit der erwähnten Anfechtung, die Geltendmachung des sich aus § 812 ergebenden Rechts, nämlich die Behauptung gesehen werden, daß — bei etwaiger Nichterweislichkeit der fraglichen Bedingung — die Genehmigung des Antrags doch jedenfalls der mit der Bürgschaftsleistung nach dem Inhalt des Rechtsgeschäfts bezweckte Erfolg gewesen sei.

---

78. 1. Zur Frage der Richtigkeit einer Sicherungsübereignung wegen Verstoßes gegen die guten Sitten.

2. Fehlt es an dem Willen, Eigentum durch Besitzkonstitut zu übertragen, wenn die Vertragsteile der irrigen Meinung sind, das Eigentum sei schon durch Besitzübertragung nach § 929 BGB. übergegangen?

BGB. §§ 138, 929, 930.

VII. Zivilsenat. Urt. v. 8. November 1927 i. S. D. Bank (Bekl.) w. Nachlaß-Konkurs K. (Kl.). (VII) VI 315/27.

I. Landgericht München I.
II. Oberlandesgericht daselbst.

Der Sachverhalt ergibt sich aus den

Gründen:

Das Berufungsgericht hat festgestellt, daß K. zu einer Zeit, als er bereits stark überschuldet war, zur Erlangung eines neuen Kredits, der aber zur Herbeiführung der Wiedergesundung seiner

Verhältnisse bei weitem nicht ausreichte, sich durch Vertrag mit der Beklagten vom 23. Februar/10. März 1926 seines ganzen gegenwärtigen und zukünftigen Vermögens bis auf einige unwesentliche Bestandteile entäußert und dadurch seinen übrigen (schon vorhandenen und zukünftigen) Gläubigern jede Möglichkeit entzogen hat, für ihre Forderungen eine nennenswerte Befriedigung zu finden; daß er auch sein Vorgehen verheimlichte, um weiterhin als selbständiger und kreditwürdiger Kaufmann zu gelten. Aus diesem Sachverhalt zieht das Berufungsgericht die rechtliche Folgerung, daß die Sicherungsübereignung wegen Sittenwidrigkeit nach § 138 Abs. 1 BGB. nichtig sei, weil das Rechtsgeschäft in sich unerlaubt, seinem Inhalt und Gegenstand nach unsittlich sei und einen Zustand herbeiführen sollte, den die Rechtsordnung nicht zulassen könne. Die Beklagte sei zwar in bezug auf die wirkliche Geschäftslage gutgläubig gewesen. Sie sei von K. über seine Vermögensverhältnisse getäuscht worden und habe ihn trotz der Sicherungsübereignung noch für einen begüterten und kreditwürdigen Kaufmann gehalten. Wegen dieser Gutgläubigkeit könne aber dem Treunehmer-Gläubiger kein bevorzugter Rechtsschutz zugebilligt werden. . . .

Die Revision bemängelt, daß das Geschäft als sittenwidrig für nichtig erklärt worden sei, obwohl der Beklagten ein sittenwidriges Verhalten bei seinem Abschluß nicht zur Last falle.

Das Reichsgericht hat zwar in ständiger Rechtsprechung, abweichend von der Regel, daß die Nichtigkeit eines Vertrags wegen Sittenwidrigkeit nach § 138 Abs. 1 BGB. ein beiderseitiges sittenwidriges Handeln verlange, auch schon dann Nichtigkeit angenommen, wenn das Rechtsgeschäft seinem Inhalt und Gegenstand nach sich als offenbar unsittlich darstellt (RGZ. Bd. 78 S. 353, Bd. 93 S. 30, Bd. 99 S. 107; WarnRspr. 1910 Nr. 49) oder wenn ein unsittliches Handeln der einen Partei gegen die andere in Frage kommt, so bei Knebelungsverträgen (RGZ. Bd. 93 S. 30, Bd. 108 S. 213, 217, Bd. 114 S. 341). Es fragt sich aber, ob einer dieser Ausnahmefälle hier vorliegt. Das Berufungsgericht ist der Ansicht, daß der erste Ausnahmefall gegeben sei, da sich der Vertrag vom 23. Februar/10. März 1926 schon seinem Inhalt und Gegenstand nach als ein sittenwidriger darstelle. Dem kann nicht beigetreten werden. Aus dem Vertrag an sich ergibt sich noch nicht, daß K. sein gesamtes Vermögen bis auf einige unwesentliche Werte der Beklagten zur

Sicherheit übereignet hat; der Vertrag enthält auch keine Vereinbarung, daß die Sicherungsübereignung den anderen Gläubigern gegenüber geheimzuhalten sei. Zur Sicherung übereignet sind das Warenlager und die zukünftig in das Lager einzubringenden Waren sowie die aus dem kommissionsweisen Verkauf dieser Waren entstehenden zukünftigen Forderungen. Ein Vertrag dieses Inhalts ist keineswegs unter allen Umständen sittenwidrig (JW. 1921 S. 1363 Nr. 6); er ist es nur dann, wenn der Schuldner durch die Sicherungsübereignung zugunsten eines Gläubigers beim Fehlen weiterer genügender Mittel nicht mehr in der Lage ist, seine anderen (gegenwärtigen und zukünftigen) Gläubiger zu befriedigen, und wenn dies den Vertragsparteien bewußt war. Diese Umstände, durch welche die Sicherungsübereignung erst den Stempel der Sittenwidrigkeit erhält, lassen sich aus Inhalt und Gegenstand des hier in Rede stehenden Vertrags nicht ersehen. Dieser verstößt also nicht schon seinem Inhalt und Gegenstand nach wider die guten Sitten. Dann genügt aber auch nicht, um seine Nichtigkeit wegen Sittenwidrigkeit zu begründen, die bloße objektive Feststellung, daß der Schuldner durch die Sicherungsübereignung aller Mittel zur Befriedigung seiner übrigen Gläubiger entblößt worden ist, und in subjektiver Hinsicht genügt nicht die Feststellung, daß der Schuldner seine übrigen Gläubiger durch Verheimlichung seines Vorgehens über seine Kreditwürdigkeit getäuscht hat. Es muß vielmehr auch bei der Beklagten zwar nicht die Absicht der Gläubigerschädigung, aber doch mindestens das Bewußtsein der Möglichkeit vorgelegen haben, daß die übrigen Gläubiger des K. durch die Sicherungsübereignung geschädigt würden. Es muß also ein beiderseitiges sittenwidriges Handeln der Vertragsparteien angenommen werden können (RGZ. Bd. 97 S. 255).

Nun hat das Berufungsgericht festgestellt, daß die Beklagte zur Zeit des Vertragsschlusses den K. trotz der Sicherungsübereignung noch für einen begüterten und kreditwürdigen Mann hielt, daß sie von ihm über seine wirklichen Vermögensverhältnisse getäuscht wurde. Wenn die Beklagte nach dieser Feststellung wirklich gutgläubig gewesen wäre, so könnte der Vertrag nicht als sittenwidrig für nichtig erklärt werden. Aber das Berufungsgericht wird diese Feststellung einer Nachprüfung unterziehen müssen. (Wird weiter ausgeführt.) ...

Das Berufungsgericht hat seinem ersten Entscheidungsgrund noch einen zweiten hinzugefügt, der, falls er rechtlich nicht zu beanstanden wäre, die Entscheidung selbständig tragen würde. Der Vorderrichter ist nämlich der Ansicht, daß eine wirksame Übereignung nicht stattgefunden habe. Er nimmt zwar an, daß der Übereignungswille vorhanden gewesen sei, verneint aber einen gültigen Besitzübergang. Nun mag ihm darin nicht entgegengetreten werden, daß keine Übergabe nach § 929 BGB. erfolgt ist. Insofern sind die Urteilsgründe rechtlich nicht zu beanstanden. Anders aber, soweit auch eine Besitzübertragung durch Besitzkonstitut verneint wird. Unbedenklich stellt die Vertragsbestimmung, daß „die Kreditnehmerin zum kommissionsweisen Verkauf der Waren berechtigt und daß sie verpflichtet ist, den Erlös in seiner Gesamtheit jeweils unverzüglich an die Bank abzuführen" eine Vereinbarung im Sinne des § 868 BGB. dar. Es ist dadurch ein Rechtsverhältnis begründet worden, vermöge dessen der Schuldner der Beklagten gegenüber auf Zeit zum Besitz der Waren berechtigt und verpflichtet war, die Beklagte also mittelbare Besitzerin wurde. Der Berufungsrichter meint aber, weil die Vertragsparteien auf dem Standpunkt gestanden hätten, die Bank sei bereits durch Übergabe nach § 929 BGB. Eigentümerin der zum Warenlager gehörigen Waren geworden, hätten sie den Willen nicht gehabt und nicht haben können, nicht einmal daran gedacht und auch nicht daran denken können, durch Besitzkonstitut nochmals Eigentum zu übertragen. Diese Auffassung ist nicht frei von Rechtsirrtum. Freilich hat der erkennende Senat in dem in Seuff. Arch. Bd. 76 Nr. 20 abgedruckten Urteil ausgesprochen, der Wille, die Übergabe durch die Begründung mittelbaren Besitzes des Erwerbers zu ersetzen, sei nicht vorhanden, wenn die Beteiligten den Eigentumsübergang als schon geschehen voraussetzten. Der Satz kann aber in dieser Allgemeinheit nicht aufrechterhalten werden. Richtig ist zwar, daß der rechtsgeschäftliche Wille der Vertragsparteien vorhanden sein muß, die Übergabe durch Besitzkonstitut zu ersetzen (RGZ. Bd. 98 S. 133). Aber wenn sie den Willen hatten, daß die betreffenden Sachen in das Eigentum der Beklagten übergehen sollten, daß ihr also auch der Besitz, als ein zum Eigentumsübergang notwendiges Erfordernis, übertragen werden sollte, so genügte jede Handlung, die objektiv geeignet war, den Besitzübergang herbeizuführen, ohne Rücksicht darauf, ob sich die Parteien über die rechtliche Bedeutung und Wirkung ihrer auf die Begründung des Kommissionsverhältnisses gerichteten Abrede klar waren (JW. 1915 S. 445 Nr. 4). Es ist aber auch ausgeschlossen, daß die Vertragschließenden an diese Art der Besitzübertragung gar nicht gedacht hätten; denn es ist bei der Sicherungsübereignung eines Warenlagers allgemein üblich, die Waren zur Fortführung des Geschäftsbetriebs im unmittelbaren Besitz des Schuldners zu belassen und ein Rechtsverhältnis der in § 868 BGB. bezeichneten Art zu vereinbaren, wie das auch hier geschehen ist. Der geschäftskundigen Beklagten ist dies sicherlich nicht unbekannt gewesen. Für den Übergang des Besitzes an den in Fortführung des Geschäftsbetriebs vom Schuldner zukünftig anzuschaffenden und in das Lager zu verbringenden Waren ist das Besitzkonstitut sogar die einzig mögliche Form der Eigentumsübertragung auf den Gläubiger. Hatten die Vertragsparteien also, wie feststeht, allgemein den Willen der Übereignung, so hatten sie auch den Willen des Besitzübergangs in jeder hierzu rechtlich geeigneten Form, und man kann deshalb nicht sagen, daß sie, wenn sie zunächst irrtümlich glaubten, der Besitzübergang könne durch die zwischen K. und dem Vertreter der Beklagten gepflogene Übernahmeverhandlung herbeigeführt werden, nicht auch den Willen gehabt hätten, die Übereignung durch Besitzkonstitut zu verwirklichen.

Demgemäß war das angefochtene Urteil aufzuheben und die Sache an das Berufungsgericht zurückzuverweisen.

---

79. 1. Ist der Rechtsanwalt unter Umständen verpflichtet, bei der Übernahme eines Auftrags den Auftraggeber auf die voraussichtlich entstehenden, verhältnismäßig hohen Anwaltsgebühren hinzuweisen?

2. Steht dem Rechtsanwalt, der vom Gläubiger mit der Anmeldung einer Forderung im Konkurs des Schuldners beauftragt wird und ihm empfiehlt, aus Zweckmäßigkeitsgründen die Forderung nur in beschränktem Umfang anzumelden, die Gebühr aus § 47 RAGebO. auch für den Teil der Forderung zu, dessen Anmeldung infolge seines Rates unterblieben ist?

BGB. §§ 242, 675. RAGebO. §§ 47, 55.

III. Zivilsenat. Urt. v. 8. November 1927 i. S. T. (Kl.) w. H. u. Gen. (Bekl.). III 76/27.

I. Landgericht II Berlin.
II. Kammergericht daselbst.

In dem im Dezember 1924 eröffneten Konkurse über das Vermögen der Deutschen Opernhaus-Betriebs-Aktiengesellschaft in Ch. hat der klagende Rechtsanwalt, wie den größten Teil des Personals, so auch die verklagten Musiker (Orchestermitglieder) vertreten. Für jeden der Beklagten hat er eine Forderung aus Dienstvertrag auf rückständiges und laufendes Gehalt bis zum 1. April 1925 und, nachdem der Konkursverwalter die Dienstverträge gekündigt hatte, auf Schadensersatz für entgehendes Gehalt für die Zeit vom 1. April 1925 bis zum 30. September 1942 angemeldet oder jedenfalls die Anmeldung vorbereitet. Mit Schreiben vom 27. Februar 1925 hat der Orchester-Vorstand Namens der Beklagten dem Kläger den Auftrag gekündigt. In der Folge hat der Kläger seine Gebührenansprüche gegen die Beklagten geltend gemacht. Anfänglich hat er, unter Vorbehalt der Mehrforderung, seine Ansprüche nur aus dem Betrag je eines Jahresgehalts der Beklagten erhoben und insoweit rechtskräftige Urteile erwirkt und Zahlungen erhalten. Mit der gegenwärtigen Klage macht er, unter Anrechnung des Erstrittenen und Bezahlten, seine Mehrforderungen geltend, die er auf der Grundlage der gesamten Konkursforderungen der Beklagten bis 1942 berechnet. Danach entfallen auf jeden Beklagten rund 400 RM.

Die Beklagten sind dem Klagantrag entgegengetreten. Sie wenden insbesondere ein, die Anmeldung der Forderungen bis 1942 sei nicht zweckmäßig gewesen und der Kläger hätte sich mit ihnen besprechen sollen, ehe er so weitgehende Ansprüche geltend machte.

Das Landgericht hat, indem es die Anwaltsgebühren aus einem dreifachen Jahresgehalt der Beklagten berechnete, diese zur Zahlung von durchschnittlich 70 bis 80 RM verurteilt, zum Mehrbetrag aber die Klage abgewiesen. Das Kammergericht dagegen hat auf die Berufung der Beklagten die Klage gänzlich abgewiesen und die Berufung des Klägers zurückgewiesen. Auf die Revision des Klägers ist das Berufungsurteil aufgehoben und die Sache an das Berufungsgericht zurückverwiesen worden.

Gründe:

Der Klaganspruch ist gemäß §§ 55, 59 Abs. 2, §§ 62 und 9 RAGebO. an sich begründet. Gleichwohl stehe er, so führt der Berufungsrichter aus, dem Kläger nicht zu, denn bei sach- und pflichtgemäßer Beratung der Beklagten wäre er ihm nicht erwachsen. Zwar sei, so nimmt das Urteil zugunsten des Klägers an, der Rechtsanwalt keinesfalls verpflichtet, die Partei auf die Entgeltlichkeit seiner Tätigkeit hinzuweisen. Auch auf die Höhe der Gebühren brauche er, wenigstens in der Regel, nicht hinzuweisen. Jedoch könnten die besonderen Umstände des Falles es mit sich bringen, daß er doch zu einem Hinweis auf die entstehenden hohen Gebühren verpflichtet sei; so namentlich, wenn zwischen dem voraussichtlichen wirtschaftlichen Ergebnis der Rechtsverfolgung und den aufzuwendenden Kosten ein Mißverhältnis bestehe und es sich um eine erkennbar wenig bemittelte Partei handle.

Diesem Ergebnis, dem auch die Anwaltskammer in ihrem für den Rechtsstreit erstatteten Gutachten beigetreten ist, kann aus Rechtsgründen nicht entgegengetreten werden. Zwar ist der Anwalt im allgemeinen nur dazu berufen, die Partei rechtlich zu beraten. Ob sich die Rechtsverfolgung wirtschaftlich lohnt, hat die Partei zu erwägen. Soweit für die Wirtschaftlichkeit der Rechtsverfolgung die Höhe der aufzuwendenden Kosten in Betracht kommt, mag sich die Partei beim Anwalt erkundigen. Unaufgefordert die Partei auf die erwachsenden Gebühren hinzuweisen, kann dem Anwalt nur unter ganz besonderen Umständen angesonnen werden. Aber falls solche Umstände in der Tat gegeben und festgestellt sind, wird die Hinweisungspflicht des Anwalts allerdings anzuerkennen sein. Diese Pflicht beruht auf den §§ 157, 242 BGB. Der Anwalt schuldet der Partei Rechtsberatung, sein Verhältnis zur Partei beruht auf besonderem Vertrauen; gegen die mit diesem Vertrauensverhältnis verbundenen Pflichten verstößt er, wenn er die Partei nicht auf naheliegende, erhebliche, wenn auch auf wirtschaftlichem Gebiet gelegene Bedenken gegen die Zweckmäßigkeit der ihm zu übertragenden Rechtsverfolgung hinweist.

Für den vorliegenden Fall nimmt der Berufungsrichter solche besonderen Umstände als gegeben an. Ob ihm hierin beigetreten werden könnte, oder, im Hinblick darauf, daß die Erwägungen des Berufungsrichters überwiegend auf dem Gebiete der tatrichterlichen Würdigung liegen, beigetreten werden müßte, kann dahingestellt bleiben. Denn dem Berufungsrichter fällt, wie die Revision mit Recht rügt, in der Beurteilung des auf § 47 RAGebO. gestützten Gegeneinwands des Klägers ein Rechtsirrtum zur Last, der zur Aufhebung des angefochtenen Urteils nötigt.

Die Beklagten hatten dem Kläger ihre Ansprüche gegen die Gemeinschuldnerin zur Geltendmachung im Konkurse unterbreitet. Die Verträge der Beklagten liefen bis 1942. Das steht für neun Beklagte fest; bezüglich der zwei weiteren Beklagten K. und P. ist beim Fehlen gegenteiliger Feststellungen für den Rechtszug der Revision zugunsten des Klägers zu unterstellen, daß er ohne Verschulden der Ansicht sein durfte, auch ihre Verträge hätten Geltung bis zum Jahre 1942. Der Kläger war also mit Forderungen, die bis 1942 liefen, zunächst einmal anwaltlich befaßt. Daran würde es nichts ändern können, wenn der Kläger, wie der Berufungsrichter für richtig hält, den Beklagten empfohlen hätte, aus Gründen der Kostenersparnis ihre Forderungen nur in der Beschränkung auf ein Jahr anzumelden. Die dem Kläger zunächst übertragene Aufgabe erforderte doch immer, daß er die Forderungen in ihrem vollen Umfang anwaltlich prüfte und in den Kreis seiner Erwägungen zog. Wäre er dabei zu dem Ergebnis gekommen, den Beklagten die Beschränkung ihrer Forderungen in dem vom Berufungsrichter für richtig erachteten Sinne vorzuschlagen, so hätte sich seine Tätigkeit in bezug auf die über ein Jahr hinausgehenden Ansprüche als ein den Beklagten erteilter Rat dargestellt. Nach den besonderen Umständen des Falles muß dem Kläger darin beigepflichtet werden, daß er im Sinne der bestehenden Ordnung des Gebührenwesens für diesen Rat ein Entgelt in Gestalt der Gebühr des § 47 RAGebO. zu beanspruchen befugt war. Wie im übrigen der Anwendungsbereich des § 47 von dem des § 13 Abs. 1 Nr. 1 RAGebO. abzugrenzen ist, bedarf keiner ausdrücklichen Entscheidung. Ebenso kann es auf sich beruhen, ob die nämliche Beurteilung geboten wäre, wenn es sich um einen Fall der von den Revisionsbeklagten erwähnten Art gehandelt hätte, um den Fall nämlich, daß eine Partei den Anwalt mit der Geltendmachung hoher Schadensersatzansprüche beauftragt und der Anwalt die Partei zu einer Beschränkung der Höhe des Anspruchs bestimmt. Derlei Fragen werden sich nur von Fall zu Fall unter Anwendung des

§ 242 BGB. entscheiden lassen. Die sinngemäße Anwendung des § 47 RAGebO. auf die Tätigkeit des Rechtsanwalts im Konkurse (§§ 55flg. das.) begegnet keinem rechtlichen Bedenken. Auch das erwähnte Gutachten der Anwaltskammer teilt diesen Standpunkt; es geht nur darin fehl, daß es die Vergütung des Klägers für den erteilten Rat nach der landesrechtlichen Gebührenordnung für Rechtsanwälte bemessen haben will, während es sich ersichtlich um die Berufstätigkeit in einem Verfahren handelte, auf das die Konkursordnung Anwendung findet (§ 1 RAGebO.).

Auf dem dargelegten rechtlichen Verstoß beruht das angefochtene Urteil. Auf Grund des § 47 a. a. O. wäre eine Gebühr von drei Zehnteilen der Sätze des § 9 daselbst begründet gewesen, auch wenn der Kläger dasjenige Verfahren eingehalten hätte, das der Berufungsrichter als das richtige bezeichnet. Dazu wäre die Gebühr von vier Zehnteilen aus dem Betrag des einjährigen Gehalts als Entgelt für die weitere Tätigkeit des Klägers getreten. Damit vermindert sich die Spanne zwischen dem jedenfalls erwachsenden Gebührenbetrag und dem Betrag, der bei dem vom Berufungsrichter für richtig gehaltenen Verfahren entstanden wäre, so sehr, daß die Frage, ob dem Kläger aus der Unterlassung eines Hinweises auf die entstehenden Gebühren ein so schwerwiegender Vorwurf gemacht werden kann, einer erneuten Prüfung bedarf. Bei der neuerlichen Prüfung des Sachverhalts wird das Gericht insbesondere auch den bisher ungewürdigt gebliebenen Hinweis des Klägers darauf zu beachten haben, daß es sich bei der Anmeldung der Forderungen der Beklagten keineswegs nur um den schließlich herauskommenden baren Betrag ihrer anteilmäßigen Befriedigung, sondern auch darum gehandelt habe, den Beklagten zusammen mit den übrigen Mitgliedern des Personals der Oper ein möglichst hohes Stimmrecht wie überhaupt eine möglichst starke Stellung im Konkursverfahren zu verschaffen, die es ihnen ermöglichte, in etwaigen Verhandlungen mit einem Übernehmer der Oper ein gewichtiges Wort mitzusprechen und sich auf diesem Wege, wenn auch nicht eine hohe Geldquote, so doch eine neue Anstellung zu sichern. Zum mindesten bedarf dieser Gesichtspunkt bei der Würdigung des subjektiven Verschuldens des Klägers eingehender Beachtung.

80. 1. Kann der Inhaber von Schuldverschreibungen, die zu der von der K. K. privilegierten österr.-ungar. Staatseisenbahn-Gesellschaft im Jahre 1883 aufgenommenen und auf „Mark deutscher Reichswährung" lautenden Anleihe gehören, Zahlung in neuer Reichsmark fordern?

2. Welches Recht ist anzuwenden?

Münzgesetz § 5; BGB. § 242.

IV. Zivilsenat. Urt. v. 23. Juni 1927 i. S. Privil. österr.-ungar. Staatseisenbahn-Ges. (Bekl.) w. W. (Kl.). IV 592/26.

I. Landgericht I Berlin.
II. Kammergericht daselbst.

Die Klägerin ist Inhaberin von Schuldverschreibungen im Gesamtbetrag von 20000 *M* nebst Zinsscheinen, die zu der von der K. K. privilegierten österr.-ungar. Staatseisenbahn-Gesellschaft im Jahre 1883 aufgenommenen 4%igen Anleihe gehören und auf „Mark deutscher Reichswährung" lauten. Nach den — auch den Zinsscheinen aufgedruckten — Bedingungen sollen die Zahlungen erfolgen „in Wien oder in Budapest bei der Haupt-Cassa der Gesellschaft in Kronen zum Tageskurse der 20-Markstücke (in dem beigedruckten französischen Text heißt es „pièces d'or de 20 marcs") oder bei den vom Verwaltungsrat bekannt zu gebenden Zahlstellen in Berlin und in Frankfurt a. M. in Mark deutscher Reichswährung". Mit der im Urkundenprozeß erhobenen Klage forderte die Klägerin die Zahlung von Zinsen und zwar in Höhe der der Nennziffer entsprechenden Reichsmarkbeträge und beantragte die Verurteilung der Beklagten zur Zahlung von 3600 *RM* nach Wahl der Beklagten in deutscher oder österreichischer Währung. Das Landgericht wies die Klage zum Teil wegen Verjährung ab und gab ihr im übrigen statt. Beide Parteien legten Berufung ein. Die Klägerin erweiterte ihren Anspruch um weitere Zinsbeträge. Das Kammergericht gab der Berufung der Klägerin im wesentlichen statt und wies die Berufung der Beklagten zurück; der Beklagten wurde die Ausführung ihrer Rechte vorbehalten. Die Revision der Beklagten führte zur Aufhebung und Zurückverweisung.

Gründe:

Die Revision macht geltend, daß zu Unrecht deutsches Recht auf den Inhalt der Leistungsverpflichtung der Beklagten für anwendbar erachtet, sowie daß bei Zugrundelegung dieses Rechts gegen die §§ 157, 242 BGB. verstoßen worden sei.

Wegen der Zulässigkeit des Rechtswegs und der auf derselben Grundlage beruhenden Frage der rechtskräftig entschiedenen Sache bestehen keine Bedenken. (Wird ausgeführt.)

In sachlicher Beziehung verbleiben die Fragen der Aktiv- und der Passivlegitimation sowie diejenige nach dem Inhalt der geforderten Leistung. Hierbei kann, soweit das Berufungsgericht österreichisches Recht angewandt hat, eine Nachprüfung nur unter der Voraussetzung stattfinden, daß nach dem zwischenstaatlichen Recht Deutschlands die Zugrundelegung des angewandten Rechts von Rechtsirrtum beeinflußt wäre.

Zunächst zu prüfen ist hiernach die Frage des anzuwendenden Rechts. Das Berufungsgericht hat angenommen, daß die Rechtsbeziehungen der Parteien im allgemeinen dem österreichischen Recht zu unterstellen seien, und dies näher dargelegt. Bedenken sind insoweit nicht zu erheben und in dieser Instanz von keiner Seite geltend gemacht. Damit entfällt die Möglichkeit einer Nachprüfung, ob die nach diesem Recht beurteilten Fragen der Aktiv- und der Passivlegitimation ohne Rechtsirrtum bejaht werden konnten.

Eine Ausnahme macht das Berufungsgericht nur für das sog. Zahlungsgeschäft, unter dem es den Inhalt der Leistung versteht. Insoweit ist folgendes ausgeführt worden. Infolge der damals anhängigen österreichischen Couponprozesse habe Mißtrauen gegen österreichische Anleiheschuldner und die Währungsgesetzgebung dieses Landes bestanden. Die Beklagte, die ihre früheren Verpflichtungen nach den Wünschen der deutschen Gläubiger erfüllt und gegen die sich das Mißtrauen nicht gerichtet habe, habe gleichwohl den damaligen Verhältnissen Rechnung getragen und zur größtmöglichen Sicherung der deutschen Geldgeber den neuen Typ der ausschließlich auf deutsche Reichswährung lautenden Schuldverschreibungen geschaffen, in Abweichung von den bisherigen, die auf deutsche und österreichische Währung nach Wahl des Gläubigers lauteten. Nach dem Willen der Emittentin und der ersten Nehmer habe die Obligation hinsichtlich ihres Inhalts von den Einwirkungen österreichischer

Währungsverhältnisse losgelöst und der deutschen Währung unterstellt werden sollen. Das rechtfertige im Hinblick auf die in den sog. Couponprozessen ergangenen Urteile des Reichsgerichts den Schluß, daß für das Zahlungsgeschäft, den Inhalt der Leistung, nur das deutsche Recht maßgebend sein sollte. Als solches komme das Preußische Allgemeine Landrecht in Betracht, da Berlin als deutsche Zahlstelle vorgesehen sei, die Berliner Börse aber schon damals wirtschaftlich den Vorrang vor den anderen deutschen Börsen gehabt habe. Daß auch für Frankfurt a. M. eine Zahlstelle in Aussicht genommen worden sei, stehe nicht entgegen, da nach dem Willen der Emittentin und der ersten Nehmer das Zahlungsgeschäft dem Recht des führenden deutschen Handels- und Börsenplatzes zu unterstellen sei. Nach diesem Recht sei die Beklagte zur Zahlung der Zinsen in Höhe des dem Nennbetrag entsprechenden Reichsmarkbetrags verpflichtet. Sie sei bestrebt gewesen, den deutschen Geldgebern die größtmögliche Sicherheit für die Anleihe zu geben. Dazu sei für erforderlich, aber auch für genügend erachtet worden, die Schuld auf deutsche Reichswährung abzustellen, da weder die Beklagte noch die deutschen Gläubiger an die Möglichkeit ihres Verfalls gedacht hätten. So sei eine Lücke in der Regelung der Zahlungsfrage entstanden, die bei Begründung der Schuld keinem der Beteiligten zum Bewußtsein gekommen sei und im Wege der ergänzenden Vertragsauslegung ausgefüllt werden müsse. Hiernach sei die Eingehung einer wertbeständigen Schuld auf der Grundlage des Wertes des goldenen 20-Markstücks alter deutscher Währung als dem Willen der Parteien entsprechend festzustellen.

Den Ausführungen des Berufungsgerichts kann in wesentlichen Punkten nicht gefolgt werden. Es ist davon auszugehen, daß die streitigen Zinsscheine ebenso wie die zugrunde liegenden Schuldverschreibungen auf Mark deutscher Reichswährung ausgestellt sind und daß nach den aufgedruckten Bedingungen die Zahlungen 1. in Wien oder in Budapest in Kronen zum Tageskurse der 20-Markstücke, 2. bei den Zahlstellen in Berlin und Frankfurt a. M. in Mark deutscher Reichswährung erfolgen sollten. Wie das Berufungsgericht feststellt, ist diese Regelung zu dem Zwecke getroffen, um angesichts des Mißtrauens der deutschen Geldgeber gegen die österreichische Währung die Leistung vor deren Einflüssen sicherzustellen; an die Notwendigkeit einer Sicherstellung der Gläubiger gegen eine

Erschütterung der deutschen Währung ist von keiner Seite gedacht, die letztere vielmehr für unbedingt zuverlässig angesehen worden. Daraus ergibt sich ohne weiteres auch als Annahme des Berufungsgerichts, daß für den Inhalt der Zahlungsverpflichtungen der Beklagten die deutsche Markwährung maßgebend sein sollte. Sie wurde Inhalt des zwischen den Parteien durch Erwerb der Stücke zustandegekommenen Vertrags. Diese Rechtsgrundlage ist für das Revisionsgericht schon deshalb maßgebend, weil es sich um die Auslegung der Verpflichtungserklärungen der Beklagten handelt und diese sich, wie bereits gesagt, nach dem nicht revisiblen österreichischen Recht zu richten hatte, nach ihm auch vom Berufungsgericht beurteilt worden ist.

Die weitere Frage, welchen Einfluß der Verfall der deutschen Markwährung und ihr späterer Ersatz durch eine neue Währung auf den nach Vorstehendem eindeutigen Inhalt der Verpflichtung hatte, konnte, wie das Berufungsgericht nicht verkennt, nur nach deutschem Recht beantwortet werden. Das Berufungsgericht glaubt sie mit der Erwägung lösen zu können, die Regelung der Zahlungsfrage habe eine den Parteien bei Begründung der Schuld nicht zum Bewußtsein gekommene Lücke enthalten und diese sei in ergänzender Auslegung der Willenserklärungen dahin auszufüllen, daß als Grundlage der Verpflichtung nicht schlechthin die deutsche Währung, sondern ihre „metallische Grundlage" anzusehen sei, nämlich das in den Schuldverschreibungen und den Zinsscheinen erwähnte 20-Markstück in Gold, sodaß es sich in Wahrheit nicht um eine Markschuld deutscher Währung, sondern um eine wertbeständige Schuld handle. Diesen Erwägungen kann nicht gefolgt werden. Sie laufen darauf hinaus, daß eine Vertragslücke stets dann angenommen werden müßte, wenn die vom Gläubiger erwartete Sicherung seiner Forderung sich später als ungenügend erwiesen hat. Nur darum handelt es sich aber. Es blieb nicht etwa offen, wie die Zahlung zu erfolgen habe. Denn das war durch die Urkunden lückenlos geregelt. Vielmehr sah sich der Gläubiger nur in seinem Vertrauen zur deutschen Währung getäuscht. Die Erwägungen des Berufungsgerichts können zudem auch deshalb nicht unter dem Gesichtspunkt der ergänzenden Vertragsauslegung gebilligt werden, weil sie mit dem vom Berufungsgericht festgestellten Vertragsinhalt im Widerspruch stehen. Insbesondere gilt das von der Heranziehung der Tatsache, daß für die Zahlung in Kronen als Umrechnungs-Wertmesser das deutsche 20-Markstück gewählt worden ist. Es fehlt auch nach den Darlegungen des Berufungsgerichts an jedem Anhalt dafür, daß dabei an einen Gegensatz zu dem damals im Kurs befindlichen Papiergeld gedacht und dieses etwa seiner geringeren Sicherheit wegen beiseite gelassen wäre. Das unbedingte Vertrauen zur deutschen Währung als solcher, wie es vom Berufungsrichter festgestellt worden ist, schließt eine solche Annahme ohne weiteres aus. Bedeutungslos erscheint auch, daß im französischen Text, der nur als nicht beglaubigte Übersetzung beigefügt ist, von „pièces d'or de 20 marcs“ die Rede ist.

Entfällt somit die Möglichkeit, auf dem vom Berufungsgericht beschrittenen Wege an Stelle der vereinbarten Zahlung in deutscher Markwährung die Vereinbarung einer wertbeständigen Schuld zu setzen, so bedarf es der Prüfung, welche Wirkung dem Verfall jener Währung und ihrem Ersatz durch die neue Reichsmark-Währung beizumessen ist. Die Frage ist, da es sich um den Inhalt der Zahlungsverpflichtung, um das Zahlungsgeschäft handelt, nach deutschem Recht zu beurteilen. Der Wille der Beteiligten, sich ihm zu unterwerfen, folgt aus der Tatsache, daß die deutsche Währung gewählt worden ist und daß Zahlstellen innerhalb des Deutschen Reichs vorgesehen sind.

Dabei kommt als Materie des deutschen Rechts zunächst das deutsche Währungsrecht in Betracht. Seinen Wandlungen folgte die Verpflichtung der Beklagten, die sich ebenso wie der Gläubiger durch Vereinbarung der Zahlung in deutscher Reichswährung ihm unterworfen hatte. Es gilt § 5 Abs. 3 des Münzgesetzes vom 30. August 1924, wonach der Schuldner, sofern eine Schuld in Mark bisheriger Währung bezahlt werden kann, berechtigt ist, die Zahlung in gesetzlichen Zahlungsmitteln in der Weise zu leisten, daß eine Billion Mark einer Reichsmark gleichgesetzt werden.

Auf anderem Gebiete liegt die Frage nach der Aufwertung der alten Schuld. Auch für sie muß die Anwendbarkeit des deutschen Rechts bejaht werden. Sie hat in der Entwertung der deutschen Mark ihre Ursache und gehört zur Frage nach dem Inhalt der Schuld.

In welcher Höhe eine Aufwertung zuzubilligen ist, kann von hier aus nicht entschieden werden. Eine entsprechende Anwendung der für deutsche Schuldverschreibungen gleicher Art getroffenen gesetzlichen Regelung kann nicht Platz greifen. Es muß vielmehr unter Würdigung der gesamten Umstände gemäß § 242 BGB. vom Berufungsgericht geprüft werden, inwieweit die Beklagte zur Aufwertung ihrer Schuld für verpflichtet zu erachten ist.

---

81. Zur sog. Verwirkung des Aufwertungsanspruchs.

BGB. § 242.

I. Zivilsenat. Urt. v. 11. Januar 1928 i. S. O. (Kl.) w. Stadtgemeinde B. (Bekl.). I 194/27.

I. Landgericht Wiesbaden.
II. Oberlandesgericht Frankfurt a. M.

Die beklagte Stadtgemeinde hat im Jahre 1914 alle ihr noch nicht gehörenden Aktien der Aktiengesellschaft für Gasbeleuchtung in B.-M. aufgekauft. Nach dem Vertrag vom 31. Januar 1914, den sie mit dem Kläger und vier anderen Aktionären abschloß, erwarb sie deren Aktien zum Kurse von 300%. Auf den Kaufpreis des Klägers entfielen 407486,61 *M*. Davon erhielt er vertragsgemäß 50523,15 *M* sogleich ausgezahlt. Der Restpreis, der für den Kläger 356963,46 *M* ausmachte, wurde nach dem Vertrag bis zum 30. April 1924 gestundet und verzinst, konnte aber schon früher abgetragen werden. Das ist geschehen. In der Zeit vom 5. bis 10. Mai 1920 hat der Kläger seine Restforderung von der Beklagten ausgezahlt erhalten.

Mit einer im März 1926 erhobenen Klage fordert er Aufwertung seiner Kaufpreisforderung. Die Instanzgerichte haben den Kläger abgewiesen. Seine Revision blieb erfolglos.

Gründe:

Die Entscheidung des Rechtsstreits hängt allein von der Frage ab, ob die im Jahre 1914 begründete Papiermarkforderung des Klägers aufgewertet werden kann. (Wird ausgeführt.) Die beiden Gründe, die für das Berufungsgericht in erster Linie entscheidend waren und es zur Ablehnung der Aufwertung und damit zur Klagabweisung gelangen ließen, können nicht gebilligt werden. Der Vorderrichter glaubt, das Aufwertungsverlangen sei nur dann berechtigt, wenn der Kläger bei Empfang der Rückzahlung einen Vorbehalt gemacht habe. Er meint, dieser Grundsatz sei in der Rechtsprechung entwickelt worden. Der Weg, den die Rechtsprechung über die Aufwertung genommen hat, verlief aber gerade in entgegengesetzter Richtung. Seit Jahren hat das Reichsgericht daran festgehalten, daß es für das Gebiet der freien Aufwertung, und zwar sowohl für die sog. reine Aufwertung nach § 242 BGB. wie für die uneigentliche Aufwertung (Schadensersatz wegen Geldentwertung und sonstige Wertforderungen), keines Vorbehalts bedarf (vgl. das in der Richterzeitung 1926, Spruchbeilage Nr. 264, abgedruckte Urteil dieses Senats vom 23. Januar 1926 I 73/25 mit zahlreichen weiteren Nachweisen). Mit dem fehlenden Vorbehalt läßt sich also die Klagabweisung nicht begründen.

In zweiter Linie teilt der Vorderrichter den Standpunkt des II. Zivilsenats des Reichsgerichts in RGZ. Bd. 113, S. 201[1]), daß eine sog. rückwirkende Aufwertung, d. h. eine Aufwertung für äußerlich abgewickelte Rechtsgeschäfte, für die Zeit vor dem 15. August 1922 ausgeschlossen sei. Allein auch dieser Standpunkt kann nicht gebilligt werden. Dem gegenwärtigen Stand der reichsgerichtlichen Rechtsprechung entspricht er nicht. Darüber besteht in dieser Rechtsprechung seit dem Urteil vom 18. Februar 1927 (RGZ. Bd. 115 S. 201) Einhelligkeit, daß am 15. August 1922 als Stichtag für die rückwirkende Aufwertung (sofern man ihn überhaupt anerkennen will; vgl. RGZ. Bd. 116 S. 312flg.) keineswegs ausnahmslos festgehalten werden kann, sondern daß dieser Stichtag jedenfalls nicht gilt für alle Aufwertungssachen, die nicht Geschäfte des kaufmännischen Güterumsatzes oder des täglichen Wirtschaftslebens betreffen. Vom Boden dieser Rechtsprechung des II. Zivilsenats aus würde es sich also fragen, ob der Verkauf der Aktien unter diese Art von Geschäften fällt oder ob er nicht wegen seiner lebenswichtigen Bedeutung für den Verkäufer (vgl. Urteil des RG. vom 7. Oktober 1927 II 78/27 in JW. 1928 S. 56 Nr. 6) auch nach jener Rechtsprechung in bezug auf Aufwertbarkeit grundsätzlich an keine Zeitschranke gebunden ist.

Diese Frage bedarf indes hier keiner Entscheidung, weil auch vom Standpunkte des erkennenden Senats aus, wenn man also jene Zeitschranke grundsätzlich überhaupt ablehnt, die Aufwertung

[1]) Vgl. das. S. 136flg.

versagt werden muß. Bereits das Berufungsgericht hat, wenn auch nur nebenbei, ausgeführt, daß die Bewilligung der Aufwertung im vorliegenden Falle nach § 242 BGB. nicht zu rechtfertigen wäre. Dies ist in der Tat der entscheidende Gesichtspunkt.

Die Eigenart des Streitfalls liegt darin, daß zwischen der ziffermäßigen Begleichung des Papiermarkanspruchs und der Erhebung der gegenwärtigen Klage ein Zeitraum von 6 Jahren liegt, während dessen völlige Ruhe herrschte. Es erhebt sich also zunächst die Frage, ob auf diesen Fall die neuerdings mehrfach behandelte sogenannte Verwirkung des Aufwertungsanspruchs anwendbar ist. Dieser Verwirkungsbegriff ist in der Rechtsprechung nicht völlig einheitlich entwickelt worden. Teils wird allein auf die Länge der verflossenen Zwischenzeit zwischen der Papiermarkzahlung und dem neuerlichen Hervortreten des Gläubigers mit seiner Aufwertungsforderung abgestellt, teils — und dieser Standpunkt bildet die Regel — wird außerdem verlangt, daß der Gläubiger sich der Aufwertungsmöglichkeit bewußt gewesen und dennoch einen längeren Zeitraum hindurch untätig geblieben sei. Andere Entscheidungen, die noch weitere Erfordernisse aufstellen, verlassen damit schon den Boden der Verwirkung und stellen wesentlich auf die allgemeine Interessenlage ab, gehören also nicht mehr in diesen Zusammenhang.

Ob man vom Standpunkte des geltenden Rechts aus grundsätzlich für die rückwirkende Aufwertung eine Verwirkung des Aufwertungsanspruchs als besondere rechtsvernichtende Tatsache anerkennen kann, erscheint zweifelhaft und nicht unbedenklich. Ein wesentliches Bedenken dagegen ist schon der Umstand, daß nicht feststeht, von wann ab man von einer Verwirkung reden kann. Der rein zeitliche Maßstab ist also höchst unsicher. Offenbar deshalb fügen auch die meisten Urteile mindestens noch ein verzichtähnliches subjektives Merkmal, die Kenntnis der Aufwertungsmöglichkeit, hinzu. Vor allem aber ist zu bedenken, daß sich die einzig mögliche rechtliche Grundlage nur aus § 242 BGB. entnehmen läßt. Bei Anwendung dieser Gesetzesvorschrift auf dem Gebiet der freien Aufwertung ist jedoch stets betont worden, daß die gesamten Belange beider Teile zu berücksichtigen und zur Herbeiführung eines billigen Ausgleichs gegeneinander abzuwägen sind. Dem würde es entgegenstehen, wollte man aus der Zahl der gegebenen Gesichtspunkte nur einen einzigen herausgreifen und ihm allein entscheidende Bedeutung beilegen. Ob jedoch diese Bedenken dazu führen würden, eine mehr oder weniger objektive Verwirkung des Aufwertungsanspruchs abzulehnen, kann hier dahingestellt bleiben, weil in Übereinstimmung mit dem Vorderrichter anzunehmen, mindestens ihm aber darin nicht entgegenzutreten ist, daß im vorliegenden Falle die gesamte Interessenlage beider Teile eine Aufwertung gemäß § 242 BGB. nicht erheischt.

In Ergänzung der Ausführungen des Berufungsgerichts zu diesem Punkte ist an das anzuknüpfen, was Mügel in JW. 1927 S. 2915 flg. über die rückwirkende freie Aufwertung unter Berücksichtigung der einschlägigen Aufwertungs-Rechtsprechung ausgeführt hat. Hier ist vor allem wichtig, daß im allgemeinen, je länger die Papiermarkzahlung zurückliegt und je größer der Zeitraum ist, in dem Ruhe herrschte, um so überwiegender die Gesichtspunkte werden müssen, die einer Zulassung der Aufwertung entgegenstehen. Namentlich ist es das Interesse der Rechtssicherheit, das verlangt, daß längst abgewickelte Geschäfte, auf die man sich allseitig eingestellt hatte, nicht ohne zwingende Gründe wiederausgegraben werden. Ein Wiederaufrollen von längst als abgetan betrachteten Geschäften stößt ferner, wie nicht zu verkennen ist, insofern auf besondere Schwierigkeiten, als sich nach so langer Zeit kaum wird feststellen lassen, welcher Ausgleich den Belangen beider Teile wirklich gerecht wird. Vorliegend kommt dies insbesondere für die langjährige weitere Entwicklung und Verwaltung des Gasanstalt-Unternehmens in Betracht, wenn man sich die Fragen vorlegt, was dieses Unternehmen heute ist, was es damals war und wodurch es zu dem geworden ist, was es heute darstellt. Ferner ist bedeutsam, daß die freie Aufwertbarkeit bereits geraume Zeit, bevor sich der Kläger zur Klage entschloß, wenigstens grundsätzlich in der reichsgerichtlichen Rechtsprechung anerkannt war, mochten auch die Einzelfragen noch nicht völlig einheitlich geklärt sein. Es ist dies ein Gesichtspunkt, dem zwar für sich allein keine unbedingt entscheidende Bedeutung beigelegt werden mag, der aber immerhin im Verein mit anderen wohl beachtsam ist. Erwägt man dies alles, so besteht kein genügender Grund, dem Berufungsrichter darin entgegenzutreten, daß in diesem besonderen Falle der dem Kläger mit $^1/_6$ bis $^1/_5$ seiner Forderung zugeflossene Goldmarkwert keine Aufwertung verlange.

82. 1. Ist der Rechtsweg zulässig für den Anspruch auf Erfüllung der Verpflichtung eines Grundstückseigentümers, dem Wohnungsamt Räume in einem Neubau zur Verfügung zu stellen gegen Freistellung anderer Räume von der Beschlagnahme?

2. Ist ein Abkommen der unter 1 bezeichneten Art nach dem Wohnungsmangelgesetz vom 11. Mai 1920 gültig?

III. Zivilsenat. Urt. v. 8. November 1927 i. S. Stadtgemeinde E. (Kl.) w. K. (Bekl.). III 77/27.

I. Landgericht Elbing.
II. Oberlandesgericht Marienwerder.

Der Beklagte hat der Stadtgemeinde E. im Jahre 1921 in seinem Neubau Hindenburgstraße 5a zu E. eine Fünfzimmerwohnung zur Verfügung gestellt. Das zuständige Wohnungsamt hat über die Räume zugunsten des F. verfügt, und dieser ist in die Wohnung eingezogen. Später hat der Beklagte gegen F. auf Räumung geklagt und ihn mit Hilfe des erstrittenen Räumungsurteils aus der Wohnung herausgesetzt. Er weigert sich, der Gemeinde die Räume zum Zwecke der Vermietung weiterhin zu überlassen. Die Gemeinde ist der Ansicht, daß er hierzu verpflichtet sei, und macht nunmehr den Anspruch auf Erfüllung der Verpflichtung geltend. Hilfsweise beantragt sie die Verurteilung des Beklagten zur Zahlung von 7000 RM, d. i. des Betrags, der nach ihrer Behauptung zur Herrichtung einer Wohnung von der Größe der in Frage stehenden erforderlich ist. Die Vorinstanzen haben die Klage als unbegründet abgewiesen. Die Revision der Klägerin führte zur Aufhebung des Berufungsurteils und zur Zurückverweisung der Sache.

Gründe:

Die von Amts wegen auch in der Revisionsinstanz noch zu prüfende Zulässigkeit des Rechtswegs ist zu bejahen.

Das Wohnungsamt der klagenden Stadtgemeinde hat im Jahre 1921 einen Teil der Dachgeschoßräume in dem dem Beklagten gehörigen Hause Königsberger Straße 43 beschlagnahmt. Am 12. September 1921 teilte der Beklagte dem Wohnungsamt mit, er wolle in der Hindenburgstraße einen Neubau errichten und sei bereit, eine Fünfzimmerwohnung im Frühjahr 1922 zur Verfügung zu stellen, wenn das Wohnungsamt erkläre, daß von der Beschlagnahme irgendwelcher Räumlichkeiten in seinem Hause Königsberger Straße 43 ein für allemal Abstand genommen werde. In einem „Der Magistrat, Wohnungsamt" unterzeichneten Schreiben vom 23. September 1921 wurde der Beklagte beschieden, die Beschlagnahme von Räumen in dem zuletzt erwähnten Grundstück werde unter der Bedingung ausgesetzt, daß der Beklagte eine neue Wohnung, bestehend aus 5 Zimmern und Zubehör, bis spätestens zum 1. Mai 1922 „erbaue"; sollte dies bis dahin nicht geschehen, so werde die Beschlagnahme durchgeführt werden; werde dagegen die Bedingung erfüllt, dann solle der Beklagte von einer Beschlagnahme im Hause Königsberger Straße 43 befreit bleiben. Der Gegner antwortete am 14. Oktober, daß er mit den Bedingungen im Schreiben vom 23. September einverstanden sei. Aus diesem unstreitigen Sachverhalt leitet die Klägerin ihre Ansprüche ab. Die Überlassung der Wohnung im Hause Hindenburgstraße 5a ist hiernach in engste Beziehung zur Freistellung des anderen Grundstücks des Beklagten von jeder Beschlagnahme, also zu einer Maßnahme gebracht, die sich als ein hoheitsrechtlicher Akt darstellt. Allein sie ist trotz dieser Verknüpfung nicht mehr als eine vermögensrechtliche Leistung. Sie soll der Gemeinde lediglich die ihr auf dem Gebiete der Wohnungszwangswirtschaft obliegende, mit eigenen Mitteln durchzuführende Fürsorge erleichtern, also der Befriedigung vermögensrechtlicher Interessen dienen und läßt jene Fürsorgepflicht selbst unberührt. Diese Natur der Leistung tritt noch besonders darin in die Erscheinung, daß die Klägerin im Schreiben vom 23. September 1921 den Vorbehalt gemacht hat, sich wegen des Anspruchs auf Überlassung der Wohnung im Neubau des Beklagten in dem mit diesem noch abzuschließenden Vertrag über das Baugelände eine Vertragsstrafe auszubedingen. Mag daher auch die Vereinbarung der Parteien mit Rücksicht auf die Verbindung, in welche dort die Verpflichtung des Wohnungsamts zur Abstandnahme von der Beschlagnahme gebracht ist, als eine öffentlichrechtliche anzusehen sein, so wird hierdurch die Geltendmachung des eingeklagten Anspruchs im Rechtsweg nicht ausgeschlossen. Wie das Reichsgericht wiederholt ausgesprochen hat, besteht weder im Reichsrecht noch im preußischen Recht eine die Regel des § 13 GVG. einschränkende Vorschrift dahin, daß privatrechtliche, insbesondere vermögensrechtliche Ansprüche, die aus Vorgängen öffentlichrechtlicher Natur, namentlich aus Übereinkommen solcher Art, hervorgehen, im Rechtsweg nicht verfolgbar seien. Nur einzelne an sich privatrechtliche Ansprüche, zu denen der hier streitige nicht zählt, sind wegen ihrer nahen Beziehung zum öffentlichen Recht der Aburteilung durch die ordentlichen Gerichte entzogen worden (RGZ. Bd. 57 S. 353, Bd. 70 S. 81, Bd. 80 S. 23, Bd. 105 S. 37). Eine andere Beurteilung hätte nur dann einzutreten, wenn die Verpflichtung des Beklagten, die Fünfzimmerwohnung zur Verfügung zu stellen, mit dem Berufungsgericht im Sinne einer freiwilligen Unterstellung der Räume unter die Zwangswirtschaft aufzufassen wäre, von der die nach dem 29. November 1920 fertiggestellten Neubauten schon im Jahre 1921 infolge der Anordnung des preußischen Volkswohlfahrtsministers vom 2. November 1920 gerade ausgenommen waren. Eine solche Tragweite ist jedoch dem Abkommen der Parteien nach dem Dargelegten nicht beizumessen.

Die rechtliche Wirksamkeit des Vertrags läßt sich nicht schon deshalb in Zweifel ziehen, weil eine privatrechtliche Leistung der bezeichneten Art nicht mit Erfolg zum Inhalt einer Verpflichtung gemacht werden könne. Die Begründung einer schuldrechtlichen Verbindlichkeit des Hauseigentümers, sich der eigenen Verfügung über Räume in seinem Grundstück zu enthalten und sie an einen vom Wohnungsamt anzugebenden Dritten mietweise oder auch an die Gemeinde selbst zum Zwecke der Vermietung zu überlassen, unterliegt keinen Bedenken (vgl. § 137 BGB.). Es ist auch dem Wohnungsmangelgesetz vom 11. Mai 1920 (RGBl. S. 949) kein Anhalt dafür zu entnehmen, daß die Wohnungsämter auf das Recht der Beschlagnahme von Räumen auch für die Dauer der Zurverfügungstellung von Neubau-Räumen, die nach dem Ermessen der Wohnungsbehörde gleichwertig sind, nicht sollten verzichten können. Der wirtschaftliche Zweck der Beschlagnahme ist, durch die Inanspruchnahme unbenutzter oder nicht genügend ausgenutzter Räume zur Behebung oder Milderung der Wohnungsnot beizutragen. Der Erreichung dieses Zieles wird mindestens in gleicher Weise, wie auf dem Wege der Beschlagnahme, durch die Erstellung und Überlassung neuen Wohnraums gedient. Dem Gesetzgeber kann deshalb nicht die Absicht unterstellt werden, daß er Vereinbarungen der in Frage stehenden Art habe entgegentreten wollen. In RGZ.

Bd. 118 S. 109 ist allerdings ausgesprochen worden, daß Verträge, durch die sich die Wohnungsämter eine Gegenleistung für die Zuweisung von Wohnungen an Wohnungsuchende zusichern lassen, der rechtlichen Wirksamkeit entbehren. Dieser Grundsatz läßt sich jedoch nicht dergestalt erweitern, daß davon auch Vereinbarungen des hier in Betracht kommenden Inhalts ergriffen würden. Eine andere Beurteilung wäre nur dann geboten, wenn sich das Wohnungsamt nicht bloß für die Dauer der Überlassung der Neubau-Wohnung, sondern in zeitlich unbegrenzter Weise verpflichtet hätte, von der Beschlagnahme von Räumen im Hause Königsberger Straße 43 abzusehen. Ein so ausgedehnter Verzicht auf das Beschlagnahmerecht, der die Behörde auch für den Fall eines erheblichen Anwachsens der Wohnungsnot ihres Eingriffsrechts berauben würde, könnte nicht als zulässig und wirksam anerkannt werden (RGZ. Bd. 116 S. 336). Das Berufungsgericht hat bisher die Vereinbarung der Parteien einer Auslegung in der Richtung noch nicht unterzogen, ob sich das Wohnungsamt der Befugnis zur Beschlagnahme ohne zeitliche Beschränkung oder nur auf die erwähnte Zeit begeben hat.

Das Berufungsurteil mußte deshalb aufgehoben und die Sache zurückverwiesen werden. Bei der anderweiten Entscheidung ist mit Rücksicht auf die Fassung des Hauptantrags der Klägerin nötigenfalls noch zu erörtern, ob dem in Frage stehenden Abkommen die Bedeutung zukommt, daß der Beklagte die Neubau-Wohnung der Gemeinde zum Zwecke der Vermietung überlassen solle, oder ob es nicht lediglich dahin zu verstehen ist, daß der Beklagte die Räume dem ihm vom Wohnungsamt zuzuweisenden Wohnungsuchenden zur Verfügung zu stellen habe.

---

83. 1. Wann ist § 286 ZPO. verletzt?
2. Wann beruht die Entscheidung im Sinne des § 549 Abs. 1 ZPO. auf der Verletzung eines Reichsgesetzes?

II. Zivilsenat. Urt. v. 8. November 1927 i. S. Ehemann L. (Kl.) w. Ehefrau L. (Bekl.). II 166/27.

I. Landgericht I Berlin.
II. Kammergericht daselbst.

Die Parteien sind Eheleute. Der Ehemann hat Klage auf Ehescheidung erhoben. Er stützt sie unter anderem auf ehewidrige Beziehungen der Beklagten zu einem Arzte, der sie während ihres Aufenthalts in Lausanne in den Jahren 1918 und 1919 behandelt hat. Dieser Arzt wurde auf Ersuchen des Berufungsgerichts vom Distriktsgericht in Lausanne als Zeuge vernommen.

Beide Vorinstanzen haben die Klage abgewiesen. Die Revision des Klägers hatte keinen Erfolg.

Aus den Gründen:

Die Revision erhebt den prozessualen Angriff, das Berufungsgericht habe die Aussage des vom Kläger als Zeugen benannten Arztes in Lausanne unter Verletzung der §§ 357, 397 ZPO. zum Beweise dafür verwendet, daß solche Beziehungen zwischen beiden Personen nicht beständen und nicht bestanden hätten. Die Benutzung dieser vor dem Distriktsgericht in Lausanne uneidlich gemachten Aussage wird deshalb beanstandet, weil dem Anwalt des Klägers die Benachrichtigung von dem auf den 27. Oktober 1926 anberaumten Vernehmungstermin in Lausanne erst am 28. Oktober 1926 zugegangen und daher eine Vertretung in diesem Termin nicht möglich gewesen sei. Da der Anwalt vorher ausdrücklich erklärt habe, daß er auf Benachrichtigung vom Vernehmungstermin nicht verzichte, und da er deshalb auch sofort Widerspruch gegen die Verwertung jener Aussage eingelegt und die Wiederholung der Vernehmung beantragt habe, so sei die Aussage ungültig und habe nicht zum Nachteil des Klägers benutzt werden dürfen.

Der Angriff läuft darauf hinaus, daß die tatsächlichen Feststellungen des Berufungsgerichts auf der Berücksichtigung einer Zeugenaussage beruhten, die nicht hätte berücksichtigt werden dürfen. Damit ist dem Berufungsgericht ein Verstoß gegen § 286 ZPO. vorgeworfen, also gegen eine Vorschrift, auf deren Verletzung die Revision nach den Entlastungsgesetzen vom 21. Dezember 1925 und 17. Dezember 1926 zurzeit nicht gestützt werden kann. Denn § 286 ZPO. behandelt ein Doppeltes, nämlich die Entscheidungsgrundlagen wie auch die aus ihnen gewonnene richterliche Überzeugung. Die Verletzung dieser Vorschrift kann daher einmal dadurch geschehen, daß der Richter aus den formell ordnungsmäßigen Grundlagen, z. B. aus den formgerecht zustandegekommenen Zeugenaussagen, falsche Schlüsse zieht, oder dadurch, daß die Grundlagen unvollständig, z. B. die für erhebliche Tatsachen angebotenen Beweise abgelehnt worden sind, oder auch dadurch, daß die Grundlagen unter Verletzung gesetzlicher Vorschriften zustandegekommen sind. Dieser letzte Fall liegt hier vor. Die Rüge ist daher unzulässig.

Auf den gleichen Standpunkt hat sich der erkennende Senat im Falle der Rüge ungesetzlicher Beeidigung oder Nichtbeeidigung von Zeugen gestellt, ebenso in einem Falle, in dem gerügt worden war, das Berufungsgericht habe zu Unrecht unterlassen, vor der Vernehmung eines Zeugen (Notars) die Genehmigung seiner vorgesetzten Dienstbehörde einzuholen. Das gleiche gilt aber auch gegenüber den Rügen, daß ein als Zeuge vernommener Rechtsanwalt und Notar von der Schweigepflicht nicht entbunden worden sei und daß eine Niederschrift über Zeugenaussagen der gehörigen Form entbehre (Urteil des erkennenden Senats vom 3. Juni 1927 II 518/26).

Die Auffassung der Revision, ihre Rüge sei zulässig, weil sie sich allein gegen die Verletzung der §§ 357, 397 ZPO., nicht aber gegen einen Verstoß wider § 286 ZPO. richte, ist unzutreffend. Maßgebend ist die Vorschrift des § 549 ZPO., wonach die Revision nur darauf gestützt werden kann, daß die Entscheidung auf der Verletzung eines Reichsgesetzes . . . beruht. Es kann also, falls nicht einer der absoluten Revisionsgründe des § 551 ZPO. vorliegt (was hier nicht der Fall ist), eine Gesetzesverletzung nur dann zur Aufhebung des angefochtenen Urteils führen, wenn die Entscheidung auf dem Mangel beruht, d. h. wenn wenigstens die Möglichkeit gegeben ist, daß ohne die Gesetzesverletzung anders erkannt worden wäre. Das Urteil beruht aber nicht auf der Verletzung des Gesetzes, wenn feststeht, daß auch ohne sie nicht anders entschieden worden wäre. Letzteres ist hier der Fall, wie die Begründung des Berufungsgerichts klar ergibt.

Die Verletzung der Vorschrift des § 357 in Verbindung mit § 397 ZPO., wonach den Parteien gestattet ist, der Beweisaufnahme beizuwohnen und Fragen an den Zeugen zu richten, begründet — entgegen der Ansicht des Klägers — für sich allein überhaupt nicht die Revision.

84. Ist der Schutz des öffentlichen Glaubens des Grundbuchs auf Fälle auszudehnen, in denen ohne Wechsel in der Person einer als Eigentümerin eingetragenen Gesellschaft wirtschaftlich die Verfügungsmacht über das Grundstück durch Veräußerung von Gesellschaftsrechten in andere Hände übergeht?

BGB. § 892. AufwG. § 20 Abs. 1.

V. Zivilsenat. Urt. v. 10. November 1927 i. S. Südring Grundstücksverwaltungs-Aktiengesellschaft (Bekl.) w. H.'schen Nachlaß (Kl.). V 11/27.

I. Landgericht I Berlin.
II. Kammergericht daselbst.

Unter den Parteien ist die Frage streitig, ob dem Anspruch der Kläger auf Aufwertung einer am 13. Februar 1923 zum H.'schen Nachlaß mit dem Papiermarknennbetrag zurückgezahlten Darlehenshypothek in entsprechender Anwendung der §§ 20flg. AufwG. entgegengehalten werden kann, daß am 20. November 1923 sämtliche Aktien der Eigentümerin des belasteten Grundstücks, nämlich der Beklagten, in andere Hände übergegangen sind, sodaß ein Wechsel zwar nicht im Eigentum des Grundstücks, aber in der wirtschaftlichen Verfügungsmacht darüber eingetreten sei. Die Vorinstanzen haben die Frage verneint und daher die Aufwertungspflicht der Beklagten als persönlicher und dinglicher Schuldnerin nach Maßgabe des Aufwertungsgesetzes festgestellt. Die Revision der Beklagten wurde zurückgewiesen aus folgenden

Gründen:

Mit Recht haben es die Vorinstanzen abgelehnt, den Schutz des öffentlichen Glaubens des Grundbuchs nach § 20 Abs. 1 AufwG., § 892 BGB. auf Fälle auszudehnen, wo nur wirtschaftlich die Verfügungsmacht über ein Grundstück, nicht aber rechtlich das Eigentum an ihm wechselt. § 892 BGB. kann nur zugunsten dessen wirksam werden, der ein Recht an einem Grundstück oder ein Recht an einem solchen Rechte durch Rechtsgeschäft erwirbt. Die §§ 20flg. AufwG. haben zwar für die Zeit bis Ende Juni 1925 die Vorschriften über den öffentlichen Glauben des Grundbuchs auch gegenüber dem Aufwertungsanspruch auf Wiedereintragung einer gelöschten Hypothek grundsätzlich aufrechterhalten, sie aber nicht dahin erweitert, daß sie entsprechend anzuwenden seien, wenn ohne Wechsel der Rechtspersönlichkeit des Eigentümers lediglich die wirtschaftliche Verfügungsmacht über den Gegenstand des Eigentums durch Veräußerung von Gesellschaftsrechten in andere Hände übergeht. Ohne gesetzliche Ermächtigung läßt aber die rechtliche Natur der vermöge einer Unterstellung rechtsvernichtend in die wahre Rechtslage eingreifenden Vorschrift des § 892 BGB. eine entsprechende Anwendung nicht zu. Im vorliegenden Falle hat kein Wechsel im Eigentum des Grundstücks stattgefunden: Eigentümerin war zur Zeit der Rückzahlung und Löschung der streitigen Hypothek die beklagte Aktiengesellschaft, die es auch jetzt noch ist. Der Übergang ihrer sämtlichen Aktien in andere Hände ist im Sinne des § 892 BGB. ohne rechtlichen Belang. Die Voraussetzungen dieser Vorschrift sind nicht gegeben.

Etwas Gegenteiliges läßt sich auch nicht den von der Beklagten angezogenen höchstrichterlichen Entscheidungen entnehmen. Die Revisionsbegründung hat zwar auf die schon in der Klagbeantwortung angeführten Erkenntnisse des II. Zivilsenats des Reichsgerichts vom 16. März und 2. November 1920 (RGZ. Bd. 98 S. 289 und Bd. 100 S. 200) nicht ausdrücklich zurückgegriffen. Sie hat jedoch für die von ihr als richtig vertretene wirtschaftliche Betrachtung die Entscheidung des I. Zivilsenats vom 12. Januar 1927 I 186/26 verwerten zu können geglaubt, die auf das obige Urteil RGZ. Bd. 98 S. 289 Bezug nimmt. In jenen beiden Erkenntnissen des II. Zivilsenats ist ausgeführt, daß der Verkauf sämtlicher Geschäftsanteile einer Gesellschaft m.b.H. einen danebenhergehenden Kaufvertrag über das Vermögen der Gesellschaft weder ausschließe noch notwendig enthalte; die in dieser Richtung im Urteil RGZ. Bd. 98 S. 289 für den Verkauf der Anteile einer Gesellschaft m.b.H. entwickelten Grundsätze hat das Erkenntnis des I. Zivilsenats auf den Verkauf der gesamten Aktien eines Unternehmens für entsprechend anwendbar erklärt. Alle diese Entscheidungen ergeben aber nichts für die hier zu entscheidende Frage, ob im Sinne des § 892 BGB., mindestens für das Gebiet der Hypothekenaufwertung, einem Wechsel im Eigentum des belasteten Grundstücks der Übergang der wirtschaftlichen Verfügungsmacht an andere als die bisherigen wirtschaftlichen Herren des Grundstücks gleichzustellen sei.

Die von der Klagebeantwortung weiter herangezogenen Urteile des Reichsfinanzhofs (Bd. 5 S. 247, Bd. 11 S. 310 seiner amtlichen Sammlung) sowie des Preußischen Oberverwaltungsgerichts vom 19. Februar 1926 (Bd. 80 S. 84) stützen sich, gerade im Gegensatz zu der von ihnen nach dem bürgerlichen Recht als zutreffend anerkannten Betrachtung, auf besondere Vorschriften des Steuerrechts (in der ersten Sache § 5 der Reichsabgabenordnung, in der zweiten § 1 Nr. 3 der Steuerordnung der Stadt Berlin), welche gestatten, daß für Steuerzwecke der Übergang von Gesellschaftsrechten dem Übergang des Grundstückseigentums gleichgestellt wird. Dasselbe gilt für die von der Revisionsklägerin noch angeführte Entscheidung des Reichsfinanzhofs vom 10. Juni 1927, abgedruckt JW. 1927 S. 2539. Daraus ergibt sich nichts für die hier zu beantwortende, außerhalb des Sondergebiets dieser Entscheidungen liegende Frage.

Endlich läßt sich für den gegebenen Fall auch keines der weiteren in der Revisionsbegründung bezeichneten früheren Erkenntnisse des Reichsgerichts mit Erfolg verwerten. Allerdings ist in den Entscheidungen des erkennenden Senats vom 8. Mai 1926 V 345/25 und des VI. Zivilsenats vom 16. Februar 1926 VI 429/25 zur Frage nach dem Vorhandensein einer Vermögensanlage ausgeführt, daß das Aufwertungsgesetz in §§ 62flg. bei Freigabe der nach allgemeinen Vorschriften vorzunehmenden Aufwertung mehr auf wirtschaftliche als auf rechtliche Gesichtspunkte Wert gelegt, dem Wesen des Anspruchs und nicht der Form, in die er gekleidet sei, die vorwiegende Bedeutung zugemessen habe. Bestimmend dafür war aber wesentlich die Fassung jener Vorschriften, die von Ansprüchen „aus" einem der näher bezeichneten Rechtsverhältnisse oder von Ansprüchen reden, die auf gewissen Beziehungen „beruhen". Ein so allgemeiner, auf möglichst umfassende Wirkung berechneter Gesetzeswortlaut steht hier nicht in Frage. In der Entscheidung des I. Zivilsenats vom 20. März 1926, RGZ. Bd. 113 S. 163, wird die Gleichsetzung der Übertragung aller Kuxe einer Gewerkschaft mit der Übertragung des ihr ausschließliches Vermögen bildenden Grundstücks für das Erfordernis der Genehmigung gemäß der Bundesratsverordnung vom 15. März 1918 (RGBl. S. 123) ausdrücklich auf den sehr allgemein gehaltenen Wortlaut des § 1 dieser Verordnung (genehmigungsbedürftig „jede Vereinbarung, welche den Genuß der Erzeugnisse .... eines Grundstücks zum Gegenstand hat") in Verbindung mit Sinn und Zweck der Vorschrift gegründet, wie er aus der Bekanntmachung selbst erkennbar und in der amtlichen Begründung hervorgehoben sei. Das in JW. 1925 S. 1109 abgedruckte Urteil des II. Zivilsenats vom 30. Januar 1925 endlich führt aus: wenn die wirtschaftliche Verfügungsmacht über ein Grundstück durch Aktienkauf erworben werden solle, folge daraus keineswegs, daß der Aktienkauf in Wirklichkeit ein Grundstückskauf gewesen und deshalb der Formvorschrift des § 313 BGB. unterworfen sei. Dort wird also die Maßgeblichkeit der wirtschaftlichen Betrachtung für die Frage der Formbedürftigkeit des Rechtsgeschäfts abgelehnt. Keines der angezogenen oberstrichterlichen Erkenntnisse dient hiernach der Revision zur Stütze.

---

85. Steht bei fortgesetzter Gütergemeinschaft dem überlebenden Ehegatten dann, wenn gemeinschaftliche Abkömmlinge aus seiner Ehe und einseitige Abkömmlinge aus einer früheren Ehe des verstorbenen Eheteils vorhanden sind, gegenüber seinen Stiefkindern ein Übernahmerecht aus § 1502 Abs. 1 BGB. zu?

BGB. § 1502. Westfäl. Anerbengesetz v. 2. Juli 1898 § 20.

IV. Zivilsenat. Urt. v. 10. November 1927 i. S. W. (Bekl.) gegen E. u. Gen. (Kl.). IV 231/27.

I. Landgericht Paderborn.
II. Oberlandesgericht Hamm.

Der Beklagte, zweiter Ehemann der Auguste H., mit der er in der allgemeinen Gütergemeinschaft des Bürgerlichen Gesetzbuchs lebte, hat nach ihrem Tod mit ihren Kindern erster Ehe und den aus seiner Ehe mit ihr hervorgegangenen gemeinschaftlichen Kindern einen notariellen Vertrag vom 29. April / 13. Mai 1917 geschlossen, wonach er das Vermögen sämtlicher Kinder, darunter ein von den Großeltern der Stiefkinder herrührendes Anerbengut, übernahm. Er ist als Eigentümer des Gutes in das Grundbuch eingetragen worden. Die Stiefkinder haben den Vertrag aus verschiedenen Gründen angefochten. Das Berufungsgericht hat Unwirksamkeit des Vertrags im Sinne des § 779 BGB. angenommen und den Beklagten zur Herausgabe des Gutes verurteilt. Die Revision des Beklagten wurde zurückgewiesen.

Aus den Gründen:

Das Berufungsgericht führt aus, beim Abschluß des bezeichneten Vertrags sei als feststehender Sachverhalt die Anerbeneigenschaft des Beklagten zugrunde gelegt worden. In Wahrheit sei aber nicht der Beklagte, sondern nach dem Westfälischen Anerbengesetz vom 2. Juli 1898 der Kläger zu 2 als ältester Sohn (Stiefsohn) Anerbe geworden. § 20 dieses Gesetzes bestimme, daß, wenn zum Gesamtgut einer aufgelösten Gütergemeinschaft ein Anerbengut gehöre, der überlebende Ehegatte als Anerbe eintrete, falls er nach den Vorschriften des allgemeinen Rechts zur Übernahme des Gutes berechtigt sei und von diesem Rechte Gebrauch mache. Ein solches Übernahmerecht habe indessen dem Beklagten als überlebendem Ehegatten nach § 1502 BGB. nicht zugestanden.

In der Entscheidung dieser Frage war dem Berufungsgericht beizupflichten.

§ 1502 Abs. 1 BGB. gewährt bei der fortgesetzten Gütergemeinschaft dem überlebenden Ehegatten das Übernahmerecht am Gesamtgut gegen Werterſatz. Er kann durch dessen Geltendmachung jederzeit gemäß § 1492 BGB. das zwischen ihm und den Abkömmlingen bestehende Gemeinschaftsverhältnis zur Auflösung bringen. Fortgesetzte Gütergemeinschaft trat nach § 1483 Abs. 1 BGB. nur zwischen dem Beklagten und den gemeinschaftlichen Abkömmlingen seiner Ehe mit Auguste H. ein. Dagegen standen die einseitigen Abkömmlinge der Frau (die Kläger und ihre Schwester) außerhalb dieser Gemeinschaft; sie waren — während der ihren Stiefgeschwistern zugefallene Anteil der Mutter am Gesamtgut in die fortgesetzte Gütergemeinschaft fiel — für den ihnen (den Klägern) angefallenen, zum Nachlaß der Mutter gehörigen Anteil erbberechtigt mit dem Beklagten und den Stiefgeschwistern. Bei der Durchführung dieses ihres Erbrechts soll es nach § 1483 Abs. 2 BGB. so angesehen werden, als ob fortgesetzte Gütergemeinschaft überhaupt nicht bestände. Die Voraussetzung des Übernahmerechts aus § 1502, nämlich das Bestehen einer fortgesetzten Gütergemeinschaft, liegt hiernach gegenüber den Klägern und ihrer Schwester keinesfalls vor. Daraus folgt ohne weiteres, daß der Beklagte kein gesetzliches Recht zur Übernahme gegen die Kläger geltend machen kann. Es hätte einer ausdrücklichen Vorschrift bedurft, wenn die Kläger an Stelle ihres Erbteilungsanspruchs sich mit einer Geldabfindung begnügen müßten. Bei dieser klaren Rechtslage bedarf es der Heranziehung der Motive nicht. Sie sprechen (Bd. 4 S. 481) zu § 1406 Abs. 5 des I. Entwurfs, der inhaltlich mit § 1502 BGB. übereinstimmt, aus, daß durch diese Vorschrift die gemeinschaftlichen Abkömmlinge gegenüber den einseitigen zwar ungünstiger gestellt würden, daß sich das aber aus der verschiedenen Stellung der leiblichen und der Stiefkinder zum überlebenden Ehegatten rechtfertigen lasse. Mag man diesen Ausspruch zunächst auch auf die Regelung des Übernahmerechts in den Fällen beziehen, in denen entweder nur einseitige oder nur gemeinschaftliche Abkömmlinge vorhanden sind, so trifft doch auch für den Fall des § 1483 Abs. 2 (Vorhandensein gemeinschaftlicher und anderer Abkömmlinge) die allgemeine Erwägung zu, daß den einseitigen Abkömmlingen die von ihren Eltern herrührenden Vermögensstücke möglichst erhalten bleiben sollen (Mot. Bd. 4 S. 423). Jedenfalls erheischen die jetzigen Vorschriften der §§ 1502, 1483 BGB. nach ihrem Wortlaut, Inhalt und Zweck die Auslegung im Sinne der Kläger. Demgegenüber kann nicht entscheidend sein, daß einzelne Partikularrechte, so das Westfälische Gesetz vom 16. April 1860 in §§ 7, 17, dem überlebenden Ehegatten ein Übernahmerecht auch gegenüber den Stiefkindern einräumen. . . .

Anhang:

Entscheidungen des Staatsgerichtshofs.

1.

In der verfassungsrechtlichen Streitsache

der

evangelisch-lutherischen Landeskirche des Landes Sachsen
Antragstellerin

gegen

das Land Sachsen
Antragsgegner

betreffend die Auslegung des Artikels 173 der Reichsverfassung (StGH. 4/26)

hat der Staatsgerichtshof für das Deutsche Reich in der öffentlichen Sitzung vom 15. Oktober 1927 für Recht erkannt:

Der Antragsgegner ist verpflichtet, die im Staatshaushaltsplane als Staatsleistungen jeweilig eingestellten Positionen:

a) Entschädigungen an Geistliche und Kirchendiener für weggefallene Stolgebühren,
b) Zuschuß zu den Ablösungsrenten für geistliche Getreidezehnten,
c) Gottesdienst der vormaligen evangelischen Hofkirche zu Dresden,
d) Augusteische Priester-, Witwen- und Waisenstiftung

vom Rechnungsjahre 1924 ab unter billigem Ausgleich der Interessen des Landes Sachsen und der evangelisch-lutherischen Landeskirche aufzuwerten.

Gründe:

I. Im sächsischen Staatshaushaltsplan für das Rechnungsjahr 1914 waren u. a. folgende Posten eingestellt:

1. Entschädigung für weggefallene Stolgebühren an Geistliche und Kirchendiener . . . . . . 619491 ℳ
2. Zuschuß zu den geistlichen Getreidezehnten 1956 ℳ
3. Gottesdienst der vormaligen evangelischen Hofkirche in Dresden . . . . 17784 ℳ
4. Augusteische Priester-, Witwen- und Waisenstiftung . . . . 6071 ℳ

Die gleichen Posten fanden sich, wie seit Jahrzehnten in den Haushaltsplänen früherer Jahre, so auch in denjenigen der folgenden Jahre bis einschließlich 1923, mit der Maßgabe, daß sich der Posten 1 seit 1916 aus einem von der Antragstellerin anerkannten Grunde um 6 ℳ verringerte, während zu dem Posten 3 seit 1919 eine auf die Staatskasse übernommene frühere Kronrente von 6000 ℳ hinzutrat.

In dieser Höhe erfolgten die Zahlungen bis zum Jahre 1922, während sie im Jahre 1923 wegen der fortgeschrittenen Geldentwertung unterblieben.

Im Staatshaushaltsplan für das Rechnungsjahr 1924 findet sich der Vermerk, daß die Beträge vorläufig nicht eingestellt seien, da die Frage der Aufwertung noch nicht geklärt sei.

In den Staatshaushaltsplänen für die Rechnungsjahre 1925 bis 1927 sind die gedachten Posten in Reichsmark angesetzt, und zwar für 1925 mit 30%, für 1926 mit 40%, für 1927 mit 50% der früheren Nennbeträge.

Im Staatshaushaltsplan für 1925 findet sich dazu folgende Erläuterung:

> „Diese Leistungen sollen auf 1924 mit 20%, auf 1925 mit 30%, auf 1926 mit 40%, auf 1927 und weiterhin mit 50% der Friedensnennbeträge gewährt werden gegen Verzicht der Kirche auf weitergehende Ansprüche für die Vergangenheit und vorbehaltlich der Änderungen, die sich aus einer künftigen allgemeinen reichs- oder landesgesetzlichen Regelung der Aufwertungsfragen für diese Leistungen ergeben."

Unter Bezugnahme hierauf heißt es in der Erläuterung zum Staatshaushaltsplan für 1926:

„Die Leistungen sollen für 1926 mit 40% der Friedensnennbeträge aufgewertet werden."

Entsprechend wird die Aufwertung auf 50% im Staatshaushaltsplan für 1927 begründet.

Eine Zahlung ist jedoch auch für die Zeit seit 1924 nicht erfolgt, da die Antragstellerin den ihr angesonnenen Verzicht auf die Mehrbeträge nicht abgeben zu können erklärte, der Antragsgegner ohne einen solchen jede Zahlung verweigerte.

Die Antragstellerin vertritt den Standpunkt, daß auf Grund des Art. 173 RVerf. die Leistungen bis zu ihrer Ablösung unter Berücksichtigung der Geldentwertung den Zeitverhältnissen entsprechend, d. h. mindestens in Höhe der Friedensnennbeträge, in Reichsmark fortzugewähren seien, während der Antragsgegner ausführt, daß er nur zur Zahlung der Friedensbeträge in Papiermark und, da eine solche nicht mehr darstellbar, zu keiner Zahlung mehr verpflichtet sei, und daß er daher die angebotenen Mehrleistungen ohne Verpflichtung aus bloßem Entgegenkommen angeboten habe.

Nach fruchtlosen Verhandlungen hat die Antragstellerin, nachdem sie von dem unter Bezugnahme auf die Art. 13, 15 RVerf. von ihr angerufenen Reichsminister des Innern darauf hingewiesen war, gemäß Art. 19 RVerf. den Staatsgerichtshof für das Deutsche Reich anzurufen, dem folgend beantragt,

„zu entscheiden, daß der Antragsgegner verpflichtet sei, die im Staatshaushaltsplan als Staatsleistungen jeweilig eingestellten oben einzeln aufgeführten 4 Posten vom Rechnungsjahre 1924 ab in Höhe der Vorkriegs-Goldmarkbeträge in Reichsmark zu gewähren."

Der Antragsgegner, welcher beantragt hat,

„zu entscheiden, daß er nicht verpflichtet sei, die betreffenden Posten in Höhe der Vorkriegs-Goldmarkbeträge in Reichsmark zu gewähren,"

hat bestritten, daß subjektive Rechte der Antragstellerin verletzt seien, da die Staatsleistungen weitergewährt werden sollten und nur über ihre Höhe Meinungsverschiedenheiten beständen; weiter hat er sein Recht zur Zahlungsverweigerung auf die Behauptung gestützt, daß die streitigen Leistungen, die schon von Anfang an lediglich auf eine Geldsumme gerichtet gewesen seien, später jeden Zusammenhang mit ihrem ursprünglichen Zweck verloren hätten.

II. Streitig ist zwischen den Parteien die Auslegung des Art. 173 RVerf. (in Verbindung mit Art. 138 das.). Die Antragstellerin erachtet durch diese Vorschriften den Antragsgegner zu den im Antrag aufgeführten Leistungen für verpflichtet; der Antragsgegner hält sich trotz dieser Vorschriften für berechtigt, die an sich ihrer Höhe nach unbestrittenen Leistungen, da durch die Geldentwertung gegenstandlos geworden, schlechthin zu verweigern. Die Zuständigkeit des Staatsgerichtshofs für die Entscheidung dieses Streites hängt von der Auslegung des Art. 19 RVerf. ab, wonach über Verfassungsstreitigkeiten innerhalb eines Landes, in dem kein Gericht zu ihrer Erledigung besteht, auf Antrag eines der streitenden Teile der Staatsgerichtshof für das Deutsche Reich entscheidet, soweit nicht ein anderer Gerichtshof des Reichs zuständig ist. Fallen unter die erwähnte Vorschrift nur solche Streitigkeiten, die sich ausschließlich auf Normen einer Landesverfassung beziehen (wie sie z. B. den Gegenstand der RGZ. Bd. 102 S. 415 und 425, Bd. 104 S. 423, Bd. 107 Anh. S. 17, Bd. 111 Anh. S. 1 und Bd. 112 Anh. S. 1 abgedruckten Entscheidungen des Staatsgerichtshofs bildeten), so ist der Staatsgerichtshof im vorliegenden Falle unzuständig. Indessen würde eine derartige Auslegung zunächst nicht der Bedeutung des Staatsgerichtshofs gerecht werden, der als Hüter der Reichsverfassung in erster Linie zu ihrer Auslegung berufen ist (vgl. z. B. Art. 59 RVerf., ferner §§ 16, 17 des Gesetzes über den Staatsgerichtshof vom 9. Juli 1921). Weiter aber würde sie mit dem Wortlaut des Art. 19 nicht im Einklang stehen. Da dieser schlechthin von Verfassungsstreitigkeiten ohne Einschränkung spricht, so muß man darunter sowohl Streitigkeiten verstehen, die in der Landesverfassung, als auch solche, die in der Reichsverfassung wurzeln. Denn beides sind Verfassungsstreitigkeiten. Es ist auch nicht etwa anzunehmen, daß durch den Zusatz „innerhalb eines Landes" die Streitigkeiten auf solche beschränkt werden sollten, die auf der nur innerhalb eines Landes geltenden Verfassung, also der Landesverfassung, beruhen. Der gedachte Zusatz enthält vielmehr nur eine örtliche Abgrenzung dahin, daß die Zuständigkeit des Staatsgerichtshofs für solche Verfassungsstreitigkeiten begründet sein sollte, die „innerhalb eines Landes", d. h. zwischen Stellen eines Landes, entstehen. Dagegen folgt wieder aus dem Begriff „Streitigkeiten", daß darunter nicht bloße Meinungsverschiedenheiten über die Auslegung der Verfassung (Reichs- oder Landesverfassung), sondern nur solche zu begreifen sind, die bei der Anwendung reichs- oder landesrechtlicher Verfassungsvorschriften durch die eine Landesstelle die Belange der anderen berühren. Und da auch die Anwendung von reichsrechtlichen Verfassungsvorschriften durch eine Landesstelle immer nur auf Grund der die Zuständigkeit dieser Landesstelle begründenden Landesverfassung oder anderer landesverfassungsrechtlicher Vorschriften erfolgt, so können tatsächlich nur solche Normen der Reichsverfassung unter den Art. 19 fallen, die auf die Landesverfassung oder auf landesverfassungsrechtliche Normen einwirken und insoweit eine Ergänzung der Landesverfassung bilden. Im vorliegenden Falle handelt es sich insofern, als der in seiner Auslegung streitige Art. 173 in der Reichsverfassung enthalten ist, um eine Streitigkeit über die Reichsverfassung. Die Vorschrift stellt aber weiter eine Ergänzung der Landesverfassung dar, da sie die Länder zu Staatsleistungen zwingt, welche diese entsprechend ihrer Landesverfassung und durch die landesverfassungsmäßigen Organe vorzunehmen haben.

Hiermit stehen auch die oben erwähnten Entscheidungen des Staatsgerichtshofs keineswegs im Widerspruch. Denn da es sich bei ihnen um reine Landesverfassungs-Streitigkeiten handelte, so hatte der Staatsgerichtshof damals den Art. 19 RVerf. lediglich von dem Gesichtspunkt aus zu prüfen, ob als streitende Teile im Sinne dieser Vorschrift nur die Regierung und die Volksvertretung eines Landes oder auch andere Landesstellen angesehen werden können. Nur zur Klärung dieser Frage war in der Entscheidung RGZ. Bd. 102 S. 415 (420) die Äußerung des Abgeordneten Kahl angeführt, die dieser als Berichterstatter in der Sitzung des Verfassungsausschusses vom 3. Juni 1919 (Aktenstücke der Verfassunggebenden Deutschen Nationalversammlung Nr. 391 S. 409) getan hat:

„Verfassungsstreitigkeiten sind Streitigkeiten über die Anwendung der Landesverfassung. Entscheidend ist nicht, daß der Streit gerade zwischen der Regierung und der Volksvertretung stattfindet, wenn dies auch der häufigste Fall ist, sondern daß der Gegenstand des Streites die Verfassung betrifft, wobei es wiederum gleichgültig ist, ob es sich um einen in der Verfassungsurkunde enthaltenen Satz handelt oder um einen in einem sonstigen Verfassungsgesetze stehenden Satz."

In allen diesen Fällen konnte der Staatsgerichtshof auch mit Rücksicht auf den insoweit einheitlichen Tatbestand — Streitigkeit über eine Norm der Landesverfassung — unbedenklich sagen (vgl. z. B. RGZ. Bd. 107 Anh. S. 19), „daß der Streit, ob ein Landesgesetz mit der Landesverfassung im Widerspruch stehe, eine Verfassungsstreitigkeit im Sinne des Art. 19 der Reichsverfassung sei, da er die Auslegung der Landesverfassung betreffe." Dagegen hatte der Gerichtshof bisher keine Gelegenheit, zu der Frage, ob auch Streitigkeiten innerhalb eines Landes über die Reichsverfassung unter Art. 19 fallen, ausdrücklich Stellung zu nehmen, wobei allerdings bemerkt sei, daß er in seinen Entscheidungen vom 12. Januar 1922 (Aktenz. 3/21, abgedr. DJZ. 1922 Sp. 427) und vom 13. März 1926 (Aktenz. 6/25 und 8/25) die Vereinbarkeit landesrechtlicher Vorschriften mit der Reichsverfassung bereits geprüft hat.

Den bisherigen Ausführungen steht auch die Entstehungsgeschichte des Art. 19 nicht entgegen. Mag auch der Abgeordnete Kahl nur an Streitigkeiten über die Landesverfassung gedacht haben, so kann doch weder aus seinen Ausführungen noch aus den sonstigen Materialien entnommen werden, daß Streitigkeiten innerhalb eines Landes, die auf der Reichsverfassung beruhen, ausgeschlossen bleiben sollten.

Da im Lande Sachsen ein Gericht zur Erledigung von Verfassungsstreitigkeiten nicht besteht, auch kein Gerichtshof des Reichs zuständig ist, so hat nach Art. 19 der Staatsgerichtshof zu entscheiden.

III. Nach der erwähnten Rechtsprechung des Staatsgerichtshofs bedarf es keiner Ausführung mehr, daß die evangelisch-lutherische Landeskirche, die eine Körperschaft des öffentlichen Rechts darstellt (Kirchengesetz vom 15. April 1873, sächs. GVBl. S. 376; Art. 137 Abs. 5 RVerf.) und durch das Landeskonsistorium vertreten wird (Staatsgesetz vom 16. April 1873, sächs. GVBl. S. 374), eine zur Anrufung des Staatsgerichtshofs befugte Landesstelle ist. Die Passivlegitimation des Landes Sachsen und seine Vertretung durch das Ministerium für Volksbildung unterliegen keinem Bedenken.

IV. Nach Art. 138 Abs. 1 RVerf. werden die auf Gesetz, Vertrag oder besonderen Rechtstiteln beruhenden Staatsleistungen an die

Religionsgesellschaften abgelöst. Sie bleiben jedoch nach Art. 173 bis zum Inkrafttreten eines gemäß Art. 138 Abs. 1 Satz 2 hierüber zu erlassenden Reichsgesetzes bestehen.

Die Entscheidung über die Anträge der Parteien hängt also zunächst davon ab, ob die Religionsgesellschaften die ihnen nach Art. 138, 173 RVerf. etwa gebührenden Staatsleistungen nur in Papiermark verlangen dürfen. Ist dies der Fall, so ist der Antrag des Landes Sachsen begründet, der Antrag der Landeskirche dagegen unbegründet. Andernfalls ist zu prüfen, in welchem Umfang die Staatsleistungen zu gewähren sind.

Wie der IV. Zivilsenat des Reichsgerichts in seinem zwischen denselben Parteien wegen anderer Leistungen ergangenen Schiedsspruch vom 17. Februar 1926 (RGZ. Bd. 113 S. 349 [350]) zutreffend ausgeführt hat, folgt aus diesen Vorschriften, daß

> „bis zur Erlassung des in ihnen vorbehaltenen, noch ausstehenden Reichsgesetzes die bei Inkrafttreten der Reichsverfassung auf Gesetz, Vertrag oder besonderen Rechtstiteln beruhenden Staatsleistungen vom Staate weder eingestellt oder gemindert noch auch nur abgelöst, d. h. gegen Entschädigung aufgehoben werden dürfen."

Es kann aber keinem Zweifel unterliegen, daß dadurch die Leistungen nicht ohne weiteres bis zur Ablösung ihrem ziffermäßigen Betrag nach festgelegt werden sollten, so wie er sich in dem betreffenden Haushaltsgesetze darstellt, das seinerseits nicht ein Gesetz im Sinne der Art. 138, 173 RVerf. ist (RGZ. Bd. 111 S. 145, Bd. 113 S. 351; JW. 1925 S. 2436 Nr. 1). Es kommt vielmehr auf den Inhalt der Rechtsnorm an, auf der die in dem betreffenden Haushaltsgesetz enthaltene Geldleistung beruht.

Dies erhellt ohne weiteres, wenn die für die Staatsleistungen ursächliche Norm (Gesetz, Vertrag oder besonderer Rechtstitel) die Staatsleistungen nicht als feste Geldzuwendungen, sondern als an sich zwar gleichbleibende, hinsichtlich der für sie zu machenden, jeweilig durch die Haushaltsgesetze zu bestimmenden Aufwendungen aber veränderliche Verpflichtungen begründet hatte, so daß sie beim Inkrafttreten der Reichsverfassung in dieser Art bestanden. Ein die Änderung der Höhe der Aufwendungen herbeiführender Umstand läßt die Verpflichtung als solche unberührt. So ist denn auch in dem erwähnten Schiedsverfahren (RGZ. Bd. 113 S. 378) festgestellt, daß der sächsische Staat auf Grund eines Gewohnheitsrechts, d. h. eines Gesetzes im Sinne der Art. 138, 173 RVerf., verpflichtet ist, ... „Zuschüsse zur Besoldung der Geistlichen aushilfsweise insoweit zu gewähren, als eine den Zeitverhältnissen entsprechende Besoldung in der einzelnen Gemeinde nicht aus der Pfründe oder sonstigen Stiftungsmitteln bestritten und nicht von der Gemeinde .... aufgebracht werden kann". Der Antragsgegner hat also auf Grund einer stets gleichbleibenden Verpflichtung je nach den Umständen (nach dem Geldbedarf der Gemeinden) veränderliche Geldbeträge zu leisten. Und zwar kann sich der Geldbedarf der Gemeinden ändern sowohl aus sachlichen Gründen (z. B. wegen der Notwendigkeit von Stellenvermehrungen) als auch infolge der Währungsverhältnisse.

Die gleichen Gesichtspunkte können Platz greifen, wenn die die Staatsleistungen begründende Rechtsnorm dem Staate die Verpflichtung zur dauernden Zahlung bestimmter von vornherein festgelegter Geldbeträge auferlegt. Da steht zunächst fest, daß letztere durch die Inflation wertlos geworden sind, so daß an sich eine Zahlung überhaupt nicht mehr in Frage kommt, eine solche vielmehr dem Staate nur dann und nur insoweit auferlegt werden kann, als er zur Aufwertung verpflichtet ist. Allerdings ergibt sich eine derartige Verpflichtung, wie der Antragsgegner zutreffend bemerkt hat, weder aus der 3. Steuernotverordnung noch aus den Aufwertungsgesetzen; aber sie folgt unmittelbar aus dem Art. 173 RVerf.

Hierbei ist davon auszugehen, daß dieser Artikel den Religionsgesellschaften die Möglichkeit gewährleisten will, sich in neuem Rahmen (Art. 137 Abs. 1 RVerf.) in alter Weise zu betätigen. Es sollte verhindert werden, daß die bei und nach der Staatsumwälzung vielfach zutage getretenen religionsfeindlichen Strömungen in den Ländern die Oberhand gewinnen und zur Erdrosselung der Religionsgesellschaften führen könnten. Deshalb sollten die Länder durch Art. 173 grundsätzlich verpflichtet werden, in dem Umfang, in dem sie bisher die Religionsgesellschaften unterhalten oder ihnen Zuschüsse gewährt hatten, dies weiter zu tun. Daraus folgt grundsätzlich, daß, wenn der Staat bisher durch festbestimmte Geldbeträge zu den Aufgaben der Kirche beigetragen hatte, er es auch bis zur Ablösung derart weitertun, d. h. die bisher gewährten Beträge in solchem Umfang gewähren muß, daß der gleiche Erfolg auch weiterhin erzielt wird. Mit anderen Worten: er hat die Beträge aufzuwerten. So sagt zutreffend Kahl (DJZ. 1923 Sp. 340) in seinem Schlußwort zu den Aufsätzen von Conrad und Meß über die Erhöhung der Staatsleistungen an die Religionsgesellschaften (das. Sp. 217flg. und 337flg.):

„Die Verfassung wollte nicht, ... daß Rechtstitel, die den Staat zur Befriedigung des kirchlichen Bedarfs verpflichten, inhaltlich auf die am 11. August 1919 fixierten Summenbeträge eingeschränkt sein sollten. Sie hat den gesamten Umfang der staatlichen Verpflichtungen zur Fürsorge für das Landeskirchenwesen bis zur Ablösung aufrechterhalten. Bestandteil dieser Verpflichtungen ist auch die Anpassung der Staatsleistungen an die Geldentwertung."

Hieraus folgt jedoch nicht ohne weiteres, daß die Aufwertung nun in allen Fällen auf den dem früheren entsprechenden Betrag in Reichsmark zu erfolgen hat. Denn die zum Zwecke der Befestigung der deutschen Währung geschaffene Reichsmark ist rechtlich etwas von der alten Mark Verschiedenes. Aber sie wurde in demselben Wertverhältnis zum amerikanischen Dollar begründet, in dem die alte Mark zu ihm gestanden hatte. Da nun die Kaufkraft des amerikanischen Dollars in der Nachkriegszeit jedenfalls nicht größer ist, als sie in der Vorkriegszeit war, so könnte man allerdings folgern, daß die Religionsgesellschaften zur Erreichung derjenigen Erfolge, die sie früher mit Friedensmarkbeträgen erreichen konnten, jetzt mindestens dieselben Beträge in Reichsmark benötigen, daß also die von der Antragstellerin begehrte Aufwertung auf volle Reichsmark nicht zu hoch gegriffen wäre. Es darf jedoch nicht außer acht gelassen werden, daß die Aufwertung nach dem auch das öffentliche Recht beherrschenden Grundsatz von Treu und Glauben zu erfolgen hat. Ihm wird nur Rechnung getragen, wenn die Leistungsfähigkeit des Zahlungspflichtigen mitberücksichtigt wird. Auch den Ländern sind zahlreiche Aufgaben geblieben, die das Reich sich nicht zuerkannt hat (Art. 1 bis 19 RVerf.); die Verarmung des deutschen Volkes, von dem die Mittel zur Erfüllung der Aufgaben des Reichs und der Länder stammen, hat auf allen Gebieten der staatlichen Betätigung zu eingreifenden Einschränkungen gezwungen.

Es sind daher bei der Frage der Aufwertung einer Staatsleistung nach Art. 173 RVerf. die gesamten Umstände des Falles sowohl auf seiten des Landes wie auf seiten der Religionsgesellschaft zu berücksichtigen. Ist die finanzielle Leistungsfähigkeit des Landes gemindert, so ist bei der Religionsgesellschaft neben ihrer Vermögenslage die Art der Staatsleistung, insbesondere der damit zu erreichende besondere Zweck, dessen Wichtigkeit im Rahmen des dargestellten, durch Art. 173 zu erzielenden Gesamterfolgs sowie die Frage zu prüfen, ob der besondere Zweck auch auf andere Weise erreicht werden kann. Aus alledem ist zu ergründen, welcher Prozentsatz der früheren Leistungen in Friedensmark dem Lande jetzt zuzumuten ist. Ergibt sich dabei, daß die in Reichsmark zu zahlenden Beträge den früher in Mark gezahlten Beträgen nicht gleichkommen, so liegt darin nicht eine unzulässige Minderung, sondern eine zulässige Anpassung der an sich unverminderten Beträge mit Rücksicht auf die durch die Geldentwertung geschaffene rechtliche und tatsächliche Lage beider Streitteile. Der gleiche Standpunkt wird auch vom III. Zivilsenat des Reichsgerichts in seinem Urteil vom 18. Mai 1926 (III 648/25, abgedruckt JW. 1927 S. 1253 Nr. 10; vgl. auch Urteil vom gleichen Tage III 71/26) vertreten, in dem es sich um die Gehaltsklage eines braunschweigischen Pfarrers gegen das Land Braunschweig handelt. In diesem Urteil heißt es:

„Art. 173 will offensichtlich verhindern, daß der Staat das gedeihliche Fortbestehen der Religionsgesellschaften dadurch gefährdet, daß er die ihm obliegenden Leistungen einstellt und die Deckung des Aufwandes für sächliche und persönliche Zwecke unmöglich macht . . . .

Die Ausführungen des Berufungsgerichts sind ferner insoweit frei von Rechtsirrtum, als es annimmt, der Art. 173 umgrenze die von ihm geschützten Rechte nicht selbst, sondern sichere ihren Bestand mit dem Inhalt, der ihnen nach Maßgabe ihres Begründungsakts zukommt. Zutreffend sieht es deshalb der Berufungsrichter für seine Aufgabe an, . . . die Leistungen . . . . näher festzustellen . . .

Nur folgerichtig ist es und in vollem Einklang mit Art. 173 steht es, wenn das Berufungsgericht die sich so ergebenden Dienstbezüge . . . ., soweit sie in der Inflationszeit und vor der Einführung der Goldmarkgehälter fällig wurden, einer Aufwertung unterzieht. Diese vollzieht es zwar so, daß es die Gehaltsrückstände ... zum Zwecke eines billigen Ausgleichs zwischen den Interessen des Staates und der Landeskirche einer Kürzung von 50% unterzieht. Allein dies bedeutet nicht ... eine mit Art. 173 unvereinbare Minderung der Dienstbezüge. ... Ob das Maß der Aufwertung und die zu ihrer Durchführung gewählte Art der Umrechnung das Richtige treffen, entzieht sich der Nachprüfung des Revisionsgerichts."

Aus den bisherigen Ausführungen ergeben sich folgende Grundsätze:

1. Staatsleistungen an die Religionsgesellschaften, die in der Vorkriegszeit in Friedensmark zu zahlen waren, sind aufzuwerten; die Aufwertung hat einen billigen Ausgleich zwischen den Interessen des Staates und der Religionsgesellschaften zu schaffen.
2. Für die Höhe der Aufwertung ist bei den Religionsgesellschaften neben ihrer Vermögenslage in erster Linie die Art der Staatsleistungen und der mit ihnen verfolgte besondere Zweck maßgebend, beim Staat seine finanzielle Lage mit Rücksicht auf seine gesamten Verpflichtungen.

V. Die Anwendbarkeit dieser Grundsätze auf den vorliegenden Fall hängt zunächst davon ab, ob es sich bei den im Antrag der Landeskirche aufgeführten Leistungen um „Staatsleistungen" im Sinne von Art. 173 RVerf. handelt. Zu Unrecht betont der Antragsgegner in dieser Beziehung, daß der Streit der Parteien gar nicht die Frage betreffe, ob ihm — dem Antragsgegner — Staatsleistungen oblägen, sondern daß nur die Höhe bestritten sei. Denn die Höhe einer Staatsleistung ist ein wesentlicher Faktor der Staatsleistung als solcher, hier der einzig wesentliche. Dadurch, daß nur die Höhe streitig ist, wird der Anspruch nicht zu einem rein vermögensrechtlichen, ein Fall, in dem der Staatsgerichtshof allerdings nicht zuständig wäre. Streitig ist hier, wie sich aus den bisherigen Ausführungen ergibt, die Frage, ob nach der Reichsverfassung eine Aufwertung zu erfolgen hat oder nicht.

Unzutreffend ist auch die Behauptung des Antragsgegners, daß die streitigen Ansprüche deswegen nicht als Staatsleistungen zu erachten seien, weil sie den Zusammenhang mit ihrem Begründungszweck verloren hätten und zu reinen Geldforderungen geworden seien. Denn in den Staatshaushaltsplänen wird jedesmal der Begründungsakt oder der Zweck angegeben. Auch hat die Antragstellerin selbstverständlich die Pflicht, die Beträge nur nach Maßgabe des Begründungsakts oder des Zweckes zu verwenden, zu dem sie ihr zugehen.

Die Frage, ob es sich um Staatsleistungen im Sinne des Art. 173 RVerf. handelt, ist deshalb aus der Natur der einzelnen Leistungen zu prüfen; sie ist zu bejahen, wie sich aus den folgenden Ausführungen ergibt.

Dann wäre weiter die Höhe der Aufwertung zu bestimmen gewesen. Indessen fehlt es insoweit noch an wichtigen Unterlagen, so daß vorläufig nur, wie geschehen, ein Zwischenurteil erlassen werden konnte. Für die abschließende Entscheidung werden die Streitteile die Unterlagen nach Maßgabe der zu IV dargelegten Grundsätze beizubringen haben. Zur Frage der Leistungsfähigkeit des Antragsgegners ist bisher überhaupt nichts vorgebracht; soweit sich bei der Antragstellerin für die Bemessung der Höhe der geforderten Leistungen aus den Akten Umstände ergeben, sind diese bei der Darstellung der vier Posten miterörtert.

A. Entschädigung für weggefallene Stolgebühren an Geistliche und Kirchendiener.

Die Verpflichtung des Staates beruht auf dem sächsischen Gesetze vom 22. Mai 1876 (GVBl. S. 251), das in der Erwägung erlassen ist,

„daß mit Rücksicht auf die Bestimmungen des Reichsgesetzes über die Beurkundung des Personenstandes und die Eheschließung vom 6. Februar 1875 (RGBl. S. 23) die unentgeltliche Vollziehung von Taufen, kirchlichen Aufgeboten und Trauungen wünschenswert erscheint."

Das Gesetz vom 22. Mai 1876 bestimmt in dem maßgebenden § 3, daß für die bisher erhobenen Gebührensätze vom 1. Januar 1876 an den Kirchengemeinden vom Staat eine gemäß §§ 1, 2 zu ermittelnde Entschädigung gewährt werde. Sie wird an die Bedingungen geknüpft, daß die Taufen, Aufgebote und Trauungen unentgeltlich vollzogen werden, daß ferner jedem Geistlichen und Kirchendiener an Stelle aller und jeder Einnahmen und Accidentien und Stolgebühren ein festes Gehalt mit der Auflage gewährt wird, daß sie für die betreffenden Amtshandlungen eine Gegenleistung nicht mehr annehmen dürfen. Nach § 4 fällt die Entschädigung weg, wenn eine Einrichtung getroffen wird, die einer jener Bedingungen widerspricht. In § 5 behält sich der Staat vor, die

Entschädigungsrente abzulösen oder zu tilgen. Dazu ergibt sich aus den Materialien folgendes:

Bis zum Inkrafttreten des Gesetzes vom 22. Mai 1876 erhielten die Geistlichen und Kirchendiener Einkünfte und Gebühren für die Vornahme gewisser kirchlicher Akte. Man befürchtete, daß durch das Inkrafttreten des Reichsgesetzes vom 6. Februar 1875 eine Verminderung dieser kirchlichen Akte und damit eine Verminderung der Einkünfte der Geistlichen und Kirchendiener eintreten würde, und glaubte diese oder die „Stellen" dafür schadlos halten zu müssen. Man wollte aber weiter aus kirchlichen und staatlichen Interessen noch bestimmen, daß alle kirchlichen Akte (wenigstens in einfacher Form) in Zukunft unentgeltlich vorgenommen werden sollten, sodaß die Schadloshaltung nicht nur für die voraussichtliche Minderung, sondern für den sicheren Fortfall der gesamten hierfür bisher erhobenen Gebühren zu erfolgen hatte. Aus Billigkeitsgründen wurde die Schadloshaltung nicht den Gemeinden, sondern dem Staat auferlegt. Ob eine Verpflichtung des Staates vorlag, war Gegenstand der Erörterung bei den Beratungen.

Es handelt sich also um Staatsleistungen, die auf einem Gesetze beruhen. Der für die Beurteilung im Sinne des Art. 173 RVerf. maßgebende Inhalt des Gesetzes ist, daß der Staat zugunsten der evangelisch-lutherischen Landeskirche die Schadloshaltung von Geistlichen und Kirchendienern für Einnahmeausfälle übernahm. In diesem Umfang hat der Antragsgegner nach Maßgabe des zu IV Gesagten aufzuwerten.

Dabei wird außer Betracht zu bleiben haben, daß die Beträge von 1876 bis 1923 stets in der gleichen ziffermäßigen Höhe gewährt worden sind, obwohl vielleicht schon vor Kriegsbeginn infolge zunehmender Teuerung eine Erhöhung am Platz gewesen wäre. Denn die Geldentwertung war damals noch nicht so erheblich, daß sie zu einer Abänderung des Gesetzes vom 22. Mai 1876 Anlaß gegeben hätte; außerdem wurde durch die den bedürftigen Kirchengemeinden vom Staat zu leistenden Zuschüsse, auf die noch einzugehen ist, ein gewisser Ausgleich geschaffen.

Der Antragsgegner kann sich auch nicht darauf berufen, daß er sich durch § 5 des Gesetzes vom 22. Mai 1876 das Recht der jederzeitigen Tilgung und Ablösung vorbehalten habe, so daß er vielleicht nur unter Vorbehalt dieses Rechtes verurteilt werden könnte. Denn bis zum Inkrafttreten der Reichsverfassung unterlag die Kirche der unbeschränkten Landesgesetzgebung; der Staat konnte also jederzeit in Abänderung des Gesetzes vom 22. Mai 1876 durch ein neues Gesetz die unentgeltliche Vollziehung von kirchlichen Akten anordnen und dabei die durch jenes Gesetz eingeführte Entschädigungsrente aufheben oder sie durch eine anderweitige Zahlung ablösen oder durch vermehrte Zahlungen allmählich tilgen. Daß er sich dieses ihm sowieso zustehende Recht in § 5 ausdrücklich vorbehielt, ist bedeutungslos und kann nichts daran ändern, daß ihm durch Art. 173 RVerf. jedes Recht zur Ablösung und Tilgung genommen worden ist. An dieser Feststellung kann auch die Behauptung des Antragsgegners, ihre Richtigkeit unterstellt, nichts ändern, daß die Gesetzgebungsdeputation der 2. Kammer in Verbindung mit der Regierung beschlossen habe, in § 5 auch das Recht der Einstellung der Rente nach 50 Jahren vorzubehalten, daß sie aber diesen Beschluß nach Ablehnung durch die 1. Kammer im Vereinigungsverfahren nicht aufrecht erhalten habe in der Annahme, der Staat werde von seiner Befugnis der Ablösung oder Tilgung Gebrauch machen.

Die vorstehend entwickelte Rechtsansicht steht allerdings mit der Entscheidung des III. Zivilsenats des Reichsgerichts vom 18. Februar 1927 III 140/26 wohl nicht im Einklang. Dort wird ausgeführt, daß der Sächsische Staat trotz des Art. 173 RVerf. befugt sei, von § 21 des Lehrerpensionsgesetzes vom 25. März 1892 (GVBl. S. 21) Gebrauch zu machen, wonach „die Lehrer und deren Hinterbliebene sich allen Abänderungen zu unterwerfen haben, die in bezug auf ihre Pensionen aus den Pensionskassen später durch Gesetz getroffen werden". Dies wird folgendermaßen begründet:

„Art. 173 RVerf. will nichts anderes, als bis zum Erlasse des in Art. 138 das. in Aussicht gestellten Reichsablösungsgesetzes den bisherigen Rechtszustand bezüglich der Staatsleistungen an Religionsgesellschaften und einzelne Kirchenbeamte oder Kirchendiener aufrechterhalten. Der Staat wird zur Fortgewährung derjenigen Leistungen verpflichtet, zu deren Entrichtung er nach Maßgabe der bisherigen Gesetze, Verträge oder sonstigen Rechtstitel verpflichtet war. Hätte Art. 173 tatsächliche Zustände schützen wollen, so hätte er lauten müssen: „Bis zum Erlaß eines Reichsgesetzes gemäß Art. 138 bleiben die Staatsleistungen an Religionsgesellschaften in demselben Umfang bestehen, in dem sie bisher erfolgt sind." Vor dem 14. August 1919 zu Recht bestehende Vorbehalte, die den Staat ermächtigen, seine bisherige Leistungspflicht im Wege der Gesetzgebung zu ermäßigen, werden durch Art. 173 ebensowenig wie durch Art. 129 Abs. 1 Satz 3 RVerf. berührt. Sie haben ihre Kraft nicht verloren und gewähren dem Staate die Befugnis, auch nach dem 14. August 1919 seine Leistungspflicht einzuschränken. Die gegenteilige Annahme würde zu einer Erweiterung der Rechte der Kirchengesellschaften und Kirchenbeamten dem Staat gegenüber führen. Eine solche würde aber mit den in der Reichsverfassung enthaltenen Grundsätzen über das Verhältnis von Staat und Kirche nicht in Einklang zu bringen sein."

Demgegenüber steht der Staatsgerichtshof auf dem Standpunkt, daß jedenfalls überall da, wo es sich nicht um zeitlich begrenzte oder um solche Staatsleistungen handelt, die durch ein vom Belieben des Staats unabhängiges Ereignis bedingt sind, der Staat durch Art. 173 RVerf. gehindert ist, von formellen Vorbehalten Gebrauch zu machen. Ein solcher Gebrauch ist unzulässig, weil er nur dazu bestimmt wäre, den Staat der Verpflichtung aus Art. 173 zu entledigen. Gerade weil die Kirche gegenüber dem Staat nicht schlechter gestellt werden sollte, als sie bei Inkrafttreten der Reichsverfassung stand, muß der Staat für nicht berechtigt erklärt werden, sich auf Bestimmungen zu berufen, die er vor dem Inkrafttreten der Reichsverfassung nicht geltend gemacht hat. Zugunsten des Antragsgegners wird jedoch zu prüfen sein, ob und inwieweit der Anspruch der Antragstellerin durch den Schiedsspruch des IV. Zivilsenats des Reichsgerichts vom 17. Februar 1926 (RGZ. Bd. 113 S. 349) hinsichtlich des auf die Geistlichen entfallenden Teils der geforderten Entschädigung berührt wird.

1. Durch den Schiedsspruch steht fest, daß der Antragsgegner verpflichtet ist, der Antragstellerin Zuschüsse zur Besoldung der Geistlichen aushilfsweise insoweit zu gewähren, als eine den Zeitverhältnissen entsprechende Besoldung in der einzelnen Kirchengemeinde nicht aus der Pfründe oder aus sonstigen Stiftungsmitteln bestritten und von der einzelnen Gemeinde, insbesondere auch durch Kirchensteuern, nicht aufgebracht werden kann. Der Antragsgegner meint, daß hierdurch eine ausreichende Besoldung der Geistlichen gewährleistet und damit der Zweck des Gesetzes vom 22. Mai 1876 erreicht sei. Er beruft sich auf seine Erläuterungen und Beweggründe, in denen es heißt, daß die durch dieses Gesetz stipulierte Entschädigung den Stellen selbst gewährt werden müsse,

„da die Einnahmen einer großen Zahl unserer Geistlichen schon bisher bei der Steigerung der Preise selbst zum notdürftigen Lebensunterhalt kaum mehr ausreichten, so daß, wenn noch eine Abminderung eintrete, viele in eine Lage versetzt würden, in der sie den härtesten Kampf mit der Not des Lebens zu bestehen hätten."

Man könnte daraus den Schluß ziehen, daß, wenn der Staat infolge des Schiedsspruchs so hohe Zuschüsse leistet, daß unter Zuhilfenahme des Gemeindeaufbringens eine zum standesgemäßen Unterhalt ausreichende Besoldung gewährleistet wird, der Zweck des Gesetzes vom 22. Mai 1876, soweit es sich um die Geistlichen handelt, erfüllt sei. Indessen ist dies nicht richtig, da der Zweck dieses Gesetzes nur mittelbar Zuwendungen an die Geistlichen zum Gegenstand hatte, wie sich aus folgendem ergibt:

Die Geistlichen hatten bis zum Inkrafttreten der Reichsverfassung in Sachsen feste Bezüge, die von den Gemeinden gezahlt wurden, zunächst aus eigenen Mitteln, dann, soweit es sich um Gemeinden handelte, die zur ausreichenden Besoldung aus eigenen Mitteln außerstande waren, aus Zuschüssen des Staates. Dementsprechend ist der Schiedsspruch nur zugunsten der bedürftigen Kirchengemeinden ergangen.

Das Gesetz vom 22. Mai 1876 setzt aber zugunsten sämtlicher Kirchengemeinden, gleichgültig, ob sie bedürftig waren oder nicht, die Entschädigung für den Fortfall von bisherigen Einnahmen der Geistlichen und Kirchendiener fest. Der Staat ist also zu dieser Leistung an sämtliche Gemeinden auf Grund des Gesetzes vom 22. Mai 1876, darüber hinaus auf Grund des im Schiedsspruch festgestellten Gewohnheitsrechts noch zu weiteren Zuschüssen an die Gemeinden verpflichtet, die trotz der Zuwendung auf Grund des Gesetzes vom 22. Mai 1876 noch bedürftig im Sinne des Schiedsspruchs bleiben. Die Verpflichtung aus dem Gesetze vom 22. Mai 1876 ist also das Primäre, die aus dem Gewohnheitsrecht das Subsidiäre. So sind denn auch in den bisherigen Haushaltsplänen die Leistungen aus dem Gesetze vom 22. Mai 1876 und die Zuschüsse an die bedürftigen Gemeinden zum Zweck der Besoldung der Geistlichen nebeneinander gewährt worden.

2. Hat der Antragsgegner, was noch festzustellen sein wird, auf Grund des Schiedsspruchs den bedürftigen Gemeinden den zur Besoldung ihrer Geistlichen erforderlichen Zuschuß gezahlt, so dürften

die Beträge, die nach dem Gesetz vom 22. Mai 1876 zu leisten gewesen wären, aber tatsächlich auf Grund dieses Gesetzes nicht geleistet worden sind, in den nach dem Schiedsspruch geleisteten Zahlungen enthalten gewesen sein. Denn wenn der Staatszuschuß zu dem an den betreffenden Geistlichen zu zahlenden Gehalt dem Betrag der Besoldung abzüglich des Aufbringens der Gemeinde entsprochen und letzteres sich infolge Ausbleibens der Leistungen aus dem Gesetze vom 22. Mai 1876 verringert hat, so muß sich der auf Grund des Schiedsspruchs zu zahlende Betrag von selbst vermehrt haben.

So hat denn auch die Antragstellerin gesagt:

„Denn die sonstigen staatlichen Pfarrbesoldungszuschüsse richteten sich bei ihrem nur subsidiären Charakter von vornherein in ihrer jeweiligen Höhe nach der Leistungsfähigkeit der Kirchengemeinde, so daß also eine etwaige Mehrleistung durch die Stolgebührenentschädigungen von selbst zu einer Verminderung der übrigen — eben nur subsidiären — staatlichen Pfarrbesoldungszuschüsse geführt hätte."

Diese Umstände werden bei der Endentscheidung zu berücksichtigen sein.

B. Zuschuß zu den geistlichen Getreidezehnten.

Die Verpflichtung des Staates beruht auf § 4 des sächsischen Gesetzes vom 10. Februar 1851 (GVBl. S. 45):

„Der Rentenzuschuß, welcher in Gemäßheit des § 8 des Gesetzes vom 14. Juli 1840 für abgelöste Getreidezinsen oder Zehntgetreide Kirchen- oder Schuldienern bewilligt worden ist, verbleibt den betreffenden Lehnen und soll auch den Nachfolgern der damaligen Nutznießer aus der Staatskasse gewährt werden."

Hierzu ergibt sich aus den Materialien folgendes:

Nach dem Ablösungsgesetz vom 17. März 1832 (GVS. S. 163) waren gleich anderen auf Grund und Boden haftenden, allenthalben auf Privatrechtstiteln beruhenden Naturalleistungen auch die an Geistliche und Schullehrer zu entrichtenden der Ablösbarkeit auf einseitigen Antrag unterworfen. Da jedoch die nach diesem Gesetz vorgenommenen Ablösungen gerade in eine Zeit fielen, wo eine ziemliche Reihe von Jahren hindurch die Getreidepreise niedrig gewesen waren und da sich daher bei der anzustellenden Durchschnittsberechnung für die Berechtigten ein ungünstiges Resultat ergab, so wurde das Einkommen einzelner Pfarr- und Schulstellen mitunter in bedenklicher Weise geschmälert. Deshalb wurde durch ein Gesetz vom 14. Juli 1840 (GVBl. S. 146) einerseits die Ablösbarkeit eingeschränkt, anderseits durch § 8 den geistlichen Lehen ein Rentenzuschuß bewilligt, um sie für die unter sehr ungünstigen Verhältnissen zum Abschluß gekommenen Ablösungen zu entschädigen. Durch § 1 Abs. 1 des Gesetzes vom 10. Februar 1851 wurde das Gesetz vom 14. Juli 1840 wiederaufgehoben und die durch das Gesetz vom 17. März 1832 eingeführte unbeschränkte Ablösbarkeit wiedereingeführt, durch § 4 jedoch der durch § 8 des Gesetzes vom 14. Juli 1840 bewilligte Rentenzuschuß beibehalten. In den Motiven wird die Begründung des Gesetzes vom 14. Juli 1840 wiederholt und dann gesagt:

„Er — der Rentenzuschuß — ist daher als eine Verwilligung anzusehen, die nicht ohne Verletzung wohlerworbener Rechte widerrufen werden kann. Er beläuft sich auch nicht höher als auf jährlich 650 Thaler."

Demnach handelt es sich auch hier um Staatsleistungen an eine Religionsgesellschaft im Sinne des Art. 173 RVerf. Den Berechtigten standen Naturalleistungen zu. Durch ein Staatsgesetz (17. März 1832) wurden diese abgelöst. Infolge ungünstiger Zeitverhältnisse erwuchs dabei den Berechtigten ein Schaden. Der Staat übernahm es, den Schaden durch eine laufende Entschädigung auszugleichen (Gesetze vom 14. Juli 1840 und 10. Februar 1851); diese Entschädigung wurde auf den Unterschied zwischen dem, was die Berechtigten gehabt hätten, wenn die Ablösung nicht unter ungünstigen Zeitverhältnissen erfolgt wäre, und dem tatsächlichen Erlös festgesetzt.

Für die Leistungen war außer dem Gesichtspunkte der Billigkeit der Umstand maßgebend, daß man wahrgenommen zu haben meinte, daß „auf diese Weise das Einkommen einzelner Pfarr- und Schulstellen auf bedenkliche Weise geschmälert werde." Es sollte also wieder auf normale Höhe gebracht werden. Dies ist der mit § 4 des Gesetzes vom 10. Februar 1851 verfolgte besondere Zweck.

Der Antragsgegner hat hierzu ausgeführt, der streitige Betrag sei ein Zuschuß zu den für die Ablösung gegebenen Landrentenbriefen, um die Verzinsung zu einem bestimmten Zinssatze zu gewährleisten. Die Landrentenbriefe seien sämtlich ausgelost; die anderweitig angelegten Beträge würden von der Kasse des Kultusministeriums im „Geistlichen Zehntablösungsstock" verwaltet; die Werte seien der Inflation und der Aufwertung verfallen. Was von dem Kapital gelte, müsse auch von den Zinsen gelten. Dies greift nicht durch. Da die Landrentenbriefe keine der Billigkeit entsprechende Verzinsung gewährten, trat neben ihre Zinsen eine Staatsleistung. Fällt die Verzinsung fort, so muß letztere erst recht bestehen bleiben.

Dagegen wird auch hier der Einfluß der auf Grund des Schiedsspruchs vom 17. Februar 1926 etwa geleisteten Zahlungen zu prüfen sein.

C. Gottesdienst der vormaligen evangelischen Hofkirche in Dresden nebst den aus der Kronrente übernommenen 6000 *M*.

1. Bei der am 15. Mai 1834 erfolgten Beratung der 2. Kammer über das Budget wurde auch ein Postulat von 5852 Thalern 2 gr. für den evangelischen Hofgottesdienst erörtert. Hierzu äußerte sich zunächst der Staatsminister D. Müller:

> Was die vorliegenden verschiedenen Positionen ... anlange, so umfaßten sie insgesamt die Bedürfnisse für die evangelische Hofkirche. Als mit den vorigen Ständen über die Aussetzung der Zivilliste verhandelt worden, seien diese Posten von solcher gestrichen und auf die Staatskasse übernommen worden. Hierin liege die Verpflichtung, daß sie auch künftig aus dieser gegeben werden müßten, denn sie beruhten auf einem Vertrag und müßten als Normal-Etat aufgenommen werden.

Und der Regierungskommissar, Geh. Kirchenrat D. Hübel, bemerkte:

> Der evangelische Hofgottesdienst bestehe seit der Reformation. Bis zum Jahre 1737 sei er in einem Saal des Königlichen Schlosses gehalten worden. In diesem Jahre sei er jedoch in die Sophienkirche verlegt worden, und es habe der damalige Regent die Zusicherung gegeben, daß er fortbestehen und daß den Geistlichen dasjenige bleiben solle, was ihnen aus der damaligen Kammer zugesichert gewesen. Dies seien nun die postulierten Sätze, die daher nicht wegfallen könnten.

Nach weiteren Erörterungen wurde das Postulat bewilligt. Es betrug also damals $3 \times 5852{,}20 = 17556{,}60$ *M*. Der jetzige Betrag von 17784 *M* ist unter den Parteien unstreitig.

2. Nach § 22 der sächsischen Verfassung vom 4. September 1831 (GS. S. 241) wurde aus der Zivilliste des Königs bestritten

> ... „der gesamte Aufwand für ... den ... evangelischen Hofgottesdienst ... nach der Höhe des zeitherigen Betrags."

Unstreitig wurden (neben dem zu 1 erörterten, aus der Staatskasse gezahlten Betrage) auf Grund dieser Bestimmung in der Vorkriegszeit und auch später jährlich 2000 Thaler = 6000 ℳ so lange gezahlt, als die Königliche Zivilliste bestand. Nach deren Wegfall wurde der Betrag von 6000 ℳ in den zweiten Nachtrag zum ordentlichen Staatshaushaltplan auf die Jahre 1918 und 1919 eingesetzt und durch Beschluß der sächsischen Volkskammer vom 31. März 1920 bewilligt.

Der Staatsgerichtshof ist auf Grund dieser Feststellungen zu der Überzeugung gelangt, daß es sich auch hier um Staatsleistungen im Sinne des Art. 173 RVerf. handelt. Der Betrag zu 2 beruht auf der Verfassung, also auf einem Gesetz, der Betrag zu 1 auf einem Vertrag mit den Ständen und auf Gewohnheitsrecht, da er seit 1834 in ständiger Übung als auf einer Rechtspflicht beruhend gezahlt worden ist.

Bezüglich des Betrages zu 2 wendet der Antragsgegner ein, daß für ihn diese Verpflichtung erst am 31. März 1920, also nach Inkrafttreten der Reichsverfassung begründet, daß sie also durch die Reichsverfassung nicht betroffen sei. Dieses an sich beachtliche Vorbringen ist tatsächlich unrichtig.

Die sächsische Verfassung vom 4. September 1831 unterschied in dem Abschnitt „Von dem Staatsgute, sowie von dem Vermögen und den Gebührnissen des Königlichen Hauses" zwischen Staatsgut (§§ 16 bis 19), dem Königlichen Hausfideikommiß (§ 20), dem Privateigentum des Königs (§ 21), der Zivilliste (§ 22) und den Apanagen und anderen Gebührnissen der Glieder des Königlichen Hauses (§ 23). Während dem König nach Maßgabe des § 21 die freie Verfügung über sein Privateigentum zustand, war er verpflichtet, aus der Zivilliste die in § 22 Abs. 5 aufgezählten Aufwendungen zu machen. Er erhielt also die Zivilliste mit zu dem Zwecke, daß er mit den ihm zur Verfügung gestellten Staatsmitteln diese Aufwendungen machte, die er sonst vielleicht nicht aus eigenen Mitteln hätte machen können oder die ihm billigerweise aus eigenen Mitteln nicht zuzumuten gewesen wären. Soweit diese Aufwendungen allein den Zwecken des Königs und seiner Angehörigen dienten, kann die Zivilliste allerdings nur als Staatsleistung an den König aufgefaßt werden. Soweit aber der König damit auch Aufwendungen zu machen hatte, die sonst dem Staat obgelegen hätten, hat die Zivilliste eine darüber hinausgehende Bedeutung, indem der König insoweit ein Organ des Staates war, als er, wenn auch aus eigenem Rechte, Staatsleistungen vorzunehmen hatte.

Der evangelische Hofgottesdienst wurde in einer der Allgemeinheit zugänglichen Kirche — der Sophienkirche — öffentlich, also jedenfalls nicht allein für den sächsischen Hof abgehalten; er war mithin nicht eine Privatveranstaltung des Königs, sondern mit eine Veranstaltung der evangelisch-lutherischen Landeskirche, so daß die Aufwendungen des Königs für diesen Gottesdienst als Leistungen des Staates anzusehen sind, die dieser durch den König für eine Religionsgesellschaft machte. Das ist auch in einem Schreiben des sächsischen Ministeriums für Volksbildung vom 9. März 1925 zum Ausdruck gekommen.

Der mit den beiden Staatsleistungen bezweckte Erfolg war die Ermöglichung der Abhaltung des evangelischen Hofgottesdienstes.

Zu Unrecht hat der Antragsgegner seine Verpflichtung mit der Begründung bestritten, daß ein Gegenseitigkeitsverhältnis vorliege und durch die Staatsumwälzung die Verpflichtung der Kirche bezüglich des Hofgottesdienstes fortgefallen sei. Denn tatsächlich wird unbestritten der Gottesdienst nach wie vor in der Sophienkirche für die Allgemeinheit weiter abgehalten. Das Vorbringen des Antragsgegners kann aber wesentlich werden bei der Bemessung der Höhe des der Antragstellerin zuzubilligenden Betrags, wenn nämlich infolge der Beseitigung des Königtums Änderungen in der Art der Abhaltung des Gottesdienstes (Fortfall des höfischen Prunkes usw.) eingetreten sein sollten.

D. Die Augusteische Priester-, Witwen- und Waisenstiftung.

Die Verpflichtung des Staats beruht auf dem Gesetz vom 1. Dezember 1837 (GVBl. S. 185), nach dessen § 1 eine Pensionskasse für die Witwen und Waisen der evangelisch-lutherischen und der evangelisch-reformierten Geistlichen errichtet werden sollte. Über ihren Fonds werden in § 2 Bestimmungen getroffen; insbesondere heißt es in Abs. 3:

„Die übrigen Fonds und die jährlichen Einkünfte der Augusteischen Stiftung, an 1968 Thlr. 18 gr. Rente, werden fernerhin abgesondert verwaltet und der Stiftungsurkunde vom 4. April 1583 gemäß zu Unterstützungen alter, verdienter Geistlicher in den Erblanden sowie deren Witwen und Waisen verwandt."

In den Erläuterungen wird hierzu gesagt:

„Der bei weitem größte Teil der evangelischen Geistlichen ... ist so gering besoldet, daß das Einkommen derselben nur gerade hinreicht, um ihnen und ihren Familien den notdürftigen Unterhalt zu gewähren, den wenigsten aber möglich ist, für den Fall ihres früheren Ablebens die Subsistenz ihrer Ehefrauen auch nur notdürftig sicher zu stellen und die Mittel zur Erziehung ihrer Kinder zu sammeln.

Es ist daher gewiß ein dringendes Bedürfnis, diesen Männern ... die drückende Sorge für das Fortkommen ihrer Familien einigermaßen zu erleichtern und ihren Hinterlassenen durch Pensionen zu Hilfe zu kommen."

Zu diesem Zwecke bestand eine Stiftung des Kurfürsten August aus dem Jahre 1583. Sie verfügte über einen Kapitalfonds von 225000 Thalern und außerdem über jährliche Bezüge aus den Rentämtern in Höhe von 1968 Thalern 18 gr. Über die Verwendung der letzteren Beträge verhält sich der § 2 Abs. 3 Ges. vom 1. Dezember 1837.

Es handelt sich also auch hier unzweifelhaft um Staatsleistungen gemäß Art. 173 RVerf., eine Feststellung, an der die Behauptung des Antragsgegners nichts zu ändern vermag, die Verteilung geschehe nach dem Ermessen der Verwaltungsbehörden, es liege also keine Unterhaltspflicht des Staates vor, sondern eine reine Geldrente, die der Inflation verfallen sei. Die Aufwertung hat nach den dargestellten Grundsätzen zu erfolgen. Dabei kann die Ausführung des Antragsgegners wesentlich sein, die Rente sei zu einer Zeit bewilligt worden, als die Pensionsansprüche der Priester und ihrer Hinterbliebenen noch sehr im argen gelegen hätten, jetzt seien die Pensionen denen der Staatsbeamten im wesentlichen gleichgestellt, so daß eine Unterstützung einzelner darüber hinaus nur in selteneren Fällen erforderlich sei.

2.

In der verfassungsrechtlichen Streitsache

des Landesverbandes Mecklenburg-Strelitz der Aufwertungs- und Volksrechtpartei

Antragstellers

gegen

das Land Mecklenburg-Strelitz

Antragsgegner

betreffend Feststellung der Ungültigkeit der in Mecklenburg-Strelitz beschlossenen Wahlbeschränkungen (StGH. 6/27) hat der Staatsgerichtshof für das Deutsche Reich in der öffentlichen Sitzung vom 17. Dezember 1927 für Recht erkannt:

1. Die Verordnung vom 5. Mai 1927 zur Abänderung des Landtagswahlgesetzes für Mecklenburg-Strelitz vom 30. Januar 1919 verstößt gegen § 35 des Mecklenburg-Strelitzschen Landesgrundgesetzes.

2. § 8 Abs. 2 Satz 1 bis 3 des Landtagswahlgesetzes für Mecklenburg-Strelitz verstößt in der ihm durch die Verordnung vom 5. Mai 1927 gegebenen Fassung gegen die Reichsverfassung.

3. Die weiteren Anträge werden zurückgewiesen.

Gründe:

Nach § 35 Satz 1 des Landesgrundgesetzes von Mecklenburg-Strelitz vom 24. Mai 1923 (Amtl. Anz. S. 363) kann das Staatsministerium, solange der Landtag nicht versammelt ist, mit Zustimmung des Landesausschusses Verordnungen, die der Gesetzesform bedürfen und der Verfassung nicht zuwiderlaufen, mit Gesetzeskraft erlassen, wenn außergewöhnliche Ereignisse ein sofortiges Eingreifen dringend erforderlich machen. Auf Grund dieser Bestimmung hat das Mecklenburg-Strelitzsche Staatsministerium mit Zustimmung des Landesausschusses am 5. Mai 1927 eine Verordnung mit Gesetzeskraft zur Abänderung des Landtagswahlgesetzes für Mecklenburg-Strelitz (Amtl. Anz. 1927 S. 267) erlassen, die unter II dem § 8 Abs. 2 des Landtagswahlgesetzes folgende Fassung gibt:

„Die Wahlvorschläge müssen mit einer Partei- oder Gruppenbezeichnung versehen und im ersten Wahlkreis von mindestens 1000, im zweiten von mindestens 200 im Wahlkreis zur Ausübung der Wahl berechtigten Personen unterzeichnet sein. Bei Wahlvorschlägen derjenigen Parteien oder Gruppen, die in dem zweiten oder in den folgenden ordentlichen Landtagen mindestens einmal durch einen Abgeordneten vertreten waren, genügt die Unterschrift von 20 Wahlberechtigten. Für jeden Wahlvorschlag dieser Parteien oder Gruppen, die im zweiten oder den folgenden ordentlichen Landtagen noch nicht vertreten waren, ist vor der Zulassung des Wahlvorschlages beim Wahlleiter für den ersten Wahlkreis ein Betrag von 2000 RM, für den zweiten Wahlkreis ein Betrag von 1000 RM zu hinterlegen, der der Staatskasse verfällt, wenn auf den Wahlvorschlag kein Abgeordneter gewählt wird. Die Wahlvorschläge dürfen nicht mehr Namen enthalten, als Abgeordnete im Wahlkreis zu wählen sind. Von jedem vorgeschlagenen Bewerber ist eine Erklärung über seine Zustimmung zur Aufnahme in den Wahlvorschlag anzuschließen."

Damit wurde das bisherige Wahlrecht, das auf dem Landtagswahlgesetz vom 30. Januar 1919 (Amtl. Anz. S. 171) und seiner Abänderung durch das Gesetz vom 17. April 1920 (Amtl. Anz. S. 363) beruhte, in zwei Punkten abgeändert. Die Mindestzahl der Unterzeichner von Wahlvorschlägen wurde von 150 und 60 für die in den bisherigen Landtagen noch nicht vertretenen Parteien auf 1000 und 200 erhöht, für die alten Parteien dagegen auf 20 herabgesetzt. Dem bis dahin geltenden Recht fremd war ferner das Erfordernis der Hinterlegung einer Sicherheit durch neu auftretende Parteien.

Der Landesverband Mecklenburg-Strelitz der Aufwertungs- und Volksrechtpartei hält diese Wahlrechtsänderungen für verfassungswidrig und hat sich daher an den Staatsgerichtshof für das Deutsche Reich mit dem Antrag gewandt:

die in Mecklenburg-Strelitz beschlossenen Wahlbeschränkungen als im Widerspruch zu den Art. 17, 22 und 125 der Reichsverfassung stehend und somit als verfassungswidrig und rechtsungültig zu erklären und aufzuheben.

In der mündlichen Verhandlung hat er dann an Stelle dieses Antrags folgende Anträge gestellt:

1. Die Verordnung des Mecklenburg-Strelitzschen Landesausschusses vom 5. Mai 1927 zur Abänderung des Landtagswahlgesetzes vom 30. Januar 1919 für ungültig zu erklären;
2. das Gesetz vom 17. April 1920 zur Abänderung des Landtagswahlgesetzes vom 30. Januar 1919 insoweit für ungültig zu erklären, als in § 7 ein Absatz 4 hinzugefügt ist;
3. die am 3. Juli 1927 in Mecklenburg-Strelitz vorgenommenen Landtagswahlen für ungültig zu erklären;
4. festzustellen, daß der Mecklenburg-Strelitzsche Landtag in seiner gegenwärtigen Zusammensetzung zu Unrecht besteht und die von ihm gefaßten Beschlüsse der Wirksamkeit entbehren.

Der Antragsteller macht zunächst geltend, daß der Erlaß der Notverordnung dem § 35 des Landesgrundgesetzes zuwiderlaufe. Es hätten keine außergewöhnlichen Ereignisse vorgelegen, die ihren Erlaß dringend erforderlich gemacht hätten. Die Verordnung sei vielmehr nur erlassen worden zu dem Zweck, den alten Parteien ihren Besitzstand zu sichern und neuen Parteien ihre politische Betätigung zu unterbinden. Ihr fehle also schon der formelle Rechtsboden. Noch wichtiger sei aber, daß sie der Reichsverfassung widerspreche. Die Reichsverfassung schreibe für die Volksvertretung der Länder die allgemeine, gleiche, unmittelbare und geheime Wahl vor. Mit diesen Grundsätzen sei die durch die Verordnung vom 5. Mai 1927 getroffene Neugestaltung des Wahlrechts unvereinbar.

Zunächst werde das Wahlgeheimnis verletzt, wenn bei nur etwa 65000 Wahlberechtigten für die Wahlvorschläge 1200 Unterschriften verlangt würden. Bei der letzten Wahl sei schon auf 1152 Stimmen ein Abgeordnetensitz entfallen. Wer einen Wahlvorschlag unterschreibe, verzichte damit auf das Wahlgeheimnis. Dann sei es ohne Belang, daß die Stimmabgabe selbst geheim sei.

Die Verordnung schaffe auch ein ungleiches Wahlrecht. Die Mitglieder derjenigen politischen Parteien, die in den bisherigen Landtagen bereits vertreten gewesen seien, würden gegenüber denen der neu auftretenden in doppelter Richtung bevorzugt. Sie brauchten für ihre Wahlvorschläge nur 20 Unterschriften aufzubringen und seien nicht verpflichtet, eine Sicherheit zu hinterlegen. Der Unterschied in der erforderlichen Zahl von Unterschriften für die Wahlvorschläge wirke in einem kleinen Lande wie Mecklenburg-Strelitz besonders stark zuungunsten der neuen Parteien, da bei der verhältnismäßig geringen Zahl von Wählern 1000 und 200 schon einen sehr erheblichen Bruchteil der gesamten Wählerschaft darstellten. Es spreche auch durchaus keine Vermutung dafür, daß alle alten Parteien diese Zahl von Unterschriften aufzubringen vermöchten. Der Betrag der Sicherheit von 3000 RM für beide Wahlkreise sei außerordentlich hoch, besonders wenn man berücksichtige, daß im Haushaltsplan von Mecklenburg-Strelitz für Wahlkosten überhaupt nur der Betrag von 6000 RM eingestellt worden sei. Die in dem Erfordernis der Sicherheitsleistung liegende finanzielle Vorbelastung sei um so fühlbarer, als schon das Sammeln der großen Zahl von Unterschriften erhebliche Kosten verursache. Abgesehen von der verschiedenen Behandlung der Anhänger der alten und der neuen Parteien verstoße die Verordnung auch noch dadurch gegen den Grundsatz des gleichen Wahlrechts, daß sie die Wahlbedingungen für den ersten Wahlkreis anders gestalte als für den zweiten.

Ein Wahlrecht, das von den Wählern die Einzahlung einer erheblichen Geldsumme fordere, sei zudem kein allgemeines Wahlrecht mehr. Der Betrag von insgesamt 3000 RM sei so hoch, daß er keineswegs von jedem ohne Schwierigkeiten aufgebracht werden könne. Die Aufwertungs- und Volksrechtpartei sei dazu jedenfalls nicht imstande gewesen und habe sich daher an den Wahlen, die am 3. Juli 1927 auf Grund des neuen Wahlrechts stattgefunden hätten, nicht beteiligen können.

Der Zweck der Verordnung sei, die Wähler zu zwingen, eine der alten Parteien zu wählen; es werde ihnen erschwert, sich neuen Parteien zuzuwenden, und damit ihre Wahlfreiheit angetastet, die mit dem Wahlgeheimnis in Art. 125 RVerf. gewährleistet werde. Der zugunsten der bisherigen Parteien ausgeübte Zwang werde noch verschärft dadurch, daß Mecklenburg-Strelitz bereits durch das Abänderungsgesetz vom 17. April 1920 dem § 7 des Landtagswahlgesetzes einen Abs. 4 folgenden Wortlauts hinzugefügt habe:

„Jeder Wahlberechtigte, der das 70. Lebensjahr nicht überschritten hat, ist zur Wahl verpflichtet."

Eine solche Wahlpflicht sei mit der verfassungsmäßigen Wahlfreiheit unvereinbar. —

Das Land Mecklenburg-Strelitz hat aus folgenden Gründen die Zurückweisung der gegnerischen Anträge erbeten:

Der Erlaß der Verordnung vom 5. Mai 1927 habe den Wünschen sämtlicher im Landtag vertretenen Parteien mit Ausnahme der kommunistischen Partei entsprochen. Man hätte damals auch den bereits geschlossenen Landtag wieder einberufen und die Änderung des Wahlgesetzes im Wege der ordentlichen Gesetzgebung vornehmen lassen können. Um die damit verbundenen geschäftlichen Umständlichkeiten und Schwierigkeiten zu vermeiden, habe man jedoch den zulässigen Weg der Notverordnung beschritten. Das neue Wahlrecht habe schon bei der Neuwahl des Landtags angewendet werden sollen, die inzwischen am 3. Juli 1927 stattgefunden habe. Das Bevorstehen dieser Neuwahl sei das außerordentliche Ereignis, das den Erlaß der Verordnung mit Gesetzeskraft nach § 35 des Landesgrundgesetzes hinreichend rechtfertige. Außerdem habe der neugewählte Landtag inzwischen der Verordnung zugestimmt. Da er allein über die Wahrung seiner Rechte, insbesondere des Gesetzgebungsrechts, zu wachen habe, so habe die Notverordnung mit der Genehmigung durch ihn zweifellos Rechtsgültigkeit erlangt.

Den Wahlvorschriften der Reichsverfassung widerspreche die Verordnung nicht. Man müsse unterscheiden zwischen der Wahlberechtigung und der Wählbarkeit. Erstere werde durch die Verordnung in keiner Weise beschränkt; sie sei allgemein und gleich geblieben. Die Wählbarkeit dagegen sei bei der Verhältniswahl an die Wahlvorschläge gebunden. Unter welchen Voraussetzungen sie zuzulassen seien, darüber bestimme die Reichsverfassung nichts; das Landesrecht sei in dieser Hinsicht völlig frei.

Die Verordnung habe den Einheitsstimmzettel eingeführt und, um seine Einführung zu ermöglichen, der Parteizersplitterung vorbeugen müssen. Diesem zulässigen Ziele dienten die beanstandeten Vorschriften, die verhindern sollten, daß Persönlichkeiten ohne nennenswerten Anhang eigene Listen aufstellten und dadurch dem Lande unnötige Kosten verursachten. Von den alten Parteien habe man die Beibringung der vollen Zahl von Unterschriften für die Wahlvorschläge gleichfalls fordern können. Da aber anzunehmen sei, daß sie die nötige Zahl von Anhängern hinter sich hätten, um dem Erfordernis mit Leichtigkeit zu genügen, habe man nur unnötige Arbeit erspart, indem man sich bei ihnen mit 20 Unterschriften begnügt habe. Den neu entstehenden Parteien dagegen fehle eine solche sichere Unterlage. Die Unterschriftenzahl sei nicht zu hoch. Würde dabei niedriger gegriffen, so biete sie keine Gewähr dafür, daß sie der Parteizersplitterung genügend entgegenwirke. Das Wahlgeheimnis, d. h. die Geheimhaltung der Stimmabgabe, bleibe unangetastet. Bei den Wahlvorbereitungen sei eine Offenbarung der Parteizugehörigkeit vielfach unvermeidlich.

Nicht ersichtlich sei, wie die Neuordnung des Wahlrechts in die Wahlfreiheit eingreife. Mit der Wahlpflicht, die übrigens keine praktische Bedeutung besitze, habe die Verordnung vom 5. Mai 1927 nichts zu tun. Das Gesetz vom 17. April 1920 habe mit ihrer Einführung die Reichsverfassung nicht verletzt. Der Aufhebung dieser Bestimmung werde daher widersprochen. —

Der Antragsteller ist diesen Ausführungen entgegengetreten. Die bevorstehende Landtagswahl sei kein außergewöhnliches Ereignis im Sinne des § 35 des Landesgrundgesetzes gewesen. Ein sofortiges Eingreifen sei überhaupt nicht dringend erforderlich gewesen. Die Zustimmung des auf Grund der rechtswidrigen Verordnung gewählten Landtags sei rechtlich ohne Belang.

Eine Beeinträchtigung des verfassungsmäßigen Wahlrechts liege schon in der Einschränkung des Rechts, Wahlvorschläge zu machen. Sie werde auch nicht dadurch gerechtfertigt, daß sie die Parteizersplitterung verhüten solle. Die Kosten des Einheitsstimmzettels seien ganz gering, der Betrag der geforderten Sicherheit gehe weit darüber hinaus.

II. Der Staatsgerichtshof für das Deutsche Reich ist zur Entscheidung der vorliegenden Streitigkeit nach Art. 19 RVerf. dann berufen, wenn sie sich als Verfassungsstreitigkeit innerhalb eines Landes darstellt.

1. Eine Verfassungsstreitigkeit innerhalb eines Landes liegt jedenfalls dann vor, wenn den unmittelbaren Gegenstand des Rechtsstreits eine Bestimmung des Landesverfassungsrechts bildet. Soweit über die Vereinbarkeit der Verordnung vom 5. Mai 1927 mit § 35 des Landesgrundgesetzes gestritten wird, handelt es sich also unzweifelhaft um eine Verfassungsstreitigkeit im Sinne des Art. 19 RVerf. Das gilt aber auch, soweit der Streit das Verhältnis der Verordnung vom 5. Mai 1927 zur Reichsverfassung betrifft. Allerdings wird die Meinung vertreten, daß als Verfassungsstreitigkeit innerhalb eines Landes ausschließlich ein Rechtsstreit über die Auslegung oder Anwendung von Normen der Landesverfassung zu gelten habe. Diese Ansicht hat der Staatsgerichtshof jedoch mißbilligt in seiner im Streitverfahren zwischen der evangelisch-lutherischen Landeskirche des Landes Sachsen und dem Lande Sachsen (StGH. 4/26) ergangenen, in diesem Bande, Anhang S. 1, abgedruckten Entscheidung vom 15. Oktober 1927. Dort ist dargelegt worden, daß auch solche Vorschriften der Reichsverfassung Gegenstand einer Verfassungsstreitigkeit innerhalb eines Landes sein können, die auf die Landesverfassung oder auf landesverfassungsrechtliche Normen einwirken und insoweit eine Ergänzung der Landesverfassung bilden. Bestimmungen dieser Art enthalten aber die dem gegenwärtigen Streit zugrunde liegenden Artikel der Reichsverfassung, die das Wahlrecht innerhalb der Länder grundsätzlich regeln.

2. Eine Verfassungsstreitigkeit innerhalb eines Landes setzt weiter voraus, daß die streitenden Parteien zur Führung einer Verfassungsstreitigkeit im Sinne des Art. 19 RVerf. berufen sind. Für das Land Mecklenburg-Strelitz bedarf das keiner weiteren Darlegung. Aber auch dem Antragsteller, dem Landesverband Mecklenburg-Strelitz der Aufwertungs- und Volksrechtpartei, muß die Parteifähigkeit für den gegenwärtigen Streit zugesprochen werden. Nach der Rechtsprechung des Staatsgerichtshofs können parlamentarische Fraktionen als Streitteile in einem Verfahren vor ihm auf-

treten (vgl. Entsch. des vorl. StGH. vom 12. Juli 1921 in RGZ. Bd. 102 S. 422 und des StGH. vom 12. Januar 1922 im Arch. d. öff. Rechts Bd. 43 S. 218; vom 21. November 1925 in RGZ. Bd. 112 Anh. S. 1 und vom 18. Juni 1927 in RGZ. Bd. 116 Anh. S. 45). Die Erwägungen, die zu ihrer Zulassung geführt haben, treffen allerdings auf die politischen Parteien nicht ohne weiteres zu. Denn wenn auch die Fraktionen Teile dieser Parteien sind, und zwar gerade diejenigen Teile, welche die größte Wirksamkeit zur Förderung der Parteiziele entfalten, so sind sie doch nicht wegen ihrer Zugehörigkeit zu den politischen Parteien zur Betreibung von Verfassungsstreitigkeiten befugt. Ihre Parteifähigkeit in derartigen Streitigkeiten beruht vielmehr darauf, daß sie der Volksvertretung angehören und in ihr zur Teilnahme an der staatlichen Willensbildung berufen sind. Die Volksvertretungen der neuzeitlichen Verfassungen setzen aber das Vorhandensein von Parteien voraus. Die Durchführung der Wahlen für die Volksvertretungen ist ohne sie nicht denkbar. Ganz besonders gilt das bei der durch die Reichsverfassung (Art. 17) auch für die Wahlen zu den Volksvertretungen der Länder eingeführten Verhältniswahl. Sie ist ohne die Mitwirkung von organisierten Parteien überhaupt unmöglich. Mit ihnen rechnet denn auch die das Verhältniswahlverfahren näher regelnde Gesetzgebung. So bestimmt z. B. § 25 des Reichswahlgesetzes vom 6. März 1924 (RGBl. I S. 159), daß die amtlichen Stimmzettel die zugelassenen Kreiswahlvorschläge unter Angabe der Partei enthalten. Um diese Angabe zu ermöglichen, schreibt § 49 Abs. 2 der Reichsstimmordnung vom 14. März 1924 (RGBl. I S. 173) vor, daß in den Wahlvorschlägen die Partei der Bewerber angegeben werden soll. Entsprechende Vorschriften enthalten für Mecklenburg-Strelitz § 8 Abs. 2 und § 10 des Landtagswahlgesetzes, wenigstens in der Fassung, die ihnen die Verordnung vom 5. Mai 1927 unter II und III gibt, nur mit der Abweichung, daß sie die Angabe einer Partei oder Gruppe vorsehen (vgl. auch §§ 25 und 26 der Mecklenburg-Strelitzschen Landtagswahlordnung vom 8. Februar 1919 in der ihnen durch Nr. 2 und 3 der Bekanntmachung vom 5. Mai 1927, Amtl. Anz. S. 268, gegebenen Fassung). Aus dieser gesetzlich anerkannten engen Beziehung der Parteien zum Verhältniswahlverfahren und aus dem großen Interesse, das sie berechtigterweise an ihm haben, muß die Folgerung gezogen werden, daß sich die politischen Parteien in Verfassungsstreitigkeiten, die das Wahlrecht zum Gegenstand haben, mit Anträgen an den Staatsgerichtshof wenden dürfen. Wollte man in solchen Fällen nur den Fraktionen die Parteifähigkeit zuerkennen, so würde es gerade dann, wenn die Wahl des Landtags und damit die Bildung der Fraktionen auf dem in seiner Rechtsgültigkeit bestrittenen Wahlrecht beruht, leicht möglich sein, daß eine Fraktion, die an der Klärung der Wahlrechtsstreitfrage ein Interesse nähme, überhaupt nicht vorhanden wäre. Den benachteiligten Wählern würde dann der verfassungsmäßige Rechtsschutz überhaupt fehlen, da man nicht so weit gehen kann, ihn dem einzelnen Staatsbürger zu gewähren. Es erweist sich deshalb als notwendig, ihn den politischen Parteien nicht vorzuenthalten. Dabei bedarf es für den vorliegenden Fall keiner Erörterung, ob sie auch in Verfassungsstreitigkeiten anderer Art zugelassen werden müßten. Hier liegt eine Wahlrechtsstreitigkeit vor, die nach dem Gesagten von einer politischen Partei betrieben werden kann.

Es fragt sich deshalb nur noch, ob die Aufwertungs- und Volksrechtpartei, deren Landesverband gegen das Land Mecklenburg-Strelitz beim Staatsgerichtshof Klage erhoben hat, als politische Partei anzusehen ist. Es genügt nicht, daß sich eine Personenvereinigung als Partei bezeichnet; sie muß auch den an eine solche zu stellenden sachlichen Forderungen entsprechen. Das tut die Aufwertungs- und Volksrechtpartei nach der Entwicklung, die sie genommen hat, jedenfalls jetzt. Ihre Ziele sind politische, und zwar in erster Linie wirtschaftspolitische, mindestens also politische in dem Sinne, daß sie durch die Staatsgewalt verwirklicht werden sollen, an der teilzunehmen erstrebt wird. Das Parteiprogramm behandelt außer den wirtschaftlichen und finanziellen Fragen noch viele andere und nimmt zu ihnen Stellung. Die Aufwertungs- und Volksrechtpartei ist ausgegangen vom Sparerbund. Als dieser mit anderen, gleiche oder ähnliche Interessen verfolgenden Gruppen gemeinsam am 29. August 1926 die Aufwertungs- und Volksrechtpartei gründete, traten die Landesverbände des Sparerbundes zu der neuen Partei über und boten ihr so von vornherein eine verhältnismäßig umfassende organisatorische Grundlage. Sie besitzt eine sich auf das ganze Reich erstreckende Verfassung (Ehrenpräsidium, Reichsparteivorsitzender), sowie nach Ländern und Orten gegliederte Unterverbände. An Landtags- und Kommunalwahlen hat sie sich schon mit Erfolg beteiligt. Sie verfügt über Zeitungen, die ihre Bestrebungen verfechten. Dem ganzen Gebilde ist, obwohl es im

Vergleich zu anderen Parteien noch jung ist, eine gewisse Festigkeit nicht abzusprechen. Mag auch das hauptsächlichste Parteiziel, eine anderweite gesetzliche Regelung der Aufwertung, nur von zeitlich vorübergehender Bedeutung sein, so ist doch zunächst mit einer ausreichenden Dauer der Partei zu rechnen. Die Anerkennung als politische Partei und damit ihre und ihrer Landesverbände Befugnis, einen Verfassungsrechtsstreit vor dem Staatsgerichtshof durchzuführen, können demnach nicht abgelehnt werden.

3. In Mecklenburg-Strelitz besteht kein Gericht zur Erledigung von Verfassungsstreitigkeiten. Vielmehr sieht § 4 des Landesgrundgesetzes für solche Fälle gerade die Anrufung des Staatsgerichtshofs für das Deutsche Reich vor. Art. 13 Abs. 2 RVerf. scheidet deshalb aus, weil der Landesverband die dort vorgesehene Entscheidung eines obersten Gerichtshofs des Reichs nicht anrufen kann. Zur Entscheidung über die von ihm erhobene Klage ist das Reichsgericht, das nach dem Ausführungsgesetz vom 8. April 1920 (RGBl. S. 510) über die auf Grund von Art. 13 Abs. 2 RVerf. gestellten Anträge zu befinden hat, nicht berufen. Allerdings könnte die zuständige Reichs- oder Landeszentralbehörde dem Reichsgericht die Frage nach der Verfassungsmäßigkeit der mecklenburg-strelitzschen Verordnung vom 5. Mai 1927 unterbreiten. Das mecklenburg-strelitzsche Staatsministerium macht von dieser Befugnis aber keinen Gebrauch. Man würde also dem Antragsteller jeden Rechtsschutz versagen, wenn man ihm mit Rücksicht auf die nur dem Gegner offenstehende Möglichkeit, sich an das Reichsgericht zu wenden, das Recht verweigern wollte, beim Staatsgerichtshof klagbar zu werden. Eine die Zuständigkeit des Staatsgerichtshofs ausschließende Zuständigkeit eines anderen Gerichtshofs des Reichs ist demnach für den zwischen den gegenwärtigen Parteien schwebenden Verfassungsstreit nicht gegeben.

III. Der Staatsgerichtshof hat in seiner bereits angeführten, RGZ. Bd. 112 Anh. S. 1 abgedruckten Entscheidung vom 21. November 1925 ausgesprochen, daß er bei der Nachprüfung der Rechtmäßigkeit einer Notverordnung auch ihre Dringlichkeit und Notwendigkeit zu untersuchen hat (S. 8 das.). Dieser dort für Art. 55 Preuß. Verf. vertretene Grundsatz muß ebenso für das den Gegenstand des jetzigen Streites bildende Landesgrundgesetz von Mecklenburg-Strelitz gelten. Es ist deshalb zu prüfen, ob der Erlaß der Verordnung vom 5. Mai 1927 durch § 35 des Landesgrundgesetzes gerechtfertigt wird, ob damals außergewöhnliche Ereignisse ein sofortiges Einschreiten dringend erforderlich machten. Der Antragsteller bestreitet das und stellt deshalb die Rechtsgültigkeit der Verordnung in Abrede. Das Land ist anderer Meinung, indem es sich zunächst auf die Wünsche der überwiegenden Mehrheit der im Landesausschuß vertretenen Parteien stützt. Diese Wünsche sind indessen ohne rechtliche Bedeutung. Auch wenn das Staatsministerium annehmen konnte, sein Vorgehen entspreche dem Willen der Landtagsmehrheit, so durfte es doch eine Notverordnung nur beim Vorliegen der Voraussetzungen des angeführten § 35 erlassen.

In zweiter Linie macht das Land geltend, die bevorstehende Landtagswahl, bei der das neue Wahlrecht schon habe angewendet werden müssen, habe die sofortige Änderung des Landtagswahlgesetzes geboten. Auch darin liegt keine genügende Begründung für das Vorgehen des Staatsministeriums. Ein außergewöhnliches Ereignis ist ein unvorhergesehenes, dem im Wege der ordentlichen Gesetzgebung Rechnung zu tragen nicht möglich war. Die Landtagswahl, auf die sich das Land beruft, wurde erforderlich, weil die vierjährige Wahlzeit (Landesgrundgesetz § 7) am 7. Juli 1927 ablief. Die dadurch bedingte Notwendigkeit einer Neuwahl war von Anfang an vorauszusehen. Es war also durchaus möglich, daß der Landtag, bevor am 1. April 1927 seine letzte Tagung geschlossen wurde, die für zweckmäßig erachtete Wahlrechtsänderung beschloß oder daß er zu diesem Zweck noch einmal zusammenberufen wurde. Die mit solcher nochmaligen Einberufung des alten Landtags verknüpften geschäftlichen Schwierigkeiten durften dem klaren Wortlaut der Landesverfassung gegenüber nicht ins Gewicht fallen. Ein sofortiges Eingreifen im Wege der Notverordnung war also auch keineswegs dringend erforderlich.

Die Verordnung vom 5. Mai 1927 soll nun aber nach Ansicht des Landes die fehlende verfassungsmäßige Rechtsgrundlage jedenfalls dadurch erlangt haben, daß der neugewählte Landtag sie inzwischen durch Beschluß vom 28. Juli 1927 genehmigt hat. Das Land übersieht dabei, daß der Landtag, der diesen Beschluß gefaßt hat, bereits auf Grund der beanstandeten Verordnung gewählt worden ist. Daraus folgt, daß er, selbst wenn er zu Recht bestehen sollte, nicht befugt ist, die Zweifel, die gegen die Rechtsbeständigkeit der Wahlrechtsänderung erhoben sind, zu beseitigen, ihre Prüfung dem Staatsgerichtshof zu entziehen.

Der Erlaß der Verordnung vom 5. Mai 1927 verstößt somit gegen das mecklenburg-strelitzsche Grundgesetz.

IV. Der streitigen Verordnung fehlt indessen nicht bloß der formelle Rechtsboden. Auch ihr Inhalt wird mit Recht bemängelt: er verletzt die Reichsverfassung. Allerdings hat der vom Antragsteller gleichfalls angezogene Art. 22 RVerf. nur für die Reichstagswahlen Bedeutung. In inhaltlicher Übereinstimmung mit ihm bestimmt aber Art. 17 Abs. 1 Satz 2 das., daß die Volksvertretung jedes Landes in allgemeiner, gleicher, unmittelbarer und geheimer Wahl nach den Grundsätzen der Verhältniswahl gewählt wird. Mit dieser Verfassungsvorschrift steht die Verordnung vom 5. Mai 1927 in mehrfacher Richtung nicht im Einklang. Die Wahl zum mecklenburg-strelitzschen Landtage, wie sie durch die Verordnung gestaltet wurde, ist keine gleiche, keine allgemeine und keine geheime Wahl mehr.

1. Unter dem von der Reichsverfassung vorgeschriebenen gleichen Wahlrecht ist zunächst zu verstehen die Gleichheit der Stimmberechtigung aller Wähler. Jeder Wähler hat eine Stimme, jede Stimme hat gleiche Kraft. Das Mehrstimmrecht und das Klassenwahlrecht werden damit ausgeschlossen. Die Gleichheit der Wahl erhält aber eine erweiterte Bedeutung durch die ebenfalls von der Reichsverfassung vorgeschriebene Verhältniswahl. Sie ist im Reich und ebenso in Mecklenburg-Strelitz derart geordnet worden, daß vor der Wahl Wahlvorschläge eingereicht werden müssen und daß nur die für solche Wahlvorschläge abgegebenen Stimmen gültig sind. Die Einreichung der Wahlvorschläge ist ein Recht der Wähler (§ 15 Abs. 3, § 17 Abs. 1 des Reichswahlgesetzes, § 8 Abs. 2 des meckl.-strel. Landtagswahlgesetzes), das einen wesentlichen Bestandteil der Wahlberechtigung überhaupt bildet. Denn nur durch die Wahlvorschläge können sich die Wähler die Möglichkeit verschaffen, die Personen zu wählen, deren Entsendung in die Volksvertretung sie wünschen. Die vom Antragsgegner vertretene strenge Scheidung zwischen der Wahlberechtigung und der Wählbarkeit besteht also beim Verhältniswahlrecht nicht. Die Wahlberechtigung schließt vielmehr die Befugnis in sich, bei der Bestimmung der zu wählenden Personen mitzuwirken. Wenngleich von dieser Befugnis stets nur ein kleiner Teil der Wähler Gebrauch macht, so gehört ihre Ausübung doch schon zur Ausübung des Wahlrechts selbst, so daß es nicht angängig ist, sie der durch Art. 17 RVerf. allerdings nicht betroffenen Wahlvorbereitung zuzurechnen.

Aus dieser rechtlichen Bedeutung der Aufstellung von Wahlvorschlägen folgt, daß schon die ungleiche Ausgestaltung der Berechtigung hierzu die von der Reichsverfassung vorgeschriebene Gleichheit des Wahlrechts beeinträchtigt.

Die Verfassungsmäßigkeit der streitigen Verordnung ist also nicht schon deshalb zu bejahen, weil sie die Gleichheit der abgegebenen Wahlstimmen unberührt gelassen hat. Es kommt vielmehr darauf an, ob nach ihr das zur Wahlberechtigung gehörige Recht, Wahlvorschläge zu machen, von allen Wählern in gleicher Weise ausgeübt werden kann. Und zwar muß der Begriff der Gleichheit bei Anwendung des Art. 17 RVerf. formal gefaßt werden. Für irgendwelche Bewertungen läßt diese Vorschrift keinen Raum. Es ist deshalb nicht angängig, aussichtslose Wahlvorschläge oder solche Wahlvorschläge, auf die wahrscheinlich nur ein oder nur wenige Abgeordnetensitze entfallen werden und denen deshalb für die Tätigkeit des Parlaments geringere Bedeutung zukommen mag, anderen Bedingungen zu unterwerfen als die aussichtsreicheren und für das politische Leben wichtigeren Wahlvorschläge der großen Parteien. Auch aus dem Wesen der Verhältniswahl ist die Zulässigkeit von ungleichen Voraussetzungen für die Einreichung der Wahlvorschläge nicht herzuleiten. Seinen Erfordernissen kann auch bei ihrer völligen Gleichheit genügt werden.

Geht man von diesen Grundsätzen aus, so muß anerkannt werden, daß die streitige Verordnung das Gebot der Gleichheit des Wahlrechts nicht erfüllt. Sie schafft ein Vorrecht für die Parteien und Gruppen, die im zweiten oder in den folgenden ordentlichen Landtagen mindestens einmal durch einen Abgeordneten vertreten waren. Bei ihren Wahlvorschlägen genügt die Unterschrift von 20 Wahlberechtigten, einen Geldbetrag brauchen sie nicht zu hinterlegen. Alle anderen Wahlvorschläge müssen im ersten Wahlkreis von mindestens 1000, im zweiten von mindestens 200 im Wahlkreis zur Ausübung der Wahl berechtigten Personen unterzeichnet sein. Außerdem ist bei jedem Wahlvorschlag anderer Parteien oder Gruppen vor der Zulassung für den ersten Wahlkreis ein Betrag von 2000 RM, für den zweiten ein Betrag von 1000 RM zu hinterlegen, welcher der Staatskasse verfällt, wenn auf den Vorschlag kein Abgeordneter gewählt wird. Damit wird für die Angehörigen der alten Parteien und Gruppen die Ausübung des Rechts auf Einreichung von Wahlvorschlägen erleichtert, für die anderen erschwert. Dem kann nicht entgegengehalten werden, daß die Sicherheit aus den Mitteln der Parteien, nicht aus denen der Wähler fließe. Denn letztere sind es, die die Kassen der Parteien speisen und zur Erreichung ihrer Ziele größere Mittel aufwenden müssen, wenn ein Teil davon zunächst in der Hand des Staates festgehalten wird. Der Unterschied, der für die Unterzeichnung der Wahlvorschläge gemacht wird, kann auch nicht damit gerechtfertigt werden, daß dadurch den alten Parteien nur unnütze Arbeit erspart werden solle. Ganz abgesehen davon, daß keineswegs sicher ist, ob jede alte Partei die erhöhte Zahl von Unterschriften beizubringen vermöchte, darf überhaupt nicht aus einem solchen sachlichen Grunde von der formalen Gleichheit der Wahl abgewichen werden. Die in Mecklenburg-Strelitz gemachte Unterscheidung läßt sich nicht vergleichen mit der Vorschrift im § 15 Abs. 3 des Reichswahlgesetzes, daß an Stelle der Unterzeichnung eines Wahlvorschlags durch 500 Wähler die durch 20 genügt, wenn diese glaubhaft machen, daß mindestens 500 Wähler Anhänger des Wahlvorschlags sind. Hierdurch wird lediglich im Einzelfall eine Erleichterung geschaffen für den Nachweis, daß sich 500 Wähler zu dem Wahlvorschlag bekennen. Diese Erleichterung ist, wenngleich sie tatsächlich in erster Linie den alten großen Parteien Nutzen bringen mag, doch rechtlich an keinen bestimmten Personenkreis gebunden, sondern kann jeder Partei oder Gruppe zugute kommen und enthält deshalb für keine eine Benachteiligung.

Nach alledem muß in der Verordnung vom 5. Mai 1927 ein Verstoß gegen die Gleichheit der Wahl und damit eine Verletzung der Reichsverfassung gesehen werden, ohne daß die verschiedene Behandlung der Wahlvorschläge in den beiden Wahlkreisen noch einer Erörterung bedarf.

2. Das allgemeine Wahlrecht bedeutet, daß die Wahlberechtigung nicht von Voraussetzungen abhängig gemacht werden darf, die nicht jeder Deutsche im wahlfähigen Alter erfüllen kann. Insbesondere darf dem Wähler keine Vermögensleistung zugemutet werden. Das gilt zunächst — insoweit unbestrittenermaßen — von der Abgabe der Wahlstimme. Wie zu 1 bereits dargelegt worden ist, erschöpft sich jedoch bei der Verhältniswahl die Wahlberechtigung nicht in der Stimmabgabe. Vielmehr gehört zu ihr ebenso das Recht, Wahlvorschläge zu machen. Deshalb darf die Ausübung dieser Befugnis ebenfalls mit keiner Geldzahlung verbunden werden. Das geschieht

aber hier dadurch, daß die Zulassung von Wahlvorschlägen von der Einzahlung einer bestimmten Geldsumme abhängig gemacht wird. Schon zu 1 ist hervorgehoben worden, daß es sich dabei um eine Vermögensleistung nicht der Parteien, sondern der Wahlberechtigten handelt.

Der Standpunkt des Landes Mecklenburg-Strelitz, die Forderung der Hinterlegung eines Geldbetrags finde in der Einführung des Einheitsstimmzettels ihre Rechtfertigung, ist unzutreffend. Denn bereits nach § 17 des Landtagswahlgesetzes vom 30. Januar 1919 trug die Staatskasse die Kosten für die Stimmzettel, die damals sogar noch für jeden Wahlvorschlag getrennt gedruckt wurden (§ 10 Abs. 1 LandtagswahlG.). Außerdem wird die Hinterlegungssumme, welche die alten Parteien überhaupt nicht einzuzahlen brauchen, an alle die neuen Parteien zurückgezahlt, die einen Abgeordnetensitz erringen. Daraus ergibt sich, daß es sich hier nicht um einen Kostenbeitrag, sondern um eine von jeder Gegenleistung des Staates unabhängige Belastung der Unterzeichner des betreffenden Wahlvorschlags handelt. Es bedarf deshalb keiner Erörterung, ob die Länder rechtlich befugt sind, die Wähler oder die durch sie gebildeten Parteien heranzuziehen zur Tragung der Wahlkosten, insbesondere der früher üblicherweise von den Parteien selbst getragenen Kosten der Stimmzettel.

Nicht angängig ist es, die Forderung einer Geldzahlung bei Einreichung von Wahlvorschlägen damit zu begründen, daß sonst ein Mißbrauch mit der Listenwahl zu befürchten sei. Dieser Anschauung gegenüber muß vielmehr betont werden, daß es dem Grundgedanken des Verfassungsrechts der deutschen Republik widerspricht, die Ausübung des Wahlrechts, des höchsten staatsbürgerlichen Rechts, irgendwie von einer vermögensrechtlichen Leistung abhängig zu machen. Jeder Versuch in dieser Richtung muß grundsätzlich zurückgewiesen werden. Um ernsthaften Unzuträglichkeiten zu steuern, die sich an die Verhältniswahl knüpfen könnten, müssen andere Wege gefunden werden. Daß dies möglich ist, zeigt das Reichswahlrecht, das die Einreichung von Wahlvorschlägen vermögensrechtlich nicht belastet.

Der Grundsatz der Allgemeinheit des Wahlrechts ist ferner noch von Bedeutung für die Bemessung der Zahl der Unterschriften, welche die Wahlvorschläge tragen müssen. Aus dem Wesen der Verhältniswahl in Gestalt der Listenwahl folgt notwendig, daß die Wahlvorschläge von einer gewissen Zahl von Personen unterschrieben werden. Wenn Wahlvorschläge einzelner oder ganz weniger Wähler oder sogar nicht unterschriebene berücksichtigt werden müßten, so würde das zu Mißbräuchen führen, die eine geordnete Durchführung der Wahl überhaupt in Frage stellen könnten. Auf der anderen Seite ist nicht zu verkennen, daß es mit der wachsenden Zahl der erforderten Unterschriften immer schwieriger wird, sie zusammenzubringen. Es wird dann schließlich die Allgemeinheit des Wahlrechts beeinträchtigt, die jedem Wähler die Möglichkeit sichern soll, seinem Willen Geltung zu verschaffen. Unter Berücksichtigung dieser beiden, sich bis zu einem gewissen Grade widerstreitenden Gesichtspunkte ist die Grenze für die Unterschriftenzahl dahin zu ziehen, daß Unterschriften unter den Wahlvorschlägen nur gefordert werden dürfen, um sicherzustellen, daß allein ernst gemeinte Wahlvorschläge eingereicht werden. Werden alle Wahlvorschläge berücksichtigt, die sich durch eine entsprechende Zahl von Unterschriften als ernstlich ausweisen, so wird die Allgemeinheit der Wahl völlig gewahrt. Anderseits wird auf diese Weise auch etwa möglichen Mißbräuchen hinreichend vorgebeugt. Dagegen darf die Frage, ob ein Wahlvorschlag Aussicht auf Erfolg bietet, nicht schon bei Zulassung der Wahlvorschläge von den Wahlbehörden geprüft und entschieden werden. Gerade darüber sollen im eigentlichen Wahlgang selbst die Wahlberechtigten ihr Urteil abgeben. Von dem in der Wahl seine Staatsgewalt ausübenden Volke hängt es auch ausschließlich ab, wieweit neben den großen Parteien kleinere Parteien oder Gruppen im Parlament vertreten sein sollen. Deshalb ist es unzulässig, die Zahl der Unterschriften mit der Zahl der Wahlberechtigten in Verbindung zu bringen. Ebensowenig darf sie nach der Zahl bemessen werden, die durchschnittlich erforderlich ist, um einen Abgeordnetensitz zu erlangen. Schon eine erheblich niedrigere Zahl reicht aus, um die Ernsthaftigkeit eines Wahlvorschlags darzutun. Einen Anhaltspunkt für die benötigte Unterschriftenzahl gibt das Reichswahlgesetz, das für die Kreiswahlvorschläge 500 Unterschriften verlangt (§ 15 Abs. 3 in der Fassung des Gesetzes vom 13. März 1924, RGBl. I S. 173). Wenn sich das Reich auch für die größten Wahlkreise hiermit begnügt, so kann man daraus entnehmen, daß 500 Unterschriften die für die ordnungsmäßige Durchführung der Verhältniswahl notwendige Sicherheit gegen überflüssige Wahlvorschläge bieten. Die Vorschrift des Reichswahlgesetzes ist für die Länder natürlich nicht unmittelbar bindend. Sie beweist aber, daß die Verhältniswahl als solche eine höhere

Unterschriftenzahl nicht erfordert. Die Zahl von 500 Unterschriften muß deshalb überhaupt als die Höchstgrenze bezeichnet werden. In kleineren Wahlkreisen muß sogar noch entsprechend unter sie heruntergegangen werden. 1000 Unterschriften dürfte deshalb Mecklenburg-Strelitz in seinem ersten Wahlkreis auch dann nicht fordern, wenn es die Unterschriftenzahl für alle Parteien und Gruppen gleich bemäße. Es weicht damit unter allen Umständen vom Grundsatz des allgemeinen Wahlrechts ab.

3. Das Wahlgeheimnis wird nicht bloß verletzt, wenn die Stimmabgabe öffentlich erfolgt. Auch bei der Einreichung der Wahlvorschläge, die nach dem oben Gesagten ebenfalls eine Betätigung der Wahlberechtigung ist, muß dieser Grundsatz nach Möglichkeit gewahrt werden. Allerdings greift hier die schon zu 2 erörterte Notwendigkeit ein, die Wahlvorschläge von einer bestimmten Zahl von Personen unterschreiben zu lassen. Für die Unterschreibenden entfällt dann insoweit das Wahlgeheimnis. Diese Folgerung ist bei der Listenwahl nicht zu umgehen, wenn sie ordnungsmäßig durchgeführt werden soll. Anderseits muß die dadurch bedingte Durchbrechung des Wahlgeheimnisses auf ein möglichst geringes Maß beschränkt werden. Und das ist nur dadurch erreichbar, daß die Unterschriftenzahl tunlichst niedrig gehalten wird. Die Grenze bildet die Zahl von 500 Unterschriften, wie sie das Reichswahlgesetz vorsieht. Das, was oben bei Erörterung der Allgemeinheit der Wahl zur Rechtfertigung dieser Zahl ausgeführt ist, trifft auch hier zu.

Daß in dem Zwang zur Unterzeichnung der Wahlvorschläge eine Einschränkung des Wahlgeheimnisses liegt, kann nicht deshalb in Abrede gestellt werden, weil es vorkommen mag, daß jemand demnächst einem andern Wahlvorschlag seine Stimme gibt als dem, den er unterschrieben hat. Das sind Ausnahmen. Der allgemeinen Auffassung nach, die auch in der Regel zutrifft, tut jemand, der einen Wahlvorschlag unterschreibt, kund, in welchem Sinne er seine Stimme abgeben wird. Er beraubt sich damit des Schutzes des Wahlgeheimnisses. Der Notwendigkeit, dies zu tun, darf deshalb nur ein möglichst kleiner Kreis von Wählern ausgesetzt werden. Es mag zugegeben werden, daß man früher unter dem Wahlgeheimnis nur die geheime Abgabe der Stimme verstanden hat. Durch die Einführung der Verhältniswahl hat aber dieser Begriff ebenfalls eine erweiterte Bedeutung erhalten, der bei der Auslegung der Reichsverfassung Rechnung getragen werden muß.

Nicht zu vergleichen mit der Einreichung der Wahlvorschläge ist das Zulassungs- und Eintragungsverfahren, das im Reichsgesetz über den Volksentscheid vom 27. Juni 1921 (RGBl. S. 790) vorgesehen ist. Für das Volksbegehren schreibt die Reichsverfassung (Art. 73) kein geheimes Verfahren vor. Seine Ausgestaltung blieb dem ordentlichen Gesetzgeber überlassen, der dabei nicht an die Grundsätze des für den vorliegenden Fall maßgebenden Art. 17 RVerf. gebunden war.

Sonach ist die Neuordnung des Wahlrechts in Mecklenburg-Strelitz auch mit dem Grundsatz der geheimen Wahl unvereinbar.

4. Zurückzuweisen ist dagegen der vom Antragsteller weiter erhobene Vorwurf, die Verordnung vom 5. Mai 1927 beeinträchtige die durch Art. 125 RVerf. gewährleistete Wahlfreiheit. Diese besteht darin, daß jeder Wähler sein Wahlrecht ohne Zwang oder sonstige unzulässige Beeinflussungen von außen ausüben kann. Seine freie Wahlbetätigung soll geschützt werden. Dagegen lassen sich aus dem Begriff der Wahlfreiheit keine Grundsätze für die Gestaltung der Wahlrechtsausübung selbst ableiten.

V. Die vorstehenden Ausführungen ergeben, daß von den in der mündlichen Verhandlung gestellten Anträgen des Landesverbandes der Aufwertungs- und Volksrechtpartei der erste begründet ist. Die ganze Verordnung vom 5. Mai 1927 ist allerdings nur deshalb ungültig, weil sie gegen § 35 des mecklenburg-strelitzschen Landesgrundgesetzes verstößt. Die Reichsverfassung wird lediglich durch § 8 Abs. 2 Satz 1 bis 3 des Landtagswahlgesetzes in der ihm durch die genannte Verordnung gegebenen Fassung verletzt. Im übrigen ist die Abänderung des Landtagswahlgesetzes durch jene Verordnung vom Standpunkt der Reichsverfassung aus nicht zu beanstanden. Es erschien angebracht, diesen Unterschied im entscheidenden Teil des Erkenntnisses klarzustellen.

Den übrigen Anträgen kann nicht stattgegeben werden. Mit den Anträgen zu 3 und 4, die dahin gehen, die am 3. Juli 1927 in Mecklenburg-Strelitz vorgenommenen Landtagswahlen für ungültig zu erklären, sowie festzustellen, daß der mecklenburg-strelitzsche Landtag in seiner gegenwärtigen Zusammensetzung zu Unrecht besteht und daß die von ihm gefaßten Beschlüsse der Wirksamkeit entbehren, erstrebt der Antragsteller, daß gewisse Folgerungen aus der festgestellten Ungültigkeit der Verordnung vom 5. Mai 1927 gezogen werden. Das ist jedoch zunächst nicht Sache des Staatsgerichtshofs, sondern der dazu berufenen Landesstellen. Erst wenn sich an ihre Maßnahmen erneut Streit anknüpfen sollte, könnte ein weiteres Verfahren vor dem Staatsgerichtshof in Frage kommen.

Der Antrag zu 2, das Gesetz vom 17. April 1920 zur Abänderung des Landtagswahlgesetzes vom 30. Januar 1919 insoweit für ungültig zu erklären, als in § 7 ein Absatz 4 hinzugefügt ist, muß aus verfahrensrechtlichen Gründen abgelehnt werden. Die Wahlpflicht, die durch den genannten Absatz 4 zu § 7 eingeführt worden ist, hat der Antragsteller zunächst nur im Zusammenhang mit der durch die Verordnung vom 5. Mai 1927 getroffenen Neuregelung des Wahlverfahrens erwähnt; er hat ausgeführt, daß deren Folgen durch das Bestehen der ebenfalls verfassungswidrigen Wahlpflicht noch verschärft würden. Zum Gegenstand eines selbständigen Antrags ist das Gesetz vom 17. April 1920 erst in der mündlichen Verhandlung gemacht worden. Das war in diesem Abschnitt des Verfahrens nicht mehr zulässig. Die Geschäftsordnung des Staatsgerichtshofs vom 20. September 1921 (RGBl. S. 1535) bestimmt in Ausführung von § 20 des Gesetzes über den Staatsgerichtshof vom 9. Juli 1921 (RGBl. S. 905), daß ein vorbereitendes Verfahren stattfindet, in dem der Streitstoff von den Parteien schriftlich erörtert wird (§ 2) und in dem erforderlichenfalls der Berichterstatter zur Klärung der Sachlage beiträgt (§ 4). Eine mündliche Verhandlung ist nicht notwendig (§ 22 Abs. 2 des Gesetzes über den Staatsgerichtshof). Findet sie statt, so beruht sie auf den Ergebnissen des bisherigen Verfahrens (vgl. § 7 Satz 1 der Geschäftsordnung). Mit diesem Aufbau des Verfahrens vor dem Staatsgerichtshof ist es nicht vereinbar, daß in der mündlichen Verhandlung ein neuer Streitgegenstand eingeführt wird. Im vorliegenden Falle betrifft die beim Staatsgerichtshof anhängig gemachte, im vorgeschriebenen Vorverfahren erörterte Verfassungsstreitigkeit nur die Verfassungsmäßigkeit der Verordnung vom 5. Mai 1927. Damit ist ihr Gegenstand begrenzt. Die Verfassungsmäßigkeit des Gesetzes vom 17. April 1920 kann deshalb nur in einem neuen Verfahren angefochten werden; im gegenwärtigen kann ein Antrag, der sich darauf bezieht, nicht mehr zugelassen werden. Er ist deshalb abzuweisen.

3.

In der verfassungsrechtlichen Streitigkeit
zwischen
dem Lande Bremen
und
dem Deutschen Reich
wegen der Zuständigkeit für die Entscheidung der das Zollinteresse in den bremischen Zollausschlußgebieten berührenden Fragen (StGH. 3/27) hat der Staatsgerichtshof für das Deutsche Reich in seiner nichtöffentlichen Sitzung vom 15. Oktober 1927 beschlossen:

In den bremischen Zollausschlußgebieten steht die Zollgesetzgebung und Zollverwaltung nach Maßgabe der Reichsverfassung dem Deutschen Reiche zu.

Der Antrag Bremens wird demnach abgelehnt.

Gründe:

1. Gemäß Art. 34 RVerf. von 1871 blieb die Hansestadt Bremen außerhalb der gemeinschaftlichen Zollgrenze, bis sie ihren Einschluß in sie beantragte. Nachdem im Jahre 1884 ein entsprechender Antrag gestellt und durch Bundesratsbeschluß über die „Modalitäten" des Anschlusses das Nähere festgesetzt war, ist der Zollanschluß Bremens am 15. Oktober 1888 in Kraft getreten. Aber auch seitdem lag nicht das gesamte bremische Staatsgebiet innerhalb der Zollinie: die Hafenanlagen und die angrenzenden Petroleumlagerplätze in Bremerhaven waren von ihr ausgeschlossen, und ferner war in der Stadt Bremen ein mit den erforderlichen Hafenanlagen und Lagerräumen ausgestatteter Freibezirk im Sinne des § 107 VZG. gebildet. Diesem städtischen Freibezirk ist sodann gemäß Bundesratsbeschluß vom 17. April 1902 die Eigenschaft eines Zollausschlußgebiets im Sinne des § 16 VZG. erteilt worden.

Im Einverständnis mit der vom Bundesrat eingesetzten Vollzugskommission für den Zollanschluß hatte Bremen, bevor der Anschluß in Kraft trat, verschiedene Einrichtungen zur Förderung der Zollsicherheit für das Zollausschlußgebiet von Bremerhaven angeordnet. Danach wurden u. a. den Mietern der dortigen Lagerräume gewisse Verpflichtungen auferlegt, Industriebetriebe und Wohnungen im allgemeinen ausgeschlossen und die Einhaltung der den Beteiligten auferlegten Verpflichtungen durch Konventionalstrafen gesichert. Der Bundesratsbeschluß von 1902 über die Umwandlung des städtischen Freibezirks in ein Zollausschlußgebiet ist ergangen, nachdem der Bremer Senat zugesagt hatte, zur Förderung der Zollsicherheit darin die gleichen Beschränkungen anzuordnen, die seinerzeit vom Bundesrat für den Zollausschluß von Bremerhaven für erforderlich erachtet worden waren. Dieser Beschluß von 1902 untersagt für das Zollausschlußgebiet Detailgeschäfte grundsätzlich, Wohnungen und private industrielle Betriebe mit geringfügigen Ausnahmen.

2. Neuerdings ist zwischen Bremen und der Reichsverwaltung streitig geworden, ob für den Erlaß und die Durchführung der Anordnungen, die zur Förderung der Zollsicherheit in den Ausschlußgebieten von Bremen und Bremerhaven erforderlich erscheinen, das Reich oder Bremen zuständig ist. Beide Teile nehmen die Zuständigkeit für sich in Anspruch. Der Reichsminister der Finanzen hat über die Streitfrage ein Gutachten des Reichsfinanzhofs erfordert, das dieser am 21. Februar 1925 (Amtliche Sammlung Bd. 15 S. 295) erstattet hat. Der Bremer Senat hält das Gutachten für unzutreffend und hat daher beantragt, der Staatsgerichtshof für das Deutsche Reich wolle dahin entscheiden, daß

1. die Durchführung der durch die Beschlüsse des Bundesrats vom 6. November 1884 und vom 17. April 1902 hinsichtlich des Zollausschlusses der Hafenanlagen von Bremerhaven und hinsichtlich des Freibezirks und späteren Zollausschlußgebiets in Bremen-Stadt festgesetzten Modalitäten dem Lande Bremen obliegt und zusteht;
2. in den bremischen Zollausschlußgebieten eine Zuständigkeit des Reichs auf Grund einer Zollhoheit und einer Zollverwaltung, welche die Reichszollverwaltung befugt, alle das Zollinteresse in den Zollausschlußgebieten berührenden Fragen zu entscheiden, nicht besteht.

Der Reichsminister der Finanzen beantragt demgegenüber, unter Zurückweisung des bremischen Antrags dahin zu entscheiden:

1. Die Zollhoheit in den bremischen Zollausschlußgebieten steht dem Deutschen Reiche zu.
2. Die Reichsverwaltung ist befugt, alle das Zollinteresse in diesen Zollausschlußgebieten berührenden Fragen zu entscheiden, insbesondere Zollsicherungsbestimmungen für die

Schiffsproviantläger und die Mieter von Lagerräumen und Lagerplätzen zu erlassen und Sicherungsgelder bei Nichteinhaltung von Sicherungsvorschriften festzusetzen.

Bremen nimmt seine Zuständigkeit als Ausfluß seiner Staatshoheit in Anspruch. Wie unter der alten, so stehe auch unter der neuen Reichsverfassung dem Reich eine Zollhoheit in den Zollausschlüssen des § 16 VZG. nicht zu. Das gelte in gleicher Weise für das ausgeschlossene Gebiet von Bremerhaven wie für den im Jahre 1902 zum Zollausschlußgebiet erklärten Teil der Stadt Bremen. Die in den Bundesratsbeschlüssen von 1884 und 1902 enthaltenen Maßgaben legten Bremen Verpflichtungen gegenüber dem Reich auf, deren Erfüllung das Reich lediglich zu überwachen habe ohne das Recht, Dritten gegenüber einzugreifen. Bremen habe auf das ihm nach Art. 34 RVerf. von 1871 zustehende Reservatrecht nur unter der Bedingung der Gewährung der „Modalitäten" verzichtet. Es handle sich bei den streitigen Maßnahmen weder um Zollsicherungsbestimmungen noch um Maßnahmen der Zollverwaltung.

Demgegenüber legt der Reichsminister der Finanzen dar: Auf Grund des Art. 34 RVerf. von 1871 habe Bremen zunächst mit einer aus Art. 35 Abs. 1 das. sich ergebenden Einschränkung die Zollhoheit besessen. Bei dem Verzicht auf sein Sonderrecht gemäß Art. 34 und seiner Aufnahme in das Zollgebiet sei nicht nur der räumliche Umfang des außerhalb der Zollinie verbleibenden Gebiets wesentlich beschränkt worden, sondern vor allem sei eine grundlegende Änderung in den rechtlichen Verhältnissen der auch für die Zukunft ausgeschlossenen Gebietsteile eingetreten. Sie seien zu gewöhnlichen Zollausschlüssen im Sinne des Art. 33 RVerf. von 1871, § 16 VZG. geworden und damit der Zollhoheit des Reichs unterworfen worden. Auch das Vereinszollgesetz habe seitdem in ihnen Geltung gehabt. Die neue Reichsverfassung habe die Zollhoheit des Reichs auch für die Zollausschlüsse bestätigt. Nur hinsichtlich der Aufhebung der Freihäfen sei durch Art. 82 Abs. 4 Satz 2 das. eine Erschwerung vorgesehen.

3. Die Zuständigkeit des Staatsgerichtshofs ist nach Art. 19 Abs. 1 RVerf., § 16 Nr. 3 Ges. über den Staatsgerichtshof vom 9. Juli 1921 begründet.

4. Während die Zollverwaltung im Rahmen des Art. 36 RVerf. von 1871 den einzelnen Bundesstaaten überlassen blieb, war die

Gesetzgebung über das gesamte Zollwesen durch Art. 35 das. dem Reich übertragen. Eine Ausnahme von dieser Regel begründete aber Art. 34, wonach der Staat Bremen als solcher Zollausland bleiben, also der Zollgesetzgebung des Reichs nicht unterliegen sollte. Das Gegenteil galt jedoch seit dem Einschluß Bremens in die gemeinschaftliche Zollgrenze.

Nach Art. 40 RVerf. von 1871 blieben die Bestimmungen des Zollvereinigungsvertrags vom 8. Juli 1867 in Kraft, soweit sie nicht durch die Verfassung abgeändert waren oder demnächst auf verfassungsmäßigem Wege abgeändert wurden. Der auf die Zollausschlüsse sich beziehende Art. 6 des Zollvereinigungsvertrags bezeichnet seine Regelung selbst nur als eine vorläufige und geht davon aus, daß es bald zum Einschluß der meisten von ihm aufgezählten Zollausschlüsse kommen werde und damit auch zur Unterstellung der von ihm bezeichneten Gebiete unter die gemeinsame Zollgesetzgebung. Wenn dann Art. 34 RVerf. von 1871, an den bisherigen Rechtszustand anknüpfend, den weiteren Verbleib Bremens außerhalb der gemeinsamen Zollgrenze auf so lange vorsah, bis es selbst den Einschluß beantrage, so kann diese Bestimmung im Rahmen der ganzen Entwicklung der deutschen Zollgesetzgebung nur so verstanden werden, daß der Staat Bremen als Ganzes mit einem solchen späteren Einschluß ohne weiteres unter die einheitliche Zollgesetzgebung fallen sollte. Damit ist auch die Gültigkeit des Vereinszollgesetzes als des hier hauptsächlich in Betracht kommenden Reichsgesetzes für Bremen, d. h. für den ganzen Staat, anzunehmen. Dieser Auffassung entsprechend hat die im Anschlußverfahren eingesetzte Prüfungskommission als gesetzliche Grundlage des Zollausschlusses Bremerhaven den § 16 Abs. 1 VZG. betrachtet.

Für das Zugeständnis einer vertragsmäßigen Beschränkung jener nach der Reichsverfassung an den Einschluß Bremens in die Zollgrenze geknüpften Wirkungen wäre der Bundesrat nicht zuständig gewesen. Nach Art. 7 Abs. 1 Nr. 2 RVerf. von 1871 und § 167 Abs. 2 VZG. hatte er nicht nur das formelle Recht, die Bedingungen für die Bildung der Zollausschlüsse festzusetzen; er hatte vielmehr auch andauernd darüber zu wachen, ob diese Bedingungen noch sach- und zeitgemäß waren. Er konnte nicht seinerseits bestimmen, ob die Zollgesetze in den Zollausschlüssen des § 16 VZG. gelten sollten oder nicht. Er würde also seine Zuständigkeit überschritten und keine rechtliche Wirkung erzielt haben, wenn er auf eine Änderung der auf die Sicherung des Zollinlands sich beziehenden Bestimmungen von vornherein verzichtet oder sie von der Zustimmung Bremens abhängig gemacht hätte.

Durch Art. 35 Abs. 1 RVerf. von 1871 war allerdings dem Reich nur die Gesetzgebung über die Maßregeln vorbehalten, die in den Zollausschlüssen zur Sicherung der gemeinsamen Zollgrenze erforderlich sind. Auf Grund dieser Verfassungsbestimmung sind die Vorschriften des Gesetzes betr. die Sicherung der Zollvereinsgrenze in den vom Zollgebiet ausgeschlossenen hamburgischen Gebietsteilen vom 1. Juli 1869 durch Gesetz vom 28. Juni 1879 auf das damals ausgeschlossene bremische Gebiet ausgedehnt worden. Daraus ist aber nicht herzuleiten, daß das Gesetzgebungsrecht des Reiches in den beim Zollanschluß Bremens bestehen gebliebenen oder später neu eingerichteten Ausschlüssen auf Anordnungen der gleichen Art beschränkt geblieben sei. Die erwähnte Vorschrift in Art. 35 RVerf. von 1871 und das Gesetz von 1879 waren erforderlich für eine Zeit, als dem Reich die Zollgesetzgebung für das bremische Staatsgebiet noch nicht zustand. Mit dem im Jahre 1888 erfolgten Zollanschluß wurde jene das Gesetzgebungsrecht des Reiches im übrigen ausschließende Verfassungsbestimmung gegenstandslos, und auch das Grenzsicherungsgesetz verlor damit im wesentlichen seine Bedeutung. Art. 34 RVerf. von 1871 konnte seitdem höchstens insofern bedeutsam geblieben sein, als er — was aber hier dahingestellt bleiben kann — einer Aufhebung oder Verkleinerung des Bremerhavener Zollausschlusses ohne Zustimmung Bremens, nicht aber im übrigen der Zuständigkeit der Reichszollgesetzgebung auch für dieses Ausschlußgebiet entgegenstand.

Gegen die Annahme, daß sich dieses Gesetzgebungsrecht seit dem Anschluß Bremens auch auf dessen Zollausschlußgebiet erstreckt habe, ergeben sich auch keine durchschlagenden Bedenken aus der Fassung der im Einverständnis mit dem Bundesrat erfolgten Bekanntmachung des Bremer Senats über den Anschluß Bremens an das deutsche Zollgebiet und der hierauf sich beziehenden Verlautbarung auf S. 913flg. des Zentralblatts für das Deutsche Reich von 1888. Wenn in der Senatsbekanntmachung davon die Rede ist, daß mit dem Tage des Zollanschlusses in dem „anzuschließenden Gebiet" alle für das deutsche Zollgebiet in Beziehung auf die Verwaltung der gemeinsamen Zölle geltenden gesetzlichen Bestimmungen in Kraft treten, so sollte wohl nur das durch den neuen Verlauf der Zollinie bedingte praktisch wichtigste Ergebnis gekennzeichnet, nicht aber zu der rechtlichen Natur des Zollausschlusses Bremerhaven Stellung genommen werden. Jedenfalls wäre aber zu einer Regelung in dem jetzt vom Antragsteller geltend gemachten Sinn angesichts des Art. 34 RVerf. von 1871 nach dem oben Gesagten kein Raum gewesen.

Die jetzt in Rede stehenden Anordnungen zur Sicherung der Zollgrenze sind Maßregeln der Zollverwaltung. Das bestreitet der Antragsteller mit Unrecht. Es ergibt sich daraus, daß sie, wie die Zollanschlußverhandlungen außer Zweifel stellen und wie unstreitig ist, die Zollsicherheit fördern sollten. Aus diesem ihrem Zweck folgt aber, wie schon im Gutachten des Reichsfinanzhofs zutreffend dargelegt worden ist, ihre verwaltungsrechtliche Bedeutung, und es ist demgegenüber ohne Belang, welchen von seinen Behörden Bremen, solange es selbst die Zollverwaltung zu führen hatte, die Sorge für diese Maßnahmen zur Förderung der Zollsicherheit übertrug.

Nach Art. 82 Abs. 4 Satz 2 RVerf. von 1919 kann für Freihäfen der Ausschluß aus dem Zollgebiet nur durch verfassungänderndes Gesetz aufgehoben werden. Daraus ergibt sich nicht, daß der rechtliche Begriff des Zollausschlusses abweichend von dem bisherigen Rechtszustand bestimmt, sondern nur, daß für die Aufhebung gewisser Arten von Zollausschlüssen, nämlich der Freihäfen, eine erschwerende Voraussetzung geschaffen werden sollte.

Gemäß Art. 83 Abs. 1 RVerf. von 1919 ist die Zollverwaltung nunmehr den Reichsbehörden übertragen; vgl. hierzu Ges. vom 10. September 1919 (RGBl. S. 1591). Zu dieser Verwaltung gehört aber, wie schon bemerkt, nicht nur die unmittelbare Erhebung des Zolles nach Entstehung der Zollschuld, sondern ebenso die Handhabung der zur Sicherung des Zollrechts erforderlichen Maßnahmen.

Register.

Die Zahlen bedeuten die Seiten.

A. Sachregister.

R

S

T

U

V

W

Z

B. Gesetzesregister.

1. Reichsrecht.

a. Bürgerliches Gesetzbuch.

b. Einführungsgesetz zum Bürgerlichen Gesetzbuch.

c. Handelsgesetzbuch von 1897.

d. Gerichtsverfassungsgesetz.

e. Zivilprozeßordnung.

f. Konkursordnung.

g. Zwangsversteigerungsgesetz.

h. Gesetz über die Angelegenheiten der freiwilligen Gerichtsbarkeit.

i. Grundbuchordnung.

k. Wechselordnung (in der Fassung der Bekanntmachung vom 3. Juni 1908).

2. Landesrecht.

Mecklenburg-Strelitz.

Preußen.

a. Allgemeines Landrecht.

b. Einzelne Gesetze und Verordnungen.

Sachsen.

3. Kirchenrecht.

Codex juris canonici.

C. Zusammenstellung der Entscheidungen nach der Zeitfolge.

Entscheidungen des Staatsgerichtshofs.

Zusammenstellung

der

im 118. Bande

mitgeteilten Entscheidungen

nach

Oberlandesgerichtsbezirken.

(Die Zahlen bezeichnen die Nummern der Entscheidungen.)

Berlin	9. 14. 17. 21. 26. 33. 37. 38. 41. 52. 53. 56. 57. 59. 62. 63. 66. 67. 68. 70. 74. 79. 80. 83. 84.
Braunschweig	2. 11.
Breslau	32. 34. 43. 51. 61.
Celle	10. 44. 49.
Darmstadt	40.
Dresden	15. 20. 22. 54. 69. 72.
Düsseldorf	7. 36 46. 75.
Frankfurt a. M.	13. 16. 25. 81.
Hamburg	4. 18. 19. 23. 27. 28. 55.
Hamm	6. 12. 24. 85.
Jena	30.
Kiel	8. 60.
Köln	45. 65. 71.
Königsberg	47.
Marienwerder	82.
München	50. 78.
Naumburg a. S.	77.
Rostock	29. 48.
Stettin	76.

Landgericht I Berlin	3. 64. 73.
Landgericht Bochum	39.
Landgericht Detmold	31.
Landgericht Düsseldorf	58.
Landgericht Lübeck	5.
Landgericht Oldenburg	42.
Landgericht Verden	35.
Reichsgericht unmittelbar (Verfassungsstreit)	1.
Staatsgerichtshof	1*. 2*. 3*.

Berichtigungen.

Hundertundsiebzehnter Band.

S. 27 Z. 13 v. o. statt „teilhaftig gewordenen" lies „entgegengeführten".
„ 359 „ 7 v. u. statt „S. 104" lies „ S. 399".

FSC
www.fsc.org
MIX
Papier | Fördert gute Waldnutzung
FSC® C083411

Kolibri 360 GmbH
Ferdinand-Jühlke-Straße 7
99095 Erfurt, Deutschland
produktsicherheit@kolibri360.de